安徽省社会科学文学艺术（社会科学类）奖（2003－2004年）著作一等奖

华东地区大学出版社第七届学术专著一等奖

第七届安徽图书奖三等奖

安徽省十一五规划教材

庄华峰 等著

中國社會生活史

華峰自署

合肥工业大学出版社

图书在版编目(CIP)数据

中国社会生活史/庄华峰等著.—合肥:合肥工业大学出版社,2003.10(2023.7重印)
ISBN 978-7-81093-069-7

Ⅰ.中… Ⅱ.庄… Ⅲ.社会生活—历史—中国—古代 Ⅳ.K206

中国版本图书馆CIP数据核字(2003)第095505号

中国社会生活史

庄华峰 等著　　责任编辑 方立松

出　版	合肥工业大学出版社	版　次	2003年11月第1版
地　址	合肥市屯溪路193号	印　次	2023年7月第13次印刷
邮　编	230009	开　本	710毫米×1000毫米 1/16
电　话	总　编　室:0551-62903038	印　张	31.5
	市场营销部:0551-62903198	字　数	550千字
网　址	press.hfut.edu.cn	印　刷	安徽昶颉包装印务有限责任公司
E-mail	hfutpress@163.com	发　行	全国新华书店

ISBN 978-7-81093-069-7　　定价:36.00元

目录

序　　言

中国社会科学院研究员、教授　林永匡

中国是一个有着七八千年悠久历史的文明古国，在漫长的历史岁月中，勤劳、智慧、勇敢的中华各族人民，曾经创造出举世闻名的政治、经济、文化、科技文明成果。这些成果，既是人类文明历史宝库中的珍品，也是中华民族对人类社会发展繁荣与进步所作出的独特而重大的贡献。

无数生动的事例表明，中国古代文明的各种成果，既是中国古代各族人民长期生产活动、社会活动中诸多创造智慧与技术应用的结晶；同时，这些成果的推广、普及，又作用于人们的日常生产与生活，且使之更加丰富多彩，更具科技、文化、艺术的魅力。恰因如此，中国古代各族人民的日常生产、生活活动，不仅是孕育各种文明成果的“沃壤”，而且，丰富多彩的社会生产、生活活动及其发展中的巨大需求，又为促进各种文明的发展飞跃，为更高层次文明成果的涌现、创造智慧的升华，注入了巨大而崭新的活力，提供了永不枯竭的动力源泉。

中国古代各族人民的社会生活，不仅包罗万象、内涵宏富，而且源远流长、传承有序。具体而论，它系指历代各族人民在长期的社会生产、生活实践活动中所形成的具有民族性、时代性、传承性、风俗性、地域性、交融性等诸多特色的社会政治、经济、文化、科技生活事象体系。此种社会生活事象体系，既具有独特的个性内涵，且又随着时代的推移，而发生衍化变革。具体而论，它又包括社会物质生活（衣食住行）、社会精神生活（人生礼仪与教育）、社会生产科技生活（农业手工业商业与科技）、社会年节生活（岁时年节节令）、社会信仰生活（宗教与祭祀）、社会家庭生活（婚姻丧葬与家庭敬老）、社会环境生活（生态环境活动与环保意识）等内容。在社会生活活动的层面上，又蕴含并形成各具特色又相互关联的礼(帝王皇室)、雅(贵族官僚士大夫)、俗(民众百姓)三个层次。此外,该事象体系在特色构成上,更形成时代性、民族性、区域性、时尚性、变异性、传承性、交融性、外播性等八大特色。

历史表明,任何一个朝代的社会生活习尚,其文化与社会存在的内涵十分丰富,其外延与传播更为广阔。恰因如此,一个时代社会生活习尚的形成、演变及习尚的发生、发展过程,既是该时代诸多政治人文、自然环境、社会经济、社会心理、观念伦理、科学技术等"要素"作用制动的结果,更有其有别于其他时代的特点与规律。具体而论,直接或间接影响各历史时期社会生活方式、社会生活习尚形成、演变与发展过程的"因素"与背景内涵有:

1. 社会人文因素与背景

所谓社会人文因素与背景,系指历代社会政治制度、政治礼仪、政治规范、政治思想,特别是统治者所倡导、宣扬、维护的社会道德、行为准绳、思维定式等,对历代各个历史时期社会生活方式、社会生活习尚的形成、传播、演进、变革,起着重要的导向、规范、促进作用。恰因如此,社会人文因素与背景,在历代社会生活方式、社会生活习尚的形成与演变中,起着至关重要的作用:一是有着重要的支撑作用与功能。二是有着政治导向、导化的作用与功能。三是有着对社会生活方式、社会生活习尚的全面渗透、规范、制约的作用与功能。故它是核心"要素"与"构件"之一。

2. 自然环境因素与背景

所谓自然环境因素与背景,则指历代各个地区(含内地与边疆、乡村与城市、沿海与内地、南方与北方、东部与西部、山区与平原、高原与河网、岛屿与大陆等)之间,因自然条件、自然环境(如物产、气候、资源等)影响与制约而形成的不同社会生活方式、社会生活习尚而言。它对历代各个历史时期社会生活方式、社会生活习尚的形成、传播、演进、变革的速度与范围,起着关键性的制约、催化、依托作用。恰因如此,自然环境因素与背景,在历代社会生活方式、社会生活习尚的形成与发生、发展中,起着关键性的作用:一是有着关键性的依托作用与功能。二是有着重要的制约作用与功能。三是有着巨大的催化作用与功能。故它是支柱性"要素"与"构件"之一。

3. 民族文化因素与背景

所谓民族文化因素与背景,则是指历代各个地区不同的民族,在不同的社会人文因素与背景、自然环境因素与背景的交互作用下,所形成的各具"个性"特色的民族生活方式、社会生活习尚而言。它对历代各个历史时期社会生活方式、社会生活习尚的形成与发展,起着独具特色的重要作用:一是有着重要的多元化的作用与功能。二是有着强劲的激活化的作用与功能。三是有着巨大的整合性的作用与功能。故它是结构性“要素”与“构件”之一。

4. 历史传承因素与背景

所谓历史传承因素与背景，系指历代社会生活方式、社会生活习尚在形成过程中，对前代社会生活方式、社会生活习尚经过筛选、淘汰、择取后，全部或部分地传承（其中有精华也有糟粕、有良习也有陋俗），从而使得历代社会生活习尚文化既具延续性、传承性，更有着自身独具的特色与旺盛的生命力。恰因如此，它对历代前后期社会生活方式、社会生活习尚的形成与演变，起着重要的稳定性的作用：一是有着强烈的指向作用与功能。二是有着对某些社会生活习尚与礼仪时尚的定位作用与功能。三是有着对传统的社会生活习尚的生命力的延续强化的作用与功能。故它是稳固性“要素”与“构件”之一。

5. 变革创新因素与背景

所谓变革创新因素与背景，系指历代社会生活方式、社会生活习尚在发展、演变过程中，因社会人文、经济发展、科技进步诸因素与背景所导致的对某些陈规陋习、传统社会生活习尚的变革与创新要求、社会实践活动而言。它对历代社会生活方式、社会生活习尚的演变、发生，起着重要的加速作用：一是有着对社会生活方式、社会生活习尚变革的重要的推动作用与功能。二是有着对新的社会生活方式、社会生活习尚的形成与推广的催生的作用与功能。三是有着对某些特定的新科技生活技能的应用实施的探索作用与功能。故它是促变性的“要素”与“构件”之一。

6. 禁忌回避因素与背景

所谓禁忌回避因素与背景，系指历代各地区、各民族、各行业的人们，缘于诸多历史、社会、文化、自然的原因（或因于历史神话传说、行业神崇拜、自然崇拜、政治与社会身份限制、宗教原因、礼仪规制、迷信及其他诸多信仰等），而采取的消极避开的自我抑制的社会生活习尚事象而言。它在历代社会生活方式、社会生活习尚的形成、变革中，起着不可低估的滞后性的作用：一是有着对新的社会生活方式、社会生活习尚消极对抗的作用与功能。二是有着对人们力图对某些不合理的陈规陋习加以改变的愿望的抑制作用与功能。三是有着禁锢人们思想，安于旧俗，拒绝接受新时尚的作用与功能。故它是内抑性“要素”与“构件”之一。

7. 经济水准因素与背景

所谓经济水准因素与背景，系指历代不同时期、不同地区、不同民族之间，因经济发展水准的高低参差不齐，进而影响社会生活方式、社会生活习尚的形成发展与延续、新旧社会生活习俗时尚的交替并存、新习尚的萌生与加速扩散等诸多社会生活习尚文化事象的出现而言。它对历代社会生活方式、社会生活习尚的演变与发展，起着重要的前导性作用：一是有着因社会经济水准的提高而导致的对新旧社会生活习尚交替的推动作用与功能。二是有着对社会生活新方式、社会生活新习尚可通过经济活动，予以传播与扩大影响的作用与功能。三是有着因经济生活发生变动而出现新兴的社会生活方式、社会生活新习尚，可提供经济能量、动力的作用与功能。故它是能动性的“要素”与“构件”之一。

8. 军事制动因素与背景

所谓军事制动因素与背景，系指历代各个时期中，伴之以各种军事活动（含改朝换代战争、全国统一之战、抵御外国入侵、农民起义等）而来的社会生活方式变革、社会生活习尚的移风易俗、新旧社会生活习俗时尚交替、新的社会生活习俗时尚的兴起与流行等诸多事象的产生而言的。恰因如此，它在历代社会生活方式、社会生活习尚的演变中，起着重要的牵制性作用：一是有着对某些特定的社会生活新兴习俗时尚、新的社会生活方式的出现，产生制动性作用与功能。二是有着对一些社会生活方式、社会生活中的特殊习俗礼仪时尚的推广与盛行，产生催化性的作用与功能。三是有着对社会生活方式、社会生活活动中，新旧习俗时尚的交替，在某些领域产生速成性作用与功能。故它在历代社会生活方式、社会生活习尚的演变中，是外在制动性“要素”与“构件”之一。

9. 法制规范因素与背景

所谓法制规范因素与背景，系指历代各个历史时期中，各个不同政权（含统一王朝政权、国内民族地方政权、封建地方政权、诸侯国政权、土司政权、农民起义军政权等）法制，对社会生活方式、社会生活习尚礼仪的规范，进而导致习俗时尚上的诸多变异事象的出现而言。恰因如此，它对历代社会生活方式、社会生活习尚的形成演变，起着重要的方位性作用：一是有着对社会政治、军事、经济、文化、年节等社会生活习俗时尚礼仪，进行直接或间接的法制规范的作用与功能。二是有着对有违于法制观念、法制思想、法制礼仪的人们的社会生活方式、社会生活习俗时尚，进行法律化手段的强行钳制、遏其盛行的作用与功能。三是有着对人们在日常社会生活习俗时尚活动中，凡对现行法制应允的范围，稍有“越轨”，即行校正的作用与功能。故它是历代社会生活方式、社会生活习尚演进中，检验性的“要素”与“构件”之一。

10. 科技促变因素与背景

所谓科技促变因素与背景，系指历代各个历史时期中，随着科技的进步及对社会生产、生活、生存活动中的各种习俗时尚的广泛渗透，进而促成的诸多移风易俗、新的社会生活习尚的出现等事象而言。恰因如此，它在历代社会生活方式、社会生活习尚的形成、演变中，起着重要的促变性的作用：一是有着伴之以科技进步而导致具有前瞻性的社会生活新风时尚出现，且逐步成风的作用与功能。二是有着因科技发展进步，进而导致对人们社会生活方式、社会生活活动中，长期墨守的陈规陋习，进行“击变”的作用与功能。三是有着随科技进步而导致出现的社会生活方式、社会生活新风时尚的成长、壮大，以及应付旧的时尚势力的挑战、攻击、报复的“战斗”、“争战”中，提供持久、多元、强劲的动力作用与功能。故它是历代社会生活方式、社会生活习尚演变中，具有“催化剂”型的“要素”与“构件”之一。

11. 宗教文化因素与背景

所谓宗教文化因素与背景，系指历代不同历史时期、不同地区、不同民族、不同社会阶层、不同社会群体中，缘于佛教、道教、伊斯兰教、基督教、天主教、民间宗教等宗教活动礼仪的直接或间接的影响、作用、渗透，而产生、出现、持续的诸多社会生活习俗时尚事象（含宗教文化活动礼仪习尚、宫廷与王宫王府宗教文化活动习尚、民族与民间宗教文化活动习尚、地区民间其他受宗教文化影响的祭礼祭仪与祭祀风俗等）而言。恰因如此，它在历代社会生活方式、社会生活习尚的形成演变中，起着重要的参与及组合性的作用：一是有着对各种社会生活风俗礼仪习尚的参加者、变革者、创新者群体或个人，在精神、心灵、情感上施予多种及多向多元指（点）归（宿）的作用与功能。二是有着对各种社会生活风俗礼仪时尚的参与者、变革者个人或群体，在实践、行为方面，按宗教规仪、信条、戒律等进行参照的作用与功能。三是有着对各种社会生活风俗礼仪文化活动的参与者个人或群体，在天地神人之间寻找联系、启迪、感应（即悟性与灵性）的作用与功能。故它在历代社会生活方式、社会生活习尚发生、演变中，具有有形或无形的精神文化“能源型”特性与特质的“要素”与“构件”之一。

12. 岁时年节因素与背景

所谓岁时年节因素与背景，系指历代各个时期，社会各阶层、各民族、各地区群体或个人，在岁时年节文化作用下，所形成的丰富多彩、各具特色、风格各异（缘于民族间岁时历法的不同，故岁时年节时序上有参差）的社会生活方式、社会生活习俗时尚事象（含岁时年节庆贺、交往、禁忌礼仪、饮食、服饰、居舍、行止风尚与禁忌、年节装饰文化风尚与禁忌习尚、岁时年节节令生活与生产活动习尚、禁忌习尚等）而言。恰因如此，它在历代社会生活方式、社会生活习尚的形成、演变中，起着重要的时尚性的作用：一是有着对各种社会生活习尚文化活动的参加者、变革者群体或个人，在生命、生活、生产、娱乐、教育、交际历程中，有指时（含计时、导时、行时、顺时等）的作用与功能。二是有着对各地区、各民族、各阶层群体或个人的社会生活、生产习俗时尚，进行应时性的充实、美化、丰富的作用与功能。三是有着对岁时年节文化活动的参与者个人或群体，提供、创造、实施在天（时）、地（利）、人（情）之间寻求共融共谐共存的机遇的作用与功能。故岁时年节因素亦是历代社会生活方式、社会生活习尚形成、演化中，具有时（间）、空（间）（地域）、人（社会）三者全方位的“坐标”特性的“要素”与“构件”之一。

13. 中外交流因素与背景

所谓中外交流因素与背景，系指历代各个时期，社会各阶层、各民族、各地区群体或个人，在中外交流（含中外政治、经济、文化、宗教、习尚的交流与交融）因素的作用下，所形成的新的社会生活方式、社会生活习尚事象而言。恰因如此，它在历代社会生活方式、社会生活习尚的形成、演变中，起着重要的交融性的作用：一是有着对各个历史时期的社会生活方式、社会生活习尚，通过中外交流渠道，进行外播，得以将特定的习尚，在国外传承、交融、外化的功能与作用。如唐代的社会生活习尚的外播东瀛，致使有人称日本的诸多建筑、茶道、茶艺、花道、烹技等社会生活习尚，堪称中国唐代唐文化的“活化石”，仿唐与中日间社会生活习尚、文化的交融之处，随处可见，俯拾即是。又如秦汉时期，通过“丝绸之路”，伴之以中国的商货丝绸、瓷器的外运及远销中亚、欧洲，也将诸多的东方文明、传统文化、社会生活方式与社会生活习尚，外播国外。茶叶的外销，引起了欧洲饮茶之风的盛行，即是如此。二是通过历代中外的政治、经济、文化、军事、贸易交流，诸多异域的宗教、文化、商品、社会生活习尚，传入中国，对历代社会生活方式、社会生活习尚的丰富、变革，有着重要的交融互补、互促互动的活化作用与功能。三是有着对历代各个历史时期中，各地区、各民族、各阶层群体或个人，新的社会生活方式、社会生活习尚的形成，有着重要的“参数”与激活作用和功能。汉唐时期，佛教自印度传入中国，然后兴盛；清代后期，西方的科技与社会生活方式习尚的输入中国，均对当时与后世人们社会生活方式、社会生活习尚的变迁，产生重大而深刻的影响，便是典型例证。故中外交流因素，亦是历代社会生活方式、社会生活习尚的形成、演化中，具有有形或无形的外来生活文化“酵母型”特性与特质的“要素”与“构件”之一。

中国古代，从先秦直到明清时期，人们的社会生活方式、社会生活习尚的发展、演变，与历代王朝统治者的礼仪政策与制度，以及民间的生活习尚观念与思想，有着相互重要的关联、互动关系。

一、统治者的礼仪政策与制度

作为统治者而言，其礼仪政策与制度的制定，其一，其首要目的在于维护封建统治的长治久安与消除民众的“谋反”、“叛逆”之心。其二，这些礼仪政策与制度（如法制、礼制、官制、服制、宅制、葬制、婚制、军制、驿制、仪制、禁忌及相关政策），对约束官员、民人的行为规范，对一定历史时期社会生活方式、社会生活习尚的形成变迁，有着法定的制约作用，如有“违制”，将受惩治。其三，历代相关的礼仪政策与制度，更对社会生活方式、社会生活习尚的形成，有重大的导向或钳制功效。其四，这些礼仪政策与制度，对历代官员、民人的社会生活方式与社会生活习尚心理的形成，亦有道德制衡的功能效应，且更通过显形与隐形两种方式表现出来。

1. 生活礼仪政策与制度

在古代，社会的不同阶级、阶层人们的社会生活方式、社会生活习尚，由于受历朝历代统治者社会生活礼仪政策与制度的制约、影响，故等级森严、昭穆有序，不得紊乱。社会上，不同身份的人，从帝王、贵族、官僚、缙绅到城镇乡村的市民、商人、农民、手工业者、工匠、佃役等，在平日与年节的衣食住行、婚丧嫁娶、娱乐游艺等社会生活习尚方面，均有严格的等级规定，即所谓的“礼制”规范，如果稍有逾越行为，轻则以“违制”议处，重则以有“谋反”之心而论罪。

2. 地域生活礼仪政策与制度

由于历代王朝统治者实施的户籍管理制度（如封建社会后期的保甲制度等）及相关的地域生活礼仪政策与制度的制约，大大强化了古代民人浓厚的地域社会生活观念与习尚，加之古代政治、经济、交通、文化等诸多因素的作用，使得人们在社会物质生活（衣、食、住、行）与精神生活（娱乐、交往、教育）方面的风尚时习，必然呈现出封闭性、狭隘性、保守性的特点。譬如，古代一些地区的世家、名门望族，多在某一地区“累世而居”，或数代“同堂”；一般民人也由于户籍制度的束缚，皆不能随意迁徙和易地而居。这就为以血缘为纽带的封建家族制度的兴盛和相对闭塞的社会生活，提供了最佳环境与肥沃的“土壤”，更为古代民人在地区间的社会生活方式、社会生活习尚的交流变化，设置了无形的障碍。

3. 民族文化融合社会生活政策与制度

中国古代，由于历代王朝统治者推行、实施的民族文化融合社会生活政策与制度，加之各族人民在不同历史时期，通过各种渠道、途径、方式，相互交往、彼此学习、互相支援，又必然使古代社会各阶层人们的社会生活方式、社会生活习尚，在逐渐地、缓慢地发展与变革过程中，程度不同地呈现出多样化的特点。社会生活方式、社会生活习尚不但在内容上逐步改变其单调、贫乏，趋于多样化，而且就外在表现形式方面而论，也更丰富多彩，发展趋势更呈现出文化的多样一体化的格局。这在历代的服饰礼仪政策与制度上，表现最为明显。以清代为例，清代从帝王官员到一般民人的各色各式服饰，无论就其形制而论，抑或是条文规章而言，均较以前任何一个朝代繁复。从总体上看，清政府制定的官民服饰之制，既保留了汉族传统服制中的某些特点，又不失其满族本民族的习俗礼尚。这既是清代满汉服饰文化习尚融会与结合的结果，也是清统治者"多元一体化"民族文化融合社会生活政策与制度，在服饰社会生活习尚方面，生动体现的结果。

二、民间的生活观念与思想

中国古代，民间的生活观念与思想，既受历代统治者制定的礼仪政策与制度制约、影响，同时，更有着源自自身生产、生活实践变迁而总结出来的思想观念。它们的具体表现形式为：其一，是"乡规"、"民约"，以约定俗成的方式，民人共同遵守。其二，通过移民、迁徙等方式，以"入乡随俗"的方式，改变或形成有别于旧传统的新思想、新观念。其三，在不同区域、不同民族之间，因地理与人文环境的差异，进而形成、传继各自具有特色与个性的民间生活观念与思想。

1. 民间家庭的生活观念与思想

家庭，是中国古代封建社会的重要支柱之一，亦是构成古代社会有机体的细胞。古代人们生活在有形与无形的社会组织中，家庭生活是一个重要的组成部分。在家庭之上，则有宗族，并建立祠堂。在政治方面，古代社会又严格区分为各个等级，各个等级的家庭和个人，在政治、经济、文化、生活礼仪、人际交往上，都要求遵循一定的行为规范与风俗时尚，不得逾越。恰因历代家庭在社会生活中的重要地位，故民人逐渐形成了"家和万事兴"、"成家立业"、鄙弃"败家子"的社会生活观念。且由此引发出"勤俭持家"、"家有老，是个宝"的思想观念。

从先秦至明清，官僚、贵族和乡绅豪门大户，多聚族而居，且往往有四世同堂、五世同堂者。而一般平民之家，则由父子两代或祖孙三代构成，同父弟兄成年娶妻成家后，则通常分家别居，建立新的家庭。在家庭内部，家庭成员之间形成多种亲属关系，其中有父子、夫妻、祖孙等，大家庭则有兄弟、叔侄、婆媳、姑嫂、妯娌等关系。古代家庭多男性成年人为家长，故有着"男为一家之主"的社会生活观念与思想。在夫妻、父子关系中，作为父、夫的家长拥有比他人较多的权力和威望。家庭经济主要由家长创造与掌握，南方女子除家务外,多半参加农业田间或辅助劳动。在纺织业发达的地区,民间更有着“男耕女织”、“男主外,女主内”的传统社会生活观念与思想。女子的棉纺、棉织、养蚕缫丝、丝织、麻纺等,足供个人与家人的生活所需。此外,历代民间还有将女子作为“传宗接代”的生育工具的生活风习观念与思想。她们不仅要生儿育女,且要对子女进行哺教,其生活与操劳是繁重而艰辛的。名门大户的闺秀与富贵之家的贵妇,虽不从事生产劳作,但却有繁琐礼教——“三从四德”、“别内外”的封建条规与民间生活观念、思想准则须遵循。在家庭财产继承上,民间的社会生活观念与思想则是:一是财产由“男性成员”继承。二是寡妇除“从一而终”外,要由丈夫家族为其立后才有继承权。三是“嫁出之女,泼出门之水”的传统生活观念,在古代民间根深蒂固,致使女儿对娘家财产无权染指,故其财产继承上也体现出“重男轻女”的社会生活观念与思想。

2. 民间婚姻的生活观念与思想

中国古代,民间婚姻的生活观念与思想,内容颇丰:一是婚姻婚配上,主张“门当户对”,既重门第又重财产,更重权势,且在贵贱通婚上禁忌颇严。二是婚仪按“礼仪”、“民俗”进行。如男女双方定亲时,女方争索彩礼与聘金,男方则要陪嫁妆奁。婚姻仪式,无论贵族还是平民,均须按礼法民仪进行,既烦琐又铺张浪费。三是婚姻形态上,“贵贱有别”、观念各异。平民家庭多是一夫一妻制,夫妻共同劳动、谋生,抚育儿女。富贵者凭借权势和财力,广纳妻妾,以三妻四妾为荣。当时无论官民,夫妻关系不管感情如何,都较为稳定,很少有离异的。四是在“家丑不可外扬”的社会生活观念与思想支配下,掩盖诸多为争名利而引发的矛盾。在家庭中,由于人们各自的政治、经济地位差异,背景与阅历不同,很容易造成多重矛盾的并存,尤以家长与家庭成员的矛盾为主,具体表现为父子、兄弟、夫妻、婆媳、妯娌等之间的明争暗斗、直接间接的大大小小冲突上。

3. 民间的宗族生活观念与思想

中国古代,从先秦到明清,民人在民间宗族生活观念与思想上,独具特色:其一,宗法的社会生活观念与思想颇强。由于宗法制度甚严,加之封建礼教、法规与户籍制度的推波助澜,又大大强化了古代的宗法宗族制度。江南地区有的家族几十人、几百人甚至上千人聚地而居,北方及中原也多有这种情况。聚族而居的家族,多立祠堂。祠堂内包含同一祖先的各派子孙,是未出五服的血缘近亲与出五服的亲属的联合,其构成基础则是拥有宗族成员的家庭。设有族长、族副等一套严密的组织机构,而大家族尤其完整。其二,宗族组织立有宗规族训,且有实施教育、审理、调解族人纠纷的习尚,它是基于民间通过宗族组织寻求“安全感”、“生存权”的生活观念,以及缘于“血缘关系”、“亲情脉络”的社会生活思想而产生的。故宗族组织制定宗规族训，规定族人的职业，族人对宗族的义务，家长的理家权，以及族人的其他行为准则。它经常对族人进行宗法的、伦理的教育，审理族人内部的纠纷，惩办违犯宗规族训者，甚至拥有向政府押送族人的送审权。在历代王朝法令的允许下，甚至还可以处死族人，俨然是一级政权组织。宗族内部族长和有政治身份的人掌握着宗族权，从而与一般成员产生统治与被统治的矛盾。其三，宗族内外的矛盾甚多且复杂，在内部，族人之间常因经济利益与财产发生纠葛；在外部，不同宗族之间，常因政治、经济的原因，发生纠纷，诱酿诸多民间械斗事案。

4. 民间的等级生活观念与思想

由于古代民人深受天命观的影响，故深信“生死由命，富贵在天”的信条，认为社会的等级、贵贱之别是“天生”与“注定”的。具体而论，在古人的社会生活中，由于政治、法律、经济、文化方面的种种原因，呈现出明显的等级、贵贱有别的风俗时尚。并使此形成一个等级的金字塔形，顶尖为皇帝，其次为贵族，最底层为平民与贱民等。其顺序为：皇帝→贵族（宗室与异姓）→官僚→缙绅→平民→贱民等。

等级有序、贵贱有别的社会生活观念与思想，致使古代中下层民众均有“认命”的习尚，且多祈求祖先与神灵“护佑”今世与来生的“平安”。其中，从皇帝到官僚、贵族享有种种政治、经济、军事、文化、法律特权，而贱民阶层中的奴婢，有卖身的，有家生的，有投靠的，主要从事家内劳动，他（她）们是主人的财产，人身受主人控制，不能告主、叛主。政府虽不允许任意杀害他们，但他们的主人杀害他们都享有减免罪责的特权，所以他们的生命与生存权力并无保障。

5. 民间的地域生活观念与思想

中国古代，以地域、地缘的人际关系作纽带，或以相同的职业、信仰作为生存与心理的认同点的民间地域生活观念与思想，则是基于自身社会生活、生存、发展有效空间的“寻求”与“巩固”的需求之上。其中，古代以地域生活观念形成的地缘群体，在封建社会后期，则有“土著”、“客家”、“徽商”、“淮商”、“晋商”、“粤商”、“陕帮”、“甘（肃）帮”等。还有以不同的宗教信仰、宗教习尚形成的宗教群体等。这些群体既平行共存、相互维系又相互制约。

中国社会生活史的研究，不仅是中国史研究的主要组成部分，而且是其中最具特色、内容最为丰富多彩的领域之一。目前，关于它的学术领域界定与归属问题，众家纷起，各持己见。或振臂高呼，以求应和；或默默笔耕，以示存在；或各持一端，以使囊括麾下。既有“辩经”说难之攘臂雄风，更有暗中斗“法”较劲之百态。然而，依笔者己见，它当理属社会文化行为学范畴。其实，早在

20世纪的二三十年代，国内外的诸多研究者便涉及此一领域，分别从社会学、民族学、民俗学、历史学、文化学的角度，对古代社会各阶层人们的物质、精神、民俗、生产、科技、习尚生活的状况进行探究，诸多学者还在实地调查的基础上，进行婚姻与家庭形态的社会学研究，并取得了丰富的成果。但此一研究的真正全面展开，却是近20年的事情，伴随改革开放与学术的繁荣，研究者方能在解放思想、实事求是、与时俱进、开拓创新的前提下，对诸多领域进行开创性的研究。仅以饮食文化史研究为例，直至20世纪80年代末，号称饮食文化大国的中国，却无一本专史研究著述，林永匡、王熹合著的《清代饮食文化研究》一书（黑龙江教育出版社，1990年版），40余万字，在充分利用文献、满汉文档案资料基础上写成此书，首次建立了饮食文化史的研究体系，探究了新的研究道路与方法，故在国内外引起强烈反响。在此之后，《中华文明史》（10卷本，河北教育出版社，1994年版）中，每卷设有社会生活与民俗专篇（主编钟敬文，副主编林永匡、陶立璠）；汪福宝、庄华峰主编的《中国饮食文化辞典》（林永匡、王熹作长篇序言）（安徽人民出版社，1994年版），亦是全国第一部饮食文化工具书。此后，由中国社会科学院历史研究所诸多资深专家学者撰著的《夏商社会生活史》、《魏晋南北朝社会生活史》、《隋唐五代社会生活史》、《辽宋西夏金社会生活史》、《清代社会生活史》陆续问世，其他卷也在出版之中；至于由上海文艺出版社推出的多卷本社会风俗史，则已出版《中国风俗通史》的原始社会卷（宋兆麟著）、夏商卷（宋镇豪著）、两周卷（陈绍棣著）、秦汉卷（彭卫、杨振红著）、魏晋南北朝卷（张承宗、魏向东著）、隋唐五代卷（吴玉贵著）、宋代卷（徐吉军、方建新等著）、辽金西夏卷（宋德金、史金波著）、元代卷（陈高华、史卫民著）、明代卷（王熹著）、清代卷（林永匡、袁立泽著）等书，均为一批著名学者的研究成果，对推动此一领域研究向纵深发展，将起到积极重要的作用。

由庄华峰教授等撰著的《中国社会生活史》一书，着重阐释历史上具有普遍性的社会生活方式和群体事象，析其源、辨其流、叙其程、述其果，进而考述社会生活方式的嬗变与民俗传承的互动关系，考察人们的社会生活观念和行为伦理的形成演变过程，从而构建起中国社会生活史的理论体系、知识框架，勾画出社会生活史的整体面貌来。

此外，此书还有诸多新的特色与创新之处：其一，在写作方式上，打破大通史的编写惯例，而以专题形式进行表述，既可避免按朝代叙事前后断续相离、脉络不明之短，又可发挥清晰再现社会生活方式传承脉络之长。其二，该书内容宏富，涵盖面广，且具有前瞻性，尤其是有关人类行为与生存环境变迁方面的内容，更是如此。其三，此书的撰著，除立足于丰富的文献资料外，还充分利用大量的文物考古资料，对史实加以佐证。同时，著者还利用民族学、民俗学、社会学诸方面的资料，吸收学术界的最新研究成果，这就使得本书具有了学术前沿性的特色。至于书中的叙述，文字简洁流畅，立意深入浅出，致使本书更具有了可读性的特点。这些，均是撰著者深厚的学术功底与务实的教风学风的生动体现，弥足珍贵。

在此书出版之际，我们期盼有更多更好的中国社会生活史研究成果问世，愿此一学术领域更加繁荣，以更好地服务于当代与后世的社会主义物质文明、精神文明、政治文明、科技文明、社会生活文明的建设。

2002 年 11 月 8 日于北京

导 论

一、中国社会生活史研究状况的回顾

中国社会生活史，以中国历史流程中带有宽泛内约意义的社会生活运作事象作为研究系列，它是历史学的一个重要分支，关于其在历史学中的地位，英国著名历史学家哈罗德·铂金曾如是说："灰姑娘变成了一位公主，即使政治史和经济史不允许她取得独立地位，那么她也算得上是历史研究中的皇后。"①

然而这位"皇后"在中国却历尽坎坷，步履维艰，她或为其他学科的绿阴所遮盖，或为时代风暴扬起的尘沙所掩蔽，使得中国社会生活史没有打下坚实的理论基础，也没有清理出必要的历史资料，整体性的研究尤其薄弱，甚至于今日提到"生活史"这个词，许多人仍不乏茫然之感，这不能不说是个缺憾。

作为历史学一个分支的社会生活史，在中国兴起，只是20世纪20年代以来的事。但其萌芽却可追溯至古代，中国古代史学家治史，都十分注意搜集、整理有关社会生活方面的史料。如孔子辑集的《诗经》，采诗以观民风，凡邑聚分布迁移、氏族家族组织、衣食住行、劳动场景、男女恋情婚媾、风尚礼俗等等，均有披露。《十三经》中的《礼记》、《仪礼》，对古代社会的宗法制、庙制、丧葬制、婚媾、人际交往、穿着时尚、生儿育女、敬老养老、起居仪节等社会生活资料，作了繁缛纳范，可谓是一本贵族立身处世的生活手册。司马迁在《史记·货殖列传》中描述了全国二十多个地区的风土人情：临淄地区，"其俗宽缓阔达，而足智。好议论，地重，难动摇，怯于众斗，勇于持刺，故多劫人者"。

① 蔡少卿主编：《再现过去：社会史的理论视野》，浙江人民出版社1988年版，第144页。

长安地区，“四方辐凑并至而会，地小人众，故其民益玩巧而事末也”。他并非仅仅罗列现象，还力图做出自认为言之成理的说明。如他在解释代北民情为何“慓悍”时说，这里“迫近北夷，师旅亟往，中国委输，时有奇羡。其民羯羠不均”。而齐地人民“地重，难动摇”的原因在于这里的自然环境和生产状况是“宜桑麻”耕种。这些出自古人有意无意拾掇下的社会生活史素材，对于揭示丰富多彩的历史演进外在表象和内在规律，无疑具有积极意义，将其视作有关社会生活研究的有机部分，似也未尝不可。但社会生活史作为一个学科，则是伴随着20世纪初社会学的兴起而出现于西方。开风气之先的是法国的“年鉴学派”。他们主张从人们的日常生活出发，追踪一个社会物质文明的发展过程，并进而分析社会的经济生活和结构以及全部社会的精神状态。“年鉴学派”的代表人物雅克·勒维尔在《法国史》一书中便指出：重要的社会制度的演变、革命以及改革等等历史内容虽然重要，但是，“法国历史从此以后也是耕地形式和家庭结构的历史，食品的历史，梦想和爱情方式的历史”。史学家布罗代尔在其《15至18世纪物质文明、经济和资本主义》一书中，将首卷即题为《日常生活的结构》，叙述了15至18世纪世界人口的分布和生长规律，各地居民的日常起居、食品结构以及服饰、技术的发展和货币状况，表明他对于社会生活是高度关注的。英国著名史学家G·屈维廉，在他的《英国社会史》一书的前言中将社会史定义为：“除去政治的人民史”，认定社会史研究的主要内容是社区、家庭、妇女、婚姻、儿童、教堂、监狱等方面的历史和各种社会集团的生活状况、特征，而将国家政治制度、经济制度、文化制度的研究排除于社会史之外，此一看法，虽有某些局限与片面性，但将社会史与政治史、经济史、文化史区别开来，从而使社会生活研究的价值和地位进一步得到强调。

在20世纪初“西学东渐”的大潮中，社会生活史研究与方法也被介绍到中国，并迅速蔚成风气。揭橥大旗的是梁启超。他在《中国史叙论》中激烈地抨击旧史“不过记述一二有权力者兴亡隆替之事，虽名为史，实不过是帝王家谱”，指出：“匹夫匹妇”的“日用饮食之活动”，对于“一社会、一时代之共同心理、共同习惯”的形成极具重要意义。为此，他在拟定中国史提纲时，专门列入了“衣食住等状况”、“货币使用、所有权之保护、救济政策之实施”以及“人口增殖迁转之状况”①等等社会生活内容，从而开启了中国社会生活史研究的新局面。

有的学者认为，中国社会生活史的研究经历了三个阶段②。1911年至

---

① 以上参见梁启超：《饮冰室合集·文集》第1册，中华书局1994年版。

② 冯尔康：《中国社会史研究综述》，天津教育出版社1988年版，第29～39页。

1949 年为第一个阶段。这一阶段对于中国古代社会生活史的研究成果丰硕，著述迭出。重要的有张亮采《中国风俗史》(1911)、陈顾远《中国古代婚姻史》(1925)、贾伸《中华妇女缠足考》(1925)、陈东原《中国妇女生活史》(1928)、瞿宣颖《汉代婚俗制度史前编》(1928)、吕思勉《中国宗族制度小史》、《中国婚姻制度小史》(1929)、郭沫若《中国古代社会研究》、李安宅《仪礼与礼记之社会学研究》(1931)、杨树达《汉代婚丧礼俗考》(1933)、于世琦《三国时代薄葬考》(1933)、陶希圣《婚姻与家族》(1934)、王书奴《中国娼妓史》(1934)、黄现璠《唐代社会概略》(1935)、袁业裕《中国古代姓氏制度研究》(1936)、陈顾远《中国婚姻史》(1936)、邓云特《中国救荒史》(1937)、瞿宣颖《中国社会史料丛钞》(1937)、尚秉和《历代社会风俗事物考》(1938)、高观达《中国家族社会之演变》(1944)等等。

这时期的生活史研究存在两方面的不足:一是研究手段粗疏。当时,中国的社会生活史研究依然带有颇为浓重的前辈人的影子:重考据,轻分析;重叙述,轻思考;重过程,轻论述。以分量较重的《中国婚姻史》、《汉代婚丧礼俗考》、《唐代社会概略》为例,它们的研究方法和内容即是大量搜集史料,加以排比,得出一些没有经过理性思考的“自然而然”的结论①。同时感到不足的是,这一时期的研究没有把生活史研究对象与历史学其他专史的对象作综合的分析,找出它们之间的内在联系,揭示社会生活史的地位和历史运动的线索。二是缺乏理论。尽管这时期的研究多集中在社会生活方面,并取得了不少值得欣喜的成绩,但对于究竟什么是社会生活史,其研究对象是什么,内容范围怎样等问题,却很少有人进行理论上的探讨,而这些问题又是研究者所无法回避的,于是人们便按照自己的理解规范社会生活史的内容,致使社会生活史范畴的界定不清,理论上存在着诸多的混乱。

20 世纪 50 年代 ~80 年代初,为社会生活史研究的第二个阶段。这是社会生活史研究的“停顿”时期。之所以出现“停顿”局面,原因有两方面:一是社会学等课程被取消的影响。中华人民共和国成立后,向前苏联学习,进行院系大调整,至 1953 年,全国所有高校的社会学系一律被取消,社会学课程停止开设,一些与之相关的课程、学科如政治学、社会心理学和文化人类学作为资产阶级的学科被取缔。社会生活史研究的某些方法和内容与社会学有相通之处,自然也无法再研究。后来前苏联对社会学开禁了,中国却继续封禁,这一局面一直持续了将近 30 年。二是对阶级斗争理论的片面理解。新中国成立以来,特别是从 1957 年反右斗争到史无前例的十年动乱这段岁月里,史学界

① 彭卫等:《历史学的视野》,陕西人民出版社 1978 年版,第 243 页。

对马克思主义的阶级斗争理论作了片面的教条式的理解，人们讲的是阶级斗争，写的也是阶级斗争史，把本来是丰富多彩的历史研究空间变得越来越窄，思路越来越僵化。诚如有学者所说，“从50年代后期开始，由于教条主义的束缚和‘左’的思潮影响，人们在理解和应用历史唯物主义从事史学研究时出现了偏颇和失误，将社会生活这一重要历史内容的研究视为‘庸俗’、‘烦琐’而逐之于史学门槛之外，并且美其名曰捍卫马克思主义史学的革命性和科学性”①。

由于社会生活史这位“皇后”被打入了“冷宫”，因而，这一时期有关社会生活史的著述寥若晨星。专著方面只出版了董家遵《中国收继婚姻之史的研究》(1950)、沈从文《中国古代服饰研究》(1981)、瞿同祖《中国法律与中国社会》(1981)、王兴亚《中国旅馆史话》(1984)、李季芳等《中国古代体育简史》(1984)、孙景隆等《中国舞蹈史》(1983—1984)、叶大兵《中国百戏史话》(1985)、杨宽《中国古代陵寝制度史研究》(1985)等几种。

值得一提的是，这一时期港台地区及日本的学者对于中国社会生活史的研究一直没有中断，并取得一定成绩。其中，港台地区主要有董作宾《殷代的奴隶生活》(1950)、曹德宣《殷之卜辞与中国古代社会的生活》(1965)、许倬云《周代的衣食住行》(1976)、何联奎《中国礼俗研究》(1983)等。

日本学界对中国古代社会生活史的研究，起自20世纪40年代，当时有加藤常贤《支那古代家族制度研究》(1940)、诸桥辙次《支那之家族制》(1941)、清水盛光《支那家族的构造》(1942)三部著作，均用较多篇幅探讨过商周的家族形态、婚姻、丧葬、宗庙祭祀制度等，在学界影响较大。50年代至今，又有一大批成果问世，如内藤戊申《殷人的生活》(1957)、仓林正次《飨宴之研究——仪礼篇》(1965)、泽田大多郎《从考古资料看中国商——汉的住居形态》(1966)、池田末利《古代中国的神与人间》(1967)、加藤常贤《中国古代的生活与文字》(1970)、谷田孝之《中国古代丧服的基础研究》(1970)、池田雄一《中国古代的聚落形态》(1971)、藤野岩友《中国古代的坐法》(1972)、伊藤道治《殷代的宗教与社会》(1975)、深津胤房《古代中国人的思想与生活》(1975—1976)、宇都宫清吉《〈诗经〉时代的社会》(1978)、松本雅明《中国古代的村落和生活仪礼》(1979)、笠川直树《殷代社会的子和宗教仪礼》(1981)等。最近日本东京吉川弘文馆出版了一部林巳奈夫撰《中国古代的生活史》(1992)，该书内容宏富，包括服饰、住居和村落、什器和饮食、农工商业、乘物和道路、娱乐、文书与书物、祭祀等方面，对两汉以前社会生活作了勾述。

---

① 《历史研究》评论员:《把历史的内容还给历史》,《历史研究》1987年第1期。

20世纪80年代中期至今,为社会生活史研究的第三个阶段。在这个时期里,社会生活史研究这位"皇后"走出"冷宫"又得以复归,成为史苑里的一株奇葩,是近年来中国史学繁荣的显著标志。社会生活史研究的复兴,包含着史学思想的重大变革。一方面它体现一种"自下向上看"的历史观,把对普通民众的关注放到了首位。另一方面,它深刻地意识到,无论是一个民族的文化,还是一个历史时期的文化,不仅是思想的精彩绝伦和文物制度的美轮美奂,而且更鲜活地植根于社会生活之中。正是衣食住行一类琐碎生活,构成了特定历史时期或特定民族的文化样式①。

这一时期的生活史研究,受到国家和社会各方面的重视与支持。这些年先后在天津、南京、成都、沈阳、西安、上海召开了数届全国性学术研讨会。其中,1986年10月,南开大学历史系、《历史研究》杂志社和天津人民出版社联合发起在天津召开了中国首届"中国社会史学术研究会",从事历史学、社会学、哲学、民俗学、文学、经济学的专家学者80余人参加了会议。这是中国社会生活史研究的新起点、新开端,是社会生活史在走向成熟的道路上迈出的关键一步。从此,社会生活史研究成为历史研究中颇为绚丽的篇章,至今方兴未艾,其成果如雨后春笋,不胜枚举。重要者有中国社会科学院历史所承担的国家社科基金项目"中国古代社会生活史"丛书,其中,已出版的有宋镇豪《夏商社会生活史》(1996)、朱大渭等《魏晋南北朝社会生活史》(1998)、李斌城等《隋唐五代社会生活史》(1998)、朱瑞熙等《辽宋西夏金社会生活史》(1998)、史卫民《元代社会生活史》(1996)、林永匡、王熹《清代社会生活史》(2003)等。另有由上海文艺出版社于2001年推出的多卷本《中国风俗通史》,已出版的有原始社会卷(宋兆麟著),夏商卷(宋镇豪著),两周卷(陈绍棣著),秦汉卷(彭卫、杨振红著),魏晋南北朝卷(张承宗、魏向东著),隋唐五代卷(吴玉贵著),宋代卷(徐吉军、方建新等著),辽金西夏卷(宋德金、史金波著),元代卷(陈高华、史卫民著),明代卷(王熹著),清代卷(林永匡、袁立泽著),民国卷(刘志琴著)等。此外较为重要的还有林永匡、王熹《食道·官道·医道》(1989),林永匡、王熹《清代饮食文化研究》(1990),林永匡《饮德·食艺·宴道》(1995),汪福宝、庄华峰《中国饮食文化辞典》(1994),庄华峰《中国婚姻史》(1996),黄正建《唐代衣食住行研究》(1998),林正秋《宋代生活风俗研究》(1998),秦新林《元代社会生活史》(1997),王熹《中国明代习俗史》(1994),冯尔康《清人生活漫步》(1999),龚书铎主编《中国社会通史》(共8卷,1996),彭卫《汉代社会风尚研究》(1998),侯旭东《五六世纪北方民众佛教

① 吴成国:《中国人的礼仪生活·序》,湖北教育出版社1997年版,第3页。

信仰》(1998),简涛《立春风俗考》(1998),朱青生《将军门神起源研究——论误解与成形》(1998),冯尔康、常建华编《中国历史上的生活方式与观念》(1998),郝春文《唐后期五代宋初敦煌僧尼的社会生活》(1998),郭振华《中国古代人生礼俗文化》(1998),徐吉军《中国丧葬史》(1998),《中华文明史》(1~10卷)(民俗文化史主编钟敬文,副主编林永匡、陶立璠)(1994),林永匡、王熹《中国节令史》(台湾文津出版社)(1995),李士靖主编《中华食苑》(1~10集)(1996),王子辉《隋唐五代烹饪史纲》(1991),陈伟明《唐宋饮食文化初探》(1993),鲁克才《中华民族饮食风俗大观》(1992),李华瑞《宋代酒的生产和征榷》(1995),季羡林《文化交流的轨迹——中华蔗糖史》(1997),陈宗懋主编《中国茶叶大辞典》(2000),黎虎《汉唐饮食文化史》(1998)等。

这一阶段,人们在进行社会生活具体研究的同时,还注意对其名称、定义、对象、范畴等以及与其他学科的关系等理论问题进行探讨。探讨中,相当一批学者把社会生活史纳为"社会史"的范畴,按照各自的理解,进行种种论证,出现了众说纷起、意见迭出的局面,这是可喜的现象。因为当一个学科兴起或重建时,对一些理论问题不能不大体上规划一下,否则便丝毫无所遵循,使人无从下手。但如果争论旷日持久,一时难以休止,也不免带来"空疏"的弊端,扭转落伍现状和繁荣学术研究则无从谈起。再说,一时间要给这门学科下个确切而科学的定义尚有很大困难。目前中外学术界关于社会学、文化史竟有几十种、上百种的定义,也说明为一个学科下定义并使之被公认,绝非易事。因此,没有必要把过多的精力放到解决这些问题上面,而应静心契志多做些专题研究,通过成果的点滴积累为学科建设提供依据。况且,社会生活史,语义通俗而不浅显,宽泛而不浮虚,适合当今国民文化素质背景下的吸收消化,不妨由此着手。总之,中国社会生活史的创立,前景是乐观的,但学术耕耘的甘苦也是自不待言的①。

二、怎样学习中国社会生活史

社会生活史作为社会科学的一个门类,在研究方法上与社会科学的其他学科有相通之处;而作为一门独立的学科,社会生活史又有自己独特的研究理论和方法。在这里,我们主要介绍学习和研究中国古代社会生活史的方法。

(一)明确研究社会生活史的指导思想

开展社会生活史研究,必须坚持马克思主义理论为指导。

马克思主义的创始人非常重视社会生活的研究。在他们的心目中,社会

① 参见宋镇豪:《夏商社会生活史》,中国社会科学出版社1996年版,第7页。

生活是人类丰富多彩的历史的重要组成部分。因此,他们从不把人们的生活方式排斥在自己研究的视野之外,而总是按照社会存在决定社会意识的原理,把生活方式同生产方式紧密联系起来,考察生产力与生产关系、经济基础与上层建筑的矛盾斗争,剖析各个社会形态,阐述历史发展规律。马克思在《经济学手稿》第三章《相对剩余价值》中,曾引用一份《工厂视察员报告》里的论断:"近年来,任何一种机械发明都不像'珍妮'纺纱机和精梳纺纱机的创造,在生产方式上,并且归根到底,在工人的生活方式上,引起那样大的改变。"并对此加以肯定和引申说:"这里,正确地表达了实际的联系。'机械发明',引起'生产方式上的改变',并且由此引起生产关系上的改变,因而引起社会关系上的改变,'并且归根到底'引起'工人的生活方式上'的改变。"①在《马志尼和拿破仑》一文中,马克思又指出:"现代历史著述方面的一切真正进步,都是当历史学家从政治形式的外表深入到社会生活的深处时才取得的。"②可见,在马克思主义观点看来,社会生活在历史发展中并非无足轻重的琐屑小事,而是综合体现生产力和生产关系以及各种社会关系变化的标志。倘若我们基于这一认识,再去重温马克思、恩格斯的著作,如《德意志意识形态》、《资本论》、《路易·波拿巴的雾月十八日》、《论日耳曼人的古代历史》、《家庭、私有制和国家的起源》、《德国农民战争》、《英国工人阶级状况》等名著,一定会从中得到重要的启迪和教益③。由此我们可以看到,他们科学的世界观和方法论,正是从包括社会生活史在内的历史研究中升华而来。

我们强调开展社会生活史研究,必须坚持马克思主义理论作指导,不仅仅是由于在社会生活史这一学科创立的过程中,马克思主义经典作家曾做出过重要贡献,更为重要的原因在于,马克思主义理论在当今和今后的社会生活史研究中,具有持久的方法论价值,具有其他学术理论无法替代的作用。马克思主义的历史唯物论,是关于人类社会发展最一般规律的科学,是辩证唯物主义原理在社会历史领域里的推广和运用,它既是科学的世界观,又是科学的方法论,通史的研究离不开这种理论的指导,社会生活史的研究也同样离不开它的指导。历史唯物主义的基本原理,如生产力与生产关系、经济基础和上层建筑之间的辩证关系,生产方式决定社会的性质与面貌的理论,人民群众与杰出历史人物作用的理论,以及关于家庭、国家、宗教、意识形态等等各种社会组织、社会现象的具体论述,都将为我们开展社会生活史研究提供理论和方法方面

---

① 《马克思恩格斯全集》第47卷,人民出版社1960年版,第501页。

② 《马克思恩格斯全集》第12卷,人民出版社1960年版,第450页。

③ 引自《把历史的内容还给历史》,《历史研究》1987年第1期。

的科学指导。

社会生活史研究必须以马克思主义为指导,但是,这种指导只能是用马克思主义的原则、观点、方法进行生活史研究。马克思主义从世界观和方法论的高度说明了世界的本质及其普遍联系,在社会历史领域,它所揭示的只是人类社会的一般规律和诸如社会存在、社会意识、生产力、生产关系、经济基础、上层建筑等根本问题,它所使用的概念和范畴,具有高度的概括性和抽象性,只能反映社会存在和社会发展的最基本的方面。然而社会生活是丰富多彩的,社会发展是曲折复杂的,它比抽象的哲学层面的理论具体、生动、丰富得多。因此,我们只能以马克思主义的基本观点和原则为指导,从历史实际出发,在大量可靠的史料基础上进行科学的分析和综合,而切忌简单"套用",只有这样,才能反映出极其生动、丰富的社会生活内容,也才能在社会生活史学科的研究中丰富和发展马克思主义的理论。

最后需要指出的是,虽然马克思主义基本原理对社会生活史研究具有指导作用,但马克思主义经典作家并没有对社会生活史研究的对象、范畴、作用作过系统的论述。马克思主义的历史唯物主义理论不能取代社会生活史研究。社会生活史在它的研究过程中,还要构建本身特有的理论,才可能完满地去说明自身及其在历史整体中的作用。因此说有了马克思主义一般原理作指导,并不等于社会生活史的研究就不用下力气,社会生活史这门学科就能很快建立起来。恰恰相反,不作积极的努力,不进行探索性的开创工作,是进不了社会生活史的殿堂的。

(二)引进其他学科的研究方法

社会生活史作为历史学的一个分支,历史学的方法仍是社会生活史学习和研究的基本方法,对于这些方法,我们不再赘述。这里,我们着重介绍一下个案研究法、参照比较方法、精准计量方法和相关学科交融法,这些也是学习、研究社会生活史的一些主要的方法。

1. 个案研究法

从整体上对某一个研究对象进行全面细致考察的研究方法叫做个案研究法。法学、心理学、社会学等学科都把这种方法当作学术研究的基本方法。在历史学领域中,这种方法的使用也由来已久,近年来更为人们所青睐。这里所说的个案,可以是一个人,也可以是一个家庭、宗族、比较小的群体或小的社区。个案研究法的优点是显而易见的,它可以对某一历史现象作全面的研究,既清晰地描绘其外部面貌,又深入地揭示其本质。许多学者把这种研究方法应用于生活史研究,取得了丰硕成果。

2. 参照比较法

所谓参照比较研究法，是指对两个或两个以上的历史研究对象比较对照，分析其异同并进而揭示共同规律和特殊规律的研究方法。这种研究方法在传统史学中早已被广泛采用。如司马迁的《史记》，刘知几的《史通》，章学诚的《文史通义》，古希腊希罗多德的《历史》，近代德国莱布尼茨、法国伏尔泰、孟德斯鸠以及我国梁启超等人的著作中，都自发地运用了历史参照比较法。在社会学领域中，比较方法也一直受到研究者的重视。社会生活史研究同样不可忽视这种方法。生活史研究中的参照比较有着多种多样的方式，既可以从时间上进行纵向的比较，从空间上进行横向的比较；又可以对相关问题的内容、形式、内部结构、外部联系等各个方面进行比较。在运用历史参照比较法时，必须遵循历史的可比性原则，即首先弄清被比较的历史对象是否可以加以比较，绝不可把没有任何联系的历史对象硬拉在一起去作庸俗的比较。同时，在比较中，不能单纯地罗列一些表面的异同现象，而是要透过现象分析原因，从共同性中揭示矛盾的普遍性，从差异性中阐明矛盾的特殊性，使我们对社会生活史的认识能够更加深入。应当指出的是，历史参照比较方法不是万能的，它有着不可避免的局限性，因此，在社会生活史研究中，它不能孤立进行，需要和其他方法结合起来运用。

3. 精准计量法

运用数学方法，通过数量关系来认识事物本质和规律的研究方法叫做精准计量研究法。在社会生活史研究中，有目的地运用计量方法分析历史问题，用电子计算机技术处理历史资料而形成的历史精准计量研究法，其实质就是通过对生活史资料的精准定量分析，来认识历史现象，进而揭示历史的本质和发展规律。这种方法改变了传统史学手工操作的落后局面，使过去无法处理的大量史料得到合理利用。同时，这种方法通过精确的定量分析，使原来不够确切的历史问题，得到了可靠数据的证明，从而使研究成果更具有科学性和准确性。近年来，这种方法在社会生活史领域中越来越受到人们的重视。

4. 相关学科交融法

所谓相关学科交融法，是指社会生活史与其相关学科在研究方法上的借鉴与交融。我们知道，社会生活史与社会学、民俗学、人口学、人口史、民族学、民族史、家庭学、婚姻史、经济史、文化史等许多学科有相互交叉之处。因此，在生活史研究中，上述相邻学科的理论和方法就有许多可资借鉴和使用。社会生活史研究的理论和方法，将在这种相邻学科研究的相互交融中发展、完善起来。

最后，我们要强调一下学习和研究社会生活史所必须遵守的一些具体的原则。例如，为了确保学术研究的科学性，要对历史上的社会生活做客观的、具体的研究，也就是说要用马克思主义的唯物史观观察研究过去，不能用当代的标准去改变古代的本来面貌，不能用个人的想像来塑造历史。此外，历史上社会生活中的现象和问题不是一成不变的、永恒的，而是处在不断地发展变化的运动过程中，这就要求社会生活史研究必须符合社会本身运动发展的客观实际，进行动态的考察。同时，社会生活史研究的社会现象，是最常见、最大量、最生动、最富变化、最具人情的，即是最具有群众性的，因而社会生活史研究必须以社会下层的民众为主要研究对象，特别是要注重研究广大民众的生活和生活方式，而不能把研究的重点放在社会上层。

（三）研究历史文献

中国史籍素称浩繁，有关社会生活史的文献也是为数众多。但这些资料十分零散，不集中，不完整。为了找到足以说明问题的证据，我们的资料工作就不得不尽量从宽撒网，搜集的范围包括历代正史、政书与类书、地方史志、游记图籍、谱牒、笔记小说、诗文集及其他资料等。以下对这些方面的有关资料逐次稍作介绍①。

1. 正史和《资治通鉴》

“正史”历来是历史研究的基本资料，当然也是生活史研究的重要资料来源。这些资料主要集中在一些“志”里，如礼、乐、舆服、仪卫、食货、五行、刑法等志，涉及社会生活的内容较多。“传”里所包含的生活史资料也不少，如文苑、忠义、孝友、隐逸、日者、方伎、列女、外戚、宦官等传所含生活史资料就较多。“纪”中也不乏这方面的资料。正由于“正史”含有丰富的社会生活史资料，所以要研究社会生活史，不可不通读之，杨树达著《汉代婚丧礼俗考》，主要资料来源于“两汉书”，就是很好的说明。

《资治通鉴》的史料价值历来为史家所重视，无论是正文还是考异中均有一些涉及社会生活方面的内容，同样值得重视。

2. 政书和类书

先说政书。政书是记载典章制度的史书，其中，著名的有《通典》、《通志》、《文献通考》，合称为三通，此后又有续三通、清三通合为九通，其中，礼、户口、宗庙、乐、氏族、灾祥、蠲免、谥法、器服诸类所含生活史资料较为集中。

会要也属于政书范畴。它按朝代编写，反映一代典章制度及有关事迹，分类详细，检索方便。其中，较为重要的有清人姚彦渠的《春秋会要》，明人董说的《七国考》，清人孙楷的《秦会要》，宋人徐天麟的《西汉会要》、《东汉会要》，

---

① 参见冯尔康等：《中国社会史研究概述》，天津教育出版社 1988 年版，第 40～46 页。

清人杨晨的《三国会要》，宋人王溥的《唐会要》、《五代会要》，清人徐松的《宋会要辑稿》，清人龙文彬的《明会要》。会要有相当一部分内容是关于社会生活史的，以《东汉会要》为例：该书设有《民政》、《礼》、《乐》、《舆服》等类，其《民政》类设有户口、崇孝行、戒奢侈、荒政、奴婢、禁厚葬等目，反映人口、社会救济等东汉社会生活史内容。

关于中国古代史事的类书资料较为丰富，著名的有唐代虞世南的《北堂书钞》，欧阳询等的《艺文类聚》，徐坚等的《初学记》，宋代李昉等的《太平御览》、《太平广记》，王钦若等的《册府元龟》，清代陈梦雷等的《古今图书集成》等。这些类书有关社会生活史方面的资料十分丰富，如《北堂书钞·酒食部》凡七卷六十篇，广泛涉及主食、副食、饮料、调味品、食品加工酿造等方面的内容；《太平御览》对宋代以前人们服装就汇集40卷的资料；《古今图书集成》汇编康熙以前各朝代有关资料，分成32典，其礼仪典设有冠礼、婚礼、丧葬、谥法、祀典、宗庙、家庙、冠服等部。这些都是研究社会生活史弥足珍贵的资料。

还有与类书相似的类钞，它是把反映同类历史的资料钞于一集，如徐珂的《清稗类钞》，上海古今图书局的《古今笔记精华》，王初桐的《奁史》等，这些书中有不少社会生活史方面的资料，不容忽视。

3. 各类专书

主要包括礼制专书、法律专书、荒政专书和妇女专书，其中，有大量社会生活史方面的资料。

礼制专书从法律、衣着、器皿、礼仪各个方面反映了社会结构与人们的等级生活，其著作有《周礼》、《仪礼》、《礼记》以及黄学爽辑佚的《礼含文嘉》，应劭的《汉官仪》，肖嵩等的《大唐开元礼》，郑居中等的《政和五礼新仪》，金官修的《大金集礼》，李好文的《太常集礼》，宋濂等的《洪武集礼》，乾隆官修的《大清通礼》、《皇朝礼仪图式》，崑冈等的《光绪会典图》等。

法律专书记载法令及其实行情况，反映了人们的等级身份与宗族、家庭等方面的资料，重要书籍有《唐律疏议》、《通制条格》、《大元圣政国朝典章》（元典章）、《大诰三编》、《大清律例统纂集成》、《驳案汇编》等。

荒政专书记述灾荒下的社会及赈济事业的状况，其内容除见于二十六史和十通，尚有专书，如宋人董煟的《救荒活民书》，（乾隆）《钦定康济录》，清人杨景仁的《筹济编》，清人俞森的《荒政丛书》等。

妇女专书是指专门记载妇女事迹的书籍，有的出于男子之手，有的则为妇女之作，其中，影响较大的有女四书：《女诫》、《女论语》、《内训》、《女范捷录》；还有汉人刘向的《列女传》，清人毛奇龄的《胜朝彤史拾遗记》、陈宏谋的《教女遗规》、方绚的《香莲品藻》、汤漱玉的《玉台画史》、陆圻的《新妇谱》、于鬯的《花烛闲谈》等。

4. 方志

即地方志，又称志书。内容驳杂，但它集中保存有大量有关衣食住行、当时令节、婚嫁丧葬、人情交往等生活史方面的资料。我国现存方志八千多种，十一万多卷，其中，社会生活资料价值甚高的书籍有：晋人葛洪集的《西京杂记》、南朝梁人宗懔的《荆楚岁时记》、宋人孟元老的《东京梦华录》、吴自牧的《梦粱录》、周密的《武林旧事》、明人蒋一葵的《长安客话》、清人潘荣陛的《帝京岁时纪胜》、顾铁卿的《清嘉录》、近代吴汝纶的《深州风土记》等。明清及至民国时各省府州县镇的地方志中，关于社会生活、民人风尚、年节习尚、婚丧嫁娶、名人事迹、轶闻趣事、陋习陋规、节妇忠烈、物产商贸、市镇风光，均有详细记述，可谓社会生活史"全景式"地情物情民情社情"信息资料库"。

5. 笔记小说

笔记小说多系古代文人的随笔杂录之作，相比较而言，不似其他文章那样一本正经，但它内容广泛，举凡婚姻、家庭、宗族、妇女、百官、贵胄、优伶、贱民、娱乐、节令、丧葬、衣饰及饮馔风俗等，无所不包，其社会生活方面的资料非常丰富。现今保存有一批这方面的重要著作，如西晋人张华的《博物志》、崔豹的《古今注》，南朝宋人刘义庆的《世说新语》，北魏人杨衒之的《洛阳伽蓝记》，唐人段成式的《酉阳杂俎》、刘𫗧的《隋唐嘉话》、封演的《封氏闻见录》，宋人邵伯温的《邵氏闻见录》、钱易的《南部新书》、陶谷的《清异录》、吴曾的《能改斋漫录》、洪迈的《容斋随笔》，元人王恽的《玉堂嘉话》、陶宗仪的《辍耕录》，明人沈德符的《万历野获编》、张瀚的《松窗梦语》、郎瑛的《七修类稿》，清人钱泳的《履园丛话》、吴振棫的《养吉斋丛录》、李光庭的《乡言解颐》等，多达数十种。前揭被列入类书的《太平广记》实际上是一部小说总集，堪称社会生活史料的宝库。与一般文献相比，笔记小说中关于社会生活的记载，更为生动，也更加贴近一般民众的生活实际，因而也就具有更高的史料价值。

诚然，古代笔记小说的作者多好追逐奇闻异事，对神仙鬼怪更是津津乐道，因而其记事每每难以据信，但我们不能因此而否定其史料价值，因为许多事件本身虽系子虚乌有，而事件发生的社会生活背景却具有相当高的真实性，即使个中含有些许不实之处，也容易甄别出来。

6. 谱牒

我国家谱不下一万种，其中，相当一部分是记述宗族、家庭方面的，如族规家训、宗族世系、宗族迁徙及家庭生活等，是研究社会生活史不可或缺的珍贵资料。宗谱中有许多家训方面的内容，家训规范家庭、宗族生活和个人行为准则，对社会生活史研究具有重要价值。有关家训的代表作有北齐颜之推的

《颜氏家训》,宋人袁采的《袁氏世范》,元人郑太和的《郑氏规范》,明人姚舜牧的《药言》、张履祥的《近古录》、《训子语》,清人张英的《恒产琐言》、《听训斋语》等。

7. 诗文集

诗文集包括历代文人的诗稿、散文、诏令、奏疏、墓志等。先秦诸子以来的诗文集含有许多社会生活史的资料。秦汉以前文献少,诸子文集提供的社会生活史资料就很重要,如《吕氏春秋》有丧葬方面的内容,《淮南子》有女神、发式、重狗肉、禁屠牛的内容,这些资料对于研究当时的社会生活都弥足珍贵。秦汉以后,诗文集至为丰富,仅魏晋隋唐时期就有南朝梁人昭明太子编纂的《文选》、宋人李昉等编的《文苑英华》、宋敏求编的《唐大诏令集》及清人汇编的《全唐诗》和《全唐文》等。这些诗文中社会生活史方面的材料十分丰富,如《唐大诏令集》中,颇有一些与社会生活相关的内容,如赈济、禁屠、赐食等。

由于诗文对于社会生活的记述描写,和正史比较起来更为生动、具体,有时也更为可信,所以,社会生活史研究不能忽视这些材料。

8. 史评

所谓"史评",即"史事评论",其中,有关于社会生活史的内容,如清人赵翼的《陔馀丛考》中对古代婚姻、丧礼及器物都有专门的考证;俞正燮的《癸巳类稿》也有关于婚姻、习俗方面的内容,如"媒氏民判解"讲古代婚龄,"书旧唐书中舆服志后"论缠足;顾炎武的《日知录》也有生活史的专题内容。

9. 其他史料

除上述之外,其他方面的文献也值得重视,如甲骨、经文、陶文、石刻、简牍、帛书等文字记载,有不少涉及社会生活方面的内容,汉以后的碑文、墓志、画像、石刻等都是研究生活史的绝好资料。此外,佛教、道教、文字学等著作中,也都有不少关于社会生活方面的资料,不容忽视。

明清以降及至民国,散见在各地民间的民谚、民歌、民谣、民间传说、匾联、建筑、坊刻,亦是社会生活史的活鲜资料与实物见证。

在古代的档案资料中,不仅数量多,且种类亦繁,上自金文甲骨、钟鼎铭文、秦汉简牍、敦煌文书、西夏文献,下至明清档案,均是研究社会生活史弥足珍贵的第一手资料。

考古资料历来是研究古代物质生活史最有说服力的证据,目前已出土的大量的古代生产工具、生活用品、房舍、村落遗存等,是研究社会生活史不可多得的资料,值得重视。

来华的外国人记述在中国的见闻,因生活习惯迥异,对中国人的生活习尚比较敏感,因而记录于文字,如《马可·波罗游记》等,对于研究中国社会生活史具有重要的参考价值。

三、学习中国社会生活史的意义

学习和研究中国社会生活史,在当前具有重要的学术意义和现实意义,主要表现在以下几个方面:

第一,加强社会生活史研究,是史学研究向纵深发展的需要。目前,我国史学正处于革新之中。史学研究如何才能进一步改变长期以来形成的内容狭窄、风格单调的状况?途径当然很多。在马克思主义唯物史观的指导下,加强社会生活史研究,不失为一条切实可行的重要途径。这样做,可以使史学另辟蹊径,进行改革和创新,突破流行半个多世纪的经济、政治、文化三足鼎立的通史、断代史等著作格局,从研究社会生活史入手,开拓和填补鼎足之外的边缘地带和空白区域,同时再以社会生活的历史演变为中介,使鼎立的"三足"互相沟通,恢复历史的本来面目,使历史学血肉丰满,容光焕发,改变以往史学那种单调、干瘪、不形象、不生动的局面,使历史真正成为立体式的、形象化的,并使之更加充实和完善起来,成为不断发展的真正的科学。这种别开生面的研究,还有另外两个层面的意义:一方面有助于通过生动具体、纷纭复杂的历史现象,深刻揭示历史演变的真实过程和不同层次的发展规律,检验和纠正过去应用历史唯物主义研究历史时发生的公式化、简单化缺陷;另一方面通过这种新的研究和探索,还可以锻炼和提高史学工作者的理论思维能力,并且为历史唯物主义的丰富和发展提供可能,而这又是提高我国史学研究水平的重要条件。

第二,社会生活史研究的发展能够带动中国史学研究范式的革新①。传统的史学研究范式与长期的政治革命紧密联系,研究课题大多与阶级斗争、政治制度、经济形态、重大历史事件和重要历史人物有关;研究手段主要是史料辨伪、考证、分类、排比,分析模式坚持从终极意义上说明经济基础的决定作用;通史和断代史的编著模式多采用章节体,按王朝更替和重大事件划分历史发展的阶段等等。用这样的范式来研究中国史学,其弊端是显而易见的。社会生活史则与政治史、经济史不同,它所展示的是一种全新的范式,它把具体时空条件下的最常见、最大量、最生动、最富变化、最具人情的社会生活作为自己的研究范畴;在研究方法上广泛吸收社会学、文化人类学、民俗学、民族学等当代人文社会科学的理论和方法,丰富历史学的理论来源和解释模式。特别是历史学学科体系的革新与新的研究方法相结合,无疑将会使历史学从内容

---

① 参见乔志强、陈亚平:《社会史对史学变革的影响》,《光明日报》1998年7月17日。

到编纂模式发生根本性的变革，打破王朝体系和时间的限制，在保持其专业和学术特色的同时使史学著述模式多样化、社会化。学术发展史表明，有的边缘学科带动了有关学科的发展，使老学科变得富有生气。作为边缘学科的社会生活史与社会学、民俗学等学科有交叉内容，从别的学科吸收研究方法和新的研究方向，容易发展。把这种新的研究范式带进历史学中，自然会促进历史学有突破性的发展。国内外许多学者指出边缘学科对于老学科发展的意义。美国沙费尔在《历史方法手册》一书中认为：各门学科间的联合会促进历史学的繁荣，此外别无他途①。我们想社会生活史研究的实践一定会证明，生活史研究的发展能够带动中国史学研究范式的革新，从而促进历史学的繁荣。

第三，社会生活史研究能够促进其他相关学科的发展。社会史研究提供的历史图景，将大大拓展社会学、民俗学、民族学、文化人类学等学科的研究视野，这对社会科学相关学科的发展，是一个有力的推动。如社会生活史的研究必然会促进少数民族社会生活史研究的深入开展，从而有利于加快少数民族的社会发展和对少数民族社会发展的决策。同时，也使我们有可能较充分地运用至今尚存在于许多少数民族现实生活中的"活的社会化石"，这不单为研究少数民族本身的历史所需，对于整个中华民族社会生活史的研究也大有裨益。社会生活史研究所提供的成果，将充实、丰富、验证和说明历史唯物主义所揭示的社会发展的一般规律，使一般规律变得具体、生动而又更为深刻，易于为人理解和掌握。同时也可为概括出新的认识提供可能，进而推动历史唯物主义理论的发展。

第四，开展社会生活史研究，还可以为清除现实社会生活中的种种陈规陋习、封建主义残余和为建设社会主义精神文明作出贡献。我国封建社会的历史长达二千多年，虽经过近代民主主义革命、新民主主义革命和社会主义革命，消灭了封建制度，但封建主义思想意识、习惯并没有随着君主制的推翻而消除殆尽。它还严重地残存下来，在政府机关作风中，在群众生活方式中至今散发着它的腐臭，影响我们社会机体的健康，妨碍我国现代化事业的发展。诸如：买卖婚姻、虐待妇女、重男轻女、大办丧事以及家长制遗风、一言堂现象等等。开展中国社会生活史研究，使我们对中国传统制度、风俗、习惯有一个正确的认识，有利于我们今天移风易俗，消除封建主义残余，加快社会主义现代化事业发展的步伐。我们今天正在进行的物质文明、精神文明和政治文明建设，是在历史留给我们的基础上进行的。历史的遗留既有优秀的成果，又有对今天的两个文明建设来说是消极的因素。我们只有加强对社会生活史的研

① 《现代外国哲学社会科学文摘》1986 年第 1 期。

究，才能对历史上物质文明和精神文明发展的状况有所了解，对其成果有科学的分析认识，也才能在借鉴历史经验的基础上形成社会主义的新型的生活方式，提高全社会物质、精神生活的水平与质量，提高中华民族的整体素质。

马克思曾经说过："现代历史著述方面的一切真正进步，都是当历史学家从政治形式的外表深入到社会生活的深处时才取得的。"①这种"深入"应当也包括社会生活史研究。我们相信，蓓蕾初现的社会生活史之花，经过广大史学工作者的浇灌栽培，必将以其独特的风貌，盛开于姹紫嫣红的学术园林。

---

① 《马志尼和拿破仑》，《马克思恩格斯全集》第12卷，人民出版社1960年版，第450页。

明唐寅临五代顾闳中《韩熙载夜宴图》卷(局部)

第一章 饮食生活

人类的饮食生活作为一种复杂的社会文化行为事象,有着丰富的历史内涵。它是人类饮食实践所反映的社会多层次的物质形态和精神形态的各种表现形式的总和,是一种文明的标尺和民族特质的体现,从某个方面体现了本民族的创造精神和独特风格,标志着各个历史时期的文明进程和美的神韵。

第一节　饮食结构及其演变

一、主食

以谷粒制成的食品为主食，是古代农业民族的共同饮食特征。我国自进入农业社会以后，汉民族就以粮食作物为主食。粮食作物的种类很多，主要以“五谷”为主①。《周礼·夏官司马·职方氏》：“其谷宜五种。”郑玄注指黍、稷、菽、麦、稻。

稷，是黍的一个变种。一般指子实不粘或粘性不及黍者为稷。北方人称它为谷子，就是今天的小米。由于它抗旱能力极强，所以多栽培于古代的中原地区，成为北方地区一种最为普遍的粮食作物。正由于这样的原因，周人把自己的祖先称为后稷（谷神）。又由于我国古代长期以农业为立国之本，所以将帝王、诸侯祭祀的稷与社（土神）并称为社稷，用以作为国家政权的象征。《白虎通·社稷》：“人非土不立，非谷不食……故封土立社示有土也；稷，五谷之长，故立稷而祭之也。”

黍，古文献或称之为“穄”，今西北地区称之为黍子、糜子，子实呈黄色，性粘，去皮后称黄米子。在古代，黍常与稷连读为黍稷，《诗经》中有很多例子：《豳风·七月》：“黍稷重穋。”《小雅·出车》：“黍稷方华。”据先秦时期的文字资料记载，在商周时代，黍与稷并列为最重要的粮食作物。据研究，在殷墟卜辞中，卜黍之辞达106条，其出现率较其他粮食作物要高得多②。到春秋时代，黍的地位仍然居于前茅③。

麦子在中国栽培很早，考古工作者在安徽亳县钓鱼台遗址中发现的炭化小麦粒，距今约有3000年。麦子的种类很多，有大麦、小麦、燕麦、黑麦等，其中，小麦和大麦，上古时又称为来牟，种植最为普遍。

---

①　关于中国传统的主食，除“五谷”之说外，尚有“六谷”、“九谷”二说。关于六谷，《周礼·天官冢宰·膳夫》曰：“凡王之馈，食用六谷。”郑玄注曰：“六谷，知有黍、稷、粱、麦、稌、苽。”关于九谷，《周礼·天官冢宰·大宰》郑玄注曰：“九谷，黍、稷、稻、麻、大小豆、大小麦、苽。”

②　参见于省吾：《商代的谷类作物》，《东北人民大学人文科学学报》1957年第1期。

③　参见齐思和：《中国史探究（中）》《〈毛诗〉谷名考》，中华书局1981年版。

菽是豆①类的总称，其栽培的历史十分悠久。周代的大豆产量很丰富，《诗经·小雅·采菽》："采菽采菽，筐之筥之"，描写大豆收成的时候，一箩筐一箩筐搬个不停。又据《山海经·中山经》记载，阴山产赤菽，"卑山……多累"，赤菽就是红豆；累，晋人郭璞注：即虎豆，大约就是我们今天说的蚕豆。菽主要用作食粮，但豆子粒食，不易被消化、吸收，浪费很大。石磨发明以后，人们就开始将它磨成浆来利用，这样便出现了豆腐。大约唐宋以后菽被开始用作油料。

稻，即水稻，古亦称稌。自古为我国主要粮食作物之一。据考古资料，在浙江余姚河姆渡遗址中发现的稻谷粒，距今约有5000年的历史。不过，水稻在全国粮食的比重中并不占主要地位。尤其在北方，水稻被视为珍品，所以《论语·阳货》有"食夫稻，衣夫锦，于女安乎"之说，说明当时食稻是同衣锦一样珍贵的。

先秦时期，作为粮食的除"五谷"以外，还有菰、麻、芋艿、鸡谷等不少杂粮。菰，一名蒋，子实为狭圆柱形，状如米粒，称菰米，也叫雕胡、安胡等。用以煮饭，香脆可口，被古人视作天下美食。唐代诗人李白《宿五松山下荀媪家》一诗中有"跪进雕胡饭，月光明素盘"之句。这"月光明素盘"就是形容那洁白的菰米把盛饭的盘子都照亮了。麻是我国古老的农作物之一，因其籽可以充饥，所以被列为谷类。后来虽从主食领域中退出，但仍长期沿用为秋祭仪式上的祭品。芋艿在三代的杂粮中，占有重要地位，盛产于四川及两湖一带，当时川西方言称芋艿为"蹲鸱"，川西一带曾以它为主食。楚国官职中有个"芋尹"，就是专管种植芋艿的，可见芋艿在南方粮食生产中的重要位置。鸡谷是一种草木杂粮，《山海经·中山经》："兔牀之山，其草多鸡谷，其本（根茎）如鸡卵，其味酸甘，食者利于人。"这种根茎，可能就是今天的甘薯。

到两汉，粮食作物的品种进一步扩大，除先秦已有的品种以外，还有高粱、青稞、荞麦、糜子和多种豆类。至此，后世的粮食作物就基本具备了。

中国古代的饮食结构，一直遵循"五谷为养"的传统，以稻麦为主，兼吃杂粮。其食用方式则主要有以下几个方面。

粥 宋人高承《事物纪原》卷九《粥》云："（《周书》）又曰：黄帝始烹谷为粥。"说明我国上古时代已有粥。粥是把米煮烂而成的一种饭食。据《三国志·管宁传》载："饭鬻糊口，并日而食。"厚者叫"饘"，薄者叫"酏"。粥类食用十分普及，品种繁多。宋人周密《武林旧事》卷六《粥》就记载有七宝素粥、绿豆粥、馓子粥、五味粥、粟米粥、糖豆粥、糖粥、糕粥等品种。在古代，粥品除了一般食用外，或许还有三

---

① 上古时，"豆"是一种盛器，与"菽"的意义完全不同。汉以后，"豆"才逐渐代替"菽"，成为豆类的总称。

个方面的特殊作用。一则是为了节省粮食。在农闲季节,体力劳动强度不大,古人为了节约粮食,多吃粥以度日。这种情况在经济落后地区更是如此。宋代海南,“地多荒田,所产粳稌不足食,乃以藷芋作粥糜以取饱。”①二则是为了调养滋补身体。宋人陆游《食粥》诗有云:“世人个个学长年,不悟长年在目前。我得宛丘平易法,只将食粥致神仙。”自注:张文潜有《食粥说》,谓食粥可以延年,予窃爱之②。明代医家李时珍在《本草纲目》中列出近60种粥的名称,并记述了它们的制作方法与食疗功效。三则是为了救济饥民。这主要表现在灾荒之年,粥往往成为饥民们的救命之食。封建官吏、寺观僧道或开明富绅往往在饥荒时,设置粥棚,向无家可归的难民们施舍米粥,使他们赖以存活。这方面的记载比比皆是,可见粥在中国古代社会的地位与影响。

饭　古时泛指用各种谷物制熟的颗粒疏松干爽的食品。汉人刘熙《释名・释饮食》:“饭,分也,使其粒各自分也。”中国古代的饭大体上采用两种方式烹饪而成,一是甑蒸,二是釜煮,以前者为多见;而饭的品种名目则相当多,其中,传统名饭有唐人徐坚《初学记》中的粟饭、九谷饭,宋人林洪《山家清供》中的蟠桃饭,陆游《老学庵笔记》中的团油饭,陶谷《清异录》中的清风饭,李时珍《本草纲目》中的寒食饭、荷叶饭,清人汪曰桢《湖雅》中的蒸谷饭、炒谷饭③等。

由于蒸煮饭用粮要比煮粥多出两三倍,所以,在先秦时期,干饭大多为上层社会食用。一般贫困之家,粮食不足,不可能顿顿都能吃到干饭,只有逢年过节或婚丧祭祀之际,才能吃上几顿干饭。这种情况,直到汉晋时代才有明显改变,因为此时的生产力水平已大大提高,粮食相对充足,干饭也就成为最普通的食物了。魏晋以后,石磨普遍使用,由于将麦子、小米加工成粉状能够做成各种各样的面食,且味道要比单纯地蒸煮米粒、麦粒好得多,因此,食用面粉制品蔚成风气,尤其是在以种植小麦为主的北方,面食更为人们所青睐,从此面食取代了蒸饭的主导地位,成为北方人的主食,而南方则因为稻米磨成粉状并不比粒状好吃,所以食用蒸饭的习惯一直保留了下来。

饼　在我国古代,“饼”是各类面粉制品的总称。“面”是指用麦类或其他谷类磨成的细粉。饼在我国先秦时期已经食用,有的学者认为到汉代才有饼,我们认为这一看法不确切。早在新石器时代的河南裴里岗遗址就出土了磨盘、磨棒,说明我国加工面粉的技术已有悠久的历史。最晚到战国时已有关于饼的明确记载,《墨

① ［宋］赵话:《诸蕃志》(下)。

② 张文潜即宋人张耒之字。晚年居陈州宛丘,因名集曰《宛丘集》。

③ 蒸谷饭和炒谷饭,乃浙江湖州一带的“贡品”,是一种用带壳的稻谷先蒸炒,后脱壳再做成的饭。

子·耕柱篇》说:“见人之作饼,则还然而窃之。”到了汉初,食饼之事已较为多见。相传汉高祖的父亲刘太公不习惯过宫廷生活,刘邦便按照家乡的格局为他建了一个新丰邑。不但街道、房屋、鸡犬一仍其旧,就连当地的酒肆、饼铺也都照样搬来。由此可见当地吃饼的习俗已蔚然成风。魏晋以后,饼的花样层出不穷。其中,最为普遍的、经常食用的主要品种有以下几种:

一是蒸饼。也叫炊饼,是用笼屉蒸制而成的食品。宋人吴处厚《青箱杂记》:“仁宗庙讳贞(应作‘祯’),语讹近蒸,今内庭上下皆呼蒸饼为炊饼。”就是说,因为宋仁宗名叫赵祯,“祯”与“蒸”音近,时人为了避讳,便把蒸饼改称为炊饼。这种饼相当于后世所说的馒头。其名最早见于《晋书·何曾传》:“蒸饼上不坼十字不食。”意即蒸饼上不蒸出十字裂纹就不吃。这种裂纹蒸饼,实际就是经过发酵后,蒸出来很松软适口的“开花馒头”。十六国后赵石虎“好食蒸饼”,并且吃法更为讲究,“常以干枣、胡核瓤为心蒸之,使坼裂方食”①。石虎吃的这种夹入果肉的蒸饼,实际上已是“包子”的雏形。不过包子是到宋代才非常普遍的。

二是汤饼。就是在汤水中煮熟的面食。汤饼还有“索饼”、“煮饼”、“水引饼”、“水溲饼”、“饦”、“馎饦”等名称。汉代已有汤饼。汉代掌管皇帝后勤的长官少府,其属官有“汤官”,专门负责汤饼等面食供应②。东汉质帝就是被外戚梁冀“令左右进鸩加煮饼”而毒死的③。晋人束皙《饼赋》说:“玄冬猛寒,清晨之会。涕冻鼻中,霜成口外。充虚解战,汤饼为最。”说明汤饼在当时是人们最为喜食的面食之一。其做法极为简单,用一只手托面,另一只手往锅里撕片。“饦”即手托之意。后来有了擀面杖,不再用手托了,所以叫“不托”,讹为“馎饦”。到唐宋元明时期,原始形态的汤饼已不复见,而衍化成更加可口易食的面条、挂面、馄饨、水饺等等。所以,古代的汤饼就是今日各种水煮面食的先驱。

三是胡饼。根据东汉刘熙《释名·释饮食》的解释,胡饼乃是由于其表面撒有一层胡麻(即芝麻,原产于西域,中原人称之为胡麻)而得名。但似乎也与其制法出于“胡”地有关④。胡饼是在专门的炉中烤制而成的,咸香酥脆,一经传入内地,便深受各界的欢迎,而且经久不衰。东汉时,“灵帝好胡饼,京师皆食胡饼”⑤。可

---

① 《太平御览》卷860《饮食部十八》引《赵录》。

② 《汉书》卷19(上)《百官公卿表》。

③ 《后汉书》卷34《梁冀传》。

④ [唐]释慧琳《一切经音义》卷37《防罗尼集卷十二音义》说:“胡食者,即毕罗、烧饼、胡饼、搭纳等是。”显然他认为胡饼传自国外。

⑤ 《太平御览》卷860《饮食部十八》引《续汉书》。

见当时从上到下都很喜欢吃胡饼。魏晋之际，中原多胡人，因而食胡饼之风大为流行，只是因为后赵皇帝石勒忌讳“胡”字，民间遂改称胡饼为“麻饼”。当时的南方也普遍吃胡饼。西晋时人王长文，“于成都市中蹲踞啮胡饼”①，这是西南地区在吃胡饼。东晋书法家王羲之少时曾“坦腹东床啮胡饼”②，这是江东在吃胡饼。迄唐代，胡饼更可谓声名大噪，尤其是长安一带的胡饼，因其香脆可口而名播天下，以至外地的人们都要仿照京师的式样和制法，诗人白居易《寄胡饼与杨万州》一诗云：“胡麻饼样学京都，面脆油香新出炉。寄与饥馋杨大使，尝看得似辅兴无？”③正反映了这一情况。

此外，还有油炸的油饼、薄脆以及烙饼、煎饼、春饼、月饼、桂花饼等，都是由来已久的。

点心 本指正餐以前稍进食物以使饥肠略安。唐人孙颀《幻异志·板桥三娘子》：“置新作烧饼与食床上，与诸客点心。”宋人庄季裕《鸡肋篇》：“上微觉馁，孙见之，即出怀中蒸饼云：‘可以点心’。”这些记载都说明“点心”是动词，本义是略进食物以安慰饥肠的意思。后来点心又成了一切小食的代称。宋人吴自牧在《梦粱录》卷十三《天晓诸人出市》中说：“有卖烧饼、蒸饼、糍糕、雪糕等点心者，以赶早市，直至饭前方罢。”这里的“点心”则成了名词，乃各种小吃食品的总称。点心的花色在六朝以前还很少，但到了唐宋，花样就极其丰富了。吴自牧在《梦粱录》卷十六《荤素从食店》中记下当时杭州市上的点心就有 80 多种：四色馒头、细馅大包子、卖米薄皮春茧、生馅馒头、䭔子、笑靥儿、金银炙焦牡丹饼、杂色煎花馒头、枣箍荷叶饼、芙蓉饼、菊花饼、月饼、梅花饼、开炉饼、寿带龟仙桃、子母春茧、子母龟、子母仙桃、圆欢喜、骆驼蹄、糖蜜果实、果食将军、肉果食、重阳糕、肉丝糕、水晶包儿、笋肉包儿、虾鱼包儿、江鱼包儿、蟹肉包儿、鹅鸭包儿、鹅眉夹儿、十色小从食、细馅夹儿、笋肉夹儿、油炸夹儿、金铤夹儿、江鱼夹儿、甘露饼、肉油饼、假肉馒头、糖肉馒头、羊肉馒头、太学馒头、笋肉馒头、鱼肉馒头、蟹肉馒头、肉酸馅、千层儿、炊饼、鹅弹……丰糖糕、乳糕、栗糕、镜面糕、枣糕、乳饼……山药元子、珍珠元子、金桔水团、澄粉水团、拍花糕、糖蜜糕、裹蒸粽子、栗粽、金铤裹蒸茭粽、糖蜜韵果、巧粽、豆团、麻团、糍团、糖蜜酥皮烧饼、夹子、薄脆、常熟糍糕、春饼、芥饼等等。由此可见，当时的点心是极其丰富的。

---

① 《晋书》卷82《王长文传》。

② 《太平御览》卷860《饮食部十八》引《晋书》。

③ 《全唐诗》卷441《寄胡饼与杨万州》。

二、菜肴

在古代,菜肴又称肴羞、肴核。肴是指鱼肉等荤菜,羞是指美味食品,核是指蔬菜果核食品,所以,菜肴即是经过烹饪调制而成与主食搭配摄用的荤素菜的总称。

中国古代菜肴的原料十分丰富,大约有如下几类:

1. 肉类

肉类来自于畜牧业、狩猎和渔业。畜牧业从新石器时代就开始发展,到商、周时已初具规模。《周礼·天官冢宰·膳夫》中有"凡王之馈……膳用六牲"之说。六牲,指牛、羊、豕、马、犬、鸡。这六牲在《诗经》中也多次提到。六牲之中除了马以外,其余五种再加上鱼,就构成了我国古代肉食的主要部分。中国是一个以农业种植为主的国家,在饮食生活中食肉的比重一直要比粮食小得多。所以能经常吃上肉的仅为社会上层,而广大下层人民一般只能在年节或庆典之日才能吃上肉。《盐铁论·散不足》曰:"古者……非乡饮酒、膢腊祭、祭祀无酒肉。故诸侯无故不杀牛羊,大夫、士无故不杀犬豕。"所说就是这种情况的写照。肉食中除牛、羊、猪外,狗也是肉食的主要来源之一。羊、猪是最普通的肉食,牛则因为是农业生产的重要工具,饲养周期长,所以平时不轻易吃牛肉,而只在祭祀时才杀牛,牛肉也因此比较珍贵。《左传·僖公三十三年》载:秦国军队偷袭郑国,郑国商人弦高路遇秦军,遂以"牛十二犒师"。给几万秦国军队只送12条牛,这在今天看来实在微不足道,但在当时,12条牛就是一大笔厚礼了。在中国古代,狗在狩猎和守护方面发挥着重要作用,狗又可以自己觅食,因此,狗被大量喂养。狗肉成为人们很喜欢吃的佳肴,屠狗也因此成为一个专门的职业,历史上不少有名的人物如大侠聂政、刘邦的大将樊哙都以屠狗为事①。《水浒传》中的英雄们,几乎都是爱吃狗肉的朋友。

在中国,烧烤做肉食的历史非常悠久,据考古发现证明,大约在距今60万年前,北京周口店人就已经学会用柴火烧烤肉食品了。商周以降,烧烤肉食品的实践活动更为普遍,其常见的方法有炙、脍、醢、脯以及羹。炙就是烤肉,方法有三,或直接放入火中烧,或用器物串起来架在火上烧烤,或将肉用泥巴封起来置于火上烧熟。《孟子·尽心下》说:"公孙丑问曰:'脍炙与羊枣孰美?'孟子曰:'脍炙哉!'"可见脍炙是为当时人们所青睐的肉食,后来遂形成了"脍炙人口"的成语。典籍中有关描述脍炙好吃的记载比比皆是,但写得言简意赅、生动形象的莫过于《礼记·曲礼上》"毋嘬炙"三个字。嘬,原意为吮吸,这里指一口吞下。《礼记》意在告诉人们食用脍炙时须细嚼慢咽,方合礼法。如狼吞虎咽,显出贪婪之相,既不文明,也是

① 参见《史记》卷86《刺客列传》;《汉书》卷41《樊哙传》。

对同席的不敬。炙的味道之美，由此可见一斑。脍是指将鱼肉或牛、羊、鹿、麋等新鲜细嫩的肉切成薄片，调入调料生食的食品。脍品早在先秦时期就已经出现了。《礼记》、《仪礼》中详细地记载了脍品的选料、调味和食用的情况。进入汉魏以后，食脍蔚成风气。当时脍的原料大多是鱼，而且要用鲜鱼、活鱼。由于鱼是脍的主要原料，因而当时人们对鱼的品类要求也就日益讲究，鲈鱼、鲻鱼、鲫鱼等被认为是脍的优质原料。从汉代到唐代，脍品便由生食改为熟食了。醢是以肉类为主料制成的酱，滥觞于夏、商时代。周代至春秋战国时期，制法大大改进。即先将肉制成干，然后铡碎，用盐和粱米制成的酒曲搅拌，再用好酒渍，密封于瓶子中，经过百日而成。脯即干肉，是我国古代对肉类加工、保藏的最古老方法之一，也是古代最常用的一种肉食。《说文·肉部》："脯，干肉也。"《汉书·东方朔传》："朔曰：生肉为脍，干肉为脯"，都指出了其为干肉的特征。先秦时期，脯品是祭祀和宴会上必备的食品之一。《礼记·内则》记载天子、诸侯的宴会上的脯腊食品中就有牛脩、鹿脯、麋脯、田豕脯等。后代制脯的原料日益增加。现在腌咸肉、云南作牛干巴都是脯的简化。脯又叫脩，这是因为脯为条状。古书里常说的束脩就是成捆的脯。

2. 蔬果

蔬菜和水果是中国古代饮食结构中的重要内容。中国以农立国，蔬果具有悠久的历史与传统，几与主食相辅相成。蔬果是人体所需多种维生素和矿物质的主要来源，因此，食用一定量的蔬菜水果对于抵抗疾病，维持体液酸碱平衡和消化机能的正常运转，保证和增进机体健康，是必不可少的。《黄帝内经·太素》卷二说："五谷为养，五果为助，五畜为益，五菜为充……以养精益气"，说明古人很早就认识到了果与菜在饮食生活中的重要性。

中国蔬菜的栽培早在先秦时期就开始了，不过还处于初始阶段，因此，人们吃的蔬菜主要还是来自于采集，人工栽培的不多，而且品种较少。《诗经》中有不少诗歌提到当时人们吃的蔬菜。《豳风·七月》："六月食郁及薁，七月亨（烹）葵及菽。""七月食瓜，八月断壶，九月叔苴。采荼薪樗，食我农夫。"诗中的郁及薁，是属于李的不同品种；葵是当时的重要蔬菜；菽是豆叶，可作蔬菜食用；壶即葫芦；苴是一种青麻，捣成羹汁可食；荼，苦菜；樗，臭椿，可作为燃料。《小雅·采薇》："采薇采薇，薇亦作止。"薇，即豌豆苗，被视为蔬菜中的上品。《小雅·瓠叶》："幡幡瓠叶，采之亨（烹）之。"这瓠叶，就是葫芦叶，可作为蔬菜食用。《邶风·谷风》："谁谓荼苦，其甘如荠。""采葑采菲，无以下体。"荠，就是荠菜；葑，即芜菁，又名蔓菁；菲，亦名葍，是一种可供食用的观赏作物，形似芜菁、萝卜。先秦时期的蔬菜，除了《诗经》中提到的上述几种以外，还有瓜、芸、韭、姜、葱、蒜等。总的看来，这一时期蔬菜的种类是很少的。

汉唐时期随着蔬菜栽培技术的提高，疆域的扩大，周边少数民族进入中原和对外交通的开辟，蔬菜的品种大大增多，其途径大致有四：(1)野生植物由采集逐渐走向驯化、栽培，马芹子(野茴香)等即是。(2)异地品种不断传入。如苜蓿、胡瓜、胡葱、胡蒜、胡荽等由西域传入，菠菜来自泥波罗国(今尼泊尔)，莴苣原产于西亚，隋代由呙国使者引入我国。(3)培植新品种。如蕹菜、茄子、黄瓜等都是新培育的蔬菜，甚至还培植出了像番茄这样的浆果蔬菜。以前一直认为番茄是近百年来由外国传入我国的，所以在它的前面加了个“番”字。近年在四川成都凤凰山的一座汉墓中发现了番茄种子，经过培育，这些在地下沉睡了2000多年的种子，居然还能萌芽苗株，证明确为番茄。不断地栽培选育还产生了许多新的蔬菜变种，如越瓜就是由甜瓜演变而来，菘(白菜)是“葑”的后代变种。(4)开辟新的蔬菜生产领域。这主要表现在两方面，一是一些水生种类，这一时期有不少由野生走向人工栽培，如莲藕、鸡头、菱、莼菜等等即是。二是食用菌(即俗言的蘑菇)的培养，唐末韩鄂撰《四时纂要》详尽地记载了食用菌的培育过程。这是我国食用菌培育的最早记载，在蔬菜栽培史以及中国饮食史上具有划时代的意义。汉唐以后，我国蔬菜的品种已大体稳定。

水果食品在古人饮食中也占有重要的地位。我国的果树已有数千年的栽培历史。浙江余姚河姆渡遗址出土有成堆的橡子、菱角、酸枣、桃子、薏仁米、菌类、藻类、葫芦等遗物①，上海青浦崧泽遗址也出土有甜瓜籽、毛桃核、酸枣核、葫芦等水果种子②。这些事实告诉我们，早在新石器时代的中后期，我国的先民就已经掌握了人工培植某些果树的技术。从先秦开始，水果的品种更为丰富了。据《山海经》载，先秦时期的果品有柿子、桃、李、杏、海棠、梨、沙果、梅、枣、橘等品种；《礼记·内则》除记有桃、李、杏、枣、柿、梅、梨以外，还有菱、椇(俗称“鸡距子”，味甜)、栗、榛、瓜、山楂等品种；战国时期宋玉在《楚辞·招魂》提到“柘浆”，即甘蔗汁。《吕氏春秋·本味篇》还提到有甘栌、桔子、柚子等。《诗经》中提到的水果，除上述品种外，还有木瓜、桑葚等等。当时，已经有了水果加工技术，如“煮梅”、“煮桃”、“蒸梨”，可视为现代水果罐头的先河。

到了西汉，随着大一统局面的形成，各民族农业文化交流的加强和果树栽培技术的提高，加之“丝绸之路”开辟后南亚、中亚、西域果品的传入，中国的果树种类和品种显著增多。《史记·货殖列传》载：“安邑千树枣，燕、秦千树栗，蜀、汉、江陵

---

① 《河姆渡遗址第一期发掘报告》、《河姆渡遗址动植物遗存的鉴定研究》，同刊《考古学报》1978年第1期。

② 《崧泽新石器时代遗址发掘报告》，文物出版社1987年版，第114页。

千树橘……此其人皆与千户侯等。”由此可见,西汉中期已经出现一批专业化水平较高的大规模果园,其收益想必十分可观。汉人扬雄《蜀都赋》提到许多水果,除上述外,又有青苹、木瓜、黄甘、棠梨、离支(荔枝)、樱桃、梗橙等等。

唐宋时代,水果的功用开始丰富起来。有的水果被当作茶余酒后的助兴佳品。据《旧唐书·中宗纪》载:中宗景龙四年(710 年),“上游樱桃园,引中书门下五品已上诸司长官学士等入芳林园尝樱桃。便令马上口摘,置酒为乐”。有些被用于食疗,如《食疗本草》、《千金要方》等唐代医著中大量采用果品用于食疗药膳。有的作为缺粮时的充饥物,如五代时,“晋王尝穷追汴师,粮运不继,蒸栗以食,军中遂呼栗为‘河东饭’”①。宋以降,水果与饮食生活的关系更为密切。北宋开封的饮食店铺,果品的食用更非一般。除了酒饭肉蔬,还有干果子、河北鹅梨、旋乌李、橄榄、龙眼、肉芽枣、甘蔗、枝头干、榛子、榧子等数十种果品供选用②,其种类之广,南北诸果皆全;形式之多,包括生果、干果、熟果。宋代果食之盛由此可见一斑。南宋临安的上层社会还设有四司六局,筹办筵席,宴会宾客。其中,设有“果子局”,专门负责“装簇、盘饤、看果、时果,准备劝酒”③,表明在当时果食入馔已为常事,它标志着水果食品在饮食结构中的地位进一步确立与定型。

3. 调料

讲究色香味,强调“五味调和”,是中国传统饮食文化的精髓。自古以来中国人就很注意烹饪的调味,在《周礼》等书中就已经有了关于酸甜苦辣咸五味的记载。《周礼·天官冢宰·食医》规定:春天时应多加一分酸味,夏天时应多加一分苦味,秋天时应多加一分辣味,冬天时应多加一分咸味。这表明在先秦时代人们就已经懂得了调味品的搭配。从先秦时期的文献看,当时的调味品已相当丰富,除了最早的盐以外,天然的调味品有椒、苓(甘草)、芗(紫苏)、桂皮、茱萸、姜、韭、葱、蒜、薤、蓼等。

人工制作的调味品主要有酱、醋、豉、糖、油。

酱在中国古代烹饪中拥有重要的地位,《急就章》颜注曰:“酱之为言将也,食之有酱,如军之须将,取其率领进导之也。”可见把它看做是调味的统帅。所以孔子说:“不得其酱,不食”④,充分说明酱在饮食中具有很重要的地位。醋,本字作“醯”或“酢”,亦称“苦酒”,直到汉代才出现“醋”字。我国烹饪的酸味最初取自于

① [宋]陶谷:《清异录》。

② [宋]孟元老:《东京梦华录》卷 2《饮食果子》。

③ [宋]灌圃耐得翁:《都城纪胜·四司六局》。

④ 《论语·乡党》。

梅果,大约从周代起开始制醋。《周礼》中的“醯人”就是专门负责酿醋和腌菜的官员。当时的醋还只是供统治阶级享用的珍贵调味品。汉代以后,醋的生产与应用才日益普及,并逐渐取代梅而成为我国最主要的酸味调料。到南北朝时期,我国的酿醋技术已十分发达,所用原料也十分广泛,几乎与现代作醋所用原料相差无几。北魏人贾思勰《齐民要术》一书中专门介绍了23种醋的酿造方法,令人赞叹,其中,有些方法至今仍被沿用。豉是一种咸味调味品。与酱、醋相比,豉的出现似乎较晚,先秦文献中未见记载。但在汉代豉的酿造和使用已比较普遍,当时已有人以此为业并且成为巨富①。及至南北朝时期,豉的种类和制法已有多种多样,这在《齐民要术·作豉法》中有详细记载。豉从诞生以来,就备受人们青睐。其生命力在于它能调和五味,可使菜肴增鲜生香,叫人爱吃,叫人离不开它。所以,汉代刘熙《释名·释饮食》说:“豉,嗜也。五味调和,须之而成,乃可甘嗜也。”把令人喜吃不厌作为这个字的含义来加以解释,可见豉是一种多么令人喜食的调味品。在砂糖加工兴起之前,古代的甜味除了以蜜、枣、柿代替外,主要来自于蜂蜜和饴饧即麦芽糖。中国种植甘蔗,熬制“柘(蔗)浆”,至晚始于战国。三国时,中原仍制作这种“甘蔗饧”②。及至唐初,由于唐太宗的关注,引进了印度的蔗糖加工技术,从此中国的蔗糖生产逐步发展起来。油是重要的烹饪原料和调味品。我国是世界上最早使用食油和食用油类品种最齐全的国家之一。据文献记载,早在2000多年前的西周时期,食油即已用于烹饪。最早的食油是动物油,称作“脂(凝结状)”或“膏(融解状)”。《礼记·内则》:“脂膏以膏之。”孔颖达疏曰:“凝者为脂,释者为膏。”当时常见的动物油有膏香(牛油)、膏臊(狗油)、膏腥(猪油,一说鸡油)、膏羶(羊油)等。其中,不少至今仍是我国动物性食油的主要品种。将植物油用于饮食的最早记载见晋人张华的《博物志》,当时使用的是麻油。降及唐宋,麻油已成为极普通的食油品种,其中,以在北方地区最为流行。宋人沈括《梦溪笔谈》有“北方人,喜用麻油煎物,不论何物皆用油煎”之语。此外,宋人庄季裕《鸡肋编》还提到了山东、陕西一带常食用用苍耳籽、红蓝花籽、杏仁、蔓菁籽等油料榨制的植物油。大约在16世纪中叶,从南洋群岛传入了花生,迅速普及全国,花生油很快成为颇受人们欢迎的食用油。至此,麻油、豆油、花生油、菜籽油、棉籽油等成为我国主要的食用油类。

在菜肴方面,中国还有一种特殊的副食——豆腐值得一提。豆腐是中国古代最为独特的饮食文化发明之一,因其营养极其丰富,不但受到我国各族人民欢迎,

① 《史记》卷129《货殖列传》。

② 《三国志》卷48《三嗣主·孙亮传》。

而且已风靡世界，为世界众多国家和地区的人民所共享，其意义是不可估量的。然而，我国究竟何时开始加工和食用豆腐，却是一个长期争论不休的话题。早在古代，关于豆腐的起源，就有不同的说法：一种意见认为，孔子的时代就已经有了豆腐①，另一种意见认为，豆腐为西汉淮南王刘安所发明②。前一种说法支持者甚少，对于后一种说法，由于豆腐之名直到宋代才出现，因而人们也一直怀疑西汉刘安发明豆腐之说。1961 年，河南密县打虎亭出土了汉代的做豆腐的画像石③，才为这个问题提供了考古学上的证据。这幅画像石上的做豆腐图，包括磨豆子、滤豆渣、压豆腐等工艺流程，与今天民间的传统做法极为相似。这一事实表明，我国的豆腐在汉代确已发明了。

豆腐的发明，开创了一条利用大豆植物蛋白质的新途径，同时也弥补了我国食物结构中动物蛋白不足的缺陷，这对 2000 年来中华民族的繁衍，起了重大作用。

第二节　饮食方式

一、用餐方式

在先秦时期，中国先民习惯于席地而坐，席地而食。中国先民之所以要席地而食，大致有两方面的原因，其一，正如郭宝钧先生所说："原来殷周时代尚无桌椅板凳，他们还是继承着石器时代穴居的遗风（那时穴内铺草荐），以芦苇编席铺在庭堂之内，坐于斯，睡于斯，就是吃饭也在席上跪坐着吃。甲骨文中有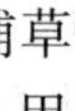字即'飨'字（《殷墟书契前编》肆，二一），像二人相对跪坐就食形，二人中间的形就像簋中盛满食物。还有字即'即'字（前书陆，五），像一人跪坐就食形。又有字，即'既'字（《铁云藏龟》一七八），像一个食毕掉头不再食之形，这些字都是当时跪坐吃饭的写实。"④其二，与当时大多数住房较为低矮窄小有关。《左传·襄公二十八年》中的一则记载颇能说明问题：齐臣庆舍与别人搏斗时，"犹援庙桷，动与甍"。

① ［清］汪汲《事物会原》云："腐乃豆之魂，故称鬼食，孔子不食。"

② ［明］李时珍《本草纲目》卷 25《谷之四·豆腐》第 25 云："豆腐之法，始于汉淮南王刘安。"

③ 《密县打虎亭汉代画像石墓和壁画墓》，《文物》1972 年第 10 期。

④ 郭宝钧：《中国青铜器时代》，三联书店 1963 年版，第 118 页。

庆舍在被人刺伤后，还能抓着房子顶部的梁柱，房子的低矮由此可以想见。正由于房屋十分低矮，人们在室内便只能席地坐卧与饮食。

在用餐时，人们跪坐在席上，将煮肉、装肉用的鼎置于中央，每人面前放一块砧板，这块板叫俎。然后各自用匕把肉从鼎中取出，放在俎上，用刀割着吃。饭在甑中煮熟后也用匕取出，放入簠（音府）、簋（音轨）或盨（音许），移至席上。酒则贮入罍中，要喝时先注入尊、壶，放在席旁，然后用勺斗斟入爵、觥、觯、觚等酒器中饮用。无论在家宴或社交筵席上，其主食、菜肴、饮料、食器等数量有明确的规定。这些食品在筵席上的排列规则是：带骨的熟肉（殽）在左，大块的熟肉（胾）在右；殽的左边是主食（饭），胾的右边是羹，羹的右边是酒和饮料；酱醋调料在最里边，烤肉在外边，右旁放着蒸葱；干肉脯脩类的菜肴，弯曲的在左，笔直的在右。若是烧鱼，以鱼尾向着宾客；若是干鱼，则以鱼头向着宾客；冬天鱼肚向着宾客的右方，夏天鱼脊向着宾客右方。这样前后左右，由近及远的摆设，为的是敬客、尊长以及食用方便①。这些食品左右内外的排列，宴客时，以最尊贵的客人所坐席位为准；在家中，则以尊长的座位为准。古人吃肉有刀、匕等工具，吃饭则用手抓。《礼记·曲礼上》："共食不饱，共饭不泽手。"什么叫"共饭不泽手"呢？孔颖达疏云："共饭不泽手者，亦是共器盛饭也。泽谓光泽也。古之礼，饭不用箸，但用手。"箸，即筷子，那是后来才有的。如今在我国一些边远地区仍盛兴手食，如新疆的维吾尔族、台湾的高山族都有用刀割肉、用手抓饭的古老习俗。

商周时期，富贵人家的席前还常置有食案，其形制一般都非常矮小。案的起源较早，在山西襄汾陶寺新石器时代晚期文化遗址中，考古工作者曾在这里发掘出一些用于饮食的木案。木案平面多为长方形，长约 1 米，宽约 30 厘米，高仅 15 厘米左右②。这是迄今发现的最早的食案。由此可以看出，当时人们饮食是坐在地上进行的。到了汉代，食案逐渐取代了俎。用餐时，先把碗、杯、盘、箸、勺等食器放在案上，再把案放到每个用餐人的面前。在家中丈夫用餐时，妻子要用双手把案举起来，举到与丈夫的眉毛一样高，再放到丈夫面前。被后世视为贤妻典型的孟光，给丈夫送饭时总是把端饭的案子举到齐眉的地方，不敢仰视③，以示敬重。这就是举案齐眉的故事，成为夫妻相敬如宾的千古佳话。《汉书·外戚传》中也有"许后朝皇太后，亲奉案上食"的记载。这些材料都说明食案较为轻巧，所以这些女子都能轻易地举起来。

---

① 《礼记·曲礼》、《礼记·少仪》。

② 参见《1978—1980 年山西襄汾陶寺墓地发掘简报》，《考古》1983 年第 1 期。

③ 《后汉书》卷 83《梁鸿传》。

二、用餐制度

从许多原始部落的调查材料和古代文献中可以看到,人类在很早以前就形成了用餐制度。先秦时期人们一般只吃两顿饭,早餐叫饔,时间为十至十一时,晚餐叫飧或铺,时间在下午三至五时。《孟子·滕文公上》载:“贤者与民并耕而食,饔飧而治。”又据《睡虎地秦墓竹简》中的《传食律》和《仓律》所示,在秦朝,一般吏人、仆役、罪徒都是实行早晚各一餐。这些材料告诉我们,周秦时期实行的是一日两餐制。实行这种餐制,主要是为了适应“日出而作,日入而息”的劳作,所以甲骨文里有“大食”、“小食”的记载。这种两餐制在食量上有所不同,通常是早饭半斗(相当今日的一升),晚饭三分之一斗。早餐所以要吃得多些,是因为干农活体力消耗很大,需要好好吃一顿饭以保持充沛的体力;中午事务繁忙,如《周易·系辞下》所云:“日中为市,致天下之民,聚天下之货,交易而退”,没有时间用餐。晚饭后无事可做,所以吃得少些①。这种用餐的习惯反映了农业社会的生活方式。

两餐制主要盛行于社会下层,而在社会上层则已经有了三餐制的食俗了。《周礼·天官冢宰·膳夫》:“王燕食,则奉膳、赞祭。”郑玄作注说:“燕食,谓日中与夕食;奉膳,奉朝之余膳。”孔颖达疏曰:“天子与诸侯相互为三时食,故燕食以为日中与夕,云奉膳奉朝之余膳者,则一牢分为三时,故奉朝之余馂也。”由此可见,天子、诸侯这些上层统治阶级主要是实行一日三餐的。早餐称朝食,在早上进餐;另两餐的进餐时间在中午和晚上,称为燕食。在一日三餐中,朝食最为重要。正因为如此,所以中午和晚上的“燕食”,其排场要比朝食简单得多。郑玄说,燕食是“奉朝之余膳”。意思是说,中餐和晚餐都只是吃朝食剩下的饭菜而已。战国时期寄食于贵族门下的士主要也是实行一日三餐的②。不过,一日三餐的食制在当时并不流行,绝大多数的下层人民实行的仍是一日两餐。先秦时期的两餐制,是和当时的生产力发展水平相适应的。餐制从一日两餐普遍改为一日三餐,是在生产有了进一步发展的两汉才实行的。汉代统治阶级的饮食,都为一日三餐或一日四餐。据载,汉文帝时淮南王刘长谋反,获罪徙蜀。文帝下令,刘长虽以罪流放,但生活待遇不变。每日可吃三顿饭,给肉5斤、酒2斗③。这是诸侯的生活标准。至于皇帝则一日四餐。《白虎通义·礼乐》说:“平旦食,少阳之始也;昼食,太阳之始也;铺食,少阴之始也;莫(同暮)食,太阴之始也。”由此可见,四餐已成为皇帝宫廷饮食

---

① 参见姚伟钧:《中国传统饮食礼俗研究》,华中师范大学出版社1999年版,第97页。

② 《战国策》卷11《齐策四·管燕得罪齐王》:“士三食不得厌,而君鹅鹜有余食。”厌:饱也。

③ 《汉书》卷44《淮南厉王刘长传》。

之定制。三餐制实行后,两餐制并没有结束。平民之家,一般还是一日两餐,至多是在早上加一顿“寒具”(小食品,如馓子、麻花之类),正如东汉郑玄注《周礼》所云:“清朝未食,先进寒具口实。”至少从商周以来,中国古代饮食一直采取了分餐制的饮食方式,即在聚餐时,在每位就餐者面前放置一张低矮的食案,各人分餐而食。这种就餐方式,是与当时人们席地而坐的习俗相适应的。

分餐制的历史可以上溯到远古时期。在山西襄汾陶寺龙山文化墓地中,考古工作者就已发现了高 15 厘米、长 100 厘米、宽 30 厘米的红彩木食案。这表明我国分餐制的源流至少可以上溯到距今 4500 年前①。当历史进入殷商西周时,社会分工日趋固定、细密,生产方式也发生了根本性的变革,但人们的饮食方式却并未发生相应的变化,仍然在实行分食制。在殷墟遗址的发掘中,考古工作者曾发现这样一个有趣的现象:“殷墟出土陶鬲破片占大量,一鬲容积,只可足一人一餐之用,似乎是人各一鬲,而且是鬲皆用陶(辛村西周卫侯墓约有 25 墓各出一陶鬲,即贵族墓也不例外)。以鬲煮粥,只是把米和水放入鬲中加火漫煮,米熟即得。”②这从饮食器具上证明了当时实行的是分食制。到了唐代,随着高足坐具的传入和流行,引发了餐制的革命性变革,人们的就餐习俗由席地而坐的分餐制转而成为高凳(或椅)大桌的合食制。在唐代壁画中,有多处表现饮食场面的作品,清楚地反映了当时合食制的情形。如 1987 年 6 月,考古工作者在陕西长安县南里王村发掘了一座唐代韦氏家族墓,墓室东壁绘有一幅宴饮图,图的中央放有一长方形案桌,案桌上杯盘罗列,食物丰盛,有煎饼、馒头、胡饼、花色点心、肘子、酒等,案桌前置一荷叶形汤碗和勺子,供众人使用,周围有三条长凳,每条凳上坐三人,这幅图表明分食已过渡到合食了。另外,在敦煌第 473 窟唐代壁画中也可看到类似围桌而食的情景,这些都充分说明唐人的饮食方式已发生了划时代的改变。

---

① 参见王仁湘:《饮食考古初集》,中国商业出版社 1994 年版,第 212 ~ 223 页。

② 参见郭宝钧:《中国青铜器时代》,三联书店 1963 年版,第 113 页。

第三节　中国的酒文化

一、酒的起源与发展

酒和茶是中国人自古以来最喜爱的饮料，尤其是用传统方法，通过制曲酿成的酒，更是美不胜收，风格别具。

中国古代酒的种类很多，其中，最具代表性的应该说是用酒曲酿造的谷物酒。

火药、指南针、造纸和印刷术，被誉为中国古代的“四大发明”。日本学者研究了中国人用酒曲酿造谷物酒后，指出其方法之独特，影响之深远，波及面之广阔，堪与“四大发明”并列，成为“第五大发明”。

关于酒的起源，在我国古代文献中曾经留下过许多记载，《战国策·魏策二》云：“昔者帝女令仪狄作酒而美，进之禹，禹饮而甘之，遂疏仪狄，绝旨酒，曰：‘后世必有以酒亡其国者。’”《书·酒诰》孔颖达疏引《世本》：“杜康造酒。”这两个传说，都被严肃地写入了史书，而且被《说文解字·巾部》正式认可，以至于杜康成了酒神。实际上，正如晋人江统在《酒诰》中所说：“酒之所兴，乃自上皇。或云仪狄，一曰杜康。有饭不尽，委余空桑。……本出于此，不由奇方。”犹如古代人交往中发明的文字，被认为是仓颉所造一样，酒的出现也不可能是由于某个人的发明，而只能是在人类从游牧走向定居，发展了农业生产，大量储存了粮食，粮食得以自然发酵后造出来的。大约在原始社会中后期，人们已懂得利用酒曲来酿酒，使酒能定向生产，考古材料提供了这方面的信息。1983 年，在陕西眉县马家镇杨家村的仰韶时代遗址中，出土了一组陶制酒器；包括 5 个小杯、4 个大杯和一个葫芦瓶，这是迄今为止我国出土最早的一组酒器，距今大约 6000 年。大汶口后期和龙山时代出土的酒器，则不胜枚举。成套酒器的出现，说明酒已成为日常饮料，只有具备固定生产酒的能力，才有可能。殷周时代饮酒蔚成风气，历史上有“商人重饮，周人重食”的说法，即反映了商民嗜酒这一特点。商纣王“以酒为池，悬肉为林”、“为长夜之饮”，殷人由此失国。20 世纪 70 年代在河北藁城商代前中期遗址中以及 1987 年在河南信阳的商代墓葬中出土的大量青铜及陶制酒具，也是商人好饮的佐证。至周代，朝廷设置了专管酿酒的职官，说明酿酒已发展成为独立的手工业部门。酒曲的种类也增多了。特别是周代还较科学地总结了用曲酿酒的六个要领：“秫稻必齐，麹蘖必时，湛炽必洁，水泉必香，陶器必良，火齐必得，兼用六物，大酋监之，毋有差贷。”①就是要求每酿一次酒，用米粮的数量要合适；制造的酒曲要不失时效；浸米和蒸米要保持清洁(不沾油腻，不沾异物)；泉水要清冽，没有异味；陶甑要没有隙漏；蒸的米饭要恰到好处(不夹生，不过烂)。宫廷酿酒，都有大酋(酒官)监督，不许马虎。及至秦汉魏晋时期，酒的品种日益增多，酒的名称五花八门，异彩纷呈。这一方面是由于我国传统的酿造技术有了长足发展，从而不断增加新的品种；另一方面这个时期各民族之间、中外之间的经济文化交流空前频繁，从而引进了许多品种，使内地酒类品种大大丰富。

唐以前的酒，大都是自然发酵酿成的米酒或果酒，酒精的含量很低，其味香甜稍带辛辣，即使不胜酒力的人多饮几杯也不会醉。所以，古人喝酒，豪饮者甚众，而烂醉者罕见。如战国淳于髡、东汉卢植饮酒一石而不在话下。到了唐代，人们在长期的生产实践过程中，认识到了酒精与水的沸点不同，于是就在发酵酒的基础上通过蒸馏的方法，使酒精与水分离，从而发明了一种酒度高、香味浓、质量比较好的蒸馏酒。因这种酒的酒精含量高，有的甚至触火即燃，所以民间又称之为“烧酒”，又因其质地透亮、洁净、无色，还称之为“白酒”。它的香、味和风格，在世界上独树一帜，是酿酒史上的一个划时代的进步。由于烧酒的浓度很高，刺激性又强，所以此时人们饮酒已经不是单纯的饮食行为，而大都是为了获得感官的刺激和精神上的满足，使这一社会生活现象蕴含了浓浓的人文色彩。因此，隋唐以后，众多的文人墨客、骚人名流、哲人雅士等都与美酒结下了不解之缘。他们或以酒会友，或借酒浇愁，或即杯抒怀，或醉而挥毫，从而留下了诸如李白斗酒诗百篇、张旭嗜饮书狂草、裴旻醉舞剑犹龙等无数脍炙人口的趣闻轶话。宋元以后，有关蒸馏酒的记载已较为普遍。13～14世纪，我国的蒸馏酒技术还通过丝绸之路，经阿拉伯传入欧洲。此后，西欧诸国才出现了白兰地、威士忌等蒸馏酒。明清时代，酿酒业的规模日渐扩大。陕西凤翔县境内“烧坊遍地，满城飘香”。据该县县志记载，仅杨林镇一带的酿酒作坊即达48家之多。湖南衡阳一带，明代以酿酒为业的达万家，其中，“籍于官者四千七百”。诗人袁宏道更用“家家开酒店”的诗句描述了绍兴酿酒业的繁荣景象。由于古人认为“酒以辛醇为上”，“以色清味冽为圣”，所以，在中国封建社会后期，蒸馏酒逐渐成为我国人民爱不释手的主要饮料，并以其神奇的力量，巧妙地影响着人们的思想、观念、感情、心态、行为、人际关系，从而创造出一种颇具神秘色彩的人为的生活环境和生活方式，成为社会精神文明的有机组成部分。

中国人还会酿造果酒。葡萄酒是我国古代最主要的果酒。它是一种低度、富

① 《礼记·月令》。

有营养的发酵饮料。我国最早酿制葡萄酒的是今新疆地区的各族人民。《史记·大宛列传》载:“宛左右以葡萄为酒,富人藏酒至万余石,久者数十岁不败。”内地虽早在周代便有人工栽培葡萄的记载,但这些原生葡萄品种多果小味酸,所以很少食用和用来酿酒。直到西汉张骞出使西域之后,带回了优良品种,招徕了酿酒艺人,以后内地才大量种植葡萄并用以酿酒,所以西汉可谓是葡萄酿酒的发明期。魏晋以降,直至唐代,葡萄酒的酿造技术达到了更高水平。史载:“太宗破高昌,收马乳蒲桃,种于苑。并得酒法,仍自损益,造酒成绿色,芳香酷烈,味兼醍醐”①,可知唐代葡萄酒的酿制方法已有所改进,其酒质也更为优异。唐宋诗中,葡萄酒之咏不绝于书。“野田生葡萄,缠绕一枝高。……种此如种玉,酿之成美酒。令人饮不足,为君持一斗,往取凉州牧”②。“洗君鹦鹉杯,酌我葡萄醅”③。宋元以后,葡萄酒更日趋大众化。在宋代还创造了用葡萄和米混合酿酒的方法。元代,葡萄酒已成为一种重要的商品,广泛进入各地市场。清代末年,我国已采用机械化大规模生产葡萄酒。光绪十八年(1892年),我国第一家葡萄酒生产企业——张裕葡萄酒公司成立。1914年正式出酒,受到孙中山先生的赞赏,他亲自为该厂题词:“品重醴泉”。中国的果酒,可以说多到不胜枚举。除葡萄酒外,还有荔枝酒、椰子酒、石榴酒、梨酒、枣酒、槟榔酒、甘蔗酒、桃子酒、黄柑酒、梅子酒等。尤其是中国人还善于用一些花草等来酿制许多具有特殊风味的酒,在世界上产生了一定的影响。早在甲骨文中,就有用黑黍和郁金草酿制的“鬯”酒的记载。根据古文献记载,人们还曾用椒花、桂花、菊花、莲花、蔷薇花、茉莉花甚或苏合香、龙脑香、薄荷等来酿酒,其风味之独特,可以想见。

从古代的匈奴、东胡、乌桓、鲜卑到今日的蒙古族、柯尔克孜族、哈萨克族、鄂温克族等少数民族,还擅长用马、牛、羊、骆驼的奶来酿制奶酒。奶酒也是我国较古老的酒了。《周礼》中已提到“醴酪”,就是用乳酿制的酒。由于奶酒具有驱寒活血、消食健胃等功能,因而颇得人们青睐。如元代的马奶酒,“味似融甘露,香凝酿醴泉”,是蒙古“八珍”之一,为元朝宫廷和蒙古贵族府第的重要饮料,忽必烈经常把它盛在珍贵的金碗里犒赏有功之臣。清朝时也被列为“御用品”。

中国的药酒也值得一提。早在殷商时期,我国就已经能制造药酒。春秋以后,酒在医学上的使用更加广泛了。1973年在长沙马王堆三号汉墓出土的医学方书《五十二病方》中,就曾多次提到酒的使用。《神农本草经》中已明确记载了用酒浸

---

① [宋]钱易:《南部新书》丙卷。

② 《全唐诗》卷354《葡萄歌》。

③ [宋]陆游:《剑南诗稿》卷5《小宴》。

泡药材。东汉张仲景在《伤寒杂病论》中,已应用"红兰花酒"治疗妇科疾病。隋唐以降,药酒开始成为中医临床治疗的常用剂型。数千年来中国人究竟创制了多少种药酒,实难以统计。仅《本草纲目》就记载了79种药酒,单是用蛇炮制的就有广西蛇酒、乌蛇酒、蚺蛇酒、蝮蛇酒、花蛇酒等多种。

二、酒的功用

古往今来,酒始终是深受人们喜爱的一种饮料。不过,人们饮酒并不是为了充饥,不是为了解渴,也不是为了补充必要的营养以保持体力或延长寿命。所以,酒不是一般意义的饮料,而是一种特殊的饮料。

酒虽不是人们饮食生活的必需品,但从产生的那天起,它便开始浸润整个社会,与人们的生活结下了不解之缘。古往今来,嗜好这杯中物者不计其数。为何有如此众多的好酒者?这自然与饮酒对人体的作用不无关系。饮酒能够解乏,这对体力劳动者有利。早在《诗经·小雅·伐木》中就已写道:"伐木许许,酾酒有藇。"、"伐木于阪,酾酒有衍",说明当时人们已懂得用酒来解乏、提神。直到今天,诸如"打谷酒"、"栽秋酒"之俗已绵延数千年。此外,酒还可作药用,对于治疗疾病有利。《汉书·食货志下》谓:"酒,百药之长。"上古的医者多用酒治病,所以"醫"从"酉",即酒也,说明酒在医学上的应用,历史悠久。关于这一点,前面已述及,在此不赘。

不过,上述这些作用并不是人们饮酒的主要因素。

几千年来,有不少人对酒的功用作过论述。如《说文·酉部》说:"酒,就也,所以就人性之善恶。"就是说,酒是作用于人们精神世界的东西,是刺激、调节人的情绪的东西。关于饮酒功用的最早论述见载于《尚书》和《诗经》。《尚书·酒诰》说:"祀兹酒。惟天降命,肇我民,惟元祀。"其意为:只有在祭祀时方可饮酒。按上帝的旨意,当初为我们造酒时,就是为了盛大的祭祀。换句话说,饮酒是出于礼仪的需要,是精神生活的需要。《诗经·豳风·七月》说:"十月获稻,为此春酒,以介眉寿。""九月肃霜,十月涤场。朋酒斯飨,曰杀羔羊。跻彼公堂,称彼兕觥,万寿无疆。"这里描述的是人们用酒庆丰收和奉尊敬老的场面,表现的是人们欢乐与虔敬的心情。

对于酒的功用,《左传·庄公二十二年》概括为四个字:"酒以成礼。"为了"成礼",周王朝还在国家机关中专门设置了"酒正"、"酒人"和"浆人"等专门的官员来管理其事①。汉代的鲁匡则说得更直白："百礼之会，非酒不行。"②这一说法对后世影响很大，直至清代，书法大师包世臣在谈到酒的功用时仍强调说："古之用酒有三：以成礼、以养老、以养病。"③仍把"成礼"放在第一。在今天的民间仍还流传着"无酒不成礼"的规矩。

《礼记·乐记》认为饮酒是为了促进人们欢乐情绪的增长："酒食者，所以合欢也。"汉代，当一部分人恂恂然按酒礼酒德"节制"自己时，另一部分人则"饮醇酒，炙肥牛，请呼心所欢，可用解愁忧"④。唐代诗人白居易也有《赠东邻王十三》诗说"驱愁知酒力"。饮酒为了合欢，为了解愁，这类作品在古代文人笔下是不胜枚举的。

《晏子春秋·内篇·谏上》中则将酒的功用归纳为"通气合好"，就是在相互之间融洽气氛、改善关系、交流思想，使精神世界协调和谐。

上述这些论述是有道理的。我们认为，从古至今，人们饮酒的作用主要表现在以下几个方面：

一是刺激人们的感情，或用于促，或用于抑，在人们神经活动过程中起着催化作用。人人都具有与生俱来的两大情感因素，即欢乐与忧愁。而酒的神奇之处恰恰在于它同时能满足人们这两种相反情感之需要。高兴时可以借酒以抒发情怀，如杜甫的《闻官军收河南河北》"句句有喜跃意"，为杜诗中"言喜"之名作。其"喜跃"之情，皆借"纵酒"以"放歌"。而愁闷时更须借酒以消愁，如曾经叱咤风云、挟天子以令诸侯的曹操，面对流逝的时光和壮志未酬的现实，无可奈何，便用酒来排解心中的忧伤，大呼道："何以解忧？惟有杜康。"又如李白的"赐金放还"，将一腔积郁，借酒消释，遂成《将进酒》这篇古今绝唱。对于志士，酒更能刺激他们的豪情。北宋苏洵有"壮心时傍醉中来"的名句，南宋爱国志士辛弃疾醉后写道："醉里挑灯看剑，梦回吹角连营。八百里分麾下炙，五十弦翻塞外声。沙场秋点兵。"⑤醉酒激发了诗人昂扬的斗志，激励着他和友人奔赴沙场。

二是用于各种礼仪，即古人所谓"成礼"。实质上是调节情绪，满足人们精神生活的需要。古代中国人在生活中、在人际交往中，特别讲究礼法，礼又非常多，所谓"繁文缛礼"，一点不假。而这些又大多是"百礼之会，非酒不行"。时至今日，我

---

① 《周礼·天官·冢宰》。

② 《汉书》卷24(下)《食货志下》。

③ 《吴安四种》卷26《农二》。

④ [宋]郭茂倩：《乐府诗集》卷37《相和歌辞十二·西门行六解》。

⑤ 《全宋词》第三册引辛弃疾：《破阵子·为陈同甫赋壮词以寄之》。

们仍能经常看到诸如订婚酒、结婚酒、合卺酒、女儿酒、百日酒、生日酒、毕业酒、拜师酒、团圆酒、接风酒、饯别酒、出丧酒、春酒、清明酒、端午酒、中秋酒、重阳酒、除夕酒以及各种节日之酒、宴会之酒等等,不一而足。它们已成为各种礼仪中不可或缺的一个部分,其作用实际上是间接刺激人们的感情,满足精神生活的需要。

三是对文学艺术具有催化作用。古代不少诗人、书法家、画家,往往须在酒后方能吟诗作画、挥毫泼墨,许多杰出的作品甚至是在醉态之中完成的。杜甫的《饮中八仙歌》说:"李白一斗诗百篇,长安市上酒家眠。天子呼来不上船,自称臣是酒中仙。"李白自己也在《江上吟》中咏道:"兴酣落笔摇五岳,诗成笑傲凌沧洲。"李白一生写有大量的诗文,流传至今的即达1050首之多,其中,写到饮酒的就有170首。著名的饮酒诗有《将进酒》、《把酒问月》、《月下独酌》、《对酒》等等。杜甫的《饮中八仙歌》还写到大书法家张旭:"张旭三杯草圣传,脱帽露顶王公前,挥毫落纸如云烟。"《唐书·李白传》载:"旭,苏州吴人,嗜酒,每大醉,呼叫狂走,乃下笔,或以头濡墨而书。既醒,自视,以为神,不可复得也。"三杯酒下肚,他便无视贵族的尊严,在王公面前脱帽露顶,奋笔疾书,字若云烟,舒卷自如,可见,是酒使他的书法艺术出神入化。唐代的苏颋和北宋的苏轼、黄庭坚、米芾、蔡襄四大家,也都是在醉意之中就墨挥毫的。宋代的包鼎,以画虎而闻名。他画虎之前,总是先"洒扫一室,屏人声,塞门涂牖,穴屋取明,一饮斗酒",而后"脱衣,据地卧、起、行、顾",觉得自己真像老虎之后,才"复饮斗酒,取笔一挥尽意而去"①。凡此种种,足以表明,酒能激发创作的冲动,使之产生灵感。由此,不难理解,饮酒实际上是一种文化现象、文化活动,即人类文明中最古老的饮酒文化。

三、酒祸与酒禁

酒祸 在漫长的历史时期,因饮酒不加节制而失礼、失节、误事,甚或影响朝政,最终导致杀身亡国的酒祸几乎俯拾皆是,不胜枚举。概而言之,纵酒的危害性有以下几方面。

一是纵饮而早丧。三国时期的曹植,满腹经纶,深为其父曹操所宠爱,欲立他为嗣。但他"饮酒不节",时常酒后误事,令曹操大失所望。建安二十四年(219年),曹操欲派曹植为南中郎将,率兵前往解救为关羽所包围的曹仁,但他却因烂醉如泥而不能前来受命,曹操大怒,将其罢免②。从此,他心情一直郁闷不快,加之曹丕的不断迫害,只好纵酒自遣,40岁便命归西天。南北朝时期梁朝的萧颖达,曾

① [宋]包鼎:《后山丛谈》。

② 《三国志》卷19《陈思王植传》。

担任过信威将军、江州刺史等官职，功绩卓著，身体也硬朗。但后来他“既处优闲，尤恣声色，饮酒过度，颇以此伤生”①。最终因饮酒过度而亡，年仅34岁。宋朝书法家、文学家石延年，为人豪爽，酒量过人。他不但终日饮酒不辍，而且还创造了多种饮酒方法，诸如囚饮（露发跣足，著械而饮）、巢饮（登于树上而饮）、鳖饮（以麦稻秆束身，引首出饮，饮毕复缩）、鬼饮（夜晚不点蜡烛，摸黑而饮）、鹤饮（先饮一杯登树，下再饮）等。宋仁宗因爱其才曾多次劝他戒酒。但他仍嗜酒如命，结果只活了48岁就离开了人间。

在中国历史上，因饮酒过度等原因而早亡的还有魏晋时期的阮籍、陶渊明，他们都只活了54岁；唐代的马周，活了48岁，苏颋活了58岁，李商隐活了46岁；宋代的苏舜钦活了41岁；清代的龚自珍活了50岁，曹雪芹只活了40岁。酒，也不知摧残了多少人的健康体魄，吞噬了多少不节者的生命！

二是滥饮而猝死。东汉时期的丁冲，在曹操手下担任司隶校尉一职。他时常与军中将士们饮酒。有一次，又与诸将滥饮，“酒美不能止，醉烂肠死”②。北齐的绍廉，能饮酒，且酒量特大，“一举数升”，有一次因饮得过急过猛而当场毙命③。宋代的李肃，才华横溢，仕途顺遂，但他十分贪杯。在他准备由濮、博二州从事升任保静军节度推官时，因激动无比，便与同族人酣饮庆贺，结果大醉，“酣寝而卒”④。

三是贪杯罹灾祸。这方面的例子不胜枚举。据《韩非子》载，春秋时期，楚共王和晋厉公交战于鄢陵（今河南鄢陵）。刚一开战，晋国的军队便分击楚军的左右翼。楚军的精锐力量尽在中翼，可大司马子反却喝得烂醉，根本无法指挥战斗，致使楚军大败，楚共王的眼睛也被射伤。楚军只好退兵而还，回到楚国后楚王立即下令杀了子反。十六国时期的前赵王刘曜，文武双全、聪慧过人。但他嗜酒如命，晚年更甚。一次，石勒大军压境，情况危急，然而刘曜却自恃强大，没有采取任何防范措施，只管与宠臣近侍狂饮。直到石勒军队兵临城下，他才慌忙出迎。两军鏖战即将开始，他仍不忘酣饮酒数斗。跨上战马后，他又饮酒一斗，才策马出阵，结果兵败溃退，昏醉之中又马陷石渠，坠地被擒，成为阶下囚⑤。

酒禁　过度饮酒，既能使人伤身减寿，破财渎职，丧德败性，又浪费粮食，所以很早就有禁酒的呼声。

---

① 《梁书》卷10《萧颖达传》。

② 《三国志》卷19《陈思王植传》注引《魏略》。

③ 《北齐书》卷12《文宣四王·陇西王绍廉传》。

④ 《宋史》卷263《李穆传》。

⑤ 《晋书》卷103《刘曜传》。

早在夏代，贵族们便嗜酒如命，酗酒无度，尤其是末代国王桀，更是好酒成性。《通鉴》前编说他“作瑶台，罢民力，殚民财，为酒池糟堤，纵靡靡之乐，一鼓而牛饮者三千人”。由于他终日饮酒作乐，致使国势日衰，终致被商汤所灭，落得个“走鸣条，遂放而死”①。到了商朝，统治阶级非常重视夏桀因酒色而亡国灭身的教训，制定了禁止当权者纵酒淫乐的法律。《尚书·伊训》载：“制官刑儆于有位者曰：‘敢有恒舞于宫、酣歌于室，时谓巫风’。”“臣下不匡，其刑墨。”酣歌即酒醉而歌乐，属于“巫风”。如果臣下违反此风，沉湎酒色，便处以墨刑。可见当时禁止饮酒的法令是相当严厉的。然而，商汤的子孙们很快便将夏桀的悲剧和祖宗的遗训抛到九霄云外。到了商朝后期，贵族的嗜酒之风更盛，较之于夏桀有过之而无不及。“乱败阙德”的商朝，终于为周所灭。

鉴于以往的历史教训，西周统治者一上台就特别强调酗酒之害，并制定、颁布了限制酒类消费的政策——酒诰。《酒诰》是我国古代最早的禁酒文献。他告诫人们“刚制于酒”，即坚决地对饮酒加以节制，不能“湎于酒”和“荒腆于酒”。规定不能“群饮”，凡是聚众群饮的，一律抓起来杀头。执法不力、执法不严者也同样有杀头之罪。由于周初礼法十分严厉，因而《酒诰》在禁酒方面也确实发挥过一些作用。但好景不长，周穆王以后，历代帝王复又纵情酒色、奢侈昏庸。上行下效，酗酒之风很快又在周人的国土上刮起。禁令自然也就变成了一纸空文。西周的基业，终于断送在耽于酒色的周幽王手中。

春秋战国时期，统治者已不禁酒，对酒的生产、流通、消费一般都采取放任政策，私人酿酤业得以勃兴。此时期的统治者“嗜酒而甘之”，因而误事者史不绝书。民间饮酒也毫无顾忌，市饮群饮的限制到战国时已被突破。《史记·刺客列传》载：“荆轲嗜酒，日与狗屠及高渐离饮于燕市，酒酣以往，高渐离击筑，荆轲和而歌于市中，相乐也。已而相泣，旁若无人者。”

秦朝统一后，奉行抑商政策，使经营酒的商人在重税的负担下的大部分利润转入封建国家。由于税重，酒的价格就特高，十倍于成本，这就限制了消费，使“民不能喜酣奭”，“大臣不为荒饱”，而“农不慢”，从而能将精力集中到生产中去。同时，实行禁酒政策②。《秦律·田律》中规定：“百姓居田舍者，毋敢酤酒，田啬、部佐禁御之，有不从令者有罪。”即禁止住在农村中的人以剩余粮食酿酒，沽卖取利，这对农民饮酒亦有限禁之意。

西汉文帝时期制定的法律规定：“三人以上无故群饮，罚金四两。”只有在“赐

① 《史记》卷2《夏本纪》。

② 《商君书·垦令》。

名酺”的日子里才能够会聚饮食几天。此举与西周初年一样，也是出于防微杜渐、以弥“奸恶”的意图。王朝新立，担心敌对势力的威胁，禁止群饮之法的颁布有其政治上的考虑。同时汉初的禁酒还有经济方面的原因。当时农业生产有待恢复，水旱灾害频频发生，粮食还不够充足，而酿酒需消耗大量谷物，会加剧粮食的不足，影响粮食的积贮，进而影响国家的稳定。因此，从保护并发展农业生产及稳定统治的立场出发，文帝主张限制酒类的生产和消费。自此，凡遇灾荒之年，汉廷往往还下令禁止民间酿酤，以节约粮食，赈救灾荒。如景帝中元三年（前 147 年）、东汉和帝永元十六年（104 年）、顺帝汉安二年（143 年）都曾先后下令禁酤酒。但在一般正常年景，虽有禁酒令，但执行并不严。实际上是明禁暗不禁，禁“民”不禁“官”，禁令往往形同虚设，毫无实际意义。

三国两晋南北朝时期，大都不禁酒。只是在某一地区或某一段时间内有过局部和暂时的禁酒。如曹操初当政时，因年饥兵兴，曾“表奏酒禁”。禁令甚严，人们只好偷着饮，讳言酒字，“以白酒为贤者，清酒为圣人”①，“中圣人”就是中酒之代称。对此，孔融很不以为然，“频书争之，多侮慢之辞”②。后来曹操借故把孔融杀了。刘备在益州时也因天旱而禁酒，家中藏有酿酒器具者，与做酒者同罪③。在丰收时亦有下令禁酒的，北魏文成帝太安四年（458 年），因百姓在丰收后酗酒闹事及议论朝政，曾下令禁酒，规定“酿、酤、饮皆斩之”④。

隋、唐、五代、宋、辽诸代基本上不禁酒。如唐朝只有乾元二年（759 年）、建中元年（780 年）和建中三年（782 年）这三年，因为“岁饥”，才一度禁止酿酒。

到了金、元时期，禁酒较为严厉。金朝建立伊始，为了节约粮食，于天会十三年正月（1135 年）诏公私禁酒，此为金代的第一次禁酒，成效明显。金熙宗即位后，“荒于酒，与近臣饮，或继以夜。宰相入谏，辄饮以酒。曰：知卿等意，今既饮矣，明日当戒。因复饮”⑤。帝王如此，禁酒当然无法再推行下去。海陵王即位后，于正隆五年（1160 年）再次禁酒，规定凡朝官饮酒的，一律斩首。禁酒如此之严，堪与北魏文成帝的酿酤饮者皆斩相比。当然实际上执法也因人而异，有时仍不免曲徇私情。如海陵王的近臣徒单贞，一次招人在府第宴饮，被人告发，海陵王因“皆近属，

① ［唐］欧阳询：《艺文类聚》卷 72《食物部·酒》引《魏略》。
② 《后汉书》卷 70《孔融传》。
③ 《三国志》卷 38《简雍传》。
④ 《魏书》卷 111《刑罚志》。
⑤ 《金史》卷 4《熙宗纪》。

曲贷死罪”,只给以杖刑和降职处分①。大定十四年(1174 年)三月,世宗下诏,规定自二月一日至八月终,“并禁绝饮燕,亦不许赴会他所,恐妨农功。虽闲月亦不许痛饮,犯者抵罪”②。只允许在节辰与祭天日才能够饮宴聚会。宣宗、哀宗时也都有禁令。不过禁酒对民间未能见效,因而一般平民百姓饮酒殆为常事。元代的禁酒时严时弛。有元一代,因粮食不足而往往在榷酤的同时宣布实行禁酒政策,严酒禁和开酒禁的次数之多,其见诸史籍记载者,可居各朝之冠。总的看来,从元世祖忽必烈开始到元成宗铁穆耳时,其禁酒较为严格,而到了武宗海山时期,禁酒便松弛多了。

明朝虽然也有几次禁酒,但效果不明显,在很多时候,禁令只是一纸空文。如在明初,虽然朱元璋下了禁酒令,但皇家却照例开设酒醋曲局,用来造曲或用征收的实物曲税酿酒,供王室内部消费。各地方的官衙也常向市场沽酒,置内衙供官吏使用。统治者中“性嗜饮,昼夜沉醉”、“沉湎于酒”者比比皆是。宣宗宣德三年(1428 年),“出酒谕示百官。时郎官御史以酣酒相继败,故作酒谕”③。这说明当时饮酒已蔚成风气。而在清代,尽管也屡屡颁布禁令,但酒的生产规模却日益扩大,人们日常的饮酒量也不断增加。据载,乾隆初年,苏州一带的粮食,即大半用于酿酒。常人饮黄酒,一日即达五六斤。常人饮高粱、大麦、小麦等烈性酒,一日亦达一斤④。当时饮酒之风之盛由此可见一斑。清朝中叶以后,政府也就不再提禁酒之事了。

由上述可见,中国古代的禁酒之策虽然在一定时间、一定程度上取得了一些效果,但就整体上看,禁酒是不成功的。究其原因,主要有三方面:首先,古代“酒以成礼”,统治阶级本身就需要它,离不开它。而自己禁不了,却要去禁他人,只能是一句空话;其次,汉代以降,酒税已成为历代政府的一项重要财政收入,禁了酒也就等于断了一大财源;复次,“酒之为物,既以成礼,亦复合欢,人情所不能止”,人民的需要,社会的需求是一种无法抗拒的力量⑤。

纵观中国历史,一味禁酒是行不通的。酒,并非毒品,无论过去、今天,还是将来,我们都没有必要将其禁绝。不过,我们也应该看到,古人由于过量地饮酒和不文明的饮酒,每年酿酒、饮酒不仅耗掉了大量的粮食,而且耗糜了不可计数的财力

---

① 《金史》卷 132《逆臣·徒单贞传》。

② 《金史》卷 7《世宗纪(中)》。

③ [明]雷礼:《大政记》。

④ 《清朝续文献通考·征榷十三》。

⑤ 本节参考刘军等:《中国古代的酒与饮酒》,商务印书馆国际有限公司 1995 年版,第 171 ~ 181 页。

和精力;对工作效率、劳动安全和健康的损害更是不可估量。有熟语云:“少饮不济事,多饮济甚事?有事坏了事,无事生出事。”[①]它既反映了古人对酒的认识,也告诉了我们酒在古代生活中的实际意义。然而人性有着难以克服的弱点,发明酒和耽于酒,是人类聪明和糊涂的一个死结。据载,我国每年喝掉的酒,相当于3个西湖水量之多!这个天文数字,发人深省。

第四节　中国的茶文化

一、茶的名称与饮茶探源

我国饮茶的历史十分悠久。根据唐人陆羽《茶经》一书的记载,在传说中的三皇时代,我国就已有饮茶的习俗了。这虽不是事实,但由此可知我国饮茶历史的久远。不过,“茶”这个字是在唐代才出现的。在此之前“茶”被写作“槚”或“荼”,俗称“苦荼”。如汉初的《尔雅》有“荼,苦荼”的解释。王褒的《僮约》有“武都买荼,杨氏担荷”,“烹荼已具,已而盖藏”的记载,直到东汉许慎的《说文解字》,“茶”仍被写作“荼”。只是到了唐代,人们才把“荼”字减去一划,把这种植物正式叫做“茶”。如白居易所作《琵琶行》中有“商人重利轻别离,前月浮梁买茶去”的诗句,这“茶”就不再写作“荼”或“槚”。茶有许多别称,唐人陆羽《茶经》:“其名一曰茶,二曰槚,三曰蔎,四曰茗,五曰荈。”

茶和酒一样,是深受中国古代人喜爱的饮料。但茶的采摘最初是为药用。《神农本草》说:“神农尝草,日遇七十二毒,得荼而解之。”这一传说故事说明,茶最早是被先民们作为药物来使用的。在长期的医药实践中,人们认识到茶不仅可以治病,而且清热解渴,清香宜人,是一种很好的饮料。因此,至少在三国时期,人们便开始大量种植、采制,逐渐养成了饮茶的习惯。如《三国志·韦曜传》说,吴国主孙皓纵酒狂饮,宫廷中的酒宴常常从早到晚,赴宴的人至少须喝7升酒,否则就要受到处罚。大臣韦曜不胜酒力,只能喝3升,孙皓便“密赐茶荈以当酒”。这是史书中作为饮料饮茶的最早记录。由此可知,在汉代已经开始出现了饮茶之风。

至魏晋南北朝时期,饮茶之风稍盛。《本草衍义》:“晋温峤上表,贡茶千斤,茗

① ［清］金埴:《不下带编》。

三百斤。"茶和茗均为茶叶的嫩芽,温峤一次就给皇帝贡献了1300斤,这一方面说明其贡礼之重,另一方面也可见其时宫廷饮茶已蔚成风气。其实,当时饮茶之风不仅流行于宫廷,而且在社会上也已流行开来。特别是一些清谈家,他们终日流连于青山秀水之间,高谈阔论,便把茶叶作为助兴之物。《太平御览》卷八六七引《世说新语》载:清谈家王濛好茶,也以清茶待客。有人不习惯于茶的苦味,每欲往王濛家便自嘲:"今日有水厄。"把饮茶看做遭受水灾之苦。后来,"水厄"便成了南方茶人常用的戏语。北魏人杨衒之《洛阳伽蓝记》卷三《城南·报德寺》说,梁武帝之子萧正德降魏,魏人元义欲为其设茶,先问:"卿于水厄多少?"是说你能喝多少茶。谁料,萧正德不懂茶,便说:下官虽生在水乡,却并未遭受过什么水害之灾。结果引得周围人捧腹大笑。当时,魏定都洛阳,为奖励南人归魏,于洛阳城南伊洛二水之滨设归正里,又称"吴人里"。于是,南方的饮茶之风也传到中州之地。本来,南人重茗饮,北人贵酪浆。但南方士人品茗清谈的风流潇洒,却使北方士大夫羡慕不已,因此他们也开始学习南方士大夫的品茗。北魏杨衒之《洛阳伽蓝记》卷三《城南·报德寺》载,北魏有位叫刘镐的人,效仿南人饮茶风气,专习茗饮。彭城人王勰对他说:"卿好苍头水厄,逐臭之夫……效颦之妇……是也。"说他是附庸风雅,东施效颦。当时的朝贵虽设茗茶而众人都不愿意饮用。可见当时的饮茶之风仍是南方文人的好尚,北朝尚未形成习惯。有意思的是,饮茶风习传入中原后,往往被当成一种显示身份、朱门斗富的珍品,这种风气在汉魏时期尤为盛行。而从东晋以降,茶的作用发生了根本变化,成为达官贵人标榜自己清廉俭朴的雅物,许多位高权重的人在宴请宾客时,不置酒肉,而专以茗饮相待,桓温、陆纳之流都以此装潢门面,以期为自己博得俭约惜民的好名声①。

唐宋时期饮茶之风大盛。在唐代,幼年托身佛寺,壮年浪迹江湖,介于文人和僧道之间的陆羽,把深刻的学理融于茶这种物质之中,著成《茶经》一书,提出了一整套茶学、茶艺、茶道思想,成为茶文化的集大成者。陆氏撰著该书旨在使饮茶者在从煎到饮的过程中,达到澄心静虑、畅心怡情的境界,以得到茶"禅"中至精至微的"三昧"。陆羽所阐述的制茶煎茶的理论和方法,受到历代人们的称赞和效法,是我国也是世界上第一部关于茶的学术著作。在书中,陆羽还设计和制造了一套专用于烹茶和饮茶的茶具。唐人封演《封氏闻见录》载:"楚人陆鸿渐(羽)为茶论,说茶之功效并煎茶炙茶之法,造茶具二十四事,以都统笼贮之。远近倾慕,好事者家藏一幅。"陆羽的《茶经》标志着中国茶道文化的正式形成。"自从陆羽生人间,人间相学事春茶"。宋人梅尧臣的这两句诗表明,正是陆羽的《茶经》打开了中国

① 参见《晋书》卷98《桓温传》;《晋书》卷77《陆晔传附纳传》。

茶文化的大门，一时震动朝野。据说当时的德宗皇帝李适将陆羽召进宫去煎茶，饮后称赞不已。饮茶风尚在社会上大为兴盛。

到了宋代，饮茶之风更盛，“上自官府，下至里闾，莫之或废”①。斗茶就是随着当时的饮茶风尚而产生的。斗茶，又称“茗战”，是古人集体品评茶的优劣的一种茶事活动，它极大地促进了茶艺的发展。唐人饮茶时，直接将茶置于釜中煎煮。通过救沸、育华产生饽沫以观其形态变化。宋人改用点茶法，即将团茶碾碎，置碗中，再以不老不嫩的开水冲进去，用茶筅充分打击、搅拌，使茶与水均匀的混合，成为乳状茶液。此时，茶液极浓，击拂越有力，茶汤便如胶乳一般“咬盏”，这便是最好的茶汤。斗茶时便以此评定胜负。由于斗茶具有比较浓厚的审美情趣，因此，它从产生以来便成为人们（尤其是文人士大夫阶层中）一种高雅的文化活动，被称之为“盛世之清尚”②。在宋代，一般城镇都有专以茶叶交易的茶叶市场，有专供人们品茶的茶肆。如当时杭州的大街小巷，茶肆随处可见。其中，有专供士大夫辈期朋约友、谈心品茗的茶肆；有供太学生聚会的茶肆；有供行会聚集、议论市场行情的茶肆；有挂茶肆招牌、实为妓院的“茶肆”，这种“茶肆”人们称之为“花茶坊”；还有一种和游乐场相结合的茶肆。此外，“夜市于大街有车担设浮铺，点茶汤以便游观之人”③，这大概就像今天茶摊卖的“大碗茶”。总之，有宋一代，无论是统治者，还是文人士大夫，甚或一般市民，都嗜茶成风。

中国古代人民爱好饮茶的习惯，历数千年而不衰，它与酒一样，在古代人的生活中有着双重的功效，一是它们都是作为解渴健身，佐餐助饭的饮料，进入人们的日常生活，满足人们生理上的物质需求；二是它们都在漫长的历史演化中，被赋予了复杂微妙的文化内涵，满足人们心理上的精神愉悦，后一种功效使中国产生出了独具民族特色的茶文化，在中国文明史上写下了精彩的一笔。

二、茶叶种类与功效

根据茶叶制造方法不同与品质上的差异，可以把茶分为绿茶、红茶、乌龙茶、白茶、黑茶、紧压茶、花茶7大类。

绿茶 我国绿茶品种之多居世界之首，产量亦最多。它是一种经过杀青、揉捻、干燥等工艺处理的茶叶。以其加工方法的不同，可分为炒青、烘青、晒青、蒸青

---

① ［宋］无名氏：《南窗纪谈》“客至则设茶”条。又，王安石《王文公文集》卷31《杂著·议茶法》云：“茶之为民用，等于米、盐，不可一日以无。”

② 宋徽宗赵佶：《大观茶论·序记》。

③ ［宋］吴自牧：《梦粱录》卷16《茶肆》。

4类。我国古代采用蒸青,至明代才逐渐改为炒青。以品质分,又有大宗绿茶和特种绿茶两类。

红茶 是一种经过萎凋、揉捻、发酵、干燥等工艺处理的茶叶。由于发酵后绿色茶叶会变红,故名。红茶按制法不同分为功夫红茶、小种红茶、红碎茶3类。红茶最早起源于明代中叶,现已成为世界上产量最多、销路最广、销量最大的茶类之一。

乌龙茶 经过半发酵的茶,因色泽青褐,故称乌龙茶,亦称"青茶"。产地主要集中在福建、广东、台湾一带。早在清代咸丰年间就开始了乌龙青茶生产。安溪人在清雍正年间创制的青茶首先传入闽北,然后传入台湾。同治十年(1871年),台湾制造的乌龙茶试销美国,因美国禁止"劣茶"输入而受到排斥,遂于光绪七年(1881年)简化乌龙茶制法,精制包装,品质接近绿茶,远销南洋各地。

白茶 经过轻微发酵,茶叶表面上有一层白茸茸的细毛,因而得名。白茶在宋代即为皇帝饮用的珍品。宋徽宗《大观茶论》说:"白茶自为一种,与常茶不同。其条敷阐,其叶莹薄,崖林之间,偶然生出,虽非人力所可致,有者不过四五家,生者不过一二株……于是白茶遂为第一。"主产地以福建为主,台湾次之。分为白牙茶、白叶茶两类。

黑茶 因发酵时间较长成为黑褐色而得名,多供边地少数民族饮,为边地畅销茶之一。明末清初开始生产,分为湖南黑茶、湖北老青茶、四川边茶和滇桂黑茶4类。

紧压茶 一种以绿茶、红茶或黑茶为原料,经过蒸压处理,制成砖状、饼状、碗状、球状的茶叶。主要产于四川、湖北、湖南等地,具有质地紧实,便于运输,且久藏不易变质等特点。一般在内地制作,大部分销往边疆少数民族地区。

花茶 窨制花茶的历史虽然不长,但茶引花香以增味,自古有之。宋人蔡襄《茶录》:"茶有真香,而入贡者微以龙脑(香料)和膏,欲助其香。建安民间试茶皆不入香,恐夺其真。若烹点之际,又杂珍果香草,其夺益甚,正当不用。"可见在1000多年前的宋初贡茶,是加龙脑香料制成的。民间制茶则不加香料,恐夺茶的真香,而在烹煮时参入香草。虽然方法不同,但以花增加茶的香气,是相同的。关于古时窨制花茶的方法,明人程荣《茶谱》介绍说:"木犀、茉莉、玫瑰、蔷薇、兰蕙、桔花、栀子、木香、梅花皆可作茶。诸花开时,摘其半含半放,蕊之香气全者,量其茶叶多少,摘花为拌。……假如木樨花,须去其枝蒂及尘垢虫蚁,用瓷罐一层茶一层花投间至满,紫箬系固入锅,重汤煮之,取出待冷,用纸封裹,置火上焙干收用。诸花仿此。"可知各种香花都可熏茶,花的种类比现在还多。

各地名茶有数百种之多,其中,传统名茶有西湖龙井、庐山云雾、洞庭碧螺春、黄山毛峰、太平猴魁、信阳毛尖、蒙顶茶、祁门红茶、六安瓜片等；恢复的历史名茶有休宁松罗、九华毛峰、涌溪大青、阳羡雪芽、余杭径山茶、长兴顾渚紫笋、绍兴日铸雪芽等；新创名茶有婺源茗眉、南京雨花茶、无锡毫茶、天柱剑毫、茅山青峰等。

关于茶的功效，历代茶书、医书、药书等均有记载，其中，茶书类 11 种，医方类 23 种，草本类 28 种，都提到了茶的功效，归纳起来有 24 个方面：少睡、安神、明目、清头目、止渴生津、清热、消暑、解毒、消食、醒酒、去肥腻、下气、利水（利尿）、通便、治痢（止痢）、去痰、祛风解表、坚齿、治心痛、疗疮治瘘、疗饥、益气力、延年益寿等等。从中可归纳出茶的 6 大功能，即提神、止渴、消腻、杀菌、减肥、防癌。

由于茶叶具有如此显著的功效，因而不仅成为中国人普遍喜好的饮料，而且传入日本、朝鲜、阿拉伯、印度等各国。十七八世纪，茶叶传入欧洲市场，备受青睐。如今，茶叶已风靡世界，与咖啡、可可并称世界三大饮品。

三、古代的茶习俗

茶自产生以来，与中国人结下了不解之缘。它深深地渗透在人们的生产生活、衣食住行、婚丧嫁娶、人生礼俗和日常交际之中，形成了独特的茶俗。如在婚礼中，有些地区以茶为聘礼。清人阮葵生《茶余客话》载，淮南一带人家，男方下给女方的聘礼，“珍币之下，必衬以茶，更以瓶茶分赠亲友”，他引宋人的著作《品茶录》说：“种茶树下必下子，若移植则不复生子，故俗聘妇，必以茶为礼，义固有取”，表明宋代婚礼中已有此俗。这种风俗一直延续到清代和民国以后。清人福格《听雨丛谈》卷八说：“今婚礼行聘，以茶叶为币，满汉之俗皆然，且非正室不用。”虽然也有一些人娶妻入门有时不用茶，但定亲的聘礼却要叫做“下茶”，表示定亲以后不可轻易变动。

江南婚俗中有“三茶礼”，订婚时“下茶礼”，结婚时“定茶礼”，同房时“合茶礼”。江苏旧时婚俗中，男家给女家“下茶礼”时，茶叶要有数十瓶甚至上百瓶。湖南浏阳等地有“喝茶定终身”之说。媒人引男子到女家，若女方同意，便将茶端给男子。男子若以为可以，喝茶后便在杯中放上“茶钱”。若不满意，喝过茶后便将茶杯倒置桌上。有些地方在新娘过门那天，也有许多与茶有关的礼俗。如横州一带人结婚，最爱闹洞房，其中，有一种形式叫做“合合茶”，就是让新郎、新娘面对面坐在一条凳子上，互相把左腿放在对方的右腿上，新郎的左手和新娘的右手互相放在对方肩上，新郎右手的拇指和食指同新娘左手的拇指和食指合并成一个正方形，然后由人把茶杯放在其中，注上茶，亲戚朋友轮流把嘴凑上去品茶。还有“桂花茶”、“安字茶”等其他名目，都是闹洞房时的习俗。生儿育女也离不开茶，如浙江湖州地区小孩满月时，须用茶汤洗头剃发，叫做“茶浴开石”。

在中国人看来，茶只能直播，不能移栽，象征着爱情的坚贞；茶叶清纯，象征着爱情的高洁；茶树多籽，象征着多子多福。取其美好的寓意，所以在婚礼的诸多环节中，都离不开茶。清人郑板桥的一首《竹枝词》唱出了恋情中的茶韵："溢江江口是奴家，男若闲时来吃茶。黄土筑墙茅盖屋，门前一树紫荆花。"

在丧礼方面，据近人胡朴安《中华全国风俗志》记载，浙江和安徽一些地方在人死后，家属一边念着"手中自有甘露叶，口渴还有水红菱"，一边将用甘露叶做成的菱和一包茶叶放入亡人口中。又据宋人周密《齐东野语》卷十九"有丧不举茶托"条记载，宋代人在居丧时，家人饮茶，或者以茶待客，不能用茶托。有人推测形成这种礼俗的原因，是因为"托必有朱，故有所嫌而然"。"托必有朱"，是说那茶托是朱红色的漆器，而死人忌讳红色，所以居丧期间，一般不用红色器物。这种礼俗，不但一般平民要遵守，皇家也不例外。

在祭祀方面，早在魏晋南北朝时期，人们就把茶作为祭品之一了。南齐武帝萧赜，临死前下了一道遗诏给他的儿子和大臣们，其中，有一段说："我灵上慎勿以牲为祭，唯设饼、茶饮、干饭、酒脯而已。"①南朝人刘敬叔《异苑》说，剡县陈务的妻子携两个儿子寡居，这一家人都"好饮茶茗"。房屋后园中有一座古坟，每次饮茶，这位母亲总是倒上一些茶放在古坟前，以示祭奠，其子不耐烦，说："古塚何知，徒以劳意"，欲将古坟平掉，"母苦禁而止"。一天夜里，母亲梦见一人对她的保护之恩和常以"佳茗受祭"表示感谢，并说要报答她。翌日起来一看，庭院里摆着"数十万"铜钱，于是"母告二子"，"祷饮愈甚"。这虽属神怪故事，但也反映了当时以茶作祭品的风俗。

古人不但用茶来祭告人鬼，而且祭天祀祖时也离不开茶。顾炎武《日知录》记载，唐德宗贞元十四年(798 年)，正月十一日立春祭山岳神时，"茶宴于岳"。《辽史·礼志》也记载："命中丞奉茶果饼饵各二器，奠于天神、地祇位。"《明史·礼志》记载，洪武元年(1368 年)颁布的祭礼中规定，天子于每年三月在太庙中祭祖时，祭品中要有当时的新茶。《大清会典》中也有类似记载。这说明，唐以后历代都以茶荐社稷，祭宗庙。

将茶用于祭礼之中，表现的也是人们对天地祖先神灵的美好祝愿。有时，人们也和一些与自己关系密切的神开开玩笑。如腊月二十三灶神上天时，家家都要办"灶糖"，以粘住灶神的嘴，以免灶神在天上说人间的坏话。东北辽阳地区却又在灶糖之外再献上一杯清茶，据说是让灶神把被粘住的口润一润，"上天言好事，下地保平安"。这杯茶水，将灶神嘴被粘住后的恼怒之火也浇灭了，他便能心情平静

① 《南齐书》卷3《武帝纪》。

地长保人间平安。这正是"民以食为天"的中华民族的文化心理。

茶俗还渗透在人际交往之中。"以茶待客"是中国人的普遍习俗。在北方,有"敬三道茶"之俗。客人进门,主人出室,仆人或子女便献上第一道茶,表示待客的礼节,因为刚刚落座,未入话题,客人可略饮一口。献上第二道茶,才是借茶以交流感情的好时候。第三道茶献上时,茶味已淡,礼仪已尽,客人便应该告辞了。对待一般客人须如此热情、周到,因为一般客人交往不多,怠慢不得。否则会因礼节上不到位而给客人留下不良印象,影响以后的交往。但若是知心朋友,则不必拘泥于礼,一壶两壶,喝他个尽情方休。宋人王谠《唐语林》载,兵部员外郎李约有好友至,饮茶"不限瓯数,竟日执茶器不倦",反映的正是密友间促膝畅谈的情景。

在南方地区,待客必须用最好的茶,同时在茶中加入一些其他食品,以表示各种美好的祝愿。如湖北阳新等地,人们待客时敬上的是爆米花茶,再加入麦芽糖和数枚青果。湖南各地待客的茶中,加有炒熟的黄豆、芝麻和生姜片。这些食品是供客人喝完茶水后食用的。时令不同,茶中所加的食品不同,所表达的愿望也不同。如江南一带春节待客,所献的元宝茶是将金桔等青果剖成圆宝状,预祝客人财源茂盛。

一般平民也借茶来互相请托,互致问候。据南宋吴自牧《梦粱录》卷一六《茶肆》记载,杭州老百姓在每月初一或十五,互相提着茶瓶,在街坊邻居中挨家挨户"点茶"。茶成了人们联络感情的工具。另有一种"龊茶",是一帮在衙门里做事或充当衙役的人进行敲诈的工具。这些人常常提着茶瓶到商家店铺里,请掌柜的喝茶,不管人家是否愿意喝,都要"乞觅钱物",死乞白赖地索要钱物。"龊"乃龌龊之意,大概是那些受到敲诈的人送了这么一个不雅的称呼。当时杭州还常有一些和尚、道士,想要人家解囊施舍,也是"先以茶水沿门点送","以为进身之阶",找个骗钱的借口,相沿成俗。

第五节　饮食器具

饮食器具乃是人类饮食文化生活不可或缺的重要内容之一。自古以来,特别是进入文明社会以后,饮食器具的发展变化直接反映了饮食文化生活的进步及饮食风尚的演变。中国古代的饮食器具种类繁多,按实际用途大体上可分为炊具、餐具和饮具,兹分述如下。

一、古代的炊具

中国古代的炊具主要有鼎、镬、鬲、鬹、釜、鏊、甗、甑、笼等。

鼎 相当于今天的锅，用于炖煮食物。鼎最初为陶制器具。根据大量出土文物来看，至迟在仰韶文化时期就已经出现了陶鼎。大约在夏、商时出现了铜鼎。作为炊具，鼎多用来煮牲肉。当时的肉食并不像后世那样一律切成小块，而是除了“羹”之外，一般都要把牲口分解为两大块，或七大块，或二十一块，也有不解体而煮全牲的。因此，鼎都比较大，其一般形状是圆体、大腹。也有长方形鼎。但不管是圆鼎还是长方形鼎，它们都有两耳、三足，也有四足的。因此，后世常说“鼎足而立”，或说“鼎足”、“鼎立”，意即力量三分或三家对峙。鼎除了用作炊具外，还可在筵席上盛放食品。

镬(huò) 即无足的鼎。《淮南子·说山训》：“尝一脔之肉，知一镬之味。”东汉高诱注曰：“有足曰鼎，无足曰镬。”由“一镬之味”联系“列鼎而食”可知，古代一道菜用一种炊具，做好端上去又是餐具。这种炊、餐兼用的器具，已具有火锅的功能。

鬲(lì) 用于炖煮食物，形状与鼎相似，三足是空的，与腹相通，因为鬲都较小，承重不大，空足可以支撑而不至破损，更重要的，是为了最大限度地增加受火面积，加快米熟的速度。鬲自新石器时代开始一直沿用到秦末汉初，才被炉灶和釜、镬取代。

鬹(guī) 一种炊、饮两用的陶制器具，形制与鬲相似。所不同的是口部有槽形的“流”，也称作“喙”，有三足。《说文·鬲部》：“鬹，三足釜也。有柄喙”，主要用于炖煮羹汤或温酒，做好后作为餐具直接端上筵席。这种器具主要流行于新石器时代。

釜 即今天的锅，圆口，圆底，有的敛口有双耳。用于蒸煮食物。它与鬲、鼎的不同之处是没有足，须安放到炉灶上才能使用。早在仰韶文化时期就已出现了陶釜，只是当时炉灶尚未普及，所以陶釜的使用也不甚普遍。春秋战国时，人们对炉灶进行了改造，注意了通风、排烟和防火。《鲁仲连子》载：“一灶五突，烹饪十倍，分烟者众。”“突”即为烟囱。又据《墨子·号令》载：“诸灶必为屏，火突高，出屋四尺，慎无敢失火。”为了防止火灾，人们将灶四周垒起屏障，使烟囱高出屋上四尺。后来又将炉灶的直突改为曲突。据《汉书·霍光传》载：有一户人家，灶上装了个很直的烟囱，灶旁堆满了柴火。有人劝他把烟囱改成弯的，把柴火搬开，以免发生火灾。这一家不听，后来果然失火。这个“曲突徙薪”的寓言，反映的就是战国秦汉时对炉灶的改造。

秦汉时,灶的使用已很普及。其形状与今农村的灶大致相同。一般为立体长方形,前有灶门,后端有烟囱,灶面有大灶眼一个,或另有小灶眼一至两个。如洛阳烧沟西十四号汉墓出土的陶灶,即前有一大灶眼,上仅放釜甑,后有一小灶眼,上仅放釜,最后为小圆孔,上置下圆上方烟囱。其灶面颇俏皮,长方形中各削去四角,边缘外伸,前部还划有菱形方格网饰①。从另一出土的泥灶中得知,火门上有并列的竖条孔火眼。而宁夏银川平吉堡汉墓出土的灶,则略有不同。其灶面上有三个灶眼,前面有两个,孔较小,后一个较大,各置有一个釜。此外还有三盆二釜由大到小套合叠放在灶上。这些出土资料说明当时制作的灶已很科学实用。

由于炉灶的改进和流行,釜也盛行起来,有陶制的,也有青铜和铁制的。秦汉以后,铁釜已完全取代了鼎、鬲,而成为主要的炊具。

屈原曾以"黄钟毁弃,瓦釜雷鸣"喻指楚国"谗人高张,贤士无名"②的黑暗现实,这说明先秦时期的"瓦釜"质量非常低劣。曹魏诗人曹植《七步诗》:"其在釜下燃,豆在釜中泣",说明魏晋时已开始使用釜来炖煮食物了。

鍪(móu) 一种炊具。青铜制或铁制。敛口束颈,口有唇缘,鼓腹圆底。流行于战国并沿用至汉代早期。古代士兵戴的胄与鍪相似,因此叫做"兜鍪"。南宋词人辛弃疾《南乡子·何处望神州》称赞孙权说:"年少万兜鍪,坐断东南战未休。"现今战士戴的头盔,与兜鍪相似。

甗(yǎn) 相当于现在的蒸锅。形制有圆形、方形,有上下合体,亦有上下分体的,上部为甑,置放食物;下部为鬲,用于煮水;中间为箅,上有通蒸汽的十字孔或直线孔。有的在上部甑内加隔,可以同时蒸制两种食物。此器主要盛行于商周时期。

甑(zèng) 蒸饭炊具,类似今天的蒸笼,底部有孔以通蒸汽。甑和鬲配套使用,甑放在鬲的上面,鬲中放水。甑也常与釜配套使用,所以古书中常釜甑连在一起。《孟子·滕文公上》:"许子以釜甑炊,以铁耕乎?"釜甑出现于新石器时代晚期,起初为陶制,商周时期出现了铜甑,战国以后普遍流行铁甑。这一古老的炊具一直沿用到今天。

笼 笼由甑演化而来,至迟到南北朝时已出现。笼多用竹条编制,以木作帮,造价低,使用轻便,层数又多,能够蒸制更多的食物,所以一直使用到今天。

---

① 《洛阳烧沟西十四号汉墓发掘简报》,载《文物》1983年第4期。

② 《楚辞·卜居》。

二、古代的餐具

我国古代的餐具主要有盘、簋、簠、敦、盂、盨、豆、笾、箪、筷子等。

盘 用以盛水或食物的一种器具。多为陶制或青铜器，也有瓷器者。浅而敞口、平缘、圈中、无耳。滥觞于商代，战国时期的瓷质盘，胎质细腻，施有光洁的青釉，利于口唇接触和洗涤。此后，盘的质地越来越坚硬、细腻，装饰也日趋精美，并一直流行到今天。

簋(guǐ) 形状类似今天的大碗，但两边有耳，底部有圈足的底座，或有高足，有的底座呈方形，有的还有盖。是用以盛饭食的食器，古人吃饭，先将饭从甑中取出盛入簋中再食用。早期为铜器，周代以木刻者为多，也有用青铜铸造的。在商、周时期，它也曾作为标志贵族等级的器物。据载，簋往往以偶数出现，如以四簋配五鼎，六簋配七鼎，八簋配九鼎。战国以降，这种餐具已不流行了。

簠(fǔ) 古时祭祀或宴飨时用以盛放黍、稷、稻、粱等饭食的器具。西周中期出现，沿用至战国时期。多为长方体，方形敞口或直口，壁直立或斜坦，有盖。盖与器的形状、大小相同，上下对称，各有两耳。盖仰置时，盖顶即为圈足。盖与器合上成为一体，打开则成为相同的两个器皿。簠与簋同类。《周礼·地官·舍人》载："凡祭祀，共(供)簠簋，实之，陈之。"郑玄注云："方曰簠，圆曰簋，盛黍、稷、稻、粱器。"由于簠簋常在一起使用，所以二者时常连称，它们为方为圆，又是祭器，所以古代有因不廉而被惩罚者，称作"簠簋不饰"，弹劾贪官污吏也用此语。

敦 用以盛放黍、稷、稻、粱等的一种器具。出现于春秋中期，盛行于春秋晚期至战国时期，秦以后消失。形状多样，一般为三短足，圆腹，二环耳，有盖，盖上多有捉手。盖与器合起来形状如西瓜。

盂 一种大型盛饭器。流行于西周至春秋时期。一般为侈口，深腹，圈足，体形较大。常常与簋配合使用，簋中之饭乃取自盂中。

盨(xǔ) 用以盛放黍、稷、稻、粱等的一种器具。出现于西周中期，春秋后期消失。青铜制作。椭圆形，口微敛，鼓腹，双耳，圈足或四足，有盖。盖上一般有四个矩形纽，仰置时成为带四足的食器。

豆 一种用以盛放干质食物的器具。以陶、青铜、木漆制作。器浅如盘，下有把，圈足，大多有盖。盛行于商周时期。据《周礼》、《仪礼》记载，天子、诸侯的筵席上，豆中主要盛放韭菹①、昌本、青菹、茆菹、葵菹、芹菹、深蒲、笋筍等菹类食品，以

---

① 菹：即酱菜。

及鱼醢①、兔醢、鹰醢、糁食等肉酱类食品。先秦时,各级贵族所用的豆有严格的等级规定。《礼记·礼器》载:"天子之豆二十有六,诸公十有六,诸侯十有二,上大夫八,下大夫六。"超过规格,即为越礼。

笾(biān) 与豆相似的一种高足食盘。用竹篾编制,涂以漆,因而不能盛放稀湿类食品,主要用来盛放枣、桃、脯、脩、鲍等食品。

箪(dān) 贫民的盛食器,用竹条或苇编制而成。所以"箪食瓢饮"也是贫困生活的写照。《论语·雍也》:"一箪食,一瓢饮,在陋巷,人不堪其忧,回也不改其乐,贤哉回也。"《孟子·梁惠王下》:"今燕虐其民,王(指齐宣王)往而征之,民以为将拯己于水火之中也,箪食壶浆以迎王师。""箪食壶浆"本来是说用箪盛着食物,用壶装着饮料,后来便用以指群众欢迎军队时犒献之物。

筷子 筷子是中国人进餐时最重要而又最简单的餐具。先秦时期,筷子称作"箸"、"荚"、"荚提"。相传,大禹治水,兽肉开锅就急着进食,汤鼎沸,无法用手取食,便试着用树枝戳荚,于是发明了筷子。可知筷子是由"荚"转化而来。先秦时,荚是从羹中捞取菜的工具。《礼记·曲礼上》:"羹之有菜者用荚,其无菜者不用荚。"显然,荚只是当羹中有菜时才派上用场的助食餐具。这种助食作用与我们今天的筷子大相径庭。这种荚很像商店取售食品用的夹或小吃店厨师用于翻动和捞取油炸物的那两根小木(或竹)棒。那时的荚并非用来吃饭的。大约到周代,人们吃饭还是用手抓着吃,即所谓的"手抓饭"。所以孔子在讲到上流社会之人应当具有的会宴进食的规矩中就有一条:"共饭不泽手。"②孔颖达疏:"古之礼,饭不用箸,但用手,既与人共饭,手宜絜(洁)净,不得临时始挼莎手乃食,恐为人秽也。"其实吃肉时,用刀割开后也是用手抓着往嘴里送的。正因为手与直接进口的食物接触,所以古人饭前要洗手。吃饭改手食为箸食是先从贵族社会开始的。《说文·竹部》说:"箸,饭攲也。"有了箸,便不必用手直接到大家共用的盛饭器中去抓饭了,所以箸最早还是取饭的工具。直到秦汉以后,这种从荚演化而来的两根并列的小木棍才真正成为可以灵活运用的助食餐具了。隋唐时,"筷"写作"筯"。"箸"与"筯"都读作"驻","驻"有停滞之意,所以人们反其意改称作"快",宋代以后写作"筷",并沿用至今。

筷子的构造十分简单,仅由两根上粗下细的小棒组成。形制多为上方下圆,以竹、木制为主,也有金、银、玉、锡、骨制。前者多为普通百姓的助食之具,而后者只有锦衣玉食之家才能享用。筷子的构造虽然很简单,但其功能却十分绝妙,不传

---

① 醢:肉酱。

② 《礼记·曲礼上》。

热,不粘饭,放在桌上不滚,夹菜入口光滑,不伤唇舌。它不仅具有实用、方便、安全、卫生等诸多优点,而且还有益于身体健康。据研究,筷子在手中使转,能够牵动人体 50 多块肌肉和 30 多个关节。1983 年著名物理学家李政道先生在东京谈到中国的科技成就时评价说:“中国早在春秋战国就发明了筷子。如此简单的两根东西,却是高超绝伦地应用了物理学上的杠杆原理。它是人类手指的延长,而且不怕高热,不怕寒冻,真是高明极了。比较起来,西方人使用刀叉吃东西,大概到 16 ~17 世纪才发明,但刀叉又哪能跟筷子相比呢?”

中国古代的每一件饮食器具几乎都是精湛的工艺美术品。筷子也不例外。在一双小小的筷子上,上层社会或上流人家要雕刻出龙、凤图案,文人雅士则喜欢刻上诗、词、文句或山水、花鸟等,或清新风致,或雍容华贵,为美食增添了丰富的情趣。

三、古代的饮具

我国古代的饮具主要包括尊、爵、角、斝、觥、觯、瓢、卣、彝、罍、盉、缶、杯、壶等。

尊 亦作罇、樽。是一种大口、贮酒而备斟的酒器,盛行于商周时期。多为青铜制,颈微缩,鼓腹,平底。多为方形或圆形,形制很多,其上常常饰有动物形象,于是有牺尊、象尊、龙虎尊、四羊方尊等。古人说:“决胜于樽(尊)俎之间”,意为在与对手饮酒食肉的宴席间取胜。“俎”是盛肉器,后来人们就把“尊”作为酒器的代称。宋人陆游《杂感》:“一尊易致葡萄酒,万里难逢鹳雀楼。”

爵 古代饮酒器的通名。亦指饮酒或温酒之器。青铜制,其形为深腹,前边有流酒的槽(“流”),槽与口相接处有“柱”,底部有三足,可以放到火上温酒。《诗经·小雅·宾之初筵》:“酌彼康爵,以奏尔时。”康爵即空爵,这两句是说往喝干了的爵中注酒,向你此时心中所尊敬的人敬献。至于爵位之爵,也是从酒爵义引申出来的。《礼记·中庸》:“宗庙之礼,所以序昭幕(被祭者所排的位次)也,序爵,所以辨贵贱也。”

角 饮酒之器,也是古代的量器之一。盛行于商周时期,多为青铜所制。似爵而圜底,大口,有三足,多为锥形,无流无柱,多有盖。饮器中爵、觚、斝、觯、角旧称五爵。

斝(jiǎ) 盛酒与温酒之器,盛行于商代和西周初期。多为青铜制,形制与爵、角相似,但形体较大,有三足、两柱、一鋬(用手提的部分),圆口,平底,无流,无尾。有的体方而四角圆,下有四足,带盖;也有的腹部分档,形状像鬲。

觥(gōng) 饮酒、盛酒之器,流行于商代至西周中期。形制不一,多为青铜所制,鼓腹,有流和鋬,上有盖,底部有圆座。《诗经·豳风·七月》:“称(举)彼兕觥,万寿无疆。”“兕觥”以犀牛角雕刻而成,《诗经》中经常出现,后代诗文中提到觥则已经是饮酒器的代称。北宋文学家欧阳修《醉翁亭记》:“觥筹交错,起坐而喧哗者,众宾欢也。”

觯(zhì) 大口青铜饮酒器,盛行于商代和西周早期。形似尊,但比尊小。有圆体、椭扁体两类。圆体者侈口,腹深而鼓,颈微束,下有圈足稍侈,下腹部或有一耳。椭扁体者口宽而侈,腹深而鼓,束颈或宽径,圈足,多有盖。《礼记·礼器》:“宗庙之祭,尊者举觯,卑者举角。”

瓢 一种酒器,是将葫芦剖成两半,煮熟去瓤而成。《论语·雍也》:“一箪食,一瓢饮。”

卣(yǒu) 盛酒、移送酒的器具。盛行于商代和西周。形制不一,多为青铜所制,鼓腹,圆口或椭圆口,有盖、圆足和提梁,可像篮子一样提着。《左传·僖公二十八年》载城濮之战晋打败楚后,“[周王]策命晋侯为侯伯,赐之……秬鬯一卣。”

彝 比较大的盛酒器,盛行于商代和西周早期。器身为方形或长方形,平底,有盖,有的有耳。《说文·系部》:“彝,宗庙常器也。”其实彝与尊同类,郑玄《周礼春官宗伯·司尊彝》注:“彝亦尊也。”不过因为它是“常器”,所以彝即代表宗庙祭祀时所用的各种礼器。《左传·定公四年》:“祝、宗、卜、史,备物典策,官司彝器。”孔颖达疏:“官司彝器,谓百官常用之器,盖罇罍俎豆之属。”

罍(lěi) 大型盛酒器,亦用于酿酒。盛行于商周时期。陶制、青铜制或木制。呈圆形或方形,容量较大,口小,腹深,圈足,有盖。肩部有两耳,常套铸有环,下腹部或有一鼻。《诗经·周南·卷耳》:“我姑酌彼金罍,维以不永怀。”《尔雅·释器》郭璞注:“罍形似壶,大者受一壶。”

盉(hé) 温酒或盛酒备斟之器,盛行于殷商至春秋战国时期。多为青铜所制,形制似鬲,深腹,圆口,有盖,前有流,后有鋬,下有三足或四足,盖和鋬之间有链相接,其功能如今天的酒壶。

缶 盛酒的器具,盛行于西周后期至春秋时期。多为陶器或青铜制作。形状似壶,大腹,圆身,有盖,腹部有四个环。《礼记·礼器》:“五献之尊,门外缶,门内壶。”缶在秦国还是一种乐器,以使音乐节奏分明。渑池之会上,蔺相如迫使秦昭王击缶,为赵国挽回了面子。《风俗通义·声音·缶》曰:“缶者,瓦器,所以盛浆,秦人鼓之以节歌也。”正因为缶作为乐器为秦地所特有,所以杨恽在《报孙会宗书》中说:“家本秦地,能为秦声……仰天抚缶而呼呜呜。”

杯 古今用于盛酒、水或羹的器具。起初用陶制作,后用青铜、金、银、玉、漆、瓷等所制。滥觞于商代,一直沿用至今。其形制各异,有方有圆,有鸟兽花果等各种造型。

壶 盛酒、贮酒器，盛行于商、西周至春秋战国时期。其特点是长颈，大腹，圈足，多有盖、提梁。《诗经·大雅·韩奕》："显父饯之，清酒百壶。"壶也用来盛食物。《左传·僖公二十五年》："昔赵衰以壶飧从迳，馁而弗食。"

第六节 饮食思想与饮食养生理念①

中国古代的饮食思想与养生观，既是古代人们进行饮食社会生活遵循的准则，更是长期饮食生活实践经验的总结与升华。它具有体系严整、科学务实、操作性强、实效性高等诸多特点，从先秦到明清，这一体系不仅日臻完善丰富，且一脉相承。

明清时期的饮食思想与养生观，既是这一思想体系成熟的生动体现，更是最具特色与典型意义的智慧成果。本节以明清饮食思想与养生观为例，加以阐释，来展示中国古代饮食思想和养生观方面的成就。

一、古代的饮食思想

明清时期的饮食思想，包括饮食审美思想、饮食伦理思想、饮食科技思想等内容。它们的形成与丰富，不仅是明清社会生活活动走向成熟、迈向繁荣的重要标志，更是明清两代包括饮食思想在内的整个思想文化体系在新的历史、社会生活条件下，进行科学化、社会化、功能化、实用化、艺术化总结、完善、超越的必然结果。

1. 明清时期的饮食审美思想

明清时期，杰出的戏曲理论家、文学家李渔在《闲情偶寄·饮馔部》中，对饮食审美的论述不少，内容宏富。他主张人们要通过饮食的求美尚真、饮馔活动的戒奢求简、饮食的食中悟道等途径，来达到审美的目的。

其一，李渔在"蔬菜第一"中，提出了饮食的"美"与"真"的标准，在于"渐近自然"的审美思想。他指出："声音之道，丝不如竹，竹不如肉，为其渐近自然。吾为饮食之道，脍不如肉，肉不如蔬，亦以其渐近自然也。"②意思是说，按照音乐的道理，弦乐不如管乐，管乐不如人的歌喉，这是因为它更近于自然。我认为饮食的道

① 本节参考林永匡、袁立泽：《中国风俗通史·清代卷》，上海文艺出版社2001年版。

② ［清］李渔：《闲情偶寄·饮馔部》，中国商业出版社1984年版。

理也是这样，即切细的肉不如没有切细的肉，没有切细的肉又不如蔬菜，也因为它更近乎自然的缘故。

其二，对饮食“美”、“真”的标准，李渔提出了“务鲜”的审美见解。他在论述蔬食“笋”时指出：“论蔬食之美者，曰清、曰洁、曰芳馥、曰松脆而已矣。不知其至美所在，能居肉食之上者，忝在一字之鲜。”①

其三，对饮食“美”、“真”的审美标准，李渔提出了“务洁”、“务净”的思想。他在谈及“菜”时，论述说：“世人制菜之法，可称百怪千奇。”但“务求至美”的根本之道，在于“摘之务鲜，洗之务净”的“八字诀”。否则，将会以“污秽作调和”，而导致破坏“百和之香”②的恶果。

其四，李渔对饮食的“美”、“真”的审美标准，还提出了当为“精”、“细”的科学己见，具体到制糕饼时，则应是“糕贵乎松，饼利于薄”。而“食之精者，米麦是也；脍之细也，粉面是也”。因此，只有“精细兼长，始可论及工拙”③。

2. 清代的饮食科技思想

在清代，李调元在所著的《醒园录》一书中，所提出的饮食科技主张，颇具代表性。作为清代著名的文学家、戏曲理论家、饮食烹饪艺术家的李调元，他在《醒园录》一书中，通过大量的烹饪具体方法的记述与介绍，展示了他充满活力、源自实践的饮食科技思想的丰富内涵。其中，包含：

其一，饮食烹饪与禁忌的科技思想。李调元的此一思想，具体反映在他所写的《醒园录》中所记述的烹调之法中，如假火肉法、封鸡法、假烧鸡鸭法、顷刻熟鸡鸭法、关东煮鸡鸭法等④。这些方法，则体现出他在烹饪技术中的“新”、“奇”、“特”思想。至于饮食禁忌的科技思想，他在书中强调烹饪制作时，一是注意保持身之“洁”；二是保持“器”之“洁”；三是注意防止食品的污“染”；四是注意食物的防霉变“质”。

其二，食物防腐与保鲜的科技思想。对此，李调元在书中，强调在制作时的“防”与“保”两方面，且采用一些自然的、物理性的技术，如酱不生虫法、鱼肉耐久法、夏天熟物不臭法、米经久不蛀法、藏橙桔不坏法、西瓜久放不坏法等⑤，来进行

① ［清］李渔：《闲情偶寄·饮馔部》，中国商业出版社1984年版。

② ［清］李渔：《闲情偶寄·饮馔部》，中国商业出版社1984年版。

③ ［清］李渔：《闲情偶寄·饮馔部》，中国商业出版社1984年版。

④ ［清］李化楠：《醒园录》卷上《假火肉法》诸条及卷下《千里醋法》诸条，中国商业出版社1984年版。

⑤ ［清］李化楠：《醒园录》卷上《假火肉法》诸条及卷下《千里醋法》诸条，中国商业出版社1984年版。

保质、保鲜，并“防蛀”、“防坏”、“防臭”，且收到颇为理想的效果。

其三，“千里”食品制作的科技思想。所谓“千里”食品实则为人们外出旅游时的“方便”食品。对此，李调元在《醒园录》中有颇多的记述，如千里醋法、千里茶法、仙果不饥方、耐饥丸、行路不吃饭自饱法等①，均独具特色，且有极强的可操作性。既体现他制作“方便食品”的科技思想，更表明他将科技成果应用于人们饮食生活的求实态度。

3. 明清时期的饮食伦理思想

明清时期的饮食伦理观念和思想，则具体而生动地反映在李渔《闲情偶寄》一书中所提出的若干重要主张中。

具体而论，李渔在《闲情偶寄》一书中，力主通过饮食的“食中悟道”之途，来寻求、实践人生与生活中美的“真谛”。具体而论，表现在：

其一，通过饮食活动，一悟“处世之道”。李渔在书中，通过对“葱、蒜、韭”的调味论述，悟出了“吾于饮食一道，悟善身处世之艰”②的人生哲理。

其二，通过饮食活动，二悟“识人之道”。对此，他在书中“蔬菜第一”中，论述“萝卜”时，通过在烹饪加工时的技法、人们食用萝卜的饮食习尚，悟出了人“虽有微过，亦当恕之”，犹如萝卜生吃“嗳必秽气”，但人们却“仍食勿禁”③一样的“识人之道”。

其三，通过饮食活动，三悟“治国之道”。李渔从烹虾的技艺中，悟出了“治国之道”的艺术。对此，他在书中的“肉食第三”中，论及虾时，写道：“笋可孤行，亦可并用；虾则不能自主，必借他物为君。”因此，“是虾也者，因人成事之物，然又必不可无之物也。治国若烹小鲜，此小鲜之有裨于国者”④。其意是说，虾这种东西，只有以别的东西为主才能成为荤食，但虾又是必不可少的原料。治理国家就像烹调小小的鲜虾一样，是一门艺术，也算是一种借鉴，有利于国家的治理之道。

二、古代的饮食养生理念

明清时期的饮食养生观，内容丰富，且通过人们的社会生活实践不断总结提高。同时，又具体地指导人们的饮食社会生活，向着健康、有序、科学的方向发展。

---

① [清]李化楠：《醒园录》卷上《假火肉法》诸条及卷下《千里醋法》诸条，中国商业出版社 1984 年版。

② [清]李渔：《闲情偶寄·饮馔部》，中国商业出版社 1984 年版。

③ [清]李渔：《闲情偶寄·饮馔部》，中国商业出版社 1984 年版。

④ [清]李渔：《闲情偶寄·饮馔部》，中国商业出版社 1984 年版。

具体而论,明清时期的饮食养生观,主要体现为:饮食的"戒奢求简"的养生之途,尚洁戒浊的养生之道,时节饮食强身的养生观等主张以及人们的饮食社会生活实践活动。

1. 饮食的"戒奢求简"的养生之途

明清之际,李渔在《闲情偶寄》一书中,提出了饮食社会生活应"戒奢求简"的观念,在具体实践中,则要求实施"三戒"。

一戒"饮食太繁"。李渔认为:"食之养人,全赖五谷。"倘若"肴馔酒浆诸饮杂食"太繁,则会"为精腆所误"①,故须加以戒之。

二戒"嗜欲过度"。对此,他提出并主张,人们"其疾病之生,死亡之速,皆饮食太繁、嗜欲过度之所致也。此非人之自误,天误之耳。天地生物之初,亦不料其如是;原欲利人口腹,孰意利之反以害之哉"②,故须加以戒之。

三戒"食气"胜食。李渔指出:"然则人欲自受其生者,即不能止食一物,亦当稍存其意,而以一物为君;使酒肉虽多,不胜食气,即使为害,当亦不甚烈耳。"③故须加以戒除。

2. 饮食的尚洁戒浊的养生之道

在清代,清人袁枚在《随园食单》一书中指出,为通过饮食社会生活,达到养生之目的,在饮食制作烹饪中,须尚洁戒浊。

其一,主张厨艺操作须"洁净"。为此,袁枚在书中的《洁净须知》中提出:一是专器专用。即烹饪时,"切葱之刀,不可以切笋。捣椒之臼,不可以捣粉"。二是常用之器尤须洁,不可闻菜有"抹布气","闻菜有砧板气"。三是良厨应做到"四多",即烹饪制作时,多磨刀、多换布、多刮板、多洗手,"然后治菜"④,方能保洁而卫生。

其二,要求烹饪制作时,须"戒混浊"。为此,他在书中认为,为免烹饪制作时的"混浊",其"救之之法,总在洗净本身"⑤而已。

3. 时节饮食强身的养生观

在人们的饮食社会生活中,清人袁枚主张,人之饮食,须有序而用之,方能强身健体。为此,他在《随园食单》一书中,专门列有"时节须知"的篇章,提出时节饮食

① [清]李渔:《闲情偶寄·饮馔部》,中国商业出版社1984年版。
② [清]李渔:《闲情偶寄·饮馔部》,中国商业出版社1984年版。
③ [清]李渔:《闲情偶寄·饮馔部》,中国商业出版社1984年版。
④ [清]李渔:《闲情偶寄·饮馔部》,中国商业出版社1984年版。
⑤ [清]李渔:《闲情偶寄·饮馔部》,中国商业出版社1984年版。

强身的养生观。具体内容是:

其一,提出人之饮食,应循时而进的见解。他认为:“冬宜食牛羊,移之于夏,非其时也。夏宜食干腊,移之于冬,非其时也。”①如此,才能以食养生。

其二,提出人之饮食,当因季变味的见解。袁枚提示,在具体烹制饮食时,其“辅佐之物,夏宜用芥末,冬宜用胡椒。当三伏天而得冬腌菜,贱物也,而竟成至宝矣。当秋凉时,而得行鞭笋,亦贱物也,而视若珍馐矣”②。

其三,提出人之饮食,须择时“见好”而食的见解。袁枚在书中指出:“有先时而见好者,三月食鲥鱼是也;有后时而见好者,四月食芋艿是也。”③同时,亦有“过时而不可吃者,萝卜过时则心空;山笋过时则味苦;刀鲚过时则骨硬。所谓四时之序,成功者退,精华已竭,搴裳(即撩起衣裳)去之也”④。可见,只能择时“见好”而食用,方能通过饮食社会生活,达到强体养生的目的。

---

① [清]李渔:《闲情偶寄·饮馔部》,中国商业出版社1984年版。

② [清]李渔:《闲情偶寄·饮馔部》,中国商业出版社1984年版。

③ [清]袁枚:《随园食单·须知单》,中国商业出版社1984年版。

④ [清]袁枚:《随园食单·须知单》,中国商业出版社1984年版。

唐周昉《簪花仕女图卷》(局部)

第二章 服饰风俗

服饰是人类生活的要素,又是人类文明的一个标志。服饰活动及其文化,既是一个时代变化的"晴雨表",更是检测该时代社会生活文明程度的重要标志之一。具体而论,服饰除了满足人类物质生活的需要外,还代表着一定时期的精神生活。它是各族人民生活内容、社会制度、风俗习惯、审美观念和精神风貌的外在反映。就文化而论,它又具有"显"文化特点,故有人认为,在一定意义上而论,它是人的第二层"皮肤"。

第一节　服饰的历史渊源

素有“衣冠王国”称誉的中国，服饰的发展有着悠久的历史渊源。在远古时期，人们穴居山崖，过着非常原始的生活。在原始社会初期，尚未发明纺织技术，人们大多以树叶草葛遮身，后来逐渐知道“搴木茹皮以御风霜，绹发冒首以去灵雨”，才开始用狩猎所得的兽皮、羽毛来包裹身体。《礼记·礼运》：“昔者先王未有宫室，冬则居营窟，夏则居橧巢。未有火化，食草木之实，鸟兽之肉，饮其血，茹其毛。未有麻丝，衣其羽皮。”可见当时人们用以蔽身的，不过是羽皮而已。

在旧石器时代晚期的北京周口店山顶洞人、山西翔县峙峪人和河北阳原虎头梁人生活过的遗址中，曾发现各种用兽骨制成的骨针，如 1933 年，考古工作者在 18 000 多年前山顶洞人生活过的遗穴中，发现了一枚残断的骨针：针长 82 毫米，直径约 3.1～3.3 毫米，针身制作得非常圆滑，针头也很尖锐，惟针眼部分有所残缺。从残存的孔眼分析，原来的孔径约 1 毫米。这枚骨针的发现，在中国服装史上有着重要的意义，它表明早在旧石器时代晚期，生活在中国土地上的居民，已告别赤身裸体的时代，并且掌握了初步的缝纫技术，能利用骨针来穿引线缕，缝制衣服。考古工作者还发现不少穿孔的砾石、兽齿、鱼骨、介壳及海蚶等饰物，还有用赤铁矿染红的石珠等，可知当时人们已有爱美的观念，并能利用一些天然物质装扮自己。

到了新石器时代，我们的祖先已经掌握了葛麻布的纺织技术，这是服装发展史上的关键一步。当时，人们能够根据自己的意愿，制造出疏密兼备、厚薄相宜的制衣材料，缝制出舒适合体的服装。中国现存最早的麻布服装，出土于新疆楼兰孔雀河古墓，整件服装全部用麻布制成，缝线也以麻缕为之，麻布的质地略有粗细，出土时尚穿在女性死者身上，距今约有 4000 多年的历史。在这一时期，我们的祖先还发明了养蚕治丝，并通过不断实践，逐步掌握了缫丝、索绪、络丝、加捻等丝纺技术，成功地制造出柔软轻薄、光滑细密的丝绢织物。1958 年，考古工作者在对浙江钱山漾文化遗址进行清理时，发现了 4700 多年前的丝绢残片和丝带，后者虽已碳化，但至今仍有韧性。经科学鉴定，丝绢为平纹组织，每平方厘米中有经丝 52 根、纬丝 48 根。从它的细密程度和丝缕长度可以看出，当时的缫丝织造技术，已达到较高水准。

随着社会生产力的不断提高，殷商时期的纺织工业有了较大发展，这个时期的人们，已经能够熟练地掌握丝织技术；人们改进了织机，发明了提花装置，并且能够在丝织品的表面上织造出许多精美瑰丽的纹样，为我国以后几千年丝织工艺发展，奠定了坚实的基础。虽然到目前为止，还未见商代服装实物出土，但从这一时期的玉、石、陶、铜人像上，仍可以看到当时衣着的情况。仅安阳所出人俑上的服装，就有多种形制，如首服有头巾、高冠、尖帽等；衣服有直领衣、交领衣、织纹衣等；下裳有蔽膝、围裳、行滕等；此外尚有腰带、鞋履等。根据人像的动作、仪态及衣着情况来看，当时似乎已存在以衣服别贵贱的现象，如1937年河南安阳小屯第15次发掘出土的带枷男女奴隶陶俑，他们头部皆不加饰物，且衣服短小，全身上下不具纹彩；而王室贵族则衣着华丽，纹饰精美。

至周代，中国奴隶社会进入最高阶段。随着土地所有制的变化及分封制的确立，阶级观念逐步形成。此后则在这一基础上建立了封建制度，与之相适应，又形成了一整套冠服制度。《周礼·春官·典瑞》："辨其名物，与其用事，设其服饰。"唐贾公彦疏："设其服饰者，谓……人之衣服之设也。"从此，衣冠服饰便被纳入"礼制"的轨道，成为统治阶级用来"昭名分、辨等威"的一种标志。上自帝王后妃，下及百官命妇，以至平民百姓，服饰形制各有等差，服饰制度逐渐形成。后来，这一套冠服制度一直延续到宋明。

几千年来，中国人民在长期的生产劳动和社会实践中，发明创造了无数具有民族特色的衣冠服饰，给中华文明增添了灿烂的光辉。遗憾的是，由于年代的久远，加上纺织物品本身难以保存，致使许多服饰形制湮没失传。特别是平民百姓的服装，由于条件的限制，流传于世者更是寥若晨星。历代史籍虽记录有不少服制方面的内容，但大多是有关帝王公卿、百官命妇服饰的描述，至于黎民百姓的服饰则鲜有涉及。其实，平民服装在中国服饰文明史上占有举足轻重的地位，它比贵族服装更贴近生活，更能反映民情民俗和社会风尚的变化。随着时间的推移，绝大多数的贵族服装伴随着封建制度的瓦解而退出了历史舞台，而一般平民的服装则以其特有的生命力传承并续延到今天。

第二节　服饰的形制类别

一、冠·巾·帽

在中国古代，用于饰首的服饰，称首服。其中，主要包括冠、巾、帽等。

1. 冠

古代贵族男子所用的一种特殊头饰。戴冠前把头发束在一起，在头顶上盘成髻，用缅包住。然后将冠套在髻上，冠圈上有窄长的冠梁，从前到后覆在头上。冠圈的两旁有两根小丝带，称作冠缨，可以在颔下打结。相传早在夏代，中国就已形成礼冠制度。《礼记·王制》："有虞氏皇而祭，深衣而养老；夏侯氏收而祭，燕衣而养老；殷人冔而祭，缟衣而养老；周人冕而祭，玄衣而养老。"其中的皇、收、冔、冕，都是冠名。冠的主要功能不是实用，而是礼仪。冠产生以后，没有身份的人不准戴冠。早期的冠，只是加在发髻上的一个罩子，形制很小，不能覆盖住整个头顶。其样式和用途与后世的帽子大相径庭。秦代以后，冠梁逐渐加宽，但也不能罩住全部头发。所以，《淮南子·人间训》说，冠"寒不能暖，风不能障，暴不能蔽"。

汉代之冠，在形制上都作前高后低、倾斜向前形，其名目有十多种，供不同身份的人在不同场合下使用。其中，有供文官戴的进贤冠，供武官戴的武弁大冠，供诸侯戴的远游冠，供御史一类的法官戴的獬豸冠，供宦官近臣戴的貂蝉冠。此外还有刘氏冠、却敌冠、建华冠、樊哙冠、方山冠等诸多的冠式①。冠的制作材料亦有多种。明人屠隆《起居器服笺》载："冠：有铁者、玉者、竹箨者、犀者、琥珀者、沉香者、瓢者、白螺者。"

晋代以降，通常以冠梁的多寡来区别官阶的高低。《晋书·舆服志》："进贤冠……有五梁、三梁、二梁、一梁。人主元服，始加缁布，则冠五梁进贤。"隋唐以后，梁数增多。明朝一品官用加笼巾七梁冠。二品官六梁，三品五梁，四品四梁，五品三梁，六品七品二梁，八品九品一梁。二品以下不加笼巾②。

古代妇女也有戴冠者，但多为花冠。如秦汉时宫女戴芙蓉冠，唐时戴莲花冠，

---

① 《后汉书》志第30《舆服志(下)》。

② 参见[明]王圻等：《三才图会·群臣冠服》。

宋时戴花冠等，但这些均为美饰装扮需要，惟有凤冠才被作为礼服的标志，表明后妃命妇的身份。凤冠被正式定为礼服，并将其纳入“冠服制度”的范畴，是从宋代才开始的。据载，北宋后妃在受册、朝谒景灵宫等隆重场合，头上都必须戴凤冠。凤冠上饰以9翚4凤，四周还缀有各种花饰①。到了南宋，凤冠形制有所变易，除原来的凤翚花饰外，还增添了龙的形象，叫做“龙凤花钗冠”。明代后妃在接受册封，参加祭祀或重大朝会时，亦戴凤冠，不过凤冠形制较宋考究。从1956年在北京定陵出土的凤冠实物看，其制以竹丝为骨，编为圆框，框内外各糊一层罗纱，然后在外表缀以金丝、翠羽做成的龙凤，周围镶嵌各式珠花。在冠顶正中的龙口，还衔有一颗宝珠。清代后妃所戴礼冠，虽亦饰有凤凰，但已不称凤冠，而名朝冠。

因为冠一般都是在严肃性的场合使用，所以古代男子20岁开始戴冠，戴冠时，要举行“冠礼”，以示成人。古代男子不戴冠者主要有庶人、小孩、夷人、罪犯。由于罪犯不冠，古人往往以免冠表示谢罪。当今社会的脱帽致意，就是源于这一习俗。

2. 巾

亦称“头巾”。即裹头用的布帕。古人“以尺布裹头为巾，后世以纱罗布葛缝合，方者曰巾，圆者曰帽”②。巾的主要功能是为了保暖和防护。秦汉时期，平民戴头巾十分普遍。因为冠冕只有贵族官员才能享用，一般百姓也就只好戴简易的头巾。汉代刘熙《释名·释首饰》：“二十成人，士冠，庶人巾。”战国时，一些诸侯国甚至把用帛包头作为罪犯的特征。如魏国规定犯轻罪的人用丹布包头，秦国规定罪人用墨布包头，所以秦国的奴隶、犯人又称作“黔首”。汉代以来，贵贱均可使用头巾。降及东汉末年，头巾的地位发生了明显变化，由普通庶民服饰，已变为时髦的装饰。据记载，当时的名人如袁绍、孔融、郑玄等人都爱戴幅巾。三国鼎立之际，手持羽扇、头戴纶巾(一种用丝带编织成的幅巾)的诸葛亮以其潇洒、自信的风度，征服了无数人的心，于是纶巾也成了一种典雅之饰，上起王侯，下至庶民纷纷弃冠着巾。这种厌弃冠冕公服而以幅巾束首的风气，在整个魏晋时代十分流行。它与士族名士们不遵礼教，以戴冠为累赘，追求自由的心态是互为表里的。江苏南京西善桥出土的“竹林七贤与荣启期”砖印壁画，共绘8人，其中，1人散发，3人梳髻，另外4人皆扎头巾，无一戴冠，就是一个明显的例证③。上述头巾，大多是一幅布帛，使用时须覆在头部，临时扎系。此外，还有一些头巾，须事先被折叠成型，用时直接

① 《宋史》卷151《舆服志三》。

② [明]李时珍：《本草纲目》卷38《服器部·头巾》。

③ 《南京西善桥油坊南朝大墓的发掘》，《考古》1961年第6期。

戴在头上，无须扎系。颇受人们青睐的“菱角巾”就属于这种头巾。还有用黑色纱罗制成的“乌纱巾”以及用葛布制成的“葛巾”等，都属于这一类。北周武帝时，对巾作了改进，裁出四脚，裹发后两脚系缚在头顶，另两脚则垂于胪后，名为“幞头”。幞头是隋唐时男子的主要首饰。由宋及元四百年间，扎巾的习俗历久不衰。但其形制变化很大，名目也很多。有的根据款式定名，如圆顶巾、方顶巾、秦顶巾等；有的以人名命名，如东坡巾、程子巾、山谷巾等；有的则以质料定名，如绸巾、纱巾等。不同身份的人物，其使用的头巾往往不同。正如南宋吴自牧《梦粱录》卷十八《民俗》所说：“士农工商诸行百户，衣巾装著，皆有等差……街市买卖人，各有服色头巾，各可辨认是何名目人。”此种风习到了明代更为盛行，明代男子对头巾的崇尚程度，超过以往任何时代。这一时期先后出现的头巾款式，多达三十余种。其中，以网巾、方巾使用最为普遍。网巾为明代道士首创，相传朱元璋在召见神乐观道士时，见其以网巾裹头，问是何式？道士答：“此网巾也，用以裹头，则万发俱齐。”即位不久的朱元璋对“万发俱齐”之语非常满意，立刻给这个道士封官，并颁式于天下，令满朝文武、全国百姓都用此巾来裹发。明代士子则喜用方巾，其形状方平正直、四楞，每一面都上宽下窄，呈倒梯形。创始人为明初士子杨维桢，朱元璋喜其名称寓有四方政治统一，天下安定之意，遂令照样制用，全国通行。入清以后，由于发型的变化，很少有人再戴头巾。从实际情况看，近代男子剪掉了辫子，皆作短发，也不需用头巾。头巾便从此退出历史舞台。

中国古代的女性，也喜扎头巾。三国时期女子所戴的头巾，其系扎方法大抵由后向前，然后在额上交叉系结。唐代妇女头巾的扎法较为奇特，通常只将头顶上的发髻包住，而额发、鬓发则散露于外，这从现存的唐画《双陆图》、《调琴啜茗图》可见一斑。宋代妇女中间流行一种额巾，叫做“额子”。宋代书画家米芾《画史》云：“唐人软裹，盖礼乐阙，则士习贱服，以不违俗为美。……又其后方见用紫罗为无顶头巾，谓之额子。”其形式为用一块帕巾，折成条状，绕额一周，系结于前。明清妇女曾一度流行用帕巾包头的习俗，这实际上也是一种头巾。入清以后，由于实施了剃发令，头巾这种首服在男子中便逐渐销声匿迹，但在妇女中间仍然长盛不衰。

3. 帽

又称“冒”或“帽子”。“冒”是帽的古字，它是一个象形文字：四周像缝缀而成的兜，下部开口，以便套在头上。考古发掘证明，帽在我国已有6000年以上的历史①，它是在巾的基础上演变而成。因为戴帽子要比扎头巾来得方便，遂取而代

① 考古工作者在陕西临潼邓家庄新石器时代遗址中，曾出土一件6000年前的陶俑，其上绘有戴帽人物：帽式呈圆形，前高后低，顶部微尖，从外形看，所用质料较为厚实，可能是用野兽的皮毛制成。

之。远古时期的帽子主要用作保暖和防护，故一直为北方人民所戴。直到秦朝，帽子仍以西域少数民族所戴为多，汉族则多用于孩童，一般人很少使用。汉代的帽子是一种软性圆帽，用布帛制成，一般先用头巾把发扎好，然后再戴帽子。汉乐府《日出东南隅行》："少年见罗敷，脱帽著帩头"，说的就是这种情况。此后帽被用作服饰的标志，以显示各式人等的品秩身份，这样便产生了冠。三国时期，帽子已经在中原地区普及开来。东晋南朝时，戴帽者更多。南朝时期，帝王百官以戴白纱帽为尚。由于白纱帽的形状比较高，以白色纱缯为面料，所以又称"白帽"、"白纱高屋帽"、"高屋白纱帽"、"白高帽"、"高屋帽"等等，通常用于宴见朝会。《梁书·侯景传》："(景)自篡立后，时著白纱帽，而尚披青袍，或以牙梳插髻。"《资治通鉴》："于时事起仓猝，王失履，跣至西堂，犹着乌帽。坐定，休仁呼主衣以白帽代之。"①元胡三省注："江南，天子宴居着白纱帽。"皇帝登基时亦多戴此，是为南朝官制的一大特点。与白纱帽相对，此时的士庶阶层则戴乌纱帽。同时，在民间，由于这一时期战争频仍，民心思安，祈求合欢团圆，故出现了"合欢帽"。这是一种为一般百姓所喜戴的便帽，由两块面料合缝于中央，顶为圆状，与北方少数民族戴的"突骑帽"有相似之处，区别在于突骑帽之下有垂帽为颈，而合欢帽下方只有两根带子结于颈下。此外，这一时期人们常戴的还有风帽、破后帽等。风帽是一种附有下裙的暖帽，原先也以北族之人所戴为多，由于便于武士使用，所以渐为中原人采用，但多在出行时使用。南朝齐永明年间，有人对其进行了改制，把风帽的后裙缚起，垂结于后，俗称"破后帽"。隋唐承袭六朝遗风，仍普遍戴纱帽。史载："开皇初，高祖常著乌纱帽，自朝贵以下，至于冗吏，通著入朝。今复制白纱高屋帽……宴接宾客则服之。"②到了唐代，仍将纱帽用于礼服。此外，胡帽在唐代也十分流行。所谓胡帽，是中原汉族人民对西域少数民族所戴之帽的总称。它包括锦帽、珠帽、搭耳帽、浑脱帽、卷檐虚帽等等，多以貂皮、羊皮、毡类为之，具有浓郁的草原民族特色。胡帽不仅为汉族男子所喜戴，女子戴胡帽也成为一种时尚。史载，中宗以后，宫人从驾者皆胡帽乘马。唐代妇女喜着男装和胡服、戴胡帽，跃马扬鞭，显示出一种开朗、奔放、健康向上的精神风貌。宋代是一个崇尚礼制的社会，因而服冠制度等级差别十分明显。有职之人服制繁缛，朝会有朝会之冠，祭祀有祭祀之服，只有赋闲在室，穿着才可随便一些。此时期的士人中间十分流行戴帽风气，且别出心裁，自创新样，有京纱帽、尖檐帽、笔帽、翠纱帽等款式。唐代时兴的胡帽，此时戴者已很少见。纱帽依旧流行，尤其在士大夫阶层，更是受到普遍青睐。纱帽的形制也多种多样，

---

① 《资治通鉴》卷130"宋明帝泰始元年"条。

② 《隋书》卷12《礼仪志七》。

其中，一种高顶纱帽最为流行，它以乌纱制成，顶高檐短，状似高桶，所以称“高桶帽”。相传这种帽为苏东坡所创，苏东坡在被贬之前经常戴此，后来的士大夫为了表示对他的尊敬，纷纷戴起了这种帽子，并易其名为“东坡帽”、“子瞻帽”（“子瞻”为苏东坡字）。不过，此时“帽”和“巾”的概念常常被混为一谈。巾可叫做“帽”，帽也可叫做“巾”，两者虽然名称不同，实际上却是同一种首服。宋时还有一种属于“奇装异服”之类的帽，即宋高宗绍兴年间，士庶之家竞相以母鹿腹中的胎鹿之皮制成妇人的冠帽，一时间山民采捕胎鹿无遗。要不是朝廷用法令来禁止，真不知最后如何收场。为了杜绝这种侈靡的风气，宋王朝还真动真格，曾多次从朝廷开刀，将宫中金翠等物集中于街市，当众焚烧，同时告诫天下，再有犯者一律重罚。

帽从质料分有布帽、纱帽、毡帽、草帽、竹皮帽等；从用途分有暖帽、凉帽、雨帽、风帽、破后帽、突骑帽等；从形制分有大帽、小帽、圆帽、方帽、高桶帽、尖檐帽等；此外还可从使用的礼节、场合以及品评等秩等不同功能分为官帽、便帽、礼帽等。

二、衣服与裤裳

1. 衣服

中国传统的服装不外乎上衣下裳制和衣裳连体制两种主要的形制。上衣下裳制：上身称衣，下身称裳。凡穿在上身的衣服，统称“上衣”，包括襦、袄、裲裆、半臂等。上衣下裳的服制，相传始于黄帝时代，这可以说是中国历史上最早的上衣下裳制度的基本形式。衣裳连体制：上衣下裳合而为一，制造成一件服装，其中，包括深衣、袍、衫、褂、褙子、直裰、褶子等。衣裳连体制，古称“深衣”，其雏形亦见于原始社会时期。

深衣　产生于春秋战国时期，是一种连接上衣和下裳的服装。“衣裳相连，被体深邃，故谓之深衣”①。制作深衣的质料，最初多用本色麻布，袖、襟、领、裾等部位镶以彩缘。及至战国，则用丝织物为衣，彩锦为缘。其形制，交领、缘边，袖口和下摆宽，下摆不开衩口，长度在足踝间，以不沾地为宜。深衣缝制容易，穿着方便，既利于活动，又能严密地包裹住身体，还可以充分利用布料。因此在长裤形制还不完备的古代，深衣可以更加严谨有效地遮掩躯体，无论从御寒护身还是从美学角度看都有相当的优势。所以，深衣在战国时已十分风行，无论文人、武夫、官员，还是一般平民，全都把它作为日常服装，甚至作为礼服穿用。在儒家理论中，深衣的袖圆似规，领方似矩，背后垂直如绳，下摆平衡似权，符合规、矩、绳、权、衡五种原理，所以深衣是比朝服次一等的服装。庶人则用它当作“吉服”来穿。深衣在秦汉时

① 《礼记·深衣》。

期仍十分盛行。此时的士庶男女都穿深衣，陕西临潼始皇陵出土的秦俑，即穿着曲裾深衣。湖北云梦等地汉墓也出土有穿着深衣的木俑。尤为难得的是，在湖南长沙马王堆西汉墓中，还出土有多件深衣实物，虽然在地下沉睡了两千多年，但保存完好，形制、特点反映得十分清楚。东汉以后深衣多用于妇女。魏晋以降，深衣之服渐不流行，但对后世服饰影响甚大。以后的长衫、旗袍乃至今世的连衣裙等，都可以说是深衣的遗制。

裘 一种贵重的毛皮大衣。古代凡用野兽的毛皮所做成的衣服统称“裘”，有狐白裘、羊羔裘、狐青裘、犬羊裘等。裘服滥觞于殷商时期，历代沿用不衰。古代的裘服之所以选取羔羊皮和狐狸皮为之，除为保暖之外，还有其象征意义，因为狐狸死后头仍挺立着，故取其象征君子不忘本的含义；而羔羊则取其象征温顺和谦逊。古代天子均着白狐裘，诸侯穿黄狐裘，卿大夫穿青狐裘，士人穿羔裘，庶人穿犬羊之裘等。按照规定，除天子穿用大裘外，一般官员除拜会天子时着裘外，平日必须在裘外罩上缯衣（丝织衣），也称“裼衣”。古代裘衣十分贵重，其中，最为珍贵的要属狐白裘，它是用许多狐狸的白腋毛拼接而成。所以古代有“千羊之皮不如一狐之腋①”和“士不衣狐白②”之说。有据《史记·孟尝君列传》载，战国孟尝君入秦被囚，派人向秦昭王的幸姬求情。幸姬说：“愿得君狐白裘。”原来孟尝君有一狐白裘，天下无双，可已献给了秦昭王。多亏一个会“狗盗”的门客入宫偷了出来，献给秦昭王的幸姬，孟尝君才得以释放。裘的珍贵程度由此可见一斑。裘除在宫廷中作为正式官场之用外，也是男子外出打猎的常服，这在唐代尤为兴盛。

袍 继深衣之后出现的又一种上衣和下裳连成一体的长衣，产生于周代。男女均可穿着。最初多被用做内衣，穿时在外另加罩衣。《礼记·丧大记》：“袍必有表”，说的就是此意。袍有夹层，夹层内装有御寒的棉絮。如果夹层所装的是新棉（绵），称为“茧”；如装的是败絮（缊），则称之为“缊”。所以袍有绨袍和缊袍两种形制。在周代，袍是一种生活便装，而不作为礼服穿着。军队战士也穿袍，《诗·秦风·无衣》：“岂曰无衣，与子同袍。”这是描写秦国军队在供应困难的冬天，共同合披袍服克服寒冷的诗篇。

缊袍比绨袍低劣。孔子说：“衣敝缊袍，与衣狐貉者立而不耻者，其由（子路）也欤？”③这里的“缊袍”，就是指纳有败絮的冬衣。绨袍也是一种冬衣。说起绨袍，还有一段感人的故事。战国政治家范雎遭到魏大夫须贾陷害，逃亡到秦国当了

① 《史记》卷43《赵世家》。

② 《礼记·玉藻》。

③ 《论语·子罕》。

宰相。须贾出使秦国，范雎装扮成原来的样子拜访他。须贾见范雎贫寒，送给他一件绨袍。后来，范雎对须贾说，我之所以不杀你，是因为“绨袍恋恋，有故人意”①。后人又以绨袍表示不忘旧情。唐人高适《咏史》诗中就有“尚有绨袍赠，应怜范叔寒。不知天下士，尤作布衣看”的吟咏。

及至汉代，袍被当作一种普通服装，人们在家居时，可将其单独穿着在外，无须再加罩衣。妇女在婚嫁之日，无论贵贱，皆可穿着。只是在颜色、装饰上稍有区别，以示等差。唐朝时，袍成了最常见的衣着。此时的袍服，与标榜正统汉族礼仪文化的官员礼服不同，吸收了比较多的北方游牧民族服装因素。日常穿用的袍装，袖子较细窄，襟裾也较短，仅及踝部，甚至有些短袍仅过膝部。衣身较紧凑，采用圆领或大翻领。这样的袍装节省原料，也便于活动，因此受到人们的普遍欢迎，甚至连帝王官员都在平时穿用长袍，称作常服。此时各种式样的袍服，我们从河南、陕西、山西等地出土的大量唐代陶俑，敦煌、龙门等地石窟中的壁画、造像，陕西永泰公主墓、章怀太子墓、杨思勗墓等处出土的壁画、石刻等众多艺术作品上可窥见一斑。这种形制的袍延续到明代发生了变化。此时期的袍与明清以前的袍虽同是一个名称，但外形结构却截然不同。明代以前的袍为颌领、交领、对领和圆领，袍身肥大，袖身舒展，衣身用带结。满清的袍服则是立领，袍身稍窄，袖身也较短窄，衣身用盘纽。清代的袍名为“旗袍”。它比古老的袍式进了一大步。旗袍除可独立穿着外，还可外着坎肩（即背心）或外套。外出时还可以加上敞衣（官衣）。清代旗袍还有前中缝、后中缝和左右边缝，这叫四面开衩旗袍，是王公贵族骑射时的装束。

衫　一种大袖单衣，是长衣中的一种。其制以轻薄较软的纱罗缝制，仅用单层，不用衬里。一般多做成对襟，两襟之间用襟带相连。也可不用襟带，一任衣襟敞开。衫滥觞于东汉。由于其形制十分便捷，因而至魏晋时期流行开来，其中江南地区的士人穿着者尤多。江苏南京西善桥出土的“竹林七贤和荣启期”砖印壁画，所绘8位士人全部穿衫，还有袒胸露怀者，是当时风俗的写照。南北朝时，由于受胡服的影响，穿衫者逐渐减少。晚唐五代时，则再度流行。衫的形制也不断改变，出现了襕衫、凉衫、桂布衫、缺骻衫和团衫等款式。宋代因袭五代遗制，也以著衫为尚。宋衫质薄，大部分绣有花纹。此时的妇女穿衫也十分普遍，宋徽宗《宫词》中就有“女儿妆束效男儿，峭窄罗衫称玉肌”的形容。在福建福州及江西德安的宋代女性墓中，还出土有大袖宽衫实物。到了明代，衫甚至被用作妇女礼服。《明史·舆服志三》称：“（洪武）二十四年定制，命妇朝见君后，在家见舅姑并夫及祭祀则服礼服。公侯伯夫人与一品同，大袖衫，真红色。”其他命妇之衫也与此相同，只是所

① 《史记》卷79《范雎蔡泽列传》。

用原料及颜色有所不同而已。

襦 一种比衫短小的衣着。《急就章》注云:"短衣曰襦,自膝以上,一曰短而施腰者襦。"《说文·衣部》也说:"短衣也",长度仅及膝上。襦的袖子较长,衣身较窄。其形制最早出现在汉代。汉高祖刘邦是楚人,好楚服,而楚服多短制。叔孙通衣儒服,褒衣大袍,刘邦看了十分反感。叔孙通见势不妙,顺风转舵,改着短衣楚制,刘邦遂转怒为喜。因此,汉代宫廷中崇尚短衣,襦自然也成为贵族子弟中最受欢迎的便服。《汉书·叙传》:"班伯为奉车都尉,与王、许子弟为群,在于绮襦纨袴之间,非其好也。"襦所用原料除布、帛以外,大多采用罗縠纱或锦,罗縠纱取其轻,锦取其厚挺,并可绣以图案装饰,通常用紫、黄、红色为之。襦在东汉以前男女通用,既可当外衣穿,也可作衬衣使用。东汉以降则几为妇女所专用。其形制分为单襦、复襦、要襦、反闭襦等。单(同"禅")襦又称"汗襦"。《方言》卷四:"汗襦……或谓之禅襦",主要在夏季穿着。居延汉简和连云港西汉墓遗策分别有"白布单襦"和"练单襦"的简文①,是指用麻布和丝制成的襦。有里有絮的襦被称作"复襦",《释名·释衣服》云:"襦,暖也,言温暖也。"甘肃武威磨嘴子汉墓中即出土有这种服装,衣面为浅蓝色平纹绢,内纳丝棉,大襟,窄袖,齐腰长,出土时尚穿在女尸身上,下配丝棉长裙。要襦的形制较为特殊,《释名·释衣服》云:"要襦,形如襦,其要上翘下齐要也。"即颜师古所说"短而施要者"。反闭襦系"襦之小者也,却向著之,领含于项,反于背后,闭其襟也"②。由此可知,反闭襦是反穿的襦,形制较小。襦的形制在魏晋南北朝时仍流行,一般采用大襟,衣襟右掩,衣袖有宽有窄。降及隋唐,其形制稍有变化,出现了对襟之襦,穿时将衣襟敞开,不用纽扣,下摆部分则束在裙内。到北宋年间,襦的形制又稍有变化,有的袖口极小,衣身也短了许多,取名"旋袄",是一种杂技演员的表演服。清代以降,由于短袄的流行,妇女穿襦者已不多见,及至清代中叶,襦的使命基本宣告结束。

袄 一种比襦长比袍短的上衣,由襦演变而来,有时可代替袍外用。冬季所用者,多纳有棉絮,俗云"棉袄";也有以厚实的织物为之,内衬缀里,俗云"夹袄"。夹袄多用于春秋两季,棉袄则用于冬季。无论夹袄、棉袄,一般多穿在长衣之内,男女均可著之。其制约出现在魏晋南北朝,隋唐沿用。宋时较为流行,各色人等均可服之。史载:"熙宁中,鲁直入宫教余兄弟,伯父五开府,酒余,脱浅色番罗袄衣之。"③又据记载,有一位专为贵族家做菜羹的厨娘,她初到贵族家时犹着红衫翠裙,当入

---

① 《居延新简》E. P. T51:460;南波:《江苏连云港市海州西汉侍其繇墓》,《考古》1975年第3期。

② [汉]刘熙:《释名·释衣服》。

③ [宋]赵德麟:《侯鲭录》卷2。

厨工作时便更换团袄围裙的装束，足见袄是一种很普通的衣着。明清时期继续沿用，不过多用作内衣，外面须罩以袍、褂之类的外衣。妇女则直接用于外衣，穿时和裙、裤相配。爰至晚清，袄的形制开始有了变化，除短袄外，又出现了一种长袄，其长盖膝。民国妇女受西洋"曲线美"的影响，为了表现柔美的身姿，又把袄的长度恢复到胯部以上地位，并沿用至今。

半臂 一种无领（或翻领）、对襟（或套头）的短外衣，套在长袖衣衫外面，一般和上衣一起束在裤腰里。因衣袖之长，为长袖衣的一半，所以又称"半袖"；又因衣袖之长仅覆于上臂，故又有"半臂"之谓。其制最早出现于汉代，三国时魏明帝曾因着绣帽，被"缥纨半袖"，受到直臣杨阜的指斥，认为这种服饰不合礼法①，弄得明帝极为尴尬。半臂直到唐代才风行起来。起初仅为内官及女史供奉之服，着之以便劳役，后来才流传到民间，成为一种男女皆喜穿着的常服。据记载，武则天时（684—704年），来子珣为羽林中郎将，"常衣锦半臂，言笑自若"，受到朝士的诮笑②。在唐玄宗李隆基继位前，王皇后的父亲王仁皎曾脱下身上穿的"紫半臂"，换来面粉，做汤饼替李隆基过生日③。终唐之后，其制不衰，并一直递嬗到明清。

2. 裤裳

在中国古代，男女穿着的下身服装有裳、裙、裤等。

裳 裳读作cháng，又写作"常"，是一种专用于遮蔽下体的服装。男女尊卑，均可穿着。其制滥觞于远古时期。史载："皇帝尧舜，垂衣裳而天下治。"④关于裳的形制，《礼记·内则》郑玄注说："凡裳，前三幅，后四幅也。"可知古代的裳由前三幅、后四幅的衣料连接而成。其款式与后世的裙子有些类似，但裙子多被做成一片，穿时由前围后，将下体全部遮住；而裳则制成两片，一片遮前，一片遮后，左右两侧各有一条缝隙，以便开合。穿着这种下裳，在日常生活中必须十分小心，稍不留意，就会有暴露下体之虞。进入汉代以后，人们的下体之服得到了改进，一是出现了有裆之裤；二是裳被裙子所取代。裳的前片和后片被连成一体，就变成了裙。裙子出现以后，裳的使命便告终结，惟礼服中仍保留此遗制。

裙 又称为下裳，是我国古代女子一种主要着装。裙装从古至今，在我国已有3000年的历史，但作为较正规的裙式却始于周文王时期。其形式滥觞于原始人的围草。用布帛制裙是周文王时期的一大发明创造，不过此时的裙尚未被普遍接受，

① 《宋书》卷30《五行志一》。

② 《旧唐书》卷186（上）《酷吏·来子珣传》。

③ 《新唐书》卷76《后妃·王皇后》。

④ 《周易·系辞（下）》。

而只是以命令形式要求在宫廷内部先行穿着。

降及秦朝,裙的穿着范围有所扩大,不过仍采取命令方式,命宫女穿五色花罗裙。到了汉代,女子着裙已较为普遍。此时的裙通常加有裙缘,所用质料有丝、布等。丝裙为社会上层或中层女子所穿,南朝陈人徐陵《玉台新咏·定情诗》:"何以答欢悦?纨素三条裙。"长沙马王堆一号汉墓出土的裙子,上窄下宽,由四幅素绢拼成①。布裙则在一般百姓中流行。河南密县打虎亭汉墓壁画所绘女子上着短褥下穿长裙的形象②,提供了相关实物资料。唐代安乐公主的"百鸟裙",其制作工艺之精,在服饰史上十分罕见。这种珍贵的服饰,虽然不在广大妇女中流行,但在社会中上层妇女中间,却有一定的普遍性。至于小家碧玉,则以颜色和式样取胜,其中,最为典型的,当属石榴裙。唐人小说中的李娃、霍小玉等,即常穿这种裙子。《红楼梦》里也有关于石榴裙的大段描写。所谓"拜倒石榴裙下",更形成为一句成语,可见这种裙子是一直流传了下来。此外,唐时的罗裙也颇受欢迎,是以质地取名;郁金裙是以郁金芳草染色,取其香气而得名。古诗中有不少关于唐裙的描写,白居易诗"移舟木兰棹,行酒石榴裙";杜甫诗"蔓草见罗裙";李商隐诗"折腰多舞郁金裙"等,都是以夸张的手法对裙式的形象记载。唐裙取色多以红、紫、黄、蓝为主。从长安、洛阳出土的陶俑中,仍可依稀看到当时妇女裙上红色、蓝色的痕迹。

宋代的裙式基本上延续唐代,仍以石榴裙最为有名,罗裙、百褶裙、花边裙、生绢裙、单纱裙等也很普遍。从文献记载看,宋代妇女裙子的颜色以郁金香根染的黄色最为贵重,为贵妇所穿;红色的裙子为歌舞伎乐所穿,老年和村妇大多则喜穿绿色或青色的裙子,而在西南少数民族地区,妇女们则流行穿婆裙(或称莎裙)、花裙、仡老裙等。南宋时期还出现过一种"赶上裙",前后不开衩,下曳于地,是宫廷中嫔妃们穿着的新颖别致的裙式,但由于穿着不普遍,故人称"妖服"。明代的女裙仍保存着唐宋时的特色。曾风靡于唐代的红裙,至明代再度流行;宋代的百褶裙,在此时也没有偏废。裙子的色彩、纹饰以质朴、清淡为主。至明末,则一改此风,追求起华丽的格调。诸如凤尾裙、月华裙、百花裙等裙式,装饰都十分考究。清代的裙子有凤尾裙、月华裙、张墨裙、鱼鳞百褶裙等式样,其形制随时有变,有在裙上缀以各种飘带的;有在裙幅下装上若干小铃,使之丁当丁当作响;也有在裙幅下绣满水纹,随着人体的走动,一折一闪,异常美观。

裤 为人们下体所穿的主要服饰。原写作"绔"、"袴"。裤子的出现,可追溯到春秋时期。不过,当时的裤子不分男女,都只有两只裤管,名叫"胫衣"。与后世

① 湖南省博物馆等:《长沙马王堆一号汉墓》上集,第69页。

② 河南省文物研究所:《密县打虎亭汉墓》,彩版34。

的套裤相似，无腰无裆，仅施两胫，上端缀以细带，穿时系结于腰。《说文·系部》："绔，胫衣也。"段玉裁注："今所谓套裤也。左右各一，分衣两胫。"我们从居延汉简上所看到有关袴的记录往往和鞋袜一样，也以"两"字计数，就是出于这个原因。

古人穿着绔的目的是为了遮护胫部，尤其在冬天，可以起到保暖的作用。这种裤子平时多穿在下裳之内，所以常用质地较次的布制成，富贵之家也有用丝织品为之者，但在社会上被公认为奢侈之服。我们今天称衣着华丽、不学无术的年轻人为"纨绔子弟"，典出于此。"纨绔"就是用丝绢制成的裤。

由于绔的长度仅能遮护胫部，膝盖以上则完全赤裸，以长衣遮护。故古人行、跪、卧、坐时，很注意规矩。《礼记·曲礼》："暑无褰裳。"《内则》也说："不涉不撅"，意谓暑热天不可提起衣裳，不蹚水过河不可提衣。否则，露出身体会被认为"不敬"。大约战国以后，中国古人的裤子才得到改善，其款式也多了起来，概而言之，主要有两种类型。其一，是无裆之裤，即《释名·释衣服》所云："绔，跨也，两股各跨别也"，也就如《说文·系部》所说"绔，胫衣也"。江陵马山战国中晚期楚墓出土的这种类型的棉绔小有收口，上有分裆，两绔腿由绔腰联成一个整体，是一件"开裆绔"。当时的汉族人为什么要穿无裆裤？这是因为外衣穿裳，不利于上厕所。人们必须要解开一层又一层的带，才能方便。其二，是连裆裤，名为"穷绔"。其制上大于股，下覆于胫，在两股之间施以裤裆，可以用带系起来。《汉书·外戚传·上官皇后传》载，西汉名将霍去病之弟霍光，受汉武帝遗诏，辅助昭帝即位，并将自己的外孙女嫁给昭帝做皇后。为了让皇后"擅宠有子"，他特以皇帝身体不安为由，提出"禁内"，令宫中宫女皆穿穷绔，"多其带"。颜师古注引服虔曰："穷绔，有前后裆，不得交通也。"颜师古进一步解释道"即今之绲裆绔也。"这种裤型汉以前已经出现。如河南信阳春秋战国之际楚墓出土漆瑟上所绘猎人着紧身裤，当为连裆裤；始皇陵秦俑所着的裤子均为连裆裤①。不过这种形制的裤子在西汉前期并未广泛流行，到了西汉中期，穷绔才与无裆绔一同并行于世。当时之所以在穷绔的裆上缚带，而不将其制成满裆式，目的仍是为了便溺的方便。所以穷绔又有"溺绔"之谓。这种裤子男女均可穿着。大约是由于脱穿不自如，所以没有普及开来。

贴身穿的内绔称"裈"，犹今之短裤。它十分短小，只是一块三尺长的布帛围在腰胯间，形如牛鼻子，所以称为"犊鼻裈"。之所以称此名，是由于它与西汉著名文人司马相如有一段关联。四川富豪卓王孙的女儿卓文君对司马相如一见钟情，便逃出家门与司马相如私奔。但是司马相如家徒四壁，无以谋生。他们只好到临邛卖酒。司马相如遂让卓文君当炉卖货，自己则穿着犊鼻裈洗餐具，故意出老丈人

① 陈春辉：《秦俑服饰二札》，《文博》1990 年第 5 期。

卓王孙的丑。卓王孙见到后无地自容,不得不承认既成事实,成全了他和卓文君的婚事。可见犊鼻裈在贵族富翁们眼中是一种低贱之服。

三、鞋与袜

1. 鞋

早在商周时期就有了鞋。这一时期的鞋主要有舄、屦、履、扉等。舄为行礼时穿用,是一种双层底鞋,木制涂蜡,以防潮保暖,是专为贵族穿用的鞋具。

屦是一种单层鞋,用草编制的称"草屦",用葛藤加工的叫"葛屦",质量较草屦好些。草屦又称"屣",是穷人、罪徒穿着之物,也是社会各阶层的丧服。履,多用皮制成,称革履。《诗经·魏风·葛屦》:"纠纠葛屦,可以履霜。"唐孔颖达注:"凡履,多皮,夏葛,无用丝之时。"后来则出现了丝履、麻履,有头部向上翻卷者,也有平头者。履的制作要比屦来得复杂,精细,所以一般多用于礼仪场合。扉,是屦的一种,齐人以皮制屦。

汉代鞋的式样没有严格区别。男子多方头,女子多圆头,但又可通用。在日常生活中贵族着丝履,可不随衣色。北方因天气寒冷,多穿皮靴,而南方气温高,湿润,多穿草鞋。值得一提的是,秦汉时已有进门脱鞋的习俗。在室内,多穿袜行于席上。不仅平日燕居如此,上殿朝会也一样。能剑履上殿,则为殊荣,有汉一代,仅萧何、曹操等少数人曾享受这一待遇。

魏晋南北朝时期,丝履大为盛行,其形制繁多,除原来的素履外,还增加了文采。高允《罗敷行》中有"脚着花文履"之句,"花文履"即饰有花纹的丝履。这一时期,木屐也十分流行。屐是一种木底之鞋。史游《急就章》颜师古注:"屐者,以木为之,而施两齿,可以践泥。"在屐的底部,通常装有两个齿,一前一后。这种齿是活动的,可以随时拆装,构造十分巧妙。木屐很轻便,尤其在雨天的泥地或长有青苔的道路上行走更优于布履、丝履,不至陷足泥中或滑跌。早在2000多年前,我国就有了屐,据载,孔子当年外出游说,就穿着这种木屐。汉代以后,其制不衰。东晋南朝隋唐时,木屐的流行达到鼎盛,上自天子,下至士庶都喜穿着。南朝刘宋时,诗人谢灵运上山去木屐的前齿,下山去后齿,以使身体始终处于平衡状态。人们把这种屐称为"谢公屐"①。唐代诗人李白《梦游天姥吟留别》:"脚著谢公屐,身登青云梯。"由于隋唐文化对日本的影响,木屐至今仍保留在日本人民的生活中。男女木屐的区别在它的外形上,晋人干宝《搜神记》中讲,男子木屐大多是长方形,而妇女的木屐两端都做成圆形。

---

① 《南史》卷19《谢灵运传》。

隋唐两代,由于南北朝风习的影响,同时由于世风的开放和尚武精神,这一时期,男女、士庶、胡汉均以穿靴为尚。靴在我国起源甚古,早在新石器时代的遗址中,就已出现了短靴型的陶器,在商周时代的考古遗址中,也曾发现过靴或与靴有关的文物。其传入中原的历史也十分悠久,自战国赵武灵王时就已成为赵国军士的戎服。传入中原后,形制有所变化,直至唐朝初年,中书令还对其形制加以改变,并对靴面加以精巧的装饰。此时靴的形制除长靿和短靿两类外,还有圆头、尖头、平头、翘头之分,有软底、硬底、薄底、厚底之别。长靿靴为朝服。唐玄宗时,高力士为醉酒的李白脱靴,自然是长靿靴,才那么费劲①。李光弼在河北作战时,将刀藏于靴内,随时准备自杀,以免被俘受辱②。可见,无论朝服、军服,各类官员都穿长靿靴。总的看来,男子穿靴十分流行,一般妇女穿着则不多,只在宫女或歌舞伎中较流行。在靴的颜色上,男靴崇尚黑色,女靴则时兴红锦色。鞋在隋唐时期也较为流行,不过此时的官服是靴,所以鞋只是作为官员闲暇或黎民百姓的便服而出现。从五代开始,中国妇女中出现了缠足的习俗。缠足妇女所穿之鞋,一直以纤小为尚,俗称"三寸金莲"。弓鞋就是当时妇女所穿的一种小头鞋。这种鞋一般都由穿者本人根据自己小脚的宽窄长短制作,鞋面通常绣有梅枝、桃花、蝴蝶、蝙蝠等精美的图案。与这种鞋相配套的,是一块长长的裹脚布,缠足妇女用长布将脚裹得紧紧的,末端用针线缝牢固定,数天才拆洗一次,外面套上袜子,最后穿弓鞋。缠足实际上是一种残酷摧残妇女肢体的行为,幼年缠足时备受苦楚,长大成人后,双足犹如钉上脚镣,终身步履蹒跚,行走不便,成了一个残废人。缠足这种恶习从五代开始,直到西方宗教文化和生活习俗传入我国以后,才被逐步革除。

宋代鞋的品种甚多,从其材料来说,有布鞋、皮鞋、草鞋、棕鞋、丝鞋、藤鞋、木鞋、麻鞋、芒鞋、珠鞋等;从其形状来看,有方履、弓鞋、金莲、凫舄、平头鞋、小头鞋、系鞋、宫鞋、金缕鞋等;从其功能来看,又有凉鞋、暖鞋、雨鞋、睡鞋、拖鞋等。宋代男子的鞋,鞋帮前部有一条捏缝而成的竖梗,也有捏二梗的,鞋头或尖、或方、或圆;女子的鞋制作得更为精巧,鞋头样式也富有变化,并饰以精美的图案,艺术效果很好。元代衣冠制度不甚严格,履制更为宽松,人们可以根据爱好、季节和场合,穿着不同的靴、鞋、履等。其中,最为流行的是各式革靴。元代靴形制较为简单,一般不加装饰,质朴实用。这是与蒙古族的文明程度相适应的。

明清时期,出于加强中央集权的需要,各项制度完备而严密,履制也不例外。各类官员上朝时一律穿朝靴,不得穿履、鞋。此时期的朝靴制作也颇为讲究,多用

---

① 《新唐书》卷202《文艺·李白传》。

② 《新唐书》卷136《李光弼传》。

质地厚实、表面富有光泽的缎子制成,在靴头和靴根部分镶嵌上各种形状的皮革,既美观又牢固。靴头为方形,所以称为“朝方靴”。因为古人认为天是圆的,地是方的。靴头代表天,为圆形;靴底代表地,为方形。一般百姓则不许穿靴,而只能穿一种有筒的皮履。边塞地区的人们则可穿用牛皮制作的直缝靴。绅士比较流行穿着的是“福之履”,式样端庄肥阔,古朴大方。

妇女所穿之鞋多以彩锻制成,色彩较为鲜艳,鞋帮两侧多绣有各式花样。缠足妇女所穿的弓鞋,发展到明清时期,有了一些新的变化,其中,最明显的特征是普遍采用高底,有平跟和高跟两种形式。平跟鞋以黄色回纹锦为面,其上施以彩绣,鞋底成平面形,多以多层粗布缝纳而成;高跟鞋则在后跟部分衬以木块。弓鞋所以制成高跟,旨在展示自己双足的纤小。与汉族妇女的弓鞋相比,满族妇女由于保持着健康自然的天足,其鞋显得特别宽大。他们平时穿平跟的各式鞋子,盛装时则穿一种高跟的花盆底鞋。由于穿这种鞋不易保持身体平衡,所以,走路时速度较慢,比较适合中青年妇女穿着。

2. 袜

人类最初是赤足行走,后来人们为了防御风寒,避免砂石、荆棘的摩擦伤害,保护脚掌,便以一块兽皮或树皮包裹在脚上,以后演化成包脚布,并进而发展成为袜子。据尚秉和《历代社会风俗考》研究,从先秦至魏晋,人们很少穿袜,登堂脱履后即徒跣。《左传·哀公二十五年》说,春秋褚师声子未脱履而登席,卫出公大为不满。褚师声子反复解释说,我脚上长有脓疮,你见了就会呕吐。由此可见,春秋时期人们是不穿袜子的。现在能见到的布帛之袜,最早出现在西汉。其中,包括丝绢袜和麻布袜等。这个时期的布帛之袜,形制较为简单,一般多为平头,有根,袜筒较短,后有开口,并缀有袜带,穿着后系于踝部以防脱落。整个袜子用一块布剪成对称形状,缝合即成。到了东汉,袜子在选料、制作方面比以前讲究,此时出现了用彩锦制成的袜,如新疆民丰汉墓出土的一双女袜,用黄、白、绛紫三色丝线交织成菱文“阳”字,质地柔软而轻薄;袜的造型上下直通,没有后跟,袜头呈圆形。同墓出土的男袜则以红色织金锦织成,其上饰有各种图案和用宝蓝、白色、绛色及浅橙等彩丝织成的“延年益寿大宜子孙”等汉字文句。在造型上也与女袜有所不同,除袜头为圆形外,还制有后跟,袜筒的上端饰有一道用织锦制成的金边。

隋唐五代士庶男女所穿的袜子,以绫罗制成者为多。宫娥舞伎所穿之袜,则以彩锦制成,并饰有精美的图案。《中华古今注》云:“隋炀帝宫人,织成五色立凤朱锦袜勒。”可见被誉为“百鸟之王”的凤凰图案,不仅被用于宫娥的衣裳,还用在了她们的袜筒之上。据载杨贵妃死时,曾遗下一只这样的彩锦之袜,被当地一个开店的老妪拾到,毕竟是老板,有点“经营意识”,这位老妪便利用人们的猎奇心理,借助于贵妃本人的传奇色彩，做起了这只锦袜生意，凡过客借玩一次，须付百钱，店妪因此而成了暴发户①。宋人王茂《野客丛书》对此作有考证。

这一时期的锦袜实物也有发现。如1968年新疆吐鲁番阿斯塔那唐墓出土的一件锦袜，用花鸟纹锦织成，上用橘红、黄、白、宝蓝、酱紫、秋香等八种颜色的彩线构成图案。这是迄今中国考古发现年代最早的一件表现中原风格的斜纹纬锦实物，其年代为大历十三年(778年)。入宋以后，民风淳朴，穿锦袜者日趋减少。即便是贵族阶层，也是偶有为之。因为在人们心目中，锦是一种珍贵之物，纺织者千丝万缕辛勤织造颇为不易，踩在脚下非常可惜。因而在当时，穿锦袜被视为奢侈之举。宋初名将曹翰曾因穿着一双锦袜和一双丝袜而遭到人们的讥讽。宋人陶谷《清异录》卷下："曹翰事世宗，为枢密承旨。性贪侈，常着锦袜、金线丝鞋。朝士有托无名子嘲之者。诗曰：'不作锦衣裳，裁为十指仓。千金包汗脚，惭愧络丝娘。'"宋代缠足之风盛行，因而妇女之袜多被做成尖头，头部朝上弯曲，呈翘突式。如元人刘庭信《戒嫖荡》词："身子纤，话儿甜，曲弓半弯罗袜尖。"此时期的缠足妇女除了穿有袜底之袜外，还流行穿无底之袜的习俗，这种袜子没有袜底，只有袜筒，因为足部已有缠脚布系裹，无需重复。使用时包裹在小脚的下部，最长也不过膝盖，因称"膝袜"或"半袜"。

明清时期的女袜，其形制与宋元时期大致相同。冬天除穿半袜之外，还有在缠脚布之外加罩上袜底的，俗称"套袜"，也有称"袜套"的。这一时期的男袜，质料多种多样，根据季节的不同来选用：春秋之际以穿布袜为多，所用颜色以白色为主，通常称为"净袜"；深秋以后以穿毡袜、绒袜为主，这些袜子都以柔软的羊毛织成，也用白色；寒冬腊月时分，则主要穿皮袜；至于夏季，一般多穿暑袜，以棉麻织物为之，质地轻薄而疏朗，透气效果好，因只在夏天穿着，俗谓"暑袜"②。

---

① 事见[唐]李肇：《国史补》、[唐]冯贽：《记事株》及[宋]乐史：《杨太真外传》等。

② 本节参考高春明：《中国古代的平民服装》，商务印书馆国际有限公司1997年版；周汛、高春明：《中国古代服饰大观》，重庆出版社1995年版。

第三节 历代的服饰流变

一、春秋战国服饰的创新

春秋战国是一个学术思想相对活跃的时期，出现了“百家争鸣”的局面，其中，就包括对服饰礼俗的争辩，在诸子论著中就有大量篇幅涉及服装美学思想。这些服装美学观念实际上体现了这一时期各阶层人士在服饰观念上的差异。尚礼崇仁的儒家主张服饰应“约之以礼”、“文质彬彬”，孔子就认为服饰要合乎“礼”的要求，什么身份的人在什么场合、什么时候如何着装，应该适度，只有这样才能体现出社会制度的有序和本人的综合修养，才符合社会规范。尚俭的墨家则与儒家明显不同，《墨子·辞过》在谈到服饰时说：“故圣人为衣服，适身体和肌肤而足矣，非荣耳目而观愚民也。”墨子认为服饰的实用功能是暖身，不必过分追求艺术性或是以此去显示身份。崇尚自然的道家提出“被（披）褐怀玉”、“甘其食，美其服”的理念，“被（披）褐怀玉”的主张，从根本上否定甚至反对服饰的修饰作用，道家这种服饰思想对后世魏晋时期尚通脱的士人的着装观念，影响甚为明显。推崇功利主义的法家则在否定天命鬼神的同时，提倡服装要“好质而恶饰”。这些服饰观念的流行使刚刚步入规范化时代的中国服饰的形制又出现了异彩纷呈的局面。

此外，由于各地地理环境的不同和生活习惯的差异，也使此时期的服饰多姿多彩。《墨子·公孟篇》称：“昔者齐桓公，高冠博带，金剑木盾，以治其国，其国治。昔者晋文公，大布之衣，牂羊之皮，韦以带剑，以治其国，其国治。昔者楚庄王，鲜冠组缨，缝衣博袍，以治其国，其国治。昔者越王勾践，剪发文身，以治其国，其国治。”这说明当时列国风俗，从发式到冠帽，从服饰到佩饰，都有各自的特色。如楚国崇尚戴高冠，即屈原《楚辞·九章·涉江》所谓“冠切云之崔嵬”。贵族男女不仅穿着丝履，还在履上装饰珠翠。魏国男子喜欢在黑衣之外，加上一件白色罩衣。齐国则因桓公本人的喜好，举国上下皆穿紫衣，出现了“五素不得一紫”的情况，即5匹白色织物尚抵不上1匹紫色织品。秦国尚武，勇士头上皆裹绛帕。赵国的儒生则身穿褒袖长衣，足蹑方履，走起路来两袖翩翩；平原君后宫佳丽数百，连婢妾都身披绮縠。赵武灵王更是独树一帜，干脆改易服制，效仿胡服。

所谓“胡服”，实指西北地区少数民族（当时称为“胡人”）的服装，这种服装与中原地区宽衣博带式的汉族服装有较大差异，一般多穿短衣、长裤和革靴，衣身紧窄，便于活动。赵武灵王改易服制之举，史称“胡服骑射”，赵武灵王本人也因此成为了我国服装史上最早的一位改革者。《史记·赵世家》对于赵武灵王的这次改革有生动的描述：为了军事的强盛，赵武灵王欲引进胡服，但又顾忌改变周公、孔子传下来的衣冠礼仪之俗将会受到谴责。于是同先王贵臣肥义商议，肥义揣度武灵王心意，说到：“王既定负遗俗之虑，殆无顾天下之议矣。”武灵王于是坚持“法度制令各顺其宜，衣服器械各便其用”，毅然实行胡服骑射，获得了成功。轻便的胡服较之传统服装适应了当时作战方式的转变，赵国军事力量因此得以迅速强盛起来。在河南汲县山彪镇出土的水陆攻战图铜鉴，为我们提供了身着胡服的战士形象。这幅图中共刻画了290多个人物，从中可以清楚看出，这些人物穿着窄袖短衣，衣长不过膝，下着长裤，是典型的胡服样式。

与短衣、长裤相配套，这个时期的鞋履以靴子为主。靴子原来也是北方民族所特有的一种服饰。宋人高承《事物纪原》卷三《靴》谓：靴，“《释名》曰：本胡服，赵武灵王所作。《实录》曰：胡履也。赵武灵王好胡服，常短靿，以黄皮为之，后渐以长靿，军戎通服之。”赵武灵王同时引进的还有北方少数民族地区所习用的革带和冠式。《后汉书·舆服志下》称：“武冠，俗谓之大冠，环缨无蕤，以青系为绲，加双鹖尾，竖左右，为鹖冠云。……鹖者，勇雉也，其斗对一死乃止，故赵武灵王以表武士。”赵武灵王实行胡服骑射后，胡服渐为汉族人民所接受。这次民族服饰融合，奠定了中华民族服饰由交流而互进的良好基础。

尽管胡服的款式和穿着方式在当时颇为流行，但这一时期盛行且具有代表性的服式却是深衣。中国古代服装的形制在周以前主要是上衣下裳制，这种服装的具体样式，在现存的石刻、玉饰、陶俑及铜器人物形象中仍有所反映，一般以小袖为多，衣服的长度大多在膝盖上下，整件服装包括衣领、衣袖、衣缘等处，都有不同形状的花纹图案，穿时在腰间系束缘带。深衣的出现改变了两截穿衣的基本形式，将上衣、下裳连为一体，合制成一件服装，即衣裳连属制。因形制简便，穿着适体而深受欢迎，不仅用作便服，也用作礼服，甚至用作祭服；男女尊卑全都穿着，蔚为时尚。

先秦服饰在中国服饰演变史上，有着非常重要的意义。它不仅奠定了上衣下裳制和衣裳连属制等中国服饰的基本形制，而且开始显露出中国服饰图纹富于寓意，色彩有所象征的民族传统文化意识。它就像一个远去的梦，印象模糊、朦胧，却又那样令人难以忘怀，因为那是我们祖先精心创造的文化。

二、考究的秦汉服装

秦始皇统一中国后，为进一步巩固自己的统治，“兼收六国车旗服御”，创立了各种制度，其中，也包括衣冠服制。这些制度的釐定，对汉代影响很大。汉“承秦后，多因其旧”，大体上保存了秦代的遗制。因而秦代与西汉初年服饰有许多相同之处。秦汉时期，随着社会经济的发展，各民族之间交流的活跃，社会风尚有所改观，人们对服饰的要求越来越高，穿着打扮，日趋华丽、考究。汉文帝时，京师贵戚服饰，大大“奢过王制”，甚至一些贵族家庭中地位卑下的奴仆侍从，服装也必用“文组綵牒，锦绣绮纨”。饰物装束也更为珍贵，或用犀象珠玉，或用琥珀玳瑁，金银错缕，穷极美丽。

秦汉时期，男子几乎都穿袍服。秦始皇在位时，规定官至三品以上者，绿袍、深衣。庶人白袍，多以绢制作。汉四百年中，男子一直以袍为礼服，领口、袖口处绣夔纹或方格纹等，大襟斜领，衣襟开得很低，领口露出内衣衣领，有的袍服下摆有花饰边缘，或打一排密裥，或剪成月牙弯曲之状，并根据下摆形状分成直裾与曲裾。当时袍服的制作日益考究，装饰也日臻精美。一些别出心裁的妇女，往往在袍上施以重彩，绣上各种各样的花纹，甚至在隆重的婚嫁时刻，也穿这种服装。《后汉书·舆服志》云：“公主、贵人、妃以上，嫁娶得服锦绮罗縠缯，采十二色，重缘袍。”

在西汉时期二百年中，服饰实行“深衣制”，从皇帝至各级官员，均佩长剑和绶，并以绶的颜色来区别等级。服色尚黑，皇帝郊祀之服都为“玄衣绛裳”，即黑色上衣，红色下裙。深衣制的特点是蝉冠、朱衣、方心、田领、玉佩、朱履。所服总称“禅衣”。禅衣为单层的外衣。这种服装的基本样式大致分为曲裙和直裙两种类型。直裙禅衣开襟从领向下垂直，又称“单于”。这种服式由于既长且宽，男子服用较为普遍；曲裙禅衣开襟是从领曲斜至腋下。汉代皇后祭祀服颜色，上衣用绀色，下裳用皂色；皇后穿蚕服，上衣用青色，下裳用缥色(清浅黄色)。

秦汉妇女日常所穿之服，多为上衣下裙。上衣叫“襦”，有长短之分，长襦下垂至膝盖，短襦则仅至腰部。古诗《陌上桑》中记载了采桑姑娘罗敷的装扮，“缃(浅黄色)绮为下裙，紫绮为上襦”。这种上襦，就是短襦，即上身穿着淡紫色绫子做的短袄。《孔雀东南飞》中关于刘兰芝的装束写到“着我绣夹裙，事事四五通。足下蹑丝履，头上玳瑁光，腰若纨流素，耳着明月珰”。这表明当时妇女在着装上还是比较讲究的。东汉乐府诗人辛延年《羽林郎》中“长裾连理带，广袖合欢襦”之句，描绘的是少数民族姑娘所穿的一种象征和合欢乐花纹的彩色图案的短襦。汉代妇女礼服以深衣为尚，其特点是衣襟的绕转层数增多，衣服下摆增大，与战国时又有区别。穿着者腰身一般裹得很紧，并用一根绸带系扎于腰间。还有一种叫“袿衣”的服装，样式与深衣相似，在衣服的底部衣襟曲转盘绕形成两个上广下狭、如刀圭形的装饰。

秦汉时期的军服，根据秦始皇兵马俑出土发现，陶俑所穿的上衣为铠甲和战袍。秦代将军，身穿两层战袍，外面套上熠熠生辉的铠甲，一般武官穿战袍，胸腹部有护身甲胄。步兵中铠甲武士，战袍带有铠甲，弩手身穿战袍，跪射者多带甲，立射者无。骑兵身穿紧身短袍，外披齐腰铠甲，袍袖窄小，袍的右襟褶于胸前右方，与步兵战袍左襟褶于背后不同。汉代军服基本沿袭秦制。在冬季除披带甲胄外，上身还着有絮衣，以抵御风寒。所披甲胄从汉代陶甲俑看，为黑色铁制铠甲。

秦汉时，首服的式样已经很多，有冠、帻、巾等，分不同场合、不同身份戴用，而且官方规定和民间讲究都很严格。东汉永平二年（59 年），孝明皇帝诏有司博采《周官》、《礼记》、《尚书》等史籍，重新制定了祭祀和朝服制度。其中，关于冠，就有诸多式样。汉代官员戴冠，冠下必衬帻，并根据品级或职务不同有所区别。戴冠衬帻时，冠与帻不能随便配合，文官的进贤冠要配介帻，而武官戴的武弁大冠则要配平巾帻。“卑贱执事”只能戴帻而不能戴冠。

这一时期，男子外穿的足服，主要为高头或歧头丝履，上绣以各种花纹，或是用葛麻制成的方口方头单底布履。另外还有诸多式样和详细规定，如舄，为官员祭祀之服。履，上朝时用服。屦，为居家燕服。屐，为出门行路用。妇女履式与男子大同小异，一般多施纹绣，木屐上也绘彩画，再以五彩丝带系上。

从汉代开始，民族间的大规模交流使得服饰质料乃至图纹都融入了多民族的文化内蕴。服装面料上出现了源于古波斯的珠圈怪兽纹，西域常用的葡萄纹、胡桃纹、狮子纹和卷发高鼻的少数民族人物形象。新疆民丰东汉墓中出土的蓝印花布，说明这一时期织绣印染技术已达到了比较成熟的程度，这为秦汉讲究服装色彩提供了一定的物质基础。

三、开放的魏晋隋唐服装

魏晋之世是“中国政治上最混乱、社会上最苦痛的时代，然而却是精神史上极自由、极解放，最富于智慧、最浓于热情的一个时代”①。社会秩序的大解体，旧礼教的总崩溃，精神上的大解放以及人格上思想上的大自由，使魏晋之世的生活充盈着反对束缚、追求自由旷达的气息。在衣冠服饰上，崇尚飘逸、洒脱，以崇尚虚无、蔑视礼法、放浪形骸、任情不羁为尚的魏晋士人更是独领魏晋服饰宽博的风流。南京西善桥出土的《竹林七贤与荣启期》砖印壁画表明这一时期的文人服装多以宽衣大袖为尚，长衫更成为魏晋之世男子服装中最具时代特色的服饰。

这个时期的衫子有单、夹两式。一般多做成对襟，中间用襟带相连，也可不用襟带，两襟敞开。服装色彩则崇尚素雅，尤以白色为多。衫子的穿法不尽相同，有

---

① 宗白华：《美学散步》，上海人民出版社 1981 年版，第 208 页。

的穿着在身；有的披搭在肩；有的敞开领襟；有的袒胸露臂。穿衫子的士人头上一般多梳丫髻，或戴巾子；闲居时靸鞋赤足，无所不有，甚至披头散发，裸露身子。这些在南京西善桥出土的“竹林七贤”砖印壁画中体现得淋漓尽致。图中的竹林七贤，都穿着宽畅的衫子，衫领敞开，袒露着胸怀，其中，7 人赤足，1 人散发，3 人梳丫髻，4 人裹巾，反映出当时士大夫阶层潇洒脱俗有气质和落拓不羁的品貌。

衫与袍的区别在于袍有袪，而衫为宽大敞袖，由于不受衣袪限制，魏晋之世的服装渐趋宽博，褒衣博带因而成为这一时期的主要服饰风格。《晋书·五行志》云：“晋末皆冠小而衣裳博大，风流相放，舆台成俗。”北齐颜之推《颜氏家训》也讲梁代士大夫均好褒衣博带，大冠高履。这种长衫“一袖之大，足断为两，一裙之长，可分为二”①。转相流传，成为习俗，上自王公名士，下及黎庶百姓，均以宽衫大袖为尚。除大袖衫外，男子也着袍、襦、裤、裙等，当时的裙子也较为宽广，下长曳地，可穿衫内，也可穿于衫之外，腰间以丝绸宽带系扎。如此着装，给人一种超凡脱俗、飘忽欲仙的感觉。

魏晋之世，服饰上的开放气息在女子服饰上亦有体现。东汉以后妇女的服装样式一般以宽博为主，敦煌壁画所绘这个时期的妇女服装，无不褒衣博带，大袖翩翩。南朝梁简文帝《小垂手》诗“且复小垂手，广袖拂红尘”及吴均《与柳恽相赠答》诗“纤腰曳广袖，半额画长蛾”，都是咏南朝妇女宽衣的潇洒与标志的。北朝妇女也不例外，洛阳宁懋石棺线刻各阶层人物中大袖衣男女贵族，太原圹坡北齐张肃俗墓出土的著大袖合领衣女陶俑等，都是很好的实物例证。这一时期，中原动荡，胡风南浸，汉族妇女的服饰由于受少数民族习俗影响，出现了不同程度的变化，比较明显的是服装式样由上长下短变为“上俭下丰”，由宽大博带变为窄袖紧身。晋人干宝《晋纪》在记述当时妇女服装习俗时称：“泰始初，衣服上俭下丰，着衣者皆厌腰”，这种细腰、窄腰、上衣短小而下裳宽大的服装样式，从这个时期的陶俑、壁画上也可以看到，尤其是南京石子岗出土的女俑表现得最为明显。此时期，男子早已不穿的深衣仍在妇女中间流行，并且有所发展，主要是下摆部位作了改制。通常将下摆裁制成数个三角形，上宽下尖，层层相叠，形似旌旗。围裳之中伸出两条或数条飘带，走起路来，随风飘起，如燕子轻舞，煞是迷人。东晋大画家顾恺之《列女传仁智图卷》中妇女所着“杂裾垂髾服”，犹如“凌波仙子”超凡清丽。妇女平时最爱穿的服装则是裲裆、白练衫、各式长短裙，肩上披以五颜六色的“帔子”。魏晋以来，裲裆、白练衫已较为时兴。1974 年，江西省博物馆考古队于南昌市东湖区永外正街清理了一座晋代夫妇合葬墓，其中，就有“白练复两当”、“白练夹两当”等实

---

① 《宋书》卷 82《周朗传》。

物。裲裆今谓坎肩、马夹，俗称背心，滥觞于汉代，其制多被做成两片：前片挡胸，后片遮背；肩部及腋下用带系联。汉代多用作内衣，魏晋以后被穿出在外，逐渐演变成一种便服。《晋书·五行志》："元康末，妇人出两当，加乎交领之上"，说的就是这种情况。南朝齐、梁时，裲裆衫更成为有代表性的流行服装，男女都穿，蔚成风气。白练衫即以白绢制作的衬衫之类，亦为当时妇女所喜穿。帔子类似于后世披肩，有防寒和装饰作用，两晋南北朝有花帔、红帔。西安草场坡出土北魏伎乐女俑，肩膀领间加著的就是花帔子。

魏晋乱世，广大妇女群体在思想上、精神上获得了极大的自由，她们勇敢地追求个性解放，积极参加社会活动，在服饰上则追求丰富多彩。名目繁多、做工精细的首饰是当时妇女所普遍热衷的。曹植《洛神赋》写到："奇服旷世，骨像应图，披罗衣之璀璨兮，珥瑶碧之华琚，戴金翠之首饰，缀明珠以耀躯，践远游之文履，曳雾绡之轻裾。"傅元《有女篇》诗云："头安金步摇，耳系明月珰，珠环约素腕，翠爵垂鲜光。"兵器首饰的出现则让广大妇女平添了几丝英武之气。《宋书·五行志》载："晋惠帝元康中，妇女之饰有五兵佩，又以金银、玳瑁之属为斧、钺、戈、戟，以当笄阙。"

这一时期，服饰上的开放得益于胡、汉文化乃至异域文化之间的交流融合。原为北方民族所喜穿的裤褶等随着胡人一并进入中原，对汉族服装产生了强烈的冲击及至改变服饰风格。裤褶，是一种上衣下裤的服式，犹如汉族的长袄，对襟或左衽，不同于汉族的右衽，腰间束腰带，方便利落。晋《义熙起居注》载："安帝诏曰，'诸侍官戎行之时，不备朱衣，悉令裤褶从也'。"后来广泛流行于民间，引得男女均服。在裤褶的基础上又进一步发展出了缚裤。北方民族和中原汉族在服饰上互相取长补短，对当时服饰的风格产生了积极的影响。特别值得一提的是北魏孝文帝的改制，以法令的形式要求鲜卑人改穿汉魏衣冠，促进了胡、汉服饰风格的交融。佛教传入后，随佛教兴起的莲花、忍冬等纹饰大量出现在当时人的衣服面料或边缘装饰上，佛教形象原有的薄衣贴体服饰也使中国人颇感新鲜。由丝绸之路东来的异域文化则使当时的服饰带上了异族风采，像"兽王锦"、"串花纹毛织物"、"对鸟对兽纹绮"、"忍冬纹毛织物"等织绣图案，都是直接吸收了波斯萨桑朝及其他国家、民族的装饰风格的。

经过魏晋数百年的长期交融，南北服饰渐趋合璧，步入隋唐盛世后，"兼容并蓄"的社会气象谱写了中国服饰史上更为瑰丽的篇章。

隋唐时期的男装，服式相对较为单一。头戴幞头，身穿圆领袍衫，脚登乌皮六合靴是这一时期男子的主要着装方式。这一身既洒脱飘逸，又不失英武之气，是汉族与北方民族服饰相融合而产生的一套服饰。官服则发展了古代深衣制的传统形式，于领口、袖口、衣裙边缘施加贴边，衣服前后身都是直裁的，在前后襟下缘各用一整幅布横接成横襕，腰部用革带紧束，衣袖分直袖式和宽袖式两种，窄紧直袖式便于活动，宽袖式表现潇洒华贵的风度。这种襕衫一直延传到宋代，仍为士人所服。隋唐之际，服色上的规定日趋严格，《旧唐书·舆服志》载："武德初，因隋旧制，天子燕服，亦名常服，惟以黄袍及衫，后渐用赤黄，遂禁士庶不得以赤黄为衣服杂饰。"唐人认为赤黄近似日头之色，日是帝皇尊位的象征，"天无二日，国无二君"。故赤黄（赭黄）除帝皇外，臣民不得僭用。把赭黄规定为帝皇常服专用色彩。从此黄色就一直成为帝皇的象征。

隋唐五代时期的女子服饰，是中国服饰演变史中最为精彩的篇章，其冠服之丰美华丽，妆饰之奇异纷繁，都令人目不暇接。其总体态势，不仅超越前代，而且后世也无可企及者，完全称得上是封建社会中一朵昂首怒放、光彩无比的瑰丽之花。有唐一世，女子服饰形象主要分为襦裙服、胡服和男装。襦裙服主要为上着短襦或衫，下着长裙，佩皮帛，加半臂，足登凤头丝履或精编草履。初唐妇女服饰基本上承袭隋代而来，上身着窄袖短襦，下身着紧身长裙。襦一般以质地柔软的绫罗为之，领口常有变化，如圆领、方领、直领和鸡心领等。盛唐甚至流行起袒领，穿时里面不衬内衣，露胸脯于外。唐代诗人李群玉《赠歌姬》诗："胸前瑞雪灯斜照"，方干《赠美人》诗："粉胸半掩疑暗雪"等，都是对这种装扮习俗的形象描述。妇女穿襦裙装时，配套服饰中尚有半臂和披帛。这是襦裙装中的重要点缀。半臂似今短袖衫，因其袖子长度在裲裆与衣衫之间，所以被称为半臂。披帛，是从狭而长的帔子演变而来，后来逐渐成为披之于双肩、舞之于前后的一种飘带了。这种古代仕女的典型饰物，起源于何时尚无定论，但至隋唐已十分盛行当毋庸置疑。唐代妇女在紧身襦衫外面披围于肩背之上的帛巾，多以锦或纱罗制作而成，长者可绕于臂弯，垂曳而下，于行走时随风飘动，形似"飞天"，飘忽欲仙。在唐代中晚期，还流行过一种纱罗衫，黑色，穿时不着内衣，仅以轻纱蔽体，此衫薄如蝉翼，胸脯、臂膊的肌肤隐然可见。周昉《簪花仕女图》，以及周愦诗的"惯束罗裙半露胸"等诗、画正是对这种大胆、开放的着装方式的描绘。唐代女子短小紧身的襦衫，配以艳丽宽阔的罗裙，更能展现女性健美、婀娜动人的体态。永泰公主墓前室东壁壁画所表现的 16 位妇女，除 4 人男装打扮外，其余均着短衫、披帛，系曳地长裙，其中 2 位宫女衫领低开，胸乳依稀可辨。这些开放的服饰在唐诗中也多有描述。

隋唐妇女所垂青的裙子，其长度比前代有所增加，裙裾曳地在当时是常见的现象。尤其是富室女子，为了显示裙子的修长，着裙时多将裙腰束在胸部，有时甚至束在腋下，裙子的下摆则盖住脚面，有时在地下还拖曳一截。唐人诗文中常提及这种情况，如王建《宫词》云："黛眉小妇砑裙长"，孟浩然《春情》诗："坐时衣带萦纤草，行即裙裾扫落梅”，都是对这种长裙的形容。当时的裙子不仅修长，而且宽度也很宽，大多用6幅布帛拼制而成，因而有“裙拖六幅湘江水”的形容。按《旧唐书》所记载的布幅宽度推算，唐代的“六幅”，相当于今天的300厘米，其裙子的宽度是可想而知了。如此宽的裙幅，一方面造成了用料上的极大浪费，另一方面也影响到穿着者的活动，因而引起了朝廷的干涉。《新唐书·车服志》载：“文宗即位，以四方车服僭奢，下诏准仪制令……妇人裙不过五幅，曳地不过三寸。”

至于裙子的颜色，则以红色为尚，尤其是年轻妇女，更喜欢穿着鲜艳的红裙。当时染红裙的颜料，主要从石榴花中提取而成，因此人们也将红裙称之为“石榴裙”。如武则天《如意娘》诗：“不信比来长下泪，开箱验取石榴裙。”后来，“石榴裙”就被当作妇女的代称。直至今日，我们仍可听到“拜倒在石榴裙下”的比喻。茜草也是一种红裙的染料，因此，红裙又被称为“茜裙”。如李群玉《黄陵庙》诗：“黄陵庙前莎草春，黄陵女儿茜裙新”；李中《溪边吟》诗：“茜裙二八采莲去，笑冲微雨上兰舟。”除红裙以外，唐代妇女也穿白裙，名“柳花裙”；又穿碧绿色的裙子名“翠裙”、“翡翠裙”等等。

胡装在贞观至开元年间成为唐代妇女的着装时尚。胡服的特征是翻领，窄袖和对襟，在衣服的领、袖、襟、缘等部位，一般多缀有一道宽阔的锦边。唐代妇女所着的胡服，包括西域胡人装束及中亚、南亚异国服饰，这与当时胡舞、胡乐、胡戏（杂技，也包括歌舞等）、胡服的传入有关。胡舞流行后，成了人们日常生活中的主要娱乐方式。唐玄宗时酷爱胡舞、胡乐，杨贵妃、安禄山均为胡舞能手，白居易《长恨歌》中的“霓裳羽衣曲”与霓裳羽衣舞即是胡舞的一种。由于对胡舞的崇尚，民间妇女以胡服、胡帽为美，于是形成了“女为胡妇学胡妆”的风气。史载：“天宝初，贵游士庶好衣胡服。”①在陕西西安丰顼墓及乾县永泰公主墓出土的石刻、陶俑中，有很多穿胡服的妇女形象，通常穿着锦绣浑脱帽，翻领窄袖袍，条纹小口裤，透空软棉靴。有的少数民族服装传入中原后，亦深为仕女们所喜爱，如回鹘衣装。回鹘即现在维吾尔族的前身，开元年间一度强盛，曾助唐王朝平定安史叛乱。花蕊夫人《宫词》中有“回鹘衣装回鹘马”之句，反映了当时妇女喜好回鹘衣装的情况。在甘肃安西榆林窟壁画上，至今还可以看到贵族妇女穿着回鹘衣装的形象。从图像上看，这种服装略似长袍，翻领，袖子窄小，衣身宽大，下长曳地，多用红色织锦制成，在领、袖等处都镶有宽阔的织锦花边。

幂　本为缯帛制成的长巾，可将头、脸及全身掩盖，唐初宫女骑马外出时必用。到贞观中叶以后，随着对外交往的扩大，西域及邻国商人、留学生纷纷来唐，其异国

① ［唐］姚汝能：《安禄山事迹》卷中。

情调的装束引起唐朝人浓厚的兴趣。一种阔边缘、周围垂有网纱的帷帽，成为妇人乘车远行时遮挡风尘的装饰，代替了原来繁复不便的幂。开元年间，宫人乘车骑马，均戴帷帽，天宝年间，妇女干脆连帷帽也不戴了，直接在外骑马飞奔。新疆吐鲁番阿斯塔那第二零六号墓出土的《女骑俑》骑马戴着帷帽。今藏西安市文物管理委员会的一尊三彩釉陶驰马女俑，据推测为开元以后作品，所塑女俑为一贵族少女，双手作持缰绳状，脱靴束于鞍上，头发中分绾成双髻，正露髻纵马向前飞驰。

男装亦为唐朝女子所喜着。所谓女着男装，有的只是着男子主服，有的则全身仿效男子装束，《旧唐书·舆服志》载："或有著丈夫衣服、靴、衫，而尊卑内外斯一贯矣。"女子着男装在开元天宝年间尤甚。五代马缟《中华古今注》："至天宝年中，士人之妻，著丈夫靴衫鞭帽，内外一体也。"形象资料可见于唐人张萱的《虢国夫人游春图》等画迹。女子着男装，于秀美俏丽之中，又别具一种潇洒英俊的风度。陕西礼泉郑仁泰墓出土的女俑，浓眉朱唇，嘴边点有面靥，其中，3 人裹幞头、着袍衫。永泰公主墓前室东壁壁画中的 16 位女子，有 4 位为男装打扮。左第 5 位手拿包袱的宫女，足蹬男靴，着圆领黑色长袍，系腰带，干练中露出女性英姿。左边第 7 位宫女，头戴皂纱软巾，身穿翻领袄子，着长裤，系腰带，配镜囊，足着舄，活脱一幅英俊小生打扮。右边第 3 位宫女，手举烛台，里穿红色襦衫，外着翻领男装，妩媚中隐含刚毅。右边第 9 位宫女，足蹬男鞋，格条长裤，外罩男袍，正翘首望着前行同伴，神情欢愉，俏皮可爱。在雕塑作品中也有这种男装打扮的女俑。如上海市博物馆藏的《调鸟俑》，头裹软巾，身穿翻领胡服，足蹬小靴，外表颇似绮襦纨绔的富贵子弟。如果细审之，其容貌秀丽，头后蓄有长发，女性的特征显然可辨。

传统服装表达了庄重、含蓄却略显呆板的古典美。唯有唐代妇女服饰，开化袒露，表现妇女充满朝气、蓬勃向上的婀娜体态美，为中国封建社会妇女服饰所独有。随着理学的兴起，传统服饰走向了另一个发展层面。

四、高雅的宋装

宋王朝的建立，结束了五代十国割据称雄的混乱局面，出现了一段承平时期，工商业得到了迅猛发展，市民阶层逐渐形成。但是由于受到理学思想的影响及规章制度的限制，社会舆论主张服饰不必过分华丽，而应崇尚简朴，尤其是妇女服饰"惟务洁净，不可异众"。各朝皇帝也曾三令五申，多次申饬服饰"务从简朴"、"不得奢僭"。因此，宋代衣冠服饰，总的说来显得比较拘谨和保守，式样变化不多，色彩也不如以前那样鲜艳，给人以质朴、洁净和自然之感。比起隋唐的雍容开放，更多了点高雅的气息。

宋代服装分为三种：一为"公服"，主要为皇后、贵妃以及各级命妇所用；一为

“礼服”，主要是平民百姓所用的吉凶服；一为日常所用的常服。

宋初建国，官服大部分沿袭隋唐五代遗制，没有太大的变化。宋太祖建隆元年(960 年)，制衮龙衣、绛纱袍、通天冠。博士聂崇义上《三礼图》，奏请“仿虞周汉唐之旧”，重新制定服制，得到皇帝的批准，服饰制度始备。

北宋初年，因服饰没有定制，又受外来影响，曾出现过“毡笠”、“钓墩”(袜裤)的契丹服，因其形制简便，穿着适体，渐为汉族人民接受，士庶男女相习成风。妇女更以契丹族服饰作为常服。尽管多次遭到禁止，然而积习已深，未能尽革，直到北宋末年，仍有效仿“契丹衣装”者。宋太祖建隆三年(962 年)，规定宫内妇女不得采用绫缣五色华衣。仁宗、英宗、神宗、哲宗直至徽宗时期，官府多次改良服饰，而且更趋于奢华。对于这些规定民间庶民置若罔闻，绫缣锦绣任意服用。

公服即常服，又名“从省服”，以曲领大袖，腰间束革带为主要形式。另有窄袖式样也是公服。这种服式以用色区别等级。如九品官以上用青色，七品官以上用绿色，五品官以上用朱色，三品官以上用紫色。到宋元之际用色稍有变化，四品以上用紫色，六品以上用绯色，九品用绿色。按当时的规定，穿服紫色和绯色(朱色)衣者，都要配挂金银装饰的鱼袋，以此来区别职位的高低。一般低级官吏则不可服用这种佩有金银鱼袋的公服，而只能服用黑白两种服色。

有宋一代，常服主要有以下几种：

“襦、袄”为平民日常服用的必备之服。襦是有袖头的，其长度一般至膝盖间，有夹、棉两种，都作为衬在里面的衣着。袄近于襦，通常作为燕居时穿着，一般在春秋两季穿着夹袄，冬季则穿棉袄，富贵之家或用皮袄。介乎夹袄和棉袄之间，还有一种纳袄，以数层布帛缝纳而成，可御微寒。多用于武士及百姓，有官之人平常闲居也可着之。实际上，襦与袄没有多大差别，到后来襦也称谓袄了。

“袍”有两种类型，即宽袖广身袍和窄袖窄身袍，有官职者穿锦袍，无官职者穿布袍。

“衫”为男子穿着的时尚服，有紫衫、凉衫、帽衫及襕衫等名目，士庶百姓用作常服，文武官吏则用作便服。

“襕衫”属袍衫范围，故又称“襕袍”。这种袍衫以白细布为之。下长过膝，在衫下摆的膝盖部位，则加接一幅横襕。其形制初见唐代，流行于宋代。《宋史·舆服志五》：“襕衫。以白细布为之，圆领大袖，下施横襕为裳，腰间有辟積。进士及国子生、州县生服之。”

“短褐”是用粗布或织麻布做成的粗糙之衣，为一般贫苦的广大平民所穿着。因为是一种宽博之衣，因而又为道家所垂青，当时的文人隐士亦着此装以为隐者之服。

“裳”是沿袭上衣下裳的古制，是冕服、朝服或私居服的式样。宋时也有上衣下裳的穿法。男子也用对领镶黑边饰的长上衣配以黄裳。燕居之时不束带，待客之时以大带束之。

“直掇”是一种较为宽大的长衣，因背之中缝直通到下面，所以称之为直掇。多为隐士及僧寺行者穿着。

“鹤氅”是一种用鹤毛与其他鸟毛合捻成绒织成的裘衣，宽大而修长，十分贵重（早年鹤氅，据说为真鹤羽制成），前后开衩，以便于骑马，多为道家高士穿用。

宋代命服制度承唐制，皇帝的妃、嫔及皇太子良娣以下为内命妇；公主及王妃以下为外命妇。宋代命妇随男子官服而厘分等级，各内外命妇有袆衣、褕翟、鞠衣、朱衣、钿钗礼衣和常服。皇后受册，朝谒景灵宫，朝会及诸大事穿袆衣；妃及皇太子受册，朝会穿褕翟；皇后亲蚕穿鞠衣，命妇朝谒皇帝及垂辇穿朱衣，宴见宾客穿钗钿礼衣。内外命妇的常服均为真红大袖衣，以红罗生色为领，红罗长裙，红霞帔，以药玉（即玻璃料器）为坠子，红罗背子，黄、红纱衫，白纱裆裤，服黄色裙，粉红色纱短衫。

妇女（包括贵族妇女）日常服饰大多上身穿袄、襦、衫、背子、半臂、背心等，下身着裙、裤，这是最为普通的装束。襦是唐代妇女的主要服饰之一，宋代因袭不改，但大多用于下层妇女。大多作为内衣，穿着时外面再加上其他服装。袄的形制与襦相类，惟衣身较襦为长。女衫大多以轻薄的材料做成，颜色以素淡为主。半臂的袖子多长至肘间，着此有利于活动，多用于普通妇女及侍女奴婢。另有无袖之衣背子，只能裹覆胸前后背，俗谓背心。现代服装中有背心一物，即由此演变而来。背子起源于宋代，它的外形类似长袍，与袍不同的是，袖子细长，前后衣裙不加缝合，两侧的衣衩直开到腋下。其领为对襟直领，将领口与衣襟用同一条宽边下去。一般上层社会的女子，所穿背子较长，身份较低者所穿的背子较短。在福建福州宋代黄升墓中出土了妇女背子实物。在山西晋祠圣母殿，有一批塑造得极其精妙的宋代彩塑，其中的宫女大多都身穿背子，有些人穿着背子，却不系带，衣襟敞开，显得十分潇洒。

裙子是妇女的下装，由于在时间上离唐不远，所以还保存着晚唐五代的不少遗制。此时的裙子用料较多，一般用 6 幅布料，最多可达 12 幅，且多褶裥。福建福州黄升墓出土的一件女裙，6 幅除两侧两幅不打褶外，其余 4 幅打 15 个褶，共缝出 60 多个折裥。宋代妇女乘驴出行时，有一种叫做“旋裙”，前后开胯，以便乘骑。这种裙子最早是京城汴梁的妇妓穿起来的，逐渐被一般士人接受，开始仿制，成为流行时装。实际上，在中国古代社会中，妇女的时装式样，基本上都是从宫廷与妓院这两处首先创造出来的，然后才传入社会，影响世俗。此裙的纹饰，或作彩绘，或作染缬,或作销金刺绣,或缀珍珠为饰。色彩以郁金香根染的黄色为贵,红色则为歌舞伎所穿,以石榴裙最为鲜丽,多为诗人吟诵。青、绿色裙带多为老年妇女或农村妇女所穿。

宋代妇女比较讲究戴花冠与佩饰。花冠初见于唐,因采用绢花,所以可同时把桃、杏、荷、菊、梅合插一冠上,称为"一年景"。宋人周密《武林旧事》卷一《庆寿册宝》记正月元日祝寿册室,有诗戏曰:"春色何须羯鼓催,君王元日领春回。牡丹芍药蔷薇朵,都向千官帽上开。"还有"白角长梳,侧面而入"等具有宋代服饰特色的发饰等。当时官宦贵妇服饰上常有当时应景的花纹,陆游在《老学庵笔记》卷二中记道:"靖康初,京师织帛及妇人首饰衣服,皆备四时。如节物则春幡、灯球、竞渡、艾虎、云月之类……"辛弃疾在《青玉案·元夕》中也写道:"蛾儿雪柳黄金缕,笑语盈盈暗香去",都在写景同时描绘出了宋时年节之日的应时饰品。宋代妇女还喜用一种盖头巾,方5尺左右,以皂罗制成。初为女子出门时遮面用,后以红色纱罗蒙面,作为成婚之日新娘必须穿戴的首服,这个习惯一直延续到近代。

劳动人民服式虽然多样,但大都是短衣、紧腿裤、缚鞋、褐布之类。宋人孟元老《东京梦华录》卷五《民俗》云:"士农工商诸行百户衣装,各有本色,不敢越外。谓如香铺裹香人,即顶帽披背;质库掌事,即着皂衫角带不顶帽之类。街市行人,便认得是何色目。"宋人张择端《清明上河图》中所描绘的约800位各行各业人士,使我们看到了这一时期的百姓服装,虽然不如唐代那样异彩纷呈,但也颇具特色。

五、异族风情——辽金元的服饰

五代十国以后,同两宋相继并存的北方政权有辽、金、元等,这些都是以少数民族为主体的政权。辽以契丹族为主,金以女真族为主,元以蒙古族为主,在这些政权统治时期,其服饰虽然保存了部分汉制,但更多地体现了少数民族的特点,带有浓烈的异族风情。

契丹族服饰以长袍为主,男女皆然,上下同制。这个时期的袍服样式一般多为左衽、圆领及窄袖,袍上有疙瘩式攀扣,袍带于胸前系结,下垂至膝。袍服的颜色以深色为多,有灰绿、灰蓝、赭黄、墨绿等,纹样也比较简朴。下穿套裤,着时将裤腿放在靴筒之内,上系带子于腰。女子在袍内着裙,也穿长筒皮靴。由于辽地寒冷,所以袍料大多为兽皮,如貂、羊、狐等,其中,以银貂裘衣最贵,多为贵族所服。契丹立国后,形成了国(胡)服和汉服并存的局面,其中,国(胡)服最富民族特色。百官服饰,分为朝服、公服和常服。朝服,北班(胡服)戴毡帽,冠以金花为饰,或加珠玉翠毛,额后垂金花,织成夹带,中贮发一束;也可戴纱冠,其制与乌纱帽相似,无檐,额前缀以金花。衣服则用窄袍。公服,北班臣僚用幅巾,着紫衣。常服,北班臣僚穿着貂裘,以紫黑色为贵,青色次之。又有银鼠、貂毛、羊皮、鼠皮、沙狐裘等。

女真族生活在寒冷的长白山地区,以狩猎为生,特定的地理环境和气候使金代服饰崇尚白色。女真族的服饰多用皮制,《北盟录》称女真男女服装,在建国之前,不过黑裘、狐貉而已。立国后,服饰仍较朴素,《大金国志》载:妇女或裹逍遥巾,或裹头巾,随其所好。至于衣服,尚如旧俗,土产无蚕桑,惟多织布,贵贱以布之粗细为别。严寒之地,无论贫富都穿皮衣以抵御寒冷。富者春夏多以紵丝、锦纳为衫裳,间或以细皮、布为之;秋冬则用貂鼠、青鼠、狐貉或羔皮,或用紵丝绸绢。贫者春秋并衣衫裳,秋冬亦衣牛、马、猪、羊、猫、犬、鱼、蛇之皮,或以獐麋的皮为衫裤,所穿的袜都用皮做之。由此可知,这个时期金人的服饰,虽已使用布帛,但仍以皮毛为主。冠服制度确定以后,金人服饰开始略有讲究,金代男子的常服多由四部分组成,即头裹皂罗巾,身穿盘领衣,腰系吐骼带,脚登乌皮靴。他们的服装形制,包括样式、色彩和纹样,都有一些特点。《金史·舆服志》称:"其衣色多白……其从秋山之服则以熊鹿山林为文,其长中骭,取便于骑也。"除了用野兽的皮毛做服装外,织物的颜色,冬天多用白色(与冰雪融为一体),春秋之服,则在衣服上绣以"鹘捕鹅"、"杂花卉"及"熊鹿山林"等动植物纹样,具有麻痹猎物、保护自己的作用。

元代的民族统治者以蒙古族为主,蒙古民族是在马背上长大的游牧民族,经济文化的发展远远落后于汉族社会。他们的服装显得非常简朴实用,一年四季基本上都穿着皮革与毛毡制作的袄裤、帽子和皮靴。男女之间的衣服式样区别不大。他们的袍子和皮袄一般为窄袖紧身式,为了挡风,常采用立领,衣襟右衽,为了便于骑射,衣袍的下摆比较宽大,可以遮住鞍座和在马身两侧的双腿。

元英宗至治元年(1321 年),制定了天子和百官的服装,称"质孙服"制,汉语称"一色衣",这种服装上衣连下裳,上紧下短,并在腰间加襞积,肩背挂大珠。"质孙服"服用面很广,官员在内宫大宴中均穿着,乐工和卫士也同样服用。这种服式有上下级的区别和质地粗细的不同。天子的质孙寒服有 11 个等级(以质分级层次),夏服有 15 个等级,百官的冬服有 9 个等级,夏季有 14 个等级。每级所用的原料和选色完全统一,衣服和帽子一致,整体效果十分完好。比如衣服若是金锦剪茸,其帽也必然是金锦暖帽;若衣服用白色粉皮,其帽必定是白金答子暖帽。

元代流行一种"辫线袄子",这是一种短袍,它在腰间缝制出很多横向折实褶,并交成十字花针连结起来,折裥上有纽扣。下部袍襟上有折褶,这样制作的目的,在于方便骑马、射箭等活动。

当时人们习惯穿一件类似于半袖的衣服,用皮做成,有表有里,称为襻子答忽。《元史·舆服志》:"天子质孙,冬之服凡十有一等……服银鼠,则冠银鼠暖帽,其上并加银鼠比肩。"注云:"俗称曰襻子、答忽。"元人武汉臣《生金阁》第三出载:"孩子吃下这杯酒去,又与你添了一件绵搭救护么。”

“比甲”是妇女的一种便服,前有衣裳,无衣襟、无领、袖,后面长倍于前面,用两襻结之,亦为便于马上的服式。《元史·后妃传一》:“(后)又制一衣……名曰比甲,以便弓马,时皆仿之。”明人沈德符《万历野获编》卷十四:“元世祖后察宏吉剌氏创制一衣,前有裳无衽,后长倍于前,亦无领袖,缀以两襻,名比甲。盖以便弓马也。流传至今,而北方妇尤沿之。”

蒙古族男子的首服为冬帽夏笠。各种样式的瓦楞帽为各阶层男子所用。蒙古族女子首服中最有特色的是“顾姑冠”,也叫“姑姑冠”。元人李志常《长春真人西游记》载:“妇人冠以桦皮,高二尺许,往往以皂褐笼之,富者以红绡,其末如鹅鸭,故名‘姑姑’,大忌人触,出入庐帐须低回。”关于“姑姑冠”的制作,《黑鞑事略》记载得比较详细:“姑姑制,画(桦)木为骨,包以红绢,金帛顶之,上用四五尺长柳枝或铁打成枝,包以青毡。其向上人,则用我朝(宋)翠花或五彩帛饰之,令其飞动,以下人则用野鸡毛。”因此,根据“姑姑冠”饰物的不同可以区分饰者身份的尊卑。汉族妇女尤其是南方妇女则根本不戴“姑姑冠”。元代金银首饰工艺精湛,山西灵丘县曲回寺村出土的“金飞天头饰”、“金蜻蜓头饰”立体感强,形象真实生动。飞天披帛裙带飘曳,身下祥云为柄,结构相当巧妙。

六、明代恢复汉族衣冠

明代建国以后,急于恢复传统的汉族礼仪,其中,便包括服饰礼仪。明王朝根据汉族传统习俗,上采周汉,下取唐宋,对服饰制度进行了全面调整。

明朝用30年时间釐定了新服制,曾经3次改动。洪武元年(1368年)学士陶安等人提议根据传统服制,首先制皇帝礼服。明太祖认为古代的五冕之礼过于繁琐,决定在祭天地、宗庙时采用衮冕。至于在祀社稷等一般性的祭祀场合,则用通天冠服。洪武三年(1370年),明代服制初步制定,主要有皇帝冕服、常服、后妃礼服,文武官员常朝之服及士庶阶层的巾服等。洪武二十六年(1393年),又将原定的冠服制度做了一次大规模的调整。新冠服制度颁布后,数百年间不曾有过大的变动,只是在服装颜色及服装禁例等方面,做了更具体的规定,如不许官民人等服用蟒龙、飞鱼、斗牛图案,不许用元色、黄色和紫色,不许私穿紫花罩甲等。万历后,禁令松弛,鲜艳华丽之服,遍及黎庶。清人姚廷遴在《纪事编》中记道:“明季现任官府用云缎为圆领,士大夫在家亦常有穿云缎袍者,公子生员辈止穿绫绸纱罗,今凡有钱者任其华美,云缎外套遍地穿矣。”足见明朝末年士民在服饰穿着上都有了明显的变化。

明代女装主要成分包括:冠、衫、袄、霞帔、背子、比甲、裙等。明代官方对妇女的服装做了严格的限制。尤其是将贵族命妇与平民女子之间的界限确定得十分清楚。命妇着装分为礼服和常服两类。礼服是在重大礼仪场合穿用的由凤冠霞帔和背子、大袖衫等组成。由于凤冠霞帔是命妇的标志,所以它成为封建社会中妇女的一种渴求目标。实在不行,也要在婚礼上戴一下仿制品。霞帔上的图纹可以区分品级,一、二品命妇为蹙金绣云霞翟纹;三、四品为金绣云霞孔雀纹;五品为绣云霞鸳鸯纹;六、七品为绣云霞练鹊纹;八、九品绣缠枝花纹。

明代恢复了汉族习俗,女裙形制仍然保留着唐宋时的特色。曾风靡于唐代的红裙,到了明代则再度流行。明人冯梦龙《警世通言·白娘子永镇雷峰塔》中的白娘子,就作这种打扮:"上着青织金衫儿,下穿大红纱裙。"宋代流行的百褶裙,到这个时候也没有偏废。至于裙子的长短、褶裥的多少,则随时而易。明初女裙喜欢浅淡,没有明显的纹饰。到了末期,则一改质朴、清淡风尚,追求其华丽的格调。像"凤尾裙"、"月华裙"、"百花裙"等,都十分考究、华丽,备受年轻妇女的喜爱。

"比甲"本为蒙古族服式,北方游牧民族女子常之加以金绣,罩在衫袄之外。明代中叶穿着比甲成风,样式似背子但无袖,亦为对襟。明代女子仍是单独穿裤者甚少,下裳主要为裙,裙内加膝裤。裙子式样讲求 8 ~ 10 幅料,甚或更多。后又时兴凤尾裙,以大小规矩条子,每条上绣图案,另在两边镶金线,相连成裙。江南水乡妇女束于腰间的短裙,以及自后而围向前的裙,称为"合欢"。明代女子裙色尚浅淡,纹样不明显。

明代女装里还有一种典型服饰,即是各色布拼接起来的"水田衣"。这种出自民间妇女手中的艺术佳品,至今仍可随处见到,被称为"百家衣"。

《明会典》是明代官修的一部典章制度书,其中,记录贵族女装用料均为"各色纻丝绫罗纱随用",而平民女服用料则受限制,即便是礼服,也限用紫色粗布,并且禁止用金绣,袍衫也只限用紫色、绿色和桃红色等浅淡的颜色,而禁止使用大红色、鸦青色和明黄色等浓烈的色彩。明洪武十四年(1381 年)还规定,商贾之家只能用绢布制装,农家可以用䌷纱和绢布。

明代男装以方巾圆领为代表形式,儒生所着襕衫与当今舞台上京剧书生的服饰极为相似。其特点是宽袖、皂(黑)色缘边、青圆领、皂绦软巾垂带。脚夫和搬运工则着青布衫裤,青布长手巾,上衣沿宽边,足着草制的靸鞋。官服是云缎圆领袍,另有外加云缎外套的穿法。这种袍长离地 1 寸,袖长过手,袖椿(指袖身)宽 1 尺,袖口宽 9 寸,足着大红色履为典型式样。

明代士庶男子的服装,也有不少新创,特别是将传统的袍衫作了改进,演变出道袍、曳 襒和褶子等服装。道袍本为道士或僧人所穿,明代则广泛用于士庶男子,葛、麻、绫、罗皆可制作,单夹、绒、棉各唯其时。通常采用大襟交领,两袖宽博,下长过膝。曳襒也称“一撒”，一般用苎丝纱罗为之，衣式采用大襟；两袖以宽博为主，肘间多呈弧形。衣身前后形制不一：后背部分做成整片；前身则分为两截，以腰际为界。腰上与后背无别；腰下部分则折有细裥，裥在两边，中留空隙。褶子也为袍衫之属，其式有圆领、交领之别，两袖宽大，下长盖膝；腰部以下折有襞积，状如裙裥。纱、罗、绢、布均可为之。

直掇也流行于此时期士庶男子中。直掇肇始于宋代，到明时其形制有所变异，通常用纱縠、绫罗、绸缎及苎麻织物制成，大襟交领，下长过膝。《儒林外史》第二十二回：“忽见楼梯上又走上两个戴方巾的秀才来：前面的一个穿一件蚕绸直掇，胸前油了一块，后面一个穿一件元色直掇，两个袖子破得晃晃荡荡的，走了上来”，说的正是这种服装。

明代男子的巾帽，形式丰富，种类繁多，其中，以网巾、四方平定巾及六合一统帽最为广泛。

网巾是一种系束发髻的网罩，为了不使发髻散垂，明代男子便用特制网巾包裹发髻。这种网巾通常用黑色的丝绳、马尾或棕丝编织而成，也有用绢布做成者。明太祖朱元璋因悦“网巾，用于裹头，则万发俱齐”，遂下旨使人无贵贱皆可用以裹头。网巾的造型如同渔网，网口用布帛作边，俗谓“边子”。边子旁缀有金属制成的小圈，圈内贯以绳带，绳带收紧，即可束发。在网巾的上口，也开有圆孔，并缀以绳带，使用时将发髻穿过圆孔，用绳带系拴，名曰“一统山河”。天启年间，形制变异，一般多省去上口的绳带，只束下口，名曰“懒收网”。

四方平定巾是明代职官、儒生所戴的一种便帽。以黑色纱罗制成，可以折叠，展开时四角皆方，也称“方巾”，或称“四角方巾”。戴着这种便帽，服装的穿着则比较随便，不像其他服饰规定得那么严格，因此为各阶层士民所喜戴。

六合一统帽即俗称的瓜皮帽，也称“小帽”、“圆帽”，以罗缎、马尾或人发做成，裁成六瓣，缝合一体，下缀一道帽檐。故以“六合一统”为名，寓意为天下归一。通常用于市民百姓，官吏家居时也可戴之。

明代男子的巾帽，还有许多形制，常见的有唐巾、晋巾、汉巾、四带巾、䌷巾、儒巾、万字巾、皂隶巾、老人巾、纯阳巾、凌云巾、山谷巾等。

七、清朝对服饰的改制

清初统治者把是否接受满族服饰看成是否接受其统治的标志，强令汉民剃发易服，这对已形成的我国传统服制来说，是一次飞跃，是继“胡服骑射”、“开放唐装”之后的第三次明显的突变。清代服饰是满族入关后，强制推行的游牧民族服饰，因此保留了很多游牧民族的服式与装饰，以旗袍、马褂为代表。从整个服装发展的历史来看,清代服制在中国服饰史上是最为庞杂与繁缛的。

清代官服及一般男装主要包括龙袍、蟒袍、长袍、补服、马褂、行袍、马甲、衫、袍、裤、帽、靴等。

龙袍是一种绣有龙纹的袍服,它是皇权的象征。在清代官服中,龙袍只限于皇帝穿着,其形制为圆领、大襟右衽、箭袖,颜色以明黄为主,也可用金黄或杏黄等色。袍上绣有五爪金龙和五彩祥云,在祥云中间,还分布着"十二章"图纹。下裙边缘斜向排列着许多弯曲的兰、黑、红、黄相间的线条,称作"水脚"。水脚之上有翻滚的波浪,上立山石宝物,俗称"海水江涯"。皇子只穿龙褂。

一般官员以蟒袍为贵,蟒袍又谓"花衣",是为官员及其命妇套在外褂之外的专用服装,并以蟒数及蟒之爪数区分等级,规定:一至三品,绣五爪九蟒,四至六品,绣四爪八蟒,七至九品,绣四爪五蟒。民间习惯将五爪龙形称为龙,四爪龙形称为蟒,实际上大体形同,只在头部、鬣尾、火焰等处略有差异。蟒服除蟒数以外,尚有颜色禁例,如皇太子用杏黄色,皇子用金黄色,而下属各王等官职不经赏赐是绝不能服黄的[①]。在皇帝生日的前三天到后四天,百官都穿蟒袍,谓之"花衣期"。

长袍的下摆有两开衩(古时称"缺裤")、四开衩和无开衩几种类型。道光京城《竹枝词》云:"珍珠袍长属官曹,开禊衣裳势最豪。"一般官员着四面开衩长袍,即衣前后中缝和左右两侧均有开衩的式样,平民则着左右两侧开衩或称"一裹圆"的不开衩长袍。

补服也叫"补褂",前后各缀有一块补子,形式比袍短又类似褂,但比褂要长,其袖端平,对襟,所以或称"外褂"、"外套",在清代官服中是主要的一种,穿用场所和时间也多。能表示官职差别的补子,即是两块绣有文禽和猛兽的纹饰,文官绣禽,武官绣兽。根据《大清会典图》规定:文官一品绣仙鹤,二品绣锦鸡,三品绣孔雀,四品绣云雁,五品绣白鹇,六品绣鹭鸶,七品绣鸂鶒,八品绣鹌鹑,九品绣练雀。武官一品绣麒麟,二品绣狮子,三品绣豹,四品绣虎,五品绣熊,六品绣彪,七品八品绣犀牛,九品绣海马。贝子以上的皇亲,补子皆用圆形,上绣龙蟒,制作补服的材料,按季节的不同,分别有单、夹、棉、皮等多种。惟不得用亮纱及羊皮,因亮纱嫌其露肤,羊皮则近似丧服,故而禁止使用,所用颜色以石青(也叫绀色,即黑中透红的颜色)。

马褂,是指一种长不过腰,袖仅掩肘的短衣。褂是清代男装中最为盛行的服装。其中马褂是满清男子四种制服之一。四种制服为礼服、常服、雨服和行服,马褂即行服。马褂自康熙年间进入富家后,军服也用此制。清人赵翼《陔馀丛考》卷

① 参见华梅:《服饰与中国文化》,人民出版社 2001 年版,第 306 页。

33《马褂缺襟袍战裙》云："凡扈从及出使，皆服短褂，缺襟袍及战裙，短褂亦曰马褂，马上所服也。"清代的上等褂为"黄马褂"，这种褂属于皇帝的最高赏赐，只有皇帝巡幸时随舆扈从的侍卫和行围时射中目标者，或在治国、战事中建有功勋者，才可以享用。马褂用料，夏为绸缎，冬为毛皮。乾隆、嘉庆时，达官贵人为了炫耀其富贵，故意将马褂反穿露皮毛于外。至清末，还流行一种黑色的海虎绒马褂，着时衬以湖色春纱直行棉袍，这是当时缙绅阔佬的时髦服饰。马褂有对襟、大襟和琵琶襟等几种式样。以衣襟区别使用范围。对襟马褂是礼服，右大襟镶黑边饰的马褂是常服，而缺襟马褂，即琵琶襟的马褂是行装。

马甲为无袖短衣，也称"背心"、"坎肩"、"半臂"（实是无臂），男女均服，清初时多穿于内，晚清时讲究穿在外面。其中，一种多钮襻的背心，类似古代 裲裆，满人称为"巴图鲁坎肩"，意为勇士服，后俗称"一字襟"，也称"十三太保"，官员也可作为礼服穿用。清代的马甲，无论在造型上还是在装饰上都有许多变化。单从衣襟来看就有大襟、对襟、曲襟（琵琶襟）及一字襟等多种，马甲上的装饰也繁复多样，有的施以彩绣，有的镶以花边，有的还用丝带盘成纽扣，形形色色，不一而足。

清代服饰一般没有领子，穿礼服时需加一硬领，称为"领衣"，一般春秋二季用湖色的缎，夏天用纱，冬季用皮毛或绒，有丧者用黑布。领衣是连接于硬领之下的前后两长片，有些像长长的牛舌，故俗称"牛舌头"，考究的用锦缎或绣花，领衣之外则加外褂，如穿行装则着于袍的里面。

清朝男子已不着裙，而普遍穿裤。西北地区因天气寒冷，而外加套裤，江浙地区则有宽大的长裤和柔软的于膝下收口的灯笼裤。清人李静山在《增补都门杂咏》中说："英勇盖世古来稀，那像如今套裤肥？举鼎拔山何足论，居然粗腿有三围。"男子首服，夏季有凉帽，冬季有暖帽。职官首服上必须装冠顶，其料以红宝石、蓝宝石、珊瑚、青金石、水晶、素金、素银等区分等级。

清代汉族妇女的服装，大抵沿袭明代旧制，变化较男服为少。上衣以衫、袄和披风为主，衫、袄的形制一如从前，披风之制比较特别，多用于已婚女子。天笑《六十年来妆服志》云："妇女的礼服，最普遍者曰披风，曰红裙。披风比于男子的外套，也是吉服……作对襟，长可及膝，有两袖，极博，以蓝缎而绣以五彩或夹金线之花。未嫁的闺女不得穿披风。"

妇女的下体多穿裙子。清初的裙子，仍保存着明代遗俗，比较流行的作法是以绸缎裁剪成条状，每条绣以花卉纹样，两边以金线镶滚，走起路来，彩条飘舞，金线闪烁，颇似凤尾，称"凤尾裙"。随着时间的推移，裙子的样式也不断更新。如弹墨裙，通常以浅色绸缎为面料，制作前将布料展开，放上各种树叶、花瓣，然后用弹墨工艺在花、叶周围喷洒黑色，去掉树叶、花瓣之后，即显现出黑底白花。因造型生动，色彩素雅而深受广大妇女的青睐，尤其为士庶妇女所崇尚。另外还有一种画裙，将大幅裙围折成数十道细褶，每褶分别用一种颜色，轻描淡绘，色彩娴雅，穿在身上色如月华，故名“月华裙”。到咸丰年间流行一种叫鱼鳞百褶裙，以数幅布帛拼合而成，折成细裥，折裥之间用丝线串联，交叉成网，展开后形似鲤鱼的鳞甲。《清代北京竹枝词》咏道：“凤凰如何久不闻，皮绵单袷费纷纭。而今无论何时节，都着鱼鳞百褶裙。”

满族妇女的服装，以袍服为主，由于实行八旗制度，凡编入旗籍者，都被称为“旗人”。旗人所穿之袍，叫做“旗袍”。清初整件旗袍以深黄色绸缎制成，上施彩绣，袍式为圆领，窄袖，衣襟右掩；两腋部分明显收缩，下摆宽大。清代中叶，旗袍的样式有所变化，除圆领外，又出现了狭窄的立领，袍袖也比清初宽大，下摆一般多垂至地面。清末的旗袍又有发展，特点为袍身宽敞，外形以直线为主，不用曲线。腋部的收缩也不明显，下摆的长度多盖住脚面，露鞋底于外。领子则用元宝式；另在领口、袖端及衣襟等处镶以宽阔的花边。

到了清代后期（1840—1911年），中国封建社会步入了一个重要历史阶段，社会转型与风俗习尚也进入了一个重要的转折时期。就服饰文化生活习俗而言，也发生了重大演变与明显变化，主要体现在以下几个方面：一是对清代前期及传统服饰风俗进行改造扬弃；二是满汉服饰文化风俗的相互影响、交流与补充；三是吸收融合西方外来服饰文化风俗的有机成分，发展完善传统服饰风尚，使服饰文化风俗的改进与社会的文明进步相一致。就总体态势而言，清代后期，帝后的服饰风俗基本上承袭了前期的法制规仪内容，与前期相比演变变化不大。但文武官员以及平民百姓的服饰风俗礼仪，却发生了较大的变革，这种演变与变革以长江中下游及东南沿海等得风气之先的地区，以及作为近代政治、军事中心的京师（今北京）最为显著。其中，最值得一提的是农民革命领袖洪秀全。他在太平天国革命军中，设计了自己的服装式样与色彩，成为第一支拥有自己独特服装的农民起义军。太平天国鄙视清代衣冠，认为剃发垂辫是“强加给人民的奴隶标记”，于是开始起义时穿着传统服装打仗，而将清代官服“随地抛弃”，“往来践踏”，并规定“纱帽雉翎一概不用”、“不用马蹄袖”等。在太平天国永安年建制期间，初步拟定冠服制度，攻下武昌后，“舆马服饰即有分别”，定都天京（今南京）以后，又做修改，并建立“绣锦营”和“典衣衙”。男子仍继承汉族传统，认为龙袍不可随意穿用。当时除天王可袍上绣龙以外，其他高级官员须根据场合而定，低级官员则绝对不着龙袍，但缀有龙纹的朝帽却是大多数官员的首服。其他规定多来自《周礼》，以五行四神来确定背心图案、服装以及缘边的颜色。女子着圆领紧身阔下摆长袍。用一块红绸或绿绸扎于腰际，下摆开衩，不着裙子而直接着肥腿裤。袄、袍等边缘也是镶很宽的边饰，只是较之民女所服要简洁大方。太平天国女子放开脚，以天足显示解放思想，平日里多着布鞋。直至1911年辛亥革命，废除帝制，建立民国后，剪辫发，易服色，官民中西装革履与长衫马褂并行不悖，更是服饰风俗的大演变。

第四节　服饰的社会性

服饰作为一种文化事象，深受一个时代的政治、经济、文化、风俗、宗教甚至科学技术的影响，它深刻反映了一个时代的时代精神和人们的思想观念，成为一个时代社会文化的体现方式，具有鲜明的社会性内涵。服饰的社会性内涵包括很多内容，这里主要指它的等级性、地域性、民族性、伦理性和功能性等，下面分别加以论述。

一、等级性

服饰的等级性内涵主要是指在阶级社会中用服饰来区别尊卑贵贱，标示人的身份等级。在古代社会，不同的社会阶层、社会群体在着装上有很大的差异，所谓"见其服而知贵贱，望其章而知其势"①，它是社会等级制度在人们日常生活中的深刻反映。服饰的等级性并不是在服饰诞生之初就存在的，人类发明创造和穿戴服饰最初主要的目的在于裹体遮羞、保暖、安全和对美的一种追求，侧重于服饰的实用性。但随着生产力和社会分工的发展，社会群体日益分化，服饰的社会意义也逐渐深化，社会功能日益突显，其中最主要的是用服饰来表现人们的身份地位。早在黄帝轩辕氏时期，就兴"价冕旒、整衣裳、染五色、表贵贱"，开始利用服饰来区分不同的社会群体。进入阶级社会后，服饰的等级色彩更为明显。儒家学说的创始人孔子宣扬的"礼"服制度就规定："天子株卷衣冕，诸侯玄卷衣冕，大夫裨冕，士皮弁服"②，以冕服来区分社会等级。这一掺杂政治观念的服饰思想为后世统治者所继承，且愈演愈烈。

纵观古代中国，从商周至清代，包括蒙古族建立的元朝和满族建立的清朝，一直盛行着严格的服饰等级制度。从服装到鞋帽，从式样、质料、纹章到颜色，从帝王

① ［汉］贾谊《新书·服疑》。

② 《荀子·富国》。

后妃、达官显贵到黎民百姓,不同等级、不同地位都有严格的区别。而且这种服饰的等级差别,又与礼制相结合,成为礼制的重要内容,它以"会典"、"律例"、"典章"或"车服制"、"舆服制"、"丧服制"等各种条文律令,规范和管理各阶层的穿衣戴帽,从服装的质料、色彩、花纹到款式都有详尽的规定,不惮琐细地区分君臣士庶服装的差别,违者要以僭礼逾制处以重罚,使森严的等级制深入到穿衣戴帽。可以说,在等级社会中,衣冠服饰不仅是人们的日常用品,更是历代帝王区分官阶品级、地位高下的标志,成了统治阶级严内外、别亲疏、昭名分、辨贵贱的政治工具。服饰具有等级性是中国传统社会服饰制度的本质特征之一。

具体言之,传统社会服饰的等级性主要表现在以下几个方面:

第一,等级森严的冠服制度。冠服亦称礼服,包括朝服、公服、祭服等。夏商时,中国开始形成冠服制度,西周时,臻于完善,春秋战国之交被纳入礼治,王室公卿为表示尊贵威严,在不同礼仪场合,顶冠既要冕弁有序,穿衣着裳也须采用不同形式、颜色和图案。汉代,随着舆服制度的建立,服饰的官阶等级区别也更加严格。史书列有皇帝与群臣的礼服、朝服、常服等 20 余种,服饰上的等级差别已十分明显。此后,中国历代王朝都十分重视冠服之制,帝王后妃、文武官员、黎民百姓因其身份不同而在冠服的样式、纹饰、色彩上有了严格的差别。虽其具体规定在历代有所损益,但以不同服饰区分身份等级的基本形制,却长期沿袭不变,对后世产生了重大的影响。以清代为例,官员不同的服饰、纹章与官位品级相互对应,官服中的蟒袍,三品以上绣 9 蟒 4 爪,四品以下绣 8 蟒,七品以下为 5 蟒,袍的下摆绣上云水图案,以天蓝为正色。皇族前后左右四开衩,其他左右两开衩。此外,帽子上也有标志品序的"顶戴"、"花翎"。

第二,不可僭越的常服制度。常服也称便服,最初,常服没有严格的限制,但到了隋代,隋炀帝整理服饰制度,把常服划分等级,规定官员五品以上穿紫袍,六品以下穿绯或绿袍,胥吏穿青袍,庶民穿白袍,屠夫商人穿黑袍,士卒穿黄袍。唐代以后,常服也严格按品级来使用。如唐高宗上元二年(674 年)规定,"文武三品已上服紫、金玉带十三銙,四品服深绯、金带十一銙,五品服浅绯、金带十銙,六品服深绿,七品服浅绿,并银带,九銙,八品服深青,九品服浅青,并鍮、石带,九銙,庶人服黄铜铁带,七銙。"①明代亦推行严格的常服制度。洪武三年(1370 年)定文武官常服为:"凡常朝视事,以乌纱帽、团领衫、束带为公服。其带,一品玉,二品花犀,三品金钑花,四品素金,五品银钑花,六品、七品素银,八品、九品乌角。凡致仕及侍亲辞官,纱帽、束带。为事黜降者,服与庶人同。"同时规定士庶服饰"不得僭用金

① 《唐会要》卷 31《舆服(上)》。

绣、锦绮、纻丝、绫罗，止许䌷、绢、素纱，其靴不得裁制花样、金线装饰。首饰、钗、镯不许用金玉、珠翠，止用银”①等。

第三，服饰色彩的等级限制。在等级分明的封建社会，服饰的颜色也是区别身份的一种标志。《吕氏春秋·季夏》记载：“命妇官染采，黼黻文章，必以法故，无或差忒，黑、黄、苍、赤，莫不持良，匆敢伪诈。以给郊庙祭祀之服，以为旗章，以别贵贱等级之度。”可见在先秦时期，已出现了以服色别贵贱现象。后来在每个朝代的服制中，都有关于用色的律令，任何人不得僭越，否则将受到严厉的处罚。如唐代服装颜色的等级，一为黄，二为黑，三为熏，四为绿，五为紫，庶人则穿白色。唐代以后，黄色成了御用服饰颜色，其他人士不得使用。而对于普通民众，一般禁止用五彩或将其服色限定在青、绿、白范围之内。如《渊鉴类函》引《晋令》说：“士卒百工履色无过绿、青、白，奴婢履色无过绿、青、白。”《宋书·礼志》中规定：士卒百工人等履色无过绿、青、白，奴婢衣食客履色无过纯青。至于朝廷命官服饰用色的严格限制已见前述。

第四，服饰用料的等级要求。自汉代以来，人们的服饰用料开始有了明文规定，特别是庶民阶层所用衣料，一直受到法规的限制，稍有僭越，就会受到严厉的处罚。如《后汉书·孝安帝本纪》所称：“旧令制度，各有科品，欲令百姓务崇节约……而小人无虑，不图久长，嫁娶送终，纷华靡丽；至有走卒奴婢被绮縠，着珠玑，京师尚若斯，何以示四处？”可见身为“小人”及“走卒奴婢”都不得穿华丽之衣，后代亦然。如南朝陈宣帝令庶人以上，只准穿绵绸、圆绫、纱、绢绡、葛及布衣等，其余皆禁。唐玄宗时规定，流外及庶人，不得服绫、罗、縠及五色线靴、线履。辽道宗时，禁庶民服驼尼、锦绮及水獭裘。金世宗时，则规定“在官承应有出身人”等，许服花纱、绫罗、纻丝、丝绸；庶人许服绝绸、绢布、毛褐、花纱、无纹素罗；奴婢只许服绝绸、绢布和毛褐，不许用罗绮。元仁宗时，规定庶人只许服暗花纻丝、绸绫和毛毳，其余衣料一概不得僭用。明太祖时，禁庶人衣服用锦、绮、绫、罗和纻丝，只准用绸、绢、素纱。清康熙时，禁军民人等用蟒缎、妆缎、金花缎、片金倭缎、貂皮、狐皮、猞猁狲等。②

第五，服饰纹章的等级规定。服饰的纹样也是统治者用以别尊卑、分贵贱的重要方面之一。这种特定的纹饰，属于特定的人群，它是地位、身份的标志，容不得僭越。《尚书·益稷》所载十二章服称：“日、月、星辰、山、龙、华虫作绘，宗彝、藻、火、粉米、黼、黻绣以五彩彰施于五色作服。”即选用十二种事物作为服饰的主要纹样。

① 《明史》卷67《舆服志三》。

② 高春明：《中国古代的平民服装》，商务印书馆国际有限公司1997年版，第84页。

后来十二章纹成为历代帝王和高官的上衣下裳服章制度,并一直沿用到清帝逊位,后来龙袍则成了皇位的象征。而一般平民百姓是不能使用这些纹样入服的。如唐代宗时,禁止民间在衣服上绣上盘龙、对凤、麒麟、狮子、天马、辟邪、孔雀、仙鹤、芝草、万字、双胜等花式;辽道宗年间禁止士庶服日、月、山、龙之纹。明清时代,官服上的补子,所绘图案各一,文官绣禽,武官绣兽,也是政府官员政治地位的一种标示。明代洪武二十四年(1391 年)确定的品级官员的补子为:公、侯、驸马、伯服,绣麒麟、白泽。文官一品仙鹤,二品锦鸡,三品孔雀,四品云雁,五品白鹇,六品鹭鸶,七品鸂鶒,八品黄鹂,九品鹌鹑,杂职练鹊;风宪官獬廌。武官一品、二品狮子,三品、四品虎豹,五品熊罴,六品、七品彪,八品犀牛,九品海马①。清代对此略作了调整,按照一品至九品文官补子上的飞禽的顺序依次是仙鹤、锦鸡、孔雀、云雁、白鹏、白鹇、鹭鸶、鸿、鹌鹑、练鸟。武官依次是麒麟、狮子、豹、虎、熊,六、七品同为彪,八品为犀牛,九品为海马。这些动物图案使用于官服,使其品级地位一目了然,很明显具有等级的色彩。同时,这些图案也是品官的官服之外被严格禁用的。

第六,服饰消费的等级差别。除了以上所述的统治阶级出于别尊卑、分贵贱的需要而对服饰作了人为的规定和限制以外,在日常生活中,服饰的等级性还表现在服饰的消费上,它也是地位高下、贫富差距在服饰上的反映。社会上层的服饰消费具有奢侈性,不但服饰质料多用绫罗锦缎,做工精细,色彩艳丽,而且饰品皆以金、银、玉器为之,往往一袭衣价值万贯。而处于社会下层的劳苦大众,少得可怜的几件衣服也仅以葛麻粗布为料,裹体而已。“幞头巾子露,衫破肚皮开,体上无裈裤,足下复无鞋”②之诗句,便是黎民百姓衣不遮体的生动写照。

二、地方性

服饰的地方性与后面将要谈到的民族性有时是交叉的,比如某地区住的都是少数民族,这时讲地方性也就是讲民族性,反过来讲民族性也就是讲地方性。由于文献中关于这两种问题的史料均不多见,而且这些仅存的史料在时代前后上又缺乏一贯性,无法窥见其发展脉络,因此我们对服饰的地方性与民族性的论述只能是粗线条的了。

服饰作为人类社会生活发展的必然产物和一种物质文化,它的产生和发展变化与人类居住的自然环境、气候条件,以及各地区生产方式和生活方式有着密不可分的关系,因而呈现出鲜明的地域色彩。如春秋战国时期,由于各地地理环境的不

① 《明史》卷67《舆服志三》。

② [唐]王梵志:《贫穷田舍汉》诗。

同和生活习惯的差异,服饰也呈现出多元化趋势。《墨子·公孟篇》称:“昔者齐桓公,高冠博带,金剑木盾,以治其国,其国治。昔者晋文公,大布之衣,牂羊之皮,韦以带剑,以治其国,其国治。昔者楚庄王,鲜冠组缨,缝衣博袍,以治其国,其国治。昔者越王勾践,剪发文身,以治其国,其国治。”这说明当时列国风俗,从发式到冠帽,从服装到佩饰,都有各自的特色。秦王朝统一全国,“兼收六国车旗服御”,推行严格的衣冠制度,实现服饰的一体化,此后,服饰的式样在以汉族为主的中原大地基本上趋于一致,但是在一些细微之处仍存在很大的差别,这主要体现在南北方的服饰差异上。

服饰的南北差别,首先是用料的不同。南方气候温暖,是重要的农业区,棉花种植、桑蚕种植、养殖十分普遍,丝织手工业十分发达,这为南方棉、丝服饰提供了充足的原料,也使得南方棉制服装较北方普遍,丝绸衣料也比北方为多。与此相反,北方气候相对寒冷,服饰多以皮革为之,皮衣、皮裤、皮靴、皮裘、皮披风、皮背心等一应俱全,而它在南方则相对较少。五代时南唐大臣徐铉出使汴京,见到穿毛褐的就嘲笑,那是因为南唐没有。后来南唐降宋,他到北方邠州,虽然气候严寒也始终不穿毛褐,以至于因冷染疾,病死在邠州。徐铉看不惯北人的毛褐可能有某种政治或社会的因素,但同时也反映出南北方服饰的差异。在用料上最讲究的当属益州。《太平广记》卷三一引《仙传拾遗》说,妇女所穿的“益都盛服”是:“黄罗银泥群、五晕罗银泥衫子、单丝罗红地银泥帔子”,并称“世间之服,华丽止此耳”,也就是说人间最好的衣服要属益州的服饰了。除益州外,桂州用棉布作的布衫,北方最初也没有。唐文宗时左拾遗夏侯孜穿着桂布衫上朝,文宗问他这布衫为何如此粗糙,他说桂布厚,抗寒性强,文宗于是也效而穿之,结果“满朝皆仿效之,此布为之贵也”①。这说明在唐文宗以前,北方人尤其是京都人还不知道棉布衣衫的妙处,以后受南方影响才开始穿棉布衫。

其次是服装样式的不同。魏晋南北朝时的北方地区少数民族,最为流行的服装是裤褶。裤褶是一种上衣下裤的服式,被称为裤褶服。上衣左衽,衣服大襟向左掩,不同于汉族习惯的右衽,腰间束革带,方便利落,很自然地使着装显露出粗犷慓悍之气,与当时南方的裙、袍服式有很大区别。北齐妇女喜穿的皮靴、缘边袍以及系扎的革带等,也与南方妇女所服不同。江南地区人们爱穿大袖、宽松的服装,北方则喜欢穿窄袖束身衣衫,这可能与南北方的气温差异及生活方式有关。再来看帽子和鞋。帽子主要用作保暖和防护,一直为北方人所戴,直到秦朝,帽子仍以西域少数民族所戴为多,汉族则多用于孩童,一般人很少使用。三国以后,帽子在中

---

① 《太平广记》卷165《夏侯孜》。

原地区普及开来。即使如此,各地帽子的式样也有很大的不同。如唐时北方流行的席帽是毡做的,而南方的席帽却是结丝织成,上面还要织上花鸟等纹饰。北方常戴的羊毛帽南方也不多见,南方帽多轻薄。北方所穿的鞋中以靴最重要,可能与北方畜牧业发达、骑马多有关。而南方穿靴的则较少,多穿鞋、草鞋和屐。

三、民族性

民族性指各民族在服饰上所表现的不同特点。我国有着众多的民族,其服饰样式、图案、饰品都精彩纷呈,各具特色,如蒙古族的蒙古袍与蒙古靴,满族的旗袍,朝鲜族的长裙,鄂温克族与鄂伦春族的兽皮衣,赫哲族的鱼皮衣,维吾尔族的袷袢与绣花帽,回族的白帽,哈萨克族的缀羽毛女帽与男毡帽,裕固族的尖顶女帽及头面,苗族的交领绣花衣与百褶裙,彝族的披毡与宽脚裤,藏族的藏袍,傣族的长筒裙等等,都成了各民族的鲜明标志,通过服饰便能够明显区分出是何种民族。这种别具特色的民族服饰是在一定的历史条件下,逐渐发展演变形成的,它受到地理环境、历史观念和深层文化内涵的影响,凝聚着特定民族人民的审美理想和意趣。服饰的民族特色在中国古代表现得十分突出。

商周时期,居住在中原西北地区(今内蒙古南部、辽宁、山西西部)的东胡和楼烦两个少数民族,其服饰风格特征与中原地区迥异。他们头戴貂皮冠,上身穿左衽、窄袖合身的短袍襦,下身着裤,腰间系有革带,革带的一端装有带钩,使用时,将革带系于短袍外面的腰间,终头用带钩固定在皮带的孔的中间,腰带上还挂有各种如短刀一类的饰物,脚上穿着皮革制成的靴,带有浓厚的草原气息。这种左衽窄袖、脚穿皮靴的打扮一直是该地人民的普遍着装。由于它穿戴起来十分合体,且利于骑射,所以当时的赵武灵王出于军事的考虑,果断地作出了改易服装的决定,实现了服饰的第一次大融合。但并不是说此后的民族服饰形成了统一的样式和风格,实际上,民族服饰的差别在每个时期都存在。

隋唐时期,居住在西北地区的少数民族多穿小袖袍、小口裤、皮靴。如《南史》、《北史》、《梁书》等记载:武兴国"著乌皂突骑帽,长身小袖袍,小口裤、皮靴";高昌国"著长身小袖袍、缦裤裤";滑国"人皆善骑射,著小袖长身袍";渴盘陁国"衣古贝布,著长身小袖袍、小口裤";匈奴民族"妇女被长襦及足,而无裳焉。"地处南方的南诏,男子一律披毡,妇女不涂粉黛,且流行不穿鞋习俗,这些都与当时中原汉族的宽衣博带的服装有较大差异。

西夏的民族服饰,吸收了回鹘人翻领绣花的习俗,又将唐五代服装的圆领袍式移植过来,从而形成本民族服饰的特色,如男子官服头戴幞手,脚登乌皮靴,腰间还系着围裙式围护。一般平民则穿窄袖圆领襦或交领长衫,下着裤,裤腿上有饰物,脚着麻线鞋。女子头饰多作高髻式高冠,身穿斜领民袍,袍上常常施以各种大小团花式样的图案,脚穿脚尖上翘的靴子。以上这些西夏党项人的衣装反映出西夏人的审美心理和民族信仰,尤其是妇女服饰,更加充分地彰显了党项族人的民族个性。此外,辽代的契丹族服装、金朝的女真族服装、元代的蒙古族服装、清朝的满族服装都与中原汉族服装有很大差异,已如前述。

这种别具特色的民族服饰是与不同民族的生产方式、生活方式相适应的。如以捕鱼、狩猎、采集生活为主的渔猎采集式民族,鱼兽等动物的肉和皮毛是他们衣食的主要物质来源,他们的服饰多以野生的鱼皮和狍、鹿、犴等兽皮为原材料,经过简单的熟制,加工成保暖性强、防水隔潮的以袍式为主的服装、鞋、靴、帽及手套等,服装颜色多为本色,式样比较单调。以草原畜牧业为生的民族,食肉、喝奶、穿皮毛制品便构成了他们鲜明的生活、文化特征。冬装多以牲禽的皮毛或经过不同程度加工的毛织品为原料,夏装多以毛织品或棉织品为原料,手工制成宽松肥大、保暖实用的以袍式为主,靴、鞋、袜、帽、头巾皆备的服装,其色彩较为丰富,制作的工艺也较为精良,完全适合其游牧生产生活的需要。以农耕经济为主的民族,则大都通过对土地的耕作来获取更丰富的粮棉桑麻油等生活资料,其服饰的原料不再局限于动物的皮毛,而更多采用了自织自染的棉麻土布为主要原料,并以单薄、短小、灵活的衣裙、衣裤为主,式样繁多,且绣有各种精美的纹样和图案,它较袍式服装显然更适宜农田的劳作。服装的色彩更加丰富,工艺性也更加突出。

各具特色的民族服饰在历史的演进中,不断互相交流、互相融合、互相吸取有益的成分,创造出更加绚丽多彩的服装,成为中华文化宝库中不可或缺的一个重要组成部分。

四、伦理性

在古代中国,在特定的时间内,服饰是守礼尊规的一种表现,不同的场合有不同的服饰要求,这便使服饰带有强烈的伦理色彩,如祭祀有祭服,上朝有朝服,婚事有礼服,葬仪有丧服。仅以丧服为例,就有斩衰、齐衰、大功、小功、缌麻之五服制度,它以与死者的亲疏关系为差等,布料由粗到细,服期由长到短。如斩衰,是五服中最重的一种,它是以极粗的生麻布制成衣裳,其款式用上衣下裳制,衰指上衣,制作时将麻布斩断,不加缝纫,故意留出毛边,因称“斩衰”。凡儿子、未嫁之女为父母;重孙为祖父;父为长子;媳为公婆;妻妾为夫;臣为君服丧,均用这种丧服,丧期为3年。缌麻为五服中最轻者,衣服的质地也最为精细。凡为族曾祖父母、族祖父母、祖父母、族兄弟,为外孙、甥、婿、岳父母、舅父等服丧,则用此服,服期为3个月。丧服配合丧葬制度,渲染出传统的孝道与气氛的悲哀(详见第八章“丧葬习俗”之

第二节“葬仪”)。

五、功能性

中国古代,在社会生活中,用服饰来显示、界别自身所从事职业、身份的功能内涵,是其重要内容之一。具体而论,从先秦至明清,从罪犯囚徒的“囚衣”、“号衣”、“号服”,到军队官兵的“军服”、“兵服”,再到僧尼道徒所穿的“僧衣”、“道袍”,均有其特定的服饰样式、饰物,这些不同行业、不同身份界别的服饰文化“符号”,让人一望,便知其业,便明其行,便晓其身份,这一切,恰是“以服寓功,以饰别业”的功能性内涵的真实显现。

以清代为例,清代军服中的八旗兵丁的“甲胄”、“铠甲”戎装在服饰上则有独具的功能与特色:其一,铠甲、甲胄有御敌护身的特殊功能,特别是在冷兵器为主(也有鸟枪使用)的作战时代,防止砍伤、箭伤以防毙命的功用,更为明显。清代八旗兵丁的甲即铠,形式为“上衣”、“下裳”,以棉布为里,绸为面,饰以“铜钉”。“胄”又称盔,系用牛皮制成,更有直接防护头部,免遭伤害的功效。其二,皇帝的甲胄,除有护身御敌功能外,更多的还是显扬军威、振奋将士军心的政治威慑作用。如顺治帝的“甲胄”,“甲”由上衣、下裳、左右护肩、左右护腋、两袖、前裆、左裆等十部分构成。“胄”由炼铁制成,高30余厘米,镂龙镀金缨管,更有松石、青黄石、珊瑚、玻璃钻、螺甸等饰物,以显尊贵。

清代佛学家僧人的法衣袈裟一般用青(铜青)、木兰(赤中带黑)、泥(褐灰)等三色制成,并且有12种称呼:一为离染服(即脱离尘世污染之服),二为出世服,三为无垢服,四为忍辱铠,五为莲花衣,六为幢相衣(即威严不屈之衣),七为田相衣(即使见者不致产生邪念之衣),八为消瘦衣(即穿此服可使烦恼消除),九为去秽衣,十为振起衣(即穿此服可振兴善念),十一为离尘服,十二为袈裟。这里僧衣名称中,已包含其特定功能的文化内蕴。

此外,服饰还能折射出社会心理、时代情绪、文化背景和哲学、美学思潮等丰富而全面的精神面貌。从中国的历史来看,春秋战国期间,诸子百家争鸣气氛活跃,服饰也自由随适,风格多变;魏晋之时,老庄无拘无碍,忘我独游的哲学风行一时,使得那些不愿与政府合作,怀才不遇的知识分子在衣着上,往往不拘于礼法,不囿于形迹,“竹林七贤”衣着的随意甚至袒胸露脐,便是很好的说明;隋唐盛世,国策通达,经济繁荣,万国进贡,四夷来朝,开放的社会风气使服饰华美大度,形式极为开放洒脱;而宋、明以降,由于道学和理学的弥漫,服饰渐趋拘谨、保守,甚至还出现了诸如妇女缠足之类摧残肢体的陋习。

安徽省歙县城关许国牌坊

第三章　建筑与居住生活

居所是人类社会生活中必不可少的重要空间，也是人类改善环境、获取安全条件的必然结果。长期以来，我国各族人民在生产和生活实践中，有效利用自然条件，按照不同的民族传统和生活方式，彼此交融，互相影响，创造出无数风貌各异、经济适用的居住建筑。而用具则是人们对居住空间的进一步营造，渗透着审美和实用的观点，充分展现了我国古代劳动人民的智慧和才能。

第一节　构木为巢的启示

人类对居住场所的建造经历了一个漫长的发展演变过程。在民智未开的原始社会之初，人们不会从事生产，也不会建造住所，只能在大自然中寻找栖身之处，于是天然形成的岩洞便成为理想的选择对象。因为他们无须人力搭建即可遮风雨、避野兽，无疑是较为安全的庇护所。

从现今保存下来的古代岩洞资料来看，他们主要是地壳凝结时自然形成的山石空洞，这些岩洞构造坚固、分布广泛，时间跨度长达 100 万年左右。如早期有辽宁营口金牛山岩洞、湖北大冶石龙头岩洞、贵州黔西观音洞等，距今约 100 万年至 20 万年之间；中期有辽宁喀左鸽子洞、贵州桐梓岩灰洞等，距今约 20 万年至 4 万年之间；晚期有北京周口店龙骨山岩洞、河南安阳小南海岩洞、浙江建德乌龟洞等，距今约 4 万至 1 万年之间①。

原始人居住的岩洞式样千姿百态，空间大小各不相同，但这些经过选择的岩洞大多具有相似的环境条件，即空间相对较小，地势较高，临近水源，严实干燥等。尽管如此，岩洞仍然给人们带来许多不适合居住的困扰，如洞内常年不见阳光，温度较低；有的岩洞内部漏水，地面潮湿，无法抵御严冬。人们在岩洞之中居住了相当长的时间，为了生存下去，他们不断克服客观上的不利因素，逐步对居所加以改进。当人类发现如果走出岩洞，建造一个能进一步促进狩猎和集居的遮蔽所时，他们的生存条件将会大大改观，于是巢居诞生了。

如果说天然岩洞只是人类对自然环境的充分利用，那么巢居则是人类对自然环境改造的开始。所谓巢居，顾名思义是一种类似鸟巢的居住场所，它是原始人类将树干、枝叶、杂草等搭在树冠上建成的原始建筑。巢居是人类为了应对低洼地区的瘴气、毒虫及猛兽等各类侵害而采取的一种高架而居的生活方式，所以一般存在于热带和亚热带的森林内陆之地。在我国，主要分布在长江流域及其以南区域。但有人认为黄河流域也可能存在巢居，因为原始社会时期的黄河流域气候温和，有丰美的草原和繁茂的森林，所以巢居可能也是黄河流域先民的居住方式之一。

由于巢居的建筑材料是全木结构，至今无一实例幸存，所以只能在古文献中寻

① 中国科学院自然科学所主编：《中国古代建筑技术史》，科学出版社 1986 年版，第 7 页。

找关于这种居住方式的记载。《韩非子·五蠹》篇载:“上古之世,人民少而禽兽众,人民不胜禽兽虫蛇,有圣人作,构木为巢,以避众害,民而悦之,使王天下,号曰‘有巢氏’。”《庄子·盗跖篇》对巢居的功能、形式也有生动的描述:“古者禽兽多而人少,于是民者皆巢居以避之,昼拾橡栗,暮栖木上,故命之曰‘有巢氏’之民。”这些文献记载证实巢居确为远古先民的一种居住方式。

巢居的初始形式是单木巢居,即将树枝、藤草建在一株树冠之上,但随着这种形式的普及,人们很快发现单木巢居存在诸多局限,如居住面积无法自由选择、巢居整体稳定性差等等。为了克服上述弱点,人们便设法将巢居搭在相邻的几棵树上,是为多木巢居,这种方法增大了居住面积,也加强了巢居的稳定性能,无疑是人类居住方式的一大进步。和单木巢居一样,多木巢居也无实物遗留至今,但在河南洛阳发现了一座近代的“看青棚子”,是由相邻的四棵树搭建而成的一个平面矩形的三角棚,以树枝、木条做其骨架,茅草覆顶,原始多木的巢居方式由此可窥一斑。

不管是单木巢居还是多木巢居,都是简单粗陋的住所,而且必须依赖树林方能建成。随着人类逐步从古人向新人、现代人进化,居住地也从森林内陆向平原湖泊迁徙,人类对居住条件提出了新的更高的要求。受巢居的启发,原始人类用木桩代替树干插入地下,创建了干栏式房屋,从而使人类摆脱了对天然空间的依赖,可以较为自由地选择建筑地点,或傍山而筑,或临水而居。如云、贵、粤一带,地势多有起伏,古史载窦州民俗“悉以高栏为舍,号曰‘干栏’”①。直至今日,在云南西双版纳森林地区仍然存在干栏式建筑。此外,在靠近湖泊、河流的平洼地区,居民为了汲水方便,多将木桩打入水浸的岸边,甚至直接打入浅水之中。如浙江余姚河姆渡发掘出的干栏式建筑遗迹,柱桩布于地下,上铺木板远离地面,以防潮防湿。从遗址中残存排桩推测,这些早期的干栏式房屋长度在25米以上,其结构和梁、柱等构件交接的榫卯构造相当复杂,和近代民居基本相同。到新石器晚期,这类干栏式建筑已基本取代巢居,但有一些偏远的少数民族地区直到南北朝时仍有巢居存在,《魏书·僚传》、《通典·边防典》、《周书·异域传·僚传》均有类似记载。僚人的住宅“依树积木以居其上,名曰‘干栏’,干栏大小,随其家口而定”。虽然史书将其称为干栏,而实为巢居,因为此类住宅“依树积木”,而非立桩悬空建造;又据“干栏大小,随其家口”判断,此巢一定是多木巢居,因多木巢居可以相对自由地决定居住面积的大小,单木巢居则不可。

关于巢居与干栏式房屋的作用,在我国古籍中多有记载,大致有三:一可避瘴气及毒虫,如《太平寰宇记》卷一六一载岭南道贺州风俗云:“俗多构木为巢,以避

① [北宋]乐史:《太平寰宇记》卷163。窦州,约今广东信宜县境。

瘴气。"《新唐书·南蛮·南平獠传》也载:"山有毒草、沙风、蝮蛇,人楼居,梯尔上,名曰'干栏'。"二可避猛兽,如宋人范成大《桂海虞衡志》及宋人周去非《岭外代答》卷四"巢居"条都提到"地多虎狼,不尔,则人畜俱不安"。三可避鬼怪,巢居乃是出于某种禁忌,如宋末辅溪蛮业称"仡佬以鬼禁,所居不着地"。正因为具备上述几点作用,才使得干栏式建筑能延续下来直至今日。

从单木巢居到多木巢居再到干栏式房屋,这一发展演变是缓慢的,有时存在两种或三种形式并存的情况,或有时因某些地区地理环境的改变和民族的迁徙,无法向前延续,但从整个纵向的发展趋势来看,大致是循着这个规律演变的。

巢居的发展演变固然使人类居住空间变得更科学、更文明,但它并不是惟一的居住方式。巢居大都筑在低洼潮湿之地,有其局限性,因而在干燥高亢之处,先民们创造了另一种形式的住所——穴居,此即《孟子·滕文公》所载"下者为巢,上者为营穴"。晋人张华《博物志》卷一《五方人民》也载:"南越巢居,北朔穴居,避寒暑也。"这些都证明巢居和穴居几乎是同时并存的两种居住形式。最早的穴居是人类直接模仿天然洞窟的结果,如在我国北方的黄土断崖上挖掘横穴,就属于这种情况。后来又在地下挖掘口小膛大的袋形洞穴,即竖穴。这竖穴逐渐发展为半穴居,直至形成地面建筑。关于原始穴居的材料,考古发掘也有很多,如西安市附近的半坡村遗址便展示了六千年前的人们由半穴居发展为地面建筑的过程。原始穴居和巢居都是人类"利用天然空间,经过适当加工,作为避风雨、避群害的栖息之所"。它们是原始建筑发生的两大渊源,共同开创了人类社会生活史的新篇章,近万年来充分展示人类智慧的建筑活动由此拉开帷幕。

第二节　城市·宫殿

城市的初始形态当为原始聚落。在旧石器时代,原始人的生活方式须依当时所处的生态系统而定,加上极其低下的生产技术水平,他们只能栖身于天然的岩洞或树上的巢穴。这种松散的组织方式决定了作为人文景观主体的聚落与建筑还不大可能在当时出现。到了新石器时代,有了较先进的磨制工具,逐水土而居的农耕氏族社会已初具雏形,于是原始聚落这一人文景观也随农业的发展而出现了。当时,我国境内原始聚落最发达的地区位于黄河中上游及其周边地区,以渭水流域和伊、洛水流域为中心。距今 8000~4000 年前的仰韶文化聚落,在渭水平原上分布最集中，达到平均每千平方公里约 6.5 处，在伊、洛水平原及晋南平原上也达到每千平方公里约 2～8 处，而其他地区达到这一分布比例的则不到一处①。原始聚落经历了从母系聚落向父系聚落的演变，在反映父系氏族聚落形态的山东章丘龙山城子崖遗址中，发现了一处距今约 4400～3900 年的夯筑防御墙残迹。尽管它还不能等同于后来的“城市”，却标志着“城”的出现。正如《礼记·礼运》上说：“今大道既隐，天下为家，各亲其亲，各子其子，货力为己，大人世及以为礼，城郭沟池以为固。”这段话为父系氏族聚落家族制、私有化及“城”的产生提供了一条社会学的注解。

在原始聚落的发展中，氏族制度逐步走向解体。到夏商时期，城市便在一些原始聚落的中心发展起来。根据《吴越春秋》记载的传说，夏禹的父亲鲧“筑城以卫居，造郭以居人，此城郭之始也”。另外，考古发现和文献记载都说明夏朝的都城曾多次迁徙，如登封王城岗城堡遗址就可能与之有关，其时间跨度大约从龙山晚期直到夏商时代②。至于商朝都城，在《诗·商颂》中有“商邑翼翼，四方之极”的说法。“邑”字，出现于甲骨文中，可能是护城河与守卫者的象形，表达的含义即从原始聚落中心演变而成的“城”。“四方”一类的词，描述的正是商邑的空间位置。

西周灭商后，定都关中的丰、镐，建造东都洛邑，并筑王城和成周二城。究竟西周的城市与建筑形态如何，目前仍缺乏确凿的实物资料，但是从农耕经济的角度推测，西周的国都可能是以井田制为基础的③。《考工记·匠人》中有关于这一制度的周朝理想王城模式的记载：“匠人营国，方九里，旁三门，国中九经九纬，经涂九轨，左祖右社，面朝后市，市朝一夫。”“国”即王室所在邑，所辖范围也包括四郊的“野”。“一夫”在井田制的量度单位中约为百步，则九夫为三百步见方的“井”。“方九里”的王城有九井的边长，每面各有三座城门，东西南北各三条干道经纬交织，与城门相通，一道三涂，一涂九轨。宫城居中，其前方东侧为宗庙，西侧为社坛，北面是市场。从“市”这一商品交换场所的设置来看，周朝的“国”，是具有经济意义的“城市”的开始④。

东周列国的都城是当时的诸侯邑，有城郭之分，并且进行了高台宫室、冶铸、居住等功能分区。从现已发掘的遗址来看，东周的诸侯城多属战国时期诸侯国都城。如现知最大的东周诸侯都城址燕下都（今河北易县境内），具备内城外郭的形制，

---

① 严文明：《仰韶文化研究》，文物出版社 1989 年版，第 224～225 页。

② 董琦：《王城岗城堡遗址分析》，《文物》1984 年第 11 期。

③ 贺业钜：《考工记营国制度研究》，中国建筑工业出版社 1985 年版，第 39 页。

④ 常青：《中华文化通志·建筑志》，上海人民出版社 1998 年版，第 19 页。

冶炼坛位于城西，墓葬区分布在西北角，居住区则在城南郊。燕下都的建造形制与西周王城制度有了较大差别。

秦灭六国，结束了诸侯割据，建立了统一中央集权国家。至汉代，社会经济、文化日益繁荣，砖瓦技术进步，建筑木结构日趋成熟，城市建设也迈进了一个繁荣的时代。至武帝时，国力强盛，于是大兴土木，增开城门，扩建都城长安。长安的布局因地形和军事防御的要求而定。主要的宫室、官署建在城南向阳的高地上，商业区和民居则集中于城北的低地，城南分布着规模巨大的郊祀、坛场等礼制建筑，功能分区较为明确。长安城还拥有一套有池有渠的完整的城市供水系统。武帝元狩三年（公元前120年）开凿昆明池，从西至东横贯全城。此外，汉代实行"强干弱枝"政策，笼络各地富豪迁至长安城附近的陵邑居住，各邑数万户不等，类似于今天大城市周遭的卫星集镇，构成长安城市规划的又一鲜明特点。

西汉末年长安毁于战乱之中，东汉迁都洛阳，据《续汉书·郡国志》载，洛阳城"南北九里十七步，东西六里十步"，其周长约合今14公里。与西汉长安相比，东汉洛阳的规模与气势均远不能及。但洛阳城呈长方形，其形制较长安规整。洛阳城分区更为明确，宫室居中，集中在城的中轴线上，闾里在左右，东、西、南均设有市的场所，郊坛位于城南。合理的功能划分，有利于城市经济的繁荣与发展，而且与长安相比，洛阳的宫室建筑面积较少，有利于资源的有效利用。

魏晋南北朝时期战乱频仍，城市建设也随之兴废更迭。隋文帝开皇元年（581年），杨坚称帝，令宇文恺在长安故城东南约30里处主持另建新都大兴城。全城分为108个里坊，14条纵街南北并列，11条横街东西平行，东西两个大市场，总人口几近百万。至唐开国，大兴城改名为长安，城市贸易进一步规范，东、西市中心开设市局和平准局等市场管理机构。唐长安的城市制度与布局不仅为我国以后历代城市规划建设所效法，也成为当时一些新兴城市建设和旧城改建的典范，如兰州、幽州等城的布局即以此为依据。隋唐时期，中日文化交流频繁，公元7~8世纪日本的藤原京、平安京等规划体制，都受到长安城的影响。

秦汉以来，宫城多偏于都城一侧，至少有一面城墙与都城城郭合而为一或十分接近，这种城池形制到北宋有了改变。北宋都汴梁，共有三重城，即外廓的罗城、里城及内城的宫城，宫城居中，三重城相环套，这种城市布局是我国古代城市建设发展史上的一块里程碑，元、明、清三代与其一脉相承。

宋代商贸发达，取消了实行宵禁的里坊制，汴梁80余坊被分置于八厢的管理之下，即"厢坊制"。坊内店肆分设道路两旁，商业街连厢穿坊。汴梁极盛时人口达150万，其中，商人不下10万人。夜市喧闹，称"鬼市子"。城市酒楼、杂艺娱乐场所50余处，时称"瓦子"或"瓦肆"、"瓦舍"。城区的繁华还延伸至四周郊区，称为“关厢”。

靖康之难后，宋室南迁，建立南宋政权，在吴越故地上扩建临时都城，即临安（今杭州）。城内仍旧实行“厢坊制”，全城划分为8厢68坊，市场沿运河遍布城内外，商业景观与汴梁极为相似。因临安气候宜人，且濒临西湖，风景如画，吸引皇室及众多显贵在湖畔建造园林馆宅，使临安城成为山水之都。

明初定都于南京，“靖难之变”后迁往北京，并将北京城在元大都基础上加以扩建和改造。明清北京城承袭宋、金、元制度，都城、皇城与宫城层层相套。明嘉靖三十二（1553年）城南加建一道外城，手工业区和商业区被纳入城内加以保护。

北京城的街道布局建立在元大都的街坊基础之上，几条纵横的主干道把城市划分为若干街巷（胡同）居住区，大小不等的居住建筑与商业、手工业建筑群坐落在街巷之间。一些重要街巷的十字路交叉口处，往往矗立高大的牌楼。这些牌楼既充当空间指向的标志，又是街头的点缀和装饰，气派豪华，体现了浓郁的宫式建筑风格。城内贸易繁荣，一百多个行业分布于街巷中。许多街巷的名字，便以所经营的商品命名的，如米市大街、猪市大街、琉璃厂、鲜鱼口、磁器口等等。北京城保留了汉唐以来集中市场的遗风，有几处相对集中的贸易中心如东四、西四、鼓楼等繁华至今。北京城中的建筑分布，除了皇宫以外，民间以四合院为主要居住形式。这些四合院遍布北京城的大小街巷，构成明清北京城特有的生活背景。

中国古代城市的规划基本体现了以宫室为主体的思想。作为供人们居住的场所，上古巢居、穴居时代，“宫”之于“室”并无特殊意义，据《尔雅·释宫》注：宫、室二字“皆所以通古今之异语，同实而两名。宫，穹也，言屋见于垣上，穹崇然也。室，实也，言人物实满于中也。古者，贵贱所居皆得称宫。礼记曰：由命士以上，父子皆异宫，又丧服传继，夫为前妻前夫亡子筑宫庙。是士庶人皆有宫称出。至秦、汉以来，乃定为至尊之所居之称”。可见，随着社会阶级的分化，宫殿才逐渐远离普通人群，成为王权政治的象征。它们耗费了大量的人力、物力和财力，集中体现了一定历史时期古代人民建筑技术的最高水平。

关于夏商时期的宫室建筑，古文献有“夏后氏世室”的记载。“世”当作“太”字解，意为“大”。所谓“世室”就是大房间，即一座大房内部又建有堂、室、旁、夹等各具功能的房间，基本上是“前堂后室”的格局，后来便发展成为帝王宫殿“前朝后寝”的制度。至商朝，奴隶制度有了很大发展，宫室建筑比较普遍。据《史记·殷本纪》载，殷纣王曾多次下令修建宫殿，朝歌至邯郸沿途数百里都有纣王的离宫别馆。从考古发现来看,迄今所知最古老的宫室建筑遗址是河南偃师二里头遗址①。宫殿建于方形夯土台之上,四周廊庑环绕,构造极其简单。虽然殷墟遗址已表明商代宫室较之于夏代有一定发展,但无论文献记载还是考古发现,都与传说中夏桀璇室、殷纣倾宫的华美壮丽相去甚远。

由于上古三代直至秦汉时期木构技术并不发达,帝王们对宫殿崇高和“大壮”方面的要求,只能通过台榭的营造来满足。《周书·泰誓上》曰:“土高曰台,有木曰榭。”一般认为,东周至秦汉是高台建筑发展的兴盛期。传说楚有九重之台,正如《老子·道德经》载:“九层之台,起于累土。”另据实物资料显示,斗拱技术在春秋战国时期基本成型,如战国中山墓葬出土的铜案支架和山东淄郎家园1号出土的春秋末期漆器上,都可见到实物形象。而且,从战国铜器上的台榭建筑图像可以推断,战国时代的宫室已经具备了后世殿堂楼阁建筑艺术的基本特征。商周是中国宫殿建筑发展史上的重要时期,不仅在于技术上的承先启后,还因为历代王室遵循的朝寝之制即宫室制度,其基础就是在西周奠定的。后世大朝、常朝、日朝“三朝”排列方式的演变,反映的就是对宫室周制的演绎和附会。

台榭建筑在秦汉宫殿中继续盛行,而且无论在尺度上还是规模上都有超过前代的迹象。史书记载:“秦起咸阳,而西至雍,离宫三百,钟鼓帷帐不移而具。又为阿房前殿,殿高数十仞,东西五里,南北千步。从车罗骑,四马骛驰,旌旗不桡,为宫室之丽至于此,使其后世曾不得聚庐而讬处焉。”②阿房宫始建于秦惠王时期,始皇扩建,其前殿遗址位于西安阿房村西南,是巨大的长方形夯土台。“东西五百步,南北五十丈,上可以坐万人,下可以建五丈旗。周驰为阁道,自殿下直抵南山。表南山之颠以为阙。为复道,自阿房渡渭,属之咸阳,以象天极阁道绝汉抵营室也”③,其规模堪称商周以来最大的台榭建筑。

汉代宫殿大致如秦宫,即西汉张衡《西京赋》所言“览秦制,跨周法”,但与前代相比,更崇尚外观的华丽壮美。东汉班固《西都赋》对长安宫如是描绘:“体象乎天地,经纬乎阴阳,据坤灵之正位,仿太紫之圆方。树中天之华阙,丰冠山之朱堂。因瑰材而究奇,抗应龙之虹梁。”其奢靡可见一斑。东汉时起,由于社会稳定程度和财力均不及西汉,因而宫殿的数量和规模均逊于西汉,而且宫殿的高台形制也由此发生变化,表现为台的高度有所降低,不再固守以往台榭式宫殿的尺度与比例。

---

① 关于二里头宫殿遗址的所属问题,目前有两种观点:一说基本属于夏朝,又一说则认为其晚期应为商初成汤的亳都。

② 《汉书》卷51《贾山传》。

③ 《史记》卷6《秦始皇本纪》。

东汉末年，曹魏建都邺城，将宫城分为两部分，西部为朝廷所在，东部是曹魏内朝听政殿的前部，也即魏晋以后的宰相衙门所在①。黄初元年(220年)，曹丕接受汉献帝禅让，自邺迁都洛阳，初营洛阳宫。至明帝时开始大兴土木，建前朝太极殿。青龙三年(235年)，又在东西两侧建东西堂，前部两侧各有钟楼和鼓楼，魏晋南北朝宫室建筑的"东西堂制"肇始于此②。自曹魏洛阳至南朝建康，虽然其间难免增损变化，但整个宫廷建筑的格局实为一脉相承，甚至连北魏孝文帝为适应汉化的需要，也于太和十六年(492年)拆毁平成宫的太华殿，而仿造魏晋太极殿。

隋唐倾全国之力，在长安城内营造了壮观的宫殿建筑群。隋文帝开皇二年(582年)始建大兴宫，唐朝时更名为太极宫，位置居中。贞观八年(634年)，修筑大明宫，位居东北。开元二年(714年)建兴庆宫，置于东南。此三座皇宫，合称"三大内"。除了兴庆宫没有统一的中轴线，为不规则布局以外，其他二宫均为纵列的宫殿建筑组群。其中，大明宫沿南北中轴线纵列大朝含元殿、日朝宣政殿和常朝紫宸殿。含元殿堪称唐代最雄伟壮丽的宫殿建筑，它利用龙首山作殿基，平面铺展居高临下，左右两侧建翔鸾、栖凤两座门阙式楼阁，并有曲廊与大殿相连，气势恢宏，蔚为壮观。王维的诗句"九天阊阖开宫殿，万国衣冠拜冕旒"，生动描述了当年的盛况。此外，对于含元殿的文献记载也有很多。如唐人李华《含元殿赋》、宋人程大昌《雍录》中提到的"龙尾道"，经考古发掘初步证实，就是沿着翔鸾、栖凤两阁边墙蜿蜒而上的③。值得注意的是，唐朝"三朝"纵列的宫廷格局，改变了魏晋南北朝以来的"东西堂制"，对后代宫殿布局产生深远的影响。

至宋朝，宫殿制度上承隋唐，下启元明清。东京汴梁和西京洛阳的宫殿均刻意模仿旧制，被称为"复古的宋宫"。元大都宫殿折中与拼合了多民族的建筑风格，但其原形究竟如何，这是中国古代建筑史研究的一项重要内容，并取得了很大进展④。至今保存较为完整的只有明清两代的宫殿(现称故宫)，位于北京城中轴线的中心位置，向世人显示了至高无上的皇权和惟我独尊的思想，规划设计集历代宫室制度之大全，全面复兴和发展了《周礼》的朝寝制度。目前可见的故宫分为中、东、西三路建筑组群，各种服务性的房屋建筑分布其间，整个故宫雄伟壮丽而又不失精致与秀美。

---

① 这种体现宰相分权的宫城制度，是汉代已有，抑或始于魏晋，目前尚无定论。

② 刘敦桢：《东西堂史料》，《中国营造学社汇刊》5卷第2期，1934年。

③ 中国社会科学院考古所西安唐城工作队：《唐大明宫含元殿1995～1996年发掘报告》，《考古学报》1997年第3期。

④ 傅熹年：《元大都宫殿复原研究》，《考古学报》1993年第1期。

我国古代宫殿建筑体现的是皇权的尊贵，所以它们的建筑艺术风格都尽力表现其外观上的雄壮与华丽。如汉初萧何为汉高祖营造长安宫时便说："天子以四海为家，非壮丽亡（无）以重威。"在表现手法上也注重"高"和"深"，辅以彩绘、雕饰，使宫殿金碧辉煌。此外，宫殿与园林相结合，是古代宫殿建筑的又一鲜明特点。为满足封建帝王享乐之需，宫中常有园林建筑，或另建离宫别苑，其规模与豪华程度甚至不亚于皇宫。

第三节　官衙·住宅

中国古代的官衙、住宅与宫室原本属于同一范畴，都是从原始聚落的穴居和巢居演变而来。但从秦汉起，宫室之称专属皇家，从公卿士大夫到普通百姓的居所只能被称为"府邸"、"宅舍"、"民居"、"家"等。由于缺乏实物遗留，对于明清以前的古民居进行考察，除了文献记载和考古发掘以外，主要借助于古代图画中的形象资料。如清人张惠言的《仪礼图》中，绘有一座春秋士大夫的官宅，南北向，大门三间，中央明间为门道，左右各有一次间，为东塾、西塾；门内有宽敞的庭院，上方为堂，是生活起居、接待宾客和举行仪式的地方；堂的左右为东厢、西厢，堂后为寝。这种由门、塾、堂、厢、寝等组成的住宅，一直相沿至汉代无大变化。

从汉代起，留存下来的形象资料逐渐丰富起来。川、陕、甘等地汉墓中出土的画像砖、石刻和陶制明器房屋，形象地再现了当时城乡诸多居住形态。中国古代木构建筑的三种基本结构类型，即抬梁式、穿斗式和井干式已经较为普遍地被运用于当时的住宅建造。木楼阁在汉代民居中已相当盛行，在出土的东汉明器上，发现了大量带彩釉的陶楼，呈方形，并逐层收分。在东汉末年的战乱中，不少豪族纷纷筑起寨堡以拥兵自卫。比如有个叫樊宏的，"与宗家亲属作营堑自守，老弱归之者千余家"，"其所起庐舍皆有重堂高阁，陂渠灌注"①。汉代居所建筑的形制与技艺，对后世影响甚大。近代以来的关陇平原上仍可见寨堡式的乡土住宅，皆围墙高耸，布局方整，俨然汉代寨堡的遗风。

南北朝时期，北方贵族宅第在石刻中有所表现。大门为庑殿式顶，装饰华丽。围墙上有连排直棂窗，内侧有廊，环绕庭院。一宅之中可有几组回廊环绕的庭院及

---

① 《后汉书》卷32《樊宏传》。

厅堂,以作不同用途。在360多年的大混乱时代里,构筑私家园林成为一种时尚。私家园林初现于汉代,但那时并不多见。魏晋时期部分文人士大夫追求精神上的解脱,他们遁世超脱,过隐逸的生活,在居住文化上则融注自然山水情趣,移自然山水于家门之内。这样,具有鲜明文人化倾向的私家园林便应运而生了。文人盘桓于园林之中,吟发山水之诗,从而使诗歌与园林相生相发。北魏人杨衒之《洛阳伽蓝记》卷二《城东·正始寺》对北魏张伦的私家园林描述道:“重岩复岭,嵚崟相属,深溪洞壑,逦逶连接。高林巨树,足使日月蔽焉。悬葛垂萝,能令风烟出入。崎岖石路,似壅而通;峥嵘涧道,盘纡复直。”表明当时的造园艺术,已经达到相当高的水平。

隋唐五代的居所,至今未见实物留存,但可以从敦煌壁画和其他绘画材料中获得形象资料。这一时期贵族宅第采用乌头门作为大门,有的还建成单阙城门式的门楼。宅院之内,两座主要房屋之间以直棂窗连接成四合院。虽然有的房屋位置并不完全对称,但也用回廊组成庭院。普通住宅一般不用回廊,而是用房屋组成四合院,其简洁紧凑的布局与富宅廊院的雍容疏朗形成鲜明对比。

隋唐五代继承南北朝时的风尚,在私宅附近建造假山池院或私家园林,还有的在郊外营建别墅(当时多称为“别业”)。唐代由于山水画和山水田园诗的兴起,士大夫阶层中的文人、画家往往将其思想融入“诗情画意”之中。所以,这一时期私家园林的构筑多以“诗情”或“画意”为造园的精髓。别墅的建造多选在有闲情野趣的山间或湖滨,房屋力求古朴自然,和周围环境和谐一致。如官僚兼诗人的白居易暮年在洛阳扬氏旧宅修建的园林,共占地17亩,以岛、树、桥、路相间,整个园林布局以水竹为主,采用划分景区和借景的造园手法,十分雅静①。

宋元以来绘画形象资料更为丰富,宋人张择端《清明上河图》即向后人展现了从农村草舍到城市瓦屋的多种居住形式。其中,城市住宅有门屋、厅堂、廊、庑,组成四合院的布局②。屋顶基本采用歇山和悬山式,并附加引檐、出厦,增设天窗、梁架、栏杆,静中有动,美观实用。时人还重视绿化和美化居所环境,院内院外莳花植柳。这种住宅庭院的园林化,使园林与居住的结合更趋紧密,对后世也有深远影响,在江南地区及东南沿海一带保存的明清住宅即明显表现了这种宋代遗风。元代是一个承前启后的时代。永乐宫壁画和北京后英房遗址的考古发现表明,由宋金对峙形成的南北风格的差异,至元代已与明清所见无大区别。

我国古代先民长期以来对生活环境的选择非常慎重。住所一般坐北朝南,这

---

① 陈平:《雕梁画栋——古代居住文化》,江苏古籍出版社2002年版,第183页。

② 《中国建筑史》组编写:《中国建筑史》,中国建筑工业出版社1983年版,第118页。

样做最初是为了生存需要，便于充分利用阳光。但到后来，人们发现“室大则多阴，台高则多阳，多阴则蹶，多阳则痿，此阴阳不适之患也”①。是故托身立命的住宅只能建在阴阳平衡的场所，将这种理念用术数的形式表达和操作，即风水术。明万历年间的《鲁班经匠家镜》钞本中就有将罗盘用于风水定位的记载。风水理论认为，凡是理想的居住环境必含有一种依山傍水、藏风纳气的风水图式，即其中有朝向吉祥的山峰——龙脉，两侧一大一小两座山头拱抱，称为“上砂”和“下砂”，山前必有水流经过，即“水界”，近为案山，远为朝山，均与“龙脉”成遥相呼应之势，住宅基址便选在山水之间。正如晋人郭璞《葬书》所云：“生气随支垅体质流行，滔滔而去，非水界则莫之能至。及其止也，必得城郭完密，前后左右环围，然后能藏风，而不致有荡散之患。”人们把自己和后世子孙的命运、愿望以及一定的视觉和心理上的平衡感，寄托在这一风水图式之中，历经千年而大体不变，成为中国传统居住习俗的重要组成部分。

第四节　张设·家具

中国古代的张设与家具自新石器时代起直至19世纪，绵延数千年，涉及人们生活的方方面面。按其用途，大致可分为卧类的床、榻，坐类的椅、凳、墩，置物类的几、案、桌，储藏类的箱、柜、橱，支架类的衣架、巾架、镜架、盆架、灯架以及屏蔽类的屏风等等。众多种类从拙朴到精美，与历代的政治、经济紧密相连，也与不同时期的生活习俗息息相关。

在漫长的石器时代，人类赖以生存与发展的武器、工具都离不开石器。开始人们将捕获的猎物直接放在地面上操作，后来为了更加方便操作，人们学会将猎物置于天然石板或由石块堆成的台子上，这可以算是原始家具的雏形。除石器外，原始人类还学会对木材进行加工。人们在距今7000多年前的浙江余姚河姆渡遗址便发现了纺轮、槌、木耜等工具，而且当时盛行干栏式建筑，因为遗址中发现了许多带榫卯的木构件。这些逐渐成熟的原始木工技术，为居室陈设与家具的制造提供了工艺技术条件。

另外，手工业逐渐从农业中分离出来，也为家具的出现打下了基础。在山西襄

① 《吕氏春秋·重己篇》。

汾县的陶寺遗址中，考古发掘了距今4000多年前的彩绘木器家具，有案、俎、几、匣等，是目前我国发现最早的木质家具。《韩非子·十过》载："尧禅天下，虞舜受之，作为食器，斩山林而财之，削、锯修其迹，流漆墨其上，输之于宫以为食器。……舜禅天下，而传之于禹。禹作为祭器，墨染其外而朱画其内，缦帛为茵，蒋席颇缘，觞酌有彩而樽俎有饰。"陶寺大批木器的出土，为上述传说提供了一个佐证。这时期漆制日用器皿的出现，为我国古代木质髹漆家具的出现和漆木家具的制作提供了外部条件。

随着生产力的提高，原始人类积累了众多房屋的营造经验。通过对河姆渡木构建筑遗迹的发掘，当时室内地板已铺设芦席、兽皮等物。在半坡和庙底沟新石器遗址出土的陶器上，也发现过印有编织的席纹。原始编织业为地面铺垫物的制作准备了物质上和技术上的条件，这些铺设于地板之上的兽皮和植物编织物，也成为后代人们必备的室内家具之一——"席"的前身。当时的人们席地而坐，将陶器等器皿放在地面上使用，席地而坐的习俗由此在中国历史上延续很长时间。总之，原始社会成为我国古典家居陈设的源头。

商周时期，由于生产力提高，石制工具逐步被青铜工具所代替。社会经济特别是手工业的发达，为家具制作业提供了广阔的物质基础。这时期的家具以青铜器质地的置物类俎、禁为主，其中，俎是先秦贵族宴享、祭祀时陈放牲体之用，类似几形，也是切肉用的案子。祭祀时，常与鼎、豆配套使用。俎的造型对称规整，主要用庄重的直线来服从祭祀的要求。禁是先秦贵族祭祀、宴享时陈放食器、酒器的案形置物类家具。《仪礼·士冠礼》曰："两甒，有禁"，郑玄注："禁，承尊之器也，名之为禁者，因为酒戒也。"禁的形象代表着后世橱柜、箱等类型的家具。

商周时期的漆木镶嵌家具也崭露头角。西周漆器已成为一种新兴的手工业，从考古发掘资料看，其特点是用镶嵌蚌壳作装饰，即用贝壳或螺蛳壳作材料，制成各种形象镶嵌在雕镂或髹漆器物表面，使其具有天然彩色光泽。这种用蚌泡作镶嵌的装饰技法，也称螺钿或螺甸，成为后代漆器中螺钿的前身。北京琉璃河燕国西周墓地出土的髹漆木俎，蚌泡和蚌片镶嵌其外表。蚌饰经过磨制，大多是不足2毫米的薄片，镶嵌的图案精美、工艺细致①。

春秋战国时期的家具工艺进入一个新的阶段，家具品类不断增多并且有所创新。这时期青铜家具已逐渐失去祭祀和礼器的功能，而是向生活日用功能方面发展。除了禁、俎等传统品种外，青铜案作为一个新的品种出现了。在制作方法上，由商周时期的浑铸发展为分铸，还采用焊接、蜡模、镶嵌等新工艺，增强了青铜器的

① 殷玮璋：《记北京琉璃河遗址出土的西周漆器》，《考古》1984年第5期。

艺术效果。

春秋战国时期漆器工艺也有突飞猛进的发展，在中国历史上出现了第一次空前繁荣。与青铜器相比，漆器耐热、防腐、轻便，并且造型丰富、光泽绚丽，因而漆木家具逐渐取代了青铜家具。当时漆器的生产以南方的楚国最为发达。楚地气候温和、山林茂密，盛产漆树和木材，这些优越的自然条件使楚地髹漆木器工艺得到长足发展。另外，楚人在接受北方中原先进文化包括青铜文化影响的同时，充分吸收自身文化的积极因素，包括南方蛮夷文化，不断推陈出新，这两方面的有利条件使楚地漆木家具艺术在中国先秦时期的艺术史中占有一席之地。从近年考古发掘5000余座楚墓的出土情况来看，其中有千余座墓出土了漆器，楚式俎、漆案、漆几及其他品类的漆器均有发现。其中，漆案按其面板的形状分有正方形、长方形和圆形等多种式样，其功能主要是在案上放置盛满食物的食具。“几”在先秦文献中有所记载，如《周礼·春官宗伯·司几筵》记载先秦的礼仪活动中有“五几”之制，即在不同场合以五席与玉岂、雕几、彤几、漆几、素几五种“几”搭配使用。近年来已有学者对春秋战国时期楚墓中出土的漆几进行过统计，并对这五种几从装饰、绘色上进行了区别①。楚墓中还出土了目前所见最早和最完整的屏风精品，说明到春秋战国时期屏风的使用已相当广泛。屏风最初是室内挡风和遮蔽的用具，西周初期称其为“邸”或“扆”。扆，斧扆，是专指御座后的屏风。《仪礼·觐礼》载：“天子设斧依于户牖之间。”郑玄注曰：“依，如今绨素屏风也，有绣斧纹所示威也。”《周礼·掌次》也载：“设皇邸”，郑玄注：“邸，后板也。”后板便是设于天子座后的屏风。随着屏风的普遍使用，种类也不断增多，春秋战国时期出现了精致华丽的座屏，主要是为房间装饰和观赏之用。例如1965年湖北望山1号战国楚墓出土一件彩绘木雕小座屏，通体黑漆为底，并以朱红、灰绿等漆彩绘雕刻其上的风、雀、鹿、蛙、蛇等动物图案，形态逼真，凸显出了精湛的雕刻技巧和工艺水平。

楚墓中还发现了我国最早的床。河南信阳楚墓出土的战国中期彩漆木床和湖北包山楚墓出土的战国晚期的折叠床，是我国迄今为止出土最早的卧具。两架床的造型大致相同，由床身、床栏和床足组成，床框髹黑漆，朱漆绘回纹。湖北包山出土的折叠床，铰接和榫接均十分精致。春秋战国时期的家具以楚式漆家具为典型代表，所以有的学者便提出“楚式家具”这一概念。这时期的家具实物资料主要出自楚系墓葬之中，其精良的制作工艺，代表着先秦家具的艺术水平，是形成我国漆木家具体系的主要源头。在家具的装饰上，采用多种雕刻手法与彩绘相结合。特别是望山1号墓出土的雕刻座屏，采用圆雕和浮雕手法，在长51.8厘米、高15厘

① 王育成：《楚“几”研究——从包山二号楚墓拱形足几谈起》，《中国历史博物馆馆刊》，1993年。

米的框内镂刻50多种动物形象，开启后世雕刻家具的先河。

秦统治时间较短，从秦始皇陵出土的陶俑、湖北云梦睡虎地秦墓及江陵杨家135号秦墓出土的大批漆器可以推测当时家具品种的繁多和工艺的丰富。至汉代，由于国势强盛，家具艺术在继承春秋战国时期家具艺术的基础上获得了长足发展，其特点可以概括为三方面：一是品类繁多。汉代低矮家具品种比先秦更为齐全，出现许多新的品种，形成了完整的组合式家具系列，根据不同场合供人席地起居之用。如长沙马王堆汉墓便出土了大量精美的漆器家具和竹木家具，它们在用材、结构、制作以及功能设计等方面，均具有独特的工艺特征。如3号墓出土的活动性漆几，足以表现汉代工匠高超的榫卯技术。汉代屏风使用更为普遍，富豪之家凡厅堂居室必设屏风。由于其使用的广泛性，所以品类繁多。若按质地可分为雕镂木屏风、玉石屏风、琉璃屏风、绢素屏风等等。汉代描述屏风的文献记载很多，如《史记·孟尝君传》："孟尝君待客坐语，而屏风后常有侍史，主记君所与客语。"马王堆1号墓的遗策中也记有"木五菜（彩）画并（屏）风一，长五尺，高三尺"。

汉代家具的第二个特点是分工细密。汉代是继战国以来漆家具的又一个鼎盛时期，家具质地以髹漆木质家具为主，具有轻便、耐用、美观的特点。《东观汉记·梁鸿传》载："梁鸿适吴，依大家皋伯通庑下，为人赁舂。妻为具食，不敢于鸿前仰视，举案齐眉。"古人举案齐眉的可能性说明了当时食具面积不大，比较轻巧，便于托盘送食。由于漆木家具具有青铜家具所无可比拟的优点，贵族们不惜花费大量人力物力从事漆器家具的制作。《汉书·贡禹传》形容当时髹漆食具和家具"杯案尽文画金银饰"。这种制作工艺的华美细腻，源于工序的复杂严谨。汉武帝征服朝鲜北部时，曾设乐浪、贞番、临屯等郡。1933年从古乐浪郡出土几十件王光墓漆器，其中的铭文记载了当时漆器工匠的分工之细，有髹工、涂工、画工、雕工等。工序有选料、下料、安装、打光、抹灰、揩漆、打磨、复漆、纹饰等。其中，有条铭文载："始元二年，蜀西工长广成亟、向放护，工卒史胜，守史母弟啬夫索喜、佐胜髹工当，画工文造。"①汉墓出土的家具也充分证明了这一点，如马王堆墓出土的漆器家具都曾经过多次打磨、照漆后纹饰。另从贵州清镇、平坝出土的部分漆器上看，记有四川蜀郡、广汉郡官营工场所造的铭文，且比王光墓出土漆器上记载的工匠分工还要细致。正由于这种细密的分工，才导致汉代漆器家具的精美华丽。

汉代家具的第三个特点是装饰精美。汉代家具继承和发展了战国以来的装饰加工方法，髹漆家具仍以彩绘为主，雕刻与堆漆的手法也被广泛运用。除了这些传统的方法以外，汉代家具装饰工艺的新特点还注重综合利用金属、玉器、玳瑁、琉璃

① 沈福文：《谈漆器》，《文物参考资料》1957年第7期。

器、玛瑙等多种材料,使漆器显得分外华丽夺目。如河北定县43号墓出土的东汉双层雕镂玉座屏,由4件青玉片制成,其上透雕的神话传说,人物栩栩如生①。

三国两晋南北朝是中国历史上长期混战、民族大融合的时代,传统的礼俗遭到冲击,使家具制作工艺出现了新的风貌。这一时期的漆器生产虽不如汉代红火,但无论在品类或装饰上,漆器的制作技术均有新的发展,特别是"绿沉漆"这一新的装饰方法的出现,打破了传统漆器中以红、黑二色为基调的单一格局。所谓绿沉漆,就是使用一种较深沉的绿色髹漆家具的方法,从而丰富了漆器家具的调色装饰,增强了家具装饰婉雅秀逸的美学风格。如梁简文帝在《书案铭》中曾对绿沉漆书案描述道:"刻香镂彩,纤银卷足。照色黄金,回花青玉。漆华映紫,画制舒绿。性广知平,文雕非曲。"

这一时期出现了新风格的漆屏风。1966年,山西大同发掘了北魏早期一名官员司马金龙墓,出土5块漆画屏风,由榫卯联结而成,每块规格为80厘米×20厘米。其造型结构和装饰手法都反映了当时家具制作工艺的新风格、新水平②。

考古资料还显示魏晋时期出现了一种造型奇特的三足曲木抱腰凭几,《三国志》、《晋书》等文献中均有对这种形制的记载。对此,明人高濂《遵生八笺·起居安乐笺》云:"以怪树天生屈曲若环带之半者,为之。有横生三丫作足为奇,否则装足作几,置之榻上,倚手顿颡可卧。《书》云'隐几而卧'者,此也。"这种凭几的设计,符合力学原理,增强了凭几的稳固性。

魏晋时期由于西北民族大量进入中原,少数民族文化对汉人的起居习惯产生了影响,其中,影响较大的是"胡床"的传入。古代称北方少数民族为胡人,故名"胡床"。《资治通鉴》卷二四二《唐纪五十八》胡三省注"胡床":"以木交午为足,足前后皆施横木,平其底,使错之地而安;足之上端,其前后亦施横木而平其上,横木列窍以穿绳条,使之可坐。足交午处复为圆穿,贯之以铁。敛之可挟,放之可坐。"可见,胡床是一种交叉斜足简便的折叠坐具,和现代"床"的含义不同,有些文字作品中,写匈奴的单于和阏氏一起在"胡床"上就寝,实则大谬矣!之所以会产生这样的误解,是由于对中国古代床的特点和用途不够了解。其实在汉魏时期,床并不仅仅是用于睡眠的卧具,而是室内适于坐、卧乃至授徒、会客、宴饮等多用途的家具。所以西汉刘熙《释名·释床帐》说:"人所坐、卧曰床。床,装也,所以自装载也。"因此,对从域外传来的新式坐具,自然也就称之为"床"了③。因为胡床比当

---

① 定县博物馆:《河北定县43号汉墓发掘简报》,《文物》1973年第11期。

② 参见山西大同市博物馆:《山西大同石家寨北魏司马金龙墓》,《文物》1972年第1期。

③ 易水:《漫话胡床》,《文物》1982年第10期。

时的床、榻要高,汉人无法保持传统的跪坐,而是臀部坐在胡床上,脚垂直踏地。所以,胡床的传入对我国自先秦以来传统的席地而坐方式产生了一个冲击。

关于胡床传入的时间,较早见载于《后汉书·五行志》:“灵帝好胡服、胡帐、胡床、胡坐、胡饭、胡空侯、胡笛、胡舞,京都贵戚皆竞为之。”此时,不仅胡床进入中原,椅、凳等高型坐具也逐渐传入,这些均对汉人起居习惯的改变和家具形制的演化带来一定的影响。总之,三国两晋南北朝时期,中国出现了低型家具和高型家具并存的现象,从而成为中国古代家具发展史上一个上承两汉、下启隋唐的重要过渡时期。

隋代统治时间很短,保留下来的家具资料也较鲜见。在河南安阳发掘的开皇十五年(595 年)张盛墓中,发现一批白瓷烧制的桌、凳、几、椅、箱等家具模型,可谓隋代家具的写照。从其比例来看,高型家具仍带有低矮型家具的特点,反映了家具从低短向高型发展完善的过程①。

唐朝处于封建社会鼎盛时期,家具品类空前发展,高低并存。胡床(隋代改称“交床”)继续使用,自唐中期开始,其形制从单一的折叠交叉的坐具演变成有坐靠的交椅,也称为“逍遥坐”。这种改法是根据胡床的基本原理,再“施转关”,其“创意”的主要点,乃是坐时能靠背,所以才称为“逍遥坐”。这一改坐起来要舒适得多,也就是今天折叠躺椅的前身,因为有靠背,所以不再叫交床,而称为“交椅”②。但由于未见实物形象,所以大部分学者认为胡床发展成交椅当在宋代。

唐代家具一个显著的特点是:桌、椅等高型家具广泛使用。《诗经·鄘风·定之方中》曰:“树之榛栗,椅桐紫漆”,可见“椅”最初是一种树木的名称。魏晋时期,“椅子”在文献中称“绳床”,成为坐具。绳床是带靠背的高脚坐具,随佛教传入,供僧人使用,故又称“禅床”。绳床大量出现于唐代,因为它有靠背,可倚,所以逐渐有人称之为“倚床”。后来,“倚床”变成“倚子”,并与绳床有所区别。到唐末,“椅”子(不再指某种树木)正式出现。所以,“椅子”的演变轨迹应该是这样:绳床→倚床→倚子→椅子③。在陕西西安唐高元圭墓室壁画中出现了靠背扶手椅的造型,表明最迟在唐玄宗天宝十五载(756 年),靠背扶手椅这种新式高足坐具已在高级官员家中使用④。

桌子在这个时期被广泛用于生活之中,有方形和长条形,有的在腿之间加横

---

① 考古研究所安阳发掘队:《安阳隋张盛墓发掘记》,《考古》1959 年第 10 期。

② 朱大渭:《胡床、小床和椅子》,《文史知识》1989 年第 5 期。

③ 黄正建:《唐代的椅子与绳床》,《文物》1990 年第 7 期。

④ 贺梓城:《唐墓壁画》,《文物》1959 年第 8 期。

枨。如敦煌85窟唐代壁画中的庖厨图,有两张方桌,腿间无枨,一屠夫在桌面上切肉。从桌与屠夫的比例来看,其高度应与现代桌相同。此外,从唐代画像和唐三彩塑像中也可发现凳、墩等高型家具,并且随着高型家具不断发展,置物类家具中的几案一部分发展成桌子和大型条案,另一部分仍保留低矮型的样式,体现了这一时期高低型家具并存的特点。

唐代家具注重多种装饰手法的运用,追求华丽润妍的效果。如陕西西安南郊何家村出土的唐代孔雀纹盝顶银箱,这是唐代常用的储藏家具,其正面为一对振翅扬尾的孔雀,立于莲座之上,衬以花鸟、流云。箱侧面和背面均刻有童子戏犬、鸳鸯、折枝莲蓬等等,纹饰丰富多彩,与大唐的华贵富丽非常吻合①。

唐代灭亡后,中国又进入一个纷乱割据的时期——五代十国。这一时期逐渐形成新式高足家具较完整的组合,唐人顾闳中的《韩熙载夜宴图》等画中可反映出当时各类高型家具已较齐备,家居陈设稳定,家具功能区别明显,家具装饰也趋于简朴。总之,五代十国是高低家具共存向高型家具普及的一个特定的过渡时期,为宋代家具步入成熟奠定了基础。

至宋代,商业贸易和手工业的繁荣发展,带来了家具制作的兴旺。高型家具成熟普及,垂足坐的生活方式代替了传统的席地而坐的起居方式。高型家具品类相当繁多,高足床、椅、凳、几、案、支架、屏风等,均已进入普通百姓之家。

两宋时期的床、榻基本保留汉唐遗风,只是足部有所增高。较有特色的是辽、金家具中的栏杆式围子床,此床周围嵌有栏杆和围板,床底为箱形壶门结构和四足形结构。如山西大同阎德渊墓出土的金代四足形栏杆式围子床,由足、围板、间柱、床板四部分组成,足部有长条形花纹雕饰,两侧有枨,造型美观,结构精致②。

宋代还出现了以官阶命名的"太师椅",它的命名与奸相秦桧有关系。日本学者诸桥辙次著的《大汉和辞典》中对"太师椅"条作如下解释:"宋朝太师秦桧坐过的椅子。背高呈圆形,现称大圈椅为太师椅。"太师椅是宋代交椅的一种形式,有的学者认为"太师椅"是圆形搭脑、竖向靠背、附加荷叶表托首式,圆形搭脑形成圆形的椅圈,上有带柄木质荷叶形托首插于背椅后面,可供仰首寝息,椅子可以开合折叠。"太师椅"结构复杂、功能完备,出现于南宋,曾作为一种家具新式样流行一时③。"太师椅"在元、明时期仍然流行,清代以来,逐渐演变成一种风格稳重、尺寸较大的扶手椅。

---

① 陕西省博物馆:《西安南郊何家村发现平顶唐代窑藏文物》,《文物》1972年第1期。

② 大同市博物馆:《大同金代阎德渊墓发掘简报》,《文物》1978年第4期。

③ 陈增弼:《太师椅考》,《文物》1983年第8期。

宋代在中国古代家具史上处于高型家具品种齐备、使用广泛、制作成熟的时期,而且与唐代家具的装饰风格相比,宋代(包括辽金)家具除去了繁缛的大面积雕饰,而是以简洁质朴取胜,成为明式家具艺术风格的前奏。

元朝统治时间很短,保留下来的家具资料也较少。但元帝国版图辽阔,海陆交通发达,多民族间的文化交流频繁,从而促进了家具制作业的发展。由于地域与民族间的接近,元代家具的风格与辽金相近,往往体型硕大,具有豪放、夸张的审美趣味。元代家具已经使用外翻的马蹄足。所谓马蹄足,就是一种从腿部延伸到脚头的变化微妙的线,这种造型的家具足腿自然流畅,支撑有力,具有雄健明快的走势。元代还出现了运用罗锅枨的桌子。所谓"罗锅枨",是指中间高两头低的一种枨子,最早在元代壁画中发现,后被广泛使用于明清桌式家具之中。山西洪洞县广胜寺水神庙的壁画《渔民售鱼图》中有一张长方形桌子,前枨便是罗锅枨,这是我国目前所见并能确定使用罗锅枨的最早记录。改桌子的直枨为罗锅枨是元朝对中国家具舒适性和适用性的一种创造性的贡献。

至明代,我国古代木工制作更科学,用材更讲究,大量选用硬木为材料,成为我国古代家具史上的顶峰时期,这种富有时代感的硬木优质家具,史称"明式家具"。明式家具是指明代至清代早期(约 15 ~ 17 世纪)所制造的以花梨木、紫檀木、红木、铁力木等为主要材料的优质硬木家具。由于其制作年代主要在明代,故称"明式"。

明式家具品类齐全,加之建筑的发展,室内陈设按厅堂、居室、祠庙、亭阁等功能区域性划分,以临窗迎门、桌案和炕为布局中心,配以成组的几、椅、柜、书架等对称摆设,使各类家具配合使用成为固定格局。明式家具仿效传统建筑的造型立面,具有优美的外形,尤其是明式床更为突出。比如明代流行的架子床,通常在四角安立柱、床顶、四足,除四角外,在正面两侧还有二柱,有的为六柱,柱子端承床顶,因为像顶架,俗称"架子床"。架子床造型酷似一座缩小的房屋,从正面看有如建筑的开间:床的柱杆如同建筑的立柱,床顶下四周有挂檐(又叫楣子),如建筑中的雀替,床下端有矮围子,像建筑的柱及栏杆。此外,明代晚期还出现一种好似房中套房的拔步床,也是按照房屋的框架和装饰而制作的。目前,苏州博物馆收藏一件明代首辅王锡爵墓出土的拔步床明器,保存较好,它可以说明拔步床的造型保留了房屋结构的遗迹①。

椅子堪称高型家具的典型代表,经过宋元时期的发展,明代的椅子无论在品类还是在制作技术方面都达到了前所未有的水平。明式椅子大体可分为扶手椅、靠

① 苏州博物馆:《苏州虎丘王锡爵墓清理纪略》,《文物》1975 年第 3 期。

背椅和交椅三大类。扶手椅样式很多,其中,“官帽椅”最典型也最具民族传统特色。一般认为它是由于像古代官吏戴的官帽式样而得名的。靠背椅是指没有扶手的椅子。交椅则基本保留前代形制,有圆背和直背之分。无论哪种椅子,均设计合理,注重人体尺度。以靠背椅为例,在此之前的靠背椅的靠背大多为平直形,而明式靠背椅的靠背有一定的倾斜度和曲线,这样处理的结果,人坐在椅子上,后背与椅子靠背有较大的接触面,肌肉得到充分的休息,因而产生舒适感。

此外,功能齐全的箱子与橱柜、设计巧妙的支架以及技巧娴熟的明式屏风,在品种式样上都有较大的发展。关于明式家具的艺术风格,有学人用“古、雅、精、丽”四个字加以概括。古,是指明式家具崇尚先人质朴之风,利用木材本色和纹理不加装饰,显示家具的自然质朴特色。雅,是指明式家具总体风格清新典雅,不落俗套,具有极高的艺术品位。精,指明式家具做工严谨,主要运用榫卯结构,尽量不用钉和胶,力求美观而耐用,精益求精。丽,是指明式家具以框架为主,具有造型简洁利落、淳朴劲挺、柔婉秀丽的工艺美①。作为民族的精粹,明式家具在我国古代家具发展史上具有划时代的意义。从此,我国传统的民族家具进入了一个以“硬木家具”为代表的新纪元。

明代后期至清代早期,随着海外贸易进一步扩大和国内手工业的繁荣,明式家具得到进一步发展,涌现了大量高质量的硬木家具,同时也孕育着“清式家具”的产生。

从清初到康熙中期,明式家具质朴简练的风格在制作过程中得到沿袭。但清中叶以后,适逢经济繁荣的盛世,社会奢靡之风要求家具用材厚重、用料宽绰,甚至采用多种材料并用,使家具造型宽大,体态凝重。为了显示华丽富贵,清代家具充分发挥雕、嵌、绘等装饰手法,使家具制作技术达到炉火纯青的程度。由于清代家具一改前代风格,与传统的明式家具简朴、素雅的风格形成强烈的对照,标志着家具制作进入到一个新的时期,故在我国古代家具史上称为“清式家具”。由于经济的繁荣,清式家具还形成了不同地区的家具风格,大大丰富了我国古代家具制作的传统式样。由于清式家具距离我们时间较近,保存下来许多家具实物,对现代社会影响较大,使得家具鉴赏成为一门艺术。尽管清代晚期自道光以后,受外来文化的影响,家具造型开始向中西结合转变,中国传统的古典家具开始逐渐走向衰落,不过在广大的民间,经济、实用的传统家具仍是居家陈设的主流。

① 聂菲:《中国古代家具鉴赏》,四川大学出版社2000年版,第183~184页。

第五节 居住、用具的社会性

作为社会生活的组成部分,居住、用具并不是孤立存在的,而是具有鲜明的社会性。这种社会性首先体现在中国古代宗法制度对于居住、用具在各方面的等级规定。这种等级制度在中国宗法社会中不但始终存在,而且随着社会发展不断得到强化。

就居住等级而言,自商周时期便以宗法制度约束聚族而居的起居方式,规范上下尊卑的人伦关系,甚至决定居住建筑的形制,对建筑的构架、装饰和色彩等方面都有明确的规定。在《周礼》、《仪礼》、《礼记》等阐明宗法关系的古文献中,涉及上自西周天子,下至诸侯及公卿士大夫的居住等级规定。如《礼记·礼器》郑注:"天子之堂九尺,诸侯七尺,大夫五尺,士三尺",规定了建筑基座的高度。《春秋谷梁传》还提到宫室柱子的颜色等级,明确规定天子用朱色,诸侯用黑色,大夫用青色,士则只能用黄色。《论语·八佾》中载有屏幕的使用等级,天子和诸侯用外屏或内屏,大夫用帷,士用帘。此后,秦汉至唐以前的居住等级制规定在文献中不可多见,但从画像和明器上仍可判断,在此期间建筑的屋顶形式、装饰色彩等存在着社会阶层的差异。

从唐朝起,居住等级制有了较详细的官方规定。《唐会要·舆服志》和《营缮令》都规定:王公以下屋舍不得施重拱藻井。三品以上堂舍不可过5间9架,四至五品不过5间7架,歇山门屋均不可过3间5架。官品人家的子孙即使是庶民身份,仍可居于规制较高的祖屋,庶民百姓的房屋不得过3间4架,而且不得随意装饰。这些营缮规定,反映了在房屋间数和梁之架数上存在的上下尊卑的居住等级,使汉以来民居中的"重堂高阁"受到了等级上的限定。到了宋代,官方对层住等级的规定更为具体:"私居,执政、亲王曰府,馀官曰宅,庶民曰家……六品以上宅舍,许作乌头门。"①还规定非品官不得造门屋,非宫室寺观不得彩画栋宇,以朱、黔两色漆梁和门窗。普通庶民百姓的屋舍,不得施重拱藻井和五色纹饰等。明清时为加强对各级官员的管理,对住宅规格的等级规定也渐次强化。《明史·舆服志》载,洪武二十六年(1393年)规定,官员造房不得建歇山、转角、重檐、彩画藻井,只

① 《宋史》卷154《舆服臣庶室屋制度》。

能建单檐的悬山或硬山顶等。官邸按照等级建造，一至二品，厅堂5间9架，施青绿彩画，大门用绿漆，锡铺首；三至五品，厅堂5间7架，大门用黑漆；六至九品，厅堂3间7架，檐下土黄刷饰，黑门铁环。庶民房屋不可超过3间5架，不得用斗拱彩画、锡铺首。清朝对皇室及公卿贵族的府邸营造有更详细的等级规定，亲王府、世子府、贝勒府、贝子府及公侯府均须依制分等。从现今保存的明清建筑中可以证实，这些规定确有推行。

除了居住建筑之外，这种等级制也体现在家具的制作和使用诸方面。例如，先秦时期对"禁"的使用便有等级之分。《礼记·礼器》："天子、诸侯之尊废禁，大夫、士棜禁。"郑玄注："棜，斯禁也。谓之棜者，无足有似于棜。大夫用斯禁，士用棜禁，如今方案，隋长局足高三寸。"禁是承尊器的器具，其形状大致有无足和有足两类。祭祀时以质朴低下为贵，天子诸侯位尊可以不用禁，将酒器直接摆放在地上，而大夫、士位卑，酒器则须放在无足禁上。再如这一时期对凭几的使用也要依级别和场合而定，色彩须符合礼制的规定。《春秋谷梁传》载："天子丹(朱红色)，诸侯黝垩(黑白色)，大夫苍(青色)。"总之，用具的使用在材质、色彩、纹饰等各方面都要按照等级和名分，不可僭越礼制。

第二，居住、用具的社会性突出地表现为具有浓郁的地域特色。

我国幅员辽阔，地大物博，各地人民充分发挥自己的聪明才智，因地制宜，描绘出具有地方风情的社会生活画卷，从而使得居住、用具也呈现出浓郁的地域特色。如分布在我国各地的民居建筑便各有特色。在北方民居中，北京四合院堪称典范，是宗法社会居住习俗的主要空间形式，自古以来便被视为规范家庭伦理关系，使之符合礼制需要的居住类型。四合院的大门采用门屋形式，多偏于院落东南侧，门内有影壁，上设神龛，入门转过侧门廊进入前院。这种布局考虑到风水"聚气"、"辟邪"的因素，因东南方为八卦的巽位，"巽"象征"风"，大门在东南，便喻示"气"不能"乘风"直接出入，从而达到"藏风聚气"的目的。前院的南面是硬山顶的"倒座"(或称"前厦")，多为客房、书房及仆人居所。前院经面中轴线上为垂花门，又称"中门"，以檐柱不落地的"垂帘吊柱"为重点装饰，屋顶为悬山式。早在宋代，司马温公《居家杂仪》已载"妇人无故不窥中门"、"男仆非有大故不入中门"及"女仆无故不出中门"的家规。前院的正房是长辈居所，中央为厅堂，进深较大且敞亮，两边是居室，进深略小，相对幽暗。正房两侧的厢房，长子居左，次子居右。厨、厕、库房等一般设于正房后的窄院之内，因而正房的厅堂便成为全家人起居生活的中心。

晋南一带四合院与北京四合院形制基本相同，但院落多呈窄长的天井，厢房多用单坡顶，俗称"簸箕掌"，这种房屋构架用料小，且利于防护。另外，在陕、甘、晋、豫等黄土资源丰厚的地区，窑洞式民居则成为适应气候、地形的理想居所，且经济易建，冬暖夏凉。窑居大致有三种类型。一种是靠崖窑，筑于地势较低之处，在天然土崖下挖出半圆或双心圆的横向洞穴，分成上下数层或左右数排，并相互连通。为了增加强度，在窑内沿壁面砌砖拱券。另一种为地坑窑。先在黄土高原上挖出一个下沉式的院落，再横向挖出洞穴。院落以阶梯与地面相连，或凿甬道从附近崖面出入。第三种为锢窑。以土坯或砖块发券成拱，形成 1～2 层的拱券住屋，类似无梁殿的做法①。

与北方民居风格迥然不同，南方民居则没有四合院的大院子和中门，而是布置了多进的院子和天井、敞厅，目的是防潮通风。今徽州歙县的呈坎、黟县的西递等处保留有不少明清之际的民居原物，构成皖南风土景观的重要组成部分。再如江浙一带的水乡民居和五岭以南的客家民居，无不使当地风土人情融于居住之中。此外，还有独具特色的各族民居，如西南少数民族的干栏居和吊脚楼，藏、羌等族的碉房以及内蒙古草原游牧民族的蒙古包，新疆喀什、和田一带维吾尔族“阿以旺”式住宅等，均为各地民居增添了独特的民族色彩。

这种地方性在居家用具方面也有所体现。中国古代家具的形制主要围绕席地而坐和垂足高坐两种方式的变化而变化。长期以来，广大的中原地区以矮型家具为主，但自魏晋南北朝起，西北民族大量进入中原，胡床、椅子、方凳、圆凳等高型家具也随之输入，这些带有地方色彩的家具改变了汉人传统的跪坐习俗。如交椅，由于它易于折叠和携带的特点，非常适合游牧生活的需要，因而深受北方各民族的喜爱。又如元朝统治者习惯于游牧生活，所处地理环境也与宋朝不尽相同，形成了元代家具造型厚重、装饰华美的地方特色，其床榻体型硕大，桌、椅、凳等家具使用外翻的马蹄足，均与元人坚强有力、雄健明快的生活方式相适应。在元墓中还出土了专供上马下马踩踏用的马杌，证明元人骑马之风盛行②。

中国古代的家具制作工艺发展到清代时，达到封建时期的高峰，其地方性特点也更为鲜明，形成了不同地区的家具风格，以“京式”、“苏式”和“广式”为代表。“广式”是指主要以广州为中心地区生产的家具，由于广州优越的地理位置，成为我国对外贸易和文化交流的一个重要门户，家具制作大胆吸收西欧豪华高雅的风格，用材讲究，木质一致，并且用料粗大、体质厚重、雕刻繁缛。广式家具在制作时不油漆里，上面罩漆，不上灰粉，打磨以后再直接揩漆，即所谓“广漆”，使家具木质显露。

① 常青：《中华文化通志·建筑志》，上海人民出版社 1998 年版，第 180 页。

② 陈增弼：《马杌简谈》，《文物》1980 年第 4 期。

“苏式”家具是指以江苏省为中心的长江中下游一带生产的家具。其特点是形体小,大多陈设于桌案之上。制作时常用包镶手法,即以杂木作为骨架,外贴硬木薄板,接缝做在棱角处。由于硬质木料不可多得,所以用料精细。为掩饰杂木和防潮,苏式家具须油饰漆里。

“京式”家具一般以清代宫廷制造机构所制家具为代表。其风格介于广式和苏式之间,比广式用料小,但比苏式实。外在用料上与苏式相似,但不用包镶。在装饰上以皇宫收藏的商周青铜器和汉代画像石、画像砖的装饰为素材,显示出古色富丽的艺术形象和庄重威严的皇室气派。除了以上三个地区的家具以外,其他地区的家具制作也各有特点。这种地域性风格与清代康乾盛世的国势与民风相符,也形成清式家具的一个重要特征。

第三,居住、用具的社会性还体现在它们总是处于特定的社会文化背景之中,并受到相应的文化氛围的浸染。

以中国古代家具发展史为例。商周时期是我国古代家具发展的初级时期,由于当时的统治阶级迷信鬼神文化,所以青铜器家具多作为祭祀的礼器之用,并饰以饕餮纹和龙纹,以表现庄重、威严凶猛之感。春秋战国时期的南国楚地,原始氏族社会结构仍有保留,因而楚式家具的纹饰含有浓厚的巫文化因素。为了防止鬼灵作祟和祈求安宁,楚人在家具上装饰鹿、蛇、凤鸟等图案,把现实生活中的动物和神话传说中的神怪交织在一起。楚式家具上表现最多的是龙凤云鸟纹,旨在借龙凤引领人的灵魂升天。这种浓烈的巫文化观念,使家具艺术蒙上一层神秘色彩。至汉代,楚文化因素在家具制作上仍有体现,流云纹和龙凤等动物纹被广泛用于家具装饰,而且汉人尊崇儒家、信奉道教,因而家具装饰还出现了圣君、孝子、烈女等题材,体现了汉代文化的时代特点。魏晋时期战乱不断,人们希望从各种宗教的神灵处得到庇护,导致这一时期社会意识形态和文化心理上的新追求,家具装饰出现了反映佛教文化的新题材。同时为了与门阀士族的兴起和玄学流行相适应,还出现了竹林七贤为主题的装饰。

唐代的家具工艺进入新的历史时期,唐人思想开放自信,家具制作既吸收本民族传统文化,又注重和其他文化交流,基本脱离了以前的神秘色彩。家具工艺更接近自然和生活实际,装饰纹样常以花朵、卷草、人物山水、飞禽走兽等现实生活为题材,图案欣欣向荣、五彩缤纷,形成清新活泼、华丽润妍的装饰风格。

宋朝历经荣辱兴衰,进入理性思考的阶段,在哲学上尊崇道教,倡导理学,加上宋代皇室重文,特别是南宋偏安江南水乡,政治上实行“重文抑武”,对外族入侵采取忍辱苟安的政策,这些都直接影响到家具的制作和艺术风格。与唐代家具格调不同,宋代文化影响并促成了宋代家具风格的形成,使宋代家具一改唐代宏博华丽的雄伟气魄，呈现出一种结构简洁工整、装饰文雅隽秀的风格。如宋代的桌椅在造型和结构上纯仿建筑木构架的做法，栏杆式的围子床，也是方方正正，比例合理，并且按照严谨的尺度，以直线部件榫卯而成，使其外观简洁疏朗。这种洗练单纯的风格，后来形成一种发展趋势，为明清框架结构家具的进一步发展打下了基础。

在居住方面也不例外。可以说，不同的历史时期，拥有不同的居住文化。中国古代的居住文化源远流长，从华夏远古先民们开辟第一处洞窟、构筑第一架居巢之时起，他们身安其内，一种与居住相关的文化形态也就随之诞生，并寓含于其中了①。这里以明清的居住文化为例。明清民间家具多以素雅简洁、古朴大方著称。在陈设上，通常以临窗迎门的桌案或前后檐炕为中心，配以成组的几、椅；或以大扇的书屏、隔扇为屏障，灵活划分厅堂等室内空间。橱、柜、书架亦多对称摆放，辅以书画悬轴、挂屏、文玩、盆景等小摆设，达到了一种典雅的装饰效果。这是富有阶层成套家具的对称布列方法。一般平民也多以中宅迎门的大方桌（八仙桌）或米柜为中心，设置成对椅几。堂屋正中多悬挂神像（多见于农村或城里小商人）或书画、对联等。大门或贴有门神、春联。这些对联有的表示该宅主人的出身、家世，有的则为吉语。这些都是中国古代宗教、诗文、书画等优良文化传统浸润于居住文化的生动体现。

居住、用具是不同时尚与传统信息的传递，其风格受到特定时代文化因素的影响。正因为其中具有深刻的文化内涵，才使后世对其耐人寻味的艺术价值倍加关注。

① 陈平：《雕梁画栋——古代居住文化》，江苏古籍出版社2002年版，第1页。

洛阳西汉古墓壁画始祖

第四章　行旅交通生活

“行旅”，一般指历时较久、行程较远的出行活动。《荀子·修身》云：“食饮、衣服、居住、动静，由礼则和节，不由礼则触隐生疾。”意指日常生活的各个方面，都应遵循“礼”的规范，才能和谐有序，而不致生出祸患。其中所言“动静”，指的就是行旅活动。由于古代地理条件的差异和人们社会身份的不同，古人的行旅方式呈现出多样化的特征，并且随着时代的进步而有所演进，生动折射出各个历史时期的政治、经济和社会习俗的内容与变迁轨迹。在人类的衣、食、住、行四项基本社会活动中，行当是最具流动性、变异性、交融性、沟通性、网络性的群体与个人行为之一。故人们常“因时而动”、“因事而行”、“因业而旅”、“因军而伐”、“因利而往”、“因礼而交”、“谋生而出”。

第一节　道路设施

一、道路的一般情况

行旅是以人为主体的活动，这种活动所依托的基本条件就是畅通的大道。远古先民依山傍水，在狭小的范围内从事生产和生活活动，行旅活动不甚频繁。但是人们为了加强彼此之间的联系，不断往来行走，于是足迹所到之处逐渐形成了道路（陆路）。夏、商至西周，是我国古代道路开拓和初期发展阶段。传说中“禹抑洪水十三年，过家不入门。陆行载车，水行载舟，泥行蹈毳，山行即桥”①，反映的就是夏商时期陆路交通的实况。到春秋战国时期，社会经济较为发达，诸侯争霸盛行车战，道路建设得到进一步发展。秦统一中国后，为了有效地对全国进行统治，修建了驰道和直道，开始了中国古代道路建设的新篇章。自此以后，历代王朝都不惜重资和人力对道路进行投资建设。中国古代的陆路除了提供商旅交通便利之外，还担负着邮传的功能，驿站是邮传中设置于道路上供过往邮差休息和补充物资的场所。这种身兼运输和通讯使命的道路便是驿道，也是中国古代帝王下达命令、上获情报的交通主线。

古代不仅重视陆路建设，还注意利用天然河道，人工开凿运河。随着人类文明进程的演进，天然河道逐渐无法满足人类的生产生活需要，公元前406年吴国开凿邗沟，成为人工运河的鼻祖。以后各朝因军事、经济的需要开凿了大运河。大运河开通后，南北经济随着舟楫的往来而紧密起来。北方都城的各种物资，包括以粮食为主的生活必需品、贡品和各类消费品都通过水运汇集于京城，水上交通的重要性日渐突出。

利用舟楫，人们把道路从陆路扩展到水域，而把陆路水域联系在一起的，则是渡口和桥梁。在古代，渡口又称“关津”、“津渡”，是陆路和水路的交叉口。在没有建桥的地方，渡口便是交通要道，因而往往形成兵家必争的要塞。西汉贾谊《过秦论》称战国时的秦国懂得富国强兵之道，“缮津关，据险塞，修甲兵而守之”。据考

① 《史记》卷29《河渠书》。

证,秦汉时期仅在黄河沿岸,著名的古渡口就有30余处之多,有的至今仍在使用①。中国古代的桥梁主要以木材和石料为建筑材料。桥梁中最常见的是梁桥。

通过以上关于驰道、驿道、天然河、人工河、渡口、桥梁的有关传说和文献记载,我们可以大致勾勒出我国古代道路发展的概貌。

二、陆路

陆路建设的渊源可以追溯到尚无文字记载的远古时期。那时由于交通条件的极端落后,人们寄希望于一系列神话传说,表达克服交通障碍的愿望。如“愚公移山”的故事,就依稀透露出远古先民战胜山岭障碍,发展陆路交通所做出的艰苦努力。再如“精卫填海”,也反映出人类与强大的自然力的抗争;还有“夸父追日”的传说,更体现出远古人类不畏挫折、提高交通效率的热切追求。通过这些传说,我们可以从一些侧面了解到上古时期的生活情况。所谓“神农之世,卧则居居,起则于于”②,“至德之世,其行填填,其视颠颠”③,这些都反映出远古时代的人们曾经过着悠闲、舒缓的生活,而“起”、“行”却是交通活动,是人类生活节奏逐渐加快的象征。这些远古的传说,将先民们开发早期陆路交通的功绩神化,也寄托了人们在当时的历史条件下对陆路建设前景的展望。“我们于是也可以由此推知在向文明初期过渡的时代,社会的交通状况和人们的交通心理”④。

随着行旅活动逐渐成为人们生活中的一项重要内容,部落内部和部落之间的联络便频繁起来,道路随着足迹的伸展而不断形成。到了西周时期,便形成了以道路为骨架的都市和邑镇。《诗·小雅》有“周道如砥,其直如矢”的描述。周王城城内道路与城外道路相通,城外道路称“野涂”,与“野涂”相通的是乡村道路。因此可以把道路分为径、畛、涂、道、路五级,路的级别最高,筑于都城四周,可容多辆车同行。所以,“至迟出现于西周的这种以街道为骨架的市镇和以道路将都城和市邑联系起来的陆路交通格局,标志着城镇设施趋于完善,陆路交通网络开始形成”⑤。

春秋时期,陆路建设有了新的进展。在这一时期,太行山、秦岭等崇山峻岭都已有路通行,而且以陆路为主体的交通设施是否修整齐备,已经成为评价政府行政

① 王子今:《秦汉黄河津渡考》,《中国地理历史论丛》1989年第3辑。

② 《庄子·盗跖》。

③ 《庄子·马蹄》。

④ 王子今:《中国古代交通》,广东人民出版社、华夏出版社1996年版,第10页。

⑤ 周魁一、谭徐明:《中华文化通志·水利与交通志》,上海人民出版社1998年版,第283页。

能力的一个重要标志。如周定王时，单襄公自宋前往楚国，途径陈国之时，见道路不修，馆舍不整，便预言陈国将要灭亡①。《左传·襄公二十一年》也载，晋平公当政时，因晋国道路、馆舍失修，曾受到郑国子产的批评。因此，各国都很注重在建设交通干道的同时，健全相应的交通设施。据文献记载，在交通主干道上，每隔10里便设置“庐”，提供行旅饮食；每隔30里，设置供人止宿的“宿”，“宿”再设“路室”，还有服务行旅的粮草储备；每隔50里设“市”，“市”有住宿条件更加优越的“候馆”，行旅消费品的储备也更为充足②，而且当时各国政府还沿途设交通站，备有车马和专职管理人员，如遇紧急事发，则乘马疾驰，次第相继，保证军情政令的通达。至战国时期，争霸诸国更注重道路建设，交通的条件得到进一步改善。《战国策·魏策一》言及魏国地方不到一千里，与诸侯国四面相通，无山川阻隔，从郑到魏都大梁，直通大道不足百里；从陈到大梁，行程不过二百里，若纵马疾驰，还没感到劳累时就已到达。

公元前221年，秦国凭借优越的道路交通条件统一全国，修建横贯东西南北的骨干道路也成为巩固政权的迫切需要。秦王朝道路建设最具时代特色的成就，当属驰道的修筑。驰道以秦都城咸阳为中心，在各诸侯国所筑道路的基础上，加以沟通和整理，再进一步向边疆地区拓展，并往东西两端延伸，总里程约今8900公里。驰道“东穷燕齐，南极吴楚”，“西至临洮、羌中（今甘肃、青海一带），北据河为塞”③。与一般道路相比，驰道具有较高的建造规格，其路面分划为三条，是最早的具有分隔带的多车道道路。“中央三丈”是所谓的“天子道”，其宽约合今制6.93米，供皇帝、王公贵胄和朝廷的传令使者行走，黎民百姓只能经由两侧的旁道行走。驰道建成后，秦始皇五次由此道出巡。

为了对北方加强控制，秦始皇三十五年（前212年）修建直道，由九原（今内蒙古包头西）至咸阳以北云阳（今陕西淳化）。据记载，直道全长“千八百里”，是体现秦帝国行政效率的南北大通道。直道由蒙恬主持施工，因工程艰巨，须“堑山堙谷”，造成死伤无数④。秦长城也是由蒙恬主持修建的，所以西汉司马迁曾由直道观其所筑长城，心生感慨，批评蒙恬劳民伤财，“固轻百姓力矣”⑤。尽管如此，毕竟直道的开凿扩通了横亘中原腹地与北方边疆的隔阂，它与驰道共同构筑起了古代

---

① 《国语·周语（中）》。

② 《周礼·地官·遗人》。

③ 《史记》卷6《秦始皇本纪》。

④ 《史记》卷6《秦始皇本纪》。

⑤ 《史记》卷88《蒙恬列传》。

中国横贯东西南北陆路交通的最早骨架。

汉代,尤其是汉武帝统治时期,道路更向西南和西北两地大幅扩展,形成中国古代道路建设的一次高潮。西汉元光六年(前129年),为进攻占据今贵州的夜郎国而开凿了夜郎道。此道自今四川宜宾抵今贵州安顺,建成后,汉征服了夜郎、邛、筰等部族,加强了在西南边疆的统治力量。汉武帝元狩年间,由汉中太守张卭主持开通褒斜道。褒斜道北起渭河支流斜水,南至汉水支流褒水,穿越秦岭山脉的峡谷溪流。此道开通后,便利了都城长安和汉中、巴蜀等地的物资交流,成为联系今川陕的重要道路。此后各朝都很重视对褒斜道的经营和利用。唐敬宗宝历年间,山南西道节度使裴度重修褒斜道,改变了原来一些线路,沿途桥梁、驿站、馆舍等设施更加完备。

汉代在道路交通建设方面的突出贡献当推中原至西域道路的开拓。汉武帝建元二年(前139年),汉使张骞出使大月氏,之后开通了西域道路①。中国生产的丝绸由此向西域和欧洲输出,故19世纪德国探险家、地理学家里希托赫芬称这条通道为"丝绸之路"。此后东汉甘英出使大秦、唐僧玄奘游历天竺,都是循这条路成行的。各代都在此道的沿途修建馆舍驿站,以供行人和信使休息之用。丝绸之路在世界交通史和文化史上占有相当重要的地位,它沟通了中西经济、文化交流。中国古代文化通过这条道路传播到了西方,原产中亚、西亚的良马、葡萄、毛制品、石榴甚至宗教,也通过这条道路陆续传到了中国。

从东汉末年到隋,除了短暂的统一,全国基本处于分裂割据的状态,各个封建政权实行道路分治。各朝政权出于军事和政治需要,也修建了若干条新路,以保证地区之间的相互沟通。如建安十二年(207年),曹操率军打击袁绍残部,修通从卢龙塞(今河北喜峰口)至柳城(今辽宁朝阳)的道路,至今仍在使用②。

隋唐是中国古代社会经济繁荣发展时期,道路建设也进入振兴发展阶段。隋代修建的道路主要有龙门(今山西河津)至土洛(今陕西商县)、洛阳至并州(今山西太原)等国防道路以及大运河沿岸道路。唐代则构筑了以长安为中心的全国道路交通网,贞观四年(630年)曾出现"东至于海,南至于岭,皆外户不闭,行旅不赍粮"的交通态势③。除了重点线路的建设以外,唐朝通过"丝绸之路",与亚洲各国进行频繁的经济文化交流活动。贞观十九年(645年),玄奘从西域返回长安,撰写《大唐西域记》一书,记述西域的道路山川、人口风俗,成为中国古代重要的中西交

① 《汉书》卷61《张骞传》。

② 《三国志》卷1《武帝纪》。

③ 《旧唐书》卷3《太宗纪(下)》。

通史名著。贞观二十一年(647 年),开通长安至回纥牙帐(今蒙古人民共和国哈尔和林)的道路,以防御突厥入侵西北边境。这条道路穿越沙漠,长达 3000 多公里,沿途广设驿站,史书称之为“参天至尊道”①。唐代修筑的另一条著名古道是唐蕃道,东起首都长安,西至吐蕃首府逻些城(今西藏拉萨),全长 2895 公里。盛唐时中原与吐蕃修好,藏王屡次朝晋唐王、文成公主远嫁松赞干布以及金城公主入藏成婚,都由唐蕃道入藏。所以,这条道路实际成为汉藏两族友好交往的历史见证。

唐之后,各政权相互争夺势力范围,无暇顾及道路全面建设。宋、辽、夏、金各朝道路基本遵循前代体制,除维持旧路以应驿传和商旅之需外,也曾在局部新修了若干道路,但与唐代相比逊色得多。元、明、清三代结束了宋、辽、金长期对峙局面,重新统一全国,封建社会经济进一步发展,道路交通的需求随之扩大,使得全国道路交通得到整顿和畅通,道路里程较前大有增长,中国古代道路建设至此进入了鼎盛时期。元代为巩固政权,于至顺三年(1332 年)颁布命令“罢诸建设工役,惟城廓、河渠、桥道、仓库勿禁”②。把兴建道路视为一项重要措施。明代统治后期,先后形成了以南京和北京为中心的全国道路交通网。清代则以北京为中心,道路通达全国 27 个省的首府,包括台湾、青海、西藏、蒙古等地③。清光绪三年(1877 年)至宣统三年(1911 年),铁路在直隶、山东、山西、河南、湖南、湖北、浙江、广东、江苏、台湾以及东北三省境内建成,中国古代的交通状况由此发生了重大的变化。

古代的道路通常包含两大功能:交通和邮传。为使信件和政令逐段传递到达目的地,古代便在道路上置站,置有驿站的道路即驿道。早在战国时代,在道路上设置驿站就已初具规模,有专人负责邮件传递,并注重邮传的速度。《孟子·公孙丑》载:“德之流行,速于置邮而传命”,通过对比反映出当时邮传的快速。秦汉在前代基础上,建成以长安和洛阳为中心的通信网,但有些道路只供帝王的传令使者专用,却禁止普通的邮传。汉代以后,道路和驿道的区别基本消失,道路即驿道。至唐宋,驿道建设渐趋完善,沿途多设馆驿,道旁植树成荫,为信使和行旅提供便利。至清末,全国主要城市开设了电话和电报业务。光绪三十年(1904 年),正式设立邮传部。尽管此时在某些地方还保存着旧有的驿站,但中国几千年古老的驿道已逐渐丧失了原有的地位,而被铁路和电信等近代化的交通通讯工具取而代之。

---

① 《新唐书》卷 217(上)《回鹘传(上)》。

② 《续资治通鉴》卷 3《元纪》。

③ 中国公路交通史编审委员会:《中国公路史》第 1 册,人民交通出版社 1990 年版,第 74 ~ 75 页。

三、水路与桥梁

中国古代在建设陆路交通的同时，也重视对水路的利用与建设。《易经·涣》曰："利涉大川，乘木有功。"自从利用第一块浮木作为渡河工具起，人类便开始了水运的历史。随着人类文明的进一步发展，水运从利用天然河道通航发展到人工开凿运河，使不同水系的河流相互沟通，在更大范围内改善了地区间的交通条件。

远古时期人类便开始利用舟楫作为交通工具，把阻隔交通的河流变成联系两岸和上下游地区的天然纽带。黄河是中华文明发源地，先民们在黄河流域傍水而居，从事最原始的水上活动。原始社会末期，传说中的大禹水陆并行，在黄河中下游地区率领子民治理洪水。《尚书·盘庚》载殷商曾几易都城，"殷汤都亳；在梁又都偃师；至盘庚徙河北，又徙偃师也"。在当时的历史条件下，商都的每一次迁徙都堪称一次关系重大的渡河行动。商朝末年武王伐纣，率领部队在孟津渡黄河，更是具有船队性质的大规模水上活动。

春秋战国时期战火四起，各国利用黄河及其支流的航运而发动的水上战争更为频繁，天然河道上的水运进入了发展的新时期。晋惠公四年（前 647 年），晋国发生饥荒，秦援助其粮食。当时晋都于绛（今山西翼城东），秦都于雍（今陕西凤翔南）。秦援助的这批粮食从渭河入黄河，再溯黄河而北入汾河至绛城。"秦于是乎输粟于晋，逢雍及绛，相继。命之曰：泛舟之役"①。泛舟之役是中国历史上一次重要的远距离船队运输活动，以其航路长、规模大而著称于史。

在天然河道水运发展的基础上，春秋战国时期各诸侯国为进一步称雄争霸，纷纷开凿运河。吴王夫差十年（前 486 年），吴国开邗沟成为运河史上的新纪元，运河建设由此进入重要的开创时期。西汉司马迁记载了春秋战国时期运河开凿的盛况："荥阳下引河东南为鸿沟，以通宋、郑、陈、蔡、曹、卫，与济、汝、淮、泗会。于楚，西方则通渠汉水、云梦之野；东方则通沟江淮之间；于吴，则通渠三江、五湖；于齐，则通淄济之间；于蜀，蜀守（李冰）凿离碓，辟沫水之害，穿二江成都之中。此渠皆可行舟，有余则用溉浸，百姓享其利。"②这些最早开凿的运河，大多分布于江、淮、河、汉的下游，为后来大运河的兴建奠定了基础。

秦汉的统一促进了水运交通的进一步扩展。西汉时期，为了长安的物资供应，黄河和渭河的航运进入了一个新时期。汉武帝时每年经由黄河运向长安的粮食就

---

① 《左传·僖公十三年》。

② 《史记》卷 29《河渠书》。

达400万石之多,最多时可达600万石①。

魏晋南北朝时期,由于国家分裂、南北对峙,统治者疲于战争,人民忙于求生,在水路的建设上几无建树。直至隋唐统一后,运河建设才进入更辉煌的时期。隋炀帝在原河道的基础上,于大业元年(605年)三月大规模役丁整治河道,修筑堤堰,渠名"通济"。通济渠建成后,地位日见重要。至唐宋时,通济渠又多被称为汴河。安史之乱致使汴河断航达8年之久。唐广德二年(764年),刘宴负责修治汴河,总结前代漕运经验教训,在扬州、河阴、长安建转运仓,实行漕粮运输的"转般制",即《新唐书·食货志》载"江船不入汴,汴船不入河,河船不入渭。江南之运积扬州,汴河之运积河阴,河船之运积渭口,渭船之运积太仓。岁转粟一十万石,无升斗溺者"。漕粮转般制的实行,有效保障了长安的物资供应,对后世的漕运制度也产生了很大的影响。汴渠的作用一直持续到北宋末,北宋都城汴梁的居民和几十万禁军所需粮食,全部依靠汴渠运输。《宋史·河渠志》载宋人如是评价汴渠的作用:"汴渠横亘中国,首录大河,漕渠引江湖,利尽南海,半天下之财富,并山泽之百货,悉由此路而进。"直至金兵南下入侵,才使汴渠因失去维护而逐渐废弃。

通济渠(汴渠)构成沟通东西的骨干运道,为了平定江淮,隋炀帝修筑了淮阳运河,使江淮之间的运河进一步完善。《资治通鉴·隋纪》:大业元年(605年),炀帝"敕穿江南河,自京口(今镇江)至余杭(今杭州)八百余里,广十余丈,使可通龙舟,并置驿宫、草顿,欲东巡会稽(今绍兴)"。此即江南运河,它使隋代运河向南直抵钱塘江口。为了伐高丽、征辽东,炀帝于大业四年(608年)春征丁修筑永济渠,使大运河向北延伸直抵今北京。至此,隋朝经过大规模的开凿和整治,形成了纵横相通的水运网络。至唐、宋,朝廷注重运河上工程设施的配套和运河水源的管理,运河工程技术尤其是船闸修筑技术得以提高,四通八达的水运网在全国形成。隋大业三年(607年),设置主管舟楫和漕运的舟楫署。唐太宗贞观六年(632年)沿置,并设令一人,使运河航运的管理更为系统化。

元、明、清都北京,运河的布局随政治中心的北移而改变。元代,开凿会通河,打开山东地垒的阻隔,沟通卫河与泗水;又开凿了通惠河,连接北京至通州的水路,沟通海河的潮白河和卫河,从而使北京至杭州的水运全线开通,打破了京杭运河修建之前元大都至杭州的交通局限。

但元代未能解决山东会通河的水源问题,致使京杭运河的工程效益难以充分发挥。明永乐年间经过大规模整治,并逐步完善运河管理制度,使京杭运河成为沟通南北的交通大动脉,漕政也成为朝廷的要务。由于京杭运河流经海河、黄河、淮

① 《史记》卷30《平准书》。

河、长江、钱塘江五大流域,因而运河与天然河流频繁交流地段集中了主要的工程技术问题,为了维系水运畅通,明清以来的治淮、治河成为历代皇帝的仁政之一。清嘉庆以后,黄河河道出现不可逆转的改道趋势,河道淤高,决口频繁,使得黄河、淮河与运河相交的清口段维持航运日益艰难。至清咸丰时,由于太平天国兴起,运河阻塞达十余年之久,更加剧了京杭运河的没落。到光绪二十八年(1902 年),国家撤销了运河管理机构,漕运交由商办,经营了约500 年的明清漕运史宣告结束,京杭运河自黄河以南很快断航,只有淮河以南从淮安至杭州至今仍是重要的航运水道。

除利用天然河道和运河通航之外,我国还有 18000 多公里漫长的海岸线,沿海海域由北向南称为渤海、黄海、东海、南海。古代中国的海域以长江口为界,划分为北洋和南洋,各有深水良港,海上交通条件十分优越。人们不断改进水上交通工具,在近海以及邻国甚至远及阿拉伯和非洲沿岸的国家之间开辟航线,更大范围地扩展了地区间的交流,促进了社会经济的发展,也对推动世界文明的进步做出了卓越的贡献。

桥梁是连接陆地和水域的纽带。远古时期,河岸倒下的大树或水中错落有致的大石,都可以形成天然桥,这种现象为人类在江河上架桥提供了最初的经验。中国古代的桥梁建筑千姿百态,若按其结构分类,大致有四种:浮桥、梁桥、拱桥和悬桥。

浮桥是用木板、竹筏、船只等串联在一起,用篾缆或铁索加固,漂浮于水面之上的一种桥,多铺设在水势较平稳的河流上。《诗经·大雅》:"亲迎于渭,造舟为梁",指的是西周文王姬昌为了娶亲,在渭河上用船只架设浮桥的事情。根据西周初年礼制规定,这种专为天子迎亲架设的桥梁,一般百姓不能涉足,他们过河只能乘坐船只或木筏。所以这时的浮桥多供临时之需,结构简单,随建随拆,浮桥数量也很少。到春秋战国时期,为适应经济的发展和战争的需要,浮桥逐渐增多。公元前 257 年秦昭襄王首先将浮桥用于战争,于蒲州(今山西风陵渡)黄河边上把大量船只连结为浮桥,用于对晋作战。这种架桥技术很快得到推广,最初架设浮桥的地方也成为重要的渡口。

因为浮桥在军事战争中发挥了很大作用,所以又叫"战桥"。历代帝王为了征服长江天堑,在长江上架设了多座浮桥。长江上的第一座浮桥是东汉光武帝建武十一年(35 年)为统一四川而架设的。北宋太祖时,为讨伐南唐,于开宝七年(974 年)在安徽当涂的采石矶又架设了一座浮桥。此后,元世祖忽必烈在进军西南的战争中,先后架设过 24 座军用浮桥,为统一西南创造了重要的交通条件。朱雀桥是古代秦淮河上的一座著名的浮桥,也是重要的渡口。朱雀桥始架于汉代,三国时称南津桥。因为此桥在朱雀门外,晋以后习惯称其为朱雀桥或朱雀航,通称"南航"。在当时秦淮河上的24座桥之中,以此桥最大,故又称"大航"。每逢战乱,遇警报则撤掉浮桥为备,因而此桥成为古南京城的一个重要门户。隋灭陈后,这座浮桥毁于战火,此后遂废弃。

梁桥是仿浮桥而建造的,大多先在水中和河床两岸建筑石桥礅,然后铺石而成。《说文解字·木部》段玉裁注"梁",即"用木跨水,则今之桥也"。可见,最古老的独木桥,也就是最早的梁桥。还有一种简单的梁桥是步桥,也叫过水桥或过水明桥,是在水浅的河中,由露出水面的石块形成的。在一些缺乏石料的地区,人们往往用烧土块、陶片或苇笆等铺垫于水中成为过水桥。这种桥简易可行,在我国山乡至今仍有很多。

一般所说的梁桥是跨水桥,或称跨空梁桥,用木梁或石梁跨越河流之上连接两岸,再根据水面宽度设置梁柱支撑桥面。梁桥种类很多,造型各异。例如一种柱式桥,由立于水中的直柱和架于柱上的横梁构成。从出土的东汉画像砖上可以看到柱式桥的最早形制:下部为桥柱,柱上有横楣,上面架梁木,梁木上铺桥。桥身平直,桥两端做倾斜约45度的斜坡,构造可谓美观坚固。还有一种木撑架桥,由撑架和伸臂大梁相结合。如始建于宋代的湖南醴陵渌江桥,有5层挑梁,在第4层的顶端加斜木撑,木撑下端插入桥墩两侧的预制孔里,这样就增加了一个承托,减轻了挑梁的受力。

古代著名的梁桥在北方有渭水之桥、西安灞桥,在南方有泉州的洛阳桥等。渭水桥是多跨式梁桥,据北魏郦道元《水经注》记载,三桥中的中渭桥全长约500多米,宽近14米,由750根木柱组成67个桥墩,分成68个桥孔,平均每孔跨径近8米,中间一孔跨径达9米,这样再高大的楼船也能从桥下顺利通过,显示了古代桥梁工程技术的极高水平。西安灞桥始建于汉,现在的灞桥是清道光十四年(1834年)重建的,桥长近400米,下立石轴柱408根。桥面由石板铺成,石拦桥砌筑于两侧,上有栏杆,雕饰花果鸟兽。灞桥之上折柳赠别,曾被传为千古佳话。泉州的洛阳桥建于宋仁宗皇祐五年(1053年),由州官蔡襄督工,历经6年的时间才修完。洛阳桥桥墩很尖锐,可以分减水势。蔡襄还在桥墩下种养牡蛎,首创了用牡蛎的硬壳联结加固桥墩的方法①。

拱桥也是很常见的桥梁形式,桥洞有半圆形、圆形和弯弓形等,拱圈的数量随桥的长度有所增加,既美观又实用。宋代汴京虹桥是古代木拱桥的典型代表。隋安济桥,现名赵州桥,是现存历史最长的大跨度敞肩式石拱桥。唐以来联拱石桥逐

① 马洪路:《人在江湖——古代行路文化》,江苏古籍出版社2002年版,第152页。

渐增多,唐代苏州宝带桥、金代北京的卢沟桥和明代江西南城的万年桥都是著名的联拱拱桥。

悬桥,又叫索桥、吊桥,在中国西南地区较多。古老的索桥形式很多,最简单的是在湍急的江河溪涧上,两岸峭壁间以藤索相连。还有以竹索、铁索横架在两岸山崖上,或在数根长索间铺设木排、竹排,现代的斜拉桥即源于古老的悬桥。目前尚存的著名悬桥类桥梁有四川都江堰岷江上的安澜桥、云南保山澜沧江上的霁虹桥等。四川泸定县大渡河上的泸定桥,是世界上著名的铁索桥,全桥共用 13 根外径为 9 厘米的铁链组成,以 9 根为桥面,上铺木板,左右各用两根铁链作扶手。为了减少晃动,桥的两端各有三处用上下两块铁夹板把 9 根铁链锁住,扶手铁链用吊钩螺丝与最外侧的底索联紧。泸定桥已使用了 300 多年,至今仍担负着重要的交通任务。我国现存最古老的索桥,是建于唐代的云南塔城关铁索桥,而英国和美国直到 18 世纪才建造了本国的铁索桥。

除了以上几种桥梁结构形式,中国古代的桥梁工程还包括在险峻的山崖上傍山修筑的栈道。最早的栈道修于战国时的秦,《战国策·秦策》云:“栈道千里于蜀汉。”我国古代许多栈道与水路并行,并互为补充,形成重要的交通路线。古代人民在长期的营造实践中还总结产生了一批有关桥梁建设的技术专著,其中,以北宋的《营造法式》、清代的《灞桥图说》和《清官式石桥做法》较为有名。这些技术专著标志着我国古代桥梁工程技术的逐步完善,也为后世的桥梁营造留下了宝贵的经验。

第二节 行旅方式种种

一、徒行时代与徒行阶级

中国古代的行旅方式随着时代的进步而不断演进,并且由于交通地理条件的不同和出行者身份地位的差异,使得古人的行旅方式呈现出多样化的特征。然而在相当长的时期内,古代人民行旅的主体形式是步行。传说“夸父与日逐走,入日。渴欲得饮,饮于河、渭。河、渭不足,北饮大泽。未至,道渴而死,弃其杖,化为邓林”①。夸父逐日的神话就是传说时代早期人们徒步而行的反映,夸父执杖行于大野则表明步行是当时陆路行旅的基本形式。远古先民的徒行时代经历了极其漫长的历史时期,直到车辆的发明和畜力的开发才使行旅方式产生了第一次具有里程碑意义的进步。根据远古传说,先秦时期的车辆最早由奚仲发明。“车,舆轮之总名也,夏后时奚仲所造”②。《管子·形势》也提到“奚仲之巧”。出土文物表明,在商代约公元前1200年前,我国车的结构和制造已经非常完备③。至于“服牛乘马”的最早记录,见于《周易·系辞下》。由此可以推测,在车辆发明和畜力开发之前,“一切文明创造在陆路的传播,都是通过徒步行旅实现的”④。即使在较为先进的交通工具得到普及,行旅方式发生重大变革以后,在相当长的时间内,步行仍然继续作为行旅的主体形式,在人们的社会生活中显示出重要的历史作用。

在我国古代,徒步行旅往往意味着出身的贫穷和地位的卑微,因而成为一定阶级地位的象征。早在春秋时期,行旅方式的选择便已列入礼制的范畴。如孔子最喜爱的学生颜渊去世,颜父因家境贫困,请求孔子卖车置棺,遭到孔子拒绝。孔子说:“吾不徒行,以为之椁。以吾从大夫之后,不可徒行也。”⑤可见当时具有一定社会地位的人不可徒步出行,否则就是不遵从礼制的规范。在《列子·力命》中也记载因身份地位的不同而形成的不同行旅方式。北宫子和西门子处于同一社会之中,贫穷的北宫子“居则蓬室,出则徒行”,然而发迹的西门子却“居则连颀,出则结驷”。足见“出则徒行”与“出则结驷”所代表的两种不同的行旅方式,在当时已经形成了鲜明的对照。

徒行与结驷区别了出行者的贫富尊卑。战国时代大论辩家苏秦最初以徒步周游列国开展游说活动,“羸滕履跻,负书担橐,形容枯槁,面目黧黑”⑥。然而当他的主张得到君主响应后,身份地位变得显赫,行旅方式也大大改观:“佩六国相印”,“行过洛阳,车骑辎重,诸侯各发使送之甚众。”⑦类似苏秦这种因身份不同而行旅方式迥异的情形在文献中多有记载,《汉书·公孙弘传》所谓“起徒步,数年至宰相封侯”,《明史·孔克仁传》也言及“汉高起徒步为万乘主”。

① 《山海经·海外北经》。

② [东汉]许慎:《说文解字·车部》。

③ 中国科学院考古研究所安阳工作队:《1969—1977年殷墟西区墓葬发掘报告》,《考古学报》1979年第1期。

④ 王子今:《中国古代行旅生活》,商务印书馆国际有限公司1996年版,第39页。

⑤ 《论语·先进》。

⑥ 《战国策·秦策一》。

⑦ 《史记》卷69《苏秦列传》。

在古代文献中,“步行”是一种为上流社会所不齿的行旅方式,因此往往受到特别的注意。史载,西汉名相蔡义初任莫府大将军之职时,因“家贫,常步行”①。东汉时期的李固在少年时“常步行寻师,不远千里”,被立为勤奋求学的典型代表②。可以说,在古代中国,徒行长期以来都是一种极其普遍的行旅方式。历史上较大规模的行旅活动,如远征、迁流、罪徙等,大都以徒步为主。所以步兵又被称作徒甲、徒兵、徒卒。在交通条件落后的古代,徒步行旅充满艰辛。《盐铁论·取下》云:“乘坚策良,列骑成行者,不知负担步行者之劳也”,强调了两种行旅方式所形成的显著的社会差别,也道出了徒步行走者的辛劳。唐代诗人杜甫《铁堂峡》也以“威迟哀壑底,徒旅惨不悦”的诗句,形容险恶的交通条件给徒步行旅者带来的不利影响。

尽管徒步行旅是地位低下的象征,也充满了困苦艰辛,但是通过古代文献遗存,又能体现出古人徒步行旅的别种感受。杜甫《晦日寻崔戢李封》诗有“出门无所待,徒步觉自由”之句,温庭筠《商山早行》诗有“鸡声茅店月,人迹板桥霜”之句,还有清人梅尧臣《鲁山山行》诗“好峰随处改,幽径独行迷”等众多佳句,都表现出徒步行旅者所独有的审美情趣。

二、骑乘形式

自从发明了车以后,古人行旅条件便得到了改善。早在战国时期,各诸侯国在争霸战争中就已频繁使用战车,战车的多寡也成为衡量一个国家强弱的标志,正所谓“千乘之国”、“万乘之君”。古时作战往往根据交通条件选择使用兵种,交通条件便利则多用车兵,交通条件困厄则多用骑兵。《孙膑兵法·八阵》中便有“易则多其车,险则多其骑”的说法。史载项羽垓下被围之时,唱道:“力拔山兮气盖世,时不利兮骓不逝。”骓,是项羽的坐骑。乌江亭长迎其东渡,项羽因无颜见江东父老,拒绝登船,并对亭长说:“我骑此马五岁,所当无敌,尝一日行千里,不忍杀之,以赐公。”③项羽舍己救马的故事说明当时骑乘形式在军旅生活中的重要意义。

骑乘形式最初是适应战争的需要而产生的,后来在民间也逐渐普及,对于行旅条件的改善起了很大的作用。至汉代,民间骑乘已经相当普及,所谓“众庶街巷有马,阡陌之间成群”,即是民间骑乘兴盛的写照。此后,人们选择骑马作为远行方式已经相当普遍,这点在古诗中多有所反映。如宋人郭茂倩《乐府诗集》卷七二收

---

① 《汉书》卷66《蔡义传》。

② 《后汉书》卷63《李固传》。

③ 《史记》卷7《项羽本纪》。

录白居易《生别离》诗云:"晨鸡载鸣残月役,征马重嘶行人出",以及张籍《别离曲》诗:"行人结束出门去,马蹄几时踏门路",可见马在长途行旅中的重要作用。

古人行旅生活中以骡作为骑乘对象,也有相当悠久的历史。汉武帝时有一著名方士李少君,传闻死后百余日,有人曾见其骑骡游于河东郡蒲坂①。李贺据此便有了"少君骑海上,人见是青骡"的名句。另据《太平御览》卷九〇一引《三国典略》载,魏晋时期已有人"乘骡游于公卿门,略无惭色"。而在战乱中兵败遁逃,"弃马山谷乘骡而去"则更为普遍。又据同书引《神仙传》载,蓟子训到京师,诸贵人慕名求见,子训却乘骡离去。"诸贵人皆逐之,问人,云:'适去东陌上乘骡者是。'乃各走马逐之,望见子训骡徐行,而名马逐之不及"。可见民间骑骡行旅已经相当普及。

尽管长期以来人们也把骡作为骑乘对象,但与骑马相比,骑骡并不是首选方式。元稹《望云骓》诗云:"明皇当时无此马,不免骑骡来入蜀",透出一种骑骡的无奈。《宋史·文苑·郑起传》载,郑家贫,常乘骡。一天出近郊送客,客人说:"请策马令进。"郑起答:"此骡也,不过当呼耳。"呼骡为马,显然是溢美虚夸之辞。可见在人们的观念中,骡的价值低于马,乘骡者的地位似乎也不如乘马者尊贵。

驴作为一种骑乘对象在有关汉代社会生活的史籍中也可以看到。《后汉书·独行列传·向栩》有关于河内向栩"骑驴入市"的记载。另外《后汉书·灵帝纪》及《续汉书·五行志一》都提到汉灵帝在后宫驾驴车,还有些史书记载汉灵帝骑驴,如《太平御览》卷九〇一引《金楼子》说,汉灵帝养驴数百头,"常自骑之,驱驰遍京师"。魏晋时期,远在洛阳的阮籍到山东任东平相时,也是"骑驴到郡"的②。从皇帝驱驴游京师到名士骑驴赴任,可以推断出骑驴是古人行旅的一种较为普遍的方式。在文士的诗文中也有关于骑驴行旅的记载,如杜甫《奉赠韦左丞丈二十二韵》诗中有"骑驴三十载,旅食京华春"的句子,苏轼《和子由渑池怀旧》诗云:"往日崎岖还记否,路长人困蹇驴鸣。"陆游《剑门道中遇微雨》诗亦云:"衣上征尘杂酒痕,远游无处不消魂。此身合是诗人未?细雨骑驴入剑门。"有人在评析这一名诗时指出:"……仿佛使驴子变为诗人特有的坐骑。"③尽管骑驴已成为人们接受并常见的行旅方式,但驴和骡一样,多是社会下层人民出行的坐骑。唐代诗人贾岛《送友人之南陵》诗云:"少年跃马同心使,免得诗中道跨驴。"虽然也反映了诗人以驴为

① 《太平御览》卷901引《鲁女生别传》:"李少君死,百余日后,人有见少君在河东蒲坂乘青骡,帝闻之发棺,无所有。"

② 《晋书》卷49《阮籍传》。

③ 钱钟书:《宋诗选注》,人民文学出版社1958年版,第199页。

坐骑的事实，但“跨驴”的心理却羞于向外人道出。

在我国古代的行旅生活中也有骑牛的现象。骑牛远行的事例可参见《东观汉记·世祖光武皇帝》，其中，载刘秀参与反对王莽的起义，“骑牛与俱，杀新野尉后乃得马”。刘秀起事于宛，转战舂陵、长聚，直到杀新野尉，都是骑牛而行的。虽然骑牛行旅是一种不可忽视的社会现象，但在封建社会牛多作为从事农业生产的重要畜力使用，只有在驴马缺乏的情况下，人们才会选择牛作为骑乘对象。

在西北沙漠干旱地带，骆驼是古人行旅的首选交通工具，很早就被丝绸之路上的往来商旅所骑用。《山海经·北山经》说：虢山，“其兽多橐驼”。郭璞注：“有肉鞍，善行流沙中，日行三百里，其负千斤，知水泉所在也。”橐驼，即骆驼。唐代墓葬中出土的唐三彩“骑驼”俑，可以提供古人曾在西北荒漠中骑驼行旅的文物实证。

三、篮舆伊轧

与马、驴等畜力舆具相比，以人力载人和物的舆具也是古代普通而实用的行旅工具，其中最常见的是轿子或滑竿。《史记·河渠书》引《夏书》：“（禹治水）陆行载车，水行载舟，泥行蹈毳，山行即桥。”此“桥”即通“轿”，古代称作“肩舆”或“肩舁”①。因在江南轿子多以竹材制成，于是民间又谓之“篮舆”。轿源于何时目前难以定论，今天所见年代最早的“轿”的实物，出土于春秋晚期至战国早期的河南固始侯古堆1号墓。出土“肩舆三乘”，“舆身、舆顶以及舆杆、抬杠都很完整，造型大方，结构复杂”，考虑到乘坐者的舒适，“顶盖和四周可能有帷幔设施”，舆底铺设竹席。其中，一件舆杆长4.84米，底盘面积1.26平方米②。乘轿行旅既无徒行之苦，也无骑乘之累。白居易《东归》诗记述了长途行旅中乘轿的具体感受：“翩翩平肩舁，中有醉老夫。膝上展诗卷，竿头悬酒壶。”由于乘轿这种行旅方式具有明显的游玩性质，所以关于其速度和效率的记载并不多见。

轿最适于在崎岖的山路行走，为了更便于攀行山路，古人还制造了一种较一般轿更为轻便的“山舆”、“山轿”，在山路陡峭的路段还可使用绳索牵挽。《水浒传》第十九回《林冲水寨并大火　晁盖梁山小夺泊》提到“山轿”，“小喽啰抬了七乘山轿，七个人都上轿子，一迳投南山水寨里来”。至于山轿的形制，在《老残游记续集遗稿》第一回记述老残等人游泰山时，描述得较为具体：“雇了五肩山轿。泰安的山轿像个圈椅一样，就是没有四条腿。底下一块板子，有四根绳子吊着，当个脚踏子。短短的两根轿杠，杠头上拴一根挺厚挺宽的皮条，比那轿车上驾骡子的皮条稍

① 《晋书》卷80《王羲之传附子献之传》：“尝经吴郡，闻顾辟强有名园，先不相识，乘平肩舆径入。”

② 固始侯古堆1号墓发掘组：《河南固始侯古堆1号墓发掘简报》，《文物》1981年第1期。

为软和些。轿夫前后两名,后头的一名先躜到皮条底下,将轿子抬起一头来,人好坐上去。然后前头的一个轿夫再躜进皮条里去,这轿子就抬起来了。"各地的轿形制会有所不同,但泰山山轿所表现出的重量轻、轿杠短、形式简易等特征,当为适于山路行旅的"轿"的共同点。

乘轿行旅一度成为一定身份、地位的象征。用轿载人,自唐代开始盛行于都市,但一般官员出行仍以骑马为主,乘轿多是贵族妇女所为。至南宋,轿子在官场和民间普及,对轿的式样、大小、制轿材料、装饰物品、轿夫人数以及使用场合等,有愈来愈详细的礼制规范,轿子也随之代表了乘坐者的权力、地位和财富。官员出行的官轿,有两人抬、四人抬与八人抬之分。民间平民使用的轿子以两人抬居多。除了载人,轿子在行旅生活中也用作长途载物。在驿道沿线经过的集镇有轿行或轿铺,明清时的城市里还有人经营轿行,人们可以到此预定轿子。

滑竿也是竹制的人力舆具,结构更为简单,用两根竹竿,中间架以卧具或坐具,由前后两人抬着走。由于它轻便灵活,视线开阔,进退也很方便,所以曾经一度成为各阶层广泛使用的行旅工具。后来滑竿的流行区域逐渐缩小,在我国西南山区、丘陵地带使用较多。

四、乘车行旅

车本源于轮,是轮运用范围的扩展。轮形工具在距今 7000 多年的仰韶文化时期便已产生,其中,较著名的有纺轮和陶轮,轮的出现为车的诞生奠定了基础。古车按其用途可分为三种类型:礼仪车、战车和交通车。春秋末年齐国人创作的一部手工业技术的专著《考工记》载,春秋战国时期车的使用已很普遍,制车业空前兴盛,有专门管理车辆制造的官吏,行业内部也有细致的分工,有专造轮子的轮人以及专造车厢的舆人等称谓,车匠统称为"车人"。"一器而工聚焉者,车为多",说明车辆制造是集中能工巧匠的行业。

乘坐车辆,是一种既能减少旅途劳累,又能提高效率的行旅方式。乘车行旅的形式可以追溯至远古传说时代,中华民族的始祖黄帝,就名为"轩辕"。"轩辕"本意指车辀,也就是车辕。夏禹治水千里奔走水陆并行,"陆行乘车",大约是关于乘车行旅最早的历史记录。车的使用,大大提高了行旅的速度。根据《史记·秦本纪》记载,周穆王好远游,秦人祖先造父为其驾车,驭骏骥之驷,游历西方极远之地,"乐而忘归"。后因徐偃王叛乱,于是"长驱归周,一日千里以救乱"。早期用于行旅的车辆,除了要满足速度上"一日千里"的要求之外,其形制和质量还要考虑到乘坐者的安全与舒适。秦始皇陵封土西侧出土的两辆铜马车,体现出当时具有较高的车辆制作水平。其中,2 号铜马车的车舆分隔为前后二室,车辕按比例推算达492厘米，而春秋时期车辕长度一般在3米左右。增长车辕，方能系驾更高大的马种。车辕较长，也更利于车马放足驰骋，同时高速行驶也能减弱因马跃进引起的颠簸震动，而且以车轴为杠杆的支点，辕长与车舆进深成正比，车辆前部与后部的重量不会相差太大。所以辕长增加，又能为乘坐者提供较大的活动空间。秦陵2号铜车的形制与古籍文献中提到的一种"辒辌车"有相似之处。"辒辌车"又写作"辒凉车"或"辒车"、"辌车"，是一种车厢可容人安卧的车型。《说文解字·车部》："辒，卧车也。"又说："辌，卧车也。"民间还流行一种上有帷盖的"辎车"，远程行旅时也可用作卧车。所以，这种可以供人卧息的乘车的出现，为长途行旅生活创造了便利的条件。

随着人们社会交往的发展和行旅条件的改进，民间出现了雇车行旅的形式。以私车服务于民间行旅活动的专职人员，就是"车户"，又称作"车家"、"车客"。清人刘鹗《老残游记》第二十回写道："夜间托店家雇了长车"，"老残携同环翠并他兄弟同德慧生夫妇天明开车，结伴东南去了。"这里所谓"长车"，显然是为客人提供远程行旅服务的乘车。其车厢之宽敞，可以容纳5人携带行李结伴同乘。而且这种"长车"在夜间也能雇乘，说明当时以车辆营运为生的"车家"、"车户"为方便民间行旅生活提供了一定的条件。

古时行旅，民间普遍用"太平车子"作为长途载运的工具。《水浒传》第六十一回《吴用智赚玉麒麟　张顺夜闹金沙渡》写道卢俊义相信吴用的卦辞，决意出行，于是"讨了十辆太平车子，唤了十个脚夫，四五十曳车头口，把行李装上车子，行货拴缚完备"。宋人邵少博《邵氏闻见后录》卷二二提到"太平车"的特点：重大粗陋，以牛牵挽，每天行程达不到30里，稍遇雨雪天气，就停步不前，因而俗语称之为"太平车"。南宋孟元老《东京梦华录》卷三《般载杂卖》也说："东京般载车，大者曰'太平'"，有厢板无篷盖。车板前有两根二三尺长的辕木伸出，"驾车人在中间，两手扶捉鞭绥驾之"。车前通常系用骡驴20余头，车后也有两头，以便在车驶下陡坡之时能反向用力，使车辆缓行以保安全。在宋人张择端的《清明上河图》中可以看到"太平车"的具体形式，驾车的人并不乘坐于车上，而是步行，或许这就是他们被称为"车脚"、"脚夫"的缘故。

这种须用10多头乃至20余头牲畜牵曳的庞大载运车辆，后世逐渐不再常用。在我国种类繁多的古车中，独轮车被世界科学史界认为是最具特色的车型。独轮车在古代称"鹿车"或"辘车"，今江南地区称羊角车，四川称鸡公车。独轮车构造极其简单，一轮，一人推动，可载物也可坐人。平原和山区都可以使用，尤其是崎岖不平的小路更显示出其轻便灵活的优越性。因为独轮车无须役用畜力，也省去人力肩挑的劳累，所以一经问世便传入寻常百姓家，并沿用至今①。

五、舟筏行水

“行水”是指有别于陆路行旅，专门通行于江河湖海等水域的水路行旅。古人水上行旅的交通工具是舟筏。《易经·系辞》：“刳木为舟，剡木为楫”，可以推测人类造船的历史肇始于远古的独木舟。由独木舟发展到往来于河川大江的大船和行驶于海洋之上的各类海船，人类水上行旅的范围也随之大大拓展。近年的浙江余姚河姆渡出土的独木舟表明，人类造船的历史至少有7000多年。筏，是用竹、木等物编制而成的简易的水上交通工具。在四川新都出土的汉画像砖上有江上行筏的画面。唐人虞世南《北堂书钞》卷一三五引《东观汉记》载：“吴汉平成都，乘筏从江下。”杜甫《奉送崔都水翁下峡》诗也写道：“无数涪江筏，鸣桡总发时。”可见，江筏在水乡相当普及，而且被长期应用于民间行旅生活中，并且通常结为筏队顺流浮行。

尽管舟行难免遭遇激流险滩，恰如明人何景明《咏怀》诗所谓“江湖多风涛，舟楫不可保”。但与乘车马陆行相比，舟行江上却别有逸趣，如宋人欧阳修《晚泊岳阳》诗写道：“夜深江月弄清辉，水上人歌月下归。一阕声长听不尽，轻舟短棹去如飞。”汉代学者刘向《说苑·论丛》也曾说：“乘舆马不劳致千里，乘船楫不游绝江海。”显然，在我国古代，“乘船楫”很早便与“乘舆马”并列为重要的行旅方式之一。

我国内河众多，海岸线漫长，因而水上行旅十分发达，这也刺激了造船业的进步。春秋战国时期我国造船业就已具有一定规模，当时越国水军设有专门的造船厂——船宫。最早的船应是木板船，又称“三板”，即今之“舢板”，由一块底板和两块舷板组合而成。后来发展为舫船，将两只船并在一起，或中间留有一定的间隔。史载：“秦西有巴蜀，大船积粟，起于汶山，浮江以下，到楚三千余里。舫船载卒，一舫载五十人与三月之食，下水而浮，一日行三百余里。里数虽多，然而不费牛马之力，不至十日而据捍关。”可见当时的舫船体积较大。到了汉代，较大的船舶开始采用横梁和隔舱板，以增加船体的抗冲性能。至迟在宋元时期，大型海船开始装有龙骨，船底也由平底演变成圆底、尖底，且出现多桅帆船。总之，由于水上行旅的不同需要和河流等自然条件的差异，中国的造船技术也在不断发展进步，许多方面走在世界前列，为世界船舶工程技术和航行技术做出了重要贡献。如我国很早就已掌握利用风帆的技术，12世纪时，我国的海船中除了顶头逆风外，其他方向的风力

① 关于独轮车的起源年代，史学界说法不一。在四川成都出土的汉墓画像石表明，独轮车的发明至迟是在汉代。

都可利用，而西方的帆船直到16世纪才达到这个水平。

第三节 旅食与旅宿

一、行旅饮食

《左传·僖公二年》中有这样的内容："今虢为不道，保于逆旅。""逆旅"，大致取其迎止旅客之义。杜预解释说："逆旅，客舍也"，即早期的旅馆。这种设施，大约到先秦时期多称之为"舍"。"舍"字从"舌"，可能与"舍"提供行旅饮食有关。史载：范雎初到咸阳，有人把他推荐给秦王，而"秦王弗信，使舍食草具，待命岁余"①。秦王安排"舍"以规格简单的饮食接待范雎，可见"舍"能提供饮食的事实。《汉书·循吏·黄霸传》说，颍川太守黄霸曾派遣吏员密行司察，"吏出，不敢舍邮亭，食于道旁"，这说明按照常规，"邮亭"一类的机构能为出差的公务人员供应饮食。

在通常情况下，行旅之人往往会自带干燥、轻便、不易腐坏的干粮以备旅途食用。干粮在古代又有"糇"、"糒"、"糗"等不同的称谓。汉人王充《论衡·艺增》："且周殷士卒，皆赍干粮。"宋人楼钥《跋从子所藏书画》也写道："问所携，前则草履，后则干粮。"唐人虞世南《北堂书钞》卷七六引《东观汉记》还写道元贺迁任九江太守巡行属县时，一路拒绝属地接待，而是"持干糒，但就温汤而已"。与一般行旅之人不同，大部队进行远征，途中难以随处得到饮食供应，所以更需自己携带干粮。《吕氏春秋·悔过》记载，秦穆公兴师"行数千里"攻打郑国，商人弦高中途迎遇，说："唯恐士卒罢弊与糗粮匮乏"，于是假借郑国国君之命犒劳秦军。所以，这类食用干粮长期以来都在行旅生活中发挥着重要的作用。

行旅途中若能备有足够的干粮并能得到充裕的饮水，便能基本得以休息身心和补充体力。正如宋人范成大《四时田园杂兴》诗所写："黄尘行客汗如浆，少住侬家漱井香。借与门前磐石坐，柳荫亭午正风凉。"古代行旅生活中最多见的饮料是酒。史载大将军卫青在塞外迎击匈奴时，曾派属下军官为李广送"糒醪"②。醪便

---

① 《史记》卷79《范雎蔡泽列传》。

② 《史记》卷109《李将军列传》。

是一种浊酒。古代客店多兼营酒业,《水浒传》中的武松在行旅途中于“三碗不过冈”的招旗下豪饮,更形象地说明了酒在民间行旅中的普遍性。

行旅途中不可能时时饮食充沛,古代士兵塞外出征、行军打仗时,往往会“乏粮,或不能自振”①。有时行旅生活条件下降到极点,以至饮食无法得到保证,甚至沿途乞讨饮食。《左传·僖公二十三年》记述晋文公重耳在政治流亡途中“乞食于野人”。明人顾炎武《邢州》诗描写在邢州一带行旅的感受,其中,也有“乞食向野人,从之问桑麻”的诗句。至于完全出于饥饿的原因而流徙被史籍称作“乞活”的活动,从某种意义上也可以看作一种形式特殊的行旅生活②。

二、宿息·宿泊

长距离的行旅必须于中途歇宿。《周礼·秋官·野庐氏》中提到负责多种交通设施建设和管理的官吏“野庐氏”,他们“比国郊及野之道路、宿息、井、树”。郑玄注:“比”是指“校”,即考察监理,“宿息”是指“庐”一类供行旅宾客晚间停留歇宿及白天暂时休息的场所。

古代官吏出行多在“亭”中憩息。东汉中期的王奂赴汉阳就任太守的途中遇友人范冉,于是下车相互致礼,并说:“可共到前亭宿息,以叙分隔”③。再如李广夜行,经过霸陵亭,于是霸陵尉“止(李)广宿亭下”④。此外,在历史文献中也经常看到官员“止亭舍”、“息亭舍”以及“观政于亭传”等文字记载,都说明“亭”具有提供行旅宿息服务的功能。不过这类“亭”的设置,主要为负有一定行政责任的官吏服务,所以它的服务对象具有社会等级的局限。对于一般平民而言,往往只能在民间经营的旅店中歇宿。《水浒传》第六十一回写道:“且说吴用、李逵二人往北京去,行了四五日路程,每日天晚投店安歇,天明打火上路。……行了几日,赶到北京城外店肆里歇下。当晚李逵去厨下做饭……”类似这种旅店,需要旅客自己动手做饭,住宿条件相当简陋。

除了宿息于旅店之外,民间行旅中还有多种解决中途歇宿的方式。明人凌濛初《初刻拍案惊奇》卷四《程元玉店肆代偿钱　十一郎云岗纵谭侠》中写道:“此去六十里,……近处却无宿头。”所谓“宿头”,是指当日行程结束时的歇宿之处。行旅之中若找不到宿头,只能另外寻找夜宿的住所。其中,较常见的方式是临时借宿

① 《史记》卷111《卫将军骠骑列传》。

② 王子今:《中国古代行旅生活》,商务印书馆国际有限公司1996年版,第81页。

③ 《后汉书》卷81《独行·范冉传》。

④ 《史记》卷109《李将军列传》。

于人家,有时须交纳一定的费用。明人冯梦龙《警世通言》卷三三《乔彦杰一妾破家》写道:“乔俊一路搭船,不则一日,来到北新关,天色晚了,便投一个相识船主人家宿歇。”至于因找不到宿头而求宿于不相识者,在民间行旅中应当更为普遍。若是情形困厄,行旅之人还有可能宿于野外。《晋书·王尼传》记载王尼躲避中原战乱、辗转远行时“无居宅,惟畜露车,有牛一头,每行,辄使子御之,暮则共宿车上”。还有《后汉书·独行列传·范冉》也记载范冉遭遇党锢之祸,手推鹿车,载着妻子“或寓息客庐,或依宿树荫,如此十余年”,这些都说明民间行旅中无歇宿之处的艰苦情状。当然,也有贵族甚至帝王出行时“露宿田中”的记载①,但那往往是非常形势下不得已而为之,十分鲜见。有时帝王贵族避舍露宿只是一种向世人“以示平易”或“请罪自责”的方式,他们与社会下层人民不同,不是把“露宿”当作行旅生活中中途歇宿的一般形式,而只是一种姿态而已。

与陆行宿息不同,乘坐舟船行旅,休宿大都仍在船舱之中。明人冯梦龙《醒世恒言》卷三二《黄秀才徼灵玉马附》写黄生搭乘舟船时水手对他说:“但前舱货物充满,只可于艄头存坐,夜间在后火舱歇宿。”这是在水行途中不得不于船上宿泊的事例,也有到达目的地后仍然宿于船舱之中的记载。如明人凌濛初《初刻拍案惊奇》卷三二《乔兑换胡子宣淫　显报施卧师入定》中写道:“到了秀州,唐卿更不寻店家,就在船上作寓。”夜晚泊于船舱与宿于旅店之中有不同的感受。杜甫《客夜》诗:“客夜何曾著,秋天不肯明。入帘残月影,高枕松江声”,以及黄景仁《舟夜寄别左杏庄》诗:“倾耳微闻折竹声,推蓬已失孤鸿影”等等,都将舟行宿泊的情形宛然现于诗句之中。

三、民间行旅食宿服务业的经营

饮食和住宿是行旅生活中两项最基本的需求,也是行旅得以顺利完成的保障。东汉末年,张鲁以“五斗米道”组织民众,在汉中地区设置“义舍”,为行旅者提供临时的住所,并在“义舍”中悬挂“义米肉”,行旅者可根据需要随意取用。这种无偿为行旅者提供食宿条件的制度,明显带有原始共产主义的遗风,在进入文明时代以后的行旅生活中,只能作为一种不寻常的特例。一般情况下,民间行旅中食宿服务业都是作为一种谋生手段而出现于社会生活之中,而且在不同的历史时期,有不同的经营形式。

“舍”是早期为旅客提供食宿服务的旅舍、客舍的通行的称呼。春秋时期,我国的交通线上已经出现了私人开设的旅舍。《庄子·山木》说,阳子来到宋国,“宿

① 《后汉书》卷9《献帝纪》。

于逆旅”。“逆旅”,也就是服务于行旅的客舍。春秋时的客舍,分为馆、寄寓和施舍三种。馆是为国家的宾客提供服务的,寄寓和施舍则为普通的百姓商旅所设。

到战国时期,馆舍普遍被称为“传舍”或“客舍”。由于战争不断,使臣、说客往来穿梭于各国之间,商人也乘机长途贩运货物牟取暴利,大批百姓流浪异乡,这一切不仅使水陆交通异常繁忙,也加快了私人兴办传舍的步伐。孟尝君所设之“舍”,已经大致体现出非官方的民营性质。商鞅变法失败以后,“商君亡至关下,欲舍客舍。客人不知其是商君也,曰:‘商君之法,舍人无验者坐之。’商君喟然叹曰:‘嗟乎,为法之蔽一至此哉!’去之魏。”①在这段记述中,客舍的主人称作“客人”,投宿的旅客称作“舍人”。“客人”受到国家法令的限制,若收容“无验”的“舍人”会受到严厉的处罚。但至于“客人”对客舍的所有权和经营权,却并没有否定。商鞅没住进去的这家客舍,可能就是私人开设的旅店。在重农轻商的秦国尚且如此,那么在商业繁荣的邯郸、临淄等城市,这种私人旅店的事业应当更为发达。

汉代民间行旅的食宿服务业比先秦有明显的发展。官方在大小城镇设置的亭、馆已不能满足商旅的需要,一些地方官员、商人便在无馆亭之设的乡邑兴办私人旅舍。这些旅舍大都要收取住宿旅客的费用,有的还将客房定期租赁给商人从事买卖活动,这都是官府的馆亭所不能及的。东汉时期,朝廷有时诏令百郡计列到洛阳观览,由于人数众多,官府馆舍容纳不下,一些地方官吏不得不宿于私营旅舍之中。可见这种私人旅舍当时已普遍存在于城市中,尤其在各大城市数量更多。

西晋之初结束三国的纷争局面,社会渐趋稳定,经济生产开始恢复,民间行旅的食宿服务业也因之迅速发展起来。但由于连年战争破坏了农业生产,政府决心大力发展农业,所以当时有人认为开设旅店属于舍本逐末之事,主张废止私营旅舍,另由官府设立,使老小贫户守护管理,再派地方官吏掌握,依照客舍的规矩收钱。这种建议引起朝野争论,如潘岳就曾上书晋帝,反对禁止私人旅舍事业,发表了对后世颇有影响的《客舍议》:“客舍逆旅之设,其所由来远矣。……率历代之旧俗,获得留之欢心,使客舍洒帚以待,征旅择家而息,岂非众庶颙颙之望?”文中具体阐述了私人旅店的发展概况,并将公私经营的客舍进行对比,生动而有说服力。尽管后世仍有人认为经营行旅食宿服务业,要通过收取房宿饭钱赢利,于是有“临道客舍,乃求利之徒,事业污杂,非敦本之义”的说法②,但隋唐以后的食宿服务业还是得到了快速发展。

至唐宋私人旅舍已相当发达。唐人杜佑《通典》:“东起宋汴,西至岐州,夹路

① 《史记》卷68《商君列传》。

② 《隋书》卷66《李谔传》。

列店肆待客，酒馔丰溢。……南诣荆襄，北至太原范阳，西至蜀川凉府，皆有店肆，以供商旅，远适数千里，不持寸刃。"可见唐代私人旅舍之盛。在长安和一些重要的交通枢纽城市中，还出现了专门招揽接待国外或异族商人的旅店，甚至也有域外商人自己经营的客店。《太平广记》卷一六载长安市有波斯人开设的旅店，并兼营商店。另外，在广州、扬州等地也有外国人开设的旅店，既可批发零售货物，也可接待外商的住宿，带有贸易客栈的性质，这些都标志着民间行旅食宿服务业的新发展。

行旅之人在途中进客店宿息，称作"打火"、"打尖"。《西游记》第八十四回《难灭伽持圆大觉　法王正统体天然》："我们共有十个兄弟，我四个先来赁房打火，还有六个在城外借歇。"清人刘鹗《老残游记》第七回《借箸代筹一县策　纳楹闲访百城书》中老残说："你应该打尖了。就到我住的房里去坐坐谈谈罢。"至于为什么称之为"打尖"，有人分析认为是将"打火"而误作"打尖"。清人福格《听雨丛谈》卷一一有"打尖"条云："今人行役，于日中投店而饭，谓之'打尖'。皆不晓其字义。或曰中途为住宿之间，乃误'间'而为'尖'也。谨按《翠华巡幸》，谓中顿为'中火'。观宋元人小说，谓途中之餐曰'打火'。自是因'火'字而误为'尖'也。"行旅中途停驻休息又称"下程"。宋人陆游《杭头晚兴》诗云："落叶孤舟晚下程，痴云残日半阴晴。"此外，还有"下程酒食"的说法，内容当然指歇息时的饮食。民间往往以称行旅歇息之处为"下处"。明人凌濛初《二刻拍案惊奇》卷一四《赵县君乔送黄柑　吴宣教干偿白镪》说："宣教抱头鼠窜走归下处，下处店家灯尚未熄。"《水浒传》第三回《史大郎夜走华阴县　鲁提辖拳打镇关西》中也说鲁提辖三拳打死镇关西后，"回到下处，急急卷了一些衣服盘缠……一道烟走了"。

旅人经过一个阶段的行程，都想得到理想的食宿条件以恢复体力、驱除饥渴，这不仅是下一阶段行程得以顺利进行的必要条件，也关系到整个旅途中的精神状态。行旅生活中的这些内容，无不与民间相应的食宿服务行业的经营形式和效能有关。但是由于古代行旅所乘交通工具只能是车马船只，更有许多平民百姓、僧侣艺人徒步行旅，所以错过市镇而投宿于荒村野店的事时有发生，旅人生命财产常遭不测。在唐代的文学作品中，已经开始出现关于私人旅店中"黑店"的描写。宋元话本以及明清小说也不乏此类事件的描写，这些从一个侧面渲染了民间行旅的艰险。

第四节 行旅习俗

一、卜行择吉·行神祭祀

中国古代社会生活有很多方面都表现出浓重的东方神秘主义色彩,其中,与行旅生活相关的某些习俗,也具有这种特色。卜行择吉、行神祭祀,是行旅之前心理准备的习俗,体现出行旅生活开始时心理上的庄重与严肃。古人火烧龟甲或兽骨,根据裂纹的走向预测未来的吉凶,这叫"卜"。也有人用蓍草测问吉凶,叫"筮"。类似的形式在不同地区、不同部族都有存在。即使在"蛮夷氐羌"等文明进程相对落后的部族,虽然没有"君臣之序",也流行"决疑之卜",用金石或草木,"国不同俗"①。在殷墟甲骨卜辞中有很多卜问征伐、畋游等出行吉凶的内容。《左传·襄公十三年》:"先王卜征五年,而岁习其祥,祥习则行,不习则增修德而改卜",反映了出行前卜问吉凶的礼俗。尽管这种问卜之俗曾受到过批判,如《韩非子·亡征》指出"用时日,信鬼神"的危害性,汉代王充《论衡》一书也批判了有关的迷信方术,但卜行的习俗仍然长期得以流传。《魏书·徒何慕容垂传》记载,慕容宝乘车到达幽州时,车轴无故自行折断。"占工靳安"认为这是"大凶"之兆,劝其返回,慕容宝没听从,后果然败亡。故事虽然近于怪异,却说明行旅之前卜问吉凶已经形成风气。

所谓择吉,就是选择吉日出行。《史记·封禅书》:"择吉月日。"这种慎重选定出行日期的习俗,在古代行旅生活中,有非常久远的历史。1975 年 12 月,在湖北云梦睡虎地发掘的战国末期至秦代的墓葬中,出土大量竹简,其中,包括《日书》甲种和《日书》乙种。秦简《日书》就是为人们确定时日吉凶的数术书,是认识当时社会生活的重要资料②。尽管我国交通事业随着历史的进步逐步得到发展,但人们的出行活动仍要受到诸多因素的限禁,卜行择吉仍然是行旅生活的一项内容。《红楼梦》第九十七回《林黛玉焚稿断痴情 薛宝钗出闺成大礼》写道:"恰是明日就是启程的吉日,略歇了一歇,众人贺礼送行。"可见在相当长的历史时期内,行旅

---

① 《史记》卷 128《龟策列传》。

② 李学勤:《睡虎地秦简〈日书〉与楚、秦社会》,《江汉考古》1985 年第 4 期。

择吉都是十分普遍的习俗。

“行神”,也称作“祖神”,“行神祭祀”也叫“祖道”。如荆轲远行赴秦刺杀嬴政时,燕太子丹为他送行:“太子及宾客知其事者,皆白衣冠送之。至易水上,既祖,取道,高渐离击筑,荆轲和而歌,为变徵之声,士皆垂泪涕泣。”①古人之所以在出行前要祭祀行神,是因为行神在中国古代民间的众神之中,占据重要的地位,据说是远古时代在行旅生活中起向导或护佑作用的部族领袖,后来被尊奉为神。至于“祖”,唐人司马贞《索隐》解释说:“‘祖’者,行神。行而祭之,故曰‘祖’也。”行旅祖道之风在古代社会生活中影响广泛,如晋人嵇含在《祖赋序》中所写,尊如“天子”,卑至“庶人”,无不虔诚遵行这种习俗。晋人多有标题注明为“祖道”的诗作,如张华《祖道赵王应诏诗》:“发轫上京,出自天邑。百寮饯行,缙绅具集。轩冕峨峨,冠盖习习。恋德唯怀,永叹弗及。”可见当时的“祖道”不仅含有祈祝行旅安全的早期动机,也溶入了借行神祭祀之机以表送别感怀的情愫。

二、行旅送别习俗

送别是行旅生活的开端。灞桥折柳,从很早以前起,就成为民间行旅中极富象征意义的送别形式。在相传为六朝人所写、记述秦汉时期关中历史地理的《三辅黄图》一书中,卷六“桥”条记载说:“灞,在长安东,跨水作桥。汉人送客至此桥,折柳赠别。王莽时灞桥灾,数千人以水沃救不灭。”“灞桥”又写作“霸桥”,由于它位居汉唐等朝政治文化中心东向的交通要道上,人们往往在这座桥上送别即将远行的亲友。久而久之,灞桥便成为行旅送别时集中抒发伤感情绪的场所,又叫“销魂桥”。五代后周人王仁裕《开元天宝遗事》卷下:“长安东灞陵有桥,来迎去送,皆至此桥为离别之地,故人呼之‘销魂桥’也。”而以柳枝象征千里相系的离别之情,较早的实例,见于《古诗十九首》中“青青河畔草,郁郁园中柳”的诗句,又如南朝齐人虞羲《自君之出矣》云:“自君之出矣,杨柳正依依”,都以柳丝的柔长比喻离情的缠绵。

灞桥折柳送别久已成为风尚,于是李白《忆秦娥》写道:“年年柳色,灞陵伤别。”但是随着时代的发展和送别习俗的演变,折柳其实未必在灞桥。宋代计有功《唐诗纪事》卷五六记载,雍陶在阳安(今四川简阳)做地方官时,曾送客至“情尽桥”。问桥何以名此,左右答曰:“送迎之情止此,故桥名‘情尽’。”听到这种说法,雍陶命笔一诗:“从来只有情难尽,何事名为‘情尽桥’?自此改名为‘折柳’,任他离恨一条条。”李白《春夜洛城闻笛》也写道:“谁家玉笛暗飞声,散入春风满洛城。

① 《史记》卷86《刺客列传》。

此夜曲中闻折柳，何人不起故园情。”可见，未必是在“灞桥”之上，“折柳”已成为牵动行旅之人伤别与乡思的敏感的信号，长久地附着在体现社会生活传统文化的行旅习俗之中。

为行旅之人饯行也是社会生活中常见的送别形式。所谓“饯”，原指向行神祭祀之后，行旅之人与送行之人“饮酒于其侧”的礼仪①。魏晋以后，逐渐成为“祖道”的主体内容。但随着社会习俗的进一步演变，以酒宴为行人饯别的实质，逐渐脱离了早期的行神崇拜。三国曹魏人曹植《送应氏》诗写道置酒送别的情形：“亲昵并集送，置酒此河阳。”“中馈岂独薄，宾饮不尽觞。”杜甫的送别诗也有对饯别情景的记述，如《江亭送眉州辛别驾升之》云：“柳影含云幕，江波近酒壶。异方惊会面，终宴惜征途。”这些都表明饯别这种送行习俗，在民间是一种常见的感情联络方式，并且得以广泛通行。

古代送行时又有赠言赠物的礼俗，通称“赠别”、“赠行”或“赠送”。如《诗经·秦风·渭阳序》载：“赠送文公于渭之阳。”“赠行”与饯别往往互相结合，于是又有“赠饯”的说法。当饯行的仪礼结束之后，行者与送者道别，便开始了他的行旅生活。

三、题记

行旅之人中有一部分文人学士喜欢在一些有纪念意义的地点题字，这种习俗一直延续至今。古代行旅生活中的题记习俗最早可以追溯到秦代。秦始皇统一全国后巡游各地，在峄山、泰山、琅琊、碣石等地刻石为记，向世人炫耀自己的功业。公元前219年，他在峄山下的刻石是中国古代文献记载的第一块行路刻石，现著名的西安碑林中还珍藏着宋代根据原拓重新刻制的“峄山刻石”。

汉末魏晋以来，行旅之人题记习俗逐渐成风。开始多为名山古刹和佛窟中供养人的题名，后来逐渐衍化传播。著名的甘肃敦煌莫高窟、山西大同云冈石窟以及河南洛阳龙门石窟都有大量佛教信徒的题记。其中，山西高平的高庙山石窟，是南北朝时期由佛教徒开凿的一个小型洞窟，内有28位僧人和106名有官职的人和其他供养人的题名，题名者涉及50多个郡县。但由于年代久远，题记的实物极少得以传世，可见的多为石刻，保存在敦煌、云冈、龙门等著名的石窟之中，还有少数散见于古代交通要道的山崖上或名山古刹中，其中，有一些已被移至博物馆内作为文物保护起来。

题记之风自唐朝开始成为文人行旅生活的时尚，在后代更为盛行。唐初王玄

---

① 《仪礼·聘礼》。

策，曾专责从事外交活动，多次出使印度，但新、旧《唐书》均没有他的传记，他的生平事迹有些因无法确证而成为悬疑。1976 年在河南龙门石窟的宾阳南洞西壁发现了王玄策于唐高宗麟德二年（665 年）的题记，为研究这位外交家提供了重要的参考资料。宋代许多文人在行旅途中都有题记的习尚，如寇准有《书河上亭壁》、王安石有《书湖阴先生壁》等。其中，苏轼有一首著名的《题西林壁》，就是在庐山乾明寺的题记："横看成岭侧成峰，远近高低各不同。不识庐山真面目，只缘身在此山中。"

历代文人学士的这些题记，既使后人了解到作者本人的生平和游踪行迹，也为研究当时的社会生活和山川风物提供了宝贵资料。如唐德宗贞元二十一年（805 年），韩愈调任江陵府法曹参军，途经南岳衡山，夜宿山寺时题诗一首于门楼之上，其中，一句"我来正逢秋雨节，阴气晦昧无清风"便点明了当时的节令和作者郁闷的心境。在一些交通要道上的典型建筑，如驿馆、庙宇、古塔之上都有大批题记。位于呼和浩特市东郊大黑河北岸平原上的万部华严经塔，保存很多历代游人的题记。这座塔建于辽金时代，为八角七层砖塔，俗称白塔，至今仍保留着自金代至元明的题记 160 多条，分别用汉文、蒙古文、维吾尔文、女真文等多种文字书写而成，充分说明了行旅生活中的题记习俗在我国境内的各民族中都存在。同时，这些题记也为研究不同民族的政治、经济、社会生活等各方面的历史情况，提供了重要的资料。

四、尚早·尚俭·尚快

所谓尚早，是指行旅之人在途中习惯于早些从旅店里起床，尽早出发赶路，以便在天黑以前能找到投宿的旅店，或者尽早到达目的地。"鸡鸣早看天"，这是古代人们在长期的行旅生活中总结出来的经验。关于"尚早"这一行旅习俗，在古典文学作品中有很多描写。如宋代诗人陈兴义的《早行》诗："露侵驼褐晓寒轻，星斗栏杆分外明。寂寞小桥和梦过，稻田深处草虫鸣。"再如南宋诗人辛弃疾有一首著名的《西湖》，记述的就是诗人在孝宗淳熙年间，被迫退居江西上饶，一次出门远行，因赶路而夜行黄沙岭山麓的经历："明月别枝惊鹊，清风半夜鸣蝉。稻花香里说丰年，听取蛙声一片。七八个星天外，两三点雨山前。旧时茅店社林边，路转溪桥忽见。"由此可见，古人行旅途中尚早的习俗非常普遍。

行旅之人在途中注意节省开支即尚俭，这也是自古就有的行旅习俗。即使是达官贵人出行，讲究一定的礼仪和排场，但也不敢轻易逾越应该遵守的规范。至于一般人出门远行，更须考虑尽量节约花费。北宋枢密使张粢初入仕时，到四川做地方官，妻子乘驴，他自己牵驴而行，儿女尚幼，共以一驴驮之，可谓尚俭的典范①。

由于旅途艰难，行旅之人大都希望尽快到达目的地，既能节约途中费用，又可以避免不虞之祸，同时也能早日解除亲友的挂念，于是就形成了行旅生活中"尚快"的习俗。据近人徐珂《清稗类钞·舟车类》载，为了适应民间行旅"尚快"的需要，曾经出现过专门运载旅客远行、能快速行驶的所谓"包赶程之车"。"同治以前，行陆路来往京师者，有急事，则千里长途，驾骡车，戴星而行，数日可达，谓之'包赶程'"。水路行旅若一帆风顺，速度也会很快。如唐代诗人李白《早发白帝城》诗云："早发白帝彩云间，千里江陵一日还。两岸猿声啼不住，轻舟已过万重山。"当然行速也会受到旅途中多种客观条件的影响，如气候条件、水文条件等，都可能使行旅速度产生很大差别。若遇条件恶化，甚至中断行旅。

五、软脚·洗尘·接风

"软脚"是民间慰劳行旅远归者的仪礼习俗，其直接意义是让旅人疲惫的双脚得以休息放松，同时也含有用饮食款待旅人的意思。苏轼《答吕梁仲屯田》有"还须更置'软脚酒'，为君击鼓行金樽"的诗句，唐庚《舍弟书约今秋到》诗所谓"'软脚'定中秋"，也指用"软脚"的酒宴来欢迎行旅之人。直到清代，民间依然通行以"软脚"来迎接旅人的归来。如赵翼《到扬州沈既堂前辈留饮话别》诗中有"一尊'软脚筵'，不觉成久坐"的句子，钱谦益《燕新乐小侯》也有这样的诗句："'软脚筵'开乐句和，濯龙吐凤客骈罗。"这是"软脚"之俗在当时颇为普遍的例证。

"软脚"这一习俗，在民间还普遍地被称为"洗尘"、"接风"。"洗尘"一说最初的由来，可能是源于行旅途中必然多蒙风尘，需要洗濯。《水浒传》第三十三回《宋江夜看小鳌山　花荣大闹清风寨》说宋江来到清风镇花荣驻地，花荣"请宋江更换衣裳鞋袜，香汤沐浴，在后堂安排筵席'洗尘'"。《儒林外史》第一回《说楔子敷陈大义　借名流隐括全文》写道："（王冕）拜谢了秦老，秦老又备酒与他'洗尘'。"清人翟灏《通俗篇》卷九《仪节》"洗尘"条载：《元典章》记载，元世祖至元二十一年（1284年）曾颁布法令，严禁政府官员"因送路、洗尘，受人礼物"。所以翟灏认为，凡公家或私人在远程行旅的客人抵达之时，设酒宴饮或者赠送礼物，称之为"洗尘"。

这种象征洗除行旅风尘的习俗在民间又作"掸尘"、"洗泥"之说。《红楼梦》第十六回《贾元春才选凤藻宫　秦鲸卿夭逝黄泉路》写贾琏远路归来，凤姐笑道："国舅老爷一路风尘辛苦！小的听见昨日的头起报马来说，今日大驾归府，略预备

---

① 马洪路：《人在江湖——古代行路文化》，江苏古籍出版社2002年版，第63页。

了一杯水酒'掸尘',不知可赐光谬领否?"在苏轼的《次韵钱穆父马上寄颍书》诗中又可见"洗泥"的说法:"多买黄封作'洗泥',使君来自陇山西。"因当时宫廷酿酒用黄罗帕封盖,故曰"黄封",后泛指各种美酒。明人张存绅《雅俗稽言》卷一七有"洗泥"条,其中写道:"凡朝臣出有赐,曰'饯路';反有劳,曰'软脚'。方言有'洗泥酒'。东坡云'多买黄封作洗泥'是也。今俗凡于人出曰'饯程',反曰'接风'。杨文贞因陈司业入京,贻诗云:'下马须湔洗,呼儿送一壶。'亦用'洗泥'语。"

至于"接风"的说法也可见于多部文学作品中。《水浒传》第二十六回《偷骨殖何九送丧　供人头武二设祭》说:"小人不曾与都头接风,何故反忧?"此说法在《红楼梦》中也有多处记述,如第四十九回《琉璃世界白雪红梅　脂粉香娃割腥啖膻》写道:"不如大家凑个社,又替他们接风,又可以作诗。"第六十九回《弄小巧用借剑杀人　觉大限吞生金自逝》中也可以看到这样的内容:贾琏往平安州办事,两个月后回到家中,凤姐"命摆酒接风"。显然,亲友行旅归来后"接风"款待的习俗在民间相当普及,并已逐渐形成为一种礼节规范,在社会生活中被大家共同接受和遵守。

除了以上几种主要的习俗之外,由于中国传统社会中安土重迁的心理和对行旅安全的关注,旅人在远行之时祈求神灵途中庇护,由此也产生中国古代行旅生活中的行路信仰和一系列禁忌,形成富有特色的行旅习俗。古人行旅途中敬畏的神灵主要是山神河伯和江河湖海中的各个龙王。如旅人在山林中行走时,不得对蛇虫虎狼等山中有威力的猛兽不敬,否则必遭山神责难。水路乘舟行旅时,也不得对水神不恭,甚至与翻、覆、沉等谐音的字和双关语,都在禁忌之列。如若商旅结伴同行,对车夫、脚夫及旅店的待客之道等各方面都有所禁忌。凡在路上犯禁者,为避免灾祸殃及自身,其他同路人须对之采取一定的惩罚措施,以得到神灵宽宥。这些旅途中的信仰与禁忌,具有一定的普遍性,后来逐渐演变成一定范围和一定历史时期内的社会习俗与道德规范。这些习俗中有一些是不可取的迷信活动,还有一些比如在行路的技术方法、行驶规则及公共道德等方面的禁忌,对规范社会道德也具有某些积极意义。

第五节　行旅生活的功能与价值取向

行旅生活，既是社会与自然对人类的慷慨馈赠，更是人类对社会与自然的最佳生活体验。人们“读万卷书”，获取的是丰富的科技文化知识；而“行万里路”，通过行旅体察获得的则是生活的理念和大千世界的新信息。行旅活动的兴盛，不仅是人类文明进步的标志，而且它更是人类社会生活发展历程中，追求个性解放与人格升华的信号。它是人类的一种自觉、自醒、自察的生动活鲜历程，是社会生活中生存方式的新选择，是认知自然与社会并探寻心路历程的最佳方式。

一、行旅生活的社会功能

行旅生活作为古代社会生活中的一项重要内容，自有其独特的社会意义，它在古代世界中扮演着极其重要的角色。从宏观上而言，行旅活动本身，既有着重要的政治教化功能、经济交流功能，更有着巨大的文化传播功能与科技繁荣催化功能。因此，它在任何一个时代都是一项增加社会安定与和谐，陶冶人们心性和情操，促进经济、文化交流，推动社会进步，维护民族团结，实现地区间、民族间的政治、经济、文化、感情交流，提高民族精神与文化素质，增强民族健康与体质的积极而又有益的活动。具体而言，古代行旅生活有如下几种功能。

1. 政治教化功能

行旅活动作为由“理想、规范、意义、期待等构成的完整体系，既对实际行为按既定方向加以引导，又对明显违背理想规范的行为进行惩罚”①。它在社会组织、人伦观念、宗教情感、艺术创造中发挥着组织、教化、认识、改造、整合、满足等不同的作用。这种反作用在古代帝王威加海内、震慑八方的出巡行旅生活中体现得尤为明显，其政治意义也最强。每逢此时，帝王沿途要颁发诏令，减免民间钱粮赋税，赏赐官员仕人，表彰孝男烈女节妇，考察民风市情，这些均带有明显的政治教化功能。早在先秦时期，人们就认识到了帝王巡游的重大作用，认为“王者五年一巡狩”，“命大师陈诗以观民风”②，可以维护帝王的威信，有利于加强中央集权。秦

① ［美］S. 南达：《文化人类学》，陕西人民教育出版社 1988 年版，第 46 页。

② 《礼记·王制》。

始皇更是秉承了这一信念,先后五次“巡行郡县,以示强,威服海内。”①其中有四次是以六国旧地为目标,歌颂统一功业,伸张秦法,宣扬威德,行程达14000多公里,有效地消除了六国的分裂因素,维护了统一。此后帝王巡游,普遍为封建君主所秉承,到了清代尤为盛行。康雍乾时期是清朝的全盛时期,国力日盛,皇帝们亲自出征巡游,一是为巩固边疆维护统一,二是为观风问俗,“俯顺舆情”,第三才是为审视大好河山。以康熙、乾隆二帝为代表的清帝江南之行,实际上是为了拉拢江南汉族地主和士人,以缓解和消除汉族对清王朝的对抗情绪,因而完全是一种政治性的巡游。康熙帝在《泛舟西湖》诗中曰:“此行不是探名胜,欲使阳和遍九垓。”即道出了其巡游目的即在于威服天下,巩固清朝统治。此外,秦始皇还开创了帝王封禅之旅。封禅是王者举行祭祀天地的仪式,是皇帝接受天命,替天统治群民的象征。秦始皇在称帝后的第三年,就开始了泰山之旅,在泰山“立石颂德”,“明其得封”。从此,去泰山封禅的帝王络绎不绝,有汉武帝、东汉光武帝、唐高宗、唐玄宗、武则天、宋太宗等。他们借封禅来粉饰太平,夸耀夷狄,以显示王朝的强大和天子的威望。后来封禅之旅逐渐演变成以儒家思想为指导,由帝王领衔,以功利为目的的一种政治行为。泰山也由此成为帝王们最青睐的游览胜地之一。行旅生活的政治功能还体现在诸侯将相的外交旅行活动中。像西汉时期张骞打通西域之旅,就是一种政治性的行旅活动。在张骞出使西域前,天山南北30多国均受匈奴贵族役属。汉武帝为了打击匈奴,解除北患,决定“远交近攻”,派人联络大月氏建立联合关系,夹击匈奴,并弄清西域少数民族地区的政治、经济情况。张骞奉命前后两次出使西域,第一次他被扣匈奴10余年,但仍“持汉节不失”,虽然此行未能完成联合大月氏共击匈奴的政治任务,但在我国历史上产生了巨大的政治影响。第二次张骞作为官方正式使节出使西域,开辟了从长安出发,直达地中海沿岸的通道,这就是有名的丝绸之路。他的两次出行,沟通了西域各族与汉王朝的关系,巩固了汉王朝在西域的统治地位,密切了汉民族与西域各族人民的友谊,成为我国历史上政治之旅的典范。

2. 经济交流功能

中国古代的商贸行旅活动,极为频繁,且代不绝书。从“丝绸之路”上商队的驼铃声中,传出了中外商贸繁盛的讯息;从山西晋商商帮在明清时期频频的对俄茶叶、药材、丝绸、布匹的贸易往来中,既凸显了商人行旅跋涉的艰辛,又彰示其获利的巨大喜悦。至于国内地区间的商贸活动中,晋商、徽商、粤商、陕商、洞庭商、沪商、闽浙商等商帮的商贸行旅活动,对物资交流、市场繁荣、民生惠济,均起着无可

① 《史记》卷6《秦始皇本纪》。

替代的巨大促进功效：

一是促进商品流通，活跃经济交流。

恩格斯在《卡尔·马克思》一文中说："人们首先必须吃、喝、住、穿，就是说首先必须劳动，然后才能夺取政治，从事政治、宗教和哲学等活动。"因此中国古代的行旅活动，在某种程度上是一种谋生手段，是政治、经济等具体活动的附属和派生物。随着农业、手工业的发展，社会分工的进一步细化，商品交换日益发展起来，这就大大促进了商旅活动的发展与繁荣。"《周书》曰：'商不出则三宝绝'"①于是，东方齐之商贾以"文采布帛鱼盐"等，南方楚之商贾以皮革、黄金、玳瑁、玉、水果等，西方秦之商贾用丹砂、石、铜、铁、竹、木等，北方燕之商贾用"鱼盐枣粟"等，往来交易，周流天下。这样，商品的交换、经济的交流也就随着行旅活动的开展在各地区、各民族间活跃起来。许多人也因从事贸易往来而成巨商大贾，如战国时期的白圭、明代的徽商等。

二是拉动地方经济的兴盛与发展。

商业之旅的频繁不仅有利于各地区、各民族间的经济交流，还对地方经济的发展有巨大刺激作用。如唐代的扬州，商业旅行活动十分活跃。"富商大贾，动逾百数"②，各色商人往来扬州，贩运盐、茶叶、粮米、珠宝、药材、丝绸等；外来蕃客也云集这里从事商旅活动，向中国输入象牙、犀角、乳香、玳瑁等，使扬州成为当时全国最大的物质集散地，大宗贸易、小件零售以及国内外交易等异常活跃。商旅活动的兴盛，促进了扬州地方经济的繁荣，使其一跃而成"雄富冠天下"③的城市。商旅活动的影响不仅局限于城市，它对乡村经济的推动作用也十分明显，如明清时期河南尉氏县的朱仙镇，因地处南北水陆交通要道，商旅往来频繁，逐步发展成当地远近闻名的经济强镇④。

三是有利于经济团队（如商帮）的形成。

明清时期，随着商旅活动的频繁，各地域的商人为了能在商旅生活中彼此照应，取得竞争优势，逐渐走到了一起，形成具有自身特色的商帮，如徽商、晋商等，他们在各地广泛建立具有食宿、会友、洽谈生意等多种功能的会馆，专门为同乡举子、游人、商人的旅宿提供服务，它的建立成为地域性经济团队——商帮联谊、买卖、议事的桥梁。

---

① 《史记》卷129《货殖列传》

② ［唐］罗隐：《广陵妖乱志》，中华书局1983年版。

③ 《新唐书》卷224（下），《高骈传》。

④ 参见王鑫义主编：《淮河流域经济开发史》，黄山书社2001年版，第728页

四是带动相关产业如交通、旅馆业、餐饮业等的发展。

随着古代行旅生活的频繁开展，极大地带动了相关产业的发展，其中以道路交通、旅馆业、餐饮业的发展最为显著。以旅馆业为例，宋人“狭邪冶游，终日疲役而不知倦”①，游人的大量出行给旅馆业带来了巨大的发展空间，于是上自皇帝，下至平民百姓，竞相经营旅馆，以致出现“邸店如云屯”②的景象。可见，行旅生活越繁盛，其带动相关产业的经济功能就越强。

3. 文化传播功能

所谓文化传播功能系指人们在行旅生活中进行的文化创造和文化传播功能。行旅生活本身既是一种实践活动，也是一种文化活动。古代的“旅”与“游”都离不开一定的社会文化，同时又在行旅的过程中传播着文化，创造着文化。行旅生活是人们进行文化创造的实践源泉。李白之所以“口吐天上文”③，与他长期游历大江南北，饱览锦绣河山，从中汲取营养和灵感是密不可分的。正是在丰富的行旅生活中，李白才创作出“飞流直下三千尺，疑似银河落九天”的千古绝唱。同样，唐代大量涌现的山水诗、田园诗、边塞诗以及游记、散文等都是与行旅生活有关的创作，都是人们“旅”、“游”活动在文化上的体现。可以说旅行生活为历代的文学创作提供了丰富的灵感与广阔的背景，对激发文人的创作激情，深化文学创作的思路起了积极作用。行旅生活不仅激发着古人的文学才情，同时也激发着众多的能工巧匠从事着人文景观的建造，如大同云冈石窟，洛阳龙门石窟，苏州园林，各风景名胜区的亭、台、楼、阁等等，都是古代旅游文化创造的典范。尤其在中国古代的造园艺术上，古人将诗与画融入园林的布局与造景中，使写意山水园林在体现自然美的技巧上取得了很大成就，如叠石、曲水等就是典型的代表。这些人文景观的创造，与人们的行旅生活紧密相连，它既是人们休闲旅游的好去处，同时又成为文人创作的新起点。古代行旅生活不仅创造着文化，也传播着文化。它包括口头传播、书面文字传播、驿站传播、军旅传播等等。这些传播方式促进了各地区间的文化信息交流，维系着主导文化（官方文化）、民间文化、经典文化（承担道统的精神文化）之间的互动。可以说在某种程度上，文化传播都是行旅生活的结果，离开了行旅生活，文化就会如一潭死水，难以生存。大唐时期，日本遣唐使曾 15 次奉命到达中国，来学习华夏礼仪、文化。遣唐使团包括留学中国的学生、僧侣以及各色人物，他们“虚至实归”，以空前的规模和速度将盛唐文化引入日本，使日本的政治制度、组织机

① ［明］王夫之：《宋论》卷 1，中华书局 1964 年版。

② ［宋］释道潜：《归宋道中》，见《四部丛刊三编集部〈参寥子诗集〉》第 1 卷。

③ ［唐］皮日休：《皮子文薮》卷 10《李翰林白》，萧涤非等整理，上海古籍出版社 1981 年版。

构、宗教、音乐、文字等，无不以唐文化为蓝本，即使是节令风俗也一概模仿。例如：元旦屠苏酒，四月八日灌佛，端阳竞渡、饮菖蒲酒，中秋赏月，重九登高、饮菊花酒等等，都一概效仿中国。因此，日本遣唐使之旅是典型的文化之旅。也正是由于这种文化的传播，日本举国为之一振，在不久之后就进行了影响深远的大化改新，国势从此大盛。同样，中国的四大发明也正是借着行旅生活的文化传播功能才远播欧洲，为世界文化的交流与发展作出了贡献。

4. 科技催化功能

所谓科技催化功能是指古人在行旅生活过程中进行的科学考察、科学创造和科学传播。它尤其体现在交通工具的发明和医学、地理学及天文学的发展上。古人为了满足其行旅生活的需要，除了步行和以驴、马等作为代步工具外，又发明了轿子、滑竿、辎车、独轮车、舟船等交通工具。这些科学发明方便了游人的出行，节约了人力，成为人们行旅生活中必不可少的部分。汉代学者刘向《说苑・论丛》曾说："乘舆马不劳致千里，乘船楫不游绝江海。"正是对这种发明创造的充分肯定。与行旅生活密切相关的另一科技创造是桥的发明。桥梁是连接陆地与江河等水域的纽带，人们为了方便出行，建造了形形色色的桥梁，有浮桥、拱桥、悬桥等，这些桥或坚固耐用，或建造精美，或历史悠久，或因某一历史事件而蜚声中外。它们融入了建造者的智能，是历代劳动者心血的结晶，也是人类解决出行问题的一大创造。通过旅行进行科学考察则是行旅生活的另一重要目的。这方面成就最突出者当属徐霞客，他年轻时便以身许山水，问奇于名山大川，把饱览祖国山川、描绘壮丽山河、探索大自然之奥秘作为毕生快事。他不避风霜雪雨，不畏艰难险阻，其所到之处，皆详细察看山川、气候、城邑、风土、民情、民族关系，以及地貌、岩洞、泉水、动植物、矿产等。白天攀山涉水，考察山川形胜，晚上不论身在何处，也要"燃松拾穗，走笔为记"，从不间断。其中对西南地区岩溶的考察记录，是世界上最早的岩溶文献。所著《徐霞客游记》是我国旅游学、地理学、地质学等方面的鸿篇巨制，在许多领域开世界之先河，是研究我国民族和历史地理的珍贵资料。徐霞客把全部身心都投入到行旅实践中，然而也正是行旅生活使他的才智得以焕发，使得他的生命放射出科学的光辉。与徐霞客同时代的著名医家李时珍也曾游历全国，亲尝百草，探索新草药、新处方，为其《本草纲目》的撰写打下了坚实的基础。清代的顾祖禹也是一位重视考察实践、调查研究的大学问家，凡车舟所经之地，他必"览城郭，按山川，稽道里，问关津"，甚至请教"商族之子，征戌之夫，考核异同"。经过三十余年考古今、综原委的行旅生活，他终于完成了一部280多万字的《读史方舆纪要》，并附有《舆图要览》四卷。此书考核精详，取材丰富，被誉为"数千百年绝无仅有之书"。这些科学巨匠们把一生都献给了科学事业，通过艰苦的行旅生活，来完成自己的科学考察,其精神一直激励着后人。至于古代能工巧匠通过“走方”行旅或被皇家征用,修苑建陵筑宫,对科技的传播交流,以及通过行旅活动的兴盛,伴之而来对馆舍建筑科技的繁荣、对舟车行止工具科技的发展、对饮食与服饰科技的创新,均有着强烈的刺激与催化育成功能。

二、行旅生活的价值取向

从本质上说,行旅活动实为在特定时空、特定背景、特定物化条件下,参与者主客体之间的一种双向交流、文化互动、对应体察活动,加之需求上的各异,致使在价值取向上,呈现多元化态势。

1. 审美的价值取向

行旅活动审美价值取向的实现,主要通过如下手段:一为“感”,即通过行旅活动,感知新奇景观与时空,丰富人生感性知识,以调理心性,美化情操。二为“品”,即通过行旅活动,品酒、品茶、品味人生,既发现生活与世界的美轮美奂“亮点”,更感悟天人合一、浩瀚宇宙苍穹的真、善、美“真谛”,以提升审美的鉴别力与品评力。

行旅生活是一种人与自然、人与社会双向交流的综合性活动。在古代,它包括“旅”、“游”两个方面,古人在行旅生活中通过其所见所闻来感受大自然、感受社会,从中获得美的享受。有学者指出:“旅游,从本质上说,就是一种审美活动。离开了审美,还谈什么旅游? ……旅游活动就是审美活动。”①此论颇有见地。无论是历史时期,还是当代社会,审美都是出游者观赏自然、观赏人文的一个最基本的价值取向。从动机上来说,旅游的审美实践活动可以分为四种类型:自然审美型,艺术审美型,社会审美型,饮食审美型。自然审美型以大自然作为审美欣赏的对象,它包括自然景观(如流泉、飞瀑、峡谷、花木、日照、风月、江河等等)与人文景观(如寺院建筑、楼亭、佛塔、石碑等等),二者往往相互因借,融为一体,构成丰富多姿的旅游审美对象;艺术审美型,主要以中国传统艺术如书法、绘画、园林、戏剧、民族舞蹈等为审美对象;社会审美型是旅游者以美学的眼光来审视、观察和体验社会劳动美、社会产品美、社会风尚美以及社会生活美等;饮食审美型则是一种以中国烹饪中的美食、美器、饮食环境为审美对象的审美类型。早在春秋战国时代,孔子便提出了“智者乐水,仁者乐山”的“比德”说,从伦理道德方面论述游观山水给仁人君子所带来的美的享受。而老庄学说则将山水自然之美作为审美对象,把天然、平淡、幽静作为美的一个重要标准,反对人工雕琢,主张保持自然之本性。随着人们对自然、对社会认识的加深,旅行生活的审美取向越来越占据重要的地位。魏晋

① 叶朗:《旅游离不开美学》,《中国旅游报》1988 年 1 月 20 日。

南北朝时期，无论是玄游家、还是释游家、仙游家都推重“天地任自然”的自然审美观，并提出了“重神理，而遗形骸”，山水“质有而趣灵”与“山水以形媚道”，“澄怀味象”与“应会感神”①等一系列的审美范畴。尤其“澄怀味象”、“以形媚道”理论的提出，阐明了审美主体与审美客体的关系，也即通过“味象”洞察“形”的面貌、特征和本质，洞察“形”的自然美，进而洞察“形”外之“形”，“象”外之“象”，达到“形”美与“象”美相统一的最高境界。世所传诵的“池塘生春草，园柳变鸣禽”②正是这种审美境界的典型代表。唐代大旅行家柳宗元又提出了“交相赞”的自然审美观，这是对自然审美关系的辩证认识，达到了把自然美与社会美熔为一炉的新境界。

2. 求知的价值取向

行旅的求知价值取向的实现，主要通过“见”与“闻”两种手段和途径。“百闻不如一见”，“百见不如一悟”。人们可以通过“见”与“闻”来印证旧知识，获取新知识，丰富人生与社会阅历，从而提高个人与群体素质。

“读万卷书，行万里路”是古人行旅生活的真实写照。不管古人旅行生活的目的如何，一般总是期望通过“旅”、“游”开阔视野，超越有限空间，设法获取更多的、新的生命源泉，自觉地、积极地改善生存条件，从而丰富和完善自己的精神世界。这种探求欲是行旅活动的一大特征，正是在这种探求欲的驱动下，人们才能源源不断地从旅行活动中获得知识、获得真理。汉代司马迁 20 岁时，便开始漫游大江南北，遍访名山大川，考察历史传闻，收集历史旧闻，体验民风民俗，洞察山川形势，以获取第一手资料。在长达十余年的行旅生活中，他先后访问了大禹治水之地，拜会了孔子故里，追寻了屈原的足迹，漫游了陈胜首义的大泽乡，一生足迹遍及今甘肃、陕西、山西、河南、河北、山东、四川、湖南、江西、安徽、浙江、贵州、云南等 13 个省，常年的读书行旅生活，使他了解了古今历史的逸闻旧事，博究详录了祖国各地风土人情，掌握了各地区的经济、交通状况；同时还饱览了中华大地雄奇壮阔的山河景色，从而丰富了历史知识和生活经验，扩大了胸襟和眼界，为其撰写《史记》吸足了营养。也正是他行万里路，采万里风，才能在《史记》一书中发古人未发之语，记古籍未载之言，解释很多历史疑窦，揭开诸多历史之谜。因此，司马迁之旅是一种求知之旅。在古代，许多有识之士在行旅生活中，把获取真知作为自己的人生追求，孜孜以求，坚持不懈，以致有的人把大半生时间都用在了求知之旅中。像唐代的著名高僧玄奘，16 岁即游历各地，参访名师，深造学问。为求得佛教真谛，他不辞辛

① 王淑良：《中国旅游史》上册，旅游教育出版社 1998 年版，第 195～199 页。

② ［南朝宋］谢灵运：《登池上楼》，见《汉魏六朝诗选》，人民文学出版社 1978 年版。

苦，释游各地，26 岁时已踏遍祖国半壁江山。玄奘在佛学上造诣越深，疑问也越多。他深感各师所说不一，各种经典也不尽相同，于是决心西行求法，寻佛祖真理以释所惑。经过长途跋涉，历经千辛万苦，他终于到达印度，入居那烂陀寺，从戒贤法师学习大乘教经典，数年后便成为印度首屈一指的高僧。在印期间，他又游历了东、南、西、北数十国，参观了与佛祖有关的遗迹和其他名胜古迹。回国时，他带回了佛经 657 部，此后在长安专门从事译经工作。玄奘带回的这些佛经成为后世研究古代印度文学、科学的重要文献。玄奘还将其所经历地区的风土、人情、物产、习俗、传说等撰成《大唐西域记》12 卷，成为后人研究中古时期中亚、印度半岛等国的历史、地理和中西交通的宝贵资料。明代的徐霞客、李时珍以及明末清初的顾炎武等人也都把探索自然、追求真知作为自己一生的选择，在经历了长年累月的行旅生活后，最终在自己的领域取得了巨大的成就。

3.“察世”的价值取向

通过行旅活动，实现“察世”感悟人生的价值取向，主要通过如下手段：一为“察”，通过行旅活动观察世象与山川风物，察知历史舞台信息，以增添奋斗的激情。二为“体”，通过行旅活动，体验异域、异地、异种风情，来鉴赏现实与历史的异同，以增长见识与生活阅历。

行旅作为一种文化活动，其主体在面对大自然和异域风情时，往往会引起人们对人生和自然界的种种感悟。这种感悟反映了人在与自然沟通中形成的感性关系，促使物性与心理交流，仿佛自然是人与之交往的一个特殊角色，具有人的灵性。“水光山色与人亲，说不尽，无穷好”①。正是这种感觉的写照。裂石穿云，滚滚大江，能引起人的威武感；黑黑森林，嘤嘤鸟鸣，能引起人的神秘感；海鸥展翅，惊涛拍岸，能引起人的壮美感。这些都是自然与人的一种无声的交流。值得注意的是，人们内在情理结构的变化，往往会引出在不同景致下不同的心境和人生感悟。范仲淹的《岳阳楼记》便是一个范例：“若夫霪雨霏霏，连月不开，阴风怒号，浊浪排空；日星隐耀，山岳潜形；商旅不行，樯倾楫摧；薄暮冥冥，虎啸猿啼。登斯楼也，则有去国怀乡，忧谗畏讥，满目萧然，感极而悲者矣。至若春和景明，波澜不惊，上下天光，一碧万顷，沙鸥翔集，锦鳞游泳，岸芷汀兰，郁郁青青，而或长烟一空，皓月千里，浮光跃金，静影沉璧，渔歌互答，此乐何极！登斯楼也，则有心旷神怡，宠辱皆忘，把酒临风，其喜洋洋者矣。”不难看出，范氏在岳阳楼上面对眼前两种景致，生发出两种不同的人生感受，一种是“去国怀乡，忧谗畏讥，满目萧然，感极而悲者矣”，全然一种思乡厌世、心灰意冷、凄凉哀伤的心态。另一种则是“心旷神怡，宠辱忘，把酒临

① ［宋］李清照：《怨王孙》，见《李清照集校注》卷 1，人民文学出版社 1979 年版。

风,其喜洋洋者矣”,表露出一种超然物外,轻松明净,喜不自胜的心境。这两种感受都是行旅生活的真实写照,只不过它是以作者个人的情绪为转移罢了。唐代诗人李白曾携一歌妓游览浙江东山,拜谒谢安墓,望着眼前的一抔黄土,诗人悲从中来,写出了《东山吟》:“携妓东土山,怅然悲谢安。我妓今朝如花月,他妓古坟荒草寒。”诗句道出了诗人的怀旧心态,以及对人世间悲欢离合的无限感慨。当然,古人的感悟不都是悲壮的,既有平淡,也有欢喜,既有哀怨,也有狂欢,不一而足。自古文人骚客,善感多思,而每当登高望远,送目临风,更易引动无穷的思绪:家国之悲,身世之感,古今之情,人天之思,往往错综交织,所怅万千,难以名状。不过,无论何种感慨、领悟,都是人们由景触情,情景交融的结果。这种结果也是人们对人生和自然的一种美学和哲学思考,是心灵与自然的对话。

4. 休闲娱乐的价值取向

通过行旅活动,实现休闲娱乐价值取向,主要通过如下手段:一为“娱”,通过行旅活动,娱悦身心与强身健体,使心性在娱乐中达升到一个更高境界,以消除一时的烦恼和疲劳。二是“参”,通过年节与民俗行旅活动,置身此氛围与环境之中,同娱共乐,参与共赏,使身心在娱悦之中更好地享受生活,感知人间的美好,以培养乐观向上的精神与豁达开朗的人生态度,强化积极进取的生活理念。

庄子云:“山林与,皋壤与,使我欣欣然而乐焉!”①旅游者与大自然和异域风情接触,在很大程度上是为了求得身心的愉悦。古代帝王之巡游,百官之宴游,文人之漫游,商贾之商旅,僧侣之宗教游,百姓之节假游等都或多或少地带有休闲娱乐的价值取向。如盛唐时期,朝廷鼓励百官节假日外出选胜游乐,甚至给予一定的经济补贴。开元十八年(730 年)二月诏令:“百官于春月旬休,选胜行乐,……各赐钱五千缗”②,此后又多次诏令百僚追赏为乐。朝廷的倡导使旅游之风大行其道。每当鸟语花香的春日或硕果累累的金秋,唐人或个体,或结伴,或阖家,车马如云,冠盖相望,到风光旖旎的郊野、园林、寺观、名山、大川,踏青、赏花、斗草、烧香拜神,同时开展角抵、斗鸡、荡秋千、蹴鞠及手拉手脚击节的“踏歌”等文娱活动,以消除平日劳作之劳顿,陶冶情操。当时的长安成为帝王与百姓同乐的休闲之地,“都人士女,每至正月半后,各乘车跨马,供帐于园圃,或郊野中,为探春之宴。”③士女们“游春野步,遇名花则设席籍草,以红裙递相插挂,以为宴幄”④。而许多文人士大夫则

① 《庄子·知北游》。

② 《资治通鉴》卷 213“开元十八年二月条”。

③ 《开元天宝遗事》卷下《探春》。

④ 《开元天宝遗事》卷下《裙幄》。

把旅游休闲作为人生的必修课，他们或名山探胜，或曲径寻幽，或临水饮宴，或登高赋诗。为了减轻远游的劳苦，他们每每选择山清水秀的城郊风景优美处，修建山庄别墅供优游逸居，像杜佑、韩愈、王维、白居易、杜牧、元稹等都拥有自己的山庄别业。其中白居易晚年闲居洛阳时，休闲郊游的兴致更盛。春天里，他信马闲步魏王堤，或者凭栏赏月天津桥上；秋天里，他常游香山寺，与寺僧烹茗闲谈，或与寺僧乘小舟出游，舟中置一小灶，于伊水中吟诗欢笑，于小舟上烹鱼煮茗，往往流连忘返。这种相忘于江湖的优哉游哉的生活，可以说能在很大程度上缓解人们紧张的神经，调节人们各种各样的心理压力，排遣人生中不如意之事。所以旅游休闲成为人们行旅生活中一个重要的价值取向。人们通过游览名山大川，欣赏文物古迹，体验风土人情，享受优质服务，可以放松心情，抒发豪情，排解郁闷，最终达到物资和精神的愉悦。因此王羲之在《兰亭集序》中说："仰观宇宙之大，俯察品类之盛，所以游目骋怀，足以极视听之娱，信可乐也。"当然，古人的这种休闲，带有很大的等级性，帝王将相的行旅生活自是普通百姓无法比拟的。

此外，各种形式的行旅活动，还有"增技"的价值取向（通过如下手段实现：一为"悟"，悟道竞技，获取新的生存发展空间，以提升生活生存技能。二为"鉴"，通过行旅活动，鉴别技能与需求的真伪，收集现实生活舞台信息，以强化生存技能。）、"营市"的价值取向（通过如下手段实现：一为"寻"，通过商贸行旅活动，寻求人生与市场信息，以减少经营市场活动中的盲目性。二为"购"，通过商贸行旅活动，购买珍品与奇货，并沟通商队交流渠道，建立市场与商贸信息网络，以获取最大利润并降低市场经营风险。）①

---

① 本节在撰写中，曾参考林永匡先生为《乐山旅游史》一书所作序言中的相关资料与观点，谨致谢忱。《乐山旅游史》，向玉成著，巴蜀书社2004年版。

清年画《闹新房》

第五章　婚姻生活

婚姻是人际关系的基本形式，而且有什么形式的婚姻，就有什么样的社会组织形式。在中国古代，婚姻是两姓家族间的交换行为，其决定权主要操纵在家族尊长手中。其目的一是缔结两姓同盟，扩大家族势力；二是奉侍舅姑，祭祀祖先；三是繁衍后代，维持人类的生存和发展，即所谓“将合二姓之好，上以事宗庙，而下以继后世也”[1]。

人类在进行自身生产的过程中，婚姻既是其两性交媾，得以繁育新的生命的主要社会生活“构件”之一；同时，通过婚姻这个社会生活与组织的“干细胞”，更可在使男女生命基因（DNA）传递的同时，将社会文化、礼仪、习尚、科技通过家庭教育得以承续，使人类文化诸多遗产得以永续利用。

---

① 《礼记·昏义》。

第一节 婚姻的起源与进化

在我国先秦时期，广泛地流传着这样的神话：在天地刚刚开辟的时候，有一个女神叫做女娲，她寂寞了，就用黄泥捏造了人类。她用黄泥搓出人的头和四肢，把人一个一个地制造出来。她不再感到寂寞，因为世间有了她所创造的儿女。但她觉得制造人类过于疲劳，于是发明了婚姻，让人类自己去繁殖。神话传说，不一定就是信史，但它反映了远古时代的一些实际状况。

据考古学家考证，在大约170万年以前，中国的土地上，人类已经脱离动物界而开始了原始的群居生活。它的代表就是考古学上所说的1965年在云南元谋上那蚌村发现的“元谋人”。由于当时生产力极端低下，人们不得不几十个人组成一个群体，来抵抗自然灾害与猛兽对人类的威胁。这种共同劳动、共同消费的早期人类组织就是我们所说的原始人类，也叫原始群。

原始群时期的两性关系，处于原始杂乱状态。马克思说：“最古是过着群团的生活实行杂乱的性交。”①中国历史上也有过关于这方面的记载：“男女杂游，不媒不聘。”②可见这时男女间的关系是苟遇而合，没有什么婚姻的程序和礼节上的束缚。也就是说，在人与人之间还没有出现一种自觉的和明确的“婚姻关系”。男女间的组合不仅是自由的、松散的，而且主要是一种性关系的组合，不体现社会内容或承担任何社会义务。性关系无长幼的限制，人类在观念中也不存在生父、生母和兄弟姐妹这些概念。这是人类婚姻发展史上的第一种婚姻形态：乱婚（杂婚）。

之后，人类婚姻随着社会的进化而进化，它的演变是一个由低级走向高级的过程。

一、血缘群婚

随着原始社会不断地由低级阶段向高级阶段发展，人类为了增强改造自然的能力，开始要求形成一个稳固的联合体。这样，人们便按照血缘关系自然地组织起来，形成了最早的稳定的联合体即血缘群体，和这种群体相适应的婚姻形态乃是血

---

① 马克思：《摩尔根〈古代社会〉一书摘要》，人民出版社1978年版，第10页。

② 《列子·汤问》。

亲群婚。这时的婚姻关系已经排除了父母与子女的群团杂婚关系,向同辈份之间结合的婚姻关系发展。因而有人又称它是"班辈婚"、"兄妹婚"或"等级婚"。原始人类对性关系的管理,无论从伦理还是从生理的角度,都前进了一步。

中国历史上关于兄妹通婚的传说有很多。如神话传说中伏羲、女娲是兄妹,也是夫妻。他们在洪水消退后再造人类的故事就反映出了这种婚姻的特点。闻一多曾在《神话与诗·伏羲考》中收集了四十几个类似伏羲、女娲的造人神话故事。如云南纳西族东巴文《崇报图》说:从忍利恩五兄弟找不到其他女子相配,只好与自己的五个姊妹结为伴侣。天神发怒,发动洪水消灭人类。因从忍利恩曾给都神治过病,都神在洪水之前给利恩递了信息,他藏在皮囊里脱险。《后汉书·南蛮传》亦载:槃瓠娶高辛氏女,生了六个男儿,六个女儿,后来兄妹间"自相夫妻",繁衍子孙,逐渐成为中国南方的一个少数民族①。

这些兄妹通婚的传说,并不完全是荒诞的和偶然的,它有着一定的现实根据,反映了人类祖先同辈间相互通婚的情况。

二、族外婚

族外婚是继血缘群婚出现的婚姻形式。

美国民族学家、原始社会历史学家路易斯·亨利·摩尔根(Lewis Henry Morgan 1818—1881)长期居住在印第安人的易洛魁人中,研究他们的社会制度和生活习惯。他写了著名的《古代社会》一书,对于发现和探讨人类历史的这个族外婚姻阶段做出了很大的贡献。

根据摩尔根的考察,原始人类经历了一个重要的族外婚阶段。它排除了本氏族内兄弟姊妹之间相互通婚的血缘婚姻,形成了一群女子与另一群同辈男子之间进行婚配的方式。婚姻行为只在两个或两个以上的婚姻集团间进行。这种氏族外的通婚,叫做族外婚。在易洛魁人中,共妻的兄弟之间或共夫的姐妹之间,互称普那路亚(Punalua),这是夏威夷语,意为"亲密的伙伴、朋友",因此,族外婚在世界范围内又称普那路亚婚。

族外婚是婚姻关系走向文明的一大进步,这种排除了兄妹通婚的婚姻形式是人类在长期实践中积累的宝贵经验,为繁衍健康的下一代迈出了决定性的一步。正如恩格斯所说:"如果家庭组织上的第一个进步是在于从相互的性交关系中排

① 《瑶族简史简志合编》第10页。

除了父母和子女，那末，第二个进步便在于对于这一关系中排除了姊妹和兄弟。”①

在我国西南地区，至今还流传着的某些传说，其主旨就是禁止兄妹通婚的。如在民间就有许多兄妹通婚而生“怪胎”的传说。这时人们已经能从优生的角度自觉地约束自己了。又如前面说的从忍利恩独自脱险以后，到黑白交界处与天女衬红褒白相遇，却受到天神的阻挠，天女帮助从忍利恩解答了天神出的难题而成婚。后来，他们又分别与公猿、魔女结合。这个神话反映了从血缘群婚向族外婚过渡的历史事实。

三、对偶婚

母系氏族后期，由于人们进一步认识了生育的奥秘和自然选择的规律，两性间的性交禁例日益错综复杂，群婚形式已经不能继续，这时人们开始倾向于固定自己性生活的对象，即每一个男子或女子有了一个较为稳固的或主要的配偶。但配偶的结合不是一种牢固的结合，也不排除一个女子除去一个主要配偶外，仍可同其他男子（血亲禁例以外的）有着性关系；同样，一个男子除去主要女配偶外，也可同其他女子（血亲禁例外的）有着性关系。因此，对偶婚的子女仍然不能确认他（她）的生身父亲，世系也只能按母系计算。

流行于我国云南永宁纳西族的“阿注婚”，就属于族外婚之后对偶婚的突出例证。“阿注”的意思是朋友，是男女通过结交而实现同居关系后的相互称呼。一般情况下，女子在家接纳男“阿注”，这种阿注关系具有相当的稳固性，有的男阿注已成为女子较为长期的丈夫。又如，在某些瑶族聚居的山区，解放前，那里的夫妻仅是名义上的结合，男女双方各有其公开的情妇或情夫，俗称“同年”。当地流行的“同锅不同房”的谚语，说的就是情夫同情妇的关系。由于对偶婚是介乎群婚与一夫一妻制之间的过渡性婚姻形态，随着母系氏族社会日趋衰落，原来不甚固定的对偶婚逐渐转变为一夫一妻制。

四、一夫一妻制

原始社会后期，社会生产日益发展，社会财富有所增加，出现了社会分工。男子由于体力的优势和劳动分工的特点，成为财产的主要获得者和占有者。因此，男子在家庭中经济地位优越；女子专心养育子女，操持家务，劳动便局限在家内。男子在经济生活中的优势逐渐显露出来以后，随着他们个人财产的增多，产生了在他

① 恩格斯：《家庭、私有制和国家的起源》，《马克思恩格斯选集》第4卷，人民出版社1972年版，第33页。

们死后将这些财产留给自己子女的愿望。同时,对偶婚的日益稳固,也使他们有了确认自己子女的可能性。为了适应男子的经济优势,传统的男到女方居住逐渐改变为女到男方居住,从而形成了父权制社会体系。为了保证妻子生育出确凿无疑的丈夫的子女,以便继承父亲的权利,对偶婚于是发展成为一夫一妻的婚姻形态。

我国古代母系氏族社会向父系氏族社会转变,相传完成于虞舜、夏禹之际。舜娶尧之二女和舜之弟象图谋害舜,“二嫂使治朕栖”①,尚未脱离对偶婚的遗习。《尚书·舜典》的敬敷五教(父义、母慈、兄友、弟恭、子孝)中,没有“夫妻”的伦理道德规范,说明夫妻关系尚不稳定。禹娶涂山氏的女儿而生启,夫妻关系才正式固定下来。

当社会财富开始私有,但还没有出现阶级之时,这时的一夫一妻制具有两个特点:一是产生了爱情的萌芽。爱情具有专一性和排他性,这是排斥群婚的一大进步。二是夫妻占有共同经营的家庭经济,使个体家庭从母系氏族中分离出来,成为现实。

这一时期的婚姻概念可以这样来理解:“婚”即黄昏的“昏”,封建社会的“娶妻以昏时”,就是它的遗意。“姻”,同“因”,三国魏人张揖的《广雅·释诂》说:“因、友、爱,亲也。”其意是,男女在黄昏时约会结为亲密的伴侣。《诗经·陈风·东门之杨》:“东门之杨,其叶牂牂。昏以为期,明星煌煌。”诗中描写的就是青年男女于黄昏幽会时的情景。

摩尔根认为,从对偶婚到单偶婚,人们不知“爱情为何事”,“所以婚姻并不是建立在情感之上,而是以方便和需要为上”②。这是低估了原始社会后期人类感情生活的肤浅看法。比如,处于父系氏族社会的云南基诺族就是一个懂得爱情的少数民族。该族青年男子在十六七岁举行成年仪式后,就走入爱情的圈子。这些男女各参加叫“饶考”或“米考”的社团组织,开始结识异性朋友,经过“巴漂”(私下相恋)、“巴宝”(公开爱情)和“巴里”(追求同居)三个阶段,表明爱情业已成熟,由父母出面议婚、订婚,举行结婚仪式。傣族的青年男女也有自己的组织和首领,男青年的首领称“乃欧”,女青年的首领称“乃绍”,他们由选举产生,其职责是让青年懂得社交和婚配的习惯和规矩,处理相互关系。他们通过“丢包”、“赶摆”等社交活动以寻找爱情。正因为婚姻是以爱情为基础的,所以《易·咸卦》说:“咸,感也,柔上而刚下,(阴阳)二气感应以相与,止而说(悦)……取女吉也”,强调男女相互感应,达到欢悦的程度,结婚才吉利。

---

① 《孟子·万章(上)》。

② 摩尔根:《古代社会》,商务印书馆1972年版,第91页。

需要指出的是，人类从原始社会崩溃产生私有制，以后经过奴隶社会、封建社会、资本主义社会，一夫一妻制都是以私有、剥削制度为基础，在男尊女卑，妇女受压迫的条件下实行的。从历史的不断发展和社会生产方式相继更替的角度而言，虽然具有一定的进步意义，然而在不同生产方式下的一夫一妻制都有它的不合理的内容。只有在社会主义制度下消灭了私有和剥削制度以后才能实现最合理、最进步的一夫一妻制。

第二节 婚姻形式

从远古的群婚到现代婚姻，人类经历了各种各样的婚姻嫁娶形式。许多研究我国古代婚姻史的学者们指出，我国古代婚姻在不同历史时期里有不同的婚姻形式。当然也有一些婚姻形式是跨越历史阶段的。我们且不说原始社会的群婚，从一夫一妻制出现以来，婚姻形式便有如下多种：

一、掠夺婚

又称“抢婚”、“劫夺婚”、“佯战婚”。这是指男子未得女子及其亲属同意，用掠夺的方式强娶女子为妻。从掠夺婚的遗迹来观察，可以窥见最初的婚姻起于掠夺。《说文·女部》说：“礼，娶妇以昏时，故曰婚。”为何在昏夜里娶妇呢？掠夺妇女只有在昏暗的黑夜才能得手。后世结婚沿用了这种习俗，都在夜间迎娶。由此逐渐形成了婚姻的概念，把结婚之礼叫做婚礼。

史籍中的一些记载也说明了这一点。《礼记·曾子问》说：“孔子曰：嫁女之家三夜不息烛，思相离也；娶妇之家三日不举乐，思嗣亲也。”这些话透露出掠夺婚的信息。女家的闺女被抢走，三夜不熄灯以表示思念。男家怕女家来犯，三天没有鼓乐声以保守秘密。《易经》上多处提到“匪寇，婚媾”，对此，梁启超在《中国文化史·社会组织篇》中解释道：“夫寇与婚媾截然二事，何至手段与寇无大异哉！”这一解释是有道理的，“婚”与“寇”并提，实在是表明用掠夺的方式来成婚。

这种掠夺婚在19世纪世界各国许多地区还仍然存在。如我国南方的傈僳族、景颇族、傣族和瑶族中就流行着这种婚俗。不过，这种掠夺婚实际上只是一种婚仪，或者说恋爱成婚的形式，有的还带有喜剧色彩。如傈僳族的抢婚过程就饶有风趣。男女双方在结婚前，都要事先约好抢婚的时间、地点，然后男方结伴执刀，按约定时间、地点去抢夺女方姑娘，姑娘要装出呼救姿态，女方的乡里也要前来佯装追赶营救。此时，抢婚者要向他们抛撒铜钱，诱使追者拾钱，抢婚者趁机便带着姑娘一起逃走。姑娘被抢回家后，方举行正式的结婚仪式。这种抢婚，婚礼过程波澜迭起，惊喜交加，增添了戏谑、热闹的气氛。瑶族的抢婚过程也挺有意思：三次逃跑，三次被抓回，新娘最后一次被新郎“抓”回之后，便在村外祭神的场地或村中央，拜神成亲①。由此可见，这种掠夺婚不是真掠夺，而是婚礼的一种仪式。

二、买卖婚

又称聘娶婚。这是私有制婚姻的代表形式。它以男方用大量财物为代价，换取女方为妇的交易方式为特征。这种婚姻形式，在我国古代十分流行，无论是皇帝，还是庶民百姓，都程度不等地采用过。《周礼》、《礼记》中曾记载了从天子、诸侯到士庶结婚用聘金、彩礼的规定。这些聘金、彩礼正是议定不同等级娶妇身价的具体标准。《汉书·刘钦传》说，西汉孝宣皇帝时，赵王曾以黄金200斤为聘，议娶张博的女儿为妻。南齐时，王源的女儿嫁给富阳满氏，聘金多达5万。北魏范阳卢思道想娶太原王某某女为妻，因为手头不太宽裕，经过多方周折私借了库钱30万作为聘金。可惜好事多磨，王某某以先接受过陆孔文的彩礼，拒绝了这门亲事，使他的美梦化为泡影。到了元、明两代，聘礼更重，官府把民间姑娘像对待牲口一样分成等级，规定其身价：上户姑娘身价是“金一两，银五两，彩缎六表里，杂用绢三十匹”；中户姑娘身价是“金五钱，银四两，彩缎四表里，杂用绢三十匹”；下户姑娘身价是“银三两，彩缎二表里，杂绢一十五匹”。实际上，聘礼往往比规定的要多得多。

由于统治阶级在婚姻中追求聘礼的影响，民间婚姻“论财”的现象也相当严重。北宋司马光曾指出：当时世俗，凡婚姻，必论财，形成“将娶妇，先问资装之厚薄；将嫁女，先问聘财之多少”，如同“牙侩（掮客）鬻奴卖婢”②。据载，清代浙江海宁等地行聘，富家一律得有金首饰，如手镯、如意、耳环、戒指等；一般人家也得有银首饰，否则不得成婚。清代奉天营口（今辽宁营口）满族缔婚，须两次行聘，第一次称“小定”，男方要送给女方金耳环一对。第二次称“大定”，男方除送给各式礼品外，尚需支付足够的新娘身价钱。这种身价钱，是按新娘的年龄来计算的，一岁一两银子，如新娘20岁就要20两银子。这方面的例子不胜枚举。

由于聘金苛重，历史上不知有多少人，因筹措不起巨额的聘礼，而无以成婚。

① 参见鲍宗豪：《婚俗文化：中国婚俗的轨迹》，上海人民出版社1990年版，第106页。

② ［宋］司马光：《书仪》卷3《婚仪（上）·亲迎》。

西汉丞相陈平，早年家中穷困，过了当时通行的婚配年龄，仍无力娶妻，最后还是一位老者借了钱物给他作聘资，才使他和一位“五嫁而夫辄死，人莫敢娶”的寡妇结了婚[1]。东汉骆越族人民，由于家境贫寒，男子有的耽搁到50岁，女子有的耽搁到40岁，尚未婚配。任延任九真（今越南清化省清化东山县阳舍村）太守，到了那里见此情况，乃下书属县，要求长吏以下各省俸禄，用赈助办法，一次就解决了两千多人“家贫无礼聘”的困难，使有情人终成眷属，做了一件大好事。南朝梁代文学理论批评家、《文心雕龙》的作者刘勰，因无聘金，无法成婚，只得皈依佛门，当了和尚。明代湘、鄂一带的男子，大都过了三四十岁，还不能娶妻，也多是因家贫没有足够的聘财所致。

三、表亲婚

又称“姑表婚”、“姑亲婚”、“中表婚”、“姑表亲”。在原始社会后期，由于族外婚的形成，表亲婚就被禁止了。周代出现的“同姓不婚”的现象是绝好的例证。但是到了汉代，表亲婚的现象又死灰复燃。在汉代表亲婚有两种情况：一是姻家恒为姻家；二是婚家恒为婚家（按：女氏称婚，婿氏称姻）。另外，表亲婚中还有互为婚姻的，如汉武帝立卫青的姐姐卫子夫为皇后，卫青又尚武帝姐姐平阳长公主。像这种结成世代通家之好的皇亲国戚，在汉代各朝可说是多不胜举。

在汉代的表亲婚中，有同辈互为婚姻的，也有异辈互为婚姻的。汉武帝为胶东王时，与姑母长公主刘嫖之女互结姻缘，曾演出了“金屋藏娇”的滑稽喜剧，这是同辈结成的姑表婚。东汉人钟瑾之母是李膺的姑姑，后钟瑾又娶李膺之妹为妻，这是表兄妹间的婚配。娶上辈或下辈的女子为妻的血缘异辈婚也不少。如汉惠帝的张皇后，就是惠帝胞姐鲁元公主的亲生女儿。这种舅辈与甥女辈之间的婚配，如果发生在近世，必成为爆炸新闻，但在婚姻不论行辈的汉代，却习以为常。此外，像吕后将侄孙女配给刘邦之子赵王刘恢为妻，即表叔娶表侄女为妇；元帝之子、中山孝王刘舆娶卫姬，即以姨母为妻；汉成帝娶许后，则以表姑母为妻，此类事例在汉代颇为多见。

汉代以降，表亲婚一直存在。以两晋南北朝为例，这一时期由于强调门第，婚姻范围变得很狭窄，出现了许多血缘异辈婚和中表婚。如谢尚娶袁耽妹，谢安女又适袁耽子袁质，为一代从表亲通婚；袁质子袁湛娶谢玄女，袁湛妹又适谢玄从子谢重，则为二代从表亲婚配。又如谢安妹为羊昙母，羊辅妻为王讷之女，王讷之孙女复适谢安子琰；王讷之妻为庾综女，综从子阐、阐从子和又各娶谢氏。这种表亲婚，

① 参见《史记》卷56《陈丞相世家》。

带来了血统上的混合，于是，血缘异辈婚在那些强调门第的人们当中也发生了。如蔡兴宗以女适袁彖，而袁彖为蔡兴宗的外甥之子。这既是血缘婚，又是异辈婚。徐湛之为宋文帝姊会稽公主之子，于文帝为外甥，文帝之女与徐湛之为中表姊妹，而徐湛之之子徐恒之却娶文帝女南阳公主，徐湛之之女又嫁文帝子隋郡王刘诞。这也为血缘婚、异辈婚，这种婚姻的范围更加狭小。从生理学的角度看，这种表亲婚是一种极为落后的近亲繁殖，它危害子孙繁衍，影响人类发展，是我们今天应该彻底摒弃的反科学婚俗。

四、童养婚

中国古代的童养婚大致有两种，即指腹婚和童养媳。

先谈指腹婚。这是封建家长包办子女婚姻的极端形式。胎儿还孕育在母体内，便由家长做主为他们预定婚约，成年以后便要依约与对方成婚。《后汉书·贾复传》记载，贾复在镇压河北农民起义时，被义军击伤，伤势十分严重。光武帝刘秀闻讯后大吃一惊，说道："闻其妇有孕，生女邪，我子娶之；生男邪，我女嫁之，不令其忧妻子也。"刘秀主动与贾复缔结指腹婚，目的是想借此来巩固双方特殊的政治利益。这当为较早的指腹婚。

由于统治者的倡导，这种婚姻形式在汉以后，相沿成俗。南梁名将韦睿之子韦放，旧与吴郡张率私交笃厚，当两人的侧室怀女孤弱，韦放倾囊赡恤，使之长大成人。当韦放任北徐州（今安徽凤阳县东北）刺史时，有的高门大族向他家求婚，韦放都婉言谢绝，还说：我不能对故友失信。同时，让儿子韦岐娶张率之女，又将自己的女儿嫁给张率的儿子。北魏初期著名谋臣崔浩，把女儿嫁与范阳卢遐做妻子；崔浩弟崔恬以女适王慧龙。卢遐妻和王慧龙妻都怀孕时，崔浩认为将来所生的孩子，都是自己的骨肉，因而替两家说媒指腹为婚，后来还亲自参加了他们的婚礼。

指腹婚是一种陋俗。当这些稚儿幼女长大成人，社会环境和人事关系的变迁使背约毁婚的事件不断发生，引起社会舆论的不满。如宋人司马光就曾揭露它的弊端说："及其既长，或不肖无赖，或身有恶疾，或家贫冻馁，或丧服相仍，或从宦远方，遂至弃信负约，速狱致讼者多矣。"①他归纳出上述五种情况都能使指腹婚失效而成为争讼的根源。

元代以降，封建政府对指腹婚屡加禁止。如《元史·刑法志二·户婚》规定："诸男女议婚，有以指腹割衿为定者，禁之。"明代的"户令"也说："凡男女婚姻，各有其时。或有指腹、割衫为亲者，并行禁止。"同时它仍把指腹婚的妇女列入"贞"、

① ［宋］司马光：《书仪》卷3《婚仪（上）》。

“烈”的表彰对象，宣扬“妇人从一而终”的封建伦理教条。清人毛奇龄批评说，这些指腹成婚的男女，自降生后从未见过面，“而妄称夫妇，无端而为之守志，此则乱伦渎类之甚者”。

童养媳，是指有子嗣之家，抱养人家的女儿为养女，待其子和养女达适当年龄，即让他们成婚。秦汉时期，帝王就开始选拔幼女进宫，成年后供帝王自己作为妃嫔，或赐予子弟为妻妾。这事实上就是先养后御，近似于后代的童养媳。“童养媳”的名称在三国时才开始出现。《三国志·魏书·东沃沮传》注引《魏略》载：“其嫁娶之法，女年十岁，已相许。婿家迎之，长养以为妇。”元、明、清代，童养媳已从帝王之家普及于社会，它不仅给买不起奴婢的小地主开了一个方便之门，而且逐渐渗入到下层劳动人民中。

童养媳在民间多出于贫家。其家长或因家贫难以度日，或因债务所逼，只得将幼女送给有子嗣的人家做童养媳，男家为了减轻将来娶媳妇的聘金，自然也愿接受。此种婚姻形式具有浓重的强迫性与剥削性，这些童养媳不仅是男家的廉价劳动力，而且生活待遇菲薄。有些地区的小女婿婚，也属于这种婚俗。

古代法律对童养媳有种种规定，如《元史·刑法志二·户婚》载：“诸以童养未成婚男妇，转配其奴者，笞五十七，妇归宗，不追聘财。”从中可以想见当时已有转卖童养媳以牟利的事情，才以法严禁。

清代闽、粤地区盛行养媳风俗。民家儿子初生，仅有半岁，便招童养媳。近代黄遵宪在《山歌》诗中说：“嫁郎已嫁十三年，今日梳头依自怜。记得初来同食乳，同在阿婆怀里眠。”有些人家盼子心切，胎儿尚在娘腹就招童养媳入门，称为“望儿娘”，或名之为“插朵花儿待儿生”，更属荒唐之极。

童养媳婚多是大妇小夫的配偶，这对于女子来说必然是莫大的痛苦。旧时，民间流传着大量的反映童养媳苦的传说和生活歌谣。比如淮河流域有这样一首“童养媳苦”的歌谣：“小媳妇，不是人，起了五更贪黄昏，俺婆还骂俺是懒妖精。吃的饭，冷冰冰，穿的衣，破领襟，晚上睡觉还没得个狗安身！”黄河流域广泛流传着一首《小女婿》歌：“石榴花，花儿黄，十八岁大姐九岁郎。白日背郎下地去，夜晚为郎脱衣裳。想想真心伤。”清代安庆地区也流传一首民谣，对这种婚姻制度作了无情的控诉：“十八大姐周岁郎，高矮个子一般长。白天喂吃又喂喝，晚上帮他脱衣裳。来尿糊屎我侍候，说是老婆像他娘。”

五、招婿婚

又称“招女婿”、“赘婿”、“倒站门”、“上门居”、“从妻婚”。这是传统婚姻形式的一种，指男进女家同居的婚姻而言。《汉书·贾谊传》载，春秋战国时期，即有

"家富子壮则出分,家贫子壮则出赘"的风俗。出赘者,未婚时称"赘子"。因为他们多是负担不起赋税的贫家子弟,所以这些"赘子"具有典质、出卖的性质。这种"出赘",并非为了获得美满的婚姻,而多是为了活命。《汉书·严助传》写道:"间者,数年岁比不登(收成之意),民待卖爵赘子以接衣食。"当时,淮南地区的贫穷百姓,就是以靠出卖"赘子"维持生计的。

秦汉时期父权制早已确立,所以通常的婚姻方式是男迎女。如果男子入赘当然为社会所贱视。赘婿就是对无力娶妻落个反到女家男子的称呼。清人钱大昕《潜研堂文集》卷一二"读史问答"条载:"秦人子壮出赘,谓其父子不相顾,惟利是嗜,捐弃骨肉,降为奴婢而不耻也。其赘而不赎,主家以女匹之,则谓之赘婿,故当时贱之。"这就是当时赘婿的处境。秦始皇时,曾将"赘婿"列为"七科谪"之一,常把他们同罪犯一道,强行征去戍边或服苦役。可见秦汉时期赘婿的地位是十分低下的。

宋以后,赘婿的性质起了变化,他们不再是穷富之间的典质、买卖关系。"招女婿",常常是因为无子,要解决传宗接代,或是解决劳动力的不足等问题。如明代梧州"男子出赘,称曰'嫁',而有其妇翁之产。女招婿,称曰'娶',而以己产与之。甚至男更姓以从女,或于男姓复加女姓,永不归宗"①。山东邹县等地的赘婿,也是"婿承岳产,为他人后,永不归宗"②。尽管赘婿的性质变化了,但其低贱的地位并未改变,所以一般人家,乐于娶媳妇,不愿让儿子去"倒站门",乐于嫁闺女,不愿招女婿,脑子里把"男嫁女娶"视为不得已而为之之事。

六、交换婚

俗称"换亲"。是两男子互相交换其姐妹为妻,或两父亲交换其女儿为儿媳的婚配形式。

《尔雅·释亲》云:"妻之父为外舅,妻之母为外姑,……妇称夫之父曰舅,称夫之母曰姑。"此称谓的来源,很可能是交换婚的产物。古时,姑舅表亲相互交换婚姻,那么妻称其夫之父母便是"舅"和"姑"。

交换婚以上层社会最为多见。远在西周时,姬、姜两姓世为氏族婚姻集团,就是以交换婚的形式世代联姻的。此俗对后世影响极为深远。历代王朝的统治者大都把与朝中重臣联姻,作为巩固政权的一种手段。如东汉明帝、章帝各朝及其子孙多与功臣耿况的后代互为婚姻。到了顺帝、灵帝、献帝各朝,皇室又与伏晨家族世

---

① [清]汪森:《粤西丛载》卷18《蛮习》。

② 参见胡朴安:《中华全国风俗志》下篇卷2《山东邹县之婚礼》。

代联姻。婚姻这个纽带成了联系君臣关系、体现权力和国柄的象征。

交换婚在民间，则是两个家庭之间的互婚。如《汉书·郑崇传》载，高密（今山东高密县西南）人郑崇与王家世代婚配，互为嫁娶，就是交换婚的典型表现形式。

七、冥婚

这是中国古代婚姻嫁娶的一种特殊形式。冥婚之俗主要受灵魂不死的宗教思想的影响，即认为人死之后，离开了阳世，可仍生存于冥界、阴间。阳世没能结婚，应该成全他们到冥界、阴间去举行婚礼。

冥婚之俗在我国产生很早。《周礼·地官·媒氏》有"禁迁葬者，与嫁殇者"之定律。郑玄注："迁葬谓生时非夫妇，死既葬迁之，使相从也。"孔颖达疏云："迁葬谓成人鳏寡，生时非夫妇也，死乃嫁之。嫁殇者，生年十九已下而死，死乃嫁之。不言殇娶者，举女殇，男可知也。"由此可知，迁葬和嫁殇是冥婚的两种方式，迁葬是在生时本来互无关系的男女，均未成婚而死，则由活人（死者家人或亲友）为之结合，迁其骸骨而葬于同墓，使他们在阴间成为夫妇。嫁殇则是生时已有婚约，未成亲而死，由家人或亲友为之完成婚礼。古时以20岁为成年，所以凡19岁以下而死者谓之殇，夭殇之女与夭殇之男成婚谓之嫁殇。《周礼·地官·媒氏》早有嫁殇之禁，可证明周以前已有冥婚之俗，大概是圣王们觉得此俗荒诞无稽，乃制律以禁之。

然而禁者自禁，行者自行。自先秦以来，上至大夫公卿，下自黎民百姓，均尚此俗。宋人周去非《岭外代答》载，曹操最喜爱的儿子曹冲13岁时死了，曹操为之聘甄氏的亡女并把他们合葬在一起。曹操作为一世枭雄，雄才大略，其迷信程度如此，足见当时之风尚。六朝时期有名的南方民歌《华山畿》中的第一首，以神话的笔调描绘了民间的冥婚："华山畿，君既为侬死，独活为谁施？欢若见怜时，棺木为侬开。"其意是说，华山啊，你既然为我死去，我还活着干什么。你如果真的爱我，那就为我把棺材打开。他们是什么人，为何一定要死在一起？据《古今乐录》说，南朝宋少帝时，有个年轻的读书人从今天江苏句容县的华山附近到云阳去。路上住店，对客店里的一位少女产生了爱慕之情，却"悦之无因"，找不到适当的方法向姑娘求婚，就上路了。后来，这青年思念姑娘成疾。其母问明了病因，便亲自去寻访这位姑娘，把儿子的思念之情说了。姑娘先前也曾有意，所以听后非常感动，就把自己的围裙解下来，让老妈妈带回去给儿子治病。那青年病已恍惚，见了姑娘的围裙竟吞吃起来，以至死去。死以前，他要求母亲让自己的灵车从华山绕过。灵车到了姑娘家门口，拉车的牛竟停下不动。姑娘听说后，便梳妆打扮得整整齐齐，对着棺材唱了上面所引的那首歌。果然，棺材应声而开，姑娘跳进后，棺材又合上，她家的人怎么也敲打不开，无奈，只好把这对青年合葬在一起。人们称他们的坟是

“神女冢”。

在唐代，也有关于冥婚的记载。如韦后曾“为亡弟赠汝南王洵与至忠亡女为冥婚合葬”①。冥婚在宋代成了婚俗，宋人康誉之《昨梦录》对此有很多记载：在宋代凡是未婚的男女死了，他们的父母就托媒人说亲，媒人叫鬼媒人。两家父母还要算卦祈祷，如果吉利，就各替鬼魂做冥衣，在男人的墓上供酒果举行合婚祭。然后要烧纸钱酬谢阴间的鬼媒人，当然少不了送礼给人世间的鬼媒人。据说举行过冥婚后，他们的父母会在当天晚上梦见新娘拜见公婆或女婿拜见岳父母。如果不替自己死去的子女做冥婚礼，死者的鬼魂就会作怪，闹得全家不得安宁。这样，冥婚礼的普及，便由原来那种慰藉死者灵魂的朴素动机，转变为保全活人利益的盲目的迷信了。

元、明、清时代仍有此陋俗。特别是在清代，这种风俗伴随着贞节观的加强，更加盛行。清人梁绍壬《两般秋雨庵随笔》一书中曾说：“今俗男女，已聘未婚而死者，女或抱主成亲，男或迎柩归葬。此虽俗情，亦有礼仪。”从“今俗”二字推断，当为有清一代流行的民俗。民谓“抱主成亲”，就是活着的未婚妻抱着已死亡的未婚夫之神牌，完成结婚大礼。这是冥婚的又一方式。成婚之后，这个可怜的妇人，就得守寡一世。直到死后，才在阴间与早死的丈夫完成花烛之礼。一个年轻女子遭遇到这样的命运是何等悲惨！

八、私奔婚

又称“共诺婚”、“自由婚”，指两厢情愿，不经媒妁，逃避父母的反对而自由结合的婚姻。我国古代史籍和文学作品中不难找到这种私奔婚的例子。《史记·司马相如列传》载，西汉卓文君，临邛（今四川邛崃）巨富卓王孙之女，因夫亡守寡在家，后与司马相如一见钟情，不顾其父阻挠，随相如私奔成都。后又同返临邛，以卖酒为生，“文君当垆，相如身著犊鼻裈，与保庸杂作，涤器于市中”，甘守贫贱，毫无怨言，被后世誉为“私奔”之祖。

元杂剧《西厢记》中的崔莺莺，无视封建礼教的森严和母亲的严命，乘夜色潜往西厢，与张生幽会，私下结为夫妻。《墙头马上》所写宦门之女李千金，与裴少俊缔结墙头马上之婚盟，随少俊私奔，生下一双儿女，又隔数年，始为其公婆发觉。清小说《好逑传》中的铁中玉，因拒绝了父母的劝婚而出走，“以图选择”。游学山东，巧遇宦门之女水冰心，他们二人蔑视世俗，与代表封建势力的亲属，乃至官府抗争，经过许多波折，始成夫妻。

---

① 《旧唐书》卷92《萧至忠传》。

不过，在封建礼教的重重压制下，人们以聘娶婚为正统、合法的婚姻，而把自由婚视为淫邪、非法的婚姻而加以斥责。因此，这种婚姻形式在古代是为数不多的。

古代婚姻形式还有服役婚、选婚、赐婚、赠婚等等，不再一一细述了。

上述这些古代婚姻形式，除了自由婚外，都是以女性为掠夺、买卖、聘娶的对象，其目的是为了占有女子，使女子成为男子的附属物、传宗接代的生育工具。在婚姻的交易中，妇女丧失自主的权利，任凭父母、媒人或权势的摆布，备受歧视、愚弄和奴役。到了宋元时期，甚至出现典妻、雇妻的怪现象，丈夫可以在一定时期内将自己的妻子出租，按期收取租金。妇女的境况竟沦落到如此地步。

第三节 婚　龄

婚龄是指可以成婚的年龄。成婚年龄的高低，历代屡有变迁。由于社会经济文化和人类身体素质在不断发展，后世的成婚年龄似较前世为低。当然，《大戴礼记·本命》“太古男五十而室，女三十而嫁”的说法，也未必可信。

周代的成婚年龄，前人记述不同。男子三十而娶，女子二十而嫁，是最为通行的说法。《周礼·地官·媒氏》、《礼记·内则》、《谷梁传·文公十二年》等均持此说。《墨子·节用上》、《韩非子·外储说》则认为男子二十而娶，女子十五而嫁。有的便对这两种说法进行调和。《孔子家语·本命》载，鲁哀公曾问孔子：“男子十六精通，女子十四而化，是则可以生民矣。而礼，男子三十而有室，女子二十而有夫也，岂不晚哉？”孔子回答：“夫礼言其极，不是过也。男子二十而冠，有为人父之端，女子十五而嫁，有适人之道。于此而往，则自婚矣。”孔子对鲁哀公所提问题的解释是：男子 20 岁就可以开始做父亲了，女子 15 岁也可以出嫁了。周礼所说的男子三十而娶，女子二十而嫁，是指结婚的最高年龄，是一个极限，人们成婚是不能超过这个规定的。孔子的这些解释是符合当时实际情况的。他自己就是在 19 岁结婚的。我们从当时古籍所载一些政治人物的结婚年龄看，也大抵都在 20 岁左右，个别的十四五岁，至于 30 岁才成婚，则是少见的现象。当然，劳动人民因为经济条件的限制，他们的婚龄要比统治阶级高一些，但也不会高得太多，因为古代地广人稀，统治阶级为了发展生产和增加兵员，他们便积极鼓励人口增殖。如越国在被吴国打败后，越王勾践便向国内人民发布了鼓励生育的命令：男子二十不娶，女子十七不嫁,要罪其父母;生子生女,都予奖励①。我们把勾践对结婚年龄所作的这一规定,与《周礼·地官·媒氏》和《墨子》中所记载的关于婚龄的规定对照起来看,可知先秦时期的婚龄一般是男20岁,女15岁。

降至汉代,早婚的现象极为严重。汉昭帝8岁即位。即位一个月,辅政大臣霍光、上官桀就为他立了皇后,是上官桀的孙女、霍光的外孙女,只有6岁。平帝即位时年仅9岁,王莽把女儿给他做皇后也才9岁②。一般官吏和普通平民的婚龄也都比较小。"女圣人"班昭(曹大家)14岁就嫁给曹世叔为妻。乐府民歌《羽林郎》中,那个抗拒霍家豪奴冯子都调戏的酒家女子胡姬,14岁就有了丈夫。

与此同时,汉代政治在法令上也鼓励早婚。汉惠帝六年(前189年)诏令:"女子年十五以上至三十不嫁,五算。"③算是人头税,每算120钱。按规定,人出一算,现在过了15岁不嫁的女子,则要出5算,以示处罚。

汉末以后,战乱迭起,人口锐减,给加强军力、发展生产都造成了巨大困难。为了增殖人口,统治者除了迫使寡妇改嫁,还明令早婚。西晋泰始九年(公元273年),武帝通令全国"女年十七父母不嫁者,使长吏配之"④。在《晋书·列女传》中,严宪和尤怜都是13岁就出嫁了。

对早婚的要求,南北朝时期沿而未改。南朝梁高祖宠尚的丁贵妃14岁归高祖;陈文帝的沈皇后10岁即纳入宫中⑤。北朝更尚早婚。北魏道武帝13岁就生了明元帝。在文成帝以前,诸王年15便赐妻别居,其后更低。太子晃15岁生成文帝;献文帝于13岁生孝文帝。北魏以后,早婚之风愈演愈烈。北齐后主即以征集妇女、处死家长相威胁,强迫人们早婚。北周武帝在建德三年(公元574年)下诏说:"自今以后,男年十五、女十三以上……所在军民以时嫁娶。"⑥婚龄越来越降低。

隋朝统一中国后,民间休养生息,生产有了发展,人口也有了增加,因此唐初,法定婚龄有了回升:男二十而娶,女十五而嫁。然而皇宫内仍有早婚现象,太宗长孙皇后13岁即入侍宫中。武则天皇后的外孙女、太平公主次女薛氏,结婚时仅11岁。民间相率效法,以晚婚为耻。唐边塞诗人李颀的《古意》诗说:"辽东小妇年十

---

① 《国语·越语》。
② 《汉书》卷97(下)《外戚·孝平王皇后传》。
③ 《汉书》卷2《惠帝纪》。
④ 《晋书》卷3《武帝纪》。
⑤ 《南史》卷12《后妃(下)·文沈皇后传》。
⑥ 《周书》卷5《武帝纪》。

五,惯弹琵琶解歌舞。今为羌笛出塞声,使我三军泪如雨。"15 岁小小年纪,已成了婚后的妇女。李白《长干行》中的那位商人妇,对郎君述说:"同居长干里,两小无嫌猜。十四为君妇,羞颜未尝开。低头向暗壁,千唤不一回。"14 岁的小姑娘情窦未开,就成了人之妻。

唐代中期,政府明确恢复了早婚的规定。开元二十二年(734 年),玄宗"敕男年十五、女年十三以上,听婚嫁"①。安史之乱后,婚姻受到战乱的影响,人们的实际婚龄大都推迟。白居易《赠友》诗就反映了当时的这种现象:"三十男有室,二十女有归。近代多离乱,婚姻多过期。嫁娶既不早,生育常苦迟。"

宋代律令规定的婚龄,基本沿袭唐开元之制。但是,司马光《书仪》却把婚龄定为男十六以上,女十四以上。朱熹《家礼》与此相同,并成为明清时代制定法令的依据。事实上,人们并没有按这个规定嫁娶,一般多是早婚。

明洪武元年(1368 年),明太祖下令,庶民嫁娶年龄,一依朱熹《家礼》。清因袭明朝旧制,然而在民间,早婚的现象却一直很严重,这与满族婚俗不无关系。近人胡朴安《中华全国风俗志》下篇卷一《奉天·满洲之婚制》说:"满洲之早婚,在全国可居第一,男女十三四岁即结婚。至二十岁以上方结婚者,俱为贫人。"

中国古代盛行早婚,从根本上说是统治阶级政治、经济的需要,也是封建家长制的必然产物。早婚给社会历史带来了不可忽视的影响,主要表现在三个方面②:

第一,降低了人的身体素质,提高了婴幼儿的死亡率。

现代科学研究业已证明,男女双方必须在身体发育完全,生理成熟时方可结婚。倘若发育未成熟即结婚,必会妨碍双方的生长发育,增加疾病,以致过早死亡。在古代,由于普遍实行早婚,人们的寿命是相当低的。以皇帝而言,在汉代 29 个帝王中,自然寿命确切可知者有 23 人,其中,西汉 12 帝中,年龄最大者 69 岁,最小者 20 岁,平均寿命是 41 岁。东汉 11 帝中,年龄最大者 53 岁,最小者 1 岁,平均寿命是 32 岁③。两汉 23 帝的平均寿命,则是 36 岁。魏晋南北朝时期共有 65 个帝王的自然寿命确切可知,其中,10~19 岁 2 人,20~29 岁 10 人,30~39 岁 13 人,40~49 岁 10 人,50~59 岁 13 人,60~69 岁 11 人,70~79 岁 5 人,80 岁以上 1 人,这些人的平均寿命为 45 岁④。据有关学者统计,从秦始皇到溥仪的中国近 300 个封建帝王,平均寿命仅三十六七岁。为什么这些能享尽天下洪福,得到天下最好的待遇的

① 《唐会要》卷 83《嫁娶篇》。

② 参见庄华峰:《论中国古代的早婚》,《安徽师大学报》(社会科学版)1996 年第 2 期。

③ 分见《汉书》、《后汉书》各帝《纪》。

④ 分见《三国志》、《晋书》、《南史》、《北史》各帝《纪》。

帝王如此短命呢？我们认为，除去与生活放纵等因素有关外，早婚也是一个重要原因。

早婚不仅给男女双方的身心健康带来了不良影响，而且还大大提高了婴幼儿的死亡率。汉宣帝时王吉认为："夫妇，人伦大纲，夭寿之萌也。世俗嫁娶太早，未知为人父母之道而有子，是以教化不明，而民多夭。"①要想降低人口死亡率，就必须反对早婚，推行晚婚，使做父母者本身发育成熟而且健康，那么所生子女也必定健壮，并能够得到好的抚养，自然可以避免夭殇。清代著名学者梁启超也认为，早婚有"害于传种"。他指出，早婚早育只能产生柔弱的下一代，对民族的繁衍很不利。这是因为"父母之身体与神经两未发达，其资格不足以育佳儿"。做父母的本人身体尚未发育成熟，性机能尚未健全，又怎么能够生出优质的后代来呢？"凡各国中人民之废者、疾者、夭者、弱者、钝者、犯罪者，大率早婚之父母所产子居大多数"。梁氏惊呼，如果一代代地早婚下去而不加制止，势必造成恶性循环，将会出现"子弱于父"、"孙又弱于我子"的情况，于是"递传递弱，每况愈下"，长此以往，"一家之子弟尪弱，则其家必落；一国之子弟尪弱，则其国必亡"。他认为早婚之害，实在危及子孙后代和国家民族的前途，绝不可坐视不管，并且得出结论说："欲国之有后，其必自禁早婚始"②，可谓一针见血。

第二，加速人口绝对过剩。

为了增加"丁口"，封建统治者提倡早婚，鼓励人口增殖。而一旦人口膨胀，与小农经济的承受力发生严重矛盾时，就会造成人为的灾难和社会的动乱。以清代为例。从康熙初年至道光十四年(1662—1834 年)，全国政局稳定，社会生产发展，赋税徭役相应地得到减轻，但由于提倡早婚早育，因而人口猛增。从康熙初年至乾隆二十九年(1662—1764 年)，共历时 102 年，人口却由几千万猛增至 2 亿多。从乾隆二十九年至道光十四年(1764—1834 年)，前后仅仅相隔 70 年，人口竟然增加一倍，突破了 4 亿大关。人口高速增长，致使人均占有土地迅速下降。据周源和《清代人口研究》一书统计，康熙时为每人 5.98 亩，乾隆时为每人 4.25～3.75 亩，嘉庆、道光时为每人 2.19 亩。从这一系列递减数字，便可知劳动人民的生活已跌入饥寒交迫的深渊。至咸丰年间，历史地理学家汪士铎鉴于当时"人满为患"，主张实行"男子二十五以内，女子二十以内嫁娶"，指出早婚是加速人口绝对过剩的祸源之一。他在《汪悔翁乙丙日记》中写道："天下人丁三十年加一倍，故顺治元年(1664 年)一人者，至今(1855 年前后)一百二十八人。"而此种情况在一些盛行早

① 《汉书》卷 72《王吉传》。

② 所引梁启超诸说均见《禁早婚议》一书，《饮冰室合集》文集之七。

婚的地区更为突出，如徽州人口，“二十年即加一倍”。汪氏强调说，耕地面积不扩大，人口却一代比一代多，势必一代比一代穷，人口过剩之后，“驱人归农，无田可耕；驱人归业，无技须人”，必然要“不为乱不止”①。因此，他主张晚婚晚育，控制人口增长，认为一个国家“民不可过少”，然也“万万不容过多”。汪氏的论述发人深省。

第三，在特定的历史条件下，早婚也有其积极的一面。

在一些人口锐减的历史时期，社会经济仍能继续向前发展，固然与封建政府的休养生息政策有关，但与统治者积极推行早婚早育政策也是分不开的。西汉初年，由于战争、饥馑和疫疾的影响，户口仅剩下十之二三，幸存者大约只有六百万人，出现了“千里无鸡鸣”的惨状。但从文、景时直至武帝初年，内地却呈现出另外一番景象：“下民咸殖”②、“列侯大者至三四万户，小国自倍”③。到汉武帝即位时，全国人口陡增为3000多万。这样，自汉初至此时的70多年中，人口总数增长了500%。百余年后，王莽篡权，接着绿林、赤眉大起义爆发，统治者出兵镇压，兵燹战火绵延，生灵涂炭，死伤惨重，至光武帝中元二年（57年），全国人口仅剩下21007820人④。经过东汉前期的恢复，“民户滋殖”；至汉顺帝时期，人口总数达到4915万⑤。这样，自光武中元二年至顺帝时的70多年间，人口总增长达230%以上。由上可知，在西汉前期和东汉前期，人口的增长是很快的，这对于汉代经济的恢复与发展发挥了一定作用。彭卫先生在《汉代婚姻形态》一书中统计，如从交纳口赋和算赋钱看，以15岁以上和以下的人口各占二分之一，则女子15岁结婚要比20岁结婚提供给政府的钱数大为增加。在西汉，每年要多2.4亿钱；在东汉，每年要多3.6亿钱。如从开垦荒地上看，一个成年男子种田25亩，每4人中有一个是成年男子，则西汉和东汉前期的垦田数目也会由于女子成婚年龄的提前而上升，西汉可以增加2000多万亩，东汉则增加3000多万亩。这样，粮食的年总产量也会相应提高。因此可以肯定地说，无论是西汉前期“太仓之粟陈陈相因，充溢露积于外，至腐败不可食。众庶街巷有马，阡陌之间成群”⑥，还是东汉前期“天下安平，人无徭役。岁比登稔，百姓殷富。粟斛三十，牛羊被野”⑦的繁荣局面，都与当时的人口增加密

① ［清］汪士铎：《汪悔翁乙丙日记》。

② 《汉书》卷22《礼乐志》。

③ 《汉书》卷16《高惠高后文功臣表》。

④ 《后汉书》志第19《郡国一》注引《帝王世纪》。

⑤ 《后汉书》志第23《郡国五》。

⑥ 《汉书》卷24《食货志》。

⑦ 《后汉书》卷2《明帝纪》。

切相关,而人口的增加又是与早婚早育分不开的。当然,应当指出,随着历史的发展,由早婚早育而出现人口急剧增加,其对社会的影响,就会逐步走向它的反面。

第四节 婚嫁的仪式与程序

婚姻是人一生中的大事。世界上绝大多数的民族和地区,在男女正式结婚时,都要举行一定的仪式以表示庆贺。这种仪式,叫做"婚礼"。

我国古代十分重视婚礼。儒家经典《礼记·昏义》说:"男女有别,而后夫妇有义;夫妇有义,而后父子有亲;父子有亲,而后君臣有正。故曰:昏礼者,礼之本也。"可见,儒学把婚礼看得相当重要,视为一切礼仪的根本,由此也就引出儒学对婚礼仪式的细致规定。

一、六礼

周代制定的"六礼",是古代统一的婚姻仪式。两家联姻,除了根据父母之命、媒妁之言以外,结婚必须经过规定的六道程序。"六礼"的说法在《周礼》、《礼记》、《仪礼》这三部儒学的重要典籍中均有记载。这种统一的婚嫁程序经过后世的不断完善、强化,在中国一直流传了2000多年。"六礼"的具体内容是:纳采、问名、纳吉、纳征、请期、亲迎。这六项内容构成了一套完整程序,它是中国古代历朝制定婚姻礼仪的基础,也对各个时代的民间婚姻习俗产生了重大的影响。

1. 纳采

纳,是希望接纳的意思;采,是采择、选择的意思。纳采就是议婚。这个仪式,就是男家托媒人向女家提亲。女家同意议婚后,男家再备礼请人前去求婚。提亲用的礼物因身份等级不同而有区别,公卿用羊羔,大夫用雁,士用雉,后来一律改用雁。这是为什么呢?《白虎通·嫁娶篇》解释说:"用雁者,取其随时而南北,不失其节,明不夺女子之时也,又取飞成行,止成列,明嫁娶之礼,长幼有序,不相逾越也。"据此可知,纳采以雁为礼,有双重意义:一是不失节,不失时。雁是候鸟,秋南飞而春北返,来去定时,从不失信。故以雁象征男女双方信守不渝。"不违民时"是儒家仁政思想的重要原则,而性欲是生理最强烈的冲动,男女步入青春期间,则要男娶女嫁,此乃人类生活中的自然现象。如果婚姻失时,则内有怨女,外多旷夫,故以雁为礼,表示婚嫁以时之意。二是嫁娶长幼有序,不相跨越。雁在迁徙飞行过程中，排列成行，老而壮者在前引导，幼而弱者尾随其后，从不超越。长幼有序是儒家礼法的重要原则之一。将这个原则用于婚嫁，长幼循序而行，非万不得已，不得叔季跨越伯仲而成婚。这种行止有序的行为，在候鸟中只有雁具备，所以雁为纳采之礼，恐怕也有这种含义。也有人认为，纳采以雁为贽，可能与以猎物为礼的古风遗俗有关，求婚时拿射来的雁送到女方家中，可显示自己的勇敢和能干。

2. 问名

男方行纳彩礼后，如承蒙女方接纳，即表明女方同意男方的求婚，那么男方就要再派人执雁去女家，以谦虚的口吻询问女方之名，故称之“问名”。这次女家要热情款待男方客人。男方得知女子的名字后，即以男女双方的生辰八字进行占卜，以决定成婚与否，吉凶如何。问名绝不是简单地向女家询问待嫁女子的姓名，而是要清楚地了解待嫁女子以及与之有关的一切。其中，待嫁女子是嫡出还是庶出至关重要。宗法婚姻中，妻妾制度决定人们要严格分清嫡庶之别，这一点不仅涉及男子。倘若待嫁女子为嫡出，男方有可能在这场婚姻中获得更多的利益，以此也就来考虑以多重的礼节对待这门婚事，可见，女性的命运在娘胎里就已注定。后来问名的范围扩展到议门第、职位、财产以至容貌、健康等侧面。

3. 纳吉

由于娶妻是为整个家族，所以男家在行过纳采、问名礼之后，须拿着求到的女方的姓氏及出生年月日时，到自己家的祖宗牌位前算卦。算卦的目的主要是看婚配双方有无相克的征兆。古人十分重视男女属相、生辰的搭配，他们依据阴阳相克相生的理论，对婚姻大事也进行这方面的限制，什么生辰可以相配，哪两种属相相配吉祥或相克，古人很下了一番工夫。经过纳吉，如果结果吉祥，男家便备礼通知女家，于是双方决定缔结婚姻，后世称为订盟，即现代的订婚。纳吉是正式定约，行礼时也须有礼物，作为订婚事的信物。

4. 纳征

也叫“纳成”、“纳币”，即男家在纳吉之后，将聘礼送给女家。这是成婚阶段的重要礼仪。征，成也，意为派遣使节纳送聘财以成婚礼，所以称完聘、大聘或过大礼。男方常常备有礼单和装礼品的箱笼，在媒人和押礼人的护送下，由人挑抬到女家。女方则以聘礼中的食品退回男方，称回礼，或女方将赠男方的衣帽鞋袜作回礼。纳征礼物都为贵重物品，且物物都有深刻含义：或取其吉祥，以寓祝颂之意，如羊、香草、鹿等；或取物的特质，以象征夫妇好合，如胶、漆、合欢铃、鸳鸯、凤凰等；或取物的优点、美德，以资鞭策激励，如蒲苇、卷柏、舍利兽、鸟、受福兽、鱼、雁、九子蒲等。这些物品虽都有经济价值，但用作纳征礼物，则并非重金主义，而所求的是各物所代表的抽象涵义，它表明人们的一种美好愿望。聘礼除了送实物外，也有送钱的。

5. 请期

男家在纳送聘礼到女家后，即占卜吉日以确定娶亲的具体日期。待确定吉日后，男家便派使者到女家征求娶亲日期，以示谦和。女家则按照阳倡阴和的原则，辞让一番，意即婚期由夫家决定，于是使者将婚期告知女家。行请期之礼，也必须有礼物，一般用雁。后来礼品从简，多用红纸写上迎娶日期时辰，叫做请期礼书，或口头通知，俗称送日子。也有在行纳征礼的同时，已将请期手续办完。

请期之礼，在各代有些变化。如在宋代，将请期礼并于纳征之中。《宋史·礼志》规定宋朝礼制："士庶人婚礼，并问名于纳采，并请期于纳成。"明代请期又演变为"催妆"。明人吕坤《四礼疑》卷三载："催妆，告亲迎也……此可代请期之礼，近世用果酒二席，大红衣裳一套，脂粉一包，巾栉两面，先亲迎一日早，女宾二人以车往，先回。薄暮婿往。"吕坤所谓近世，大约是指明代，可知当时以"催妆"替代了请期礼。请期之礼在近代称为"送日子"，即决定迎娶的"吉日良辰"。近人胡朴安《中华全国风俗志》下篇卷下《江苏南京采风记》："男家欲迎娶，先将男女八字，送星家诹吉，必使无冲犯，无刑克之良辰。以红全柬上记新人沐浴宜何时，水倾何方，新人上轿何时，合卺何时，避忌何人。谓之送日子。"

6. 亲迎

成婚日期定下后，便剩下最后一关：新郎在众人的簇拥下去迎接新娘了。亲迎有迎亲和等亲两种方式：迎亲必须用双顶轿，新郎乘一顶，另选一个全福小男孩乘一顶压轿，往女家迎娶；等亲必须用单顶轿，新郎乘坐于家门外迎候。迎娶队伍的行次各有惯制，一般为开道的队伍引导在前，继之为：仪从、新郎座轿、新娘花轿，最后为媒人小轿。从女家起轿时，向新郎献四喜汤、茶等。返回男家后，即举行一系列的仪式，如迎轿、下轿、祭拜天地、行合卺礼、入洞房等，每种仪式都有多种形式，其中，大都为祝吉驱邪，表现出禁忌迷信色彩。

古代婚礼以昏为期，因此迎亲必在黄昏以后，甚至深夜进行，所以《释名》给婚姻下定义说："婚，昏时成礼也；姻，女因媒也。"但为何一定要在昏时成礼？民俗学者归纳世界各种族的殊风异俗，所得的结论为："以昏为期者"，是初民时代掠夺婚姻的遗风，这种观点颇有一定道理。

古代结婚，不仅在黑夜，而且一切迎送人等，也全都穿黑色礼服。《仪礼·士昏礼》叙述亲迎之礼说："主人爵弁，纁裳缁袘，从者必玄端，乘墨车，从车二乘，执烛前马。"纁、缁、玄、墨都是黑色的意思，与近世婚礼尚红，或披白纱恰好相反。由于时间空间不同，自然不能一概而论了。不过近代迎亲，除有少数迷信的人以"暮夜为良辰"者外，而大多数人都是在日间举行，但在仪仗行列之中，仍然有掌彩灯或举大灯笼的人列队在前引导，这或许是古礼黑夜亲迎的遗俗。

“六礼”这套完备的嫁娶手续，在中国一直流传了几千年。由于它过于繁缛，行之不便，所以历代王朝的有识之士都主张改革，以符合实际生活的需要。北宋的司马光在这方面做出了很大的努力。他首先从自己家做起。据《新编事文类聚翰墨全书乙集四》载，司马光将“六礼”合并为三：“自议婚而下，首曰纳采，问名附焉；次曰纳币，请期附焉；次曰亲迎。……至亲迎则婚礼成矣。”南宋的朱熹也主张简化“六礼”，到南宋时代，“六礼”变成了“三礼”，把繁缛的手续减去了一半。此后，“婚礼”的定义、范畴也发生了变化，乡间平民百姓，仅仅将亲迎（成婚）这一天的礼仪，称之为婚礼。

“六礼”只是古代婚姻从订婚到结婚的基本程序，并非反映婚嫁的具体习俗和仪式。在婚嫁的具体程序方面，历代不尽相同，各地方、各民族也不尽相同。

二、催妆·铺房·送嫁妆

婚姻“六礼”中虽没有催妆、铺房和送嫁妆，但这些却是婚嫁程序中必不可少的环节，是汉族婚姻中的习俗。

催妆，由结婚六礼之一“请期”演变而来，其礼较为隆重。临近婚期，男家以嫁衣脂粉为新娘添妆，另置备酒果两席，送到女家。先派女宾二人为先客，到了黄昏，新郎亲赴女家敦促，新娘经多方催促，才肯理妆，又故意拖延时间，才上轿随新郎到男家。

催妆之俗在中古时代曾异军突起，既与请期脱节，又与“六礼”不相统属，而且失去了催妆的意义。如《古今图书集成·礼仪典》卷三十五引《清波杂志》记当时之俗说：“顷岁儿女合卺之夕，婿登高座赋诗催妆为常礼，后皆略去。”催妆本是催促新娘理妆出阁之意，应行于亲迎之前或亲迎之时；而“合卺”是为新婚夫妇举行交杯酒的仪式，将催妆置于合卺之后，就失去了催妆的意义，不知宋人为何有此转变。推考起来，可知自汉唐以后，文人雅士曾多以新婚为大好诗料，相率于却扇之际，赋催妆诗以咏其事，但还没有新郎自己登高作赋的先例。

唐人徐安期《催妆诗》：“传闻烛下调红粉，明镜台前别作春。不须面上浑妆却，留着双眉待画人。”陆畅《催妆诗》：“云安公主贵，出嫁五侯家。天母亲调粉，日兄怜赐花。催铺百子帐，待障七香车。借问妆成未？东方欲晓霞。”卢储《催妆诗》：“昔年将去玉京游，第一仙人许状头。今日幸为秦晋会，早教鸾凤下妆楼。”从这三首诗中可以看出，第一首催妆，是在新娘于归之后，坐于花烛之下，明镜之前，重匀粉面之际；后两首则是在新娘出阁的前夕，或在上花轿之前。可见此俗并不一致，而且在唐时就出现了。尤其是赋催妆诗的人，均为文人墨客而非新郎本人。到宋初才演变为“合卺之夕，婿登高座赋诗”之俗。由此可证明催妆既无定制，亦非古礼，也许是汉唐以降新兴的风尚。

铺房，婚俗之一。亲迎前一天，女家派人到婿家铺设新房卧具，俗称“铺床”。此俗约始于宋。关于铺房，宋代著名史学家司马光曾有精彩的议论：“亲迎前一日，女氏使人张陈其婿之室，俗谓之‘铺房’，古虽无之，然今世俗所用，不可废也。床榻、荐席、椅桌之类，婿家当具之；毡褥、帐幔、帐幕之类应用之物，其衣服袜履等不用者，皆锁之箧笥，世俗尽陈之，欲矜夸富多，此乃婢妾小人之态，不足为也。”①

明人吕坤《四礼疑》卷三中对铺房之俗始于宋时的观点与司马光略同。古人对新床很重视，因为夫妇生活之所以别与常人，就在于同床共寝。而床是新房中不可缺少的设置，也是一件神圣的器物，因此新婚之夜必须用新床。为了取吉利之意，必须请一位有福气的人来铺房。一般人家都是请一位夫妇双全子孙昌盛或家境富裕的“好命婆”或“富贵婆”替他们铺床，谓之“安床”。这位“好命婆”在“安床”时，还要喃喃呢呢地祷告，希望新夫妇琴瑟和谐，百年和好，早生贵子，长命富贵。此俗非常普遍，全国皆然。

铺房之俗，在有些地区称作“送嫁妆”。一些有钱人家在送嫁妆之日，非常铺张炫耀，一般是用很多方桌，方桌上安置木架，雇很多人夫抬着，两人一抬，排成一个纵队送到男家。在送嫁妆的同时，也送很多糖果。男家接到糖果，即分赠亲友邻里，以示即将娶媳妇。女家所送的陪嫁妆奁，统称为嫁妆，多是箱柜、衣服、被褥、首饰、金银铜锡器皿等等。特备“奁仪录”一一开列，合成一册厚帙，奁仪录的封面封底都是用厚纸文锦裱糊，置于盒子里，放在彩亭之上，让人抬着，走在行列之前。这种送嫁妆招摇过市以炫耀富有的习俗，有时在某些地方仍可以看到。

三、拜堂

拜堂是旧时婚礼的一种仪式。指行婚礼时，新郎新娘一起参拜天地，也指拜天地后拜见父母公婆。

拜堂是婚礼过程中最重要的大礼，虽然未被列入“六礼”中，但是，由于古人对男女结合非常重视，所以才有如此隆重而严肃的婚礼。因为男女相交是从结婚开始，才有人伦之义的，所以要拜天神地祇；从结婚开始，女子才成为男家家族的一员，所以要拜告早已离开人世的列祖列宗；从结婚开始，才把男女的个体合为一体，所以新夫妇一定要交拜，以示郑重其事。显然，古人拜堂之根本在于拜天地、拜祖先，希望并借助天地、祖先的威力认可他们婚姻的合理性，并保护他们。但客观上

---

① ［宋］司马光：《温公书仪》卷3《亲迎》。

却宣扬了一种崇拜古人、崇拜神和上帝的思想观念。正是在这个意义上,拜堂实际上是一种祭上帝、祭古人的宗教仪式在婚俗中的表现。

到了近代,拜堂的范围扩大了,不仅夫妻交拜,并且还要拜族亲宾客,甚至遍拜邻里街坊。

拜堂之礼始于何时?赵翼以为始于唐代以前①。宋人司马光在《书仪》卷三《婚仪上》中论述新夫妇相拜之礼时,曾说:"古者妇人与丈夫为礼则侠拜(司马光自注:侠音夹)。乡里旧俗:男女相拜,女子先一拜,男子拜女一拜,女子又一拜。盖由男子以再拜为礼,女子以四拜为礼故也。古无婿妇交拜之仪,今世俗始相见交拜,拜致恭,亦事理之宜,不可废也。"

宋代时,新娘拜堂的礼仪已风行于士庶之间,连拜堂一词,也赫然见于当时人的笔端,不过所拜的都是尊长亲属。拜堂之俗,可说全国相同,只是拜的方式、范围大小不同而已。从拜的方式看,有些地方除了拜天地祖先以外,还兴"拜花烛"、"拜镜台"。"拜花烛"就是在大堂中设供案,摆上龙凤喜烛一对,点燃之后,新人在案前交拜,表示已结成夫妇。"拜镜台"一礼,没有文献说明,很难说清其含义。据推测,拜镜台上的镜子,可能是当时人们认为镜子具有驱除妖魔,保障新婚夫妇安全、幸福的魔力。

从拜的范围来看,由于家庭大小、亲族朋友多少而不一,故而事先均请一位熟悉宗族及亲戚辈分的人开列程序单,同时再请一位赞礼的人唱名受拜。拜的次序一般是赞礼人发号施令:一拜天地,二拜祖先,三拜高堂,夫妻交拜。新婚的次日清早,新娘须在赞礼人的指导下,再次叩见公婆尊长,并献枣子、香茶,所拜的尊长,都必须严守宗族辈分,循序拜见。拜完亲族外戚,再拜宾朋贺客。很多地区,如河北井陉县拜过家族亲友之后,还要到街坊遍拜邻里乡党,俗语叫"拜街"。

拜堂礼俗固然繁缛,但因其符合封建社会长幼有序、大小有序的人伦道义,并带有一定的宗教礼仪的色彩,有利于稳固家族、宗族制度,所以为历代封建统治者倡导、推行②。

四、撒帐

新婚夫妇入洞房后,分左右坐于床,此时,由伴娘抛掷金钱糖果,撒向床内,故名为撒帐。关于这一风俗的来源,宋人高承《事物原始》记载:"李夫人初至,帝迎入帐中共坐。欢饮之后,预戒宫人遥撒五色同心花果,帝与夫人以衣裾盛之,云得

① 参见[清]赵翼:《陔馀丛考》卷31《拜堂》。

② 参见鲍宗豪:《婚俗文化:中国婚俗的轨迹》,上海人民出版社1990年版,180页。

果多,得子多也。”高氏仅推其源流,且记述也很简单。

清人吕程玉《言鲭》一书,资料比较完整。该书卷下说:“撒帐始于汉武帝。李夫人初至,帝迎入帐中,饮合卺酒,预戒宫人遥撒五色同心花果,帝与夫人以衣裾盛之,云多得子孙也。……又唐景龙中,中宗出嫁睿宗女荆山公主时,铸撒帐金钱。钱径寸,重六铢,肉好,内外背面皆有周廓。其形五出,穿迹随之,文云:‘长命守富贵’。每十文系一彩绦。敕近臣及修文馆学士送缗十钱,皆作却扇诗。”从上述可知,汉武帝撒帐,是在新婚夫妇坐帐饮过交杯酒后,才用五色同心花果撒向新夫妇,新人则以得果的多少,为得子多少之兆。

从《言鲭》的记载还可知道,唐代撒帐不用花果,而特铸六铢钱,上边刻以“长命富贵”的文字。唐人的取义,不再是祝多子,而是向新人祝福。宋人婚嫁也有此俗,所用的撒帐之物为金钱彩果等。宋人孟元老《东京梦华录》卷五《娶妇》说:“凡娶媳妇……男女各争先后对拜毕,就床,女向左,男向右坐,妇女以金钱彩果散掷,谓之‘撒帐’。”

明代仍沿用撒帐之俗。明人蒋之翘《天启宫词》有撒帐诗:“叶二笄联灿紫磨,扇茛云簇月生波。两行引赞交迎跪,撒果争闻唱得多。”由诗文可知,明时撒帐用果,而不用钱,所以又叫“撒帐果”。果也多籽,可见明人的用意多在祝新人“多得子”。后世“撒帐”,或用果,或用糖,或掺以花瓣,也有夹杂铜钱的,可谓集古礼之大成。撒帐之俗,在古代文学作品中多有载述,其中,明人洪楩《清平山堂话本·快嘴李翠莲记》中的“撒帐歌”描述得十分细腻,歌曰:“撒帐东,帘幕深闱烛影红,佳气郁葱长不散,画堂日日是春风。撒帐西,锦带流苏四角垂,揭开便见姮娥面,输却仙郎捉带枝。撒帐南,好合情怀乐且耽,凉月好风庭户爽,双双绣带佩宜男。撒帐北,津津一点眉间色,芙蓉帐暖度春宵,月娥苦邀蟾宫客。撒帐上,交颈鸳鸯成两两,从今好梦叶维熊,行见蠙珠来入掌。撒帐中,一双月里玉芙蓉,恍若今宵遇神女,红云簇拥下巫峰。撒帐下,见说黄金光照社,今宵吉梦便相随,来岁生男定声价。撒帐前,沉沉非雾亦非烟,香里金虬相隐映,文箫今遇彩鸾仙。撒帐后,夫妇和谐长保守,从来夫唱妇相随,莫作河东狮子吼。”所歌之辞,是描述洞房之内的风光、闺帷的燕婉,而意旨更是预祝夫妇和谐共处,早生贵子。

五、合卺

合卺,不在婚嫁“六礼”之列,但却是自古以来结婚仪式中一个重要项目。所谓合卺,是指新夫妇在新房内共饮合欢酒的意思。后世通称饮“交杯酒”,以示新夫妇自此已结永好。郑玄与阮谌合著的《三礼图》曾对合卺下定义说:“合卺,破匏为之,以线连柄端,其制一同匏爵。”由此可知,合卺是指破匏为二,合之则成一器,故名合卺。“匏”就是匏瓜，剖分为二，就可以盛酒，因此，合卺，古代也称“匏爵”。

匏瓜剖分为二，象征夫妇原为二体，而又以线连柄，则象征着婚礼把两人连成一体，所以分之则为二，合之则为一。清人张梦元对新夫妇一同进酒，必要用破匏作饮器曾稽考过，他在《原起汇钞》中说：“婚礼合卺同用匏，谓之叠，今作卺。用卺有二义，匏苦不可食，用之以饮，喻夫妇当同辛苦也；匏，八音之一，笙竽用之，喻音韵调和，即如琴瑟之好合也。”由此可见，合卺之礼有两个意思：其一，“匏”既然“苦不可食”，拿来盛酒，而酒也必会变成苦酒，确有提示新夫妇应有同甘共苦的意思；其二，“合”，不单是合成一体，而且也提示既为夫妻，就该如琴瑟之好合、和谐。如此看来，合卺的意义就很深远了。

合卺之礼最早见于《礼记》中。《礼记·昏义》说：“妇至，婿揖妇以入，共牢而食，合卺而酳，所以合体，同尊卑，以亲之也。”疏曰：“共牢而食者，同食一牲，不异牲也。……合卺，则不异爵，合卺有合体之义。共牢有同尊卑之义。体合则尊卑同，同尊卑，则相亲而不相离也。”由此可见，圣人制礼，早已揭示夫妻原是平等的个体，并无“男尊女卑”的观念，后来人曲解其义，才造成了三纲以君、父、夫为尊的说法，这是不足为训的。至于把合卺改名为“交杯酒”，似乎已失原义。合卺改名“交杯酒”，到宋时已经成为通行的名词，所用的是普通的酒杯，不是破匏为二的匏爵，新夫妇在新房相对互饮，改名“交杯酒”，当然有违古礼本义。

六、拴红线与结良缘

中国民间对婚恋有句俗语，叫做“千里姻缘一线牵”。我国不少民族的结婚典礼上，也把“拴线”作为一项不可缺少的仪式。

“千里姻缘一线牵”一语，出自明代张四维的传奇《双烈记》中的《就婚》篇，文中说：“岂不闻月下老人之事乎？千里姻缘一线牵。”而“月下老人”的传闻，又见于唐人李复言《续玄怪录》中的《定婚店》故事：唐杜陵（今广东阳江县西）人韦固，一次夜间经过宋城（今河南商丘县东南），遇到一位老人正坐在月光下检阅书信，身旁一大布袋中装满了红线绳。韦固好奇，问曰：“您所检何书？”答曰：“皆是天下男女婚约之书。”又问：“这袋中的红线作何用途？”答曰：“用来拴夫妻之足。”老人并解释说：“任凭男女两家有着血海深仇，还是男女两人分居天南海北，只要这一根红线绳一系，他们必成眷属。”

“月下老人”的故事，虽然带有婚姻是命中注定的宿命论思想，但它也反映了在特定的条件下，真正的好夫妻，是刀砍不断、棒打不离的。正因为它有这美好的一面，拴红线才逐渐演变为民间婚礼中的一种习俗。

据云南西双版纳傣文编年史《泐史》记载，早在13世纪的宋、元时期，傣族就有了拴线的婚俗。大概是因为拴足不大方便之故,他们的线是拴在一对新婚夫妻的手腕上。拴线有一定的仪式:以男左女右为顺序,新郎新娘向拴线老人跪下,拴线老人用长线从新郎左肩直围到新娘右肩,还得边绕边诵念祝词。念完祝词,新郎新娘就争着抢取泡在酒盅里的槟榔叶,蘸三次酒,饮三次酒。最后,由男女双方的老人给新人拴线。女方的老人给新郎拴线,男方的老人给新娘拴线,拴了一次又一次,绕了一道又一道,表示永远把新郎新娘拴在一起,白头到老。红线系好后,新郎就往火炉中添柴加火,新娘则掌锅待客,意味着成家后共操家务,同甘共苦。白族结婚时也举行拴线,认为这是神圣的仪式,是同心相连,白头到老的象征。正因为这样,新婚夫妇总希望红线由子女双全、从未离过婚的老阿妈来拴,认为这样会使自己的婚姻更加幸福美满。白族的拴线,用的是一根色彩绚丽的红绳,拴在新郎新娘手上。饶有趣味的是,新郎新娘就这样拴联在一起,从女家走到男家,去举行婚礼。据近人徐珂《清稗类钞》记载,青海的蒙古族,拴线的仪式更富情趣:新夫妇各骑一匹高头大马,马头上悬着彩球,一前一后地从女家奔向男家。两人用手牵着红布长巾,马儿跑得再快,谁也不许丢开。这是拴线,也是在进行新人的骑术比赛。

直到今天,拴红线的习俗,在许多地方的婚礼上,还能时常见到。虽说拴线的形式有了种种变化,但是,拴线婚俗所蕴含的同心相连、白头到老的心态,古今都是一致的。可以说,祝愿新婚夫妇白头到老的心态,是中国人一大重要的婚姻心理,也是区别于西方婚俗文化的一个重要因素。

七、闹房

在中国传统婚俗中,“闹房”既是婚仪的一个重要组成部分,也是传统文化的外在表现,是一项千百年来深受人们喜爱的婚俗活动。闹房,也称“谑亲”、“戏妇”,有人认为起于晋代。但推其渊源,则在西晋以前。汉代,新婚之夜,亲人在洞房窗外,窃听洞房内新婚夫妇的言语动静,俗语叫“听房”。如《汉书·严延年传》说:“新婚之夕,于窗外窃听新妇言语及其动止,以为笑乐。”根据弗洛伊德理论,这是一种“意淫”之举。在窗外窃听,既羡且忌,于是以窃听所得的印象,来满足他的“下意识”。汉代的听房之俗,到魏晋南北朝演变为谑亲戏妇的闹房。杨慎《丹铅续录》曾引晋人葛洪《抱朴子·疾谬篇》说:“世俗有戏妇之法,于稠众之中,亲属之前,问以丑言,责以慢对,其为鄙黩,不可忍言。或蹙以楚挞,或系足倒悬……不知限制,至有伤于流血,矮折支体者……今此俗世尚多有之,娶妇之家,新婿避匿,群男子竞作戏调,以弄新妇,谓之‘谑亲’。或褰裳而针其肤,或脱履而规其足。”在魏晋南北朝,不仅有戏妇之法,还出现了戏新郎的情况。这在唐人段成式所著《酉阳杂俎》中有记载。

唐代，闹房之俗继续传承。唐人段成式《酉阳杂俎》前集卷一“礼异”条说：“当代婚礼……娶妇，夫妇并拜或共结镜纽。又娶妇之家，弄新妇。”当时，不但男家亲属以及贺客宾朋可以戏弄新娘，甚至连陌生人在此时也可以中途拦阻，需索刁难，或者品头论足，抚摩取笑。入宋以后，司马光定《书仪》、朱熹制《家礼》，提倡符合儒家规范的婚姻道德及其礼制，使过去的流风异俗受到极大限制，得以较大地改造。然而，闹房习俗并没有因此而禁断，反而更加普遍地传播开来。明代，闹房习俗更加普及。明人田艺衡《留青日札》记述，当时徽州府(今安徽歙县)闹房习俗太野蛮，“娶新妇入门，众亲戚百般戏侮”，逼得姑娘们临出嫁时，都把衣服和鞋子用针线缝连起来，以免闹房人动手动脚引起难堪。没有社会阅历的新娘，在闹房人戏弄下，有的哭泣，有的昏厥，有的感到羞辱难忍而悬梁自尽。闹房之俗由上古演变到现代，渐渐由个人行为而变成集体行动。例如，河北一带，因为闹房人多，花样也多：有的事先就把一只蛤蟆放在新娘的被子里；有的强令新郎新娘当众接吻；有的躲在窗外偷听，只要新娘新郎一交谈，他们就跟着起哄，第二天，这些“听房者”还把头天晚上听到的向众人传播；年纪小的则藏在衣柜里，一会儿学狗叫，一会儿学猫叫，此起彼伏，络绎不绝。

八、征诗择婿

古代男子的婚配，在严酷的封建道德规范拘囿下，往往以门第的贵贱，财产的多寡来决定婚事的成败。但事实上，人们又往往更多地注意男之“才”、女之“貌”，即所谓“郎才女貌”，或称之为“才子配佳人”。所谓男之“才”，一般指男之“诗”才，所以“征诗择婿”屡见不鲜。清人褚人获在《坚瓠集》中说，濮监丞之妻邹赛真有才藻，工诗文。鹅湖费状元，少随其父至太学。邹听说后觉得奇怪，于是“索见之”，酒间试以对曰：“金杯春泛绿。”费应声道：“银烛夜摇红。”邹于是把女儿嫁给了他。明人周复俊《泾林杂记》中也载，王琼奴雅善歌辞，兼通音律，远近争求纳聘。同乡里有徐、刘两家，请婚尤切，而徐贫刘富，其父犹豫迟疑，一时决定不下来，于是请族人出出良策。族人中有人建议，让二生以“惜花春起早”等四幅壁画为题做诗以比高低。刘生恃富，懒事诗书，久而未成。徐生从容染翰，顷刻而就。其咏“惜花春起早”道：“胭脂晓破红桃萼，露重荼蘼香雪落；媚紫浓遮刺绣窗，娇红斜映秋千索。辘轳惊梦起身来，梳云未暇临妆台；笑呼侍女秉明烛，先照海棠开未开。”

四幅壁画吟罢，众人称美。而刘父见子一辞无措，大以为耻。徐生的婚仪遂成，成为东床佳婿。由此可见，征诗择婿在人们心目中占有一定地位，为当时社会上部分开明人士所接受。这类描写，在明清小说中很多，恰恰反映出“才”在男女婚姻关系中的作用。

第五节 离婚与再嫁

一、离婚

中国古代的妻子大都要随丈夫走完生命的最后一步,但是为了确保男权地位的稳固,男性又规定出种种法则,随时对那些令男性不满意的妻子加以惩罚,其中,最有效的武器就是休妻。

"离婚"这个词是近代社会才产生的,古代称离婚为"弃"、"出"、"休",或称"弃妻"、"出妻"、"休妻",此外,又称"放妻"、"逐妻"、"遣妻"、"黜遣"等等。从这些词语中,我们能够清楚地看到古代离婚的主动权完全掌握在男性手中,是一种单向性的离开,是男方对女方的"休"、"出"、"弃"、"黜遣",而不是夫妻双方利益对等性的离异。因此,古代离婚是片面的、单向的、专制的、不公平的。

我国古代的离婚,于礼有"七出"之目,于律有"义绝"之条,并有根据一方或双方意志的协议离婚。现分别叙述于后。

1. 七出

"七出"产生于我国奴隶社会,最早只是礼制上的要求,到了封建社会才以法律形式固定下来。"七出"突出体现了以男性为中心的社会中的"男权"。所谓"七出",又称"七去"或"七弃",即丈夫出妻的七种理由。"七出"最初见于《仪礼·丧服》:"七出者:无子,一也;淫泆,二也;不事舅姑,三也;口舌,四也;盗窃,五也;妒忌,六也;恶疾,七也。"《大戴礼记·本命》所记载的"七去",一般人都认为这是汉代男子与妻子离婚的条件,其内容为:"妇有七去:不顺父母去,无子去,淫去,妒去,有恶疾去,多言去,窃盗去。不顺父母去,为其逆德也;无子,为其绝世也;淫,为其乱族也;妒,为其乱家也;有恶疾,为其不可与共粢盛也;口多言,为其离亲也;窃盗,为其反义也。"也有的学者认为汉代男子离婚权与《仪礼》的说法并不完全相同。《唐律·户婚》根据《大戴礼记·本命》的七个条件又将"七出"排列为:(1)无子;(2)淫佚;(3)不事舅姑;(4)口舌;(5)盗窃;(6)妒忌;(7)恶疾。唐律令中规定的"七出"次序与汉律略有不同。唐律中将"无子"跃居第一位,把"妒忌"及"恶疾"退到最后,并在用词上有所变动,从这种变动中可见儒家思想在婚姻法中的影响愈来愈大。

不过,在“七出”之外,还有“三不去”的规定,稍稍在残酷的礼法上涂上些仁义的暖色:(1)“无所归”不去:娘家已经没有人的妻子可以不去,免得她离开后无法生活,产生新的社会问题。(2)“与更三年丧”不去:与丈夫共同守过公婆三年丧期的妻子不能抛弃,为的是不忘恩德。(3)“先贫贱后富贵”不去:贫贱时娶的妻子,富贵后不能抛弃,为的是不悖德行。

2. 义绝

“七出”之外,离婚的另一条件为“义绝”。“义绝”包括夫对妻族、妻对夫族的殴杀罪、奸非罪(妻与夫方五服以内亲属通奸、夫与妻母通奸),及妻对夫的谋害罪等内容。夫妻原来以义结合,一旦发生了这些行为,即表示恩断义绝,不能再保持婚姻关系。“义绝”不仅有关风俗、道德,还牵涉到国家法律,所以,它是比“七出”更严格的离婚条件。“七出”的执行者为丈夫公婆,主要是为惩戒女子而设;“义绝”的执行者则为政府,被惩戒的是男女双方。犯了“七出”的并不一定离,权在夫方,国家干预不多;如果是犯了“义绝”则必须离,权在国家,应该离而不离的要给予处分,如元、明、清律文中均规定:“若犯义绝应离而不离者,亦杖八十。”

3. 和离

和离是指男女双方自愿离异。《唐律·户婚》说:“若夫妇不相安谐而和离者不坐。”《唐律疏议》中的解释是:“谓彼此情不相得,两愿离者,不坐。”元、明、清的律文里,也都有“两愿离者,不坐”的规定。唐代以法律形式明文规定,“不相安谐”,即可离异,这是前代所没有的。如唐人颜真卿在江西临川(今江西抚州市西)任内史时,有个读书人杨志坚的妻子请求离异,便判决他们离婚,准她再嫁①。在《唐令》中也有和离的记载。这些事实说明唐代和离事例不少。和离相当于后世的协议离婚。但这一规定往往成为一纸空文。由于妇女受封建制度和封建思想的严重束缚,家庭地位和社会地位都比男子低,她们是很难实现其离婚愿望的,愿不愿离,主要取决于丈夫。有时妻子虽然合于七出之条,但夫家不愿家丑外扬,也采用和离的方式离弃,所以和离往往成了出妻的别名。

封建社会制度下的离婚,其手续和仪式很简单,只需丈夫的一张“休书”,妻子没有任何申辩的权利。若夫妻双方的家庭均为贵族,男方派一个有一定身份的使臣,到女方家里说几句客气话,将女方的嫁妆送回,婚姻关系就算结束了。如果女方是平民之家,则由男方家中去个人,送回女方的嫁妆,就算了事。女方纵有千条万条的理由,也得按男方的意志行事。这反映了古代离婚的男女不平等。

由于不合理的离婚制度,古代不知有多少无辜的女子遭到抛弃。东汉冯衍娶

① [唐]范摅:《云溪友议》。

任氏为妻,因妻不准他蓄妾,使其淫欲不得满足,就被他以“悍忌”之罪休了[①]。有时甚至丈夫一时的恼羞成怒,也会成为出妻的理由。如五代时潘佑容貌丑陋,而他的妻子严氏却绰约绝态。一天早晨,严氏在镜台梳妆,潘佑潜窥,妻子突然在镜中看到了一张恐怖的面孔,惊怖而倒,潘佑“怒其恶己,因弃之”[②]。这些人间悲剧都是轻视妇女人格,迫害妇女心身的封建道德教条所造成的。

在古代妇女中,有对休妻不满而奋起斗争的。东汉末年的黄允,年轻貌美,才华出众,很受人们的推重,连司徒袁隗也对他称赞不已,并想把自己的侄女嫁给他。黄允一见袁家这样的高门大姓主动找上门来,就隐瞒已婚的事实,巴结这门亲事。他急忙休弃了妻子夏侯氏。夏侯氏要求临行前同诸亲六眷告别。于是召集了一次有三百多名客人的聚会。夏侯氏在众人面前愤怒地揭发了黄允15件见不得人的丑事,说完,登车而去。黄允的名声也随之一落千丈,落得赔了夫人又折兵[③]的下场。夏侯氏算是给弃妇们出了口气。

二、再嫁

寡妇改嫁,古时称为“再醮”,意思是再举行一次酒宴。在不同的历史时期,人们对改嫁习俗之是非、善恶的评价,是不一致的。

按礼制要求,寡妇改嫁是一种非礼的行为。《礼记·郊特牲》说:“一与之齐,终身不改,故夫死不嫁。”这是伦理道德上反对寡妇改嫁的最早论据。可是,这一道德戒律的约束力不强。先秦时期,寡妇改嫁并不少见。据《左传》载,郑灵公之妹子灵最初嫁给陈国大夫夏御叔为妻。夏御叔死后,她则跟陈灵公、陈国大夫孔宁、仪行父分别私通。就是这样一位早已不贞的女子,楚庄王和公子侧却争着迎娶她,后来她嫁给楚连尹襄老。襄老死后,这位已出嫁两次的女子竟然又与襄老儿子私通。即便如此,申公巫臣又娶之为妻,巫臣死后,最终又被晋大夫叔向娶去。这位不安清静的女子,前后4次出嫁,与8个男子发生性关系,然而,当时的上层统治者却并没有从贞节观念出发去苛刻地指责、咒骂她,这在宋以后是不可想像的。同书又载,重耳奔赴他国时,曾对他第一个妻子季隗说:“待我二十五年不来则后嫁。”这显然是一句休弃之辞,但从中可以看到,妇女改嫁在当时并不是什么见不得人的事。

汉代寡妇改嫁之事也十分普遍。汉景帝的王皇后,本已嫁给金王孙,生过一个

---

① 《后汉书》卷28(下)《冯衍传》。

② [宋]王桸:《湘山野录》卷中《潘佑事江南》。

③ 《后汉书》卷68《郭太传》。

女儿，以后才被她母亲臧儿纳奉当时身为太子的汉景帝，王氏生了武帝，即被立为皇后。王皇后母亲臧儿也是个再嫁之人。后来，汉武帝知道自己有个异父姐姐，特地派人从民间请入皇宫，热情招待，并且赐号修成君，重加封赏①。汉武帝姑母馆陶公主，丈夫死后和董偃同居了十多年，后来馆陶公主为了使自己与董偃的结合合法化，便引董偃见汉武帝，武帝还称呼他为“主人翁”，他们死后还为他们完成合葬②。汉武帝的姐姐平阳公主，本已嫁给了曹参的后人曹寿，因曹寿有恶疾而离婚，后在武帝支持之下又和卫青结婚。

汉代庶民百姓中，寡妇再嫁者更是司空见惯，丝毫不受社会舆论的谴责。西汉改嫁的事，最有趣的是朱买臣妻子离婚再嫁。《汉书·朱买臣传》载，朱买臣未宦时，家境贫寒，好读书，不治产业，常以打柴为生。他挑担卖柴时还诵读诗书，手不释卷。他的妻子跟在后边，多次劝阻他不要在路上放声诵读，以免为路人耻笑。朱买臣不听劝止，反而朗读的声音更高了。他的妻子感到十分羞愧，要求与他离婚。朱买臣笑着说：“我五十岁就要富贵，今已四十岁了。你跟我过了这么多年困苦日子，等我富贵后再报答你。”他的妻子发怒道：“像你这种人，终究要饿死沟中，怎么还能富贵！”朱买臣留她不住，只好听任她去改嫁。一次朱买臣担着砍的柴，在路上唱着歌，故妻已另成家，他们夫妇见朱买臣饥寒，便让他到家吃饭。后来朱买臣当上了官，便把故妻夫妇接到他的住处。过了一个月，妻子感到后悔，自杀了。又据《后汉书·应奉传》载，东汉时期汝南邓元义妻子不悦于姑，被送回娘家，娘家又把她嫁给朝廷“将作大匠”应顺（字华仲）。一日华仲与妻子坐着朝廷的车在市上行走，被路旁的邓元义发现。邓对旁人说：“这是我过去的妻子，她没有什么过错，是我母亲虐待她。她生来就是好命。”可见，无论娶者、弃者，对改嫁都没有不良的成见。

魏晋南北朝和隋唐时期，是封建社会中两个“开放型”社会，因而寡妇改嫁之事屡见不鲜。翻开《三国志》的后妃列传，最令人注目的便是魏、蜀、吴三国的开国皇帝都曾娶过寡妇。其中，魏文帝的甄后，先曾嫁过袁熙；刘备夫人穆氏，原为刘瑁妻；孙权徐夫人，“初适同郡陆尚”。东晋元帝娶了个寡妇郑阿春。郑阿春的儿子、孙子都被准许继位。孝武帝把祖母郑阿春尊为太后。一时间，大家都要对郑阿春的名字加以避讳。谁也没有因她是改嫁者而说半个“不”字。连晋代史学家所编的《魏氏春秋》、《晋春秋》，都得改为《魏氏阳秋》、《晋阳秋》，避开了“春”字，弄得

① 参见《史记》卷49《外戚世家》、《汉书》卷97（上）《外戚·孝景王皇后传》

② 《汉书》卷65《东方朔传》。

后人常常莫名其妙①。社会上寡妇改嫁也很常见。《世说新语·假谲》载:“诸葛令女,庾氏妇,既寡,誓云不复重出。此女性甚正强,无有登车理。恢既许江思玄婚,乃移家近之。初,诳女云:‘宜徙于是。’家人一时去,独留女在后。比其觉,已不复得出。江郎莫来,女骂詈弥甚,积日渐歇。江彪暝入宿,恒在对床上。后观其意转帖,彪乃诈厌,良久不悟,声气转急。女乃呼婢云:‘唤江郎觉!’江于是跃来就之,曰:‘我自是天下男子,厌何预卿事而见唤邪?既而相关,不得不与人语。’女默然而渐,情义遂笃。”这一幕风流的喜剧,一个半推半就又疑又怕;一个装腔作势,脉脉传情,真可谓中国寡妇改嫁史上一段绝妙的佳话了。有的寡妇为了重新寻觅爱的世界,竟不惜怀在身上的骨肉。据《南史·徐孝嗣传》载,徐孝嗣的父亲死时,母亲正怀他在身,想再嫁人,不愿生下孩子,便想法堕胎,曾几次故意从床上滚到地下,又曾拿棒槌戳自己的肚子,也曾服过几回打胎药,但始终打不下胎儿,后来,把徐孝嗣生下,就给他起名叫“遗奴”②。

唐代有关寡妇改嫁的记载俯拾皆是。以皇家之女而言,唐代共有公主211人,除了幼年早夭或出家入道因而事迹不详的以外,共嫁出123人,其中,再嫁的就有23人,约占出嫁总人数的1/5。其中,高宗之女4人,太宗之女6人,中宗之女2人,睿宗之女2人,玄宗之女8人,肃宗之女1人。再嫁之女中,高宗、中宗、玄宗、肃宗之女各有1人并且三嫁。当时世人认为,改嫁是合乎礼仪的。《旧唐书·列女·崔绘妻卢氏传》载,楚王灵龟妃上官氏,王死,服终,诸兄对她说:“妃年尚少,又无所生,改醮异门,礼仪常范。”就连一向讲究礼法的山东名族,也视改嫁为常事。如山东著姓卢氏,嫁崔绘为妻,“绘早终,卢既年少,诸兄常欲嫁之。……卢亡姊之夫李思冲,神龙初为工部侍郎,又求续亲……诸兄不之拒”③。在普通人家,妇女在婚姻上如不满意,也可请求离婚改嫁。唐人范摅《云溪友议》载,大书法家颜真卿任江西临川(今江西抚州市西)内史时,潜心治理,政教大行。“有杨志坚者,嗜学而居贫,乡人未之知也。山妻厌其值藿不足,索书求离”,杨志坚做诗赠曰:“平生志业在琴诗,头上如今有二丝;渔父尚知溪谷暗,山妻不信出身迟。荆钗任意撩新鬓,鸾镜从她画别眉;今日便同行路客,相逢即是下山时。”一般的人都认为杨某很有前途,望她不离。但这个女子却不图荣华富贵,宁愿离婚再嫁给一个可心的丈夫。于是便拿着这首诗,去找颜真卿请求准她改适。真卿虽然生气,但也没有办法,只好判决离婚,允许改嫁。可见在唐代,改嫁习以为常。

---

① 《晋书》卷32《后妃(下)·简文宣郑太后传》。

② 详见庄华峰:《魏晋南北朝时期妇女的个性解放》,《中国史研究》1993年第1期。

③ 《旧唐书》卷193《列女·崔绘妻卢氏传》。

总的来说，在唐代以前不以改嫁为非礼。但是，改嫁毕竟容易在继位、承财等方面添些麻烦。唐宣宗曾下诏书："夫妇，教化之端。其公主、县主有子而寡，不得复嫁。"这是对寡妇改嫁第一次做出具体限制。不过，宣宗的女儿仍然改嫁①。也把离婚改嫁说成"败风教"，不过，真正把改嫁视作无礼，乃至罪孽，那是宋代以后的事。

宋代是理学家极力强调贞节的时代。但即使是在宋代，妇女改嫁现象也十分普遍。如北宋婉约词派代表人物李清照，和丈夫赵明诚那么恩爱，赵死后，她还是以四十六七岁的寡妇身份，再嫁过一个叫张汝舟的。南宋末年权倾朝野的丞相贾似道，他母亲曾三嫁：初嫁钱塘人，再嫁贾涉，生似道，最后嫁为石匠妻②。甚至连皇帝宋度宗之母，也是"二婚"。

到了元代，理学的思想统治地位正式奠定。从此历代王朝对寡妇守节加以提倡和奖励，致使寡妇守节陋习愈演愈烈。《元典章》规定："今后举节妇者，若三十以前亡夫守志至五十以后，晚节不移，贞正著名者，听各处邻社社长明具实迹，重甘保结申复。"明代洪武元年(1368 年)，朱元璋下诏云："民间寡妇，三十以前夫亡守制、五十以后不改节者，旌表门闾，除免本家差役。"③如此重奖寡妇守节的措施，是前代所没有的。因为寡妇守节不但可使本人获得旌表的光荣，而且可以免除本家的差役。清代则对节妇、贞女一并旌表。如"清律"规定："守节十五载以上，逾四十而身故者"，"一律旌"。而对再嫁之妇，清代规定不得因夫或子贵而请求封爵。《大清会典》中还明确规定："民间贞女，未婚闻讣，矢志守节，绝食自尽，照例旌表。"这种"从一而终"、"烈女不更二夫"的枷锁牢牢禁锢人们的思想，多少年来迫使千百万妇女夜伴孤灯，凄凉寂寞度过一生。

寡妇守节陋习，在清末民初才受到冲击。这时，封建的贞节观念开始淡化，寡妇改嫁习俗再次得到了人们的承认，但尚不普遍，还处在变化之中。当时，民间寡妇再嫁一般都不像初次结婚那么排场。如泉州寡妇改嫁，坐"黑轿"而不坐花轿，坐黑轿是歧视再嫁妇女的表现，而且上轿，既不能在娘家又不许在原夫家，而是在路中或媒婆家里。上轿前，女的要将一双旧鞋留于路旁。据说是怕死去的丈夫跟着她，留了鞋可使男鬼认为妻子仍在。女的进门之后首先要在门后"启(拜)阿姐"，即拜见男方死去的前妻，以免她作祟。这些带有封建迷信色彩的做法，实际上还是寡妇再嫁"非礼"、大逆不道等思想观念在作祟。这也表明，一种旧的婚俗

① 《新唐书》卷 128《齐澣传》。

② 丁传靖辑:《宋人轶事汇编》卷 18 引《西湖游览志馀》。

③ 《明会典》卷 79《礼部·旌表》。

道德观一旦形成，并渗入人们日常的道德心理之后，一时是难以改变的。

第六节　婚姻禁忌

随着社会的发展、进化，在婚姻生活中逐渐形成了一些限制，禁止婚嫁。随着社会的发展，限制的范围也逐渐增多，其中有些通过法律条文确定下来，从而形成各种婚姻禁忌。

一、同姓不婚

我国的同姓不婚大约开始于周代。《魏书·高祖纪上》记载：高祖于太和五年冬诏曰，“夏、殷不嫌一姓之婚，周世始绝同姓之娶”。近代著名学者王国维在他的《殷周制度论》中指出：“同姓不婚之制实自周始，女子称姓亦自周人始矣。”夏代的历史已无从详细考察，任何结论都只能是一种推测而已。殷商的历史可从甲骨卜辞中得到部分验证。据甲骨卜辞记载，殷商既存在同姓妻，又存在异姓妻，我们无法看出其婚姻主流取向。周代社会却是以同姓不婚为主流，同姓而婚的情况极为少见，而且要受到社会非议。据此，把一夫一妻制下的同姓不婚定在周代基本可信。殷与周两个部落分属于不同文化系统，它们之间有中华民族文化的相同点，因为它们共属于这个大的文化圈，同时也存有各自小文化圈的特征。周人部落在尚未取代殷人部落统治中原之前，族外婚制度或许实行得就较为彻底，因而当他们取代殷人统治，成为中原统治者之后，自然就把同姓不婚纳入到他们所制定的礼法中来，成为人们婚姻行为的规范。

同姓不婚这种极为绝对的规定，首先是因为伦理的要求：“不娶同姓者，重人伦，防淫泆，耻与禽兽同也”①，同时也是优生的要求：“男女同姓，其生不蕃”。② 这后一个理由，确实是符合遗传学的科学道理的。因为在当时，所谓姓，就是血族的标志，所以同姓就是同一血统，禁止同一血统的人互相通婚，这是人们在总结了人类在长期繁殖中的经验以后的进步认识。它对于人类的健康繁衍，起着重要的作用。

---

① 《白虎通》卷10《嫁娶·同姓外属不娶》。

② 《左传·僖公二十三年》。

不娶同姓,周人还另有打算。这就是政治的原因。因为周人知道,"同姓同宗,合族属"。同姓就同宗,而同一宗族之内男女是应该有别的,重人伦,就必须远远避开男女间淫乱的嫌疑。他们担心伦理规范从内部就遭到破坏,宗族的统治就要发生动摇。而异姓联姻,则好处极大。因为"异姓则异德"①,要扩大本宗族的力量,就要加强和异姓宗族间的联结,因此异姓联姻是一个极好的机会。

周代的同姓不婚制度,到了春秋战国时期已不执行了。如鲁哀公娶同姓女子为妃,卢蒲癸娶同姓女子为妻。南北朝时期更是破除了这一禁忌。到了唐代,又恢复了同姓不婚这一禁忌,而且把它写进了法律,并延续至清代。唐代的法律规定,凡同姓相婚者处徒刑二年。宋代的法律规定与唐代相同。元代《元典章》规定:"同姓不得为婚,截自至元八年正月二十五日为始,以前者准已婚为妻,以后者依法论罪,听离之。"明律和大清律也都规定,同姓为婚各杖六十,并勒令离婚。

二、同宗不婚

同宗不婚和我们上面所谈同姓不婚是一致的。后代对此都遵循不改。

三、宗妻不婚

宗亲的妻妾,虽然是异姓,但按礼教规定也是不能为婚的。所以,收继婚现象是不允许发生的。《唐律疏义》卷一四《户婚》规定:"诸尝为祖免亲之妻而嫁娶者,各杖一百,缌麻及舅甥妻,徒一年;小功(一种丧服)以上以奸论;妾各减二等;并离之。"宋代律同。元人原是外族,入中原以前,以收继婚为俗,所以不禁。但是弟可以收继嫂嫂,兄则不能收继弟妇。明、清两代都严禁收继,规定收兄弟妻者,绞决。凡娶同宗无服亲之妻,各杖一百,缌麻亲及小功亲之妻,也都各加重其刑;妾则减等,并须离异。

虽然法律的设禁非常苛严,而在实际上由于平民百姓生活困苦,财力窘迫,明清时期兄收弟妇,弟收兄嫂的事例经常发生,政府对此无可奈何。清代,只要此事有主婚人,又有地保参加举办婚礼,官府也就不再追问。

四、尊卑不婚

这里所谓尊卑是指外姻的长辈和幼辈不同而言。秦汉时期,尤其是在汉代,外姻长辈和幼辈婚配并不禁忌。如汉惠帝与其姐鲁元公主的女儿张氏结婚,实际上是舅舅与外甥女结婚,乱了尊卑行辈。这种例子还能举出许多。自唐永徽(650—

① 《国语·晋语》。

655年)以后,外姻如果行辈不同,无论有服与否,一般是禁止为婚的。唐律规定:“外姻有服属而尊卑共为婚姻,及娶同母异父姊妹,若妻前夫之女者,亦各以奸论。”其父母之姑舅两姨姊妹及姨、若堂姨、母之姑、堂姑、己之堂姨及再从姨、堂外甥女、女婿姊妹并不得为婚姻,违者各杖一百并离之。明清之律也大体相同。这些尊卑婚姻禁忌,有的是合理的,有的则不够合理,主要是限制得范围太宽。

五、中表不婚

中表关系为相近的旁系血亲。宋《刑统》中有中表为婚者“各杖一百并离之”的规定。宋人袁采在《世范》一书中指出,所谓中表婚,包括侄女嫁给姑家,甥女嫁给舅家,姨女嫁给姨家等。他对这种中表婚姻深恶痛绝,主张力戒。明清律中也有“若取己之姑舅两姨姊妹者,杖八十”的规定,不准中表为婚。

从遗传科学的角度看,中表婚属三代以内的血亲结婚,它对子孙繁衍和人类的发展危害极大。这种婚姻禁忌是符合科学的。今天的婚姻法,仍禁止中表婚姻。

六、良贱不婚

良贱不婚在六朝以前并无禁止。汉代后妃多出于卑贱。北魏禁止较严,凡皇族贵戚及士民之家与百工伎巧卑姓为婚的要加其罪。文成帝有个后裔,因为家僮取民女为妻,又因以良人为婢,被免去官爵①。唐律规定:“诸舆奴娶良人为妻者,徒一年半,女家减一等离之,其奴自取者亦如之。……即妄以奴婢为良人,而与良人为夫妻者,徒二年,各还正之。诸杂户不得与良人为婚,违者杖一百,官户娶良人女者亦如之;良人娶官户女者,加二等,即奴婢私嫁女与良人为妻妾者,准盗论,同情娶者与同律,各还正之。”可见唐代对良贱通婚是严加禁止的。宋承唐旧制,良贱不准为婚。辽开泰八年(1019年)诏横帐三房不得与卑小帐族为婚,也是良贱通婚之禁。金代稍有改善,元代又严加禁止。规定“良家女愿与人奴为婚者,即为奴婢”,“诸奴收主妻者,以奸论;强收主女者,处死”②。清代专门制定“良贱为婚姻”的条文,规定凡家长与奴娶良人为妻者,杖八十,女家减一等,如果妄以奴婢为良人,而与良人为夫妻的杖九十,并且须离异。良贱婚姻禁忌在清代民间习俗中也很重视。康熙至雍正年间,无锡县有一华姓宗族的成员将自己的女儿许配给奴仆的儿子,华姓同宗族人便纷纷反对,并再三干涉,最后告到官府,婚姻终被拆散。

---

① 《魏书》卷5《文成帝》和平四年诏及程树德《九朝律考》。

② 参见《辽史》卷16《圣宗七》、《金史》卷45《刑法志》、《元史》卷103《刑法二·户婚》。

七、官民不婚

指在任之官,不得娶自己管辖地区内的民女为妻。此项规定主要是防止官员以权强娶。据近人程树德《九朝律考》载,汉代已对奸部民之妻做了规定,但并未全面禁止官民通婚。唐律则有"诸监临之官娶所监临女为妾者,杖一百,若为亲属娶者亦如之;其在官非监临者减一等,女家不坐"的规定。宋《刑统》规定亦同。元代也禁之。明代更以妻列入,凡府州县官任内娶部民妇女为妻妾者杖八十。清律同。此外,还禁止官员与娼妓、乐人通婚。元代,官员娶妓女为妻的,杖五十七,解去官职,并须离异。明清律"户律"规定:"文武官吏娶乐人、妓者杖六十,离民归宗,财礼入官。"

这种官民婚姻禁忌无非是装饰门面罢了。每位官员凭借权势尽可从外地买来娇妻、美妾、婢女,这规定又有什么价值可言?《红楼梦》中便写了贾府从苏州买来一批貌美年轻的少女。至于官员不许与妓女婚配,却尽可恣意去玩弄妓女,这规定显然也毫无意义。在《官场现形记》中便揭露了大老官嫖妓、蓄养嬖童的丑行。

八、僧道不婚

僧道即僧尼和道冠(道姑)。按照宗教规定,僧道不得嫁娶。唐以前法律无此禁。但世俗习惯中是不允许的。从唐代开始,便已出现官府对僧道婚姻的禁止规定。《唐六典》卷四注说:其和合婚姻,科以苦役。宋太祖开宝五年(972 年)诏曰:"道士不得蓄养妻孥,已有家者,遣出外居止。"①《金国志·熙宗纪》载,金代于熙宗时也曾诏僧尼犯奸处死。《元史·刑法志》则规定:僧道违背教义而娶妻的杖六十七,离异;僧道还俗为民,聘财入官。明清律的规定更为具体:"僧道娶妻妾者杖八十,还俗,女家同罪,离异;寺观住持知情,与同罪,不知情不坐。若僧道假托亲属或僮仆为名求娶,而僧道自占者以奸论。"这些都表明,不论从宗教或从官方的角度,都禁忌或禁止僧道婚嫁。

九、奸逃不婚

以逃而言,唐律规定:"娶诸逃亡妇女为妻妾,知情者与同罪,至死者减一等,离之;即无夫,会恩免罪者不离。"宋、明、清律均同。明清律则明白指出这种逃亡,不是背夫在逃,而是自己犯罪被收押后而逃走的。明律还规定,凡收留人家迷失子女,不送官司,自留为妻妾子孙妻者,杖九十,徒二年半。

① [宋]王栐:《燕翼贻谋录》。

以奸而言，唐宋令已禁先奸后娶，纵使生了子女，犹予离异。元规定相同①。明清律"犯奸条"规定："和刁奸者，男女同罪，奸妇从夫价卖，惟价卖与奸夫者，奸夫本夫各杖八十，妇人离异归宗，财物入官。"这种禁忌的本意是为了防止男女淫乱，出发点是好的，然而，在封建包办婚姻的情况下，绝大多数男女的结合丝毫没有感情基础，另与情人相爱，这又有什么不好，何罪之有？

十、仇雠不婚

两家如果是世仇往往不相为婚。这种习俗在上古时期即已形成。《礼记·曲礼上》说："父子之雠（chóu 仇）弗与共戴天，兄弟之雠不反兵，交游之雠不同国。"由此可见，两家相仇决不可通婚。在中国历史上，秦岳、潘杨等不相通婚，都是仇雠不婚的例子。秦桧杀岳飞的故事是人们十分熟悉的，大概是从岳飞被秦桧所杀以后，秦岳两姓就开始不相婚配。秦桧和岳飞不过是政见不一，后岳飞为秦桧谋杀，迄今已有几百年了，况且后世秦、岳两姓并非全都是秦、岳的后代。潘杨不婚是指潘仁美和杨业的故事，实际历史上潘仁美是个很有作为的大将，在宋初立下赫赫战功。《杨家将》是后来市井作家们的杜撰罢了，潘杨不婚更为可悲。

结仇两家几代不婚，还有情可原，但结仇两姓代代不婚，则毫无道理。

十一、居尊亲丧不婚

周代即重视居父母丧不得嫁娶的问题，所以春秋时多讥丧娶。隋唐将丧娶归入十恶之内，至清未废。唐律规定："诸居父母丧……而嫁娶者徒三年，妾减三等，各离之；知而共为婚姻者，各减五等，不知者不坐。若居期亲之丧而嫁娶者，杖一百，卑幼减二等，妾不坐。"宋代沿袭未改。金、元也有丧婚之禁。明清律略同唐律。

十二、居配偶丧不婚

习惯上多为禁止居夫丧而再嫁，唐及以后各律对居夫丧而嫁者的裁制与居父母丧而嫁的相同，并且将其列为十恶中不义之目。

在封建社会里关于婚姻的禁忌还有很多，这里仅选择一些主要项目作一考释。此外，婚姻生活受礼教、伦理秩序的影响还涉及许多方面，上述种种禁忌都体现了礼教的具体要求。

---

① 见《元史》卷103《刑法二·户婚》。

第七节　婚姻观念透视

在人类社会生活中,婚姻既是两性结合的基础与法定形式;同时,它亦是家庭形成与维系的重要基石。然而,婚姻、家庭作为人类社会活动中主要的形态与“构件”(有人称家庭为社会的“细胞”)之一,必然与社会发展各个阶段的政治、经济、科技、文化、伦理、道德、思想、观念、交往方式、情感表达、婚育方式等密切相关联;同时,更受宗教、传统、习俗、民风、礼仪等显形与隐形文化要素的影响和制约。婚姻观念的形成、发展、变化的历程,便充分证实了这一点。

在大千世界里,人类是感性与理性兼具的生物,且在社会生活中,诸多理性的东西,较之感性而言,更占上风,更踞于制高和重要位置。恰因如此,观念形态的东西,本来是源自感性,却被人为地升华到理性的高度,成为固化的形态,反过来又对人们的行为加以规范与制约。在古代中国重血缘、重亲情、重家庭的传统影响之下,婚姻观念、婚姻行为、婚姻活动、婚姻礼仪,便早已越过两性个体的简单“结合”形态,而成为彰显婚姻伦理、婚姻道德、婚姻观念的最佳“窗口”。

婚姻观念是人们对于婚姻目的、择偶标准等方面的基本认识,它是伴随着婚姻的产生而逐渐形成的,体现了社会群体的生活面貌,以及审美观、伦理观、价值观、宗教观、性意识的发展态势。在不同的历史时期、不同的空间地域以及不同的民族和不同的社会阶层中,其婚姻观念都处于不断的变化之中。这里我们不可能详细论述不同时期各种不断变迁和发展的婚姻观念,只能从宏观上勾勒我国传统社会中人们对于婚姻的基本态度和基本观念。

一、婚姻目的

婚姻是基于什么目的缔结的?这涉及到婚姻的基本价值观问题。不可否认,性欲是人类自然生理方面的要求,它是人类缔结婚姻的原动力,也是婚姻必须拥有的自然属性。但在一夫一妻制的婚姻形态下,婚姻的目的绝不仅仅是男女两性之间自然的性结合,性结合只能是一夫一妻制婚姻的要素之一,因为性结合并非就能构成婚姻。婚姻还有其鲜明的社会属性。在中国的文化和传统的价值观念中,婚姻是家族延续的链条,缔结婚姻的首要目的即在于此。《礼记·昏义》开宗明义:“婚姻者,将合二姓之好,上以事宗庙,而下以继后世也。”宗法制度下十分重视祭祀,所谓“礼有五经,莫重于祭”,“祭者,所以追养继孝也”,说明“上以事宗庙”乃是儒家孝道的一项基本要求。而祭祀是需要“既内自尽,又外求助”的,“夫祭也者,必夫妇亲之”,所以,“事宗庙社稷”就成了人们婚姻的一大目的。这是《礼记·祭统》中的说法。其他诸多文献亦不乏这方面的记载。如《白虎通·考黜》说“妻者与己一体,恭承宗庙,……上承先祖下继万世”。《唐律疏议·户婚》也说:“妻者,传家事,承祭祀,既具六礼,取则二仪。”

婚姻的另一目的是“下以继后世”,即繁衍子孙,传宗接代,它与“上以事宗庙”相辅相成,因为子孙不继宗庙便无法承续,因而也就有了“不孝有三,无后为大”(孟子语)的信条。后世所谓“衣者,蚕桑也;食者,耕农也;男女者,继祖之重也”①,也是以生育繁衍为婚姻媾合的第一要义。唐贞观六年(632 年),御史大夫韦挺上表说:“夫妇之道,王化所先;婚姻之礼,人伦攸尚。所以承绍家业,嗣续祖妣,静而思之,安可不敬?”所说的也是这个道理。以这种婚姻观念为基础,于是又衍生出早婚多育、无子出妻等礼俗规范。可以说,在中国古代社会,崇先报本、生养死祭是芸芸众生缔结婚姻的主要目的,“娶妻生子”、“养儿防老”的思想认识根深蒂固,婚姻成了保持并维系家族的重要手段。

同时,正统的政治、伦理观念还认为,婚姻不仅仅是当事者个人的行为,而且也是一种十分重要的社会行为,作为“人伦之始”的男女婚配,要求确立“夫妇之义”。“夫妇之义”是整个“纲纪”的起点。《礼记·昏义》云:“夫妇有义而后父子有亲,父子有亲而后君臣有正”,就是说有男女婚姻才有父子君臣和伦常礼义,婚姻关系成为构建尊卑上下等级和维护社会统治秩序的基础。于是婚姻制度成了全部社会制度的根基。“昏礼者,礼之本也”意即在此,“崇嫁娶之要”为历代统治者所重视,也就势所必然。

可见,传统社会里婚姻的目的完全是以家庭、家族的利益和统治者维护伦理纲常的需要为基准的,当事人的利益和情感则往往被忽视,青年男女的私交、私通、私奔,都要“大防”,严格予以禁止。这样,男女结婚不是感情的结合,而是为了广家族,繁子孙,从而也造成了女子在家庭生活中缺少或没有独立的人格,处处显示出男尊女卑。正如恩格斯所说:“在整个古代,婚姻都是由父母为当事人缔结的,当事人则安心顺从。古代所仅有的那一点夫妇之爱,并不是主观的爱好,而是客观的义务;不是婚姻的基础,而是婚姻的附加物。”②

---

① 《新唐书》卷 147《李叔明传》。

② 《马克思恩格斯选集》第 4 卷,人民出版社 1972 年版,第 74 – 75 页。

二、择偶标准

择偶标准是男女选择结婚对象的条件或要求。在传统社会,婚姻并非是个人的私事,选择配偶,不完全取决于当事人的喜好和意志,而更多地要受到家庭制度、社会价值和风俗习惯的制约。

婚姻政治观 婚姻政治观即婚配对象的选择是以政治目的为第一要旨的。所谓"婚姻者,将合二姓之好",就是把婚姻行为作为两姓互相合作的政治手段,借以扩大彼此的势力。早在先秦时期,这种通过联姻而合二姓之好的政治婚姻就产生了。春秋时代,天子娶诸侯的女儿,天子的女儿也多嫁于诸侯,其目的就是用联姻勾通双方势力。在封建社会,政治联姻渗透到了各个方面,表现形式也多种多样。有为政治上的结合而联姻的。大家耳熟能详的三国时期,刘备入赘东吴,即是一桩政治色彩极为浓厚的婚配:当时刘备与孙权皆有一定政治势力和实力,但为了共同抵御雄踞北方的劲敌曹操,两家必须结成政治联盟,而孙夫人正是连接两派政治势力的纽带。《三国志·二主妃子传》说:"先主入益州,吴遣迎孙夫人",虽然最终出现了"赔了夫人又折兵"的结局,但是当初他们的结合,对"共谋御曹"确实产生过积极影响,特别是赤壁一战,孙刘大败曹军,"谈笑间,樯橹灰飞烟灭",从而迅速扭转政局,形成三国鼎立之势,这不能说与这段政治姻缘无关。有随政治情况变化而变更婚姻的:王莽的女儿王细君,本来是王莽为了专揽朝政,特把她嫁给汉平帝当皇后的。后来王莽毒死汉平帝自己当上了皇帝,王细君仅做了 22 个月的皇后,年仅 14 岁就守寡,成了小皇太后。王莽感到自己一手操纵的这桩婚事是块心病,就逼着王细君改嫁,并给她封了个"皇室主"的称号,以示与刘家划清界限。王莽看中了亲信孙建的儿子,就授意此人以探病为由,向王细君求婚。不料,王氏勃然大怒,把求婚者打了出去,才结束了王莽导演的滑稽戏。还有用"和亲"方式换取和平、安定环境的政治联姻:历史上的和亲,有许多记载,最早是刘邦为缓和匈奴的侵扰,换来暂时和平安定的环境而与匈奴约为兄弟亲家,元帝时的"昭君出塞"的故事更是家喻户晓。到唐代,为缓和与周边民族的关系,和亲政策更为盛行,如文成公主与吐蕃的松赞干布的联姻,曾留下一段民族团结的佳话。毋庸讳言,这种婚姻的缔结完全是出于政治目的考虑的,其择偶的条件也是基于政治的要求,而绝非是当事人的意愿。正如恩格斯所言:"对于骑士和男爵,以及对于王公本身,结婚是一种政治的行为,是一种借新的联姻来扩大自己势力的机会,起决定作用的是家世的利益,而绝不是个人的意愿。"①

① 《马克思恩格斯选集》第 4 卷,人民出版社 1972 年版,第 76 页。

在封建社会里大行其道的门第婚姻，也是这种政治婚姻的突出表现，它是现实政治生活中过分注重等级在婚姻问题上的反映。中国古代有所谓“竹门对竹门，木门对木门”之说，“竹门”和“木门”标志着当时不同家庭、不同社会地位和经济状况。男女双方在择偶时，要求婚姻当事人双方的家庭和自身条件必须在社会地位、文化水准、生活方式、家族声望、经济状况和价值观念诸方面互相般配，彼此认同。千百年来门当户对已成风俗，作为主要的择婚标准一直制约着人们的择偶行为。门第婚姻在汉代以前虽然存在，但并不十分盛行，到了魏晋时期，由于门阀观念深入人心，婚姻讲求门第之风愈演愈烈，良民、贱民之间有着不可逾越的鸿沟，基本上是互不通婚，纵是高门士族与寒门士族之间也绝少联姻，豪门大姓的婚娶只能在望族大姓之间进行，从而形成士庶不婚的局面。如王、谢两家族同为六朝的名门望族，势力很大，儿女的婚姻也多在两家族之间进行，王家女子多嫁到谢家为妻，谢家女子同样多嫁到王家为妻，如此情况，历经十世而不改。自唐朝到清朝，门当户对的观念有逐渐削弱的趋势，但它仍然是许多官宦世家择偶的重要标准。

婚姻经济观　随着社会的发展和贫富的分化，人们在婚姻问题上除了考虑政治和门第因素外，还越来越注重婚配对象的经济因素，致使人们在择偶时，重富贵而轻贫贱，出现了更为普遍的以财富论婚的现象，“凡婚嫁无不以财币为事，争多竞少，恬不为怪”①。在这种情况下，婚姻的缔结常常被视作攀求富贵的一个途径，人们多趋于富贵之家来择偶。男家家产和聘财的多与寡，女家家资和妆奁的厚与薄，都是家长为儿女选择婚配时必须考虑的要件。汉代时“富贵之男娶得富贵之妻，女亦得富贵之男”②的现象已十分普遍。魏晋南北朝时这种现象更为严重，《北齐书·封述传》记封述为其一子娶李士元之女，大输聘财，即将成礼，所欠犹多，无奈之际，封述竟取来供像向李士元“打像作誓”，绝不短少分文。另一子娶卢庄之女，封述诉说道：“送骡乃嫌脚跛，评田则云卤咸薄，铜器又嫌古废”。买妇输财竟到如此地步，真是可悲可叹。宋代以后，由于门阀制度消亡，门第观念较前淡薄，钱财便成了缔结婚姻的最重要因素。“将娶妇，先问资装之厚薄；将嫁女，先问聘财之多少”③，甚至出现“娶其妻不顾门户，直求资财”④的现象。这种以财论婚的风气直至明清盛行不衰。在清代后期，为通过联姻而达富贵之目的，出现了官员与商贾通婚联姻的状况。徐珂《清稗类钞·婚姻》“阎锡龄子娶木商女”条称：“光绪已亥，

---

① ［清］赵翼：《廿二史札记》卷15《财婚》。

② ［汉］王充：《论衡·骨相》。

③ ［宋］司马光《书仪》卷3《婚仪（上）·亲迎》。

④ ［宋］吕祖谦：《宋文鉴》卷108。

某道监察御史阎锡龄，山右人，为子娶木商女。女曾认某福晋为义母，迎娶日，妆奁多至百余起，璀璨耀目，半为福晋所赠，远近争羡艳之。……张文远公百熙为总宪，僦居中城，闻人言阎事，乃疏劾之，谓其巧于钻营。阎落职，侨京师，以书画自给。”此风之盛由此可见一斑。在清代民间，人们在择偶时更热衷于富贵之家。据乾隆《平原县志》载，在山东平原县，民家“惟嫁女适他邑乃论聘财”之多少，而选婿。又，在山东东平县，《东平县志》载，清代该地民人议婚时，须“择两家门第相当，资产相埒及子女年龄相若者”，方可“提亲”。

婚姻过分的追求聘财和嫁妆，产生了不良的影响。家长只重聘财，往往不看男方人品，这成为女子婚姻不幸的重要原因：“阿母恋金重，亲兄要马骑。把将娇小女，嫁与冶游儿”①。母亲、兄长为了要钱，竟将少女嫁给一个浪荡子。而男方苛求女方的嫁资更是女子的一个深重灾难。妆资单薄的女子在夫家会遭受公婆白眼甚至辱骂。更多的贫困家庭则为了儿女的婚姻而耗尽家资，甚至无力或无资为子女完婚，出现了婚姻失时的现象，所谓内多怨女，外多旷夫。不少女子因家境穷苦贫寒，无力量办妆资，只能在家终老。此外只好走以下几条路：一流落都市，沦为歌女、娼妓；二被卖给富人作姬妾侍婢；三入身道观庵舍②。更惨痛的后果是，贫困家庭顾虑女儿长大承担不了嫁妆费用，而嫁妆的多寡又是能否结成一门称心亲家的前提，所以干脆不养活女儿，溺婴现象于是产生。宋至明代南方许多地区溺婴成风，明代嘉靖年间的《浦江志略》记载浦江地区的溺女风气时说，人们认为与其让女儿长大而不能出嫁，受到讥笑辱骂，还不如让她早早死了的好。

婚姻伦理观 宋代以前，婚俗伦理观大体上呈现出开放性。虽然早在先秦时期就有要求女子“一与之（男子）齐，终身不改，故夫死不嫁”③的道德教条，而后各代也不同程度地提倡贞节观念，对贞妇顺女予以褒奖，但是在现实生活中，人们对此并不十分重视，男女交往比较自由，在婚姻上人们可以自由地选择对象，妇女再嫁殆为常事，尤其到了唐代贞节观念更为淡薄，妇女改嫁现象司空见惯。入宋以后，以程颐、朱熹为首的理学家们大肆鼓吹妇女守节。程颐在《近思录》中指出夫死不殉节的寡妇就是失节，男子“若娶失节者以配身，是已失节也”，未婚女子则要严守贞操，守身如玉，甚至提出“饿死事极小，失节事极大”的主张。这一论调后来被理学家们转相鼓噪，影响很大。当后来理学思想被确立为统治思想时，“一女不

---

① 《全唐诗》卷422《代九九》。

② 参见庄华峰：《两晋南北朝等级婚姻初探》，《史学月刊》2000年第5期。

③ 《礼记·郊特性》。

事二夫”、“妇无二夫”①的伦理观便从上层社会逐渐渗入民间,渗透到社会规范和人们心灵深处,导致节烈妇女人数大幅度增长。经过明清两代的“文明”,节烈观念得到最广泛的宣扬和传播,臻至鼎盛,妇女再嫁为伦理道德及社会所耻。自明太祖洪武元年(1368 年)下诏表彰节妇,家有受旌表的节妇都可以免税、免役以来,贞节观念演变为一种家家争取人人崇尚之风。闽有民谚云:“闽风生女半不举,长大期之作烈女。”与此相适应,烈女祠和贞节牌坊遍地兴建。时至今日,我们在徽州各地仍可看到不少保存下来的旧日牌坊。它是徽州文化的一种伦理物化象征,是徽州文化的缩影和特质的显示。目睹这些耸立着的牌坊,有人以细腻的笔调记述了对它的观感:“黝黑的躯体,走过绵绵历史,如泣如诉地向我们走来。在残阳的映照下被染成微红,像陈旧的血迹。残阳如血,血凝残阳。”②贞节观念的盛行既是对妇女人性的摧残,也影响了人们的择偶行为,人们开始把贞操节烈作为择偶的标准。

品才容貌观 如上所述,古代男女的婚配,在严酷的封建道德规范拘囿下,往往以门第的贵贱和财产的多寡等外在条件来决定婚事的成败。但在许多时候,结婚配偶的自身条件也受到关注,包括面相、仪表、品行、才智、武艺等各个方面,这些也都是人们选择配偶的条件和要求。在现实生活中,人们往往更多的是注意男之“才”,女之“貌”,即所谓“郎才女貌”,或称之为“才子配佳人”。也就是说,女子选择配偶时,往往注重男子的才华,即文韬武略。于是征诗择婿、比武招亲之事屡见不鲜,历次科举的状元、进士也便成为女子最理想的婚姻佳偶。如北周贵戚窦毅在为女儿择婿时,在屏风上画了两只孔雀,让求婚者每人射两箭,射中孔雀眼睛的便许婚。结果后来成为唐朝开国皇帝的李渊两箭各中一目,成了窦家的乘龙快婿③。又据《唐语林》卷二载:唐代有位美貌女子,同时有两人求婚,女家不好选择,就要求两人各备百万钱,先到者许婚,不料二人同时携款而至;女家又出新招,要两人各赋一诗以定取舍,结果才子李郢领先,娶了这位女子。而男子在选择配偶时,则注重女子的容貌,最好是花容月貌,如汉光武帝刘秀年轻时,见同乡阴丽华貌美过人,便发誓说:“仕宦当作执金吾,娶妻当得阴丽华”④,后果遂其意。一代名相诸葛亮才华横溢,娶了一位有才而无貌的女子为妻,结果受到时人的责难,言道“莫作孔

① [宋]杜范:《杜清献公集》卷17《跋蔡夫人墓铭》。

② 引自白少帆等主编:《呢喃小语》,中国国际广播出版社 1992 年版,第405-406 页。

③ 《旧唐书》卷 51《后妃(上)·高祖太穆皇后窦氏》。

④ 《后汉书》卷 10(上)《皇后纪·光烈阴皇后》。

明择妇,正得阿承丑女"①。这些都说明对女子容貌的追求远远在其品行、才智的要求之上。

五行八字说 在古代,择偶标准除了政治、经济、才貌等因素之外,择偶能否成功,婚姻是否幸福,男女能否相配,还与五行八字观念息息相关。中国的五行学说起源甚早,虽然在周代末年已经出现,但在当时,它并没有与婚姻吉时发生直接联系。直至汉代,民间各种避忌虽然繁多,但从王充《论衡》看,也还不见时人婚姻忌避五行相克之语。从相关典籍来看,把五行与婚姻直接联系起来,当是在"八字"说产生以后。所谓八字,就是把一个人出生的年、月、日、时四个时刻分别与天干地支相配,合起来为八个字,每个字都分属五行之一项,术士以此推算出个人的命运。

按照中国人古老的观念,大至茫茫宇宙,小至蚂蚁昆虫,都离不开五行,即金、木、水、火、土五种物质,五行相生相克往复无穷。古代星家将六十甲子与五行相配,每一单元都分属五行之一项。如甲子、乙丑属金,丙寅、丁卯属火,戊辰、己巳属木等等。星家又将干支与五行相配,十天干与十二地支每一个都分属五行的某一项,它们相互交叉可有六十种不同组合。用八字与五行相配,则可得"八个五行"。八字对于个人而言是唯一的,它没有好坏之分,关键是每个人的五行八字基本上都是多寡不一,盈缺相异,有的多金,有的多木,有的少水,有的寡火。相生相克,变化无穷。因此,人们缔结婚姻大事时,便非常重视双方的五行八字的配合,力求五行相生,八字和谐。八字有相克之处,则万万不能通婚,否则会直接危害婚姻当事人的利益乃至生命和家族的荣衰。根据这种观念,五行八字也成为中国传统婚姻中人们十分重视的择偶条件。需要指出的是,五行八字说给婚姻蒙上了一层神圣而神秘的色彩,它宣扬的是顺从天命的"宿命论"迷信思想,应该坚决予以批判和摒弃。

三、婚姻观念的变革

传统婚姻观念的变革始自清朝末年的太平天国革命运动。远在金田起义前六年(1845 年),洪秀全就形成了男女平等的思想和策略,他在《原道醒世训》中大书特书说:"天下多男人,尽是兄弟之辈;天下多女子,尽是姊妹之群,何得存此疆彼界之私,何可起尔吞我并之念",又说:"惟愿天下凡间我们姊妹兄弟跳出邪谋之鬼门。"在政治生活方面,按照太平天国军事组织体系建立地方政权,其官制在建都天京以后,始"分朝内、军中、守土为三途"。其中皆有妇女参加。在经济上,《天朝田亩制度》规定:"凡分田,照人口,不论男妇。"军事上,设有女军共四十军,约十万

① 《三国志》卷35《诸葛亮传》注引《襄阳记》。

人。在婚姻问题上，太平天国农民起义军则在《天朝田亩制度》中主张："凡天下婚姻不论财"，"婚娶所用，取之于国库"。同时，还提出了婚姻自由的积极主张，提倡一夫一妻，禁止买卖婚姻，要求废除父母之命，媒妁之言，反对索取聘礼和繁琐的结婚仪式，"男女配合，须由本队主禀明婚娶官，给龙凤合挥（结婚证书）方准"，婚礼在教堂举行即可等。这些举措和主张，无疑是对传统婚姻观念的一个巨大冲击。但由于太平天国领导阶层本身的封建意识和理想色彩，并没有使这场变革深入下去。

真正对传统婚姻观念带来全面变革的是孙中山先生领导的民主主义革命。在《同盟会宣言》中，孙中山就提出"我汉人同为轩辕之子孙，国人相视，皆伯叔兄弟，诸姑姐妹，一切平等，无有贵贱之差，贫富之别。"邹容在《革命军》中，进一步强调："凡为国人，男女一律平等，无上下贵贱之分。"与此同时，一些开明人士纷纷倡导实行男女权利平等，实行普及女子教育，改良家族习惯，实行一夫一妇主义，禁止婚姻买卖，提倡恋爱自由、结婚自由、离婚自由，对传统的贞节观念严加痛斥和批判。这些崭新思想的提出，在当时具有划时代的意义，对世人是一个很大的震动，为近世人们婚姻观念的变革奠定了思想基础。

四、基督教与儒家婚姻观之比较

基督教之在欧洲犹如儒学之在古代中国，它们都在当时的意识形态领域里，占据至高无上的地位。因此对基督教与儒家婚姻观进行比较，可以深刻认识东西方婚姻观的异同。

古代欧洲许多民族都实行一夫一妻制的婚姻制度，基督教把人类的婚姻看成是由上帝恩准的自然的结合。关于婚姻，《希伯来神秘哲学》认为"婚姻是在天国里做成或规定的"。其原因是："整个人类种族的所有灵魂是预先存在于（上帝）散发物的世界之中的，而且注定都要居住在人体上。每一灵魂，在来到这个世界之前，是由雄性和雌性的潜能构成的，结合成一个精神性的存在物。当一个灵魂降临在人世上时，这两部分是分离的，赋予两个不同的身体以生命。在结婚时，那个'知道所有灵魂和精神的神圣的—（上帝）'，使他们像以前一样重新结合起来；他们又组成一个身体和一个灵魂，就像一个人的右侧和左侧一样"。① 这则论述说明，婚姻是先天便潜在的，每个人先天都是雌雄同体，具有婚姻能力。结婚是上帝的安排，使人们重新组成雌雄同体。这便使婚姻具有了神圣化的色彩。而这种先天婚姻观同我国古时"姻缘天定"的传统观念颇有相通之处。

---

① 转自［美］O. A. 魏勒：《性崇拜》，中国文联出版公司 1988 年版，第 120 页。

《圣经》是记载耶稣基督言论的典籍，具有至高无上的权威，基督教的婚姻观即是以《圣经》为依据。《圣经》认为，婚姻是创造宇宙的主宰神所设立的。当神创造了人以后，发现他孑然独居，便主动关怀，于是神又为人创造配偶，成为他的帮助者。那么神为什么要设立婚姻呢？除了这种关爱之情外，《圣经》还提出了婚姻的三个目的，即男女结为终身伴侣，可以一起来服侍神；成家立业，便于操练管理；继而是传宗接代，为神求得虔诚的后裔。在这点上，基督教的婚姻观与儒家有些许相同之处，即都把婚姻的目的归结为生育、繁衍后代，而不把个人的感情或爱情看成最重要的结婚纽带。同时，基督教倡导一夫一妻制，这也与儒家相同。

在基督教的婚姻关系中，认为夫妻关系是最亲密的人际关系，是灵魂体的合一，夫妻双方是平等的，这一观念与儒家所提倡的“夫为妻纲”的思想是截然不同的。《圣经》对于夫妻双方在家庭生活中的行为都有要求，认为妻子的主要本分是顺服，要本着敬畏神，遵从神的命令，怀着乐意服侍的心、温柔安静的心、凡事感恩的心来顺服自己的丈夫，认为只有顺服丈夫的妻子才是最自由的人。妻子顺服丈夫不仅符合神设立的秩序，而且也是男人普遍的心理需要。同时认为丈夫的主要本分是全心全意、无时无刻地爱妻子，这种爱是无私、舍己、不计回报的爱。但它也提出在家庭中男人是女人的头，一切事务要以男性为主，男性拥有决定家庭政策之权，以此来维持婚姻的盟约关系。基督教这种要求妻子顺服丈夫的婚姻观念与儒家如出一辙。

在离婚和再嫁的问题上，基督教与儒家的观念有所不同。基督教视婚姻为一种盟约关系，这非但指肉体的联合，也指思想和感情上的联合，即灵肉合一。这种联合是一生一世的，不可分开，因此基督教禁止其信徒离婚。妻子不可离开丈夫，若是离开了，也不可再嫁，但可以与丈夫和好如初；丈夫也不可离弃妻子，除非妻子有淫乱行为；若娶被休的妇人，以奸淫之罪论处；被休女子在丈夫去世以后，可以自由选择自己的生活方式，允许其随意再嫁，只要是嫁给基督教徒就可以了。可见基督教绝对要求婚姻圣洁，认为无故离婚就等于犯奸淫罪。

总之，基督教的婚姻观是以神为本，具有超越性，它与儒家婚姻观“归本于天”的思想相近，儒家以为婚姻皆由天定，称人之婚姻美满为“天祚之合”，或谓之“五百年前结成姻”，其出发点都是为了家庭易于相安。但是儒家所倡导的婚姻观以人为本，具有世俗性，强调婚姻对于现世社会的功能。可见儒家的婚姻观与基督教婚姻观实则小同大异，一个最终导向是人，另一个最终导向是神，这是两者根本区别所在。

清年画《多福、多寿、多男子》

第六章 生老礼俗

中国素称“礼仪之邦”，完备的传统礼仪不仅存在于人与人的关系之间，也存在于个人社会生活的经历之中。从婚礼上的祝吉祈子起，举凡妊娠、诞生、周晬、童蒙、成年、老年等重要人生驿站关口都伴有各种礼仪。这些人生礼仪寄寓了人们的祝福和期盼，显示出丰富的社会生活文化内涵。

第一节 诞生与生日礼俗

一、求子

中国传统的人生礼仪纷繁复杂，贯穿于个体整个的生命历程之中。在个体人生中每一个特定的时间点或时间段上总有特定的礼仪相伴随。

1. 婚礼中的求子习俗

传统的中国人极其重视婚姻的“上以事宗庙，下以继后世”功能。“早生贵子、多生贵子”是人们对新婚夫妇最美好的祝愿和最殷切的期望。因而，求子的主题、祈子的希冀便在婚礼习俗中得到了充分展现。

在淮河流域，男方订下迎娶佳期后，由媒人去告知女方。媒人去女方时要带去一套紫色衣服，俗称“五子衣”。结婚当天，新娘必须身穿“五子衣”前往夫家。衣服之“紫”为生子之“子”的谐音，表明人们希望女子出嫁后能早生贵子。之所以称“五子”，则是取“五子登科”、“五男二女”的吉兆。

在浙江，新郎新娘要在腋下挂两串“果子带”，洞房的左右帐额上也各挂一串同样的“果子带”。果子带由莲子、花生、桂圆、松子等串接而成，最下是金桔。在当地婚俗中，这些果子是有着特殊含义的。莲子谐音“连生贵子”，花生是“长生果”，桂圆谐音“贵员”，松子谐音“送子”，金桔谐“多金吉利”。这些物品的选择充分表明了人们求子的愿望。浙江有的地方还将鸡鸭蛋染成红色，称为“喜蛋”，因蛋状为圆形，谐音“状元”，并与红枣（谐音“早”）、花生（生）、桂（贵）圆、瓜子（子）凑成一句吉祥的祝福语“早生贵子状元郎”。

在云南，女子出嫁前要用枣子、松子、莲子等“五子”烧成的汤洗浴或将汤喝下，表明女方希望女儿嫁到男方后能早生贵子、多生贵子。而在我国东北地区，新婚夫妇则必须在花烛之夜吃一种祈吉食品——子孙饽饽（饺子）。子孙饽饽是女方送亲之人从女家带来的，形状小巧如菱，内包有栗子（谐“利子”）、花生（生）、红枣（早）等物，意寓新婚夫妇要早生贵子、早日交出孩子。子孙饽饽不能煮得太熟，新人吃时，男方会安排一男孩在门外问“生不生？”新娘要回答“生”。这是以食物之“生”谐新娘生子之“生”，十分有趣。

在我国有些地区，女子出嫁时，娘家要陪嫁一个红漆马桶，俗称“子孙桶”，桶内放些花生、鸡蛋、红枣、糕等。女方嫁妆到男方后,男方的厨师要用肉汁烫马桶,这种肉汤俗称“百子汤”,民间认为,“百子”兆示着多子多福。花烛之夜,新娘要刷洗“子孙桶”。她一边倒子孙桶一边说吉语:“子孙桶,滴溜圆,代代子孙做状元;红花生,两头尖,小伙儿铜钿,老头铜钿,赚得万万千。”这些话语充分表达了新人早生贵子、光宗耀祖的祈盼。

在台湾,女儿出嫁时,母亲要送她一个小布袋。布袋内装:一本历书押(压)煞;两个桔子,象征大吉大利;一包冰糖,表示甜蜜和美;一面镜子,取义光明;铁片一块,表明铁心不变而有光彩;生炭一块,因“炭”与“摊”同音,寓意新娘将来能生一大摊孩子(多子)。婚礼之后,新娘要从腰间解下小布袋,取出其中食物与丈夫同吃。真是可怜天下父母心,为女儿竟想得如此周到。

类似的事例,俯拾皆是。从这些例子中,我们不难看到,人们求子的愿望是多么强烈!他们期望婚姻的缔结能使家族香火绵延不绝。他们精挑细选婚礼中每一器物,希望这些吉利之物能给新人带去好运,真可谓“用心良苦”。此外,祈子的希冀还充分体现在人们对婚礼事务的精心安排上。

在我国某些地方,婚礼前夕,有布置新房的风俗,俗称“安床”或“铺房”。“前一日女家先来挂帐,铺设房卧,谓之铺房”①。明代,这一风俗广泛流行。史载,庶人婚礼,“亲迎前一日,女氏使人陈设于婿之寝室”②。洞房一般会在婚礼前一两天布置妥当,装饰一新的洞房最忌讳“空房”,因而男方通常会请一位“全福人”(即父母、丈夫、子女都齐全的人)睡在新床上“压床”,以示新婚夫妇将来也会“全福”。也有些地方让小男孩压新床,寓有早得贵子之意。

在河北,女儿出嫁前一天下午,女方要包几十个素馅饺子。包有盐馅的,称“美满姻缘”;包有“麦麸”的,称“多福多子”;包有豆腐馅的,称“富贵白头”。饺子包好后,摆在一个托盘中,再擀四根宽面条搭在上面,叫“饺子面”。迎娶当天,两人抬着饺子面在前,新娘乘坐的花轿在后前往男方。

在我国许多地方,新娘下轿时都有一定的习俗。比如举行“传袋”仪式,是用两三个布袋铺在地上,随新娘的脚步向前传递,直到新娘跨进婆家门。旧时,人们认为新娘的脚是不能挨到地面的,否则就不吉利。白居易《春深娶妇家》诗中“青衣转毡褥,锦绣一条斜”,描绘的就是奴婢为新娘辗转递红毛毡的情景。“传袋”可以避除凶邪,更为重要的是“传袋”意为“传宗接代”,生动地表明了人们对这桩婚姻所寄予的希望。再如“跨五木火”的习俗,新娘到了婆家,接亲奶奶会将五种开

① [南宋]孟元老:《东京梦华录》卷5《娶妇》。

② 《明史》卷55《礼志九》。

花结籽的树枝点燃，让新娘从火堆上跨过，并祝道："一薰凶煞远避，二薰幸福门开，三薰爱河永浴，四薰福禄双来，五薰五福捧寿，女子俊秀男儿成才"，寓有"洪范五福"、"五子夺魁"之意。人们认为，火能烧掉一切有害之物，属阳，新娘经过五木火一薰，定能远离邪恶、早生贵子。再如陕西的"撒谷节草"习俗，在陕西关中，新娘下轿后，男方会迎过来一个提斗的人，将斗中所装麸皮、谷草、核桃、红枣等物向新娘身上抛撒。撒谷之人边撒边唱："一撒麸，二撒料，三撒新媳妇下了轿；一撒金，二撒银，三撒新媳妇进了门；新媳妇，好脚手，走路好像风摆柳；今年要，明年抓，生下个胖娃叫大大"①。

等到新人拜过天地，举行上床仪式时也有一定的礼仪，其中，最为典型的当属"撒帐"和"扫炕"。撒帐之俗，各地都有。撒帐时，送亲奶奶要边撒边唱"枣儿满炕红，生子是英雄；核桃滚满炕，生女是姣娘"、"双双核桃双双枣，生儿聪明生女巧；双枣儿双核桃，儿子拔萃女窈窕"、"一把栗子一把枣，小的跟着大的跑"等祝词。撒帐时要顾及东西南北、前后左右各方。方向变了，祝语的内容也相应变化，如"果子撒向东，才子佳人喜相逢，果子撒向北，姻缘天定结连理"等。在河北等地，新人上床休息前，男方会请一位"全福人"为新人扫炕铺床。扫炕时也要高唱扫炕歌。这些歌内容简单、直白，但却真真切切地表达了人们对新人的祝福——恩情长在、早生贵子、生子成龙，如下面这首流传于邯郸的扫炕歌云："喝罢酒，吃罢糖，俺给新人来扫炕。一扫鸳鸯共枕，二扫夫妻恩情长，三扫早生贵子，四扫儿女满堂。顺抻抻，横抻抻，抱个孩子石砘砘，东擢拉，西擢拉，闺女小子满炕爬，东一抡，西一抡，闺女小子一大群，一把栗子一把枣，闺女领着小子跑。扫扫炕边儿，抱个状元儿，扫扫炕头儿，抱个孙猴儿，扫扫房顶儿，抱个朝廷儿。"

2. 岁时节日中的求子习俗

常言道："事事未必遂人愿。"尽管人们渴盼香火绵延、人丁兴旺，但总有些夫妇难圆"早生贵子"之梦。面对此种情形，人们便在各种岁时节日通过特定的仪式来祈求子嗣。

在安徽歙县、休宁、黟县等地，不育妇女必须在立春之日穿青衣、乘青舆、张开伞，并在立春那个时辰踏入婆家门，称作"望春"。俗传这样可以将"春"带入家门，从而怀孕生子。元宵节后两天，这些地方还举行"举烛龙游行村镇"的活动，凡婚后未育或只生女孩的妇女都要手捧蜡烛站在村口路旁，等待烛龙队伍到来，用手中红烛换下龙头上的残烛。俗传妇女将残烛置于室内，便易得子。有诗云："元宵灯火闹长堤，舞出神龙振鼓鼙；争向龙头请龙烛，烛龙双引入香闺"，所言即是此事。

---

① 吴格言：《中国古代求子习俗》，花山文艺出版社1994年版，第170页。

湖南新化地区过新年，有送“孩儿灯”的习俗。送灯习俗源于春秋时期所形成的阴阳观念：灯象征光明，能驱恶避邪，属阳，是大吉大利之物。孩儿灯用泥制成，由亲朋好友将之送给盼子殷切的人家，祝愿他们早日添丁。接受孩儿灯的人家会对送灯之人感激不尽，盛情款待。

在广州，元宵节晚上妇女要去庙里请灯，喜欢哪一盏，就用红柬写上“某宅敬请”的字样。节后三天，庙中司祝会派人将妇女所请之灯送去。因“灯”谐音“丁”，俗传如此便可添丁。

此外，在我国许多地方还盛行一种“摸秋”习俗，亦与求子有关。摸秋活动在中秋之夜进行，届时，有些人会到瓜地偷瓜，偷回来后，还要给瓜穿上衣服，用彩色绘成人的面目，扮成小孩状，敲锣打鼓送到无小孩的人家。送瓜之人将瓜放在妇女床上，盖上被子，口中念叨：“种瓜得瓜，种豆得豆。”受瓜之人则盛筵相待送瓜之人，如逢大喜一般。不育妇女则要伴瓜睡上一夜，次日将瓜煮而食之，认为如此一来便可怀孕。也有些地方，不育妇女自行去瓜地“摸秋”，以兆生子。安徽歙县等地通常让小男孩去摸秋，将倭瓜或大小连在一起的子母山芋塞到妇女的被子里，结果泥土、泥水弄得满床都是。曾经有一首诗描述了这种情况：“送子中秋纪美谈，瓜丁芋子总宜男。无辜最惜红菱被，带水拖泥哪可堪。”

在令人眼花缭乱的求子习俗中，“麒麟送子”更是别具一格。“麒麟送子”源于孔子降生时“麟吐玉书”的传说，故后世常美称孩子为“麒麟儿”、“麟子”，由此，麒麟便和送子联系了起来。旧时，民间各地麒麟送子的习俗不尽相同。比如，南京人在灯节（正月初八）这一天，送麒麟送子灯到女婿家。男方把灯烧了，并以烧后留下的灰烬的形状来预测妇女生子的性别，“尖者生男，团者生女，是其兆也”①。更多的地方女家会在元宵节送麒麟灯，以求女儿能早日“添丁”（添灯的谐音），免除子嗣之忧。在江苏淮安，也有用砖代替灯的，但要求砖必须取自东门外麒麟桥堍，以就“麒麟送子”之意，否则无效。送砖前要通知无孩人家，以让其做好准备。届时一行十余人敲锣打鼓，将砖送到受砖者家中。受砖者要远远出来迎接，恭恭敬敬地将砖接过放到不育妇女的床上，然后以美酒佳肴款待送砖之人。

二、妊娠与胎教

时至今日，中国民间仍习惯把妇女怀孕称为“有喜”、“见喜”等，视其为一件了不起的大事。的确，在传统社会，妇女怀孕不仅是婚姻当事人的喜事，也是家庭、宗族的大喜事。因而，民间也就形成了一些对待这一喜事的礼俗。不过，孕妇因身体

① ［清］陈作霖：《金陵琐志·炳烛里谈》。

原因不便操劳，故庆贺活动往往限于家庭和亲朋之间。孕妇娘家或其他亲族的女眷往往前来贺喜，送些营养滋补品和小儿衣帽给孕妇，恭贺她后继有人，祝愿她身体健康，顺利生下麟子。

对孕妇而言，妊娠期的礼俗恐怕就是诸多禁忌了。中国民间历来视孕妇为不吉之人，称其为“双身人”、“四眼人”，要求人们对其有所避忌，也要求孕妇本人避忌一些事物和场所。这些禁忌比较繁杂，且因地区、民族又有所不同。针对孕妇的禁忌，就有忌孕妇参加红白喜事，忌孕妇随便去别人家串门，忌孕妇参加一些工艺性较强的生产劳动等。侗族孕妇不能站在砍柴人面前，俗信那样会产下破相的婴儿。满族忌孕妇大哭大笑。汉族忌孕妇伸懒腰、打哈欠、搬重物等。对孕妇的饮食，禁忌也很多，如忌吃兔肉（生子豁唇）、忌吃生姜（生儿六指）、忌吃葡萄（生葡萄胎）、忌吃狗肉（易难产）等。尽管有些禁忌并无科学道理可言，但其精神实质仍是对妇女“有喜”的保护及对新生命的重视。

中国胎教的历史相当久远。相传，周文王的母亲在怀文王时就进行了胎教。西汉韩婴在《韩诗外传》中记述了孟母（孟轲之母）对腹中胎儿进行胎教的故事：“吾怀妊是子，席不正不坐，割不正不食，胎教之也。”晋人张华也曾介绍过胎教的方法：“听诵诗书讽咏之声，不听淫声，不视邪色，以此产子，子贤明、端正、寿孝，所谓胎教之法。”皇室对胎教尤其重视，颜之推曾说：“古者，圣王有胎教之法：怀子三月，出居别宫，目不邪视，耳不妄听，音声滋味，以礼节之。”①唐人孙思邈曾在《千金方》中总结了胎教的经验，认为孕妇不但应根据胎儿生长发育的特点，注意饮食起居，还应当“弹琴瑟，调心神，和性情，节嗜欲，庶事清静”②。

应当说，古人的胎教有许多可取之处，比如，主张孕妇接触美好的事物，远离淫邪异常之物，这些做法已被今人所继承。但我们也应看到，古代的胎教之法核心还是一个“礼”字，即用礼来约束孕妇的行为，用礼来塑造新的生命。

三、诞生礼俗

“十月怀胎，一朝分娩”，这是夫妻双方的大事，也是家庭、宗族乃至乡里社区的大事。随着预产期的临近，人们开始忙着为新生儿“催生”，乃至婴儿呱呱坠地，家人又张罗着向亲朋报喜，为新生儿开奶、洗三、命名等，这就是一系列与诞生相关的礼俗。

1. 催生

---

① ［北齐］颜之推：《颜氏家训》卷1《教子篇》。

② ［唐］孙思邈：《备急千金要方》卷2《养胎》。

催生，意即催促祈祝孕妇及时顺利产下胎儿。催生礼作为产前的一系列仪式，在宋代已出现。宋人吴自牧《梦粱录》记载：杭城（今杭州）人家，孕妇将生产时，“外舅姑家以银盆和彩盒，盛粟秆一束，上以锦或纸盖之，上簇花朵、通草、贴套，五男二女意思，及眠羊卧鹿，并以彩画贴蛋120枚、膳食、羊、生枣、栗果及孩子绣绷彩衣，送至婿家，名曰‘催生礼’”①。这一习俗，浙杭一带至近代仍相沿不废，除了喜蛋、襁褓等物外，还要带一把笙吹着送来，谐音“催生”，有的还要加筷子十双，取快生快养之吉兆。

在湘西，女儿怀孕满9个月后，母亲要亲自为她做一顿饭，准备三五道菜，取“二龙戏宝”、“五子登科”之意，这种催生饭往往由女儿一人独享。

今天，大多数孕妇都会在医院分娩，既安全又卫生，但传统的催生观念仍可见于人们的行动中。最普遍的做法是家人将屋内所有箱柜、盘盒、门窗打开，以此来模拟妇女生产时的“骨缝之开”，希望她快生快养，无痛无楚。有些地方，打开箱柜门锁时还要唱祝语：“锁头锁头开，抽屉抽屉开，门开柜子开，大胖小子生下来。”

2. 报喜

婴儿一降生，男方就要以各种方式到亲家、亲朋邻里家去报告喜讯，这就是“报喜”，也称“报生”。一般来说，生男生女都是家庭的喜事，故有不加性别区分进行报喜的礼俗，但由于男尊女卑的传统观念，报喜的形式、内容又有所不同，这就使得报喜成为一项积淀了丰富文化内涵的礼仪活动。

中国古代，生男生女有“弄璋”、“弄瓦”之说。“璋”是美玉，代表富贵尊荣，这是对男孩的祝愿。“瓦”是纺锤，代表心灵手巧，这是对女孩的希望。“乃生男子，载寝之床，载衣之裳，载弄之璋；乃生女子，载寝之地，载衣之裼，载弄之瓦。”②意思就是说，生个小儿郎，给他铺张小睡床，给他穿衣又穿裳，给他玩的是玉璋；生个小姑娘，给她铺席睡地板，一个小被包身上，拿个纺锤给她玩。可见，先秦时代，人们就有了重男轻女的思想，这种男尊女贱的观念在报喜这一环节得到了充分体现。

旧时，孕妇生下孩子后，若是男孩，接生婆会高叫“大喜”，但如果她不做声，则表明生的是女孩。在许多地方，若产妇产下了女孩，一些人就不愿进产房，怕沾上晦气，如果生的是男孩，人们便想进去沾点喜气。

在湘西，产妇生下孩子后，其夫要提鸡去岳家报生。娘家人见女婿前来，往往最急于想见的就是女婿手中所提的鸡。如果是公鸡，表明女儿生了男孩；如果是母鸡，则说明女儿生了个丫头；如果是两只鸡，表明生的是双胞胎。这种做法是约定

---

① ［南宋］吴自牧：《梦粱录》卷20《育子》。

② 《诗经·小雅·斯干》。

俗成的，当地人人知道其中奥妙。还有的地方，男家报喜时，用红布包毛笔一枝，表明生了个男孩，包手帕一块，则表明生了个女孩。另有一些地方，新生儿父亲提红鸡蛋去岳家报喜，红蛋之数，单数为男，双数为女，这种习俗今仍很常见。相比之下，居住在西北边疆的塔吉克族人的报喜方式则稍显“另类”。塔吉克族产妇生下男孩后，婴儿父亲会朝天鸣枪三声，并将枪放到孩子的枕下。邻里亲友听到枪声后，便知产妇生了男孩，于是奔走相告，结伴来贺。在此，“鸣枪”的功能有二：一是报喜，二是希望儿子长大后勇敢有为。若生下的是女孩，往往不鸣枪，只告知亲友，并将一扫帚放到女婴枕下，表明父母希望她长大后能勤劳持家。

在粤东、闽南地区，生了男孩要在元宵节往宗祠送花灯，以告知列祖列宗家中“添丁”了，若生了女孩则不送花灯，因为生女只算“进口”，不算“添丁”。可见，报喜这件事情传递了十分丰富的讯息。如果说，孩子出生之前，人们心中更多的是祈盼母婴平安，那么，孩子降生之后，却真是“有人欢喜有人忧”。生男孩是光耀门楣的喜事，生了女孩则会让父母觉得颜面尽失。明代散文家张岳曾记述了一件事：无锡有个名叫邹光大的人，连年生女，请朋友翟永龄吃酒。翟写了一首诗嘲弄他：“去岁相召云弄瓦，今年弄瓦又相召。寄诗上覆邹光大，验证原来是瓦窑。”

生孩子除了报喜之外，另一项仪俗是在自家门口挂出诞生的标志。这一方面标示出产妇和新生儿的住所，提醒人们注意；另一方面明确标示男女，用一定的物品寄寓对新生儿的期望。早在先秦时，民间就有“子生，男子设弧于门左，女子设帨于门右”①的做法。弧，就是弓箭，是男性的象征。帨，是佩戴在身上的帕子，被人们用作女性的象征物。

3. 三朝礼

新生儿诞生后，虽有报喜与张挂标志的习俗，但却不触及婴儿，一般到第三天才举行正式的仪式，庆贺新生命的诞生。这一天，邻里亲朋都携贺礼前来道贺，生子人家要宴请贺喜之人。这种礼仪早在中古时代就盛行于朝野，后来，三朝礼的内容和形式大大发展，并形成了几种独具特色的仪式。

落脐炙囟　这是一种对婴儿脐带、囟门的礼仪性的处理，即所谓的“三朝与儿落脐炙囟”②。南宋孟元老《东京梦华录》也有类似记述。可见，这种仪式至少在宋代已经形成且具有一定普遍性。其做法是：先将新生儿的脐带残余去掉，然后用熏炙婴儿囟顶。

开奶与开荤　这是民间在新生儿产后第三天举行的礼仪。这种仪式本身并无

① 《礼记·内则》。

② ［宋］吴自牧：《梦粱录》卷20《育子》。

多少价值,重要的在于其象征意义。江浙地区给婴儿开奶有三道程序:首先,由一位能说会道的妇女将黄连汤抹几滴于婴儿唇上,一面说:"好乖乖,三朝吃得黄连苦,来日天天吃蜜糖。"然后把肥肉、鱼、糖等烧成的汤水往婴儿唇上再抹几滴,并说道:"吃了肉,长得胖;吃了糕,长得高;吃了酒,福禄寿;吃了糖和鱼,日日有富余。"最后再让婴儿吃一口从别人那里要来的乳汁。台湾高山族在婴儿初生第三天举行开荤礼:父母和其他长辈用一块烧糊的猪肉皮涂擦婴儿的嘴,然后大家也都用这块肉皮擦嘴,表示家里添了一口人,并且已经和全家人一起吃东西了;同时也祝愿孩子以后能吃上好东西,过上好日子①。

洗三 这是三朝礼中发展最完善的礼俗,意即给出生后三天的婴儿洗浴,也称"洗三朝"。据史料记载,唐代就有洗三习俗,杨贵妃就曾受过这种洗礼。苏东坡也曾写过"况闻万里孙,已报三日浴"②的诗句。文献所见较为详细的,主要是晚近的洗三风俗。近人胡朴安《中华全国风俗志》下篇卷五《安徽》记载了安徽寿春(今寿县)的三朝礼:婴儿产下三天,必须洗涤干净,同时还要把大公鸡放在床前,让产妇烧香祷告,称"拜床公、床母"。胡朴安《中华全国风俗志》下篇卷一《京兆》还描述了北京地区的洗三状况:"是日必须招收生婆到家,酒食优待,然后由本家将神祇并床公、床母之像,供于桌,供品为毛边缸炉(北京点心名)五盘。由接生婆烧香焚神祇,毕,将火煮之槐条倾入水盆内,旁置凉水一碗及两盘,一盘盛胰子、碱、胭脂、粉、茶叶、白糖、青布尖儿、白布数尺、称杈、剪子、锁镜等物,一盘盛鸡子、花生、栗子、枣、桂圆、荔等物,均用色染过。诸亲友齐集床前,将各样果子,投数枚于盆内,再加冷水两匙,铜元数十枚,名为添盆。添毕,由收生婆洗小儿。洗罢,将小儿脐带盘于肚上,敷以烧过之明矾末,用棉花捆好所有食物,全由收生婆携去。"洗三的意义主要有二:一是清除秽气,二是祝福孩子健康成长、前途光明,正如有首洗三歌谣所言:"洗洗头,做王侯;洗洗腰,一辈倒比一辈高;洗脸蛋,做知县;洗腚沟,做知州。"

4. 满月礼

满月礼,又称"弥月礼",它在一系列诞生仪式中是颇为郑重、热闹的。其主要内容有三:

办满月酒 此种习俗,各地类似,往往是亲戚前来送礼,礼物多是小儿所用之物,如一首山西民谣所言:"姑姑家的帽子,姨姨家的鞋,老娘家的铺盖拿将来。"旧时北京则讲究"姨家的布,姑家的活",即小孩姨家出布料,小孩姑家负责缝制。在

---

① 钟敬文主编:《中国礼仪全书》,安徽科学技术出版社2000年版,第141页。

② 《借前韵贺子由生第四孙斗老》,《苏轼诗集》卷42。

江南一些地方，小孩满月时，岳家要挑担送礼，篮子里装着面条、粽子、馒头、鸡、婴儿衣物等。女婿家则要发请帖宴请亲友，俗称“满月酒”。

剃胎发 剃胎发的仪式各地有所不同，但总的说来，都是庄重、严肃的，折射出丰富的人际礼仪。在绍兴，孩子满月时，外婆要给外孙儿送圆镜、关刀、长命锁等物。俗信圆镜能照妖，关刀能驱魔，长命锁可锁住孩子，不至于有性命之虞。这些东西是满月礼中不可或缺的，它体现出人们对新生命的珍视。在山东郯城，为婴儿剃胎发的是邻家三位年轻姑娘，剃头时要在额顶留一撮“聪明发”，脑后留“撑根发”，以此表达父母亲朋希望孩子聪明、健康的美好心愿。旧时，人们认为胎发“受之于父母”，是吉祥之物，故对剃下的胎发十分敬重，不会随意处置。有的人家将胎发用红布包好，缝在小孩枕头上，有的则搓成圆球，并缠以彩线，挂在床头，人们认为这样做可以避邪，保佑孩子健康成长。

满月游走 满月游走就是将婴儿抱出户外走动走动。南宋孟元老《东京梦华录》载，小儿满月后，“抱牙儿入他人房，谓之移窠”①，也就是挪挪地方。后世的“搬满月”（外婆家将婴儿接去礼节性地小住）就是由移窠发展而来。满月游走的目的在于让孩子感受外界事物，开开眼界，长长见识。近人胡朴安在《中华全国风俗志》下篇卷五《安徽》中记载安徽寿春的习俗说：“婴儿满月剃头后，须请舅父怀抱，游行通衢之上，遇行人则谓小孩曰：‘认得否？弗要怕’。”

5. 百日礼

婴孩出生第100天，又有百日礼。“百”在中国人眼中是一个十分吉利的数字，有“圆满”、“完全”、“长寿”之义，故百日礼亦成为孩子诞生后一项重要礼仪。

百日礼，又称“百岁”、“百晬”。这一天，生孩子的人家往往要备几桌酒菜宴请亲友，“生子百时，即一百日，亦开筵作庆”②。“百日礼”中最具特色的内容是孩子能收到“百家衣”和“长命锁”这两件特殊的礼物。百家衣是用许多彩色碎布头缝缀而成的，因碎布取自许多人家，故有此名。俗信敛布的家数越多越好，孩子穿了百家衣能健康长寿。长命锁，亦称“百家索”、“百家练”、“长命索”等，和百家衣一样也是祝福孩子长寿的象征物。百家锁通常用金、银等贵重金属打制而成，锁上有文字，多是“长命百岁”、“长命富贵”等祝语。与百家衣一样，百家锁也应集数家之金银打制，或是由许多人家集体赠送，俗信这样可以压邪压煞，保佑孩子安康。

---

① ［南宋］孟元老：《东京梦华录》卷5《育子》。

② ［南宋］吴自牧：《梦粱录》卷20《育子》。

四、生日礼俗

如果说三朝礼、满月礼、百日礼都是纯粹的诞生礼仪的话，那么，周岁礼则有比较特殊的地位。它是一系列诞生礼仪的总结，也是成长中一系列礼仪的开始，具有承前启后的功能。

周岁礼是孩子出生后遇到的较为隆重的礼仪之一。在满一周岁这天，亲戚朋友都前来道贺，给孩子送些衣服鞋帽，其中，较具文化特质的礼物是"虎头鞋"。人们认为虎是"百兽之王"，小孩穿了虎头鞋可以避邪。

周岁礼上最重要的内容是"抓周"。抓周又名"拈周"、"周晬"、"试周"、"试儿"等。抓周仪俗在南北朝时已出现，但不普遍，仅流行于江南地区。史载："江南风俗，儿生一期，为制新衣，盥浴装饰，男则用弓矢纸笔，女则刀尺针缕，并加饮食之物，及珍宝服玩，置之儿前，观其发意所取，以验贪廉愚智，名之为'试儿'。"①抓周之礼盛于宋代。《宋史·曹彬传》载："彬始生周岁，父母以百玩之具罗于席，观其所取。"宋人吴自牧《梦粱录》卷二〇《育子》也记述了小孩抓周情形："其家罗列锦席于中堂，烧香炳烛，顿果儿饮食，及父祖诰敕、金银七宝玩具、文房书籍、道释经卷、秤尺刀剪、升斗戥子、彩缎花朵、官楮钱陌、女工针线、应用物件，并儿戏物，却置得周小儿于中座，观其先拈者何物，以为佳谶，谓之'拈周试晬'。"宋人孟元老在《东京梦华录》中也记述："至来岁生日，谓之周晬，罗列盘盏于地，盛果木、饮食、官诰、笔砚、算秤等经卷针线应用之物，观其所先拈者以为征兆，谓之'试儿'。此小儿之盛礼也。"②可见，宋时抓周习俗已很普遍。

显然，抓周习俗带有明显的巫术色彩。人们相信，孩子所抓之物暗示了他的志趣和前程。一般来说，文房四宝，代表读书为文；算盘戥秤表示经济商贸；刀尺针缕表示女工针线；珍宝玩具表示贪婪玩耍；炊具碗筷表示主持家务；首饰花朵表示喜好打扮。因而，孩子抓了什么，父母家人是十分介意的。《红楼梦》第二回说，贾宝玉周岁之际，贾政要试儿子志向，命人摆了许多东西让他抓。结果宝玉其他东西一概不取，只把脂粉钗环拿来玩，这使贾政非常生气，断言宝玉将来必是酒色之徒，从此，对宝玉也不再像以前那般疼爱。相比之下，载淳（同治帝）抓周的结果则让咸丰帝乐不可支。史载，载淳先抓了书，后又抓了弧矢，最后又抓了笔，咸丰大喜过望，认为载淳将来必文治武功，成就大业。

其实，一个无知幼儿哪里有什么志向可言呢？当他随手抓起一件物品时，他怎

---

① ［北齐］颜之推：《颜氏家训》卷2《风操篇》。

② ［南宋］孟元老：《东京梦华录》卷5《育子》。

会知道，自己的举动居然牵动着家人的神经？他又怎会知道，一个普通的物件在父母眼中竟然会是自己未来生活的预言？

第二节　成年礼俗

一、成长的习俗

中国素有“礼仪之邦”的美誉，丰富完备的礼仪影响和规范着所有社会成员的行为。在个体成长的过程中，他会受到各种礼仪的熏陶和教化，同时，他也会从这些礼仪中习得社会规范并遵守之，经由这种社会化的过程，他才能成为一个社会的人。在孩子成长的过程中，有各种人生礼仪相伴随，概括起来有以下几种。

童蒙之礼　童蒙礼是与儿童发蒙有关的礼仪。对孩子进行启蒙教育通常有两种途径，一是对其进行家庭教育，二是请老师为孩子启蒙，这也有一套比较重要的礼仪。

在古代，童蒙之礼是十分严肃、郑重的。当孩子渐省人事，父母就会根据家庭实际情况考虑他的启蒙教育问题。经济条件好的家庭一般会考虑两个主要问题，即请谁为师和在哪学习。当然，老师肯定要请那些学问好、人品好的人。至于学馆设在哪里，家长往往会反复权衡。《礼记·学记》说：“古之教者，家有塾、党有庠、术有序、国有学。”就是说，当时求学之处有四种，家里的叫塾，乡村间的叫庠，教专门技艺的叫序，国家设立的叫学馆。后代没有这么严格的区分，往往称家庭或民间的教育机构为“塾”，称国家的教育机构为“学”。启蒙教育一般都在塾中进行。塾又分家塾、私塾和义塾。家塾是家庭或家族所办请先生来教育孩子的，私塾是先生自己办起来招生授业的，义塾则是乡里社会大家一起办起来教育子女的。一般来说，只有世家大族才设家塾，普通人家的孩子往往送入私塾和义塾进行启蒙教育。

选定学馆、先生之后，家长就要准备礼物，送学生向先生行礼，以建立正式的师生关系。在东周，私学兴起，专门从事教学的“师”出现后，就形成了富有特色的尊师礼仪，比如“束脩礼”与“释菜礼”，这都是学生入学拜师、与老师初次见面的一种礼节。“脩”为干肉，“束脩”，即十条干肉。束脩的引申义为学费、敬师礼等。孔子开私学，奉行“有教无类”的原则，只要学生带着这些薄礼来行拜师礼的，他都收下他们并悉心教导之。“自行束脩以上，吾未尝无诲焉”①。束脩礼作为拜师的礼仪在唐代发展为固定的制度。唐代学生入州、县学校学习，须带一匹帛、二斗酒、五条干肉作为见面礼给老师。行礼的那天，学生身穿青衿学服，携礼品去学校。到校门外后并不入内而是站在门外，先生则站在学堂的台阶上，见学生前来就派人出去询问来由，学生便说明自己拜师求学的意图。先生往往会谦称自己无才无德，恐将误人子弟。学生则再次表示从师的决心已定，恳请先生收下自己。这时，先生就请学生进门，学生进门就行跪拜礼并将束脩礼取出，摆在先生面前。先生收下后，双方就正式建立起了师生关系。行束脩礼实际上可以看作学生入学所上的第一课——尊师礼仪教育。这种仪式看似繁琐，但连皇太子入学也不能例外，可见，“师”在古人心目中所居的地位。

“释菜礼”，又称“舍采”、“择菜”，也是古代读书人入学所行的一种礼仪。简单说，就是学生将蘋蘩等菜蔬献给老师，表明自己学习志向始终不渝。相传孔子困于陈国，七天没有吃饭，靠煮灰菜为食，但仍给学生讲习礼乐。在这处境艰难的时刻，颜回在门外给老师行“释菜礼”，表明自己求学的志向不变，尊师的礼仪不忘。至今，有些地方仍有将蔬菜置于老师门前的习俗，颇有“释菜礼”的遗韵。

其实，束脩礼绝不算丰厚，释菜礼更是微薄，然而这些礼仪却被人们代代相传，关键就在于这其中浓浓的尊师之情。在许多人眼中，童蒙之礼是孩子社会化过程中必要的一课。

家教礼俗　家庭是孩子社会化过程中第一个重要场所，家庭教育历来都是传统教育的重要组成部分。我国家庭教育的历史由来已久，有独特的教育方式、教育内容与独特的礼俗。

如何为人处世，是传统家教的中心内容。在古代，人际关系被概括为五伦，即君臣、父子、夫妇、兄弟、朋友，与之相对应的是“五常”（仁、义、礼、智、信），也就是处理上述五种关系的规范。统治者将这些理论奉为正统的官方学说，并通过教育灌输这些理论，通过制定礼仪约束人们的行为，这些都为家长教子提供了素材。古人教子的内容十分广泛，包括饮食起居、礼仪规则、经学诗文、生产技艺、女红等。《礼记·内则》还总结了一套当时家庭教育的教学步骤：在孩子刚能吃饭时，就教他用右手；3岁时，教他数数和辨认方向；7岁，教之男女授受不亲的道理；8岁，告诉他出入门户、即席饮食时懂得谦卑礼让；9岁，教他学习计算；10岁，让他出门拜师求学，由老师负责其知识教育。到了封建社会后期，这样的教育已不能满足社会的需要了。因此，宋以后，知识教育大大提前，而且最早的文化知识的传授，也是由

① 《论语·述而》。

父母开始的。因而，司马光《居家杂仪》中有关教子的内容就与《礼记·内则》有所不同了。《居家杂仪》规定：儿子初生时，若要为其请乳母，必须选择品行好、温柔贤淑的良家妇女；儿子能吃饭时，鼓励他自己动手，并教之用右手使筷；儿子能说话后，教他说自己的姓名；儿子稍稍懂事，就给他讲恭敬长上的道理，发现他不辨尊卑长幼，说话没大没小，就立刻进行训斥，不可姑息；7岁，教他男女不同席、不共食的道理，并教他《孝经》、《论语》。7岁之下统称"孺子"，早睡晚起、饮食无时，是允许的。8岁以后就不可再随意行动，举手投足要知礼谦让，父母要教他读《尚书》。9岁，父母要为其讲解《春秋》及诸史，使之通晓其中义理。10岁之后，孩子可以出外求学，但回到家中，父母仍肩负着为其讲解伦理道德规范的职责。封建的伦理说教是家庭教育的重点，父母教育子女，就是让他们阅读经书以及历代名贤大儒的经书注解，让子女了解古代圣贤的处事、立身、齐家、治国之道，以培养他们符合统治者利益的人生观和道德品性。"士大夫子弟，数岁已上，莫不被教，多者或至《礼》、《传》，少者不失《诗》、《论》"①。士族人家认为，对孩子进行早期教育，既可以奠定知识基础，又有助于培养封建道德所认可的是非观念。《宋元学案》载："人之爱子，但当教之以孝悌忠信，所读须《六经》、《论（语）》、《孟（子）》，明父子、君臣、夫妇、昆弟、朋友之节"②，这些代表了当时人们的教育观。

封建道德教育尤其注重家庭内部的道德关系。古人认为，家庭道德状况的好坏，会直接影响到整个社会的道德水平，只有"齐家"，才能"治国平天下"。为了有效整顿家庭内部各种道德关系，封建时代的一种家庭自制的"家礼"便应运而生。家礼就是家庭之礼，是家庭内部各成员之间的等级区分和行为规定，涉及祖孙、父子、母子、兄弟、夫妻、叔嫂、翁婿、婆媳、主仆等各种关系。北齐颜之推制定的家礼是封建家庭自己制定家礼的最早记录，在其之后，唐代有无名氏的《太公家教》，至今仍能见到。宋代以后，有关家礼的记载逐渐增多。例如，《宋史·窦仪传》说，窦仪治家有法，家庭和睦；《李昉传》记载，李氏七世同堂，"然家法亦不隳"；《李兑传》说"人贤其家法"。宋儒十分重视家礼，甚至不惜花费很多精力总结、整理各种家庭礼仪并编纂成书。最为著名的有司马光的《书仪》、《涑水家仪》和朱熹的《朱子家礼》等。明清以降，几乎所有大户人家都订有家规。所有的家礼都以儒学的道德原则为指导，贯穿着儒学亲亲尊尊、父慈子孝、夫贤妇随的基本精神。家长是家礼的执行者，他们以各种家庭规范教育孩子，约束他们的行为，将之塑造成为符合社会期望的人。

---

① ［北齐］颜之推：《颜氏家训》卷3《勉学篇》。

② ［明］黄宗羲等：《宋元学案》卷57《梭山复斋学案》。

生日习俗　抓周之后至成年仪式前，孩子要经历十几次生日。这些生日虽不像其他人生大礼那样意义非凡，但也清晰地记录了青少年成长的足迹。因此，每逢生日之际，父母家人都会以某种仪式予以庆贺。比如，传统社会过生日有吃面条的习俗，俗称“长寿面”，就表达了人们对健康长寿的祈盼。在山东，小孩过生日忌喝“米汤”、“粘粥”，认为喝了会使孩子糊里糊涂。孩子过生日这天不受打骂，否则不长。在十余个生日中，12 岁生日是最为重要的。在古人的观念信仰中，12 是一个极为重要的数字：地支的数目是 12，生肖有 12 种，民间还认为孩子长到 12 岁才能魂魄俱全。12 往往意味着一个周期的结束，12 岁的人生礼仪也往往与这样的观念有关。北方有些地区要在 12 岁为孩子举行“圆锁礼”，将之在幼年时佩戴的长命锁解下。因为人们认为，孩子满 12 岁以后，就能够独立应付灾难，而无需护身符的保护了。在 12 岁生日这一天，家中往往要摆酒筵、请宾客，予以庆贺。与“圆锁礼”相类似的还有“还愿”等仪俗。古人认为，在孩子幼年时将之寄名神佛仙道，可以借助神灵的力量驱除邪恶，保佑孩子健康成长。不过，当孩子长大后，家人应向神佛仙道“还愿”，即给些报酬，让孩子还俗。还愿的仪俗也通常安排在 12 岁生日这天，家长也要大宴宾客并祭祀神灵，感谢他们对孩子的保佑。因此，12 岁是孩子成长过程中的转折点，它意味着多灾多难阶段的终结，也预示着平安幸福新阶段的到来。

二、成年礼俗

当孩子达到一定年龄时为其举行成年仪式，是一种极为普遍的文化现象。成年仪式是一个人从不成熟走向成熟的标志。纵观世界上传统的成年仪式，一般都包括了三方面内容：其一是进行能力尤其是体力和勇气的测试。如瑶族男子成年仪式“度戒”中就有当事人上刀梯、踩火砖等内容。台湾高山族则进行奔向海滨 6 公里越野跑，以检验其是否具备了成年男子的力量和胆识。其二是性的允诺。性的成熟是人成熟的重要标志，因而许多成年礼仪都与此相关。滇西一带的普米族则有“穿裤子礼”和“穿裙子礼”的习俗，认可青年男女已步入成年，开始有了结交“阿注”的权利，可以公开参加各种青年社交活动。土族为女孩举行成年礼后，女孩便可以自主择偶，出嫁或入赘都不受限制。其三是外形的改变和装饰。如北美印第安人举行成年礼时要以图腾文身或黥创，在身体上留下本民族的印记。许多地方女孩子举行成年礼时都要换服装，变发型，标志着从此将开始新的成年人的生活。这三个方面的内容和方式，在我国都存在过。不过，传统中国最突出的成年仪式还是冠礼和笄礼，它们分别是成男礼和成女礼。由于性别差异及重男轻女观念的影响，冠礼和笄礼的内容与意义又有所不同。

1. 冠礼

这是古代给跨入成年人行列的男子加冠的礼仪。古人规定:男子二十岁进入成年,可举行冠礼。“男子二十,冠而字”①。《礼记·冠义》称冠礼是“成人之道也”,意味着要按照“为人子、为人弟、为人臣、为人少者”四个方面的礼仪规范加以约束,使一名男青年成为具有“孝、悌、忠、顺”完美品德的人。古人十分重视冠礼,认为其是“礼之始”,是“嘉事之重者”②。在行冠礼前,当事人还是童子,加冠之后,他就成为大人了。他可以享有一定的权利,比如家族中的议事权、社会事务的参与权以及结婚权等。与此同时,他也开始承担一定的义务,比如,纳税、服兵役、赡养父母等。正因为如此,古代的冠礼极为庄重、复杂。

据《仪礼·士冠礼》记载,秦汉以前,对士的冠礼仪式是十分讲究的。冠礼一般在宗庙里举行,由加冠者的父亲或兄长主持。另有专门负责加冠的人,称作“宾”。加冠仪式前,当事人的父亲会通过占卜决定行礼的日期和宾的充任者,并再三敦请之。到行礼的那一天,早晨要将一切准备好,加冠青年要立于房中,其父请宾进门,入庙就位,然后,将要加冠的青年出房就位,并行礼。宾要给加冠者戴三次帽子:第一次是一顶用黑麻布做成的,叫做“缁布冠”;第二次是一顶用几块白鹿皮拼接成的,叫做“皮弁”;第三次是一种用白葛布或者丝帛制成的平顶帽,颜色红中带黑,与雀头相似,故称作“爵弁”。三顶帽子的意义各不相同。缁布冠只在冠礼上使用一次,易服换上玄冠后就废弃不同了。据说,这是太古之制,表示不忘本初,也说从此拥有治人的特权。皮弁表示从此有服兵役的义务,爵弁表示从此有参加祭祀活动的权利。宾加冠时要有一个助手,称作“赞”,为宾接递帽子。宾一边加冠,一边讲一些对冠者劝诫和祝福的话。古人以冠名服,故每加一种冠就更换一次衣服。三加之后,冠者去拜见母亲,然后由宾为其起个“字”,命字之后,名只用于自称,除了君王、父祖,别人不能直呼其名而只能以字称呼,这就是所谓的“冠而字之,敬其名也”③。就名和字的关系来看,字是名的解释和补充。“名以正体,字以表德”④,就具体说明了名与字的关系。命字之后,冠者依次拜见兄、弟、赞(助手),并入室拜见姑姊。之后,冠者要换一身玄色衣帽,带着礼品去拜见国君、乡大夫、乡先生等。其父以酒款待所请的宾,并向他赠送束帛、俪皮等礼品,冠礼才告结束。冠礼之所以隆重,与人们对此的认识是分不开的。《仪礼》十七篇,“士冠礼”

① 《礼记·曲礼(上)》。

② 《礼记·冠义》。

③ 《礼记·郊特牲》。

④ [北齐]颜之推:《颜氏家训》卷2《风操篇》。

列在首位，足可见人们对冠礼的重视。孔子有一弟子名叫子路，是孔子的忠实信徒。一次，他同别人打仗，身负重伤，帽缨被砍断，在这危急时刻，他却仍牢记老师所讲的冠礼，口中念道："君子死，冠不免。"但就在他整理帽子时却被敌人砍成了肉酱。无独有偶，元灭南宋时，衡州知州尹谷也在城破人亡的紧要关头为两个儿子行冠礼。别人不解，尹谷答道："这样才可使儿子戴冠见先人于地下。"元军破城后，尹谷和儿子誓不降元，自焚身亡。乍看这两个事例，未免觉得迂阔，但仔细想来，又可见古人是怎样重视冠礼的，他们宁肯"守礼而死"，也不愿"失礼求全"。

后来，繁缛复杂的冠礼逐渐消失简化或与其他礼仪合并。晚近以来已很少见到传统冠礼的场面，只是人们取字的风俗仍在，表明冠礼虽泯，余俗尚存。今人所撰《延安风土记》有晚近延安人行冠礼的记述。延安人婚礼前三天，新郎要拜见族里长者，为长者斟酒，亲朋共饮，由新郎的父亲为儿子加冠。次日，用红纸写一份内容为"乳名××，今值弱冠，更为官名"的公告贴在门前，告知他人儿子已经成人。这里的冠礼仪式就极其简单。土家族将冠礼和婚礼合而为一，认为"新婚加冠，富贵双全；花之成果，竹生笋筌"，是大吉大利之事。古人认为"人生苦短"，应早婚早生子。因此，冠礼一经与婚礼融合，便突破了 20 岁这一年龄界线。《宁波府志》载："冠礼，男子十六岁，择吉告庙……"为了让孩子及早成婚，家长在孩子未成年时就行冠礼是常见之事。

2. 笄礼

这是古代为女子举行的成年礼。《礼记・内则》说："女子……十五年而及笄"，可见女子成年礼在年龄上要早于男子。《仪礼・婚礼》说："女子许嫁，笄而礼之，称字。"郑玄注曰："笄女之礼，犹冠男也。"

所谓"笄"，就是将头发挽起，用笄插定发髻。中国古代，无论男女，幼小时头发是自然披散的，也可扎成两撮，称作"总角"，并不加以修饰。头发披散或梳成总角，自然无须使用发笄。到年满 15 岁时，女子就可行笄礼换成成人发髻，这时候梳发就需用发笄插定。"笄"和"簪"是对同一物品的两种不同称呼，先秦多称"笄"，秦汉后多称"簪"。

笄礼的仪式大体如男子冠礼，不过，主持人用女性，负责加笄者也是女宾。《宋史・礼志》中记载了公主的笄礼情况：笄礼在宫中殿庭举行，皇帝亲临。女宾把规定的发饰加于公主，共计三次，亦称一加、再加、三加。笄礼上开始加的是冠笄，再加的是冠朵，三加九翠四凤冠。祝辞和取字之辞也都套用男子冠礼。取字后，公主去拜见君父，聆听训辞："事亲以孝，接下以慈。和柔正顺，恭俭谦仪。不溢不骄。毋诐毋欺。"公主听了父皇教诲后说："儿虽不敏，敢不祗承！"之后，公主去拜见母后。最后，公主回到座位上，接受皇后、妃嫔等人的祝贺。

由于重男轻女的缘故,史籍中关于女子笄礼的记载较为少见。也正是由于男尊女卑思想的作祟,男子冠礼所标志的各项权利与义务,女子一般都不必承担,因此,女子的成年礼更多意味着她们已具备了出嫁的资格。“男二十而冠,有为人父之端,女十五许嫁,有适人之道”①。宋人魏泰《东轩笔录》中载,晏元献对范仲淹说:“吾一女及笄,仗君为我择婿。”冯梦龙小说《金玉奴棒打薄情郎》中写道:许公对僚属说:“下官有女,颇有才貌,年已及笄,欲择一佳婿赘之。诸君意中,有其人否?”所以,“及笄”往往指女子已到了出嫁年龄。

女子行过笄礼后,不仅要学着成年妇女的样子挽髻插笄,还要在发髻上缠缚一根五彩缨线,表示身有所系。从此以后,基本上深居闺中,不与外人接触,直到成亲之日,方能由丈夫将缨线解下,表明她已成婚为妇。凡举行过笄礼的女子,不论其成婚与否,都可按照成人标准对待之。比如行过笄礼但未出嫁的女子死去,其丧事就可按成人规格办理。这是周代定下的礼制。

如果女子虽年满十五,但未许嫁,可不为其行笄礼,而让其保有原来的发式。不过,礼经也规定:没有许嫁的及龄女子最迟在20岁也要为其举行笄礼。只不过这种笄礼与许嫁女子的笄礼有所不同。许嫁女子的笄礼会被视为喜事,仪式比较隆重、喜庆。未许嫁女子的笄礼则十分简单,通常由一妇人出面给女子梳一发髻,再插上发笄就算完事。此后,女子就“燕则鬈首”,也就是说,虽然行礼时曾梳髻插笄,但礼毕后在家燕居,仍应取下发笄,解开发髻,恢复原来发式,以区别于已经许嫁的女子。

后来,一般在女子结婚时才为其举行笄礼。《杭州府志》载:“女子于归日,母为之加笄。”“于归日”就是出嫁的吉日。女子行笄礼,古代亦多称“上头”,宋代女子上头多安排在清明节前两天举行。南宋孟元老《东京梦华录》说:“清明节……子女及笄者,多以是日上头。”②宋人吴自牧《梦粱录》卷二《清明节》也说:(清明)“节前两日谓之寒食……凡官民不论小大家,子女未冠笄者,以此日上头。”到了明代,笄礼废而不用,但其影响并未消逝。在民间,笄礼与婚礼的合并使婚礼也具有了成年礼仪的色彩。女子出嫁时的理妆被称为“上头”。作为婚礼的一部分,“上头”迟则在嫁娶之日,早则在婚前一两天进行,多是请年轻全福之妇人为出嫁女子梳成年发髻,梳妆“上头”。这种“上头”不像正式的笄礼那样具有礼仪性,已不是独立的礼仪,而是婚礼中的一个环节。与“上头”相类似的还有一种仪俗称“开脸”,它最初是指剃去额发和腮部汗毛,后来也包括了梳妆、加钗等内容,实质上与

① 《孔子家语·本命篇》。

② [南宋]孟元老:《东京梦华录》卷7《清明节》。

“上头”、笄礼大同小异，它们都有标志女子成年的意思。

今天，汉族女子已不举行笄礼，但一些少数民族却还保留着与笄礼类似的成年礼。比如，瑶族的“牛达”和“包头帕”风俗即是。牛达礼是满15岁的姑娘，请女伴为己修眉，理齐鬓角和后颈的头发，再戴上一顶标志成人的帽子。“包头帕”则是姑娘换掉幼时的花帽，改包头帕。这些仪式都标志姑娘已经长大成人，可以恋爱择偶了。虽然，原始的笄礼已不存在，但汉语言中仍有“待字”、“不字”等词汇。“待字”就是待嫁，“不字”则是未许嫁之意，这些词语都是由笄礼中的“取字”衍生而来的，仍有些许笄礼遗韵。

冠礼也好，笄礼也罢，它们最重要的意义在于代表了社会的新陈代谢，代表了人类社会生活角色一代代的传承和接力。在新生力量进入成年之际，让他们了解自己肩负的责任和义务，顺利实现角色的转换，这对于社会的稳定，文化的传承，无疑具有十分积极的意义。

第三节 敬老养老

一、老年人的标准

众所周知，人按其自然年龄，可以划分为幼年、少年、青年、中年和老年。那么，在古代中国，什么样的人才算是老人呢？对于这个问题，不同的历史时期、不同的朝代有着不同的诠释。虽然这些答案是不同的，但也包含了衡量老年人的一些基本尺度，比如外形与年龄。

外形 就自然规律而言，个体进入到一定年龄阶段后，其外形必然会出现衰老的迹象。因而，外形通常是人们判断老年人的一把标尺，这在中国古代社会曾普遍流行。例如“耄”字，汉代字书《释名》将之解释为“头发白，耄耄然”。《尚书·大禹谟》记载，舜让位给禹时说自己“耄期倦于勤”，意即年老体衰，力不从心。老年人有个代称——“斑白”，亦源于老年人毛发的变化。斑白还有个同义词“二毛”，就是说头发有黑有白，类似今人所说的“头发花白”。在古汉语中，老人的别称还有“黄耇”“鲐背”、“鲵齿”等。“黄耇”，古人注解为“黄，谓白发落，更生黄者也；耇，老人面色不净如垢也。”“鲐背”，《尔雅义疏》中解释为：“鲐鱼背有黑文(纹)，老人背亦发斑似此鱼。”“鲵齿”，据说指鲵鱼牙齿脱落。这些别称反映出人们对老年人牙齿、头发的脱落及长出老人斑等现象的关注。

年龄 在中国古代,老年人的年龄界线是经常变动的,它与社会经济的发展和统治阶级施行仁政的意向有关,不过是一种社会观念的约定而已。考察中国古代文献,"老"的标准从50岁到70岁,说法不一。早在春秋时代,儒家学者就注意到了人的衰老过程与老年人的标准问题。《论语·季氏》说"及其老也,气血即衰……"古人解释说:"老,谓五十以上。"《礼记·曲礼》曾明确地对人生的各个阶段和与之相对应的社会责任作了划分:"人生十年曰幼,学;二十曰弱,冠;三十曰壮,有室;四十曰强,而仕;五十曰艾,服官政;六十曰耆,指使;七十曰老,而传;八十、九十曰耄,耄虽有罪,不加刑焉;百年曰期颐。"《说文解字·老部》中解"耆"为"老也",可见《礼记》所规定的老年人标准是60岁,到达这个年龄段的俗称为"耆",他们开始步入老年之境,不必再事事躬亲,而可以指使下辈人或他人去做事了。70岁正式称为"老",他们开始将官职和家长职责交给下一代,从自己的社会角色中撤退下来。80到100岁的老人可称为"耄"和"期颐",他们已不必担负社会义务,在定罪量刑时亦享有一定的特权。因《尔雅》、《左传》等文献对高龄老人也称"耋",故后世常以"耄耋"作为80岁以上老人的雅称,民间还利用谐音,用猫蝶图为老人祝寿。

随着生理机能的衰退,老年人从事农业生产劳动会逐渐感到力不从心。因此,在中国古代,老人属于国家免征赋役的优抚对象,而这又会直接影响到国家的财政税收。为了适应统治需要,历代都曾对老年人年龄划分界线做过多次调整。

秦王朝国祚短促,没有对老人的标准做出明确规定。汉代一般以80岁作为老人的标准,如汉文帝元年(前179年)曾下诏规定:"年八十以上,赐米人月一石,肉二十斤,酒五斗。其九十以上又赐帛,人二匹,絮三斤。"①汉武帝建元元年(前140年)大赦天下,80岁以上老人免除其家二口人的算赋,90岁以上老人则免除其家庭的徭役。这些赏赐虽然尚算优厚,然实际上并无多少意义。据考古推测,汉代时人均寿命不过二十来岁,能活到八九十岁的老人可谓凤毛麟角,他们占社会总人口的比重极低,因此,汉代对老人所谓的优待,不过是统治者所做的一种敬老养老的姿态而已。到了魏晋南北朝时期,西晋王朝首次明确规定了老年人的标准。当时,61~65岁的老人称为次丁,租赋可以减半缴纳。66岁以上的为老人,免除其田租和赋税。北魏、北周的规定与西晋类似。这一年龄界线较之汉代下降了十几岁,为后世开创了一个好的先例。到了隋,60岁以上为老,免除国家课役。唐承隋制,免除60岁以上老人的赋役。安史之乱后,统治者为了安抚百姓,又将这一优待标准

---

① 《汉书》卷4《文帝纪》。

降到55岁，创下自秦汉以来老人享受优待年龄的最低点。宋代也明文规定，60岁为老，免除其身丁钱和赋税。明清两代也是如此。今天，我国规定男性老人的退休年龄仍然为60岁，比西方发达国家还低了5岁，这与古代老年人年龄标准的影响是分不开的。

除了外形和年龄标准外，中国古代还有一种敬老养老礼俗和准则，那就是儒家所倡导的子女对父母，晚辈对长辈的遵从与赡养。父母之于子女，长辈之于晚辈，在传统文化中亦可称为“老”。当然，这种“老”是社会学意义上的。《礼记·内则》说：“孝子之养老也，乐其心，不违其志；乐其耳目，安其寝处，以其饮食中心养之。是故父母之所爱亦爱之，父母之所敬亦敬之。”这种以代际关系为特征的尊老也是中国古代敬老养老风俗的一个方面。对于子女而言，无论父母是否达到了国家法令所规定的年龄标准，对他们都必须尽孝。孔子主张“养子出则孝，入则悌”，“事父母能竭其力”。宋明理学则把孝与天地万物的本原——天理联系了起来，认为孝是天理的本性，即仁的外在表现。

二、敬老礼俗

中国的敬老风尚，可以追溯到肉食的渔猎时代。《礼记·祭义》中有“古之道，五十不为甸徒，颁禽隆诸长者”的说法，意思是说，50岁以上就可以不参加打猎，但在分配猎获的禽兽时，却要予以特别照顾。另据《礼记·王制》篇中的传说：舜用燕礼养老，禹用飨礼养老，殷人用食礼养老。根据儒家学者的解释，燕礼是君王每年在春夏秋冬之季视察学校时举行的敬老庆典。届时，君王召集老年官吏，退休官吏和那些子孙为国牺牲的老人以及庶民中的老者，举行由国君主持的酒宴。所谓飨礼，即“体荐而不食，爵盈而不饮，立而不坐，依尊卑而献，数毕而止”①，因而更具有礼仪性、象征性，从而淡化了物的色彩。所谓“食礼”，就是为老人举行宴会，席上虽设酒，但不饮，饮食以饭为主。燕礼、飨礼、食礼均在学校进行，参加宴请的老人有“国老”和“庶老”之分。国老是那些有爵位、有德行的老年在职和退休官吏，他们参加在国立学校举行的敬老仪式；庶老是无爵位、身份低的庶民老者，他们参加在地方学校举行的酒宴。

周代的敬老礼制兼顾前代做法，春夏用燕礼和飨礼，秋冬则用食礼。根据儒家学者的说法，周代举行敬老仪式时往往不以老年人的身份划分场所，而大体以年龄相区别，即所谓的“五十养于乡，六十养于国，七十养于学，达于诸侯。八十拜君

---

① 《礼记·王制》。

命，一坐再至……九十者使人受”①。五六十岁养于乡、国，即在乡基层和诸侯国受到一定礼遇。70岁可以参加在王家学校举行的敬老活动。八九十岁，年老体衰，可以不到学校去，而在家中接受国君使者送来的食物，答谢的跪拜之礼，也予以减免。

周代另有一种重要的敬老礼制，其规格之高、场面之隆重、影响之深远，实在值得大书特书。这种尊老仪式是针对两位老人代表的，他们被称为“三老”、“五更”。“三老”是知天地人事者，“五更”是知五行更替者，这也就是说他们必须是德高望重、知识渊博的老人。他们在传统礼仪中分别充当了国君“父”与“兄”的角色。国君把三老、五更请到太学里，贵为天子的国君要袒着身亲自替他们割下牲肉，恭敬而虔诚地献上，并频频祝酒进肉，还要戴着礼冠手持盾牌以歌舞娱乐老者。“食三老、五更于大学，天子袒而割牲，执酱而馈，执爵而酳，冕而摠干”②。饭后，天子还要请三老、五更宣讲父子君臣长幼之道，最后，天子还要命令在场的各级贵族及文武百官，回到封国后也要举行这种敬老仪式。总之，这幕由国君亲自导演的典礼庄严隆重而不失热烈，显示了对老人的尊重和景仰。当然，其教化的目的也很明显，即所谓的“欲陈孝弟之德以示天下也”③。国君，这个敬老的典范，其榜样的力量是无穷的。因此，历代君王都把三代礼制作为文治的重要象征与实行伦理道德教育的传统方式。

西周以后，历经长期动乱，秦短暂统一后很快又陷入了楚汉战争，直到西汉建国，天下才得以安定。在这500余年间，上古的尊老传统不断受到冲击。自汉代始，古老的尊老礼仪才逐渐得以恢复和发展。封建时代的敬老，有高层和基层之分，高层主要以皇帝为代表行敬老之礼，基层的敬老之礼则突出表现在乡饮酒礼上。

西汉对尊老礼治的重要性的认识经历了一个过程。在汉初的朝堂上，礼的尊卑观念是很淡薄的，朝臣们甚至“饮酒争功，拔剑击柱”，纷纷乱乱，全无庄严之感。在这种情况下，重建敬老礼制是不现实的。汉初治理天下，道家色彩较浓，并不信奉儒学，不过也曾经下过几道诏书，对老人予以优待。武帝连年东征西讨，对董仲舒所提出的复兴古代礼治的建议并不热心，只是在改元时，为配合吉庆氛围，对老人予以了临时性优抚。汉宣帝在位时，大力提倡孝道，颁布了多项优老措施，并于本始二年（前72年）颁布了著名的《王杖诏书令》。《王杖诏书令》说，王杖相当于

---

① 《礼记·王制》。

② 《礼记·祭义》。

③ 《白虎通》卷4《乡射》。

皇帝给使节的标记，谁敢欺侮，就是轻君之罪。诏书还规定，持杖老人可享有自由出入官府、见官不拘礼节、做小生意免除税收、非犯大罪免于追究等多项特权。《王杖诏书令》的颁布是尊老史上的大事，它表明汉代重申了以孝治天下的政治路线。成帝的尊老业绩在于他下诏仿古代形制兴建辟雍（太学），作为国家举行隆重尊老典礼的场所。他在全国大举搜求图书并支持刘向完成整理工作，使古礼得以重兴。中元元年（56 年），符合古代形制要求的辟雍建成了。这是太学的中心建筑，中间是巍峨庄严的殿堂，四周环绕着圆形的水池（雍，泮池），就像古代的玉璧形状（辟，圆形美玉），象征天子的教化周流全国。永平二年（59 年）十月，汉明帝在洛阳太学的辟雍中演出了尊老史上辉煌的一幕，史称“幸辟雍，初行养老礼”①。明帝亲自将三老、五更迎入辟雍，由三公九卿为他们设案、整理衣履，皇帝挽起袖子割下祭肉，恭敬地献给两位老人，并频频劝酒献肉。在宴饮中，有乐舞助兴：“升歌《鹿鸣》，下管《新宫》，八佾具修，万舞于庭。”②比起当年周天子行养老之礼更显隆重。明帝行养老礼后，各郡国、县、乡也都举行了隆重的敬老仪式，并且正式实行先秦“养衰老、授几杖、行糜粥饮食”的普遍养老制度，使高层次的教化体系与基础层次的优老行动同时实现。

东汉以降直至隋代，中国再次陷入 300 余年的纷乱之中，在政权的更迭中，尊老礼制在断断续续地发展着。三国时代，曹髦曾“亲率群司行养老之礼”③。晋代曾两次举行养老之礼，但场面远不如前代隆重。相比之下，北魏孝文帝的敬老，则从高层礼仪到基层优抚全面开花。他建辟雍，制定敬老礼仪，不仅厚养三老、五更，也养国老、庶老，颇有先秦养老古风。北齐、北周有关太学行礼的记载也十分详细。唐代是中国历史上的一个强盛时期，但从尊老礼制史看，却未大放光芒。与前代相比，唐在程序和具体做法上都无太大变化，只是在礼仪上更加繁琐，对担任三老五更的官员资格限制更加严苛，他们必须是曾任三师、三公而致仕（退休）的高级官吏。列席仪式中的庶老也由六品以下的退休官吏充当，可见，官吏已成为君主敬老的主体。

宋、明、清时期，随着皇权的强化，天子养老之礼明显衰退。皇帝已不再到门外迎接三老五更的到来，而是提前就座，对两位尊贵的老者也仅拱手作揖，而不恭敬下拜。礼仪的关键环节，即进食、进酒，也不由皇帝亲自动手，而由侍臣代替皇帝进行。以皇帝为代表的封建王朝的敬老礼仪就这样日益走向了戏剧化和象征化的境

---

① 《后汉书》卷 2《明帝纪》。

② 《后汉书》卷 2《明帝纪》。

③ 《晋书》卷 21《礼志（下）》。

地。

与君主的敬老之礼相对应的就是基层的敬老之礼——乡饮酒礼。它在古代敬老仪式中的重要地位仅次于三老五更礼。关于乡饮酒礼的记载，最早见于先秦儒家的经典《仪礼》中。据说，周代的乡饮酒礼每年秋季举行一次。这时正值秋高气爽、五谷丰登的农闲季节，由乡官主持，乡人会聚饮酒、庆祝丰收。参加酒宴的是乡间德高望重的贤能长者。为了表达对于老人的尊敬，饮酒时要依年龄大小安排席位，称"正齿位"①。具体而言：60 岁以上坐饮，50 岁以上的人在旁立侍；60 岁以上老人可享用三种菜肴，70 岁以上享用四种，80 岁以上享用五种，90 岁以上享用六种。这样不同的席位和饮食，突出了对年龄的尊崇和老人的地位，使乡饮酒礼具有鲜明的敬老主题。按照《仪礼》的记载，举行乡饮酒礼时有一套复杂的礼仪，包括主人与宾客的进退揖让，席次的安排与方位，饮酒祝酒的程序，乐队的奏乐，敬酒上菜的次序都有一定之规。这种古朴的礼仪是基层的尚齿教育，统治者借助它推行政治伦理，使人民"入孝弟，出尊长养老"，达到"成教而后，国可安也"的目的。所以，孔子在观看了乡礼后曾叹道："吾观于乡，而知王道之易易也！"②看似单纯的尊卑有序，实则蕴含了巨大的教化功能。

孔子去世后数百年战乱不休，乡饮酒的传统一度中断。两汉时期，史书中能见到的记载非常之少。《汉书·成帝纪》中提及，成帝曾让博士和弟子们将这古老的礼仪操练过一次，但并未真正推行到民间。到西晋时，由于武帝的大力提倡，乡饮酒的敬老之礼才越来越多地出现在历代王朝的典礼与活动中。

唐代把乡饮酒礼看作是政治教化、救治时弊、移风易俗的好办法，要求在全国普遍举行。贞观六年(632 年)，唐太宗在诏书中说："为了正本清源，革除弊俗，现规定天下州县每年举行乡饮酒礼……以让百姓识廉耻，知敬让。"③但先秦那种民间聚饮的敬老色彩已淡化，甚至逐渐演变成地方官宴请应科举的乡贡士大夫的活动。

明清时期，在乡饮酒礼活动中官府进行道德灌输的色彩很浓。明太祖曾在洪武十六年(1383 年)颁布《乡饮酒图式》于天下，并规定民间里社以 100 家为单位，举办乡饮酒礼，由粮长主持。酒宴前，主持仪式的司正要先举杯站起，发表讲话，希望与会者牢记为臣尽忠、为子尽孝、长幼有序的道理。言毕，众人才一饮而尽。此外，执事还要站在厅中高声诵读朝廷律令，参加宴请的老人也要站起跟读，使原本

---

① 《礼记·乡饮酒义》。

② 《礼记·乡饮酒义》。

③ 《通典》卷 73《礼》。

敬祝老人、共享欢乐的仪式被皇权的阴影所笼罩。不过,说教归说教,仪式中对老人还是比较尊重的。例如,在举行仪典时,除乞丐外,只要年满60岁的老人,无论贫富都按年龄排列席位。只要年岁较高,虽"至贫亦须上坐",若年龄较次,虽"至富仍须下坐"①。

乡饮酒礼与三老五更礼一样,其主要功能在于教化,即所谓的"一礼之行,所费者饮食之微,而所致者治效之大也"②。以皇帝为首的统治者以遵从三老、五更为天下树立"孝"的典范,年年举行的乡饮酒礼则让百姓熟谙"孝"的真谛。它们的存续正是封建统治者以礼治天下精神的体现。

除了上述两项重要敬老礼仪外,统治者还推行了其他敬老举措,那就是赐几杖、赐官爵、刑罚优免及建坊。

赐几杖 几与杖是国君赐予之物,它们具有表示老人特权的功能。几是桌面狭长,下端装足的低矮桌子,供老人休息之用。杖长达9尺,顶端有鸠鸟为装饰,因为古传鸠鸟为不噎之鸟,所以赐鸠杖以祝愿老人进食时不会哽噎,保持健康。赐几杖是中国古代又一重要的敬老之礼,最初是针对退休官吏的,后发展到所有符合条件的老人。中国古代规模最大的赐几杖活动是在唐玄宗时,当时全国80岁以上的老人都享有了这份殊荣。

赐官爵 即以赐予老人官职爵位表示对老人的尊重和优待。汉明帝首开用爵位恩赏老人的先河,曾6次下诏赐予三老和孝悌田爵。这种做法被后世沿袭,到魏孝文帝时曾连续五年共10次赐予老人爵位,并把赐爵的范围由三老扩大到所有老人。由于赐爵过滥,隋唐时这种方式被淘汰。魏孝文帝时,又以官职作为赏赐老人的另一种方式。当然,这些官职并非实职,而是一种荣誉性的恩赏,表示老人在地位和礼节上可与国家官吏处于同等地位。这种敬老举措一直延续至清。

刑罚优免 在刑律方面对老人予以优免,不仅体现了人道精神,也符合儒家的思想。先秦时就有"耄虽有罪,不加刑焉"的制度,汉代将之以诏令和刑律的形式固定下来,使之成为法律。汉宣帝时下诏规定,80岁以上老人除了犯有诬告罪与杀人罪外,一律不予以逮捕和判刑。唐代进一步在刑罚方面对老人予以宽免,并将之载入《唐律》之中:"诸年七十以上……犯流罪以下,收赎。八十以上……犯反、逆、杀人应死者,上请。九十以上……虽有死罪不加刑。"③唐代的做法对后世历代王朝产生了很大影响。宋、明、清同样在法律上对老人做出一定的宽大处理,比如,

---

① 《明会典》卷79《乡饮酒礼》。

② 《古今图书集成·礼仪典·养老部》。

③ 《唐律疏议·名例律》。

《清朝文献通考》一书“刑十五”中载称，顺治三年(1646年)政府规定：凡年满70岁的老人，在犯罪应判充军流放时，可用杖笞代替。这是古代敬老礼俗的又一体现。

建坊 清代，尊老再掀高潮，其标志之一就是用建坊的方式旌表老人。这种方式前代亦有，但在清代则形成礼制规定。康熙四十二年(1703年)，清廷明令颁布，百岁老人给予“升平人瑞”匾额，并给银建坊。后历代皇帝在位期间，关于建坊的规定也大抵如此。

三、养老礼俗

如果说，敬老侧重于建章立制和举办一些象征性的仪典以教化百姓，那么，养老则突出了敬老的现实意义，侧重于从物质层面对老人予以优抚。在中国古代，这些养老举措主要体现在赐物、减免赋役、兴建养老救济机构及保障老人权益等方面。

赐物 赐物是古老的养老方式。“是月也，养衰老，赐几杖，行糜粥饮食”①，就是先秦时普及于民的养老制度。汉高祖和汉文帝都是对老人给予物质照顾的倡导者。文帝曾下诏对不同年龄段的老人应享受的物资补贴标准及物品发放办法做了详细规定，使前代零星的养老活动走向了制度化。在汉文帝等人的影响下，汉代对老人的赐物极为重视，有汉一代，对老人的赐物就有55次，这在中国古代是相当突出的。魏晋南北朝时期，尽管分裂动荡，但养老活动并未中断，仅据《册府元龟·帝王部·养老》的记载，两晋和北朝对老人赐粟赐帛就达17次。刘宋一代专为恤老而赐予老人粟帛的有20次，萧齐一代有9次，陈代有6次。不过，由于改朝换代频繁，这时期对老人的赐物照顾多属救济性质，享受恩赐的老人十分有限。唐代，由于国力强盛，对老人给予物质上的照顾比较频繁，安史之乱前，赐物就多达51次。宋代虽保留了赐物这一养老方式，但次数较少，终其一代也只有10次左右。进入明代以后，这种临时性的优老举措被另一种由国家保障的，带经常性和终身性的养老方式所替代。洪武十九年(1386年)和二十一年，明太祖两次颁发诏令，宣布对孤贫老人实行终身供养。80岁以上的孤贫老人，国家按月供给米和肉，90岁以上还给予衣帛。虽然，明初的这种养老措施仍然有着范围有限、年龄标准过高等不足，但较之前代无疑是一重大创举。不过，朱元璋创立的这一养老制度并未延续多久，他死之后，每年一次的象征性赐物制度又重新恢复，到了明末，甚至连每年一次性的赐物也无法保证。清朝，已不再提出国家对老人终身供养的问题，而是大体

① 《礼记·月令》。

上回复到宋以前的做法,即对某一年龄点之上的老人给予临时性、救济性的物质赏赐,以示皇恩浩荡。

减免赋役 减免赋役也是一项古老的优老传统。《礼记·王制》中就载有这种惠及于民的制度,“凡三王养老皆引年。八十者,一子不从政。九十者,其家不从政。废疾非人不养者,一人不从政……”这段话意思是说,夏商周三代养老要按户调查,核对老年人口,对于80岁以上老人,免去一子赋役,90岁以上,免去全家赋役,无子女赡养的残疾老人,免去一位赡养者的赋役。由于这种优待对于老人的赡养具有十分重要的意义,因而,是中国古代养老礼俗的重要组成部分。汉代文帝、武帝时都曾下诏作过减免老人赋役的规定,在一定程度上减轻了老人及其家庭的负担。当然,这种做法并不是历代王朝经常性的措施,往往在朝廷财政困窘时又会被取消,但经过许多帝王的提倡,仍不失为一种重要的养老方式。即便是北魏文成帝、孝文帝等鲜卑人,在入主中原后也沿袭这优良传统,宣布70岁以上老人可得到免除一子徭役的优待。唐宋时期亦复如此。到了明清两代,这种作法被纳入法制轨道。明太祖、明成祖、明英宗时,多次下诏重申国家法令,民间老人年满70可免除其家一个成年男子的各种杂泛差役,以便奉养老人。崇祯十七年(1644年)十月,顺治在北京即位,在登极诏书中就明确承诺,凡年满70岁的老人,国家就免除其家一成年男丁的差徭,以后,又有其他帝王下诏重申这一作法。明清时代将减免赋役纳入法制轨道,标志着养老范围的扩大和中国古代对老人的社会性福利保障措施的进一步加强。

兴建养老救济机构 中国古代封建王朝的养老,不仅仅限于对老人的礼仪性敬重与物质优抚,还兴办了一些养老救济机构,以国家的力量,对那些孤苦无依的老人给予帮助。这样的措施,不仅是国家民政救济工作的重要方面,也是儒家所倡导的“老有所终,壮有所用,幼有所长,鳏寡孤独、废疾者皆有所养”思想的具体实现。最早由国家建立的养老救济机构,是梁武帝时的“孤独园”。孤独园收养孤儿,也收养无人赡养的老人,并负责为老人料理后事。这是中国古代第一个官方创设的正式养老福利机构,对后世产生了很大影响。唐玄宗时,设机构“病坊”,收容流浪的老年乞丐,后改名为“悲田院”。悲田院所需开支,由国家拨付,由僧人主持日常管理事务。武宗灭佛后,悲田院一度无人主持,为此,武宗专门下令选派年高德劭的老人负责日常事务,使悲田院的收容救济工作得以继续。宋代的养老事业颇为发达,曾在开封设立两所“福田院”,收养鳏寡孤独老人。由于救济老人数量很大,后又增设两所,这四所福田院是专门的国家养老救济机构。宋徽宗时期,是北宋老人救济收养机构发展最为完善的时代。当时,开封有数所“居养院”(由福田院改名而来),地方上也大量兴建居养院,凡50岁以上孤寡老人都可入住机构养老。有的居养院办得有声有色,影响很大。像当时苏州的居养院,有房屋 65 幢,房间 310 个,院中仓库、水井等设施齐备,并由专人负责老人医疗及后事料理事务,成为当时地方居养院中的典型。徽宗时,国家拨给所收养的老人每人每天一升米、十文钱,冬天时还加拨五文取暖钱。对于 90 岁以上的高龄老人,还增加二十文酱菜钱和衣服被絮等。明清时期承袭宋代传统,在京城和全国各地广设养济院、资善堂、粥厂等机构。明代的京城养济院有两所,其规模都很大,每处收养老人多达 2000 多名。对于收养老人,国家每月给米 3 斗,每年给布 1 匹,基本能维持老人温饱。在核查老人数量、发放物资时也严格把关,有效遏制了养老活动中的腐败行为。清代的养老救济机构称为"厂局",规模比明代更大,仅在清代前、中期设立,到光绪时仍存在的北京厂局,就有 48 所,它们遍布北京的大街小巷,其中,最为著名的是设于广宁门外的普济堂粥厂和设于德胜门外的功德林粥厂,国家每年为其下拨的钱粮都很多,它们也收养了许多无家可归的老人。

保障老人权益 虽然,在中国古代社会,敬老、养老的风气十分浓厚,但是,不敬老、不养老甚至虐老的现象也时有发生。因此,在浩如烟海的典籍中,在褒扬孝老、敬老、养老之人的同时,也必然少不了对忤逆子孙的鞭笞与惩罚。《周礼》中"六行"以孝为首,"八刑"以不孝为首,可见,统治者将孝摆到了何等重要的地位。《唐律疏议》中关于不孝和虐老的法律条文就占了非常突出的地位:凡辱骂祖父、祖母和父母的人要被处以绞刑;殴打他们的,要问斩;过失杀死他们的,要流放到三千里之外;打伤他们的,要判徒刑三年;学生殴打老师的,比普通殴打致伤罪加二等处罚;媳妇辱骂或殴打公婆的,要加重处罚等。这些严惩虐老、不敬重老人的法律条文一直被后人所继承,成为国家惩治不孝之人的法律依据。唐玄宗还曾两次亲自注解《孝经》,并令"天下民间家藏《孝经》一本"①。《孝经》的流行,对指导人们的孝行的确起到了一定的积极作用。宋代甚至以法律形式禁止百姓在父母尚健在时分家别居。除了威严的法律手段,封建国家还以教化的方式推行孝道。历史上,通过强大的舆论力量使民间敬老养老之风得以巩固的例子有很多。例如,东汉安帝时汝南太守何敞,他在位期间,以"兴教化、移风俗"为己任,嘉奖孝行、惩治忤逆,收到了显著效果。南宋理宗时任湖南提举常平的胡颖,更是"以教化、启迪在先,惩罚在后",使许多不孝之人能及时悔悟,担负起赡养老人的社会责任。总之,封建国家采取法律和教化相结合的方式,恩威并用,在保障老人权益方面做出了一定努力,推动了敬老、养老的优良传统的发展。

① 《旧唐书》卷 9《玄宗纪(下)》。

第四节 民间敬老养老习俗

一、民间尊老原因

上一节主要介绍了古代官方敬老养老的举措，可以说，封建政府的尊老是针对一部分老人的，即只有那些符合官方标准的老人才可能得到政府的尊奉和优抚。而实际上，中国古代还另有一种敬老养老的准则和风俗，较之于官方行为，它更具普遍性、自觉性和延续性，那就是儒家所倡导的晚辈对长辈的遵从。在中国传统文化中，长辈之于晚辈也称为“老”，这种老不受年龄标准的制约，而更多地表现出代际色彩。也就是说，对于晚辈而言，不论长辈是否达到了国家所规定的老人年龄标准，都必须尊重、孝敬他们。晚辈对长辈的尊奉不仅在家庭、家族中如此，而且在社会上也作为一种规范约束着人们的行为。老人形容枯槁、反应迟钝、行动呆滞，为什么不被人反感反而受到敬重呢？其原因大抵有三个方面。

中国古代民间敬老养老风俗的形成，首先是由中国长期处于农业社会的历史所决定的。由于生产力进步缓慢，人们认识自然、改造自然的能力低下，社会生产、生活中的创新和变革是很不显著的，因而形成了以农业生产为主要存在形式的社会文化。在这种社会文化中，人们对于传统有着稳固的归属感、认同感，更多的是后辈对前辈经验、技能的继承和局部的、缓慢的发展。老一代人传授给年轻一代的不仅是生产、生活技能和经验，还包括他们的人生观、世界观、价值观以及为人们所公认的社会规范。年轻一代也以老一代为楷模，他们比较满足现状，肯定老一代人的生活方式。所以，在传统文化中，“老”是经验、贤德和智慧的化身。正如有学者所指出的：“古代在大多数情况下，德才兼备是老年人才能具有的品性，所以在中华文化中尊老与敬贤曾是一回事。”①此外，在中国文化中，凡是有神秘色彩的智慧表现，也大都与老年角色有关。比如，后世有许多关于老子和姜太公的传说，这些传说都无一例外将年老与智慧融为一体。例如说老子生来白头，甚至说他与老莱子、彭祖、黄石公都可能是一个人。“太公八十遇文王”，姜太公一出场也是位80岁的老钓翁，似乎他生来就是高龄老者。姜太公本来就比文王年长，还能在文王

① 高成鸢：《中华尊老文化探究》，中国社会科学出版社1999版，第200页。

97岁去世后继续辅助武王,可见他也是一个高寿之人。这些惊人的模糊观念将超常长寿的老者形象与超常的智慧联系了起来,也从一方面反映了人们对"老"的尊奉。也正是基于此,尊老便自然成为传统美德和社会规范。

其次,在我国传统文化中,儒家思想无疑占有极其重要的地位,而儒家历来强调尊卑不同、长幼有序。孔子思想中关于"仁"的思想就是以孝悌为根本的,他主张"养子出则孝,入则悌","事父母能竭其力",强调晚辈对长辈的尊敬与顺从。孔子在对他的学生讲述老时曾说,他的理想是"老者安之,朋友信之,少者怀之",将敬老养老作为他理想当中的首要的社会目标。孟子也十分强调人们对年龄的尊重,他说:"天下有达尊三,爵一,齿一,德一。"①在述及人伦关系时,孟子也倡导:"父子有亲,君臣有义,夫妇有别,长幼有序,朋友有信。"②继孔孟之后的儒家学者也多有关于敬老养老的论述。所以说,儒家学说对中国民间尊老风俗的形成和发展起到了极其重要的推动作用。

再者,统治阶级对"孝"的大力提倡和鼓励,也促使了尊老尽孝观念的深入人心。统治阶级认识到推行"以孝治天下",可以稳定社会,巩固统治,因此采取了许多方式倡导孝行。例如,汉代创立的"举孝廉"的选官制度、以减免徭役促使晚辈为长辈养老送终的举措、对"孝悌力田"之人的褒奖,唐代对孝道理论的研究和宣传以及各朝统治者创立的五花八门的彰孝之道等,都对民间敬老养老风俗的发展产生了巨大影响。而这种风俗一旦被纳入封建伦理道德的范畴,便形成为一种社会成员必须人人遵循的行为规范。反过来,这种以尊奉长辈为中心的敬老养老行为规范一经确立,便成为社会的强大的道德力量,推动民间敬老养老风俗的长期延续。

二、民间敬老养老风俗

关于民间敬老养老风俗,正史中记载比较零散,今归纳为以下三个方面,加以阐述。

1. 尊重长辈

在传统文化中,长辈代表了一种集经验、德行、智慧于一身的权威形象。他们在家庭内外都理应受到晚辈的尊重。这种尊重,在家庭内部主要表现为父子、祖孙、婆媳之间的礼仪规范,在家庭之外,则主要表现为年轻人对年长之人的谦恭与顺从。

---

① 《孟子·公孙丑(下)》。

② 《孟子·滕文公(上)》。

在古代社会，子孙、儿媳等晚辈每天要在鸡鸣之时起床，穿戴整齐之后到长辈居处问安；晚间亦须服侍父母就寝，此即所谓的“晨昏定省”。当长辈有事呼唤时，晚辈应立即放下手中事务，走到长辈面前。对于祖父母、父母的意愿，晚辈不能违背怠惰。凡长辈交给自己办的事，都要认真记下，然后亲自处理。在父母健在时，儿子不可以为朋友卖命。几代人共同生活，家中之事应请长辈做主，晚辈不得私蓄财产，不得分门立户。

日常家居，儿子不能占据尊长位置，不能坐居中的座位，不能走当中的过道，不能站当中的门口，否则，都是对长辈的不敬。

一般说来，父母健在时，儿子是不可以随意外出的。如果的确需要出门办事，要当面禀告父母，回来后也要立即回禀双亲，然后才能回到自己居处，与妻子团聚。若在外时间较长，必须频寄家书问候长辈，及时报告自己境况，以免长辈挂念。当父母健在时，子女也不能穿戴素色镶边的衣帽，以避“居丧”之嫌。

父母有了过错，子女要低声下气地婉言相劝，而不能与之争论。若父母坚持己见，子女不能发脾气，更不能对其置之不理，而只能更加孝敬他们，以期用孝行来感动父母。若父母心情不好打骂子女，即使打得皮开肉绽，子女也不能记恨父母，而应一如既往地爱戴、尊敬他们。如明人郑瑄在《昨非庵日纂》中记载的汉代“孝子”韩伯俞就是如此。有一天，他的母亲打他，韩失声痛哭。母亲感到奇怪，问道：“以前打你都不哭，今天为何如此呢？”韩伯俞回答：“今天您虽狠狠地打我，我一点都不感到疼，只是我想到母亲年老体迈，却还在为我操心，不禁悲从中来。”

父母去世后，子女若想到了可以给父母带来好名声的善事，一定要立即去做。若遇到了有损父母声誉的事情，一定要维护父母的形象。

晚辈在长辈面前，要注重自己的言行举止。如，不能侧耳探听、鬼鬼祟祟；不能粗声暴气地回答长辈问话；不能无精打采、傲慢不逊；不能眼神游移、东张西望；站着不能踮脚、歃肩；坐着不能两腿分开；睡着不能俯伏在床上；帽子不能无故拿下；天气炎热，也不可袒衣露体。

随长辈登高时，晚辈应向长辈所看方向眺望。在长辈面前，不能大呼小叫、指指点点。若长辈问话，应有礼貌地回答，长辈未提到的事，不要东拉西扯。听长辈谈话时，表情要端庄，态度要虔诚，既不能随便插嘴，也不能随声附和。

陪长辈吃饭时，若长辈递酒过来，晚辈应立即起身拜谢，并等到长辈发话，才能回到座位上吃酒。长辈未喝酒，晚辈不能先喝。若长辈有物赐予，晚辈应恭敬接受，不得拒绝。

2. 侍奉尽孝

晚辈孝敬长辈，还应经常侍奉在长辈左右，关心他们的疾苦，照顾他们的起居，使之享受到亲情的温暖，过上舒心的生活。

对待老人的饮食起居，中国古代民间有一些流行的风俗习惯。比如，子女应鸡鸣起床，洗漱完毕后到双亲的卧室关切地向父母嘘寒问暖，然后有秩序地进退，小心翼翼地搀扶着老人，将他们的洗漱用品准备好，待父母洗漱完毕后，晚辈要问双亲需要什么，接着就按双亲的意愿去准备。家中一日三餐的安排，要事先请示长辈，满足他们的要求，而不能自作主张。父母起床后，子女要为之准备供休息用的坐榻。在父母坐下之前，应先请示坐的位置，然后奉上小几，供其依凭。接着，子女要为父母收拾被褥枕头之类的卧具，将之放在固定的地方，以免沾污。晚上，子女还要为父母铺床安枕。父母年迈，子女更应不离左右，时时为之擦拭口水、鼻涕，经常为其洗澡、洗发、洗衣、换衣，力求使父母冬天温暖，夏天清凉。北齐颜之推说："吾家风教，素为整密。昔在龆龀，便蒙诱诲；每从两兄，晓夕温凊，规行矩步，安辞定色，锵锵翼翼，若朝严君焉。"①这些规范被人们广为遵守，即便是一国之君也不例外。据《礼记·文王世子》记载，周文王作为家庭成员，对待双亲是极孝敬的。不论政事多么繁忙，他都会每天三次给父母请安，亲自将饭菜送到父母面前，并极为关心父母的进食情况、胃口如何。受他的教导，武王也十分孝敬父亲文王。文王生病时，他日夜侍候，不离左右。若文王只吃一顿饭，他也只吃一顿饭，以忍饥挨饿来表示对父亲的尊敬。汉高祖刘邦定都关中后，将其父接来共同生活。可是父亲思念家乡，整天闷闷不乐。为了让父亲高兴起来，刘邦在长安城东仿家乡街市筑城，并将旧时邻居迁来同住。可以说，刘邦为了尽孝已是竭尽封建帝王的所能了。

自汉代以后，为了让子女对父母恪尽孝道，封建朝廷甚至用法律的形式规定，当父母健在时，子女不得与父母分居。所以，中国古代三代同堂、四世同堂的现象十分普遍。有的朝代还出现了六世同堂、九代累居的现象，出现了一家数千人同住一处，共吃大锅饭的盛况。若没有对长辈的敬重和爱戴，这样的家庭规模真是无法想像的。

晚辈对长辈的孝顺还突出地表现在"侍疾"这个环节上。《礼记·曲礼上》说：在父母生病的时候，最应是子女关心父母、回报父母的时候。子女应当心怀忧虑，不梳头、不说笑、不弹乐器、不多吃肉、不多喝酒，直至父母痊愈才恢复往日常态。《朱子家礼》也说：在父母生病时，子女应不离左右、不玩闹嬉戏、不参与宴游，亲自为父母熬药端汤。在父母喝药前，子女应先行尝试，以防不测。这种做法经由统治阶级的大力提倡，一直延续整个封建时代。

由于礼教的熏陶，中国古代涌现了一批又一批孝子贤孙，他们中有的人的孝行

---

① ［北齐］颜之推：《颜氏家训》卷1《序致》。

的确令人感动。《晋书》中记载了“二十四孝”之一的王祥的事迹就是一个典型的例子。“祥性至孝……父母有疾，衣不解带，汤药必亲尝……母常欲生鱼，时天寒冰冻，祥解衣将剖冰求之……”①这就是《二十四孝图》中“卧冰求鲤”故事的由来。例如，年仅10岁的小姑娘朱娥，为救被凶犯砍杀的祖父奋不顾身，结果被凶手活活砍死。不过，也有些人的孝行则走向了极端，不值提倡。如，古文献中经常可见的孝子割取自身的皮肉为父母治病的事例，就令人十分震惊。

3. 祭祀怀念

古人说：“孝子之事亲也，有三道焉：生则养，没则葬，丧毕则祭。”②可见，对于故去长辈的祭祀怀念也是晚辈应尽的职责。这既是古代家庭生命观的体现，也是古代尊老风俗的构成部分，故《礼记·内则》将“上以事宗庙，下以继后世”作为个体生命的首要使命。

家族生命观认为，家族应像大树那样枝繁叶茂，既寿且昌。按照宗法制度的设计，家族应由一条主线和若干支线构成。对于后世子孙而言，先辈虽故，但虽死犹生，仍是家族冥冥之中的佑护者和监护神。后代子孙是家族生命的延续，他们应当恪守列祖列宗定下的规矩，将家族血脉代代相传，否则就是最大的“不孝”。尽管祖宗是无形的，但仍具有强大的威慑力和凝聚力。嫡长子家中要设立祖宗牌位，常年祭拜。后辈在祖宗牌位前，必须言语恭敬，行为检点。晚辈经历人生中重大的转折的时候，也必须向祖宗汇报。若晚辈犯了错误，家长也总是在祖宗面前对之进行教育，以促使晚辈幡然悔悟。《史记·殷本纪》说，武王伐纣时，就用车载着已故文王的“柱”，作为军中统帅，这是“事死犹事生”的典型表现。“二十四孝”中的丁兰也为亡父雕了木像，每逢邻居来借东西时，他都向木像汇报，好像父亲仍然活着一样，这也是“事死如事生”的典型事例。所以说，“死犹生，祭如在”体现了对祖宗的尊敬与爱戴，也是古代敬老养老风俗的组成部分。

① 《晋书》卷33《王祥传》。

② 《礼记·祭统》。

第五节 人生礼仪的社会功能与价值

一、传统蒙学的特点与功能

蒙学,即对儿童进行的启蒙教育,也就是中国古代的初等教育。在我国封建社会,国家只承办高等教育,初等教育多由民间自办,一般称为私塾、书馆、教馆、社学等。明清之际的社学起初为官办,后来也以民办为主。这些以进行读、写、算和道德启蒙为主要内容的教育机构,统称为蒙学。中国古代非常重视蒙学阶段的教育,将之称为"蒙养教育"。"蒙"有幼稚、暗昧之意,"蒙者,物之稚也。"①幼童由于不谙世事,需要对之进行启蒙、教导,"蒙以养正",才能使儿童成为符合社会期待的人。

在我国古代,通常以受教育者的年龄和教育目的将教育分为小学和大学两个阶段,有"古者八岁入小学,十五入大学"之说。蒙养教育是指小学阶段的教育,没入学之前的家庭教育与小学教育有着同样的目的,也属于蒙学。蒙学以"明人伦"为目的,以孝悌为主要内容,肩负着承载儒家伦理道德的使命。朱熹论述道:"古者初年入小学,只是教之以事,如礼乐射书数,计孝弟忠信之事,自十六七入大学,然后教之以理,如致知格物,及所以为孝弟忠信者。"②也就是说,小学阶段要使儿童懂得礼仪规范、进退之节,大学阶段才讲授为什么这样做的道理。

概括而言,传统蒙学教育具有以下五个特点:

一是强调先入为主,夯实基础。

幼童由于心智未全,容易受到外界的不良影响,所以,蒙养教育要先入为主,让儿童接受纯正的儒家伦理思想。"讲而习之于幼稚之时",才能够使儿童"习与智长,化与心成,而无扞格不胜之患也,"③收到理想的教育效果。先入为主可以预防不良思想的侵入,抵制环境的不良影响。由于儿童的可塑性强,先入为主还可以引导其正确的行为,"使之则为,使止则止"。朱熹还曾经非常形象地把蒙学教育比

---

① 《易经·序卦》。

② [清]张伯行:《养正类编·小学》。

③ [清]张伯行:《小学集解·小学书题》。

喻成“打坯模”，认为砖坯没打好，后来再补填就非常困难，“而今自小失了，要填补，实是难”。①

二是强调操作演练，养成习惯。

蒙学把抽象的道德理论和说教化为具体的行动，以便于幼童能够接受和学习。例如，《童子礼》就规定了蒙童在家中的举止要求，内容包括整服、叉手、肃揖、进退、出入、朔望、晨昏等，几乎涵盖了日常生活中的大事小事。而且每一项都有着严格、具体的操作要求，比如，关于“立”的规范就要求“拱手正身，双足相并。必顺所立方位，不得歪斜。若身与墙壁相近，虽困倦不得倚靠。”②蒙养教育的主要特色在于“养”，即通过养来达到教育目的。主张从幼童开始，就把教育贯穿于日常生活里，在一举一动、一言一行中养成成人后所应具有的品格。

三是强调顺其天性，循序渐进。

传统蒙学依据儿童的生理、心理特点，在教学内容上注重由浅入深、循序渐进。传统蒙学的道德教育虽然也讲封建伦理纲常，但不究其义理，而是从浅近处着手，先教之以小学规矩，使儿童在洒扫应对进退之中学习，等到智慧渐开，性情已就，再阐述义理，使这些社会规范能够内化为人的价值观。蒙学还根据不同的学童采取不同的训蒙方法：“极慧者，必摘其短以抑之，则不骄；极钝者，必举其长以扬之，则不退。倦者必加以礼貌，则不鄙；稍长必砺以蒙工，则不佻。”③认为道德教育要依据弟子的资禀，循序而进，不可操之过急。

四是强调以身作则，言传身教。

由于教育对象的幼稚性，教师的言行对儿童有很大的影响。所以，蒙养教育强调教师的“身教”作用，要求教师注意自己的言行举止。“为师者，弟子之所效法。其师方正严毅，则弟子必多谨饬；其师轻扬佻达，则弟子必多轻诞。”④家庭教育是蒙养教育的开始，长辈的言行举止也可以直接影响到晚辈，“夫风化者，自上而行下者也，自先而行后者也。是以父不慈则子不孝，兄不友则弟不恭，夫不义则妇不顺矣。”⑤因此，要求子女做到的事，父母首先应当做到。

五是强调以宽济严，正面教育。

传统蒙学认为儿童对成人总存敬畏之心，成人只有宽厚慈爱，才可诱其入道。

---

① ［宋］黎靖德：《朱子语类》卷7，中华书局1986年版，第125页。

② ［明］屠羲英：《童子礼》。

③ ［清］崔学古：《幼训》。

④ ［清］石天基：《训蒙辑要》。

⑤ ［北齐］颜之推：《颜氏家训》卷1《治家》。

王阳明说："大抵童子之情，乐嬉游而惮拘检，如草木之始萌芽，舒畅之则条达，摧挠之则衰痿。今教童子，必使其趋向鼓舞，中心喜悦，则其进自不能已。"①这也就是说，要让儿童在轻松、愉悦、欢乐的情绪体验中学习知识。

关于传统蒙学的社会功能，至少可以从个体和社会两个层面做出解释。就个体来说，个体由出生时无知无识的生物体转变为具有社会性的人，必须经历漫长的社会化过程。而在个体的社会化中，早期教育又居于十分重要的地位。首先，早期教育可以为个体的发展打下一定的文化功底。传统蒙学教育非常重视学生的识字、写字、读书、作文能力的培养。清人王筠在《教童子法》中说："蒙养之时，识字为先。"古代识字教学中最常用的教材就是《三字经》、《百家姓》、《千字文》等。这些教材内容浅显易懂，生字不多，并有一定的重复率，三本书加在一起仅有两千多生字，易学易记。此外，读书、背书、温习也是蒙学的主要功课。古代素有"劳于读书，易于作文"的说法，认为多花点功夫读书，写作时才能得心应手。并认为儿童"多记性，少悟性"，应当趁其记忆力强的时候多读书、背书，打下扎实的基础。在早期教育中，对蒙童的作文训练也极其重要。作文并不是单纯的文字功夫，而是语音、语法、词汇、修辞、逻辑的综合训练，这对提高学生的综合素质是极为重要的。其次，早期教育向蒙童灌输为人处世的基本规范，可为儿童的继续社会化打下基础。儒学极为重视对人的教化，所以，伦理道德教育是传统蒙学教育的主要内容。在《三字经》、《历史蒙求》等蒙学教材中，这种道德说教随处可见，行为规范更是详而又详。这些有关社会规范的教育把学生逐渐引导到所谓的"正道"上去，将儿童塑造成社会需要的人。

从社会的层面来看，早期教育既可以传递、发扬传统文化，又可以进行伦理教育，维护封建统治秩序。任何时代都有其特定的文化和规范，都有着对社会成员特定的角色期待。这种期待体现在教育的观念、内容和方法方面，对社会成员发生着潜移默化的影响。当然，传统蒙学既有精华，也有糟粕。其精华在于为后世留下了丰富的教育遗产，其糟粕则在于给天真无邪的儿童套上了封建礼教的枷锁，压抑了儿童的个性，使古代的早期教育严肃有余而活泼不足。

二、成年礼仪的社会功能

人生步入成年，就好像季节进入了夏天。夏季节日民俗中所表达的农事信仰是一种生命转换观念。与此相似，人生的"夏季"也有一个特定的"节日"，这个节日就是人生礼仪中的成年礼仪。成年礼仪所表达的民俗信仰同样是一种生命转换

---

① ［明］王守仁：《训蒙教约》。

观念。这种观念认为,人进入成年是一次生命历程的重要转折,它标志着一个“旧我”的结束,和一个走向成熟的“新我”的诞生。在这个转换中,有一种非常重要的人生礼俗,就是为达到一定年龄的少年举行成人仪式,称为成年礼或成人礼。对个体来说,成年礼是人生道路上非常重要的一件事情,因为这不仅意味着少年期向青年期的过渡,意味着个人的成长,更重要的是它蕴含着丰富的文化元素,使每一个单一的生命具有了超出生命本体意义的社会功能。这一功能主要体现在三个方面。

首先,成年礼标志着个体角色由“家庭角色”向“社会角色”的转变,伴之转变而来的则是“立志”精神诉求目标的企达与实现。它是一种界限,是一道门槛,越过了它,个体就成了一个新人。如果说个体脱离母体是自然生物性的诞生,那么,成年礼则标志着个体社会文化性的诞生。在英文中,成年礼被写作 initiation,意即“开始”、“发端”,表明人生进入了一个新的阶段。男孩子在步入成年人之前必须行冠礼,行冠礼前,人们认为他是童子,按照童子的要求对待他。而加冠之后,他就转变为成人,实现了社会角色的转变。从此他便拥有了与从前不同的各种社会资格,这些资格大体包括:

经济的资格 儿童在未成年之前,虽然也时常跟随父兄参加一定的劳动,但这些劳动仅仅带有实习的性质,他并不算是一个真正的劳动力。在通过成年仪礼之后,家族或氏族就为他准备好全套的生产工具,他就可以单独或者邀约别的同年伙伴正式参加各种工作了。同时,他还开始分摊村社内集体性的经济负担。

法律的资格 通过成年礼的人不仅是一个“法定”的社会成员,而且他还对于村社内的公共事务执行一定的法律责任。他有资格参加村社的执法组织,并根据传统的习惯法,对于违禁者实行弹劾和处治,享有维护村社秩序和习惯法的权利和义务。

宗教的资格 一般成年礼中都有秘密的宗教仪式,由特定的祭司指导参加者学习和掌握祭礼的技术和宗教神话。礼仪的参加者要接受保密的训练,承担保密责任。在一般情况下,宗教仪式的传授和训练,是成年礼仪的最高潮,参加了社团的宗教仪式,就等于最后被社会的神圣力量接纳并承认了。

性的资格 通过了成年礼仪的人,便取得了性的资格,一般的成年礼都选择在青年的性成熟开始时期,因此,成年礼便包含了人的生理成熟和社会成年两种因素。那些通过了成年礼仪的年轻人,既获得了性生活的权利,同时也开始为社团和家族负起联姻和繁衍的义务和责任。

从以上可以看到,取得了上述资格的人便基本具备了一个独立的社会成员所应拥有的权利和义务，他便可以像一个真正的成人一样自立了①。

其次，成年礼也意味着个体被社会所接受和认可，实现由社会“哺养角色”向“创造角色”的转变，伴之转变而来的则是“践礼”精神诉求目标的企达与实现。成年礼标志着少年步入了青年的行列，从此以后，社会便开始按照成人世界的标准来看待和衡量他，并对之产生新的社会期待，赋予其以新的权利。所以说，个体在成年礼后的变化是在社会文化层面发生的。作为一名青年，他被赋予了成人的各种权利和资格。但与此同时，他也开始承担一定的社会义务，比如，纳税、服兵役、赡养父母等。《礼记·冠义》上说，男子的冠礼是“成人之道”，意味着社会要按照“为人子、为人弟、为人臣、为人少者”的礼仪规范约束男子，使之成为具有“孝、悌、忠、顺”品格完美的人。冠礼之后，青年男子也拥有了结婚权，因为他要担负起传宗接代的家族使命。女孩子在步入成年人之前则必须行笄礼，行此礼通常也和“许嫁”联系在一起，意味着女子已经长大成人，可以步入婚姻的殿堂。在世界文化中，这是非常普遍的习俗，在拉丁语中，“青年”一词的最初含义就是“生长成熟，具有繁殖能力”，因此，人们总是把性的成熟作为脱离孩童时代、步入成人社会的重要标志。可以说，经过成年礼，少男少女告别了无忧无虑、无社会责任的少年时代，成为享有一定权利、承担一定义务的社会成员。

再者，成年礼培育了青年的社会责任感，实现了由社会“受育角色”向“传承角色”的转变，伴之转变而来的，则是“传宗”精神诉求目标的企达与实现。在古代，男子的冠礼隆重而庄严，甚至有些许繁琐，但是它也强化了个体的成人意识。古人的冠礼通常选择在宗庙里进行，这种特定的场合有助于提升个体的家族意识，使青年将自己更加紧密地和宗族联系在一起。在仪式中，宾给加冠青年所加的锱布冠、皮弁和爵弁分别代表青年拥有了治人的权利、服兵役的义务和参加祭祀的权利，而这些都是成人的重要标志。加冠之后，宾还要为男子取“字”，有了表字后，其他人就不得随意叫他的名字而只能称其字，以表示尊重，这也是成年人的一项特权。冠礼之后，青年还要去拜见大夫、先生，接受他们的祝福与勉励。这种“以成人见”的礼仪，表明了社会“将责成人礼”的要求。这正如柳宗元在《与韦中立书》中所说的那样，“古者重冠礼，将以责成人之道，是圣人所尤用心也”。《国语》中也记述过类似的事情：赵文子行冠礼之后，去拜见韩献子，韩献子告诫他说，人行了冠礼之后，才算是长大成人，犹如宫室有了墙屋，不仅要洁身自好，还要担当起社会责任。对于女子的笄礼来说，也无外乎是三从四德、伺奉舅姑、相夫教子等内容。所以，成年礼无疑是对青年的一次思想教育和熏陶。后人曾把成年礼的意义概括为“敬名”、

① 参见张铭远：《生殖崇拜与死亡抗拒》，中国华侨出版公司 1991 年版，第 234 - 235 页。

"慎德"、"谕志"、"成德"四个方面。其中,"敬名"表示社会对青年的接受。"慎德"表示守礼,表示青年人对所担负的社会责任的明了。"谕志",就是树立远大的志向,有明确的奋斗目标。在儒家学者看来,只有立了志,才能够知耻明礼,才能够"闻道"、"守道",可以经受现实的磨砺和考验。"成德",即道德人格的养成,这一点可以从加冠时的祝词看出。周朝时,宾为青年加冠时有三次祝愿,概略地说,第一次加冠时谓"弃尔幼志,顺尔成德",第二次谓"敬尔威仪,淑慎尔德",第三次谓"兄弟具在,以成厥德"。这三次祝愿都离不开一个"德"字,这是儒家文化所特有的"成人礼"的特色,显示了儒家对个体道德人格的重视。

其实,冠礼也好,笄礼也罢,它们最重要的意义在于代表了社会的新陈代谢,代表了人类社会生活角色一代代的传承和接力。在新生力量进入成年之际,让他们了解自己所肩负的责任和义务,顺利实现角色的转换,这对于社会的稳定,文化的传承,无疑具有十分积极的意义。

三、尊老文化的价值透视

在以"家庭养老"为主、"社会养老"为辅的古代农业文明社会中,尊老文化是中国传统文化的组成部分,也是中国悠久的历史和文明的具体体现。正如前文所述,尊老礼俗可以依据实施主体的不同,将之分为统治者的制度建设和民间的尊老习俗,也可以依据层次将之分为敬老和养老两个层面。传统尊老文化的形成,既与统治者的大力提倡及宗法制度分不开,同时也是农业文明的产物,更为重要的是,它也是人道主义与代际关系和谐的反映,是维系社会稳定的重要"平衡器"和"杠杆"。作为传统文化的一部分,我们对之应当有理性的、辩证的认识。

从尊老文化的积极功能看:首先,在农业社会中,尊老是传承文明的必然选择。在古代农业社会中,老年人的经验与智慧的传授,在一代又一代人中起着承上启下的作用,使古代的文化知识,尤其是被统治者所轻视的农业生产技能和手工业发明得以流传,不至于湮没无存。所以,敬老养老不仅是基本的伦理规范,也是古代农业社会文明传播的客观需要。社会对老人的尊重,是对老人所作贡献的回报。老人的才能和智慧并不因其年老而失去意义,相反,他们的经验和技能对农业文明的传承却十分有用。因而,传统社会尊老风尚的出现,显示了中华民族对于社会进步发展的追求。其次,尊老是社会稳定的基础。在古代社会,老年人口占总人口的比重虽然不高,但是如果老人得不到应有的赡养和必要的权益保障,必然会造成严重的社会问题。所以,孔子在谈到他所憧憬的社会图景时指出"老者安之,朋友信之,少者怀之"①,把尊老作为首要的社会发展目标。如果用社会学的视角来分析这个问题,尊老的社会意义在于能对在业人口产生积极影响,稳定人们的社会心理。因为,每个人都必然走向衰老,社会对老人的态度能够决定老年人的社会地位和晚年生活的质量,因此,敬老养老是劳动人口的强心剂,是社会发展的稳定剂。第三,尊老是人道精神和人际关系和谐的体现。儒家认为,"天地之性人为贵,人之行莫大于孝"②,也就是说,人之所以为人,在于人是生存于由特定的社会组织和社会纲纪构成的人道社会之中的,而人道就是孝悌之道。故孟子说:"尧舜之道,孝悌而已矣"③,荀子也说:"贵贵,尊尊,贤贤,老老,长长,义之伦也。"④儒家主张"入则孝,出则悌,谨而信,泛爱众而亲仁"⑤,认为一个人要先孝敬自己的父母,然后才可能去敬爱其他的老人。可见,儒家所倡导的孝道是广义的,具有推己及人情怀。因而,在中国传统社会的发展过程中,尊老礼俗逐渐积淀成为传统文化的一部分,成为中华民族的行为方式和心理结构的显著特征。这种尊老文化稳定了社会结构,和谐了代际关系,对我国今天的老龄工作仍具有重要的借鉴意义。

虽然中国古代的尊老文化,总的来说是一种优良的文化,但是,其中也存在着一些应当摈弃的、消极的东西。它们主要表现在两个方面:其一是传统尊老文化将对老年人的尊从绝对化,使青年人得不到应有的尊重。对古代的尊老礼制的考察表明,个体只有进入老年期才能够获得独立的人格,成为家族、家庭的代表,而青年人的人格则不被承认。在历代的尊老典籍中,对于年轻人的行为举止有详尽的规定,这些规定始终贯穿着一种精神,那就是老者为尊,年轻人只能追随老年人。无论在什么情况下,年轻人都要无条件地服从老人,不能讨价还价,更不能超越老者。即使长辈做得不对,也要"为尊者讳,为长者讳",甚至以青年一代的生命和幸福为代价,去追求无限制的"孝道",这不仅远远超出了敬老养老的现实需要,而且扼杀了青年人的个性和价值,导致人格的扭曲和异化,更进而导致人才的贬损和扼杀。至于被统治者大力宣扬的"愚孝"典型,更是尊老文化中的阴暗面,应坚决予以摈弃。其二是造就了保守、被动,缺乏探求精神,影响了社会的发展和进步。虽然说晚辈对长辈的孝敬和尊重是非常必要的,但是这种尊重如果走向了极端则会产生许多负面的影响。在《曲礼》、《礼记》等儒家典籍中,对于人们的日常行为作了诸

① 《论语·公冶长》。

② 《孝经》。

③ 《孟子·告子(上)》。

④ 《荀子·大略》。

⑤ 《论语·学而》。

多规定，如规定多人行路时，弟弟应斜错跟在兄长的肩后行走，如果年龄达到父辈的，则只能跟在其身后行走。另外，还要求“朋友不相逾”，因为谁领先一步，就是以长者自居，是无礼、自傲的表现，是要遭致他人非议的。这种相互礼让、无所竞争、蠕蠕惯行而毫无生气的局面恰是家族社会发展的生动写照。《论语·学而》也说“三年无改于父之道，可谓孝矣”，认为因循先辈做法、遵守祖宗之法就是孝的表现。可以说，繁琐的尊老礼仪在规范着人们行为举止的同时，也铸造了保守、复古、无所求的社会心理，影响着社会的发展、进步。

总之，对于传统尊老文化，我们应当继承和发扬其中的积极因素，比如尊重老年人的知识、经验、人格，满足老年人的合理需要，保障老年人拥有幸福、安康的晚年生活等。而对于将尊老和社会发展对立起来的迂腐陋习则应当予以剔除，要妥善处理好老人和社会的关系，使老年人作为社会的积极而非消极、有用而非“边缘化”的成员，享受社会经济发展的诸多成果。

马王堆三号墓出土的西汉帛画导引图(复原图)

第七章　卫生保健习尚

人类社会经过漫长的发展岁月，随着生产斗争和生活实践的认识积累，相继衍生出许多形形色色的有利于促进人体健康成长、减少疾病侵害、增强体质和延长寿命的保健习尚，内容涉及环境气象学、饮食营养学、卫生学、生理学、心理学、体育学诸方面，构成中华民族贡献于人类文明的重要组成部分。这些风俗习尚的形成与实践，既是古代社会生活逐步走向有序化、科学化、务实化的重要前提保障；同时，更对中华民族自身的生存、繁衍、生息，对社会的公共安全、灾变防治，积累了诸多实践经验，形成了一整套天人合一、阴阳辩证、自然养生、强体健身、医疗保健的科学方法与理论体系。

第一节 环境卫生

一、重视环境与健康长寿的关系

早在先秦、秦汉时期，人们就已认识到地理位置、环境、水质等与健康长寿有密切的关系。如《左传》等书就有关于水土条件影响人体健康的论述。《左传·成公六年》云："土薄水浅，其恶易覯……于是乎有沈溺重膇之疾。"《管子·水地篇》云："越之水，浊重而洎，故其民愚疾而垢。"水土条件不同，还能造成人群体态的某些地方性特征。《周礼·地官·大司徒》曾描述说，居于山林，"其民毛而方"，体壮端正而多毛；居于川泽，"其民黑而津"，体黑而润泽；居于坟衍，"其民皙而瘠"，皮肤白皙却很瘦小；居于丘陵，"其民专而长"，体格厚实而身材高大；居于原隰，"其民丰肉而庳"，肌肤丰满却个子矮小。特别是劣质水，常是人类疾患的直接致因。《吕氏春秋·尽数》说："轻水所，多秃与瘿人，重水所，多尰与躄人，甘水所，多好与美人，辛水所，多疽与痤人，苦水所，多尪与伛人"。高诱注："秃，无发；瘿，咽疾；肿足曰尰；躄，不能行也；疽、痤，皆恶疮也；尪，突胸仰向疾也；伛，伛脊疾也。"《淮南子·坠形训》详尽地论述了地理环境与健康体质、性别、性格的关系，指出："凡地形东西为纬，南北为经，山为积德，川为积刑，高者为生，下者为死，丘陵为牡，溪谷为牝。水圆折者有珠，方折者有玉，清水有黄金，龙渊有玉英。土地各以其类生，是故山气多男，泽气多女，障气多喑，风气多聋，林气多癃，木气多伛，岸下气多肿，石气多力，险阻气多瘿，暑气多夭，寒气多寿，谷气多痺，丘气多狂，衍气多仁，陵气多贪，轻土多利，重土多迟，清水音小，浊水音大，湍水人轻，迟水人重，中土多圣人，皆象其气，皆应其类。"虽不完全正确，但已能认识到环境与寿夭的关系。

《黄帝内经》也认为，地理位置不同，环境、气候不同，物产也不同，人们的饮食习惯就不同，多发病也不同，从而有不同的治疗方法。如《素问·异法方宜论》说："黄帝问曰：医之治病也，一病而治各不同，皆愈，何也？岐伯对曰：地势使然也。""故东方之域……鱼盐之地，海滨傍水。其民食鱼而嗜咸……其治宜砭石"；"西方者，金玉之域，沙石之处……其民陵居而多风，水土刚强……其民华食而脂肥，故邪不能伤其形体，其病生于内，其治宜毒药"；"北方者……其地高陵居，风寒冰冽。其民乐野处而乳食，藏寒生满病，其治宜灸焫……"；"南方者……其地下，水土弱，雾露之所聚也,其民嗜酸而食胕……其病挛痹,其治宜微针";"中央者,其地平以湿……其民杂食而不劳,故其病多痿厥寒热,其治宜导引按跻。"《素问·五常政大论》也认为:"东南方,阳也。阳者,其精降于下",而"阳精所降,其人夭";"西北方,阴也。阴者,其精奉于上",而"阴精所奉,其人寿"。"帝曰:一州之气,生化寿夭不同,其故何也?岐伯曰:高下之理,地势使然也。崇高则阴气治之,污下则阳气治之……此地理之常,生化之道也。……高者其气寿,下者其气夭",反复说明了地势之高下、气候之寒温与寿夭关系很大。

关于环境与人类健康的关系,汉代以降,论者颇多。如隋代医学家巢元方在分析南方的水热条件与疾病的关系时指出:"南地暖,故太阴之时,草木不黄落,伏蛰不闭藏,杂毒因暖而生。"①唐代医学家孙思邈在《千金翼方·退居》中著入"择地",要求居住环境"背山临水,气候高爽,土地良沃,泉水清美",这是对生态小环境的考究。在环境与健康的关系方面,清代医学家徐大椿更有自己的卓见。他在《医学源流论·五方异治论》中指出:"人禀天地之气以生,故其气体随地不同",并进一步分析说:"西北之人,气深而厚,凡受风寒,难于透出,宜用疏通重剂;东南之人气浮而薄,凡遇风寒,易于疏泄,宜用疏通轻剂。……至交广之地,则汗出无度,亡阳尤易,附桂为常用之品;若中州之卑湿,山狭之高燥,皆当随地制宜。"因此,他告诫人们,凡"入其境,必问水土风俗而细调之",因为"所产之物、所出之泉,皆能致病"。由此可见,徐氏关于地理环境对疾病与医药影响的认识,已较为深入。

二、讲究环境卫生

在中国古代,人们十分重视环境卫生。首先,在选择住宅建筑地方面,汉代刘熙《释名·释宫室》云:"宅,择也,择吉处而营之也",指出应选择有利于人类身心健康的吉地而建宅。因为宅地基址的选择是事关人与自然能否和谐相处的头等大事,所以《周礼·地官·大司徒》曰:"辨十有二土之名物,以相民宅,而知其利害。以阜人民,以蕃鸟兽,以毓草木,以任土事",将相宅视为晓知利害、民殷财阜和繁衍鸟兽、草木等自然界生命的重要前提。晋代张华《博物志》也说:"居无近绝溪、群冢、狐蛊之所,近此则死气阴匿之处也",指出在建造房屋以前,必须重视周围环境,并且要远离不合卫生要求的地区。

其次,注意房屋内外的清洁。我们祖先在很早的时候,便注意经常打扫住室。扫地时,恐灰尘扬起,必先洒水。"洒扫"二字,成为固定的联绵字,也有几千年历

① [隋]巢元方等:《诸病源候论·疫疠病诸候·瘴气候》卷10,影印本,人民卫生出版社1980年版,第357页。

史了。扫地又是十分审慎须慢慢进行的工作,所以“侵”字在《说文·人部》中作:“渐进也。从人又持帚,若扫之进。又,手也。”慢慢地进行这些工作,也无非防止灰尘的扬起。不独地面随时洒扫,连屋壁也是经常洗刷的。“刷”字在《说文》作:“饰也。从又持巾,在尸下。”“尸”便是代表着“屋”(屋字下云:尸象屋形)。可见房屋的上下四周,也还是经常注意它的清洁。当时还不容许随地便溺,连痰液鼻涕,也不许任意吐唾。《礼记·内则》规定:“在父母舅姑之所……不敢唾洟。”这说明孩子们在年幼时,便养成了不随地吐痰的习惯了。老年人痰液鼻涕较多,怎么办?《内则》又说:“父母唾洟不见。”注云:“辄刷去之。”可见一家之中,便经常有人照料清洁,随时将唾洟扫刷干净了。当时凡可以引致疾病的东西,都要力求从根本上予以消除。而除鼠,便成为最要紧的一件事。远在几千年前,《诗·豳风·七月》里,已有“穹窒熏鼠”的话。这便是说发现房子里有窟窿的地方,就用土把它塞住;如果有鼠藏匿在内,就用火把它熏出。我们再考之其他古书,像汉代韩婴《韩诗外传》记载晏子对齐景公说过:“社鼠出窃于外,入托于社。灌之恐坏墙,熏之恐烧木。”可知古代消灭鼠患,除用火熏以外,还有用水灌的法子。

再次,对于厕所的清洁卫生,古人也特别予以注意。古人很重视厕所的干净,古书中直接称“厕”为“清”或作“圊”字。《说文·广部》:“厕,清也。”《释名》:“厕或曰溷,言至秽之处宜常修治洁清也。”大约就它的必须清洁言,便叫做“圊”;就它的必须以屏障掩蔽言,便叫做“屏”或“匽”(亦作“偃”)。《庄子·庚桑楚》:“观室者周于寝庙,又适其偃焉。”注云:“偃谓屏厕。”可知古人参观人家的房屋,必到厕所里去看看,这无疑说是检查清洁的好办法。值得一提的是,当时已经有了公共厕所。《墨子·旗帜》云:“于道之外,为屏。三十步而为之圜,高丈。为民溷,垣高十二尺以上。”厕所用高高的墙砌起来,主要是为了保障个人便溺行为的私密性。到了秦汉时期,厕所称为“厕”、“溷”、“圊”、“清”、“轩”、“更衣之室”等。名称的众多,是当时日常生活中厕所得到普遍使用的反映。从考古材料和现有的文献看,包括皇族宫室、官府、普通民居以至野外军营在内的绝大多数秦汉时期建筑物或居处都附设有厕所。其类型大致有三种:一是建在居室中的厕所。这类厕所主要出现在东北和南方边域地区。史载,居住在今东北地区的挹娄人“臭秽不洁,作厕于中,环之而居”①。珠江流域干栏式房屋的一个特点是厕所设在室内某一处。广西北海出土东汉前期干栏式陶屋,屋内底部后左侧有小厕所坑穴②。广州出土的西

① 《后汉书》卷85《东夷·挹娄传》。

② 广西壮族自治区文物工作队:《广西北海市盘子岭东汉墓》,《考古》1998年11期。

汉陶干栏模型室内左后方有长方形洞,一俑蹲作溲溺状①。二是与猪圈修建在一处的厕所。这类厕所出现在长江流域、黄河流域和长城沿线的辽阔地区,分布十分广泛,可谓当时厕所的典型样式。《说文·口部》颇为形象地解释说:"圂,豕厕也。从口,像豕在口中也。"这种类型的厕所在先秦时期已经出现,大约兼有将人的排泄物作为猪食的一部分和积肥的双重目的。睡虎地秦简《日书》乙种所说的"圂忌日,已丑为圂厕,长死之;以癸丑,少者(188 贰)死之。其吉日,戊寅、戊辰、戊戌、戊申(189 贰),凡为屏圂,必富(190 贰)",指的就是这种厕所。从考古发现的汉代明器看,这种类型厕所大都设在猪圈的一角,上建屋顶,厕中设便坑。如江苏铜山出土的陶猪圈平面呈长方形,由院、圏棚、厕所组成,圈棚与厕所对角设立,均为悬山式两面坡顶,厕所靠院墙一侧有一小门,靠院内一侧有一椭圆形孔与院内相通②。据《汉书·武五子传》载,燕剌王刘旦宫内"厕中豕群出,坏大官炊"。看来至晚在西汉中期贵族住宅中也有猪圈与厕所共在一处的情形。这也说明这类带猪圈的厕所在秦汉时期的普遍性。三是与猪圈分开的厕所,厕所为房屋结构的附属部分。如淮阳于庄西汉前期墓出土的陶院落中的一间厕所设在中庭庑殿附近,与后院的猪圈有一定距离③。另外,在河南桐柏西汉墓、浙江龙游西汉中期汉墓等地出土的陶猪舍不带厕所④,这可能意味着这些地区的一些人家中,厕所是独立存在的。

此外,从出土的汉代文物看,当时岭南地区的大船上可能已有厕所。广州东汉墓出土的陶船后仓右侧有小房,从其结构看这可能是船厕。直至现代,珠江河面上的较大木船仍有这个设备⑤。在船上设置船厕自然是出于便利船民较长时间在船上生活的考虑。

上述秦汉时期的三种厕所类型以及船厕在后代仍长期延续。

古人对于藏匿在屋壁墙隙的害虫,也要设法消除。《周礼·秋官·赤犮氏》:"掌除墙屋。以蜃炭攻之,以灰洒毒之。"郑注:"除墙屋者,除虫豸藏逃其中者。蜃,大蛤也。捣其炭以坋之,则走,淳之以洒之,则死。"当古人尚未发明用石灰的时候,便只知采用蜃灰以涂墙,以洒地。蜃灰具有消毒和杀虫的作用,和今天施用石灰功能相同。

---

① 广州市文物管理委员会:《广州南郊南石头木椁墓清理简报》,《文物参考资料》1955 年第 8 期。

② 徐州博物馆:《江苏铜山县李庄西汉墓清理简报》,《考古》1995 年第 3 期。

③ 周口地区文化局文物科等:《淮阳于庄汉墓发掘报告》,《中原文物》1983 年第 1 期。

④ 分见河南省文化局文物工作队:《河南桐柏万岗汉墓的发掘》,《考古》1990 年 8 期;朱士生:《浙江龙游县东华山汉墓》,《考古》1993 年第 4 期。

⑤ 广州市文物管理委员会:《广州市东郊东汉砖室墓清理纪略》,《文物参考资料》1955 年第 6 期。

蚊、蝇、虱子,是传染病的媒介,对人类健康是有害的。我们的先民在很早的时候,就设法驱避和消灭它。宋人刘延世所著《孙公谈圃》便记载:"泰州西溪多蚊,使者行按左右,以艾熏之。"足以证明在公元10世纪时,已经发明了用焚烧药物来驱蚊的方法,为后世杀虫药物的应用和改进,奠定了一定的基础。

为保持环境卫生,古人还很重视住宅内外水沟的修浚和打扫。如果水沟积污太多,最容易引起疾病,所以《周礼·天官·冢宰》说宫人"为其井匽。除其不蠲(清洁的意思),去其恶臭"。郑注:"井,漏井,所以受水潦。匽,潴,谓霤下之池,受畜水而流之者。"后世建造房屋,有天井,有水沟,即《周礼》所讲的井匽。这种水沟,有阴沟与阳沟之分。阴沟是修建在地下的,即今日所称下水道。从近年在河北易县燕下都出土的战国时代陶质阴沟管来看,不仅设计合理,而且坚固耐用。可知我们祖先在两千多年前,就已经有了很完备的下水道设备了。至于阳沟,显露在地面,更容易变为藏污纳垢之地,所以古人很注意保持它的清洁。其他绕屋沟渠,也经常加以修浚。汉代王褒《僮约》,规定他的家奴日常劳动,便有"浚渠缚落"一项。"浚渠",即是修治水沟的工作。

饮用水是否卫生,直接关系到人们的健康。为改善饮用水质,克服水土条件的制约,我们的祖先很早就发明了凿井以汲洁净水的技术。浙江河姆渡遗址发现的一口距今约七千年的古井,用桩木作护壁,上盖顶棚①,可见当时对饮用水的保护。嘉善新港遗址一口良渚文化木筒古井,用剖开的原木挖空做井壁,井底铺有河蚬贝壳,以过滤净化地下水的渗入②。其实这一地区河道纵横,水资源丰富,但先民仍重视对水井设施的精构,说明当时已具备了相当的饮水卫生常识,为克服"水浊重而洎"找到了有效途径。水井在中原地区则出现稍晚,《世本》说尧臣"伯益作井";《史记·五帝本纪》记有"瞽叟又使舜穿井"。大致可溯至龙山时期,河南汤阴白营、洛阳矬李、临汝煤山、河北邯郸涧沟、山西襄汾陶寺、夏县东下冯等遗址均发现了当时的古井。夏商时期的古井,在偃师二里头、偃师商城、郑州商城、藁城台西、殷墟等遗址均有发现。可见人们在扩大生存空间的同时,为保障身体健康,克服水土条件的制约,在饮用清洁水方面是颇费一番苦心的。

在维护和治理定居生活区环境清洁卫生方面,古人也有很多很好的做法。这主要表现在以下几个方面:一是将居地与公共墓地分隔开,几乎成为新石器时代以降人们所普遍遵循的制度。二是人畜的隔离也被广泛采用。甲骨文中,早已有

① 杨鸿勋:《河姆渡遗址木构水井鉴定及早期木构工艺考察》,《科技史文集》第5辑《建筑史专辑(2)》,1980年。

② 陆耀华等:《浙江嘉善新港发现良渚文化木筒古井》,《文物》1984年第2期。

"牢"、"圈"等字,可见那时已经牛有栏、猪有圈,实行人畜分居了。如太湖流域一些原始遗址,发现有用树枝竹竿围起来用于饲养家畜的简单牢闲①;姜寨和半坡等仰韶聚落遗址,都发现有牲畜圈栏;山东潍县狮子行龙山文化遗址出土有陶畜舍模型②。到了商代,又出现了大型的官方牲畜豢养场地。三是将厨房与居室分离。《孟子·梁惠王上》说过:"是以君子远庖厨也"就是例证。这是由于厨房是比较肮脏的地方,所以必须把它隔远一些。而孟子却将这原因推定为"闻其声不忍食其肉",未免过于牵强了。四是禁止在街道上倾倒生活垃圾。殷商时期就有这一规定,而且视其为犯罪。《韩非子·内储说上》载:殷之法,弃灰于公道者断其手。可见,当时人们已经严禁乱抛废物损害环境。战国时,商鞅在秦国实行法制,也制定了相关法律。《汉书·五行志》说:"秦连相坐之法,弃灰于道者黥。"颜师古注引孟康说:"商鞅为政,以弃灰于道者必坋人,坋人必斗,故设黥刑以绝其源。"由于法律的严厉,使随意丢弃垃圾的情形至少在战国时期的秦国得到有效制止,从而有效地维护了公共卫生。根据考古发掘提供的证据,当时农村中的垃圾多堆放在厕所附近。如辽阳西汉村落遗址厕所房址西有大垃圾堆两处,是就洼坑倾倒堆积而成③。城市的垃圾也有固定堆放处。如临潼汉新丰遗址城东北部紧邻住宅区,靠近城墙附近约1500平方米的范围中,有多处直径5米~10米、深3米~5米的大脏土坑,系垃圾坑④。到了汉代更进一步规定路旁居民以水洒道,以防止灰尘的扬起。这方面虽然没有正面史料可以证明,但是《后汉书·张让传》曾经记载:"作翻车渴乌,施于桥西,用洒南北郊路,以省百姓洒道之费。"洒道的翻车渴乌是汉灵帝中平三年(186年)张让吩咐当时掖庭令毕岚制作成功的,自然是一种杰出的创造。由"以省百姓洒道之费"一语来看,可知在没有发明翻车渴乌以前,百姓是经常用自己的劳力去洒道的。在1800多年前,居然能创造出这种洒水机器,的确是一件了不起的奇迹,也正反映了当时对道路清洁的重视了。

三、流行病及其防范

从历史上看,中国是个流行病多发的国家。传统史籍中将流行病称作疫、疾疫、疠等,而一般统称为疫,合称疾疫。从现代疾病分类学看,这些疾病主要包括瘟疫、瘴气、痢疾、麻风病、流行性感冒等。历史上的疾病流行,最可反映出战争、和

---

① 参见尹焕章等:《对江苏太湖地区新石器文化的一些认识》,《考古》1962年第3期。

② 《山东潍县狮子行遗址发掘简报》,《考古》1984年第8期。

③ 东北博物馆:《辽宁三道壕西汉村落遗址》,《考古学报》1957年第1期。

④ 林泊:《陕西临潼汉新丰遗址调查》,《考古》1993年第10期。

平、灾荒、经济发展、人口变迁等自然和社会生态诸因素综合作用所产生的效应。不过，史书上对疾病流行的状况记载并不完整。《春秋公羊传》甚至说“外灾不书”①，因而缺漏不可避免。从现在可以查阅到的明清地方志及医学书籍的记载来看，正史关于疾疫流行的记载缺漏甚多，野史的记载亦零散不全面。其中，关于传染性疾病的记载更是寥若晨星。尽管如此，我们细细爬梳，总或多或少能发现一些当时疾病流行的端倪。以下以时代为序，对中国古代的流行病作一简要介绍。

1. 先秦至汉初的主要传染病

从周代开始至汉初，传染性疾病以上呼吸道感染（包括伤风感冒之类）和疟疾为多。《周礼·天官·食医》中说：“四时皆有疠疾，春时有痟首疾，夏时有痒疥疾，秋时有疟寒疾，冬时有嗽上气疾。”“痟首疾”多半为头部疾病，头痛脑热是其主要症状，属伤风感冒之类的疾病。“痒疥疾”主要为皮肤感染如疥癣等，是由寄生虫（疥虫）引起的疥疮，属传染性皮肤病。“疟寒疾”以周期性寒颤发热为主症，属疟疾之类。“嗽上气疾”当属支气管炎、支气管哮喘或肺部感染之类，其中，以伤风感冒为多。古时人们只知道以季节来划分时间，于是说“四时皆有疠疾”。不过正好说出了季节性流行的特点。古人认为四季疠疾即热病，多因受寒而起，所以《内经》说：“今夫热病者，皆伤寒之类也。”②

疟疾一病，是由疟蚊传播而致，与雨水湛积、沼泽之地及夏秋季节关系密切。在西方历史上，古希腊称疟疾为“沼泽的热病”；疟疾的猖獗，甚至使濒于灭亡的罗马帝国加快了衰退过程。疟疾在东西方都是最早的流行病之一。

除了上述流行病外，尚有狂犬病出现，称为猘（或瘈）。“国人逐瘈狗”，③“国狗之瘈，无不噬也”④。虽然还没有发现被咬者发病的情况，但《素问·骨空论》有载：“犬所啮之处灸之三壮，即以犬伤病法灸之。”可见狂犬之啮已经受到医家的重视。

黄疸传染性疾病也已出现。黄疸疾病有传染和非传染两种，像梗阻性黄疸、溶血性黄疸便不传染。不过，某些记载当为肝细胞性黄疸，以传染性肝炎或肝炎后肝硬化等病为多，部分可能为钩端螺旋体病性黄疸。如《灵枢·经脉篇》说：“食不下，烦心，心下急痛，溏、瘕泄、水闭、黄疸、不能卧……”《素问·玉机真藏论》说：“病入舍于肺……弗治，肺即传而引之肝……；弗治，肝传之脾，病名曰脾风发瘅，

① 《十三经注疏·春秋公羊传注疏》卷8，影印本，中华书局1980年版。

② 《素问·热论》。

③ 《左传·襄公十七年》。

④ 《左传·哀公十二年》。

腹中热,烦心出黄”,这些都是急性黄疸病。《素问·六元正纪大论》所说“溽暑湿热相薄,争于左之上,民病黄疸而为浮肿”,为流行性黄疸病。《灵枢·论疾诊尺篇》所说:“多赤、多黑、多青皆见者,寒冷,身痛而色微黄,齿垢黄,爪甲上黄,黄疸也。安卧,小便黄赤,脉小而涩者,不嗜食。”应为慢性黄疸或肝硬化之类。汉代淳于意《仓公诊籍》所说,女子薄吾患“蛲瘕”,“寒热笃……腹大、上肤黄粗、循之戚戚然”,可能为寄生虫病引起的肝硬化性黄疸,伴腹水,如血吸虫病肝硬化之类。黄疸一症,总的看来以传染性疾病为多。

亦见有麻风病。据《史记·仲尼弟子列传》载,孔子的弟子冉耕(伯牛),“有恶疾,孔子往问之。自牖执其手,曰:命也夫!斯人也而有斯疾,命也夫!”这里的“恶疾”指的就是麻风。麻风又称疠风、癞大风、大麻风,有瘤型和结核样型两种类型,是由麻风杆菌引起的一种慢性传染病。通常面部可呈狮面之相,鼻坍塌,皮肤溃疡、结节,其貌十分丑陋。麻风病潜伏期、发病期很长,不影响一般活动及劳动能力,所以当时有人装病,“漆身为疠”。据《战国策》载,晋国的豫让为游侠,充当刺客为主子智伯报仇,“漆身为疠,灭须去眉,以变其容,为乞食人。其妻曰:‘状貌不似吾夫,何其音之甚相类也?’让遂吞炭以变其音也。”当时人已懂得麻风病具有一定的传染性,故“女有五不娶……世有恶疾不娶”①。甚至怕遗传子女:“厉之人,夜半生其子,遂取火而视之,汲汲然唯恐其似己也。”②其实若非密切接触,或皮肤有破损,一般不传染。此病后世颇为常见。王粲是麻风,刘表嫌其“貌寝”,不愿嫁女给他。唐代卢照邻也患有麻风病,请孙思邈治疗过,最后自溺而死。孙思邈还曾带一批麻风病人入山治疗,说是成仙得道之材。

在秦汉时期流行较多的还有胃肠道疾病。《内经》中所记载的霍乱,实际上并非真正的霍乱,而是急性胃肠炎之类,多有呕吐、腹泻。腹泻程度较轻的,多为慢性肠胃炎或慢性菌痢。至于肠澼下脓血的,可能是赤白菌痢之类。《素问·通评虚实论》:“肠澼下脓血……脉悬绝则死,滑大则生。”《素问·至真要大论》:“厥阴之胜……少腹痛,注下赤白。”《左传·宣公十二年》中申叔展提到士兵腹泻,称为“河鱼腹疾”。可能为集体食物中毒或传染病腹泻。

肺结核病又是一种。《素问·至真要大论》:“少阳司天,火淫所胜,民病……咳唾血。”《灵枢·邪气脏腑病形篇》:“(肺脉)微急为肺寒热,怠惰,咳唾血。”这些都是有关肺结核的记载。《史记·韩长孺列传》说:“意忽忽不乐,数月,病呕血死。”呕血可能是咯血,“意忽忽不乐”,则与肺结核症状较合。

---

① 《大戴礼记·本命》。

② 《庄子·天地》。

2. 两汉魏晋南北朝时期的主要传染病

这一时期特别是魏晋南北朝,有关传染病的记载比以前详细明确。

根据《汉书·五行志》和东晋葛洪《肘后方》的记载,这一时期流行一种叫做“蜮病(射工水弩)”的传染病。该病有这样几个特点:(1)发病时犹如严重伤寒,伴有四肢拘急、齿间出血(3日后);(2)皮肤可有疮,应为丘疹性溃疡,也有不见疮的;(3)10日左右皆死;(4)流行因素与大雨、湿地行走、水流入屋、水浴等有关,发生地多见于江南地区。

伤寒是此时期流行最广的病。东汉医家张仲景在《伤寒论》“自序”中说:“余宗族素多,向余二百,建安纪年以来,犹未十稔,其死亡者,三分有二,伤寒十居其七。”根据张氏所记略作推算,死亡率约为45%,可谓惊人,但以10年平均计算,每年约死于“伤寒”者9人,又不算过高。

《伤寒论》所说的伤寒与今日所称西医学的“伤寒”,涵义完全不同,《伤寒论》中的伤寒有广义和狭义之分。广义伤寒包括中风、伤寒、湿温、热病、温病,是一切外感疾病的总称;狭义伤寒则是指外感风寒而发的疾病,即上述五种中的伤寒,与今日的流行性感冒极为相似。

流行性斑疹伤寒也较为多见,主要发病于寒冷地区或寒冷季节,冬春为高峰。过度疲劳、抵抗力下降时尤易得病。遇战乱、饥荒则可暴发、流行。曹操于建安十三年(208年)七月南征,辗转作战,至十二月已颇为疲惫;时值寒冬,正合斑疹伤寒流行爆发时机。“于是大疫,吏士多死者”。发病时会出现高热、寒颤、昏迷、皮肤斑丘疹(初鲜红,按之可退;后暗红,或为出血性瘀斑,按之不退)等症状。次年,曹操下诏说:“自顷以来,军数征行,或遇疫气,吏士死亡不归,家室怨旷,百姓流离。”①可以想见曹操军中曾连年流行斑疹伤寒病。

天花也于此时流行。关于天花病的最早记载见于葛洪的《肘后方》。据其所载可知,天花最早是因马援征交趾而从越南传入中国的,其症状是“发疮头面及身。须臾周匝,状如火疮,皆载白浆,随决随生。不即治,剧者多死;治得瘥后,疮瘢紫黑,弥岁方灭。此恶毒之气。……呼为虏疮”②。关于天花的治疗方法,葛洪《肘后方》介绍“用之有效方”说:“取好蜜通身上摩。亦可以蜜煎升麻,并数数食。又方,以水浓煎升麻,绵沾洗之,若酒渍弥好,但痛难忍。其余治犹依伤寒法。……用地黄黑膏亦好。”天花在魏晋南北朝时曾多次严重流行,因此对中国医界的冲击极大,尤其对传染病认识的深化、预防及治疗方法的提出,都产生了重要影响。

---

① 《三国志》卷1《武帝纪》。

② [东晋]葛洪:《肘后方》,商务印书馆1955年校正本。

除天花外，葛洪《肘后方》中还介绍了一些其他传染病。如：急性传染性黄疸肝炎："初唯觉四体沉沉不快，须臾见眼中黄，渐至面黄，及举身皆黄。急令溺白纸，纸即如蘗染者，此热毒已入内，急治之。"可知当时已发明了简单易行的白纸验尿法。狂犬病："凡猘犬咬人，七日一发，过三七日不发，则脱也。要过百日则，乃为大免耳。"其对潜伏期的认识颇为准确，今日一般认为是10天至3个月。结核病："其病变动，乃有三十六种至九十九种。大略使人寒热淋沥，恍惚默默，不知其所苦，而无处不恶。累年积月，渐就顿滞，以至于死。死后复传之旁人，乃至灭门。"这是结核病最早最详细的描述。淋巴结炎："恶核病者，肉中忽有核如梅李，小者如豆粒，皮中惨痛，左右走，身中壮热。……此病卒然而起，有病入腹杀人。南方多有此患。"急性菌痢："天行毒病，挟热腹痛，下痢……血浓不止。"此外，还有急性扁桃体炎、疟疾、炭疽、出血热病、寄生虫病等流行病的描述。

3. 唐宋时期的主要传染病

这一时期的疫病状况整体上比较稳定，但一些原已存在的传染性疾病，在此时期医著中叙述较前详明准确，而且像绦虫病、蛲虫病之类获得了相当科学的认识。如隋代医家巢元方在《诸病源候论·九虫病诸候》说："寸白虫候。寸白者……长一寸，而色白，形……或云：饮白酒，以桑枝贯牛肉炙食，并生栗所成。""此虫生长一尺，则令人死。""白虫相生，子孙转大，长至四五尺，亦能杀人。"寸白虫就是绦虫，总长达四五尺，虫节片长一寸左右，与生食牛肉等有关。特点概括得基本上是对的。又如"蛲虫候。形甚小，如今之蜗虫状，亦因腑脏虚弱而致。发动甚者，则能成痔、瘘、疥、癣、癞、痈、疽、瘑诸疮。……蛲虫至细微，形如菜虫也，居胴肠间，多者为痔。"这一描述与现代医学所论蛲虫病相同。

结核类病原来叫做注、尸注、飞尸、传尸。巢元方等《巢氏病源》改以"骨蒸"为名，指出了此病疴久难愈，深及于骨的慢性过程及熇熵蒸热的特点。此病在关中地区流传很广，且呈现出愈演愈烈的态势。

宋代已有白喉流行。据宋人周密《齐东野语》记载，此时期所流行的大约为扁桃体白喉病。白喉病严重时可使扁桃体及咽部明显充血水肿，且白膜可成大片，使水咽、呼吸都觉得困难，甚至窒息而死。清人郑梅涧《重楼玉钥》说："喉间起白如腐一症……此患甚多，惟小儿尤甚，且多传染。"命之为"白缠喉"。

金元时代战乱频仍，疫病流行十分严重。其中，贞祐元年（1213年）和天兴元年（1232年）分别爆发了一次大的疾疫流行，每次死者都多达百万人①。据李东垣《类外伤辨》载，当时流行的疾病主要是真性伤寒，症状以恶寒、发热、身痛、头痛及

① 参见《金史》卷64《后妃（下）·宣宗皇后传》、《金史》卷17《哀宗纪（上）》。

伤气、虚衰表现为主，伴有腹痛、便秘或腹泻等症，病情急者半月至一月，常可出现结胸、黄疸等并发症，死亡率较高。

4. 明清时期的主要传染病

明清时期的流行病复杂而频繁。此前流行的，这时均有；国外新传入或在原有状况下又加入新传染而流行的也颇为不少。这里主要谈谈鼠疫、霍乱、猩红热等。

鼠疫 世界医学史上以公元6世纪东罗马帝国流行的“贾斯廷鼠疫”（The Justinian Plague）为世界第一次鼠疫流行。仅君士坦丁堡就死了1万多人。但直到1347年夏天才爆发了第二次大的鼠疫流行（即“欧洲黑死病”）。这次鼠疫持续了近两年，4个月内去世了4200万人。仅欧洲就有2500万人死亡。在元朝末年，中国境内也发生了几次大的鼠疫，起于西北，后及中原。症状不见描述。这些鼠疫很可能是鞑靼（蒙古）军队围困卡法（Cafta，黑海克里米亚东南端港口城市，现名费奥多西亚 Feodosiya）回撤时带回来的。明人徐树丕在《识小录》中说：“初，京师有疙瘩瘟，因人身必有血块，故名。甲申春，吴中盛行。又曰西瓜瘟，其一吐血一口，如西瓜状，立刻死。”这一症状与鼠疫的症状十分相近。不过，明人朱棣等的《普济方》曾说：“时疫，疙瘩肿毒病者，古方书论不见其说……自天眷、皇统间（1141—1148年）先于岭北，次于太原，后于燕蓟，山野颇罹此患，至今不绝。互相传染，多至死亡。”如此则中国早于欧洲黑死病已有鼠疫流行，但缺乏进一步的证据。对于鼠疫的危害，清人师道南曾作《死鼠行》诗云：“东死鼠，西死鼠，人见死鼠如见虎。鼠死不几日，人死如折堵。……人死满地人烟倒，人骨渐被风吹老。”可以佐证的材料有清人洪亮吉的《江北诗话》：“时赵州有鼠怪，百日入人家即伏地呕血死，人染其气，亦无不立殒者。……不数日，道南亦即以鼠怪死。”师道南作诗后不久亦死于鼠疫。这里的赵州为云南赵州，在今祥云、弥渡一带。《鹤庆县志》载：“乾隆三十七年，有鼠疫入，继之次年又疫。”这一股鼠疫发生于中缅边境一带，向内地传播，从缅甸传来的可能性极大。

后来又有多次从国外传入的鼠疫疫情。1866年从越南传入云南满城，致使“阖门同尽，比户皆空，小村聚中绝无人烟”。1910年从俄国传入东三省，造成鼠疫大流行；1941—1942年日寇飞机撒布鼠疫菌（蚤）于浙江宁波、金华、衢州一带，致使浙、闽、赣鼠疫流行；1945年哈尔滨南部因日寇731细菌部队撤离遗下污染物而造成鼠疫流行。

霍乱 霍乱的病名早在先秦时期即已出现。《灵枢·五乱》云：“清气在阴，浊气在阳，营气顺脉，卫气逆行，清浊相干……乱于肠胃，则为霍乱。”《素问·六元正纪大论》云：“不远热则热至……热至则身热，吐下霍乱。”由此可以看出，当时的霍乱还只是“乱于肠胃”，是一种以呕吐、腹泻为临床特征的疾病。葛洪《肘后方》中有关于霍乱的描述，认为霍乱"多起于饮食或饱食生冷物，杂以肥腻酒鲙，而当风露湿，薄衣露坐，或夜以失覆之所致"。症状主要表现为身冷、呕吐、洞泄以及吐下后渴、烦闷、腹痛、转筋等，"霍乱两臂、脚及胸胁转筋者方……剧者引阴，阴缩必死"，这一"转筋"症状，似为真性霍乱。

据考，霍乱首先流行于中国时在 1817 年。当时正值印度孟加拉邦南部霍乱流行之际，疫情沿陆路蔓延，直至中国南部。1820 年，因英国用兵缅甸，霍乱流行，又经海道蔓延至广州，继而波及宁波、温州，次年在中国境内大流行。关于霍乱的流行情况，在陈修园《医学实在易》、王凯《痧症全书》、王清任《医林改错》、陆定圃《冷庐医话》等中也有记载。方志如《同治上海县志》、《昆新两县修合志》、《南汇县志》等也都有记载。此后于 1826 年又由印度传入中国，1842 年由印度调英印联军侵入中国，1888 年又有多次霍乱大规模流行，都从国外传来。这些都与侵略战争有关。

猩红热　早在宋代关于斑疹性传染病的记载中，就已经有了猩红热病的描述，只是到了清代才被分辨出来，称为"烂喉痧"。叶天士医案中已有记载："雍正癸丑年(1733)以来，有烂喉痧一症，发于冬春之际，不分老幼，遍相传染，发则状热烦渴，密肌红，宛如锦纹，咽喉肿痛，腐烂一团。"①嘉庆六年(1801)，陈耕道著《疫痧草》，实为猩红热专书。明清时期猩红热曾多次爆发流行。

综上可知，中国古代的流行病曾广泛流行。据不完全统计，历代发生疾疫的次数大致如下：周代 5 次，秦汉 46 次，魏晋 47 次，南北朝 28 次，隋唐 50 次，宋代 73 次，元代 33 次，明代 134 次，清代 141 次②。由此可见，随着社会的发展，疾疫发生的次数逐渐增加并呈加速度发展的态势。而随着人口的不断增加，疾疫对人生命的威胁也日渐加重，每次死亡人数都十分惊人。其中，程度最严重的一次是前揭金朝开兴元年(1232 年)，汴京大疫，短短一个多月，"诸门出死者九十余万人，贫不能葬者不在是数"③。史实说明，疾疫对人类的威胁的确不可小觑。

中国古代疫灾之所以频频发生，原因主要有三方面：第一，疫灾的发生往往与其他灾害相伴生。一般来说，大灾之后，人畜大量死亡，假如尸体得不到及时处理，细菌和病毒便会大量繁殖，从而导致疫灾发生。如隋朝大业八年(612 年)，全国大旱，大疫接踵而至，染疫而死者不计其数④。宋代庆历八年(1048 年)，河北发生特

---

① 华菊吟:《秘传烂喉痧治法经验》，1847 年刊。

② 马柏英:《中国医学文化史》，上海人民出版社 1994 年版，第 573 页。

③ 《金史》卷 17《哀宗纪(上)》。

④ 《隋书》卷 3《炀帝纪》。

大水灾,不久便发生了疫灾①。元代至顺二年(1331 年),衡州连年旱灾,疫灾随之爆发,“死者八九”②。现将古代灾害后疫病流行情况列表如下:

历代灾害后疫病流行情况一览表③

朝　代	周代	秦汉	魏晋南北朝	隋唐	宋	元	明	清	总计
流行病总次数	5	46	75	50	73	33	134	141	557
灾害后流行病次数		12	19	15	13	20	30	19	129
占总数%		26	25	30	18	61	22	13	23

第二,流动人口的大量增加是疫灾发生的另一重要原因。如两汉之际,“饥寒并臻,父子流亡,夫妇离散,庐落丘墟,田畴芜秽,疾疫大兴”。于是,“江湖之上,海岱之滨,风腾波涌,更相骀藉,四垂之人,肝脑涂地,死亡之数,不啻太半”④。又据《宋史·五行志》载,南宋隆兴二年(1164 年)冬,“淮甸流民二三十万避乱江南,结草舍遍山谷,暴露冻馁,疫死者半,仅有还者亦死”。同时,还将疾疫传染给了江南民众,“是岁,浙之饥民疫死者尤众”。

第三,与地理环境有关。我国疆域辽阔,由于纬度位置、海陆位置、地形影响以及大气环流等原因,以秦岭、淮河为界,南北方的水热条件有着明显的差异。北方广大地区干旱而寒冷,南方地区湿润而温暖。这种水热条件的差异古今变异不大。南方的水热条件有利于疫病的流行,但早期由于开化程度低,地广人稀,疫病的流行反以北方严重。东晋以降,随着政治、经济重心的南移,南方人口增加,城市繁荣,疫病流行显著增加,超过北方。尤其是气候湿润、土地肥沃、水网密布、交通便利、人口最为集中的江、浙两省,更是流行病肆虐的高发地带。而在古代防疫措施尚不健全的情况下,中外交流及国内交通的发达又促进了疫病的流行。对此,当时的不少医家已有论述。如苏轼分析杭州疫病的流行原因时指出:“杭,水陆之会,疫死比他处常多”⑤。王孟英也指出,上海疫病之所以流行,原因在于“各省商舶麇集,帆樯林立,踵接肩摩”⑥。此外,灾荒以及一些不良习俗对疫病的流行也起着推

① 《宋史》卷 11《仁宗纪》。

② 《元史》卷 35《文宗纪四》。

③ 转引自马伯英:《中国医学文化史》,上海人民出版社 1994 年版,第 573 页。

④ 《后汉书》卷 28(上)《冯衍传》。

⑤ 《宋史》卷 338《苏轼传》。

⑥ 王孟英:《霍乱论》,校刻本,光绪戊子春含经室。

波助澜的作用。

由于疾病问题对社会的影响巨大，中国古代从很早开始就进行了各种预防和控制尝试，具体措施主要有以下几个方面：

一是顺应节气。《礼记·月令》云："孟春行秋令，则其民大疫"；"季春行夏令，则民多疾疫"；"仲夏行秋令，民殃于疫"；"孟秋行夏令，民多疟疾"。三国时的曹植，曾作《说疫气》一文，提到建安二十二年（217 年），疠气流行，家家有僵尸之痛，室室有号泣之哀；或阖门而殪，或复族而丧。原因在于"阴阳失位，寒暑错时，是故生疫"。因此，先民们在有所兴作时非常重视节气的变化，并努力去顺应之。

二是巫术的精神控制。先秦时期，"医术"的效能，往往与主观意识所产生的幻想相平行，信仰上的模糊感和神秘性，要比由医疗实践而取得的成功经验更具魔力。《论衡·解除篇》记有一则上古的传说：颛顼帝有三子，生而亡去为鬼，其中一个居江水是为瘟鬼。为此人们每于疾疫发生时，总要采用各种手段安抚鬼魂，或以祭祀讨好之，或以忏悔来消除鬼魂的不满，或表示屈服以取悦之，或用某种仪式驱赶疫鬼①。《周礼·夏官》中所提到的方相氏四狂夫即是专门的驱疫鬼者。此四人身披熊皮，头带面具，执戈扬盾，帅百隶逐室殴疫，后世的傩戏便滥觞于此。此外，历代流行的设醮、纸船送瘟神等民俗，也都是驱疫鬼的具体形式，甚至连端午节的龙舟竞渡也与驱疫鬼有关。当然这种迷信的做法，对于防治疾疫毫无意义。

三是注意公共环境卫生。如前所述，早在先秦时期人们便开始重视生活区的公共卫生。如形成了将居住区与公共墓地分隔的制度，人畜的隔离被广泛采用，对于地下水的卫生、住宅内外的卫生、道路的清洁卫生以及厕所的卫生等，也都予以高度重视。此外，据《周礼·秋官》载，当时还设有掌握环境卫生的职官，如"庶氏掌除毒蛊，以攻说禬之，嘉草攻之"；"翦氏掌除蠹物……以莽草薰之"；"赤犮氏掌除墙屋，以蜃炭攻之，以灰洒毒之"②。这里的"庶氏"、"翦氏"、"赤犮氏"都是掌管某一方面环境卫生的官吏。到了汉代，官府中专门有负责清扫道路的人员，"天子将出或有斋祠，先令道路扫洒清静"③。负责清扫道路的人员通常由罪犯或地位低下者承担。史载，发干长王凌有罪髡刑，"当道扫除"④。南宋真德秀在泉州任职期间，鉴于泉州城内水沟湮阏岁久，"淤泥恶水，停蓄弗流，春秋之交，蒸为疠疫"，乃作《开沟告诸庙祝文》，兴工清理沟渠。又如吴芾于南宋乾道二年（1166 年）知隆

---

① 参见朱天顺：《中国古代宗教初探》，上海人民出版社 1982 年版，第 181～187 页。

② "毒蛊"和"蠹物"均为害虫；"蜃炭"是一种哈蚌的灰，用以填塞生虫墙壁的缝隙。

③ 《三辅黄图》卷 6。

④ 《三国志》卷 28《王凌传》注引《魏略》。

兴府，当地“旧有豫章沟，比久湮塞，民病途潦。公曰：‘沟洫不通，气郁不泄，疫疠所由生也。’亟命疏浚，民得爽垲以居”①。以上这些举措对于预防和减少疾病都大有裨益。

四是派遣医生巡诊及无偿施药。我国的巡诊制度发轫于先秦时期。《周礼·地官》中有司救一职，其职责就是：“凡岁时有天患民病，则以节巡国中及郊野，而以王命施惠。”这是有关中国古代巡诊制度的最早记载。《后汉书·曹褒传》载：曹褒任城门校尉，“时有疾疫，褒巡行病徒，为致医药……多蒙济活”。又《后汉书·锺离意传》载：“建武十四年，会稽大疫，死者万数，意独自隐亲，经给医药，所部多蒙全济。”以上两则史料说明，民间疾疫设有专门人员巡诊管理。到了宋代，对疾疫的治疗较之以往各代都更为重视。北宋仁宗时期成立了医疗慈善机构。“哀病者乏方药，为颁《庆历善救方》”②。后来由官府出钱配制成药发放给病人。开封曾经发生传染病，许多人被感染，仁宗命太医配制成药，“又蠲公私僦舍钱十日”，令太医派遣良医分赴各县，审查病状发放药物，以免贫民为庸医所误，白白送死。此外，地方上一旦发生疾疫，各地官员也多方措置，极力救治，广为施医散药。南宋时，从中央到地方还广泛设有惠民药局和其他一些地方性药局，平时售药以平价为主，疾疫流行时，则无偿施药给贫民，直到患者完全康复为止。

五是病人隔离。早在先秦时期就有了病人隔离措施。《周易·复·亨》云：“出入无疾，朋来无咎”；《周易·无忘·元亨》云：“其匪正有眚，不利有攸往。”意即健康人可与朋友交往，如果是疾病患者或患眼疾者，则不应交际，以免传染他人。甲骨文中记有“疾，亡入”（《合集》22392）、“亡入，疾”（《合集》22390），或谓不得进入疾病流行处，或谓患者不得前来。说明晚商时期人们对传染性疾病的危害性有了较深认识，因而出于保健心理，采取隔离防疫的积极措施，防患于未然③。到了魏晋时期，病人隔离已形成制度。萧齐时，太子长懋等人曾设立了专门的病人隔离机构——六疾馆，以隔离收治患者④。唐代则是由僧人开设乞丐养病坊，以隔离收治患病之人。从宋代开始，出现大量官办养病机构，都有隔离病患的作用。其中，较著名的有熙宁九年（1076 年）赵抃在越州所创之病坊⑤，元祐四年（1089 年）苏

---

① 《朱文公文集》卷 88《吴公神道碑》。

② 《宋史》卷 178《食货志（上）六》。

③ 参见宋镇豪：《夏商社会生活史》，中国社会科学出版社 1996 年版，第 441 页。

④ 《南朝齐会要·民政》。

⑤ 《元丰类稿》卷 19《越州赵公救灾记》。

轼在杭州设立的“安乐坊”[①]等，从此，养病机构蓬勃发展起来。北宋末年以后，各地广泛设置安济坊，以专门隔离病患者，取得显著成效。此后，元、明、清三代，官方设置的医疗机构除了药局外，其他则渐呈萎缩局面。不过，由于民间慈善机构的大量兴起，对于控制疾疫仍发挥着较好作用。

六是处理尸体。尸体是病毒和细菌借以大量繁殖的最主要载体，处理尸体，即是切断疾疫流行的一个重要渠道。据《周礼》所载，从先秦时期开始，就有了处理无主尸体的做法。此后，凡遇大疫，官府一般都有掩埋死者尸体的做法。如南朝梁武帝时，郢城大疫，全城十余万口，“死者十七八”。朝廷遂命给死者赐棺器盛殓，以防止疾疫传染[②]。这方面仍以宋朝处理得较好。在宋代，官方每于灾害过后招募僧人掩埋尸体，以度牒为奖励。据《宋史・五行志》载，嘉定元年（1208 年），江淮一带大疫，官府遂招募志愿者，凡掩埋尸体达 200 人者则给度牒一道作为奖励。此外，从北宋崇宁三年（1104 年）开始，各地普遍设立漏泽园制度，用以掩埋客死他乡或贫穷无以为葬的无主尸体。规定埋人必须挖地三尺，不许使尸体暴露于外，以免病毒和细菌散播，同时还派监司巡历检查。宋代以降，漏泽园制度一直延续了下来，成为控制由尸体繁殖传染病毒和细菌的重要手段[③]。

第二节　个人卫生

注重个人的清洁卫生，是强身健体的先决条件。在这方面，我们的先民是颇为重视的。《礼记・内则》载：“鸡初鸣，咸盥洗”。“五日则燂汤请浴，三日具沐；其间面垢，燂潘请靧；足垢，燂汤请洗。”甲骨文中也有“沫”字作，像人散发就皿洗面状；有“浴”字作，像人浴于盘中状；有“盥”字作，像洗手于盘状；有“澡”字作，像手在水中状；有“洗”字作，像足在水中状。殷墟出土头骨鉴定资料显示，当时在部分人中有剔除牙齿间污垢的洁癖。此外商代贵族墓中有象牙梳、铜镜及净耳玉勺等贵重梳妆用品随葬。由此可见，早在先秦时期，个人清洁卫生与否，已成为社会行为容止视点。

---

① ［南宋］李焘：《续资治通鉴长编》卷 435。

② 《南史》卷 6《梁武帝纪（上）》。

③ 参见张文：《中国古代的流行病及其防范》，《光明日报》2003 年 5 月 13 日。

到了秦汉时代，人们的洗脸、沐发、洗足已形成一种生活习惯。刘秀戎马之暇，还在汝水上用河水“澡盥须眉尘垢”①。不注重清洁卫生的人会遭到人们的鄙视和厌恶。《盐铁论·殊路》说：“文学蒙以不洁，鄙夫掩鼻。”即使美如西施，但如果身体不清洁“则过之者莫不睨而掩鼻”②。东汉后期人刘宽“不好盥浴，京师以为谚”③。

唐宋以降，人们的个人卫生更为讲究，洗面、刷牙、洗手、洗足、洗澡成为较为流行的日常行为规范。这里以宋代为例。据宋人叶梦得《石林燕语》卷一〇记载：“王荆公性不善缘饰，经岁不洗沐，衣服虽弊，亦不浣濯。”此事真实与否姑置不论，但从不满王安石之人多借此来攻击他一事看，经常洗沐在当时已经养成习惯，否则便会被视为不近人情，遭人讥讽。周密曾叙及“吴兴多蚊，每暑夕浴罢，解衣盘礴”，为其所扰的苦恼。说明到夏季，一般人并有每晚洗浴的习惯。《石林燕语》卷一〇又载：吴冲卿为群牧判官，韩持国在馆中，其“三数人尤厚善，无日不过从，因相约每一两月即相率洗沐定力院”。则官僚士大夫交情亲厚者，并有相约到公共浴所沐浴的雅好。至于宋人周密《癸辛杂识续集》卷上所云：“蜀人未尝浴，虽盛暑不过以布拭之耳。谚云：‘蜀人生时一浴，死时一浴。’”这与实际不相符合，抑或只是川蜀个别地区的情况，并不普遍，因为那个以有洁癖著称的蒲宗孟恰恰就是蜀人。据《宋史·蒲宗孟传》载，蒲氏的日常卫生有大洗面、小洗面、大濯足、小濯足、大澡浴、小澡浴之分。所谓大洗面，是指三易汤，用五人，肩颈及焉；小洗面，一易汤，用两盥面；大濯足，三易汤，用四人，膝股及焉；小濯足，一易汤，用两人，踵踝而已；大澡浴，汤用五斛，人用八九；小澡浴，汤用三斛，人用五六。每日两洗面，两濯足，间日一小浴，又间日一大浴。如此讲究个人卫生，恐怕连现代人也望尘莫及了。

当然，对于古人的个人卫生情况估计不能过高。其实，在中国古代，能够经常洗沐的必是一些生活在社会上层的人们，而广大农民和从事体力劳动的其他社会群体则没有这种条件，因而他们的个人卫生要大打折扣。西汉人扬雄和东汉人朱浮分别指出，征战的军人因难得洗澡，普遍存在“鞮鍪生虮虱”④、“甲胄生虮虱”⑤。汉乐府诗描写生活贫困的孤儿因无法洗澡或洗发而“头多虮虱，面目多尘”⑥。

---

① 《后汉书》卷22《傅俊列传》注引《东观记》。

② 《新书·劝学》。

③ 《后汉书》卷25《刘宽列传》。

④ [汉]扬雄：《长扬赋》，《汉书》卷87(下)《扬雄传》。

⑤ 《后汉书》卷33《朱浮列传》。

⑥ [宋]郭茂倩：《乐府诗集》卷38《孤儿行》。

第三节 饮食卫生

早在先秦时人们就已认识到日常生活中影响身体健康最大的莫过于饮食，所以很早就提出了“病从口入”的论断，以期引起人们警觉。注意身体健康，无疑地要从饮食入手。我们的祖先在旧石器时代就已知道用火，发明了熟食，这不独对人类的进化推进了一大步，对于饮食卫生，防止疾病的产生，也有重要意义。不过，在还没有发明冶铸铜器的石器时代，虽有熟食，而方法仍很简单。《礼记·礼运》所谓“燔黍捭豚”，汉代郑玄注云：“中古未有釜甑。释米捭肉，加于烧石之上而食之耳。今北狄犹然。”可知后世一切烹饪之法，实是在釜甑出现以后，由劳动人民陆续创造发明出来的。

夏商以前人们便借助匕、梮、勺、斗、瓒、刀、削、叉、箸等餐具进食，以避免因手不洁抓食而致病从口入。饮食器具的清洁卫生，也为人们所注意。早在3000年前，甲骨文就已经出现了（尽）字，或作，像手持刷子洗涤器皿之意。秦汉时期，食前饭后洗涤食具已形成生活习惯。《淮南子·诠言训》指出：“涤杯而食，洗爵而饮，浣而后馈，可以养老。”嘉峪关汉墓出土的标号27号画像砖刻绘二名侍女洗涤饮食器皿，形象地展示出饭后洗涤食器的场面①。由此可见我们祖先对于饮食器具，也是十分讲清洁的。当洗涤饮食器具的时候，又须注意手的清洁。《礼记·少仪》说：“凡洗必盥。”孔颖达疏云：“洗，洗爵也；盥，洗手也。凡饮酒必洗爵，洗爵必宜先洗手也。”据此，可知在讲求清洁的过程中，又已注意到各方面的联系了。在古代礼制中，特别规定在兄弟姊妹间，“弗与同器而食”。《礼记·曲礼上》明确指出了各人用的食器应该有分别。在会食的时候，有些食物，还应转移到自己的食器中而后去吃。这种转移的办法，古人叫做“写”。《礼记·曲礼上》：“器之溉者不写。”郑玄注：“写者，传己器中乃食之也。”这都说明古人在吃饭的时候，已早有注意公共卫生的习惯。

饮食的定时和适量，对人体保健十分要紧，古人多有所述。《吕氏春秋·尽数》云：“食能以时，身必无灾……无饥无饱，是之谓五藏之葆（葆，安也）。”《黄帝内经·素问》云：“饮食自倍，肠胃乃伤。”《说苑·杂言》云：“寝处停留不时，饮食

① 嘉峪关市文物清理小组：《嘉峪关汉画像砖墓》，《文物》1972年第12期。

不节,佚劳过度,疾共杀之。"《论语》也曾提出"食无求饱","不时不食"的话。这从反面说明了,当时一些所谓的君子们,在饮食上的追求是没有止境的,这是中国古代饮食文化中一个积弊甚深的现象,吃得过饱,以至于吃腻,吃得生病。

关于饮食的定时与定量,秦汉以后历代多有论者。孙思邈主张饮食要有节制,"先饥而食,先渴而饮,食欲数而少,不欲顿而多,则难消也。常欲令如饱中饥,饥中饱耳","每学淡食,食当熟嚼,使米脂入腹,勿使酒脂入肠"①,劝告人们不宜过度饮酒。苏轼认为:"养生者,不过慎起居饮食,节声色而已。"所谓慎饮食,主要是不能过饱、少食肥腻,以及注意营养等。苏轼提倡"已饥方食,未饱先止"。他并为自己规定:"东坡居士自今日以往,不过一爵一肉,有尊客盛馔,则三之,可损不可增。"②清人认为:"人情多偏于贪,世之贪口福而致病,甚有因之致死者,比比皆是。……当珍馐在前,则努力加餐,不问其肠胃胜任与否,而惟快一时之食欲,此大忌也。"指出:"食宜有一定限制,适可而止者,天然之限制也。顺乎天,则顺乎道矣。"③主张平日饮食时,"宜从容不迫,午餐、晚餐之前,必休息五分时,餐后至少休息十分,能以二刻为最佳"。认为"三餐宜有定时,有节制"④。

上述这些见解,如果从现代饮食卫生学的角度来观察,亦不无科学道理。

早在春秋战国时期,随着社会的进步,人们对于如何科学卫生地饮食,就很关注,认识到凡是食物变味、变色以后,都是不宜吃的,吃了就容易生病。所以孔子说:"食饐而餲,鱼馁而肉败,不食。色恶,不食。臭恶,不食。失饪,不食"。⑤

在孔子看来,凡是粮食霉烂化臭,鱼和肉腐烂变质,食物颜色难看,气味难闻,或是烹饪不当,即过熟或不熟,都不能吃。这并非孔子个人的认识,而是我们祖先早就形成的讲究饮食卫生的优良传统。汉代名医张仲景在所著《伤寒论》中写道:"秽饭、馁肉、臭鱼,食之皆伤人……六畜自死……则有毒,不可食。"他的另一部著作《金匮要略》,讨论饮食卫生的内容更为丰富,包括不能食用腐烂变质和经苍蝇、蜘蛛等昆虫污染过的食物,不能食用生肉,避免在某些日子食用生菜等,并提出了若干判断食物腐败或有害于人体的食物的方法。这些方法简单准确,如肉类和肝腐败后发生水肿,故落地不沾尘土;鸟和犬对有毒的食物具有本能鉴别能力;肉中有朱点则是动物疫情或有囊虫的反映;食用生肉易感染"白虫"即现代医学所说的

① [唐]孙思邈:《备急千金方》卷27《养性》。

② 《东坡志林》卷1、卷5;费衮:《梁溪漫志》卷9。

③ 徐珂:《清稗类钞》第13册《饮食类·饮食之卫生》。

④ 徐珂:《清稗类钞》第13册《饮食类·饮食之卫生》。

⑤ 《论语·乡党》。

绦虫；食用肥腻食物后饮用冷水，则可能造成消化系统疾病。这些原则显然是具有一定科学根据的，是中国古代人民科学饮食的经验总结。

第四节　养生与养性

一、养生

在中国人的心目中，生命是最为宝贵的东西。对生命的眷恋，对长寿的追求，对心性的修养，成为中国生老礼俗的重要内容。

中国传统文化立足于“生”。儒、道、佛各家都肯定生命的存在，他们力图求解“生生不已”的人生课题，从而创造和融汇成了中国养生文化。概而言之，中华养生学有道家养生、儒家养生、佛家养生和医家养生等流派。各派养生方法和侧重点虽有所不同，但总的说来也不外乎养生（养命）和养性（养心）两个方面。养生与养性的价值选择不同，养生在于健康长寿，养性在于培养自己的性格和修养，当然两者的区分只具有相对意义，养生不排斥养性，养性也是为了更好地养生。

为了延年益寿，古人提出了许多养生理论和方法。主要有：

1. 食物养生

食物养生也叫食疗，它是养生的重要方法之一，这一疗法具有以下特点：

一是以中医理论为指导。

食疗作为祖国医学的一个组成部分，其治病原理完全是建立在中医理论的基础上，其实施也是按照祖国医学的阴阳五行、八纲辩证等理论作为指导原则而进行的。按照中医学理论，饮食之物都具有温、热、寒、凉、平的性味，尚有酸、苦、辛、咸、甘的气味。因此，可以根据患者的病征和人们的体质进行辩证施食和辨体（质）施食。食物的性味必须与人或疾病的属性相适应，不然会引起副作用而影响健康和疗效。一般而言，寒凉食物，如苦瓜、西瓜、雪梨、薏米、小米、绿豆、茄子、莲藕、菱角、柿饼、田鸡和甲鱼等，多具有清热、泻火和解毒之功，可用来治疗热症和阳症。温热食物，如酒糟、蚕豆、酒醋、生姜、大葱、大蒜、芥子、荔枝、鸡肉、鲫鱼、海虾等，多具有温阳和散寒的作用，可用来治疗寒证和阴证。平性食物，如粳米（大米）、黑豆、黄豆、山药、南瓜、花生、猪肉、雁肉、银鱼、鲤鱼等，对热证或寒证均可配用，尤其是对那些虚不受补、实不敢泻者，更为适宜。以上是就食物的五气而言，五味也是如此。祖国医学认为,食物的五味与五脏有一定的关系。一般来说,辛入肺,甘入脾,苦入心,酸入肝,咸入肾。因此,在利用食物治病时,应考虑这样一些原则:如肝病忌辛味,肺病忌苦味,心、肾病忌咸味,脾、胃病忌甘酸,孕妇老幼宜淡味,热性疾病宜苦味,清泻宜淡味,滋补宜甜味。但甜而不能浓,淡而应带微咸。在上述中医理论的指导下,食物在治病时的宜忌就产生了。与病相宜则食,与身为害则禁。临床实践证明,某些疾病的突然变化,恢复期的延长,以及愈后复发等,大都与口腹不慎,恣意饮食有关。这种赋予食物以性味和气味,并运用中医的"四诊"、"八纲"进行辩证施治,从而给不同体质、不同患者以不同的食疗,这在世界上是颇为罕见的。

二是医疗与食养并重。

我国古代医家在进行医药治疗的同时,对食治食养也非常重视。我国第一部药物专著《神农本草经》收载药物365种,分上、中、下三品,其中,列为上品的大部分为谷、菜、果、肉等常用食物。《周礼·天官》有"食医"、"疾医"之属,所设"食医",即专职管理食物养生和饮食卫生的医生。《黄帝内经·素问·五常政大论》中明确指出,疾病缓解后应该"谷肉果菜、食养尽之",以助康复。《素问·脏气法时论》说:"毒药攻邪,五谷为养,五果为助,五畜为益,五菜为充,气味合而服之,以补精益气",说明早在先秦时期,我们的祖先在治疗过程中就主张食药并重。东汉名医张仲景也极力主张药食结合。他曾采用不少食物以治病,如所著《伤寒论》和《金匮要略》中所载的"猪肤汤"和"当归生姜羊肉汤"等都是典型的食疗专方。唐代医家孙思邈编著的《千金要方》与《千金翼方》都有专章论述食疗食治。他主张治病要弄清病情,先行食治、食疗,不愈,然后再行药治。

大约从唐代末年开始,人们已不满足于探讨单味食物的治疗保健作用,开始了复合方剂的研制,出现了一种新的医疗体系,具有现代意义的药膳出现了。药膳的出现是医疗食养结合的典型,它将中药和中餐有机地结合起来,具有食物和药物的双重作用,取药物之性,用食物之味,食借药力,药助食威,相辅相成,以达到营养滋补、保健强身和防病治病的目的。药与膳的结合,将古代食疗学又推向了一个新的发展阶段。开拓这个新阶段的代表性著作,是唐代医家昝殷的《食医心鉴》。该书在论述每类病症后,具体介绍相关的食疗方剂,先说明疗效,再列举食物和药物名称与用量。选用食物以稻米、薏仁、山药、大豆、鸡羊肉、鲤鱼、猪肝、牛乳为常见,辅以相关药物,可以称为初级药膳。如治五痢用鲫鱼脍,治疗疮用杏仁粥,治心腹冷痛用桃仁粥等,大多为食药合一的剂型。至宋代,药膳又有发展,应用也更加广泛。如《太平圣惠方》和《圣济总录》都分别有几卷专论食养。自此以后还出现了《寿亲养老新书》、《饮膳正要》、《食鉴本草》、《随息居饮食谱》、《饮食辨录》等食养专著,其中都记载有大量的药膳,说明医疗与食养结合的治疗方法一直都很受人们的重视。这种治疗方法是中医的特色之一,为世界各国所瞩目。

三是食疗食品丰富多彩。

我国古代食疗食品种类繁多,大体有菜肴、药粥、点心、饮料汁液四大类。

菜肴 指具有食疗作用的荤素菜肴的总称。从其形式来看有汤、羹、脍、灌肠、鸡、鸭、鱼、肉等经过加入药物或其他食品作料烹调的肴馔等等。如唐代孙思邈《千金方》中的"煮牛脾",食之可健脾消积。清代的《食谱》中的"红烧甲鱼",食之可滋阴凉血。在祖国医学文献中,这类食疗菜肴的记载极其丰富,而且其疗效也是很好的。

药粥 是指用粮食加药煮成的半流质食品,是用得最多的一种食疗食品。唐人昝殷的《食医心鉴》,共收集食疗验方约200余首,其中,载药粥57首,为后世药粥疗法奠定了基础。自此以后出现的食疗专著都记载有大量的药粥,其中,《太平圣惠方》119首,《圣济总录》100首,《饮膳正要》31首,《本草纲目》62首,《尊生八笺》35首,《饮食辨录》53首。清人黄云鹄的《粥谱》一书,则是一部专门论述药粥的专著。可见药粥一直都很受人们的重视。

点心 指具有防治疾病作用的小食品。它以食为主,或杂有药物或全无药物。古代的食疗点心极为丰富,散见于历代食养书籍的记载中。常用者有饼类、糕团类、面类、馄饨、饭类、饆饠、馒头、包子类、酥类等。这些点心疗效都十分显著。如《食宪鸿秘》中的"橙饼"可宽中、降气、止咳;《山家清供》中的"百合面""最益血气";《圣济总录》中的"胡椒馄饨"可治气痢;《千金要方》中的"茯苓酥""主除百病"。

饮料汁液 古代常用的食疗饮料汁液有汤、饮、茶、酒、乳、汁等。如《续易牙遗意》中的"乌梅汤"用乌梅、甘草末、乾姜末、砂糖共煮而成,食之养胃、益气、生津。《饮馔谱》中的"枸杞面茶"是用松萝茶与面粉、枸杞、羊油、麻油、芝麻、松仁、瓜子仁等合制而成,食之可滋肾润肺,补肝明目。《丹溪心法》中的"姜汁牛乳"可润皮肤、养心血、利大肠等等。

古代的食疗食品不但种类多、面广,而且其加工制作方法也相当完善,现代的蒸、煎、煮、炖、炒、烹、炸、煲、焖、煨、烧、烤等烹调手段无不具备,从而使这些食品不但具有一定的疗效,而且色香味俱佳。同时由于都应用天然食物和药物的原料进行加工,具有较少污染和基本上不加化学添加剂等优点,所以易为患者和人们所接受,较药疗更受人们欢迎,易被推广。

四是就地取材,简单易行。

饮食疗法来源容易,价格低廉,制作简单,方便易行,疗效可靠,无副作用或很少副作用,"病人服之,不但疗病,并可充饥,不但充饥,更可适口。用之对症,病自渐愈,即不对症,亦无他患”①。食疗最适宜对老年病、慢性病和急性病的恢复期进行施治,它不像药物容易使患者厌服而难以坚持。更大的优势则是,它可以根据患者或人们的口味和饮食习惯制作成各种可口的菜肴和饮食点心。这对于增进患者食欲,尽快恢复健康是非常有利的。同时我国又是一个多民族的国家,幅员辽阔,物产丰富,这样就使各地的食疗具有独特的民族风格和地方特色。各地可以根据自己的实际情况来选择食疗方法。如在边疆地区,交通不便,缺医少药,人们便选择有益健康的食物来治疾。唐宋岭南就有不少类似的记载。如蛤蚧,“俚人采之鬻于市,为药,能治肺疾”②。粤人喜食蛇肉,当地人便创制了“鱼芪炖蛇肉”药膳,具有益气驱风,活血通络之疗效。《饮膳正要》中有“补下元、理腰膝、温中顺气”的苦豆汤;“补益、温中、顺气”的马思答吉汤等,这些都具有浓郁的蒙古民族特色。

2. 药物养生

我国药物养生的历史悠久。古代第一部诗歌总集《诗经》中就有些诗反映了劳动人民在同疾病做斗争和寻找食物等过程中,发现了许多有益于健康的药物。如蘩③,又名皤蒿,在《本经》列为上品,谓其补中益气,长毛发令黑。杞④,又名枸杞,《本经》列为上品,直到现在还一直作为补虚抗衰延年药使用。

秦统一天下后,始皇一面大兴土木满足自己奢欲,一面拼命找寻长生不死之药。于是,一部分人为了迎合这种需要,将古代一些荒诞的神仙之说、奇方异术和道家思想糅合起来,宣讲“长生不老”之术,炼制丹药,使养生开始步入歧途。汉代,这股邪风继续发展。武帝本人就十分怕死,竟下诏到民间搜寻不老药,并招纳方士筑炉炼丹。《淮南子》等书都明确罗列出汞、雄黄等药物,将这些剧毒之物说成是延年益寿之药。不过,药物养生在这一时期也有一定发展。我国考古工作者在长沙马王堆一号汉墓中,出土了香枕、椒酒等保健物品。南朝梁人宗懔《荆楚岁时记》引《四民月令》语:“过腊一日谓之小岁,拜贺君亲,进椒酒。……服之令人身轻耐老……蠲除百疾。”这不仅佐证了马王堆汉墓中椒酒的用途,而且说明早在汉代,药物养生已较为普遍。

魏晋南北朝时期,是服饵金石风气盛行之时,药物养生的发展完全越出其正轨,对这一风气起着推波助澜作用的是晋代的葛洪和南朝的陶弘景。在葛洪的《抱朴子》中,大肆宣传服饵金石药物,将许多人引入了歧途。陶弘景的《神农本草

① [清]张锡纯:《医学衷中参西录》。

② [唐]刘恂:《岭表录异》卷下。

③ 《诗经·采蘩》。

④ 《诗经·北山》。

经集注》载药730种，书中虽也收入了诸如五加、柏叶等传统延年益寿药，但由于他崇尚神仙术，同葛洪一样主张服用金石类药物，也产生了许多消极影响。在他们的鼓噪之下，这时期的士族名士们像灯蛾扑火一样争相服用一种叫“寒石散”的毒药，为此，他们付出了极其惨重的代价。据统计，这种猛药在其流行的五百年时间里夺去了至少百万人的生命，侥幸生存下来的人十有八九已成终身残废，痛苦不堪，其药物毒性比近代史上的鸦片有过之而无不及。

唐代的许多帝王都与炼丹家有过往来，服饵金石之风仍很盛行。不过，人们对食丹服石的流弊也逐渐有所认识，尤其是穆宗、敬宗等几个帝王和一些大臣服丹药而死的例子更引起了人们的反思。隋代医家巢元方在《诸病源候论》中专列一卷来讨论服饵金石所产生的病候。唐代医家孙思邈更是疾呼：“有识者遇此方，即须焚之，勿久留也。”①但由于孙思邈是一个道、儒、佛、医合而兼之的人物，其对道家所极力提倡的东西，不可能全盘否定，所以一方面反对服石，另一方面又提倡服石，自相矛盾。加上服石这股风气非一日之寒，已冰冻三尺，消退要有一个过程。到宋金元时代，人们对服饵金石的毒副作用才有了更深的认识，废金石，服草木的呼声越来越大。《梦溪笔谈》的作者沈括指出：“神仙羽化之方，亦不可不戒也。”寇宗奭在《本草衍义》中强调：“水银烧成丹砂，医人不晓，研为药衣，或入药中，岂不违误，可不慎哉。”南宋的张杲在《医说》中也指出“五石散不可服”。宋代还有一位叫蒲处贯的司仪郎，自幼多病，留心养生，在所著《保生要录》中对服石延年提出了质疑，并提倡服草木之药。

宋代以降，自朝廷到民间都很注重药方的收集和研究。北宋太宗太平兴国七年(982年)，医官使尚药奉御王怀隐、副使王祐等人对各地所献之方进行整理，费时10年，于太宗淳化三年(992年)集成为《太平圣惠方》百卷，1 670门，16 834方，其中记载了大量的药物养生方剂。由宋代名医陈师文等人奉旨编撰的《太平惠民和剂局方》全书十卷，载方297首，也收载了诸如青娥丸、四君子汤等著名养生方剂。《圣济总录》是在《太平圣惠方》的基础上广泛收集当时民间验方，并结合内府所藏秘方，由政府召集全国名医加以整理，于徽宗政和元年至政和七年(1111—1117年)而编成的。全书共200卷，收载药方近20 000首，汉以后官府所藏和民间流传的延年益寿、强身驻颜单方、验方均收罗殆尽。如养生名方菟丝子丸就收有16个不同组成、功用的处方，鹿茸丸收有15个不同组成、功用的处方。书中还对金石类药服后的毒副作用如壮热、目昏赤痛、口舌疮烂、上气喘嗽等症状特点及治疗方药作了详细记载。上述著作反映了宋金元时代药物养生的发展状况和所取得

① ［唐］孙思邈：《千金要方》卷24《解毒并杂治》。

的巨大成就。到明代,李时珍著《本草纲目》,尖锐地批判了服用金石长生不老之谬误,推崇动植物药养生。如指出:水银,“大明言其无毒,本经言其久服神仙,甄权言其还丹元母,抱朴子以为长生之药。六朝以下贪生者服食,致成废笃而丧厥躯,不知若干人矣”①。另一方面又强调动植物药的养生功用,如“宁得一把五加,不用金玉满车”。蜂蜜,引陶弘景话说:“石蜜,道家丸饵,莫不须之,仙方方单服食,云至长生不老也。”芡实,“其功胜于乳石也”。鹿,“纯阳多寿之物,能通肾脉,又食草,故其肉有益无损”。并提到服用动植物药养生时的禁忌及注意事项,如服香附制剂,须“屏去一切暖药,忌嗜欲”。服用仙茅等补肾壮阳药,禁忌与香附同用,以利于肾虚衰老的恢复。从药养的角度看,如果说《圣济总录》是集宋以前我国养生方剂之大成,那么,《本草纲目》则是集明以前养生药物之大成。据统计《本草纲目》中收载“不老增年”药物206条253种,特别值得注意的是,《本草纲目》彻底批判了明中叶以前药物养生中的不良倾向,提倡用无毒易食的补益类动植物药延年益寿,并推崇用辩证论治的方法抗衰延年,使中医药养完全走上了正轨,为药物养生的发展做出了不可磨灭的贡献。此外,此时期的《扶寿精方》、《普济方》、《群书抄方》、《寿域神方》等书也都载有药物养生内容,有的不仅收有大量养生名方,还详细记录了散、丸、膏等的制作方法,丰富了养生药物的剂型。

清代的药物养生无多大创新,较宋元明时期的发展显然迟缓了。赵学敏的《串雅》、年希尧的《集验良方》、陶承喜的《惠直堂经验方》等辑录了一些与养生有关的药物和方剂。这一时期比较引人注目的是清宫廷中药物养生积累了许多宝贵经验,从今人陈可冀等人整理的《光绪皇帝医方选议》、《慈禧太后医方选议》等书中可以窥见一斑。其中,一些常用的延年益寿强身药,如清宫寿桃丸、秘授固本仙方、八仙糕、长春益寿丹、玉蓉葆春酒等,经整理研究已仿制出来。

3. 导引养生

英国著名学者李约瑟在其巨著《中国科学技术史》中指出:“值得注意的是18世纪时中国的治疗体操传入欧洲,并在现代的卫生和治疗上占有头等重要的地位。”Jesuit. J. J. 和 M. Amiot 于1775年所写的《精心三作》,成为沟通中西医疗体育的桥梁。接着出现了瑞典体操的先驱 D. H. Lingde 的著作。人们不禁要问:“道家的服气思想,通过像 Jesuit 那样的文章,是否对现代物理疗法有作用?”

西方人眼中的“中国的治疗体操”或“中国瑜伽”(Chinese Yoga),古称导引行气,又称宣导、道引,是以肢体运动为主,并配合意念、呼吸、按摩的一种古老的体育保健和养生延寿方法。

① [明]李时珍:《本草纲目》卷9《金石部》。

气功研究认为,导引术的产生与原始人的社会生产实践有关。原始人狩猎时模仿动物的跳跃和飞翔状态,并发现这些动作有舒活筋骨的作用。他们在日常生活中还发现闭目静养可以缓解疲劳,按摩肢体可以减轻疼痛,调节呼吸可以舒胸和气。古人在这些体验中,逐渐创立了一些被后人称之为"气功"的锻炼方法。

"导引"一词最早见于《庄子·刻意》:"吹响呼吸,吐故纳新,熊经鸟申,为寿而已矣。此道(导)引之士,养形之人,彭祖寿考者之所好也。"可见,当时导引术已受到部分人的青睐。《黄帝内经》总结前人经验,提出导引主要是通过调神(心)、调气(息)和调身来祛病延年,还介绍了一些疾病的导引方法,如"肾有久病者,可以寅时面向南,净神不乱思,闭气不息七遍,以引颈咽气顺之,如咽甚硬物,如此七遍后,饵舌下津令无数"①。

1973年,马王堆汉墓出土了大量帛画书籍,其中,就有两篇导引专著《却谷食气篇》和《导引图》,前者讲述了"食气"的做法及注意事项,后者则绘有44幅导引图像。这些图画生动逼真地表现了人们用导引术治病的情形。图中练功之人有男有女,有老有少,他们所穿衣服都是当时庶民的服饰,可见,导引之术在当时是很常用的。汉末张仲景阐述了导引对于养生防病的重要意义,他说:"四肢才觉重滞,即导引吐纳,针灸膏摩,勿令九窍闭塞。"汉代王充也在《自纪》中记录了他本人"养气自守"、"服药导引"的方法。华佗创立的"五禽戏"更将导引术向前推进了一步。此外,汉代已注意到了导引与经络穴位的关系,气功中"气贯关元"、"意守关元"等功法已经出现。

魏晋南北朝时期,导引术在理论、内容和方法上继续向前发展。三国曹魏人嵇康著《养生论》,涉及了大量导引内容,阐述了"导养得理,以尽性命"的道理。晋人葛洪在《抱朴子》一书中对气功更有许多精辟的论述,指出气功的"内以养身,外以祛邪"的作用,认为导引的机理在于"宣动营卫"、"疗未患之疾,通不和之气"。他还提倡导引应不拘形式,"或屈伸,或俯仰,或行卧,或倚立,或踯躅,或徐步,或吟,或息,皆导引也",对后世导引术形式的多样化有指导意义。晋人许逊著《净明宗教录》,书中载有一些导引方法,尤其是"气功若成,筋骨和柔"中的"气功"二字,很可能是现存文献中"气功"一词的最早记载。陶弘景是第一个把导引资料辑录成专集的人,他的《养性延命录》中记载了12种调气法,六字诀吐纳法,八势动功,至今仍在广泛运用。

到隋唐时代,导引术得到了朝廷的正式承认,并被确定为一种养生及医疗手段。隋唐两代的太医署都设有按摩博士,唐代还增设了按摩师。由于朝廷的重视

① 《黄帝内经·素问·刺法论》。

及长期实践积累的丰富，隋唐时代导引术的发展达到高峰。隋朝太医巢元方在《诸病源候论》中对每种疾病的导引方法都有详细、生动的说明。比如治疗腹痛，巢氏就主张“正偃卧，口鼻闭气。腹痛，以意推之，想气往至痛上，俱热，而愈”。孙思邈也十分讲究导引，他在《备急千金要方》和《摄养枕中方》中就载录了许多涉及导引和行气的内容。尤为可贵的是，孙思邈还是一个导引养生的推广普及者。他总结介绍了十二种行之有效的调气法，提倡健康人也应练导引之术，“每日必须调气、补泻、按摩、导引为佳，勿以健康便为常然”。这一时期，司马承祯的《天隐子养生书》和王焘的《外台辑养生导引法》等书也辑录了大量的导引内容。导引术已成为中华养生学的重要组成部分，登上了大雅之堂。

宋元明清是中国养生学发展的黄金时期，导引术继续发展并日益普及。刘完素、张从正等医学大家都强调导引之于养生的重要性。他们的许多观点和做法至今仍广为流传，经久不衰。

4. 体育健身

中国古代体育源远流长，有着丰富多彩的内容，其中，流行最广泛的体育项目，有射术、舞剑、爬竿、爬绳、滑雪、踢球、蹴鞠、踏青、登高、拔河、马球、游水、龙舞、放风筝、荡秋千、走高跷、武术、拳术等。我们的先民以这些体育项目为强身健体的手段，对身心健康发挥了较大作用。

射术 古代使用弓弩进行的射击活动。有弓射、弩射、弹射、弋射等多种。原始时代有弋射和弩射，周以“射”为六艺之一，作为士子必习课目，但仪式极为繁琐。汉得到较大发展，据《汉书·艺文志》载，汉有《逢门射法》、《李将军射法》等二十余部专著。历代出现许多优秀射手，如春秋时养由基“百步穿杨”、汉代李广“射石没镞”、隋代孙晟“一箭双雕”等。射术由主要用于战争转向民间，后世以此作为强身健体的手段，对身心都有较好的锻炼价值，迄今仍为重要运动项目之一。

舞剑 传统健身方式。历史悠久，汉代出现于饮宴场合，《史记·项羽本纪》有“项庄舞剑”之典。唐时吸收外来舞蹈中的姿势动作，内容更加丰富，公孙大娘舞剑技艺十分精湛。宋代发展为队舞，宋以后又与戏曲艺术相融合，种类有龙行剑、达摩剑、龙凤双剑、太极十三剑等。方式分“站剑”和“行剑”两类。站剑动作迅速敏捷，静止时姿态沉稳，富雕塑性；行剑动作连续性强，均匀而带韧性。练习时讲究手、眼、身、法、步的互相配合，特别注重眼神；点、刺、劈、撩、格等动作准确有力，干净利落。舞剑刚柔相济，跳跃回旋，绵延不绝，不仅活动筋骨，锻炼身段，对内脏器官也有良好锻炼作用，对中老年尤其适合。

爬竿 古代传统体育活动。历史颇为悠久，由汉代寻橦（又称缘橦）发展而来。东汉张衡《西京赋》中所言“都卢寻橦”即爬竿。元人马端临《文献通考》载有爬竿之法数十种,“虽各有异,要之同为缘橦之戏也,唐曰竿木,今曰上竿,盖古今异名而同实也”。爬法以四肢或双手援长竿而上,可表演或进行比赛。表演是在爬竿时杂以各种技巧动作,比赛则在地上竖立若干根竹或木柱,高度相同,两人或数人同时爬攀,先达顶点者为胜。此活动简便易行,健身效果显著,在乡村和少数民族地区广为流传。

爬绳　一种锻炼方法。《后汉书·南匈奴列传》载:汉军“绳索相悬,上通天山,大破乌桓”。爬绳方法,有手足并用爬法和只用上肢爬法两种。前者手脚协调配合,屈臂引体时,两脚用力夹绳,并迅速蹬直两腿,动作易于掌握;后者只用双手,两臂用力向上引体,使身体上升,动作难度较大。该项目不仅能发展悬垂力量,增强上肢、肩带肌肉群的力量和耐力,锻炼握力,增进健康,而且能培养青少年的意志和毅力。

滑雪　传统体育活动。手持滑雪杖,脚着木制滑雪板,手撑足滑,交替进行。其最早记载见于《隋书》。南北朝时期,居住在黑龙江大兴安岭地区的室韦族“骑木而行”。赫哲族人在明代已制造、使用滑雪板,其状与今十分相似。《黑龙江志稿》:“赫哲人捕兽之器曰踏板。值雪深数尺,以木板长五尺,贴缚两足,手持长竿,如泊舟之状,划雪上前进,则板乘雪力,瞬息可出十余里。”滑雪要求手足充分活动,并锻炼人的平衡能力和灵活性,不失为严寒冬季活动筋骨的良好方式,成为北方各地群众喜爱的体育健身活动。

踢球　古代的一种御寒健身方法。流行于北京民间。明人刘侗等《帝京景物略·城东内外·春场》:“是月(十二月),小儿及贱闲人,以二石球置前,先一人踢一令远;一人随踢其一,再踢而及之,而中之,为胜,一踢即着焉,即过焉,与再踢不及者,同为负也。再踢而过焉,则让先一人随踢之,其法为趾踵苦寒设。”京师冬季寒冷,贫寒之人借踢石球活动抵御严寒,防止冻伤,清人富察敦崇《燕京岁时记》“踢球:十月以后,寒贱之子,琢石为球,以足蹴之,前后交击为胜。盖京师多寒,足指瘃冻,儿童踢弄之,足以活血御寒,亦蹴鞠之类也。”

蹴鞠　古代的足球运动,流行于战国时期。至唐代,已设有球门,且有双球门和单球门之分。据唐人仲无颜《气球赋》、元人马端临《文献通考·乐考》载,双球门为球场两端各设一球门,比赛分两队交争竞逐,与今之足球运动相似。单球门设于场地中央,门在上而网在下,比赛两队分别列于球门两侧。左队射门者把球踢过球门,右队队员用手臂把球挟在腰间,然后传给本队射门者,再踢过门至左队,如此反复交替,具有竞争性,借以强身健体。

登高　古代一种旅游活动,即登临游眺。古有重九登高之俗,相传起源于东汉,有避灾之意。后渐失原意,亦不限于九月九日。秋日天朗气清,登高极目远眺,目尽四极，心游八荒，既活动筋骨，又开阔胸襟，畅舒情怀，故有“登高必赋”之说，在历代文人学士中尤为盛行。唐代医家孙思邈《千金要方·月令》：“重阳之日，必以肴酒登高远眺，为时宴之游赏以畅秋志。酒必采茱萸、甘菊以泛之，既醉而归。”有以茱萸插头辟邪恶的习俗。唐代诗人王维《九月九日忆山东兄弟》诗云：“遥知兄弟登高处，遍插茱萸少一人。”清人潘荣陛《帝京岁时纪胜·登高》：“重阳日，北城居人多于阜成门外真觉寺五塔金刚宝座台上登高，南城居人多于左安门内法藏寺弥勒塔登高。”

拔河 古代民间传统体育活动，本为军中健兵游戏。唐人封演《封氏闻见录》：“拔河，古谓之牵钩。襄汉风俗，常以正月望日为之。相传楚将伐吴，以为教战。”“古用篾缆，今代以大麻絙，长四五十丈，两头分系十索数百条，挂于胸前，分两朋，两向齐挽。当大絙之中，立大旗为界，震声叫噪，使相牵引，以却者为胜，就者为输，名曰‘拔河’。”唐玄宗在位时，曾举行过一次盛大的拔河比赛，“挽者至千余人，喧呼动地，蕃客庶士，观者莫不震骇。进士河东人薛胜作《拔河赋》，其词甚美，时人竞传之”①。李隆基在《观拔河俗戏·序》中说，这次拔河比赛目的是“以求岁稔”②。薛胜在《拔河赋》中说这场比赛是“名拔河于内，实耀武于外”。但不管怎样，这种行动对当时民间的拔河活动，起了推动作用。由于对场地、参加人员无严格要求，器材简单，且竞争性强，唐以后盛行于民间，长期以来经久不衰，成为群众性较强的体育活动项目。

马球 马球运动魏晋时期称“击鞠”，唐代称击球或打球。球是木制的，大小如拳头，中间掏空，外面涂红漆。马球的打法是骑在马上，用球杖将球击入球门。球场通常设在宽阔的广场上，球门两旁一般树立 24 面红旗，球被击入球门后以插旗记分。打马球不仅要求队员有高超的骑术，而且要求队员之间的默契配合，所以这项运动可以作为训练军队提高作战技能的一种手段。在明代，马球运动尤受宠遇，每年端阳和重阳，皇太子和诸王都要参加马球比赛。

游水 游泳的古称。春秋时即已流行。汉魏开始，钱塘江一带盛行名为“弄潮”的水上运动。游泳是运用头部、躯干、手臂、腿的动作，使身体在水中活动或游进的运动方式，老少咸宜。它可锻炼心脏，使心肌发达，增强肺功能，使肺活量增大，经常游泳可使供应心脏的血管分支增加，使胆固醇有效分解，对防治中老年人易出现的心脏血管系统疾病有重要作用。此外，游泳时身体长时间和水、日光、新鲜空气接触，有利于皮肤的健康。至今民间仍流行狗爬式、寒鸭浮水、水上漂、扎猛

---

① ［唐］封演：《封氏闻见录》卷 6，个别字据《唐语林》增改。

② 《全唐诗》卷 3《观拔河俗戏并序》。

子(潜水)等方式,成为群众喜闻乐见的健身运动项目。

龙舞 亦称“龙灯”、“舞龙”。中国民间舞蹈。汉代即已流行,当时用来祈雨。至宋,已成为节日娱乐活动。一般用竹、木、纸、布等扎成龙的形象,节数不等,节内燃烛者称“龙灯”,不燃烛者称“布龙”。有文龙、武龙之别。文龙主要表现龙的气质和神态,动作稳健端重,如“百叶龙”、“滚花龙”等;武龙着重表现龙的雄伟气魄,动作矫健灵活,如“布龙”等;舞时,由一人持彩球戏舞引龙,数人持龙翻滚腾跃。至今仍在节日喜庆时进行,是一种流行极为广泛的民间舞蹈形式,既活动躯体,又给人以愉悦之感。

踏青 春日郊外远足活动。郊外踏青之俗始于汉代。唐代诗人杜甫《杜工部诗史补遗》卷四《绝句》云:“江边踏青罢,回首见旌旗。”宋人苏辙《乐城集·踏青》云:“江上冰消岸草青,三三五五踏青行。”《序》云在正月初八日。寒冬过去,春天到来,莺飞草长,杂花生树,此时郊外远游,既可悦人情性,心情舒畅,又可活动筋骨,振作精神,于身心健康皆十分有益。由于南北气候差异,植物露青时节不一,踏青的日期也因时因地而异。北方以农历三月初三或清明节为踏青节。清人屠英《肇庆府志》:“清明祭墓,是日男女皆出踏青。”明人沈榜《宛署杂记》:“端午日,士人相约携酒果游赏天坛松林、高梁桥柳林、德胜门内水关、安定门外满井,名踏青。”说明当时北京一带端午节方才进行踏青活动。

放风筝 也称“放纸鸢”、“放鹞子”,是一种民间传统体育活动。风筝,古时北方称“纸鸢”,南方称“鹞子”。用细竹扎成骨架,糊薄棉纸,系以长线,放时利用风力上升空中。造型以动物为主,有蜈蚣、老鹰、龙、蝴蝶、飞燕、虫、鱼等。五代时在纸鸢上系竹哨,风入竹哨,声如筝鸣,故称风筝。唐人张鹭《朝野佥载》:“鲁般(班)者……尝作木鸢,乘之而飞。”说明春秋战国时即已流行。宋时盛行于民间,宋人苏汉臣《百子图》、明人方氏墨《九子图》均绘有小儿放风筝的情景,明人徐渭有“村庄女儿竞鸢嬉”的诗句。清代已成为清明节的习俗活动。《红楼梦》作者曹雪芹,写有专著《南鹞北鸢考工记》,对各种风筝的制作工艺、设计图样、绘画艺术和风格流派,都作了详尽记载和考证。放风筝一般在春、秋、冬三季风和日暖、天气晴朗之时,尤以春季最适宜,在宽阔场地或郊野,阳光充足,空气清新,凝神专注,拉线奔走,有张有弛,可强身健体,悦情怡性。

荡秋千 民间传统体育活动。历史悠久,相传春秋时齐桓公北伐山戎还,始传中国。一说为汉武帝后庭之戏,本云千秋,祝寿之词,后世倒语为“秋千”。一般是在木架上系两绳,下拴横板,人在板上或站或坐,两手握绳,使前后摆动,越荡越高。朝鲜族在喜庆节日常举行比赛,以荡高者为胜。荡秋千兼有娱乐性,益于身心健康。唐人韩鄂《岁华纪丽·寒食》载,唐宫中每岁寒食节举行荡秋千活动,宫嫔笑以为乐，玄宗呼为“半仙之戏”。宋代出现水秋千。

武术 中国民族体育的主要内容之一，是传统的技击与健身技术。由踢、打、摔、拿、击、刺等攻防格斗技术，按照一定的运动规律组成的套路和对抗两种运动形式。套路，是由攻防内涵的单个动作，连结起来编组而成的具有完整结构的练习形式；对抗，是双手以徒手或持器械方式进行对打以决胜负。武术的起源可追溯到原始社会，人类在与兽类及部落战争中，积累了一些攻防格斗技能。反映传说中黄帝与蚩尤之战的角抵戏，以及舜禹与有苗之战的干戚舞，已具武术雏形。殷商时代有甚为精美的青铜兵器械，周代至战国之际出现铁制兵器，已作为武术器械。秦汉时角抵、手搏、剑道盛行，并产生关于手搏、剑道的专著①。晋时练武已有“口诀要术”。唐代兴武举，促进了武术的发展，有融舞蹈和剑术套路为一体的“剑器舞”。宋代有“弓箭社”、“锦标社”（射弩）、“英略社”（使棒）、“角抵社”（相扑）等民间武艺社团组织，武术形成了明确的规格和套路。元、明、清时期，不同拳种、流派林立，“十八般武艺”及各家拳法广泛流传。解放后，武术被正式列为比赛项目，并作为中华文化的瑰宝逐步走向世界。据统计，各民族、各地区拳种达百余个，有些拳种又有众多流派。如按地理分布有“南拳”、“北腿”之分；按山岳门派可分为少林、武当、峨嵋等；按运动特点可分为“内家”、“外家”两种；按技术形态有长拳、短拳之分等。武术用以增强体质，培养意志，训练格斗技能以防身自卫，成为群众基础十分广泛的健身项目。

拳术 徒手技术的武术总称。古时名称不一，战国时称“技击”，《汉书·刑法志》：“齐抃以技击强。”汉代有“手搏”、“弁”、“卞”、“抃”等称谓。宋代瓦舍中有“使套”、“打套子”等；明代称“拳”、“拳法”，明人戚继光《纪效新书·拳经捷要篇》：“拳法似无预于大战之技，然活动手足，惯勤肢体，此为初学之艺之门也。……学拳要身法活便，手法便利，脚法轻固，进退得宜，腿可飞腾而其妙也。”亦称为“白打”，明人朱国桢《涌幢小品》：“白打即手搏之戏……俗谓之打拳”。宋以后渐以套路运动为主，并形成多种流派，其内容主要有长拳、南拳、太极拳、形意拳、八卦拳、通背拳、劈挂拳、八极拳、翻子拳、螳螂拳、象形拳、戳脚拳等拳类、拳种流派，以及所属的套路、趟子、招法等。另有散手、推手和集体演练等。

二、养性

养性亦称养心、修心或养神。所谓“性”，指人性或人的本性、本质，它是人区别于动物的质的规定。关于人性，中国古代思想家有着十分丰富的论述，儒、道、佛

① 《汉书》卷30《艺文志》。

各家都有自己的人性论。正是基于对人性的认识和理解，中国古代先哲们提出了许多具有养生意义的养性说。

儒家养性：儒家倡导利生、乐生的生命哲学，不把生命寄希望于渺茫的来世，也不执著于肉体不朽的幻梦。因此，儒家养生之道贴近世俗生活，能为人们所接受。儒家养生的大旨在于养性，主张通过养性来养命。孔子最早提出了中国具有理论形态的养生学命题——“仁者寿”，主张“仁者不忧”①，“不怨天，不尤人”②。《孔子家语》载有孔子的话说，君子有终身之乐而无一日之忧，小人有终身之忧而无一日之乐。后来，曾子将之进行概括，提炼出一句养生学名言“心广体胖”。这些思想无不说明，培养良好性情，提高个人修养，有助于健康长寿。针对好色、好斗、好贪等有损身心健康的性格，孔子还提出了被后人奉为信条的“三戒”原则，即“少之时，血气未定，戒之在色；及其壮也，血气方刚，戒之在斗；及其老也，血气已衰，戒之在得”③。此后的孟子则明确提出了“养心莫善于寡欲”的观点。

以孔孟为代表的儒家学派主张以“中庸”为养性之法，对养生学产生了极为深远的影响。在儒家经典中，《中庸》是专门阐述中和观的。所谓“中庸”，是儒家讲人性修养的一种境界——“和而不流”、“中立不倚”，既毋太过，也毋不及。《中庸》指出：“喜怒哀乐之未发，谓之中；发而皆中节，谓之和。中也者，天下之大本也。和也者，天下之达道也。”换言之，只要人的心性修养能达到中和的境界，天地万物就会和谐统一。汉代，儒学成为“官学”。汉大儒董仲舒将养生与中庸思想结合起来，提倡养气与中和。他说：“男女体其盛；臭味取其胜；居处就其和；劳佚居其中；寒暖无失适；饥饱无过平；欲恶度理；动静顺性；喜怒止于中；忧惧反之正。此中和常在乎其身，谓之得天地泰。得天地泰者，其寿引而长；不得天地泰者，其寿伤而短”④，强调以中和养性，进而延年益寿。在西汉成书的《淮南子》，尽管其基本倾向是“以道绌儒”，但书中对儒家许多合理的东西进行了发挥，提出了“邪与正相伤，欲与性相害，不可两立，一置一废”的命题，主张“以恬养性，以漠养神”，发展了儒家的修身养性之说。其后，荀悦对性与命的关系更作了淋漓尽致的阐释。他指出，气、形、神、情皆属于性，情、意、心、志皆是性的发动。人的气、形有白黑，神、情有善恶，都由性决定，养生要“循性安命”。

儒家的中和观对养生理论和中华医学的发展产生了很大影响。孙思邈是一个

① 《论语·子罕》。
② 《论语·宪问》。
③ 《论语·季氏》。
④ [汉]董仲舒：《春秋繁露·循天之道》。

儒、佛、道兼而融之的人物，他的养生观就汲取了儒家理论的精华。他在《千金要方》中专列养生一卷，名之曰："养性"，并强调："德行不充，纵服玉液金丹，未能延寿"、"性既自善，内外百病皆悉不生，祸乱灾害亦无由作。"[①]宋人严用和在《济生方》中也提到，"善摄生者，谨于和调，一饮一食，使入胃中，随消随化，则无滞留之患；若禀受怯弱，饥饱失时，或过餐五味，鱼腥乳酪，强食生冷果菜，停蓄胃脘，遂结宿滞"，可谓饮食中和观。《内经》说："志意和则精神专直，魂魄不散，悔怒不起，五脏不受邪矣"，则可谓性情中和观。此外，"人生如天地，和煦则春，惨郁则秋"、"余问养生于吴子，得二言焉，曰和曰安"、"能中和者必久寿"等论述都体现了中和养生的精神。后来，清人在总结长寿之道时说："昔人论致寿之道有四，曰慈、曰俭、曰和、曰静"[②]，把"和"列为养生大法之一，可见其影响之深。

儒家养性之说不神秘专深，故能长期在政界、知识界乃至平民百姓中流传。其所倡导的养生观念至今仍有学术和实践价值。

道家养性：养生首在养性，这是道家养生学的精髓。这里的道家，泛指以先秦老子、庄子学说为中心的哲学流派以及后世的道教而言。对于人性，老子、庄子认为其在于原始性、先天性、自然性，人的本质在于天真未凿，不容丝毫人为的损益。老庄的人性自然论与儒家突出后天环境和人为努力在人性之完善和改造中的作用的观点可谓大异其趣。此外，老庄还主张人性的超善恶性、超道德性，他们反对把主观的善恶观念和传统的道德范畴引入人性领域，以之论说人的本性。他们认为仁义非但不构成人性，反而伤性、害性。

正是基于这种人性观，老庄提出了以"因性"、"反其性而复初"为宗旨的养性说，主张人应该过一种无计划目的、无外在道德约束的自然生活，要求人们摒仁弃义、绝贤去智，使性反其初。后来，阮籍和嵇康也继承了老庄思想，猛烈抨击"名教"，认为六经和仁义是"残生害性"的。道家养性强调因性而行、顺性而动，认为只有摒弃仁义、因性顺性才能保持人性的纯真，而保有天性不仅可以使人形体健全，而且可以使人精神充足，从而完身尽年。

道家崇尚自然，提倡"返朴归真"的哲学主张反映在养性方面还表现为"主静"。老子在《道德经》中指出："淡然无为，神气自满，以此将为不死药。"老子还提出了"致虚极，守静笃"六字养生要诀。"致虚极"，即做到虚到极点，空到极致，不杂任何污染。"守静笃"，即专心致志、坚持不懈地守住"静"字不放。在老子看来，"致虚"和"守静"都是养性的必学功夫。庄子不仅继承了老子思想，还提出了"以

① ［唐］孙思邈：《千金要方》卷27《养性》。

② ［清］张培仁：《妙香室丛话》。

静养神”的主张。他认为“阴阳和静，鬼神不扰”[1]、“静然可以补病”[2]，认为清静的修养功夫可以使人保持身心健康，主张宁静处世，恬淡无为。

在养生的问题上，道家还主张制欲。老子认为“罪莫大于可欲，祸莫大于不知足”，极言多欲之害，认为多欲是扭曲人性、损害生命的根源。他告诫人们，一定要摒弃过分的物质追求和物质享受，要“去甚，去奢，去泰”[3]，要“少私寡欲”[4]。与老子不同，庄子主张彻底的“无欲”，他认为理想人格应“有人之形，无人之情”，逍遥于“无何有之乡，广漠之野”。庄子主张将伤性害命之欲彻底根除。老庄的制欲说对后世影响很大。《吕氏春秋》和《淮南子》正是循着老庄的思路加以发挥而提出节欲和适欲之说的，他们将节欲、适欲作为重要的养生原则。嵇康也直接继承了老子“寡欲”的观念，主张淡泊名利，不让欲望缠身，认为这样就可“不祈喜而有福，不求寿而自延。”北宋道学家周敦颐则秉承了庄子无欲之说，视无欲为养生修行的法宝。

除了因性、顺性、主静、制欲等基本养性主张外，道家还创造了一些具体的养性方法。如“抱朴”、“啬”、“坐忘”等。“抱朴”是老子提出的养性之法。“朴”本义指未经加工的原始木头，引申为人的原始天真淳厚的品性。老子认为“朴”是“欲”的克敌，主张用实而不华、原始纯朴的品性待人接物，从而进入超凡脱俗的生命境界。“啬”也是老子提出的养生之法。所谓“啬”，主要指爱惜精气、珍惜生命，尽量避免劳精费神。在老子看来，养生要恪守“啬”，而恪守啬就是早做准备，不断积累美德，这样就可无往而不胜，达到大可以保有国家，小可以保有个体生命活力的效果。这种主张即便在今天也是有积极意义的。“坐忘”是庄子着力提倡的修行方法。庄子将之视为实现物我同一境界的养生论的根本路径。“坐忘”是一个由外而内不断深化递进的过程，由忘物、忘己、物我两忘三个环节构成，三个环节是相互包容和依存的关系。庄子认为通过坐忘而进入天人一体的境界，个体也就超越了生死的困扰。

佛家养性：佛教产生于印度，西汉末年传入我国。佛家养生法尽管随着佛教的传入有所流传，但早期多附于道家养生法中，无多大发展。直到隋唐时期，佛教养生才异军突起，成为一个独立的养生流派。《隋书·经籍志》曾载有《龙树菩萨养性方一卷》。唐人孙思邈在《千金要方》中也收入了古天竺国的按摩导引之法。从所载内容看，属于动功，并指出了这种导引术的功能“百病除，行及奔马，补益延

---

① 《庄子·缮性》。

② 《庄子·外物》。

③ 《老子》第29章。

④ 《老子》第19章。

年……”对于养性，佛教注重“禅定”、“顿悟”。作为佛教主流的禅宗，提倡简单明快的修行方法，主张“见性成佛”、“顿悟成佛”，无须长期苦苦修行，即所谓的“菩提只向心觅，何劳向外求玄？听说依此修行，西方只在目前”①，认为人人只要觉悟本性都可成佛，“佛即众生，众生即佛”，凡佛之分只在一念觉悟，因此，佛家养性在理论上以“见性”为主，在方法上以“静养”为长。

医学养性：医家养生历来追求形神兼顾，认为无神形不可活，无形神无以生。对于神的作用，医家认为神能协调脏腑、气血、阴阳的变化，维持人体内环境的平衡，神还能缓冲内外部因素引起的情志刺激，从而维持人体与外环境的平衡。正是基于对神的重要性的认识，医家指出精神调养之于养生是十分重要的。《内经》提倡以“积精全神”来益寿延年，以“恬淡虚无”来养心凝神，认为保持内心清静安宁，不贪求妄想，就可精神健旺，预防疾病。为了做到少私寡欲，医家还主张“抑目静耳”。唐人孙思邈《千金翼方·养性》指出“养老之要，耳无妄听，口无妄言，身无妄动，心无妄念，此皆有益老人也”。养心凝神除了少私寡欲外，医家还提倡合理用脑，不可过度。“凡人不能无思……但能不思衣食，不思声色，不思胜负，不思得失，不思荣辱，心不劳神不极，但尔可得延年”②。唐人孙思邈《孙真人卫生歌》亦指出“贪欲无穷忘却精，用心不已失六神……心若太费费则劳……神若太伤伤则虚”，诚为养生之至理名言。

注意节制自己的感情也是医家养性的重要内容。《内经》说“节阴阳而调刚柔”，防止“七情”太过。后世医家从这一思想出发，强调七情要适度，“喜怒哀乐思必得其中，所以养神也……过则失中，可以致病，皆非养性之圣术也”。《养生训》也说：养生之术，宜先养心。

此外，医家还主张顺应自然界四时阴阳变化养神，认为春季养神应合于大自然的蓬勃生机，要保持心胸开阔，不要烦恼愤怒伤了肝气。在春季，人们可踏青问柳、游山戏水以陶冶情操，愉悦心情；夏季养神要做到内心安静、神清气和，尽量使情绪外向，在夏季，人们可以静居消暑；秋季养神要力求神志安宁，不要悲伤忧思，可以登高赏菊，观看红叶以悦情志；冬季养神应注意安静和平，含而不露，要避寒保暖以藏阳气，可以通过观赏雪景来怡情养性。

---

① ［唐］释慧能：《六祖坛经》。

② ［明］沈仕：《摄生要录·思虑》。

山西省洪洞县大槐树祠堂，采自《中华文明大图集》(第一部)

第八章　丧葬习俗

死亡，是不以人的意志为转移的客观自然规律，是社会群体与个人生命历程的终点站。在绵延不绝的历史长河中，由于人类相信灵魂的存在和不灭，以为死亡不过是向另一个世界的过渡，遂使丧葬备受世人关注，成为人们生活中的重要大事，并逐渐形成庄严而隆重、繁琐而讲究的丧葬礼俗。丧葬礼俗产生后，日渐渗透到社会各个阶层，深深地扎根于人们的意识中，成为人们自觉或不自觉都在遵守的一种行为习惯。在中国传统社会里，"人们总是试图通过形式不一的葬式、葬仪去体现对人的永生虔诚而又执著的追求，去表达对死者的深切的悼念和哀思，去希求死者对生者的佑护和赐福"[①]。丧葬风俗作为人生的终极礼仪，格外受到重视。

① 邓卓明等:《中国葬俗》，重庆出版社1992年版，第2页。

第一节　葬　　俗

丧葬习俗是一个社会、一个地区、一个民族风情的体现。我国是一个幅员辽阔、历史悠久的国家,不同地区、不同时代、不同民族、不同阶级以及不同的宗教信仰,形成了不同的丧葬习俗。这主要表现在形式各异的葬式、种类繁多的葬法以及形制结构多样的坟墓几个方面。

一、葬式

葬式是指对死者尸体采取的埋葬方式。我国古代,有着五花八门的葬式。

首先,从埋葬时尸体的姿势来看,有仰身葬、侧身葬、俯身葬,有直肢葬、屈肢葬、蹲肢葬、竖肢葬等不同形式。其中,最流行的是仰身直肢葬,其他几种葬式只在短时期或局部地区盛行。仰身直肢葬是指死后直接入土埋葬,安葬时,尸体仰面朝天,上身平放,两臂伸直贴放身体两侧,双手相对或交叉置于上腹之上,下肢垂拢伸直,呈生前最自然的仰卧状态,姿态规整。一般认为仰身直肢葬代表睡眠的姿势,含有请死者放心安睡之意。它在新石器早期已广泛盛行,在已发掘的新石器时代的墓葬中,80%以上墓葬都是采用这种方式。新石器时代以后,仰身直肢葬成为中原地区最普遍、最流行、最基本的葬式。汉代以后,不但中原地区普遍采用仰身直肢葬,就连边疆少数民族地区也都以这种葬式为主,如云南的滇墓。西北、东北一些民族也大部分采用这种葬式。仰身直肢葬历代沿袭,在全国范围内逐步发展成为惟一的一种葬式,受到人们的推崇,至今仍被人们所沿用。

屈肢葬是将死者的肢体弯曲后安葬的葬式。它主要采用蹲式和卧式两种形式,蹲式像活着的人蹲坐姿势,卧式又可分为仰卧、侧卧和俯卧三种。它流行于新石器时代早中期,特别是仰韶文化以后,在全国各地的遗址如半山—马厂文化、龙山文化、大汶口文化、屈家岭文化等均有发现。新石器晚期之后,屈肢葬开始逐渐减少,商周时期中原地区单人葬的屈肢葬已很少见,在各地墓葬考古中发现的屈肢葬都不超过10%。春秋战国时期,屈肢葬又在中原地区和陕西关中的秦国广泛盛行。秦始皇统一六国后,开始在全国范围内普遍推行屈肢葬。汉代以后,由于仰身直肢葬被统治者作为主要的葬式加以推广,屈肢葬在中原大地趋于绝迹,仅仅在边远地区的部分民族中被保留下来。如南北朝时的高车族,“其死亡葬送,掘地作坎,坐尸于中,张臂引弓,佩刀挟槊,无异于生,而露坎不掩"①。屈肢葬取胎儿在母体中的样子,意味着怎样来到人世,仍怎样离开,含有让死者尽快投胎、投身的意愿。另外,在先秦时期,屈肢葬还是男尊女卑的体现。在同一座墓穴中,男性多仰身直肢,女性屈肢,表示女性对男性的依附和屈从。

俯身葬,是身躯俯覆,面部向下的一种安葬形式。安葬时,上肢交叉叠压在腹部,下肢伸直或弯曲,头部有时也向左或者向右偏转。俯身葬也起源于新石器时代,是一种非常古老的葬俗,如裴李岗文化、马家滨文化、仰韶文化遗存中都有发现。夏商周时期,俯身葬发展至鼎盛,不但应用于人殉、人祭等特殊场合的殉人、祭人,而且出现于有独立墓室的单人葬。汉代以后这种葬式基本消失。俯身葬的出现可能是社会等级差别的体现,适用于奴隶或近似奴隶的人,也可能是与当时人们认为人死后要面向地下进入另一个世界的观念有关。

其次,从墓坑中尸体埋葬的次数来看,有一次葬、二次葬。一次葬是对死者进行一次性葬埋,即把死者的尸体不经处理,直接安葬。它是我国新石器时期普遍流行的一种埋葬方式。一次葬多为单人葬,也有同性成年人多人合葬及母子、异性成年合葬。此种葬式后来逐步被二次葬所取代。二次葬,又称迁骨葬、洗骨葬、捡骨葬、残骨葬,是先通过风化、土化、水浸等不同方式使死者的尸体腐烂,然后再把其骨骼收拾起来埋葬。《墨子·节葬下》:"楚之南有炎人国者,其亲戚死,朽其肉而弃之,然后埋其骨,乃成为孝子。"二次葬起源较早,大约从新石器时代即已出现,年代最早的是河南裴李岗文化,后波及所有的文化类型,遍及全国各地。商周至汉,二次葬在中原及长江流域几乎绝迹,但在边疆地区仍较流行。唐代以后,由于归葬故里的风气相当盛行,二次葬又在整个社会中流行开来,并一直延续到近代,范围遍及全国各地,其时间之长、地域之广,仅次于仰身直肢葬。二次葬一种是单人葬,一种是多人葬,以多人合葬为主。早期是以性别为集团的合葬,体现了氏族制原则,后来随着家庭的发展,一般是把一个家族中不同时间死亡的人埋葬在一起,表明死者之间有着密切的关系,具有明显的家庭或家族特征。这种家族合葬,人数众多,性别、年龄混杂,但头向一致,尸骨排列整齐,或并列,或叠压,有一定的规律。二次葬的盛行受到灵魂观念的影响,人们认为:"血肉是属于人世间的,灵魂可以离开肉体而单独存在,并且永远不死。因此,皮肉虽已腐烂掉,而灵魂则已进入另一个世界里生活了。并且,人们还十分盼望死者的肉质尽快烂掉,以便迁移骨骸,举行正式的埋葬,使家族成员在另一世界里早日得到团聚。" ②

① 《北史》卷98《高车传》。

② 郭沫若:《中国史稿》第1册,人民出版社1977年版,第51页。

再次,从埋葬人数来看,有单人葬、多人葬。单人葬又称个体葬,是指墓穴中只埋一人的葬式。这种葬式在中国历史上较少出现,出现最多的是多人葬。多人葬,即合葬,是指两个或两个以上的个体同埋在一处的一种葬俗形式。多人葬出现在距今八千年前后,一直延续至近现代。合葬以入葬者的关系区分,有同性合葬、宗族合葬、夫妻合葬等不同形式。同性合葬流行于氏族社会前期,当时人们将本氏族部落的同性死者埋葬在村落周围的公共墓地。到了氏族社会后期,随着父权制确立和一夫一妻制的发展,夫妻合葬习俗开始产生。汉代中期以后夫妻合葬已经非常普遍,东汉、唐、辽、金、明代帝陵都有帝后合葬一陵的现象,民间也多采用这种葬式。与此同时,随着家族观念的盛行,又开始出现宗族合葬现象,即把一个家族中不同时间死亡的人埋葬在同一坟墓中,宗族合葬历时也较长。以合葬的墓穴区分,有同穴和异穴两种形制。同穴合葬是把死者尸体埋葬在同一个墓穴中,异穴合葬与之相反,是把不同的死者埋葬在同一葬坑的不同墓穴里,即所谓"同茔不同穴"。原始社会中实行的多是同穴合葬。商周时,同穴合葬退居次要地位,异穴合葬成为合葬的主要形式,此后,同穴合葬和异穴合葬两种合葬形式一直在我国并存,沿袭了几千年之久。

总的看来,先秦时期,我国葬式呈现多元化,种类繁多,汉魏以降,葬式趋于统一,以仰身直肢葬、二次葬、合葬为主。不同的葬式体现了不同的灵魂观念和不同的社会习俗、民族风情。

二、葬法

葬法是指对尸体的安置方法。在我国传统社会中,由于各地区自然环境的不同,各个时代的经济、政治及文化的不同,以及心理素质、宗教信仰的差异等,反映在埋葬方法、方式方面也是多种多样的。下面分而述之。

土葬 土葬是中国古代社会各民族所采行的最基本、最普遍的一种葬法。《礼记·檀弓上》曰:"葬也者,藏也;藏也者,欲人之弗得见也。"即认为埋葬,就是把死者尸体掩藏起来。在这种思想观念的认识基础上,土葬无疑是先民首选的最简单、最方便的掩埋尸体的方法。把尸体深埋于地,不仅免除了"狐狸食之,蝇蚋咕嘬之"之害,而且能避免腐烂的尸体给世人生活带来的不便,同时可以尽可能长时期地保存尸体,以让鬼魂有所寄托。土葬的盛行还源于人们的"入土为安"思想。古代先民认为人来自泥土。"天地开辟,未有人民,女娲抟黄土作人,剧务力不暇供,乃引绳于泥中,举以为人"①。死后回归泥土,才是生命的最好归宿。随着

① 《太平御览》卷78引[汉]应劭《风俗通》。

灵魂观念的发展，人们又认为人死后，“魂气归于天，形魄归于地”①。只有将形体埋入地下，脱离形体的灵魂才可以进入天堂。如果死者不能入土为安，则其灵魂必游荡于世间。后来“入土为安”思想又渗入了阴阳五行的观念，以为人间属阳，地下属阴，人含阳而生，阳尽而归阴。人死后要进入阴曹、地府或地狱，这更强化了死人要归葬泥土的土葬意识。土葬至迟在旧石器时代出现，至新石器时代，土葬之俗已相当普遍。直至近代，仍普遍流行于广大地区以及各民族之间。土葬的埋葬方式，一是挖坑埋葬，竖穴土坑，墓穴有长方形、圆形和方形等不同形状；二是平地堆土掩埋，无葬坑。后者比较集中，而且延续时间长，也相当普遍。土葬这一葬法在客观上有利于减少由尸体繁殖传染病毒细菌的机会。

火葬　火葬是用火焚烧死者遗体，使其化为灰烬的一种葬俗，其流行程度仅次于土葬。考古资料表明，在中国，远在新石器时代就有火葬的习俗。商周至唐代，火葬在边远地区的少数民族中十分流行，并成为部分少数民族的主要葬俗，遍及西北、东北、西南各地。如羌族、突厥族、契丹族、靺鞨族等都普遍实行火葬。史载：“秦之西有仪渠之国者，其亲戚死，聚柴薪而焚之，燻上，谓之登遐，然后成为孝子。”②《旧唐书·党项羌传》亦载：羌人“死则焚尸，名曰火葬”。南北朝、隋时突厥族也盛行火葬。《北史·突厥传》：“死者，停尸于帐，子孙及亲属男女各杀羊、马，陈于帐前祭之，绕帐走径马七匝，诣帐门以刀剺面且哭，血泪俱流，如此者七度乃止。择日，取亡者所乘马及经服用之物，并尸俱焚之，收其余灰，待时而葬。春夏死者，候草木黄落；秋冬死者，候华茂，然后坎而瘗之。”契丹人、靺鞨人也是如此。契丹“其俗与靺鞨同，好为寇盗。父母死而悲哭者，以为不壮。但以其尸置于山树之上，经三年后，乃收其骨而焚之”③。但是这种葬法受到了传统儒学士大夫的强烈反对，认为它有损于人伦道德，是“不仁不义”之举，是愚昧、蛮化的表现，因此，在儒学思想根深蒂固的整个中原和南方广大地区都不实行火葬。唐末五代，由于深受佛教的影响，火葬才开始在汉人地区出现。传自西域的佛教，历来主张和采用火葬，认为火葬是僧侣的灵魂荣升天国的最快之途径。虽然汉魏时佛教已传入我国，全国各地都建有大量的寺观、寺庙，所谓“南朝四百八十寺，多少楼台烟雨中”，便是明证。但是汉族人民很少有人能冲破儒家思想的束缚，大胆地实行火葬。到五代时，战乱频繁，人民四处奔波，过着动荡不安的生活，人们开始寄托于佛教的来世，火葬开始在佛教徒阶层出现。据《新五代史·晋家人传》载：后晋高祖皇后李

① 《礼记·郊特牲》。

② 《墨子·节葬(下)》。

③ 《北史》卷94《契丹传》。

氏，临终，“谓帝曰：‘我死焚其骨，送范阳佛寺，无使我为虏地鬼也。’遂卒，帝与皇后、宫人、宦者、东西班，皆被发徒跣，扶舁其柩至赐地，焚其骨，穿地而葬焉”。到宋代，由于佛教的世俗化，以及周围少数民族如契丹、党项、女真等民族丧俗的影响（如前所述，这些民族都实行火葬），加之社会上盛行的厚葬习俗，贫苦的下层民众经济上处于绝对的贫困状态，没有资财和土地来实行土葬，于是选择花钱较少而方便的火葬，以避免“死无葬身之地”，火葬在中原地区遂呈星火燎原之势普遍流行开来，并日益演化为一种社会风俗。据《宋史·礼志》载：北宋中叶，汴京、洛阳、山西是火葬最为盛行的地区，河东一带“虽至亲之丧，悉皆焚弃”。浙江、江苏、福建、四川、广东等地都流行火葬①。辽代契丹、金代女真（靺鞨族的一支）、西夏党项羌人，如前所述在隋唐时已经普遍实行火葬，都是火葬最为盛行的民族。在这些民族统治的社会里，火葬不仅在贫苦的平民阶层流行，而且富商、贵族都实行火葬。火葬历元明清而不衰。虽然在推行火葬的过程中，它也曾遭到来自社会上层和儒学士大夫的指责和谩骂，但是这种批判收效不大。火葬后对骨灰的处理，由于贫富的差距，方式不一。笃信佛教的富商大贾火葬尸体后，往往将骨灰放入木匣或瓷罐内，再实行土葬法，埋入墓中；无资无财的平民百姓待尸体火化后，常常将骨灰存放在寺院或家中，逢节祭奠；至于贫苦农家焚尸后，只能将骨灰弃于野外或水中，“燔而扬其灰”；还有的直接在墓坑焚烧棺柩和尸体，然后填土掩埋。

悬棺葬 也称崖葬、船棺葬、崖洞葬。它是古代一些少数民族在崖壁上或崖穴中安葬死者遗体的一种葬俗。这种葬俗大致从商周一直延续到明清。这方面的记载俯拾即是。如三国吴人沈莹《临海水土志》：“安家之民，父母死亡，杀犬祭之。作四方函盛尸，饮酒歌舞毕，乃悬着高山岩石之间，不埋入土中作冢墩也。”北宋邵少博《邵氏闻见后录》云：“三峡中石壁千万仞，飞鸟悬猿不可及之处，有洞穴累棺椁，或大或小历历可数，峡中人谓仙人棺云。”清乾隆《珙县志·艺文》：“其俗亲死不葬，悬棺高岩垒峭壁间。”在考古学上也有大量实物遗存发现。如在四川南部宜宾地区南广河流域，依山傍水的悬崖峭壁上，至今残留着数百具古老的悬棺；四川东部长江三峡两岸石壁及长江支流沿岸，也有较多悬棺实物遗存；福建武夷山存留的船棺，也大部分在沿九曲湾两崖的距地面几十米高的悬崖绝壁的洞穴中；江西、广西、湖南等省也都有悬棺遗存。悬棺葬分为葬尸和葬骨，前者多用木棺，后者多用陶瓷器具。悬棺方法主要是在悬崖绝壁之上开穴，放置木桩，结成支架，置棺材

① ［宋］王偁《东都事略》卷3：“近代以来，遵用夷法，率多火葬”；江少虞《宋朝事实类苑》：“河东人众而地狭，居家有丧事，虽至亲，悉燔爇，取骨烬寄僧舍中。以至积久，弃捐乃习以为俗”；刘挚《忠肃集》：“楚俗死者，焚而委其骨于野”；《宋史》卷125《礼二十八》：“方今火葬之惨，日益炽甚。”

于架上，也有利用半山崖上的天然洞穴或人工开凿的洞穴，置棺其中；亦有直接利用陡崖峭壁上突出的狭窄崖缘所形成的天然平台，将棺木置于其上。

天葬　又称神葬、鸟葬，至今仍流行于我国西藏、青海、甘肃、四川、云南等藏民族中。天葬有固定场地，称作天葬台或天葬场，建在山脉或山冈上。天葬时，置尸于天葬台，由天葬师执刀斧肢解尸体，装入皮袋，移至地上，呼唤鹫鹰啄食尸肉。天葬最早源起于原始民族的食人习俗，印度佛教传入西藏后，与佛教内容相互结合，形成了带有佛教色彩的特殊葬俗。一般认为，天葬习俗与西藏的地理环境、气候因素和藏民族的心理文化是相适应的。众所周知，青藏高原地势高峻，气候寒冷干燥，物质资源相对缺乏。在这种情况下，实行土葬则由于土地长年受到积雪的封冻特别坚硬，难以挖掘；实行火葬，则受到森林资源匮乏限制，柴薪又不足；实行水葬，则又因为河床低浅、水流湍急且污及饮水而难以适用。因此，只能选择裂尸于荒野，以飨鹫鸟的葬法。同时在藏民族的传统观念中，普遍认为人死之后若埋葬地下，就意味着坠入地狱，将永远不得转世再生，而通过天葬方式则可使肉体和灵魂升天，割断尘世与冥世的纽带，天葬是通向理想天国之途的最好方法，并且认为鹫鸟是鸟类之王，当作神鸟来崇拜，死后天葬，神鸟食尽则吉祥有福，死者肉体和灵魂随神鸟而升天。我国的土族、普米族、怒族、羌族等也有天葬习俗，仅葬式有异而已。

树葬　又称“风葬”、“空葬”、“林葬”、“挂葬”，曾主要流行于我国北方的一些少数民族地区。它的基本葬法是将死者置于深山或野外的树木上，任其腐朽风化，有树架葬式、树挂葬式和树棚葬式几种类型。树架葬式是在大树的树杈上架横木，上铺以树枝，做成平台，然后把死者的尸体或装有尸体的棺木放置在悬空的高台上安葬。树挂葬式是直接将死者悬挂于树杈之上，或者以藤蔓、绳索缚于树间。树棚葬式则一种是在树架葬式的平台基础上，再利用木料、树枝等物在台顶作篷，周围作壁，建成悬空的窝棚小屋，安葬尸体于其中，称为树屋式。还有一种方式是不利用自然生长的树木，而是完全用人工在地面上建造悬空的棚架，置尸其上，称为地架式。树葬习俗是我国的一种古老葬俗，据史料记载，失韦国“父母死，男女众哭三年，尸则置于林树之上”①，库莫奚人“死者则以苇薄裹尸，悬之树上”②，契丹族“其俗死者不得作冢墓，以马驾车送入大山，置之树上”③。至今东北鄂伦春族、赫哲族仍流行树葬风俗。

---

① 《魏书》卷100《失韦传》。

② 《周书》卷49《异域(上)·库莫奚》。

③ 《旧唐书》卷199(下)《契丹传》。

塔葬 主要流行于僧侣阶层，是佛教徒将活佛和高僧遗体葬入特制的塔中的葬法，如在藏族，达赖、班禅、大活佛都实行塔葬。此种葬法唐代已开始出现，如禅宗六祖慧能即是非常标准的“全身入塔”而葬的典例，并且波及佛教徒中。又据《旧唐书·杜鸿渐传》载：杜鸿渐“休致后病，令僧剃顶发。及卒，遗命其子依胡法塔葬，不为封树”。另外，在唐朝时除僧侣习用此葬法外，一些皇室成员死后也采用塔葬的方式。如唐德宗第五子肃王详四岁而卒，德宗追念他，不让建坟墓而下诏依西域法仪，建砖塔安葬①。塔葬有两种形式，其中一种是实行肉身葬，即对僧侣遗体实施防腐处理：取出内脏，注入漆液，体表也涂上漆液，四周再辅以盐、防腐药材，烘干后安葬墓塔。由于防腐技术繁杂，制作相当困难，所以只对少数高僧采用，而对于一般佛门僧侣则普遍采用骨殖葬，即将遗体置放积薪之上，燃薪烧去肉体，仅留未烧烬的骨殖安葬砖塔中。骨殖葬实际上是一种二次葬，它在塔葬中数量最多。

水葬 即把尸体或者骨灰抛撒水中，任其随波逐流，它是我国居住在江、河、湖、海沿岸的人们所实行的一种葬法。水葬流行不广，往往与其他葬法并存于同一民族和地区，是一种非主导的、补充性葬俗。

以上葬法都是针对安置尸体而言的。但是在传统社会中，由于某种原因，人们无法找寻尸体，而又要通过丧葬来寄托对死者的哀思，在这种情况下，又出现了招魂葬和衣冠葬。

招魂葬 又称招魂虚葬或招葬，是一种墓中不放尸体的葬法，即人在外地死亡或在战场上牺牲，不得其尸，使用死者生前所穿戴的衣冠招魂而葬。招魂葬由古时招魂习俗衍化而来，盛行于魏晋南北朝时期。如《晋书·东海王越传》载：永嘉五年（311年），西晋东海王司马越死于项，其棺柩为石勒所焚。越妃裴氏“太兴中，得渡江，欲招魂葬越”，后葬越于广陵。唐朝时仍实行招魂葬，如诗人张籍《征妇怨》说：“万里无人收白骨，家家城下招魂葬。”

衣冠葬 也是墓内不存放死者尸体，仅埋葬死者生前穿戴过的衣冠的一种特殊葬法。起源于我国沿海地区，人们出海捕鱼遇难未归而又无法寻到尸体，于是将死者生前穿戴的衣冠葬在空墓中。后来，衣冠葬成为一种习俗，对无法找寻尸体的亲人或友人也采用此种葬法。如宋人范致明《岳阳风土记》记：“又有宝慈观，乃张真人炼丹飞升之所，弟子葬其衣冠，所谓之衣冠冢。”也有单纯为了纪念死者而取其衣冠安葬者，如在安徽马鞍山采石矶至今仍然保存有李白的衣冠冢。

① 《旧唐书》卷150《肃王详传》。

三、坟墓

坟和墓在古代是两个不同的概念。墓是埋葬死者的墓穴，而坟指墓穴上高出地面的土堆，即坟指地上部分，墓指地下部分。我国古代，初期“墓而不坟”①，“不封不树”，也没有固定的墓地，墓室、葬具、随葬品也非常简单。后来安葬死者的墓地、坟丘、墓室、葬具及随葬品都形成了不同的习俗。坟墓在人们心目中俨然就是家族的圣地。

墓地 旧石器时代，由于当时生产力低下，人们生活在洞穴中，没有固定的墓地，亲人去世也只能埋葬在洞穴里，称“居室葬”。到新石器时代，随着氏族社会组织的建立，人们有了固定的居所，安葬死者也采用氏族墓地制度。即把同一氏族的人们葬在村落旁边的氏族公共墓地上。每一个氏族部落不仅有自己的公共氏族墓地，而且墓葬方向也基本一致，墓坑排列整齐。新石器时代晚期，随着氏族社会的解体、家庭制度的形成和确立、贫富分化加剧，导致传统的氏族墓地制度也随之趋于瓦解，出现了相对独立的家族墓群以及具有强烈反差的贵族墓地和平民墓地。商周时期，宗法观念浓厚，墓地制度实行的是以血缘关系为纽带的族葬制度。族葬就是把具有血缘关系的同一族人合葬在一起，即“四闾为族，使之相葬”②，他们生前聚族而居，死后也聚族而葬。安葬时，墓葬位次以“子孙各就其所出王，以尊卑处其前后”③，以达到“同宗者，生相近，死相迫”④，亦即维护宗法等级制度的目的。汉代由于贵族宗法制度的崩溃和大土地所有制的发展，传统的族葬制度彻底崩溃，大家族墓地开始随之兴起。家族墓地指同一家族的人们及其子孙后代聚族而葬的墓地，一般只埋葬本家族的男性成员及其配偶，不埋葬本家族的外嫁女性，以保证家族血统的纯洁性。埋葬时以男性计算世系，排列墓次。汉代以降，家族墓地中以夫妻合葬墓最为常见，这种墓地形式一直延续了几千年。墓地作为安葬死者的场所，其地形、地势都十分讲究，以致后代发展为一门学问，即相墓术。相墓术兴起于先秦，汉魏以后，随着阴阳五行学说的形成，相墓术愈加盛行。至唐代，全国上下，普遍流行相墓习俗。《旧唐书·吕才传》曰：“暨乎近代以来，加之阴阳葬法，或选年月便利，或量墓田远近，一事失所，祸及死生，巫者利其货贿，莫不擅加妨害。遂使葬书一术，乃有百二十家，各说吉凶，拘而多忌。”墓地的选择日益成为丧葬的大

① 《礼记·檀弓(上)》。

② 《周礼·地官·司徒》。

③ 《周礼·春官·冢人》郑玄注。

④ 《周礼·地官·司徒》郑玄注。

事,并将墓地的好坏与子孙后代的吉凶祸福联系在一起,相信坟墓风水的选择将决定家族的前程,决定子孙的繁衍祸福。

坟丘 坟丘是随着祖先崇拜观念的加强而产生的,人们以坟作为安葬死者处所的标志,以便向死者供奉祭品求得庇护。坟到春秋末期才出现,孔子合葬父母"封之,崇四尺"①,就是在其墓上筑四尺高的坟丘。战国以后,坟丘式的墓葬普遍流行,所有统治者的墓葬都有高大的坟丘。当时的王公大臣"棺椁必重,葬埋必厚,衣衾必多,丘垅必巨"②,但是"庶人不封不树"。到后来,墓而不坟的现象鲜见,百姓平民都在墓上筑起土堆,富豪之家的坟则越筑越高大,至于皇亲国戚,更是筑坟如山,成为陵,以此来显示社会地位和等级的差别。除了在墓上筑坟以外,为了表示对死者的纪念,还要在坟上种树。这可能是由早期送葬时丧主所用的"杖"(即哭丧棒)插在坟上自然生长起来的,后衍化为一种葬俗。先秦时,对墓上用树有定制,天子用松,诸侯用柏,大夫用栾,士用槐,庶人用杨柳。魏晋以后,坟上都普遍种上松柏等长青树,以示死者在亲人的心目中永世长存。

除了在墓上立高大的坟丘之外,传统社会的民众,古代的先民还形成了在墓上营建祠堂、墓阙、墓碑、石刻的习俗,高官贵族还建有寝殿、便殿、墓园等。祠堂又称祠庙、享堂、宗祠,是古人用于祭祀祖先神灵的建筑,出现于商代,到秦汉时期大肆流行。"今富者积土成山,列树成林,台榭连阁,集观增楼,中者祠堂屏阁,垣阙罘罳"③。东汉以后,在墓前建祠堂之风更加炽盛,祠堂成为官僚贵族炫耀身份地位,表现孝廉,团结宗族,祭祀祖先的标志性场所。墓阙盛行于汉代,多用石材筑成,阙上记墓主的官职、姓名及其生平事迹等。阙的高低、精致程度取决于墓主身份地位。墓碑,初期是木质,后来改为石质。东汉后,不但达官贵人树立墓碑,就连没有官职的平民百姓也趋之若鹜。墓前置石刻可追溯到上古时代,周朝宣王墓前置有石鼓、石人、石虎、石马等石刻。到东汉后,墓前还要立石柱。史载汉弘农太守张伯雅墓:"庚门表二石阙,夹封石兽于阙下。冢前有石庙,列植三碑……碑侧树两石人,有数石柱及诸石兽矣……石庙前双翼列诸兽。"④魏晋以来,统治阶级上层诸如皇陵、达官贵人的陵墓前都置有大量的石柱、石兽、石人,而且排列有序,符合一定的礼仪要求。寝殿、便殿依照宫室而建,是存放死者遗物和祭祀的场所,多见于社会上层人士。

---

① 《礼记·檀弓(上)》。

② 《墨子·节葬(下)》。

③ 《盐铁论·散不足》。

④ 《水经注·洧水》。

墓室　墓室是安葬死者的地方。不同的时代、不同的地区，墓室的结构和形制也不同。我国古代，墓室的形制主要有土坑墓、石室墓和砖室墓三种。土坑墓是墓室最主要的形式之一，它出现最早，延续时间最长，今天部分地区还有这种形制存在。土坑墓一种是竖穴土坑，一种是洞室土坑，两种都很流行。石室墓一种是建于地上，用石块砌成；一种是建于地下，先在地下挖土坑，再用石块砌筑墓室，也有依山为墓，凿洞埋葬。石室墓主要流行于汉代，唐以后，仅在帝王陵墓中盛行。砖室墓是用砖砌制墓室，有在地下砌砖室，也有直接砌在地面上的。砌室用砖，早期是空心砖，后来使用小砖，也有空心砖和小砖并用。砖室墓出现于战国，延续到近代。不同形制的墓室，其结构都很复杂，有单室结构，有多室结构，有的还设有专门存放随葬品的耳室以及连通各室的墓道等，墓室及墓道有精美的画像、雕像和壁画。墓室结构的复杂与否，视葬埋者的身份、社会地位和贫富情况而定。

葬具　在中国古代，装埋死者的葬具主要有陶质葬具、石质葬具、木质葬具和金属葬具等。陶质葬具如新石器时代的瓮棺，隋唐时的瓷棺等。宋元时期盛行的火葬也大都采用陶质葬具盛放死者的骨灰。石质葬具，是用石块叠成石棺，此法最为困难，因而流行地区不广，元代后基本消失。木质葬具是使用时间最长、范围最广泛的葬具。几乎各朝各代、各个地区都有使用。金属葬具流行的范围仅限于汉代的部分边远地区。

随葬品　把死者生前所用或特别制作的器物与死者一起埋葬，这些物品称为随葬品。随葬品的出现开始于旧石器时代，从现已发掘的原始社会时期的墓葬来看，都有数量不等的随葬品出土。夏商以降，随葬品的质地追求精美，种类和数量在不断地增多，有愈演愈烈之势。随葬品制造所用的质料有陶、瓷、石、玉、铜、铁、金、银、漆、木、骨、贝、象牙等多种，品种有日常生活用器、生产工具、装饰品、工艺品、兵器、钱贝、礼器等，还有仿制的侍从、房屋、田地、仓、井、灶、车、船、家禽、家畜等模型。不同的社会等级，其随葬品的种类、数量也不同。

第二节　葬　　仪

葬仪指丧葬礼仪。丧葬产生后，经历代的不断发展，形成了一套从初死、停棺、送葬到祭祀极端繁琐而讲究的礼仪。

一、历代葬仪

原始社会,已在墓葬形制和随葬品方面形成了初步的制度性规范。有据可查的我国葬仪,可追溯到西周时期。据《尚书·顾命》记载,“乙丑,(周成)王崩”,太保召公等人拥立康王即位。到第七天,由召公主持举行周成王的丧葬仪式。先陈列成王生前所使用的器皿于东西二序和二吏室,置所乘车马于庭院,并安排各种执事、仪仗,康王率百官依次参加仪式。“王麻冕黼裳由宾阶隮,卿士邦君麻冕蚁裳入即位,太保、太史、太宗皆麻冕彤裳。太保承介圭,上宗奉同瑁由阼隮,太史秉书由宾阶隮,御王册命”。场面庄严、隆重而有序。这是我国最早关于帝王葬礼的记载,虽然所记载的礼仪并不完备,但足以表明,此时对丧葬已经有了一些程序性、礼节性的规定,并受到重视。

春秋战国时期,随着儒家对礼乐制度的全面系统化,作为礼制的一个重要部分,丧葬礼仪也最终发展成型。流传至今的有关周礼的三部典籍:《周礼》、《仪礼》、《礼记》都用大量篇幅记述了当时葬仪的规制。如《周礼》重点阐述了吉、凶、宾、军、嘉五种礼仪,其中,凶礼即全方位地记录了当时的丧葬礼仪。《仪礼·丧礼》中的“丧服”、“士丧”、“即夕”等篇详细记载了丧葬礼仪中的丧服、丧期以及从死亡到入殓再到出殡、安葬的各种仪节。祭礼中还有安葬后回家施行安魂礼、祭祖礼的风俗。《礼记》是对《周礼》的阐释,其中,亦有儒家大量的关于丧礼、丧服、居丧等丧葬礼仪的记载。通过周代的“三礼”,可以看出,春秋战国时期,丧葬礼仪已完全系统化、制度化,它涉及丧服、丧期、居丧、葬前准备、安葬、葬后祭祀等各个环节的仪节,可谓极其详备。

汉代以降,由于儒家思想在我国封建社会里逐渐确立其统治地位,并被历代统治者作为主导的政治文化加以倡导。因此,儒家制订的一整套丧葬礼仪也为历代统治者所继承,更加受到统治阶级的重视,并在此基础上制订了更为系统的丧葬礼仪。如东汉光武帝、明帝时对葬礼进行了修订;唐代太宗时令房玄龄等修订了《贞观礼》,其中有凶礼11篇,玄宗开元中又重行撰定《开元礼》150卷,内容基本依据“三礼”而加以系统化;宋代徽宗时又依开元礼修订了《政和五礼新仪》,增加许多丧葬礼节;明清时期也都依据《仪礼》并参考唐宋时礼仪重新制订了本朝的丧葬礼仪。就是在现存的正史《礼志》、“十通”、会要、会典等历史重要典籍中,都把丧葬礼仪作为一项非常重要的内容加以详细记述,从中不难发现封建时代的统治者对丧葬礼仪的重视。同时,一些儒家学者,不断地著书立说,来倡导、修整丧葬礼仪。如北宋司马光的《司马氏书仪》10卷中有6卷为丧仪,南宋朱熹的《朱子家礼》等影响也甚为广泛。总的来说,历代虽对丧葬礼仪进行了不同程度的增删修改,但总体上都继承了先秦儒家的“三礼”规定，大体保持一致。

二、丧葬程式

这里以“三礼”所记周朝士的丧礼为主，简要地说明我国古代丧葬过程中的诸多礼仪。

丧葬礼仪，始于人之将死。首先将弥留之人迁至正寝（即正室），脱掉旧衣，穿戴好内外新衣，保持内外安静，候其慢慢死去。刚死，亲属要用细物放在死者口鼻前试气，查验尸体是否真的死亡，先秦用蚕丝或绵，明清时用黄表纸。接着行招魂之礼，谓之“复”。方法是由死者的亲人拿着死者的上衣，登屋顶，“左执领，右执要（腰）”，面向北，边挥舞衣服，边高声呼喊死者的名字，希望死者的灵魂重新回到尸体上来，使其复生，含有最后一次挽留死者的意思。喊毕再把死者的上衣投下，覆盖在死者的尸体上。招魂后，设祭帷堂，由死者亲属将酒食等物置放于死者东侧，然后哭奠。再给死者洗浴，同时除去死时所穿衣服及覆在尸体上的复衣，换上新衣，移尸正屋中间，举行始死之奠。洗浴后，行饭含。即在死者口中放入粮食、钱贝、珠玉等物。“饭所以实口，不忍虚也”①，“孝子所以实亲口也，缘生以事死，不忍露其口。天子以珠，诸侯以玉，大夫以碧，士以贝……文家加饭以稻米”②。再袭尸，即为死者穿上特制的丧衣。此间，丧者之家内外亲属更换素布白衣，制旗幡，刻牌位。还须报丧，或发文书，或由丧主，或遣人将死讯连同祭葬的时间地点告诉死者的亲戚、朋友。

次日小敛。小敛即为死者穿寿衣，于早晨在卧室进行。届时，先陈小敛衣于房中，设小敛床，由执事者为死者穿衣，先在床上铺席，再铺绞，绞上铺衾。先秦时，无论尊卑贵贱，一律都应穿上19套新衣，以像天地之数。穿好以后，再用被子盖在尸体上。行小敛礼时，主人与主妇皆不停号哭，以示悲痛至极，同时有亲属吊丧。接着，进行小敛奠，以酒食为死者祭奠，主人、主妇等同宗亲属再次号哭，尽哀而止。

第三日大敛。即把尸体放入预先准备好的棺材内。大敛在死后的第三天进行，“以俟其生也。三日而不生，亦不生矣”③。大敛地点，先秦时规定，必须在堂前的东阶上，后代设在室外即可。大敛时，由执事帮助，主人“奉尸敛于棺”。尸体入棺，棺上加盖，但不用木楔封死，以防死者重生。大敛后，再行奠祭，将酒菜等奠馔奉于灵座之前。而后，移棺西阶，停柩待葬。古人认为西阶是客位，停柩于西阶，有

① 《周礼·地官·舍人》郑玄注。

② 《公羊传·文公五年》何休注。

③ 《礼记·问丧》。

把灵柩当做宾客看待的意味。停棺室外，是由于先秦时规定，大夫至庶人三日而殡，三月而葬。后代停棺日期缩短，大都停棺室内。大敛是与死者最后的告别，整个过程，孝子们要号啕大哭，以示对死者依依惜别之情。仪式结束后，送宾客离去，孝子号哭跪谢。大敛之后，所有五服之内的死者亲属，按同死者关系的亲疏，穿上各自应服的丧服。停棺待葬期间，死者亲属要本着"事死如生"的精神，每天在日出及日落前举行两次祭奠，"如平日朝哺之食，加酒果"。每次祭奠时，孝子孝妇都要哭踊、跪拜，直到下葬时为止。

送葬前，先选定墓地和墓宅，营造墓穴，刻墓碑墓志，置办送葬用的明器（即冥器，包括死者生前所使用过的器物，如饮食、娱乐用品、珠宝等和专为随葬而制作的象征性器物，如俑、买地券、纸钱、纸扎的车马随从等）。送葬时，先启殡。即将灵柩移到堂屋当中，准备出殡。墓近，则于葬前一日启殡；墓远，则于出发前一日启殡。（后代是从室内把棺材移到室外，于出殡前一日进行）届时，五服之亲都要参加这一仪式，穿上丧服，哀痛号泣。启殡后，朝祖，奉魂帛朝拜祖庙，请求祖先接纳、照顾自己的子孙。送葬日，宾客吊奠，《士丧礼》："始死，有吊有示遂。将葬，有赗有奠有赙赠。知死者赠，知生才赙。赙赠皆用货财，但将命之辞异耳。"主人宴请宾客毕，发葬。有用车载棺柩，有用人工抬棺，亲朋好友莅临现场帮助。途中，明器在前，孝子、棺柩、送葬行人一字排开，中间夹杂鼓吹、挽歌、哭声，浩浩荡荡。一般情况下，丧者的女性亲属不参与送葬，只在家中躬候。至墓地，再行拜奠后，在执事帮助下，主人送棺入墓穴。葬后，孝子先返回，及家再哭。

安葬回来，举行虞祭，使死者灵魂得以安定。虞祭之礼有三，下葬当日祭称"初虞"，《礼记·檀弓下》："葬日虞，弗忍一日离也。""再虞"于初虞后的第一个柔日举行。按天干记日法，乙丁辛癸日为柔日，甲丙戊庚壬日为刚日。"三虞"于再虞后的第一个刚日举行。因为"柔日阴，阴取其静；刚日阳也，阳取其动也"。

送葬结束，并不代表葬礼也随之完毕。安葬以后，还要举行祔祭、小祥祭、大祥祭和禫祭。祔祭是新死者与祖先合享之祭，即奉死者之神主祭于祖庙。死者合于祖父之庙，是因为祖孙昭穆相同。祭毕，仍奉神主还家，至大祥后始迁入庙。祔祭后，孝子孝妇改变丧服，男子去绖和带，女子去首绖。小祥，指父母死后一周年（13个月）的祭礼。而后孝子渐除丧服，换上吉服。小祥后，孝子可以吃苹果等水果。大祥是父母死后两周年（25个月）的祭礼。祭后更换服制，孝子可以食用调味品。禫为丧家除去丧服的祭礼。在大祥后一月举行。禫祭以后丧家始服日常的服饰，生活恢复正常。丧期过后，祭奠亡亲的祭祀活动仍要继续，不过行祭者仅限于直系亲属，次数减少，于特定的节日进行。

三、丧服

我国古代社会，各民族对于丧葬都有专门的服饰。史籍关于丧服的记载，最早可追溯到春秋时期。《诗经·国风·桧风·素冠》："庶见素冠兮，棘人栾栾兮，劳心抟抟兮。庶见素衣兮，我心伤悲兮，聊与子同归。庶见素韠兮，我心蕴结兮，聊与子如一。"所记素冠、素衣、素韠皆是白色丧服，但此时丧服还很少见（"庶见"），颜色、样式也不一致，有的使用黑色丧服，如晋襄公"墨以葬文公，晋于是乎始墨"①。

东周时期随着儒家丧礼的推广，丧服制度也开始形成，出现了统一的标准。丧服与常服一样，包括冠、衣、裳、带、履，只是制作时较常服粗糙，并且增加了衰、绖。衰指上衣胸前缀的一块长方形麻布，绖是将粗麻劈开相纠结，盘于冠上的称首绖，系于腰间的称腰绖。丧服颜色皆为白色，制作丧服的材料，随着常服的发展而变化。古代用麻，不用草木灰进行染色，不加装饰，到了近代则统一用白布，都是素服。《礼记·郊特牲》云："素服以送终也。"《汉书·高祖纪》："寡人亲为发丧，兵皆缟素。"白色成为丧事的主体色调。

服丧的人，按亲疏程度的不同，丧服可以分为五种服制，即斩衰、齐衰、大功、小功、缌麻。这五种服制依次从重到轻，等次不同，服丧的范围、服期的长短也不同，且服愈重，布愈粗。

斩衰，丧服中最重的一种，服期为三年，其丧服按《仪礼·丧服》所载："斩衰裳，苴绖，杖，绞带，冠绳缨，菅屦者。"斩衰服制作时不缉边，用极粗的生麻布制成，不经草木灰椎洗。苴绖指用粗麻制成首绖和腰绖，另有绞带，形如常服的革带。杖以竹去节而成，手持苴杖，不仅表明丧主身份，并可以用来辅助病弱之体。脚穿菅屦，即以菅草制的鞋。服丧范围主要是儿子为父亲，妻妾为丈夫，未出嫁或因故返回家乡居住的女儿为父亲，父亲为长子等。

齐衰有三种，服期分别为 3 年、期年（1 年）、3 个月。齐衰三年者，"疏衰裳齐，牡麻绖，冠布缨，削杖，布带，疏屦"②。衣服缉边，形制与斩衰基本相同，只是制作稍精，杖用桐木，鞋子用较细的草编成，也缉边。服丧范围：儿子为母，父在为其母，父死则为继母为慈母；母为长子。齐衰期年又分杖期和不杖期，不杖期不用杖，不穿疏屦。齐衰三月服制只有疏衰裳、牡麻绖、绳屦，无杖（后皆无杖）。服丧范围，期年杖期夫为妻、为被出之母；期年不杖期为祖父母、为昆弟、父为庶子、祖为嫡孙、

① 《左传·僖公三十三年》。

② 《仪礼·丧服》。

侄为伯叔等；齐衰三月为继父、曾孙为曾祖父母。

大功，为丧服第三等，服期9个月，分为对成年人的大功服和未成人的“殇大功服”两种。丧服用布，略经加工，制作更精细，服丧范围如为堂兄弟、祖父母为庶孙、公婆为长媳。

小功，服期5个月，也分为殇小功服和成人小功服两种。成人小功服，“小功布衰裳，牡麻绖”，殇小功服“小功布衰裳，澡麻带绖”。腰绖、首绖麻皆断根，较细。为曾祖父母，从堂兄弟服丧所用。

缌麻，为五服最轻者，服期为3个月。裳、冠同小功服，首绖、腰绖更细而无根。服丧范围为族曾祖父母、族伯叔祖父母，婿为岳父母、甥与舅、表兄弟之间。

五服的同等服中，还有正、降、义之分。降服指对正服而言，因爵位尊、年长于尊、出嫁女、殇而降。义服指臣为其主之服，还有妻为夫之宗族之服等。正服、降服、义服的制订，有严格的标准，基本上遵循六个基本的原则，即“亲亲”、“尊尊”、“名”、“出入”、“长幼”、“从服”。五服轻重之分，就是依据这些原则确定的。具体来说，“亲亲”就是依据血缘关系的亲疏远近作为服丧轻重的标准。“其恩厚者其服重”①。《礼记·丧服小记》：“亲亲以三为五，以五为九”，意思是说由自己上推父、祖，下推子、孙，共五世，曰“以三为五”；再上推曾祖、高祖，下推曾孙、玄孙共9世，曰“以五为九”，同时，由己旁推昆弟（同父）、从父昆弟（同祖父）、从祖昆弟（同曾祖父）、族昆弟（同高祖父）。再旁推其姻亲。依据血缘、姻缘的亲疏依次适用各自的服等。

“尊尊”就是依据身份的尊卑贵贱高下作为标准。一种是为位尊者隆服，比如庶人为天子、家臣为其君，本服轻而加重。一种是尊者可以因位尊而对位卑者降服，如大夫为叔父母本服齐衰而降为服大功。另外，虽无政治因素，宗族中的嫡庶之分也要体现尊卑之别。例如，父为嫡长子斩衰三年，为庶子则降等。

名即名服，名服指为妇人所服之服，是男尊女卑在丧服制度中的体现。在一夫多妻宗法制度下，同为长辈，君母、其母为至亲，为其服齐衰；继母、慈母如母，丧服如生母，服齐衰，但须有父命；为乳母则服小功；为庶母仅服缌麻；为出母，父在仅“心丧”，不成服，父死则服齐衰杖期。其他本无血缘关系的女亲属，按其配偶确定服等，如为伯叔母服齐衰期，与伯叔父同。子孙之妻按子孙的服等再降一等或二等。

“出入”是以女子在室及出嫁作为丧服轻重的标准。在室及被出（休）回父家，归属于父族，按父族计算，为父服斩衰三年，父母为其服齐衰期一年。出嫁后改属

---

① 《礼记·丧服四制》。

夫族，改按夫族计算，为夫服斩衰三年，而父家成员之服则下降，为父母改服齐衰期，父母为之服也降为大功九月。

“长幼”是依年龄大小作为服丧轻重的一个标准。长指成人，幼指诸殇。《仪礼·丧服》规定：“年十九至十六为长殇，十五至十二为中殇，十一至八岁为下殇，不满八岁以下皆为无服之殇。”诸殇与成人服制不同，在本为成人的服制上再降等。“长殇、中殇降一等，下殇降二等。齐衰之殇中从上，大功之殇中从下”。即长殇降一等，下殇降二等，中殇或从上或从下。如子女成人者，父母为之服斩衰（嫡长子）或齐衰期（众子），子女未成人则分别降为大功九月、七月或小功五月。

“从服”指随从某一种关系作为服丧的原则。“从服有六：有属从、有徒从，有从有服而无服、有从无服而有服、有从重而轻、有从轻而重”。属从如为母族，为外祖父母服小功五月，甥为舅服缌麻三月。妻为夫族服丧也为属从，比夫降一等，如夫为父服斩衰三年，为母齐衰三年，而妇为公婆服齐衰期等等。

以上是先秦时期的丧服制度。后代对五服制度有所调整，如唐代对丧服作了一些调整，开元礼规定：为曾祖父母服齐衰三月改为齐衰五月，父在为母齐衰三年，舅甥互服小功五月等。明代太祖承丧乱之余，为矫正民俗，定制：“子为父母、庶子为其母，皆斩衰三年，嫡子、众子为庶母皆齐衰杖期（原缌麻三月）”，“嫡孙为祖父母承重及曾高祖父母承重者”等也为斩衰三年，并且废除了《仪礼》中的三殇之服制。清代满族服丧仿汉制，但服期大为缩短，“斩衰止百日，期服六十日，大功三十五日，小功一月，缌麻廿一日”①。总体而言，丧服制度变化不大，基本遵循先秦时期制定的五服制度。宗亲丧服系统和丧服制度可以说是一个严密的有机的完整的组织结构和制度。五种基本服制在经过种种变化以后，可以化为23种服制，实行于138个场合②，它的精密程度无与伦比。

四、居丧

居丧，又称守孝、守制，是人们为了表达对死者的哀悼之情而形成的一种习俗。我国古代，凡父母或祖父母死后，子与承重孙自闻丧日起，要求在家守孝三年，即所谓“三年之丧”。三年之丧，自先秦到明清，历代相沿，而略有变化。

东周时期，以孔子、孟子为首的儒家即开始提倡三年之丧。孔子认为：“子生三年然后免于父母之怀。夫三年之丧，天下之通丧也。予也有三年之爱于其父母

---

① ［清］曼殊震钧：《天咫偶闻》卷10《琐记》。

② ［清］胡培翚：《仪礼正义》卷25。

乎?”[①]孔子死后,他的弟子就为他实行了三年之丧。孔子思想的继承人孟子更是极力倡导三年之丧,认为:“三年之丧,齐疏之服,饦粥之食,自天子达于庶人,三代共之。”三年之丧还被儒家写进了周礼。但据《左传》等史籍记载,东周列国国君,包括周王室和鲁国大部分并不实行三年之丧,这说明先秦时期,三年之丧并未普遍推行。秦汉以后,由于历代统治者在吏民中大力提倡三年之丧,甚至以法律的手段强制推行,从而使三年之丧得以广泛流行,深入民间。汉代设“孝廉”等科选拔人才,并规定:“不为亲行三年服不得选举”[②],通过此种方式推行三年之丧,到东汉时期,三年之丧在上层中已广泛实行,但并没有严格的限制。西晋太康七年(286)“始制大臣听终丧三年”,首次以法令的形式规定大臣守孝、居三年之丧。自此官员循例居丧,成为定制,历代相沿不改。与此同时,居三年之丧在广大民间、社会下层中也广泛地流行开来。

守孝、居丧期间,死者的亲属,尤其是服斩衰的至亲,要遵守一套非常严格的礼制要求。“居丧而不哀,在戚而有嘉容,是谓不度”[③]。“始死,三日不怠,三月不懈,期悲哀,三年忧”[④]。据《周礼》、《仪礼》、《礼记》等文献资料,可知先秦时期,在居丧期间,除了对丧服作了要求之外,还有居住、饮食、容体、言语等各个方面的要求。

对居处的规定,以斩衰最为严格。未葬之前,“居倚庐,寝苫枕块”,“寝不脱绖带”。倚庐建于舍外,只用茅草遮掩,不涂泥,非常简陋。就寝时,以草编的垫子代席子,以土块作为枕头,而且不除去首绖、腰绖和绞带。既虞以后,才可以除去户外野草,在庐舍涂上泥土,略加修饰。过了小祥,始“居垩室,寝有席”,在庐舍上再用白灰加以粉饰,可以使用席子就寝。大祥之后“居复室”,移居正寝,但仍然不用床铺。等到举行过禫祭礼,才可以回到床上就寝。其饮食更加严格。“斩衰,三日不食”,必须停餐三天,三天以后,方可进食。“既殡食粥,朝一溢米,暮一溢米”,每日早晚只能吃一溢米制成的粥。小祥后,能食蔬菜水果;大祥后,可食醯酱。禫祭后许饮酒食肉,最初先饮醴酒,先食乾肉。“有服,人召之食,不往”。在一些特殊情况下,这些规定可以作小的变动。如遇丧主有病或者年龄较大,饮酒食肉不受限制,以保证丧主身健体康,完成丧事。可见“愈礼”也是为了“达礼”。平时,“丧不贰事”,以居丧为头等大事,可以“不避泣涕而见人”,但见人要“非丧事不言”,要

---

① 《论语·阳货》。

② 《汉书》卷87(下)《扬雄传》注引应劭语。

③ 《左传·襄公三十一年》。

④ 《礼记·丧服四制》。

“言而不语，对而不问”，“君言王事，不言国事，大夫、士言公事，不言家事”。就是说，居丧时，言语应该不加以文饰，与丧事无关的事情一律不谈，尽可能保持沉默。同时，要求小功以上的居丧者在居丧期间不准沐浴，不准举乐，不许婚嫁，夫妻不能同房，有官者必须解官居丧等等。儒家的居丧礼节是根据丧服制度的亲疏远近而制作的，同样具有等级性的特点。关系越是亲近，居丧期间的行为节制就越为严厉，限制的范围也越广，反之，节制要相对宽松，限制相对较小。其中，以对斩衰的要求最为严厉，缌麻最为宽松。

先秦时期确立的居丧制度，得到了历代统治者的继承和发展，到唐代以后，统治者还通过立法来维护居丧制度，对违反居丧礼制要求的人士给予严厉的惩处。如《唐律疏议》规定，居父母之丧“丧制未终，释服从吉，若忘哀作乐，徒三年；杂戏徒一年”，“居父母丧，生子，徒一年”，“居父母及夫丧而嫁娶者，徒三年，居期丧而嫁娶者杖一百”。官员匿报父母之丧，不解职回家居丧者也要处以“徒二年半”。居丧制度历整个封建社会而不衰。清代《清通礼》依然规定：“居丧三年者，百日剃发，仕者解任，士子辍考。在丧不饮酒，不食肉，不处内，不入公门，不与吉事。”大清律规定：“凡居父母及夫丧而身嫁娶者，杖一百。”都对居丧者的行为作了限定。

五、祭祖

祭祖是丧葬礼仪的延续。祭祖习俗源于祖先崇拜。早在氏族公社时期，各民族都初步形成了自己的祭祖风俗。中国的社会组织以血缘氏族关系为中心，慎终追远是汉民族的一个重要传统，一个家族有自己的宗庙、祠堂，并有为祖先留的“影像”，祖先有专门择定的茔地。宗庙、祠堂、影像、坟茔都要在一定的时间祭祀。在3000多年前的商代，殷人已有了一套比较成熟的祭祀制度。其特征是滥用人祭。当时有两种情况，一是在埋葬死者时，杀祭奴隶若干置于墓内四边或腰坑之中，二是以后经常性地在墓前或祖墓里杀人祭祖，实行墓祭。殷王室杀人祭祀，一次少则二三十人，多则四五百人。另外，殷人还杀牛马羊等祭祀。

从西周到战国，流行庙祭，祭祖的场所以庙为主。“庙，貌也”，“庙以依神”①。是存放祖先神主、遗物等的地方，是祭祀祖先的主要场所。在先秦时期，常将宗庙、社稷作为国家的象征，可见宗庙祭祀是国家最为重要的祀典。“国之大事，在戎与祀”。当时规定，天子七庙，中为太祖之庙，两边三昭三穆；诸侯五庙；大夫三庙，士一庙。庙的建筑仿宫室，呈“前朝后寝”布局。庶人则无庙，只能在家里祭祀先祖。东周以后，以周天子为首的宗法统治逐渐式微，诸侯国的陵墓普遍出现了高大的封

① 《礼记·祭法》郑玄注。

土和陵旁建有祭祀用的建筑,因此,墓祭又开始流行。

秦汉时期,宗庙仍是祭祀祖先的场所,而陵墓旁设置的寝、祠等祭祀性建筑也逐渐成为更重要的祭祖场所。秦人遵西周旧制,仍设七庙,以宗庙祭祖。汉代,与厚葬之风相一致,淫祀也达到高峰。汉高祖后,全国各郡、各诸侯王国都建立了祖庙①。到元帝时,各地已先后建立167所宗庙。各地宗庙、园寝中仅卫士、乐士两项便多达五六万人,给社会造成沉重负担。西汉末年,出现了反淫祀的潮流,并最终影响了东汉的宗庙制度。东汉以降,皇家宗庙制度多变,或七庙,或四庙,或一帝一庙。有的宗庙建在帝陵之旁,有的建在都城,有的则建在故都,有的集中一地,有的散布四处。这些宗庙成为祭祀祖先的重要场所。同时,汉代的家族系统确立,并崇尚孝道,使公卿、官僚、世家大族也纷纷在墓地建立祠堂、享堂祭祀祖先。墓祭之俗开始盛行。行之者,上至天子,如("建武十一年春三月)己酉,幸南阳,还,幸章陵,祠园陵"②。下及臣民,如《后汉书·李善传》载李善上旧主之坟,"乃脱朝服,持锄去草,及拜墓,哭泣甚悲,身自炊爨,执鼎俎以修祭祀"。民间妇女也要随其夫上冢。"买臣独行歌道中,负薪墓间,故妻与夫家俱上冢,见买臣饥寒,呼饭饮之"③。说明在汉代上冢之俗盛行,且要携带饮食供品,同时要锄草添坟。祭祀时间,各朝不一。除了上述几次重大的祭祖礼节虞祭、祔祭、小祥、大祥、禫祭外,先秦时期,流行每天祭祀祖、父,每月祭祀一次高祖、曾祖,每季度祭祀一次更高祖先。汉代于帝陵寝殿日祭,于宗庙月祭,于便殿时(季)祭。日祭由宫人负责,四次上食。

魏晋以后,祭祖多与节日相关联,"至唐,复有清明设祭,朔望、时节之祀,进食、荐衣之式"④。此时,与祭祀相关的节日主要有清明节、寒食节、中元节、立春、立夏、冬至、除夕等。宋代,祭祀场所家祭和墓祭并行,其中,清明节祭祖最为普遍。清明祭祖,家祭在祖先主位前置桌案供奉酒、肴、炉香,由宗族家长主持,上香敬酒,家庭成员依长幼尊卑叩拜行礼;墓祭则用酒菜食物,以酒酹坟并点香烛,烧纸钱。宋人高翥"清明"诗:"南北山头多墓田,清明祭扫各纷然。纸灰飞作白蝴蝶,泪血染成红杜鹃。"形象地描述了清明墓祭盛况。

明清时期,祭祖与死者死亡的时间相关联的主要有七七追荐,即逢七日备筵祭奠一次。从一七到七七止,还有百日、周年、三周年祭奠习俗。除此之外,每年的清

---

① 《汉书》卷2《惠帝纪》。

② 《后汉书》卷1(下)《光武帝纪》。

③ 《汉书》卷64(上)《朱买臣传》。

④ 《宋史》卷123《礼志二六》。

明、七月十五中元节、冬至,俗称鬼节,也要对亡亲进行祭奠。清明节家祭,扫墓,焚烧纸钱,还要为坟添土,上插几缕嫩柳枝。如明代每年皇帝都要亲自谒陵一次,民间也很重视祖茔的祭扫。如明人刘侗、于奕正《帝京景物略·清明扫祭》记:"三月清明日,男女扫墓,担提樽榼,轿马后挂楮锭,粲粲然满道也。拜者,酹者,哭者,为墓除草添土者,焚楮锭者,次以纸钱置坟头,望中无纸钱则孤坟矣。哭罢不辞也,趋芳树,择园圃,列坐尽醉,有歌者,哭笑无端,哀往而乐回也。"清代寒食祭祖扫墓也相当流行。据《清通礼》载:"岁寒食及霜降节埽圹茔,届期素服诣墓,具酒器及芟剪草木之器,周日氏封树,剪除荆草,故称扫墓。"时至今日,汉族还普遍保留着此俗:扫墓时,较富贵的人家,往往抬一席丰盛的酒菜到墓地,恭敬地陈列在祖墓前,一面焚化纸锭,一面叩头行礼,然后或在墓地吃掉酒菜,或抬回家再吃;稍次的人家,则只端一、两碗酒供到墓地,也焚化纸锭;再次的人家,则只焚纸锭,或再掘几块泥土,捧堆在坟顶上,再随便折几枝嫩绿新枝,插在坟上。有的扫墓活动,几十分钟便可,有的则须持续3天。

第三节 丧葬与中国传统文化

安葬死去的亲人是每个国家、每个民族都存在的文化现象,它不仅寄托了生者对死者的哀思和留恋之情,同时也体现了人类对生命的关注。世界上每个民族经过长时期的历史发展都形成了各自别具特色的丧葬风俗,这些丧葬风俗在不同程度上都打上了本民族的烙印。我国是一个历史悠久、文化底蕴深厚的多民族国家,丧葬风俗深受传统文化的影响,在漫长的历史发展过程中,各民族都形成了形制各异、仪节互不相同的丧葬风俗。要深入地理解这些丧葬风俗,必须先来考察中国人的传统观念。

一、人生礼仪的终结

人的一生经历了不同的发展阶段,每一个阶段都形成了各自的礼仪。诸如初生时有诞辰礼,少年时有冠礼,成年时有婚礼,老年时有寿辰礼、葬礼,另外每年都要举行生日庆贺等。这些人生礼仪,都是在一定的社会历史条件下,通过各民族长期发展和积淀所形成的。礼仪是一种专门的规定或约定俗成的行为规范,它一旦形成,融入人们的潜意识,便会对人类社会产生重大影响。丧葬礼俗作为人生终结礼仪，深深地扎根于人们的意识里，渗透到社会各个阶层，成为一个民族自觉或不自觉遵守的安置死者的行为规范，深刻地影响着人们的思想乃至日常的生产和生活。

人类学和考古学的资料表明，丧葬礼俗不是人类一诞生就有的。在原始社会早期，人们经常要不断地面对一个个、活生生的个体逐步走向死亡的残酷事实，为此内心常常萌发对死亡的恐惧、对死者的眷恋和对生命的困惑，但是此时人们还没有能力去探寻死亡的奥秘，也没有意识到对死者尸体加以刻意的处理，只是抛之荒野或草草掩埋。史载："上世尝有不葬其亲者，其亲死，则举而委之于壑。"①或者是"厚衣之以薪，葬之中野，不封不树"②，说明在远古时期并没有产生具有规范性的丧葬礼俗。丧葬礼俗的形成是在历史发展到一定阶段，在人类的灵魂不灭观念形成和确立的基础上产生的。远古先民在不断面对一个个个体死亡时所产生的极端复杂的感情，迫使他们对死亡做出一种合理的解释，力求了解是什么构成生和死的肉体之间的差别？是什么引起清醒、梦、失神、疾病和死亡？出现在梦幻中的人的形象究竟是怎么回事？在科学技术极不发达的情况下，人们自然而然地做出了显而易见的推测，即每个人都有生命，也有幽灵③，于是产生了灵魂观念。关于灵魂不灭观念的产生，恩格斯曾作过精辟论述："在远古时代，人们还完全不知道自己身体的构造，并且受梦中景象的影响，于是就产生一种观念：他们的思维和感觉不是他们身体的活动，而是一种独特的、寓于这个身体之中而在人死亡时就离开身体的灵魂的活动。从这个时候起，人们不得不思考这种灵魂对外部世界的关系。既然灵魂在人死时离开肉体而继续活着，那末就没有任何理由去设想它本身还会死亡；这样就产生了灵魂不死的观念……"④

原始的灵魂观念认为，人不但有肉体，还有游离于肉体的灵魂。人的死亡，仅仅是肉体的死亡，而灵魂则永世长存，永远不会消失。据考古学资料反映，这种灵魂不灭观念在我国旧石器时代即已产生。距今约2.7万年的山顶洞人的洞穴，是我国目前发现最早的墓葬。在其墓葬中，考古学家发现死者尸骨周围撒满了赤铁矿粉末，并有兽牙、蚌壳和鱼骨做的骨坠、钻孔兽齿、石珠等装饰品以及燧石石器等

---

① 《孟子·滕文公(上)》。

② 《周易·系辞》。

③ [英]爱德华·泰勒：《原始文化》，上海文艺出版社1992年版，第416页。

④ 恩格斯：《路德维希·费尔巴哈和德国古典哲学的终结》，《马克思恩格斯选集》第4卷，人民出版社1972年版，第219－220页。

随葬品①。这种在死者的尸体周围撒赤铁粉以及用装饰品、生产生活用具随葬的习俗在同时期的众多墓葬中也有时发现。这种习俗即是原始人灵魂不灭观念的深刻反映。从中可以看出原始人类把红色视为鲜血、生命的象征,撒赤铁粉寓意给死者以新的血液,赋予新的生命,以此希冀死者继续存活。同时,把装饰品等随葬,也是希望死者的灵魂到另一个世界能够过上与人间一样的生活。

正是基于这种灵魂观念,中华先民才逐渐开始有意识、有目的地去安置死者的尸体,不再抛尸于荒野,希望死者在另一个未知的世界幸福地生存。随着历史不断地向前推进,灵魂观念日渐深深地烙在广大民众的思想深处。在此基础上,日益衍化出一整套系统的关于丧葬的习俗和礼仪。其中,包括墓地的选择、墓室的构造、墓上建筑的安放、随葬品的配备以及形形色色的葬式、种类繁多的葬法等等,整个丧葬过程因而变得相当复杂和繁琐,并处处体现了中国传统社会的伦理规范。丧葬礼俗可以说是我国有别于其他诸国的一大特色文化,广泛地影响到社会生活的各个方面,至今我们的丧葬在诸多方面还保留了传统丧葬礼俗的遗迹。

二、社会风貌的折射

丧葬风俗是一个民族长时期积累形成的,它作为意识形态范畴的上层建筑,受到经济基础的制约,与社会历史条件相适应,并随着生产力的发展不断演进变化。丧葬风俗并不是一种孤立的社会现象,它的形式、内容以及发展变化总是折射出社会的演进历程,从一定程度上反映一段时期内一个地区的社会、自然、人文等方面的发展状况。

首先,丧葬风俗反映了自然地理环境的差异。从自然地理条件来看,我国墓葬种类在空间上呈规律性分布:平原地区、草原地区的墓葬比较统一,高山峡谷、高原地区的墓葬则比较复杂。平原地区多盛行土葬,草原地区多流行火葬,山地、高原、林区则是土葬、火葬、树葬、石葬、风葬、水葬、崖葬、天葬等多种葬法杂糅并存。这种分布,并非偶然,而是与自然地理条件相适应。平原地区,以定居农业为主,长期以来形成安土重迁的恋乡情结,人们的生活习惯大体相似,加之便利的交通条件,易于经济文化的交流,也最容易建立统一的政权。在这种环境中,往往文化比较统一,有一种文化被作为主流文化长期占据人们的思想意识,丧葬习俗也遵循主导文化的轨迹呈统一趋势。这最明显地表现为:中原大地,秦汉以后丧葬风俗基本统一,其葬式、葬法、葬具、葬仪都基本一致,主要流行土葬、仰身直肢葬、合葬,使用木制葬具。而周边地区的少数民族,由于生活的自然地理环境迥异,其丧葬习俗也有

① 贾兰坡:《山顶洞人》,龙门联合书局1951年版,第21页。

很大的差异。如西南地区流行石棺葬、东北地区流行风葬、岭南地区流行悬棺葬等,都与当地的自然地理条件息息相关。再从自然资源来看,最能体现丧葬风俗差异、变迁的葬具和随葬品的种类,常常与某一地区所拥有的自然资源、生产资源相适应。特别是葬具,如果一个民族或地区在相当长的历史时期内普遍使用一种葬具,那么该地区就必须具有充足的制作这种葬具的原料。例如实行石棺葬、石室葬、大石墓、石棚葬的地区,必须要有相当多而且易于开采的石料作保证,那么采用这些葬具的地区也必然多在山区。中原地区普遍盛行木棺安葬,也与当地有相当丰富的森林资源有关。在缺少石材和木材的广大草原、高原地区,实行火葬、风葬、天葬、水葬这些不需要太多资源的葬法也就势所必然。另外,在随葬品的种类上,丧葬与自然资源的关系亦十分明显。例如古代平原地区的墓葬,一般多随葬农耕用具、丝织品;高原、草原地区的墓葬,多随葬牧业用品;江河湖海沿岸的墓葬则多见渔具等。

其次,丧葬习俗体现着生产力的发展水平和经济生产状况。从丧葬的起源来看,可以说丧葬是一定社会条件下生产力发展的结果。墓葬出现于旧石器时代中晚期,但此时的墓室窄小,随葬品少而简单,这主要是由于当时生产力发展水平不高,人们通过自己的劳动仅仅能够维持生存,不可能大规模、大批量地建造墓室和使用本已紧缺的生产、生活用具来随葬。进入阶级社会以后,随着生产力的发展和私有制的出现,社会等级差别和贫富分化加剧,部分社会群体(统治阶级上层)已拥有可以自由支配的、富余的生产、生活用具,他们生活豪奢,以致其丧葬也极为奢华:棺椁必厚,坟丘必高,墓室必大,随葬品十分丰富。而处于社会下层的平民百姓,由于经济条件的限制,仅能裹尸掩埋。从随葬品的质地来看,也深刻体现了某一时代的生产力发展水平。比如旧石器时代的墓葬,只能随葬一些粗糙的打制石器和一些简单的装饰品。新石器时代的墓葬,便可能随葬磨制石器、陶器、家禽和牲畜骨骸、粮食、衣服等。青铜时代,以随葬青铜器为重要特征,反映出当时青铜冶炼技术的成熟和青铜器使用的普遍。春秋晚期以降,墓葬中往往随葬大量铁器,既有生产工具和兵器,也有生活用具,这与当时社会生活中铁质器具的盛行是一致的。另外随葬丝织品的种类、质地、编织方法,随葬瓷器的品种、外形、纹饰、烧制方法等也都是一个时代生产力的发展水平的体现。今天,考古学家可以通过出土的器物进行墓葬年代的断定,正是依据了一个时代的随葬品可以清晰显现这个时代的特点。再从历史发展的纵向来看,中国古代盛行厚葬流俗,正是生产力发展、经济繁荣的直接体现。只有当生产力发展,经济繁荣,物质产品丰富,人们才有足够的精力和富余的物力、财力去追求丧葬的奢华,才能使厚葬成为可能。举凡夏商、秦汉、唐朝几个厚葬高潮的出现都是在国家统一、社会稳定、生产力大发展时期。

从横向空间来看，一个时代的某个地区的丧葬习俗，同样直接反映了当地的生产力发展水平。如我国南方地区，由于开发较晚，在一个相当长的时期里，其丧葬习俗整体上处于薄葬阶段；诸少数民族地区，经济的发展水平较汉族落后，其丧葬也较为简单，没有像中原地区那样形成那么多的繁文缛节。

再次，不同的葬式、葬法、葬具、葬仪还是不同的民族风情、婚姻家庭等社会风貌的反映。丧葬习俗与民族文化、民族心理素质、民族自我意识密切相关。世界上任何民族、部族，都拥有自己的民族文化和心理素质。不同的民族其葬俗虽然存在很大的差异，但无不与本民族的文化相适应。每个民族都认为自己的丧葬风俗最好，而对别的民族实行的葬俗与之有所差异的部分往往不可理解。如汉族流行土葬，以土葬为高贵，讲究入土为安，视死如生，认为暴尸荒野、让凶鸟啄食尸体是大逆不道，有失人伦。藏族流行天葬，认为天葬最神圣，死者能够更容易、更顺利通往天国，而把土葬视为劣等葬法，只适用于凶死者，是对死者的一种惩罚。这些不同葬法的选择和对待，正是反映了不同的民族文化背景和审美习惯。另外，丧葬体现了婚姻、家庭、宗族等社会现实。夫妻合葬墓的出现，体现了社会上一夫一妻制婚姻家庭结构的确立；族葬正是宗族聚族而居，同财共炊，进而试图通过丧葬来维系和巩固宗族稳定观念在丧葬礼俗上的反映。

此外，丧葬风俗还体现了社会的等级秩序。不同的社会阶层，在丧葬过程中的表现也不同，生动地再现了中国传统社会中的等级差别。中国的丧葬礼俗，自从产生之日起，便具有等级制的色彩。据考古资料显示，氏族部落首领的墓葬墓室宽广，随葬品丰富，而平民百姓的墓葬则仅有稀少的陶器随葬，甚至丝毫没有任何随葬品，独身而葬。商周时期，这种等级制表现得更加明显。举凡“死”的名称、敛衣的袭数、饭含的用品、铭旌、明器、棺椁的大小、用材规格、仪仗的规模、坟墓的高低、随葬品的多寡、丧期的长短等都有严格的限制。关于“死”的称呼，规定“天子曰崩，诸侯曰薨，大夫曰卒，士曰不禄，庶人曰死”①。给死冠以不同的名称，是为了别尊卑，明贵贱，追求“等级贵贱之序”，《白虎通》云：“天子称崩何？别尊卑，异生死也。”饭含之物亦复如此。《周礼》规定：“君用粱，大夫用稷，士用稻。”②《礼记·杂记下》云：“天子饭九贝，诸侯七，大夫五，士三。”《春秋说题辞》说：“天子以珠，诸侯以玉，大夫以璧，士以贝。”虽然说法不统一，但都体现了尊卑贵贱的差别。坟墓的高低，坟上之树的种类也都反映了等级差别。周代“以爵等为丘封之度与其树

① 《礼记·曲礼(下)》。

② 《周礼·地官·舍人》郑玄注。

数"①。身份越高，坟丘越大。具体表现为："天子坟高三仞，树以松；诸侯半之，树以柏；大夫八尺，树以栗；士四尺，树以槐；庶人无坟，树以杨柳"②。

汉唐以降，这种等级色彩非但没有淡化，反而随着贫富分化的加剧，大土地所有制的风行而有所加强。历代统治者都对丧葬作了明确的规定，等级色彩非常明显。与先秦时期相比，这一时期社会等级的划分不再依世袭的身份，而是凭借官品爵位的高下来制定丧葬的等级。对死的称呼，规定："凡百官身亡，三品以上称薨，五品以上称卒，六品以下达于庶人称死。"③明器的使用，据《通典》、《唐会要》等书记载，唐代三品以上，明器九十事，五品以上，明器六十事，九品以上，明器四十事，以上明器并用瓦木制作；庶人用明器十五事，只准用瓦制作。明代亦规定："公、侯九十事，一品、二品八十事，三品、四品七十事，五品六十事，六品、七品三十事，八品、九品二十事。"④再如墓地和坟丘，官品越高，则墓地越大，坟丘越高，墓室的结构和装饰也就愈加精致、豪华。如唐代丧礼规定：一品墓地周长90步，坟高一丈八尺；二品墓地80步，坟高一丈六尺；三品墓地70步，坟高一丈四尺；四品墓地60步，坟高一丈二尺；五品墓地50步，坟高一丈；六品以下墓地为20步，坟高不过八尺⑤。再从随葬品的多寡、种类来看，皇帝的随葬品十分丰富，有金、银、玉、瓷器等生活用品和木俑，一般官僚地主的随葬品也较为丰富，有玉饰、瓷器、木器等，而平民的随葬品则很少。总之，坟墓的高低、墓室的结构形制、墓上建筑的规模、送葬队伍的人数、随葬品的种类数量等都体现了丧者的社会地位、经济地位和政治上的权势。

古代社会，丧葬具有的等级性，其目的在于以丧葬巩固和维系封建社会的统治秩序，表明贵贱尊卑的差别。正如《礼记·月令》所云："饬丧纪，辨衣裳，审棺椁之薄厚，营丘垅之大小高卑，厚薄之度、贵贱之等级。"可谓一语中的。

三、葬俗衍化的文化基因

丧葬风俗中蕴藉着极为丰富的文化内容。在各种民族习俗中，葬俗之所以能够延续数百年、甚至数千年而持久不衰，变化缓慢，一个重要的原因就是它反映和涉及了人们最深刻、最内在的文化性特征。葬俗的衍化体现了社会文化的变迁。

---

① 《周礼·春官·冢人》。
② 《白虎通·德论·崩薨篇》引《礼纬·含文嘉》。
③ 《通典》卷108《杂制·百官终称》。
④ 《明史》卷60《礼志十四》。
⑤ 《通典》卷108《杂制·百官葬墓田》。

葬俗的衍化深受宗教意识观念的影响和支配，宗教文化是葬俗形成与发展的重要因素。丧葬起源于人类的灵魂不灭观念，并随着灵魂观念的发展而演变。随着历史进程的推进，灵魂观念又发展为鬼魂观念。《礼记·祭义》云："众生必死，死必归土，此之为鬼。"《礼记·祭法》云："大凡生于天地之间者皆曰命。其万物死皆曰折，人死曰鬼。"认为灵魂附于活人的肉体，在人死之后，就变成了鬼魂。鬼魂一方面可以庇护子孙，尤其是父母和亲祖的亡灵。另一方面，鬼魂又可以无端作祟，扰乱人们的正常生活。古人笃信鬼魂比灵魂更能祸福于人类，因而对鬼魂更加敬仰，以致于把人生中的不测都视为鬼魂使然。如先秦时期的史籍就记载："甲乙有疾，父母为祟。""丙丁有疾，王父为祟。"①因此，只有妥善安置死者，才会得到亲祖亡灵的保护和赐福，否则，亲祖的亡灵便会无端作祟，危害子孙后代。怀着对亡灵敬畏、恭顺的心情，丧葬日益为人类所重视。故夏商时期，上至君王诸侯，下到平民百姓，都对鬼神极端崇拜，全国处在一个充满鬼神的世界里，祭祀和卜筮成为当时人们日常生活中的重要大事。史载："夏道尊命事鬼敬神而远之"，"殷人尊神，率民以事神，先鬼而后礼。"②陆续出土的10万多件甲骨文就是祭祀和卜筮活动记载的遗存。周代虽对鬼神信仰有所淡化，但仍将祭祀作为"国之大事"来对待。

汉魏以来，传统的灵魂观念受到道教、佛教等因素的影响，开始把人死后的世界与现实社会相比拟，逐渐形成了地狱、天堂观念，认为"死人归阴，生人归阳，生人有里，死人有乡。""以天为盖，以地为舆。"③长沙马王堆汉墓出土的帛书即生动地反映了当时人们对天堂、人间、地狱三重空间的认识。到唐宋时期，地狱世界的诸鬼神最终完善。通过历代志怪小说可以发现，人们心目中的地狱与人间相类似，有严格的等级管理体系。最高者是阎罗王，下面设立九王，各有职掌，十王之下又设十八判官，分管十八地狱。鬼魂在地狱中则过着与人间类似的生活。基于这种认识，墓室的形制也仿照人间来建造。这种灵魂观念的发展就要求人类要格外地重视丧葬，"事死如事生"、"以生饰死"。无论是商周时代的殉人陪葬制度、生产生活用具随葬制度，还是宋代的纸钱、纸人随葬制度；无论是墓室的结构形制犹如生前的宫室房屋，还是墓上建筑设有庙、寝、殿、碑、石刻等，都是这种灵魂观念演变的结果。

宗族观念的产生和发展也是葬俗衍化的重要因素。宗族观念是在祖先崇拜的基础上形成的，曾经普遍存在于人类社会的远古时代。中华先民从事定居农业，以

---

① 《云梦秦简》甲种本797条。

② 《礼记·表记》。

③ 《淮南子》卷1《原道训》。

血缘关系聚族而居，原始人类将有血缘关系的长辈、始祖尊为祖神、保护神，作为崇拜祭祀的对象。氏族社会里，母系氏族制下氏族成员崇祀女性祖先，父系氏族制下，人们开始崇祀男性祖先，这一时期出土的大量的陶祖、石祖和众多的祭祀坑都明确表明祭祀祖先在当时相当盛行。原始人类通过崇祀共同的祖先来加强氏族成员之间的血缘认同和团结互助，以此把氏族成员紧密地联系在一起，共同抵御生活中可能遇到的各种危害。后来祖先崇拜发展为对本部族有功绩的祖先和首领人物的崇祀。如《礼记·祭法》："夫圣王之制祭祀也，法施于民则祀之，以死勤事则祀之，以劳定国则祀之，能御大灾则祀之，能捍大患则祀之。"这种对祖先的祭祀多在相关氏族成员的墓地和居所进行，对部族祖先和首领的祭祀可能有专门的场所。进入阶级社会后，维系氏族、宗族的血缘纽带非但没有削弱，而且演变为奴隶制下的宗法关系和封建宗法制度，并且日益得到了加强。这种以父权为中心，以宗族、家庭为社会基础的宗法制度实行"亲亲"的政治制度。统治阶级把血缘关系的亲疏作为划分等级的惟一基础和标准，形成了宗族观念。周代，以"大宗"、"小宗"之别来体现血缘关系的远近。周王室最高统治者为大宗，把大宗视为"百世不迁之宗"，即百世仍可以祭其始祖。大宗之下，又分成若干小宗，小宗对于其再分化的小宗而言又成为大宗。通过这种层层分化，把周王朝联结成一个实体性的宗族团体。通过宗法制度和宗族观念，巩固了阶级统治。与此同时，以孔子为代表的儒家又将其加以理论化，倡导忠、孝等三纲五常，以"修身、齐家、治国、平天下"为人的奋斗目标，提出了家国同构的政治思想，从而确立了宗族在社会结构中的重要地位，也强化了宗族观念。秦汉以后，历代统治者都大力旌表大家族，人们也往往累世同居，尤其是魏晋时期，士族地主空前发展，出现了十世乃至十世以上共炊的复合式家庭。如此，宗法制度经过历代统治阶级的提倡与加强，影响到全社会，形成我国根深蒂固的浓厚的宗族、家族观念。宗族观念的盛行，增强了家庭、家族的亲和力和凝聚力，有助于国家民族的绵延，也深深地影响了我国传统的丧葬意识和丧葬习俗。这在聚族而葬、五服制度、祭祖风俗等方面都有深刻的体现。如今，随着宗族、家族观念被打破，丧葬习俗也渐次发展为公民安葬在集体墓地，葬礼的安排也突破了血缘的界限。

再者，古代葬俗的演进，还受到了传统孝道观念的影响。孝道观念是在灵魂不灭观念和祖先崇拜的基础上形成的，并随着个体家庭经济的发展而逐步发达起来。后来，又被儒家归入"礼"的范畴，为历代统治阶级所提倡。

孝的观念，萌生于商周时期。《诗经·周颂·闵予小子》："于乎皇考，永世克孝。"《尚书·周书·文侯之命》："追孝于前文人。"金文中亦有大量记载，仲自父盨记："用享用孝于皇祖、文考。"兮仲钟记："用追孝于皇考已伯"等。这些都表明当时人们已经产生对父母和先祖尽孝的观念。从现存资料来看,周人对死去的祖先的追孝比对活着的父母的孝更加重视,这说明周代孝的观念已由对在世父母的孝延伸、扩大到对去世父母和先祖的孝。正如有的学者所言:“孝的观念由生而及死,由父母而及祖先。”①春秋战国时期,是百家争鸣的时代,儒、法、道、墨等思想流派逐渐形成,孝道观念在这时期也得到了大的发展。具有代表性的是以孔子为首的儒家,他们对传统的孝道观念进行了总结和深化,把孝上升到“礼”的范畴。儒家提倡孝道,他们把养生与送死等量齐观,甚至重视送死的程度超过了养生。孔子主张:“事死如生,事亡如存,仁智备矣”,“生,事之以礼;死,葬之以礼;祭之以礼”,认为“慎终,追远,民德归厚矣”②。即孔子认为,孝不仅要求对父母在世时尊养、敬重,即使对死去的父母、祖宗也要如生时那样恭敬、孝顺,所谓“三年无改於父之道,可谓孝矣”③。但孔子所说的孝还只是强调对去世的亲人只要在精神上悼念就可以了。后来孟子把孔子的这种思想加以继承和发展,强调不但要对去世的亲人有精神上的悼念,还要进行隆重的物质送葬。孟子说:“古者棺椁无度。中古棺七寸,椁称之。自天子达于庶人,非直为观美也,然后尽于人心。不得不可以为悦;无财不可以为悦。得之为有财,古之人皆用之,吾何为独不然?且比化者,无使土亲肤,于人心独无恔乎。吾闻之也:君子不以天下俭其亲”④,认为只有厚葬父母,才算子孙尽了孝心,讲了礼,否则就是不孝,不齿于人类,不容于天地之间。儒学的继承者荀子亦云:“夫厚其生而薄其死,是敬其有知而慢其无知也,是奸人之道,而背叛之心也。”⑤这样,儒家就把“孝道”同他们所提倡的“礼”(社会规范)联系起来,认为重孝就是尊礼,尊礼才能“守先王之道”⑥。重孝即要在精神上表现出对死者的敬重、爱戴,要哀毁骨立,同时在物质上必须厚葬亲属,做到以死事生。但是由于当时处于百家争鸣的时代,儒家的思想并没有占据绝对的主导地位,因此,先秦时期,对丧葬礼节性规定远远多于物质上的要求。

自汉代董仲舒罢黜百家,独尊儒术后,儒家所提倡的“君君、臣臣、父父、子子”的政治思想,被历代统治阶级作为治国方针加以推行,同时儒家所倡导的孝道观念也为他们所继承,并极力倡导以孝治天下,使“孝”的观念日渐趋于政治化。如宋

① 陈苏镇:《商周时期孝观念的起源、发展及其社会原因》,载《中国哲学》第10辑,三联书店1983年版。

② 《中庸》、《论语·为政》、《论语·学而》。

③ 《论语·学而》。

④ 《孟子·公孙丑》。

⑤ 《荀子·礼论》。

⑥ 《孟子·滕文公(下)》。

哲宗说："奉先者如亡如存，追往者送终为大。"①宋光宗说："礼莫大于事宗庙……孝莫重于执丧。"②儒家士大夫更是奉行传统的"事亡如事存"的丧葬观念，把丧葬看做是人生中最为重要的一件大事。认为"孝莫得乎丧"③，"养生不足以当大事，惟送死可以当大事。""死者，人之终也，不可以不厚也，于是为之衣衾棺椁，衰麻哭踊，以奉死丧。"④另外，统治阶级在选拔人才时，也以孝作为标准。如汉魏时期察举制中设孝廉科，专门把"孝"与否作为选拔人才的标准之一。隋唐以后的科举制中仍把孝廉作为科举科目推行，其他各类人才的选拔也要以孝作为参考。不孝者不但会受到伦理道德的谴责，而且也会断送仕进的希望。在这种情况下，社会各个阶层的人们都深受孝道观念的影响。在日常生活中谨尊父教，克己奉礼之外，更重要的就是对死去的亲人也要孝，其中之一就是对死者的厚葬。如汉代"死以奢侈相高，虽无哀戚之心，而厚葬重币者，则称以为孝，显名立于世，光荣著于俗，故黎民相慕效，至于发屋卖业"⑤。北魏河东闻喜人吴悉达"迁葬曾祖已下三世九丧，倾尽资业，不假于人，哀感毁悴，有过初丧。有司奏闻，标闾复役，以彰孝义"⑥。都是在这种孝道观念的影响下出现的。在中国古代，厚葬被冠以"礼"和"孝"的美名，左右了中国丧葬民俗的导向，时间达数千年之久。

古代葬俗的日益统一、整合，是民族文化、社会文化交流、渗透、相互影响的结果。中国古代讲求社会的大一统，它不仅表现为政治格局的统一，还表现为文化思想的统一。历代统治者，都着力推行一种主导文化，这种主导文化基本上是儒家所提倡的儒学思想，在其逐渐确立为官方的主要意识形态后，它深深地影响到丧葬，使丧葬风俗有趋于统一的趋势。

---

① 《宋大诏令集》卷7。

② 《宋史》卷391《周必大传》。

③ ［宋］宋祁：《宋景文集》卷61《孙仆射行状》。

④ ［宋］李觏：《李觏集》卷2《礼论第一》。

⑤ 《盐铁论·散不足》。

⑥ 《魏书》卷86《吴悉达传》。

宋张择端《清明上河图》（局部）

第九章　生产与行业生活

人类社会生活史，不外由物质生产生活和精神生产生活两方面构成。因此，生产领域中的活动安排、风俗传承以及行业生活中的制度规范、信仰习俗在中国社会生活史中占有极其重要的位置。生产与行业生活活动，既为人类的多元社会生活提供重要的物质基础、经济保障，更为社会生活的繁荣、兴盛、延续、发展、创新、变革，提供有效的空间和实在的依托。

第一节 生产风俗

一、农业习俗

在古代中国,农业生产无疑是国民经济的命脉,它历来都备受重视,也形成了一些富有特色的习俗。

1. 农事安排

农业生产活动会受自然环境,尤其是季节转换的制约,这是劳动者在生产实践中得出的结论。因此,节气往往是老百姓安排农事的重要依据。早在殷商时期,我国劳动人民就能够测定出春分、秋分、夏至、冬至四个节气,到春秋时期,又进一步发展到八个节气,战国时期确立了二十四节气。统治阶级还将之上升为礼俗规范,由他们掌管节期历律的定制。

古时,统治者会在重要节令期间推行农政措施,督促百姓搞好农业生产。史载,秦汉时,举国上下会在立春之日举行隆重的迎春仪式:京师百官身着青衣,郡国以下官吏头戴青帻,树立青幡,并将泥土制成的农夫和耕牛置于门外,提醒百姓立春时节已到,应准备生产事宜了。土牛和耕夫一直要放到立夏。同时,皇帝还要下诏,令百官执政勿妨碍农时,刑事案件除死罪外,皆要等到夏收后处理。此外,朝廷还要率百官乘耕车,到郊外举行亲耕籍田的礼仪。皇帝象征性地用耒耕三下,百官依官职高低依次耕作。皇帝亲耕籍田仪式后,便下令郡国守相巡行管辖地区,颁布春令,督促农民及时耕种①。天子籍田是封建政府一项重大的礼仪活动,它同迎春仪式一样都是旨在显示国家重视农业,奉劝百姓重农、务农,莫违农时。随着季节的变换,封建朝廷还不断发布诏书,劝督农桑,向官吏及百姓训诫农事活动的重要性,并通过赈贷种粮、官员监督等方式推动农业生产。

普通农家也往往在天子籍田前后举行祭祀先穑和祖先仪式,这一仪式的举行标志着紧张的春耕季节的开始。关于民间对农事的安排,史书中多有记载。如南朝梁人宗懔《荆楚岁时记》中说:“春分日,民并种戒火草于屋上。有鸟如乌,先鸡而鸣:‘架架格格’。民候此鸟则入田,以为候。”“杜鹃初啼,田家候之。”“四月也,

① 《后汉书》志第4《礼仪(上)》。

有鸟名获谷，其名自呼。农人候此鸟，则犁杷上岸。”“仲冬之月，采撷霜芜菁、葵等杂菜干之，家家为咸菹”等。元人王祯《农书》中也载有：正月里“修农具，粪地，耕地，嫁树，烧苜蓿，烧荒，葺园庐，垄瓜田”；二月里“种蔴粟豆黍茶蔬瓜瓠椒秧芋，祭社，造布，开荒，修蚕室，栽接桑果，浸稻种，修沟渠池塘筑墙”①等内容。这些记载展示了农民依节气变化有条不紊地安排农业生产的情形。在甘肃等地，至今仍流行着一种“报春官”的说唱活动。每年冬至前后，农民扮成春官走村串户，演唱历法歌谣。劝诫人们要勤劳，不要违背农时，歌中唱道：正月“立春”天文合，节气相连“雨水”多；世上只有春富贵，春来花开红似火……十二月“小寒”与“大寒”，火盆煨茶香又甜；一年勤苦换舒坦，欢欢乐乐过新年。

在漫长的农业生产历史中，还形成了以占验安排农事的习俗，这其中既有生产经验的总结，也有许多迷信的成分。这种农事占验活动是贯穿一年的，如：

正月元日到十二日，以瓶汲水，称其轻重，重则其月多水，轻则旱。正月初八为谷日，其日晴则兆丰年，阴则五谷不收。有些少数民族在播种前夕还有占梦的习俗，如果梦见了汪洋大海、族中富人、美丽少女，均为吉兆，次日就进行播种。如梦见鱼、穷人、粪便则为不吉，须推延播种期，直到获得吉兆。二月，若时辰交惊蛰之时能听到雷声被认为是大吉大利的事，农谚说：“惊蛰闻雷米似泥。”若雷声响于惊蛰前，则预示农业歉收，农谚说：“未蛰先蛰，人吃狗食。”

三月初三，民间又有以蛙鸣卜农事的习俗，俗传“午前鸣，高田熟；午后鸣，低田熟”。三、四月间，人们插秧时，要以占验来决定插秧日期。四月份，百姓尤为关注初八和十六两天。若初八夜雨则小麦歉收，谚云：“小麦不怕神共鬼，只怕七日、八夜雨。”十六日，阴则兆丰，谚云：“四月十六，天上有云，地上有谷。”

五月端午和夏至两日，若下雨则兆丰年，民间有“夏至无雨，碓里无米”、“夏至日个雨，一点值千金”之说。六月，民间又有以三伏热不热为兆的习俗，谚云：“三伏不热，五谷不结。”

七月，若立秋日雷鸣，则预兆稻秀不实。谚云：“雷打秋，晚禾折半收”、“雨打秋丁卯，田中获烂稻。”等到稻子成熟，农人还会聚集起来举行仪式进行占卜以选择收获日期。八月份，若秋分在秋社前则兆年丰，在秋社后则兆岁歉，有谚云：“分后社，白米遍天下；社后分，白米像锦墩。”又有“秋社有雨谷连阡，秋社无雨不种田”之说。

九月重阳日，“东北风，来年丰，西北风，来年歉”。十月，谚云：“十月无霜主大荒”、“十月无霜，碓头无糠。”

---

① ［元］王祯：《农书》卷1《农桑通诀集之一》。

十一月，称作冬月，俗信"冬无雪，麦不结"、"冬月无雪，田中无麦"。十二月，民间称作腊月。若腊月得雪三次，对麦子是十分有利的，农谚说："若要麦，见三白""一腊见三白，田公笑吓吓。"

2. 农事禁忌

农事禁忌主要表现在播种、收获、特殊的节令和时日以及某些言行举止方面。

播种时间的选择，虽因地区、民族不尽相同，但都与自然崇拜对于干支甲子、阴阳五行的迷信有关。一般说来，在阴天、雷鸣日、火日、兔日等时间是不能播种插秧的。有些地方，种大豆"忌申、卯日种"①，种大麦"忌子日种"②，种小麦忌戌日，因为人们认为这些日子不吉，若在这样的日子播种会影响作物收成。有些民族要先祭祀家神、寨神，然后再播种。播种时还必须秘密进行，不得宣扬，恐害虫和田鼠知道会把种子和作物吃掉。播种时，是忌讳将种子掉在地上的，俗信那样便会得罪土地神而遭受惩罚。挑谷种出门时，如果撞上女人，被认为是最不吉利的，必须回头重挑一次。挑谷种时，要用浅箩头，以讨"浅出满进"的吉兆。播种期间，左邻右舍亦不相往来，妇女也不许触摸剪刀、针线等物品。

在收获季节，有些民族禁止夫妻同房。在打谷场上忌说不吉话语，忌遗落、抛撒谷物，恐得罪了谷神。这些虽然有迷信色彩，但也有促使人们珍惜粮食的积极意义。在求雨仪式举行期间，民间还禁忌火、伞、扇、雨衣等物，怕与雨水相克。在防汛期间，又禁兴兵动众、大兴土木，俗信"土克水"，若动了土就难挡水患了。

养蚕是传统农业生产的重要组成部分。养蚕的禁忌甚多。如：禁止在蚕室内睡觉、扫尘、烧皮毛乱发、有酒醋腥臊等异味；禁止当风迎日、西晒日照、温差过大；禁止在蚕室附近舂捣、敲门窗、槌锡箔；禁止在蚕室说污言秽语、哭泣等。这些禁忌，多是出于对蚕室环境的保护，是蚕农生产经验的总结，有其合理性。不过，也有一些禁忌却有明显的迷信色彩，如：禁风尘之人、陌生人、经期妇女、产妇、孝子入蚕室。宋人范成大《四时田园杂兴》诗说："三旬蚕忌闭门中，邻曲都无步往踪。犹是晓晴风露下，采桑时节暂相逢"③，就反映了这一习俗。民间以十二月十二日为蚕生日，并在这一天浴种，但"孕妇、产妇皆不得浴"④。此外，蚕农还有许多禁忌语，如忌讳"死"字。为避忌，他们将"蚕屎"说成"蚕沙"。蚕农也不允许说"蚕长"，而改说"蚕高"，以免不吉。因亮蚕是病蚕，故蚕农避忌"亮"字，便将"天亮了"说成

① [元]鲁明善：《农桑衣食撮要》卷上。

② [元]鲁明善：《农桑衣食撮要》卷下。

③ [宋]范成大：《石湖居士诗集》卷27。

④ 同治《湖州府志》卷30《舆地略·蚕桑(上)》。

“天开眼了”。又因“酱”谐“僵”，故蚕农忌说酱字，而将之说成“颜色”。此外，蚕农还忌说“笋”字、“葱”字等。这是因为笋与“伸”谐音，而蚕体伸直即为蚕死，故笋要改说成“萝卜”。葱与“冲”谐音，故“葱”要改说成“香火”。

3. 祈祷丰收

农业生产的丰歉，对于农民来说，是头等大事。在科学技术水平落后的情况下，农民不能正确认识农业生产的规律，只能寄希望于上天和神祇的保佑，于是，通过一定仪式来祈求神灵佑护、祝祷丰收便成了一种十分重要的仪俗。我国南北各地的农民都崇拜一些神灵，如：农业始祖神、土地神、水神、虫神、蚕神等。

农业始祖神　古时，人们祭祀的农业始祖神主要有神农氏炎帝和周始祖后稷。《淮南子·修务》说：“古有民茹草饮水，采树木之实，食蠃蛖之肉，时多疾病毒伤之害。于是神农乃始教民播五谷，相土地宜燥湿肥墝高下，尝百草之滋味，水泉之甘苦，令民知所辟就。”可见，神农与农业的起源息息相关，他受到百姓的尊奉当然不足为怪。古时，天子籍田前往往都要先举行祭祀神农的仪式，表明统治者对农业始祖的敬仰。湖南炎帝陵的祭祀活动通常在大年初一举行。届时，四面八方的农人汇集在那里举行隆重的奉祭仪式，人们希望通过这种活动能得到神农的保佑，能拥有风调雨顺、人畜平安的好光景。除神农氏外，人们还祭祀另一农业始祖神——后稷。神话说，黄帝派后稷“教民稼穑”，因此，一些地区的农民历来就崇敬后稷。传说山西稷山县是后稷向人类传授生产技术的地方，所以，每年春、秋两季，人们都从各地奔赴这里，朝拜祭祀。

土地神　这位神灵名叫后土。元鼎四年（前113年）汉武帝正式立后土祠，作为皇帝供奉的土地神。武帝在诏书中说：“间者河溢，岁数不登，故巡祭后土，祈为百姓育谷”①，认为祭祀后土有祈祷丰收的功能。除后土外，民间还祭土地爷。据说他是神界地位最低的小官，但为人守土、乐善好施，老百姓觉得与他可以亲近，于是便迎其回家，放在神龛中供奉，左右还贴上对联：“地是黄金板，土能生万物。”正月里，人们要拜土地爷，祈求他赐给土地和丰收。

水神　水是农业的命脉，旱和涝都极不利于农业生产，因此，老百姓对水往往是又敬又怕，生怕它给人间带来灾难。在百姓心目中，最有权威的水神当数龙王，他的形象十分威严，各地大大小小的龙王庙中都供奉着他。别的水神形象还有大禹、李冰、关公等。他们由于曾经成功地与水打过交道，也成为百姓敬奉的对象。

虫神　虫灾对农业的威胁也很大，尤其是蝗虫，它们所到之处，庄稼往往面临灭顶之灾。于是，人们构想出一位驱蝗神灵——刘猛将军，并认为正月十三是他的

---

①　《汉书》卷25（上）《郊祀志第五（上）》。

诞辰。在这一天，官府有隆重的祭祀仪式，而民间也前后数日聚集吉祥庵，燃铜烛，并抬刘猛将军神像游街，称为“待猛将”。人们还恭恭敬敬地给刘猛将军进献食品，希望他酒足饭饱后去为百姓除虫。

蚕神 民间供奉的蚕神很多。汉代，人们尊奉菀窳妇人和寓氏公主为蚕神，当时有“卧种之日，升香以祷天马四先蚕也，割鸡设醴，以祷菀窳妇人、寓氏公主，盖蚕神也。毋治堰，毋诛草，毋沃灰，毋室入外人”①之风俗。宋代时，蚕神又有青衣神、蚕花娘娘等。据说，青衣神因教人养蚕而受人们敬重，蚕花娘娘在民间传说中则是一位马首人身的少女。另外，嫘祖娘娘亦是人们供奉的蚕神，相传她教百姓养蚕缫丝，因而被祀为神。

在民间，祈祷丰收活动是贯穿一年的。正月里，所祭之神很多，如神农炎帝、刘猛将军、蚕神等。在祭祀时，还有著名的“打春牛”仪式。“打春牛”又称“鞭春”，是历史上相沿许久的习俗。《吴郡岁华纪丽》中说：“古制于国城南立土牛以示民，如立春在十二月望，则策牛者近前，示其农早也；如立春在正月望，则策牛者在后，示其农晚也。今立春日，州县制土牛，以彩杖鞭而碎之，事与古殊，然相沿已久。”②所谓春牛，有的是以土制成的，有的是以秫秸、彩纸扎成的，内装五谷。打春牛的场合往往是郊外宽敞之地。若是土牛，人们要观其颜色，土呈红色，预示这年雨水少，应注意防旱。土呈黑色，则雨水多，应注意防涝。打春牛时，乡人要将土牛打碎，围观的农民便蜂拥而上，争抢泥块和牛肚内的五谷，并将之撒进自家的田地和畜栏中，寄寓人畜两旺、农业丰收的希望。若是秫秸、彩纸扎成的春牛，人们会执丝鞭打之，使五谷纷坠于地，象征五谷丰登。有的地方打春牛时还要口念祝语：“一打风调雨顺，二打土肥地暄，三打三阳开泰，四打四季平安……”念毕，将春牛焚烧。

二月里，人们要祭祀土地神。民间有“龙抬头”、“斋田头”的祭虫活动。“龙抬头”是二月初二这一天，各家要做荤素饼馔，以油烹而食，曰“蒸虫儿”。“斋田头”是将食物置于田头以喂百虫，希望它们吃过农人所敬食物后不再为害庄稼。这些祭仪都是为了祈求田苗不遭百虫侵害、五谷丰登。三月里，蚕农要祭蚕神，将蚕蚁供于神位前，焚香祈祷丰产。待采完蚕后，还要举行“谢蚕神”的活动。

四月，有的地方乡民还有请戏祭雹神的风俗，以祈求庄稼免受雹灾而得丰收。五月，要举行祭祀河神活动，龙舟竞渡、抛粽于河等都是祭祀河神的仪式。此外，人们还要用歌舞、音乐来祭祀神灵，为农作物祈雨祈丰。夏至那天，农民还要摆酒饭于田头，有的还要行祭拜之礼，并祈祷道：“田公田婆保佑风调雨顺，无病无灾，来

---

① ［宋］秦观：《蚕书・祷神》。

② ［清］袁景澜：《吴郡岁华纪丽》卷1《打春拜春》。

日丰收,必来重谢。”

六月,要举行多种祭祀活动。六月六,有些地方要祭谷神,称作“六六福”;还有些地方要祭祀“青苗神”,称为“青苗会”;另有些地方祭虫王爷,祈求虫王爷管好百虫,不让其糟蹋庄稼。七月朔日,相传是雹神诞生日,民间有于这一天祭祀雹神的传统。七夕以后,农民又要集资祭祀刘猛将军。届时,人们抬着刘猛将军之神像于场院,杀牲奏乐以祭祀之,四野还要插满五色彩旗,人们认为,如此这般蝗虫就不会危害庄稼了。七月十五日是中元节,民间又有“斋田头”的做法,即将粉团、瓜蔬等置于田头并叩拜祷祝。有些地方还在此日祭祀后稷,因为传说中他是最早教人种植谷物的神人。

八九月份秋收以后,民间要用谷物、牲畜祭祀神灵,感谢它们的保佑。十月到腊月底是农闲时间,民间又有祭百神、大饮宴等活动,这些活动既表达了人们对众神的感激,也祈祷来年丰收。

4. 禳灾风俗

自然灾害往往对农业生产和群众的生命财产造成很大破坏。在古代,由于科学技术水平的低下,人们对灾害的认识及其所掌握的救灾措施是十分有限的。因此,当灾难降临时,人们往往更多地求助于上天和各种神祇,希望能够从那里得到解救。各种各样的禳灾风俗便由此产生。古时,禳灾活动主要有求雨、祈晴、驱虫等。

求雨 雨与农业生产息息相关,但雨究竟是如何产生和降临的,在人们看来,却是十分神秘的。古时,上至皇帝百官下至普通百姓都参与求雨活动。史载,秦汉时期凡遇重大旱情,各级政府都要按董仲舒所设计的雩礼祈雨,“闭诸阳,衣皂,兴土龙,立土人舞僮二佾,七日一变如故事”①。“朝廷劳心,广为祈祷,荐祭山川,暴龙移市”②。隋文帝开皇六年(586年),天下大旱,文帝请二百位僧人在正殿祈雨,皇帝及五品以上官员都出席了仪式。元代,朝廷举行求雨仪式时要求斋戒,以示对神的敬重,而民间则有杀牛宰马以求雨的,其目的也是表示对神灵的尊崇。

求雨仪式的对象首选龙王,因为它是水中之神。人们要隆重祭祀龙王,请求它赐雨水给人间。五岳(即东岳泰山、西岳华山、南岳衡山、北岳恒山、中岳嵩山)神和其他山神也是祈雨的对象,其中,尤以华山最为突出,“关陕有旱,必祷华山”,成为惯例。在陕西任职的官吏也多往拜华山,祈求它的佑护。此外,还有不少神祠也成为求雨时祈祷的对象。这些神祠往往与一些神奇传说有密切关系。在百姓眼

① 《续汉书》卷15《礼仪志(中)》。

② 《后汉书》卷30(下)《郎顗传》。

中，它们有某些特异功能，具有灵性，能体察民众呼声。如鄞县（今浙江鄞县）西南60里处，有一座显济庙，其天井中“有多线蜥蜴，能显灵，兴云雨。郡旱祷之即应”。该县西40里有石岙庙，据说，“岙有灵鳗，能兴云雨”。在古代，一些与水有关的动物也往往与求雨活动联系在一起，如龙、蛇、蛙、蜥蜴、鱼等。这些动物有实际存在的，也有假想中的，用这些动物为媒介进行求雨，遵循的是同类相感的巫术逻辑。比如，有史料这样记述：“昆明池刻玉石为鱼，每至雷雨，鱼常鸣吼，鳍尾皆动。汉世祭之以祈雨，往往有验。”①同样，如果在祈祷时，蛇、蜥蜴等动物出现也会被认为是吉利之事，因为它们往往能带来云雨。

至于求雨的方法，更是五花八门。西汉有将巫者置于烈日下曝晒和焚烧动物的做法。东汉时一些地方官员求雨时，也有人“自暴庭中，……将自焚焉”②，“曝身庭阶，告诫引罪”③，以祈祷降雨。西汉董仲舒《春秋繁露》卷七四《求雨》中还说“凡求雨之大体，丈夫欲藏匿，女子欲和而乐”，认为男子为阳，在求雨时应予回避，以免与雨水相克。而女子为阴，有助于求雨。五代时，僧人子朗曾以闭气的方法役龙致雨。据说，他坐在水中，闭气三日而使天降大雨。子朗解释闭气的功能说：“本法于湫潭中作观，与龙相系。龙为定力所制，必致惊动，因而致雨。”④唐武宗会昌年间，狄惟谦任太原令，自春至夏不雨，祷于晋祠，迄无应验。最后，狄惟谦亲自驾车请宫廷女巫郭天师祈雨。郭天师到太原后飞符请雨，并告诉狄，三天之内就会有雨。三天过去，晴朗如故。女巫又说，旱灾皆因地方官无德而致，我再次问天，天说七日内下雨。结果七天之后，天空依然万里无云，女巫心虚欲溜，狄苦苦挽留。女巫怒斥狄说：“庸琐官人，不知天道。天时未肯下雨，留我将复何为！”狄大怒，将女巫投进了河里。满城百姓惊骇不已，唯恐遭到报应。未曾想，女巫刚投下河，天空就布满了乌云，“雷震数声，甘雨大澍，原野无不滂流”，⑤一下子解决了久旱无雨的问题。

祈晴　与旱相对应的就是涝。雨下得太多往往泛滥成灾，因此，古人又有祈晴的习俗。董仲舒认为，雨水过多，须令县邑以土日举行祀典，堵塞水沟，断绝道路，盖上井，女人不能入市。县乡里应清扫社，县邑、乡、里长官各选祭主一人，依据季节穿着不同颜色的衣服（春苍、夏赤、秋黄、冬黑），准备豚、黍、盐、酒等祭社。用红

---

① ［东晋］葛洪集：《西京杂记》卷1《玉鱼动荡》。

② 《后汉书》卷81《独行·谅辅》。

③ 《太平御览》卷11《长沙郡耆旧传》。

④ 《太平广记》卷396《雨》“子朗”条。

⑤ 《太平广记》卷396《雨》“狄惟谦”条。

绳缠绕社木，命人擂红色的鼓以“攻社”。击鼓三日，进行祝祷，祈求社灵“幸为止雨，除民所苦”。在这一系列活动中，雨水过多代表着阴气过盛，红色代表阳，攻社代表以阳胜阴。与求雨相反，董仲舒提出“女子欲其藏而匿也，丈夫欲其和而乐也。开阳而闭阴，阖水而开火”①，认为男性是止雨活动的主体，男性的行为代表阳气，是有利于止雨的。祈晴止雨在唐代也盛行不衰。史载，唐玄宗天宝十三载(754 年)，长安城下了数月雨，“九月，遣闭坊市北门，盖井，禁妇人入街市，祭玄冥大社，禜门”②。唐代宗大历四年(769 年)，长安连下了半年的雨，朝廷于是下令“京城闭坊市北门，门置土台，台上置坛及黄幡以祈晴”③。到了唐敬宗时，禜门祈晴的做法成为定制。除了这种祭城门的办法外，人们祈晴禳灾的做法还有祷告和请道士作法等，也有些地方各种方法兼而用之。元代至正十四年(1354 年)，平江路(今江苏苏州)自春至夏，阴雨连绵。平江路总管便请玄妙观道士作法，向上天祈祷。官员们则每天祭拜东门，结果“长空一碧”，天放晴了。

民间还有一种祈晴风俗，那便是悬挂扫晴娘。每当久雨不停时，百姓就剪纸为女形，手持一帚，悬于屋檐下，以求天晴。这个女像就是民间流传的扫晴娘形象。“卷袖搴裳手持帚，挂向阴空便摇手”④，“笑着苕枝挥素手，尽驱云影入苍岩”⑤等诗句都是对于扫晴娘的描述。

驱虫 害虫是农作物的天敌，其中，尤以蝗虫最为厉害。蝗灾一旦发生，农作物将被一扫而光，从而出现赤地千里的悲惨景象。《新唐书》曾记载了贞元元年(公元 785 年)的蝗灾情况：“东自海，西尽河、陇，群飞蔽天，旬日不息，所至草木及畜毛靡有孑遗，饿殣枕道，民蒸蝗，曝，飏去翅足而食之。”⑥可见，蝗灾为害甚烈。面对蝗灾，消极的办法是求助于神灵。起初，人们认为蝗是一种有灵性的生物，不可用人力驱除，以至于“百姓皆烧香礼拜，设祭祈恩，眼看食苗，手不敢近”⑦。人们甚至还认为，蝗灾是天降的灾难，是现实政治状况的一种反映。例如唐代正史中就有相关记载，说李绅任汴州刺史，颇有政声，开成二年(837 年)“夏秋旱，大蝗，独不入汴、宋之境，诏书褒美”⑧，将无蝗灾与李绅的突出政绩联系了起来。后晋天福八

① [西汉]董仲舒：《春秋繁露》卷 75《止雨》。

② 《旧唐书》卷 37《五行志》。

③ 《旧唐书》卷 37《五行志》。

④ [元]李俊民：《扫晴妇》，《庄靖先生集》卷 2。

⑤ [汉]王恽：《扫晴妇》，《秋涧先生大全集》卷 20。

⑥ 《新唐书》卷 36《五行志三》。

⑦ 《旧唐书》卷 96《姚崇传》。

⑧ 《旧唐书》卷 173《李绅传》。

年(943年),各州郡蝗灾严重,晋少帝为此下诏大赦天下,以免天怒。另据说,唐太宗曾在众朝臣面前生吞蝗虫一个并神色凝重地说:“百姓有过,在予一人,尔其有灵,便当蚀我心,无害百姓。”①蝗灾发生后,人们往往要祭祀虫王,请虫王出面平灭蝗患。另有一种奇特风俗,就是向上天控诉蝗虫,以弭蝗灾。史载:“亳州有蝗食民禾,观音奴以事至亳,民以蝗诉,立取蝗向天祝之,以水研碎而饮,是岁蝗不为灾。”②除了祈告等消极措施外,也有一些积极的灭煌办法。例如,在夜中点起大火,并在火堆边挖坑,蝗虫扑火就焚,烧死后掉到坑中,捕蝗的效率很高。这是百姓在生产实践中总结出的成功经验。

二、畜牧与渔猎生活习俗

1. 畜牧

早在新石器时代,动物的驯养就开始了。我国古代传说中的伏羲氏就是原始畜牧业的代表。大汶口文化中发现了猪、狗、牛、羊、鸡的骨骼,龙山文化和齐家文化还发现了马骨和驴骨,六畜齐全,而且家畜的数量有了显著的增加,饲养技术水平也有了较大提高。原始人对动物的驯养,经历了驯养野生动物、繁殖家畜和人工选择等三个阶段。这一时期人们驯养的动物主要有狗、猪、羊、牛、鸡、鹿、马等。狗是放养的,随主人左右,狩猎时出没森林,平时则守护住地。猪以圈养为主要饲养方式。养鸡又分为窝养和架养,窝养就是白天散放于地面上,晚间赶入鸡窝,架养是在屋檐下吊若干鸡筐,任由鸡上下。羊、牛、马等一般是白天由人牧放,晚上关入畜栏。总的看来,原始人驯养家畜技能是很低下的,因而牲畜的寿命很短。由于不懂阉割去势、良种相配、防病治病等技术,致使一些牲口瘦弱不堪,无多大价值。

到了秦汉时期,畜牧业有了一定发展,但它仅是农业的补充,在经济结构中并不占主导地位。不过,草原地区流动着从事放牧业的匈奴、乌桓、鲜卑等民族,他们则以畜牧为生。匈奴人畜养的物种主要是以马、牛、羊、骆驼、驴、骡等为主的大型牲畜。他们饲养的牲畜虽然数量多,但由于抵御自然灾害的能力低下,畜牧业发展并不稳定。史书中多有“匈奴大雨雪,畜多饥寒死”、“畜产冻死,还者不能什一”之类的记载,因而匈奴人经常陷入饥寒交迫的悲惨境地。东北地区住着东夷部落,他们的畜牧业以养猪为主。西域地区居住着几十个部族,其中,鄯善、乌孙等都主要从事畜牧业,饲养马、牛、羊、驴、骆驼等。这个地区产出的优良马种传入中原后曾对内地马匹的改良起到了重要作用。天水、陇西、安定、北地、西河、上郡等“河西

---

① [唐]吴兢:《贞观政要》卷8《务农》。

② 《元史》卷192《良吏二·观音奴》。

六郡”，土地辽阔，水草丰美，有着发展畜牧业的良好条件，涌现了一些以经营畜牧业致富的著名人物。而从黄河到珠江流域的广袤地区，畜牧业仅是农业的补充。鸡、猪、羊、犬是这里居民普遍饲养的家畜家禽，同时也有马、牛等大型动物。先秦时北方地区形成的“六畜”饲养模式这时进一步扩展到南方地区，并以种植业附属产业的形式固定下来。成书于汉代的《神农本草经》还涉及了畜病的预防与治疗。由于阉割去势对家畜具有提高经济价值和优化品种的双重意义，因而受到人们的重视，促进了家畜阉割术的推广和普及。随着畜牧业的发展，人们也开始祭祀与之相关的神灵。睡虎地秦简中就载有祈祷马匹繁殖的祭祀活动。人们尊奉马祖，因为它是二十八星宿之一的“房星”，主马。人们还祭祀“马步”，据说它是危害马匹的恶神，人们向它进奉贡品，祈求牲畜健康成长。

魏晋南北朝时期，周边地区的少数民族大量入迁中原，带来了“逐水草而居”的游牧生活方式，对北方地区的生产生活产生了深远影响。这些游牧民族行则乘马，居则穹庐，畜肉为食，奶酪为饮，毛毳为衣。畜牧业在他们生活中居于主导地位，畜群和皮毛是他们最重要的财产，人们的身份地位均据此而定。年轻人缔结婚姻时，马、牛、羊等牲畜是聘礼；办丧事时，死者生前的乘马、牧犬等要随葬，甚至连犯了死罪也可用牲畜来赎命。在游牧民族的影响下，中原地区的畜牧业发展很快，比如，史书中就有“私家有马千匹”之类的记载，可见养马的规模之大。这一时期的各个政权也十分重视畜牧业的发展，西晋时期甚至走向极端，出现了关中地区良田被废，牧场则连绵不绝的情景。胡服、胡食、胡舞、胡曲也传入内地并广为流传。

隋唐时期，牧马业在畜牧业中占有相当大的比重。据载，自贞观到麟德年间，“马至七十万六千匹，置八使以董之，设四十八监以掌之”①。唐代养马的方式主要是牧放和圈养相结合。据载，唐朝岐、邠、泾、宁等州的官马，都是在每年四月十一日“停料野放”。放牧时，马、牛以20匹为一群，驼、骡、驴以70匹为一群，羊以620只为一群，每群设牧长、牧尉。这时，畜养役畜有许多禁忌，如：不可以石灰泥马槽、不可将驴、马拴在门上，认为这样会使母马流产；同时，人们相信“常系猕猴于马坊内，辟恶消百病，令马不患疥”②。在相牛时，人们认为：若牛眼下有旋毛，则牛寿不长；若两角有乱毛起，会妨碍主人；若初买牵来时牛口张开，凶，不可买；若赤牛、黄牛为乌眼者，有碍于主人等等。与迷信禁忌相对的是，在畜牧实践中，人们也总结了一些科学的宝贵经验。如：饮水太频，羊容易蹄甲出脓，故应两天饮一次水；春、夏天热时，羊宜早放，秋、冬天凉时，羊宜晚放；在严冬季节，羊应收圈喂养，应每隔

① 《全唐文》卷226《大唐开元十三年陇右监牧颂德碑》。

② ［唐］韩鄂：《四时纂要》卷2《马所忌》。

两天给羊圈清除一次粪便等。最有趣的是当时人们拢羊入圈和区分病羊的做法。由于羊爱吃盐，故人们在羊圈中放一瓦盆盐水，这样，羊就会主动跑回圈里，而无需牧羊人驱赶。而要将病羊与健康之羊区别开来，最简便而又行之有效的办法是在羊栏前挖一个深二尺、宽四尺的坑，“往来皆跳过者，不病；如有病，入坑行，宜便别著，恐相染也”①。

与唐代不同，宋人对牛非常重视，将之视为农家之宝。人们认为，没有牛，农民的衣食财用都会受到影响，因此，对牛倍加爱护。宋人陈旉在其所著的《农书》中提出养牛应“视牛之饥渴，犹己之饥渴；视牛之困苦羸瘠，犹己之困苦羸瘠；视牛之疫疠，若己之有疾也”，可见人们对牛的重视与爱护。当时，人们也十分重视对牛的饲养和打理，比如：严冬时要给牛盖上衣被，防止冻病；有暖日时要将其牵出晒太阳；盛夏则将牛牵到塘中洗澡，以防中暑等。只要农闲或天气许可，人们就要将牛牵出放牧，以使之能吃到新鲜水草。放牧吹笛是江南农村常见的一种风俗，宋人梅尧臣《牧笛》诗曰：“牧人乐下牧，背骑吹短笛；声穿吴云低，韵入楚梅的”，就是对这一风俗的描述。养羊业在宋代畜牧业中也占重要地位，当时朝廷专设牛羊司，“畜牧羔羊，栈饲以给烹宰之用”。京师以北的大片草地，是官民放羊之处，养羊的规模很大，仅经营者就有1 126人，牛羊司中羊的存栏数目高达33 000多只。民间的养羊业也很发达，特别是在北方地区，几乎家家都养羊。南方的养羊业虽没有北方发达，但也取得了一定成就。“湖羊”就是太湖流域出现的一种耐湿热的品质优良的羊，很受时人的喜爱。为了防羊病，民间形成了不早牧的风俗。人们认为羊吃了露水草易腹胀，也易患寄生虫病，主张放羊时间一定要在晨露干后。宋代诗人陆游《村舍》诗中说“露草干时儿牧羊”②，反映的就是这种牧羊风俗。

在元代，蒙古人牧放的牲畜主要是羊、马、牛和骆驼。羊浑身都是宝，它的奶、肉可以食用，皮可以制衣，毛可以纺线，因而备受人们的垂青。牛主要用来拉车，这些牛都是纯种黄牛，长于行走，人们多让之拉车且不给之穿鼻。马是重要的交通工具和军用物资，也是蒙古人最喜爱的动物之一。蒙古人是在马背上长大的，男女老少都擅长骑马。他们对马的感情非常深厚，轻易是不杀马的。蒙古人死后，一般要以帐幕和数匹马殉葬。因为，在蒙古人看来，没有帐幕可供睡觉，没有马奶可供饮用，没有马匹可供乘坐的生活是无法想像的。

明清两代，汉族的畜牧业仍是种植业的重要补充，尤其是江南地区，由于自然条件的限制，进行大规模的牲畜牧养并不可能。“江南寸土无闲，一羊一牧，一豕

① ［唐］韩鄂：《四时纂要》卷1《别羊病法》。

② ［南宋］陆游：《剑南诗稿》卷78《村舍》。

一圈，喂牛马之家，鬻刍而饲桑”①，农家普遍以粮喂猪，积粪肥田，以桑叶喂养，又用羊粪壅桑，形成了农畜结合的农业生产结构。鸡、鸭、鹅、猪、牛、羊是当时主要的畜禽种类。一些游牧民族仍以畜牧业为主要经济来源，他们饲养马、羊、骆驼等，过着那种漂泊不定的游牧生活。

2. 渔猎

渔捞与狩猎在社会经济生活中也占有重要地位，它们既丰富了人们的物质和精神生活，也拓展了经济来源渠道。民谚说：“靠山吃山，靠水吃水。”得天独厚的渔业资源滋养了许多以渔业为生的渔民。由于渔业受自然环境的约束较多，故渔业发达地区多在南方。渔捞有着严格的季节限制。一般说来，冬春季节可以捕捞，这样既不违农时，也利于鱼的生长。民间有“盛夏不网鱼”之说，认为此时鱼正孕育小鱼，是不应捕捞的。

从事捕捞业的渔民也崇信一些与水有关的神灵，如龙王、水神、妈祖、河伯等。渔民们对这些神灵十分崇敬，要供奉他们并祈祷神灵保佑他们出海平安、捕获丰富。每当春汛来临，渔民出海捕鱼时要先祭龙王、关老爷，然后求吉兆。有的还要祭菩萨娘娘或在龙王堂演戏敬龙王。谷雨是山东渔民的传统节日，俗云：“谷雨一到，百鱼上岸。”因此，谷雨一到，家家户户便忙着杀鸡宰鸭，买肉打酒，妇女们还要蒸制象征吉庆的红枣大馍。这一天，若能捕得嘉鲭鱼，能用这种与“吉庆”相谐音的鱼宴客，则被视为交了好运。妇女们还要用面粉做成白兔蒸熟，谷雨清晨，待丈夫一进屋，便出其不意地把白兔塞到他的怀里。“打个兔子腰别住”是当地的古老风俗，她们让丈夫怀揣象征吉祥、幸福的白兔，是为了祝福亲人出海平安，捕鱼丰收。

渔民们在生活、生产中要遵守许多禁忌。比如，渡河时忌说风浪波涛等字眼；在船里睡觉不能俯睡，以避“翻船”之讳；忌溺尿于船头，以免亵渎了神灵，因为传说中船头是神灵的落脚处；忌在甲板上躺卧和在船上大喊大叫、乱指乱点，以免冲撞了神灵等。有些地方还忌捕捞海龟、海豚，忌船载死人和妇女。日常用语中，也注意避忌翻、倒、沉等字眼，以至于渔村中老师让学生翻书，也只能说“把下一页书划过来”。捕鱼之时，若第一网捕到了鲤鱼会是件让人兴奋不已的好事，因“鲤”谐“利”，预示着将有大收获。若第一网捕到了白鳌鱼，则被认为运气不佳，白辛苦。出海时，船上不能坐七男一女，以恐激怒龙宫中的“花龙太子”而兴风作浪。在船出发前，若有怀孕妇女正巧经过，人们会非常高兴，齐喊“满载、满载”。若未孕妇女从此经过，特别是无意从船头经过或从网具上跨过去，将会让渔民愤怒不已，认

---

① [明]徐光启：《农政全书》卷8《农事·开垦》。

为自己晦气透顶。

狩猎也是从原始社会发展而来的一种经济活动。在古代,狩猎由山虞、野虞、迹人等官负责掌管。由于季节不同,狩猎有着不同的称呼,有"春搜、夏苗、秋狝、冬狩"之说。

在古代,不同的季节,狩猎有着不同的方法和规定。比如,春猎时主要捕猎对象是未孕妊之鸟兽,方法用"火弊",即以火驱使动物跑出藏身之处,再行围捕。春天,鸟兽刚刚滋乳,打猎时是禁用捕兽网具和毒饵的。唐朝时,虞部郎中掌管山泽,规定"凡采捕畋猎,必以其时……春夏之交,陆禽孕育,喂兽之药,不入原野……"① 忽必烈在位时也曾以法令的形式禁止在春、夏捕猎以保护野生动物的成长。夏猎主要是为苗田除害,针对的也往往是不孕妊者。驱兽之法称"车弊",即以车驱逐捕获动物。打猎归来要献禽于宗庙以祭祖。秋猎之法称"罗弊",即张网驱兽而罗捕之。猎毕要献禽以祭四方神灵。冬猎一般无所择取,见兽就捕,众人齐上阵,故称"徒弊"。狩猎活动结束以后,也应祭四方神灵和宗庙。

狩猎时主要依靠弓马,同时也使用其他辅助工具。1991 年在唐高祖李渊的孙妇金乡县主墓葬中,曾出土了 8 件骑马狩猎俑。这一考古资料的新发现,为了解唐代皇室贵族的狩猎活动提供了非常形象生动的资料,丰富了人们对这一时期狩猎风俗的认识。在出土的狩猎俑中,有的臂上架着猎鹰;有的在马尻上蹲踞着猎犬、猞猁、猎豹等猎兽;还有的则将猎犬抱在怀中,姿态各异,展现了当时丰富的狩猎手段。在猎兽中,以猎豹最引人注目。当时,唐朝人已掌握了驯豹的技能。猎兽之外,猎禽之风也很盛行,所以,唐代养鹰成风。人们借助这种灵敏凶猛的飞鸟来捕获猎物。鹰在蒙古人狩猎中也起到了十分重要的作用。"他们有大量的鹰、白隼和隼,他们把这些鸟放在右手上。他们经常在鹰的颈子周围系一根小皮带,这根小皮带挂到鹰的胸前。当他们把鹰掷向它捕捉的动物时,就用左手拉皮带,把鹰的头和胸向下拉,这样它就不会被风吹回来或者向上飏去"②。在"打围"中,鹰也起重要作用。除了鹰以外,蒙古人还养豹作为狩猎的工具。

狩猎业也有自己敬奉的神灵,如伏羲、梅山和各种山神。有的地方在狩猎前祭祀时还要说吉语,如"一不被猛兽咬,二不被毒蛇啄,三不滚下岩坎,四不有刺戳脚"等。在我国东北,老虎被尊为山神,人们每次出猎前都要先祭祀它,所捕获的第一个猎物也要割下心、肝及好肉,煮熟了献给它。祭过老虎以后,猎人才能动筷吃饭。由于虎的神圣地位,打猎时当然是严禁打虎的。同理,某些民族敬奉狐、鹰

① 《唐六典》卷 7《虞部郎中》。

② [法国]鲁不鲁乞:《东游记》,《出使蒙古记》第 118 页。

等动物，那么，打猎时就严禁射杀，甚至还忌讳直呼其名。此外，民间狩猎还有一些约定俗成的猎规。比如，猎鹿时就须在林中树旗帜为界，猎手不得越界打猎。举例来说，甲用红旗围界，乙用绿旗围界，丙用黄旗围界，如果红围打伤的鹿跑入了绿旗的界线内，甲是不得到乙处捕猎的。但若乙将伤鹿捕获，则应与甲均分。如果伤鹿经过绿界后跑到了黄界并被丙捕获，则丙与甲共分猎物，乙无权过问。这种规矩是猎人们共同遵守的，对于协调猎手之间的关系是极为重要的。

就狩猎目的来说，民间打猎，又有"菜围"和"红围"两种。"菜围"是为了获取食物。"红围"则是为了特定的经济目的，如取得鹿茸、熊胆、貂皮等名贵物品。狩猎动物不同、经济目的不同，猎法也不同。东晋葛洪在《抱朴子》中说："当角解之时，其茸甚痛。猎人得之，以索系住取茸，然后毙鹿，鹿之血未散也。"可见，获取鹿茸是有一定技巧的。《辽史·营卫志》在谈到猎鹿之法时说："伺夜将半，鹿饮盐水，令猎人吹角效鹿鸣，既集而射之。谓之'舐碱鹿'，又名'呼鹿'。"①熊在冬天时会躲入洞中冬眠，不再出来。因而，猎人捕熊时，便要想出各种办法将之引出洞来。唐人欧阳询《艺文类聚》卷九五《兽部下·熊》介绍说：东土呼熊为"子路"，以物击树，云"子路可起"，于是便下，不呼则不动也。《周礼》中说：可在洞外烧其惯食之物，以食物气味诱之出洞而捕捉。最有趣的是吉林人捕熊的方法。据说，吉林猎人搞清熊的藏身之处后，便向树洞中投掷木块，熊接过来后就垫放在屁股底下。再扔再垫，逐渐增高。等到熊头一伸出洞口，猎人便立即挥刀砍杀，以获取熊胆、熊掌、熊脂等物。与捕鹿、捕熊不同，捕貂要用钉碓法，于森林中筑一碓房，四方钉碓四股，每股周长 15 公里，又在大木下放置活木滚棒，貂一接触即毙命。又因貂喜食松子，故经常藏身于松林、木窟或洞中，猎人们便用网罩住出口，然后用烟熏，貂一跳出便落入网中。也有猎人派猎犬把守洞口，待貂出来便上前撕咬②。

三、商贸经营活动习俗

商业经营活动，古称"贸"，意即交易买卖。我国的商业活动源远流长，极富民族特色和文化特色。

1. 商品宣传

在中国古代，从事商业活动的人主要有两类，即行商、坐贾。前者是指从事贩运活动，由卖主向买主主动汇合的商业阶层，即所谓的"通物曰商"③。后者是指在

① 《辽史》卷32《营卫志(中)·行营》。

② 参见胡朴安：《中华全国风俗志》下篇卷1《吉林》。

③ 《周礼·天官》。

市场上开店设邸，就地取利，由买主向卖主主动汇合的商业阶层，即所谓的“居卖物曰贾”①。行商也好，坐贾也罢，只有将货物卖出去，才能够获得利润。因此，他们便要借助于多种方式向消费者介绍宣传自己的商品。

市声　这是行商宣传商品、招徕顾客的传统方式。市声有两种，一种是叫卖声，另一种是代叫声。

叫卖声就是经商者的吆喝声，其内容无外乎是夸赞商品的名、优、土、特、廉等优点，宋人高承《事物纪原》云：“京师凡卖一物，必有声韵，其吟哦俱不同……”②反映的就是宋代商人以叫卖介绍商品的风俗。近人徐珂《清稗类钞》也说：“京师荷担卖物者，每曼声婉转，动人听闻……”吆喝叫卖生动活泼，洋溢着市井神韵，往往能煽起听者的购买欲，比如下面这段卖查梨条的吆喝词云：“卖查梨条也！卖查梨条也！这里是家园制造、道地收来。有甜津津香喷喷红馥馥带浆儿新剥的圆眼荔枝，有酸溜溜凉荫荫莫甘甘连叶儿整下的黄橙绿桔，有软柔柔白璞璞蜜煎煎带粉儿压扁的凝霜柿饼……非夸大口，敢卖虚名，试尝别管，吃着再买！”

代叫声又称“货声”，是以音响器具代替人声吆喝来招徕顾客，如乡间货郎摇“拨浪鼓”卖物品、剃头匠以拨动双股音叉代替吆喝等。以老北京街头小贩为例：摇拨浪鼓，是卖炭、卖牙刷、卖槟榔及各种日用杂货的；以四弦胡琴拉小曲，是卖洋糖的；摇铃，是卖线、卖干柴、木头底儿的；打鼓，是收购旧货的；打糖锣，是卖儿童玩意的。

商幌　这是坐商标志所营商品、招徕顾客的常用方式，类似于今天商家所用的各类招牌，大致可分为实物幌、模型幌、文字幌、象征幌、灯具幌、实物附属品幌等。

实物幌，就是在店面前悬挂所售商品的实物或实物的一部分。“如卖酒者悬酒一壶，卖炭者悬炭一支……俗所谓‘幌子’者是也”③。实物幌往往是开门时挂出，关店时收回。

模型幌，就是以商品的模型为幌子，这是实物幌的变异形式。模型幌的出现，大抵是因为实物太小，挂出去不引人注目，便将小商品做成大模型以吸引顾客。如，旧时卖膏药的人常用大红布做成幌子，中间涂黑点，形似膏药，使人一望便知药店在此。

文字幌也十分常见。旧时的村舍酒肆多用旗帘做幌，上书“太白酒家”、“青云客栈”等。米店门前也常挂布幌，上书大字“米”，标明商家所营商品为米。再如，当铺挂“当”字，茶楼挂“茶”字，都是一些文字招牌。宋代张择端《清明上河图》中

---

① 《周礼·天官》。

② ［宋］高承：《事物纪原》卷9《博弈嬉戏部·吟叫》。

③ 徐珂：《清稗类钞》第5册《工商类·市招》。

就有十分丰富的文字幌，如“仿古锡器”、“钞典衣”、“棉花行”、“四时果行”等。

象征幌是采用一些象征性物品作为商店的幌子。如颜料店悬挂各种色彩的小木棍，卖面条的在门前挂若干白纸条。在北方某些地方，若店面前悬挂了两个蓝色的箍圈笼屉，表明这是一家清真饭馆，若挂的是红色笼屉则表明是汉族饭馆。这种幌子是一种特别的标志，也是最具民族特色的一种。

灯具幌是晚近出现的经营招牌，比如理发业，通常在门前置一灯具，上有斜条纹似飞旋的头发，而不再如先前的剃头挑子那样边走边拨弄双股音叉。

字号 商店字号，即今人所说的“店标”，是商家的文字名称。坐商历来有为店铺起字号的传统，并将之作为宣传商品、吸引顾客的重要手段。字号选字常用“祥”、“福”、“泰”、“兴”、“盛”等，寄寓了经营者生意兴隆、财源滚滚的希望，如仍为今人所熟悉的“同仁堂”、“全聚德”、“荣宝斋”、“盛锡福”等。字号选定后，很多商家还延请名家书写，以壮声威。商店字号与一般商幌有所不同：商幌是行业性标志，仅标明本店经营的商品，而店标不仅标明行业，更重要的是，它是一种区别于同业店家与经营者的标志，其目的在于在消费者心目中树立起店家的形象，确立店誉。在激烈的商业竞争中，店家的声誉也确实与店标有着紧密联系，如何使商店名称叫得响，促进买卖兴隆，是店家考虑的问题之一。精明的商家不仅注重为店铺取一个好字号，而且也肯在经营上下功夫，因而，各行各业都涌现了一批中国古典名家名牌，它们的字号长盛不衰，对于以文促商、巩固商业信誉，起到了积极的推动作用。

广告 中国古代的广告与西方工业社会的广告在创作思路和方法上是不同的，与今天广告借助大众传媒等载体也是不同的，它往往借助名人效应来宣传商品。例如，杜康酒是古代名酒，它广为人知、畅销不衰就是利用了民间传说做宣传手段。传说讲，竹林七贤之一的刘伶见杜康酒坊贴了一副对联：“猛虎一杯山中醉，蛟龙两盏海底眠”，横批是“不醉三年不要钱”，认为店家是在吹牛，颇不以为然。争辩之间，他还一时冲动，不顾店家劝阻，要来了“猛虎”和“蛟龙”①，一顿豪饮，结果盏落人醉，长眠不醒。家人以为刘伶死了，便为其办了丧事。三年后，杜康飘飘然来找刘伶，请家人打开棺椁。此时，刘伶刚好醒酒，红颜皓首，精神饱满，似刚从梦中醒来。至此，刘伶才为杜康酒所折服，以后他逢人便夸杜康酒的神奇之处。杜康酒的事例可以看作是古代广告的经典之作，它虽然宣传的是本不为人所知的地方特产，但由于利用了名人效应，在民间不胫而走，从而大大扩大了该商品的知名度和销售市场。从文献资料来看，宋代的商品有使用防伪标志的习俗。如

① “猛虎”和“蛟龙”均是指杜康酒。

当时的制靴者，都要在靴子衬里放上一张纸条，上面写着由谁制造的字样。因此，要知道某一双靴子的来历，“只消割开这靴，取出纸条儿来看，便知端的”①。北宋济南有家刘氏钢针店铺，其产品自产自销，颇负盛名。当时，这家店铺以“白兔儿”作为其产品的商标，这是我国目前已发现的最早的专用商标。这个商标用铜版印制，近似方形，中间绘有白兔捣药图，画像鲜明突出，其画上写着店名“济南刘家功夫针铺”和广告文字：“认门前白兔儿为记。”同时写有其店铺的经营范围、方法、质量等要求的文字告白。可见，这则广告的功能已与今日相差无几。

2. 经营之道

商品交换活动要在一定场所进行。在古代，这种交易场所有市、墟、集、会等各种称呼，“南方曰市，北方曰集，蜀中曰痪，粤中曰墟，滇中曰街子，黔中曰场”②。“市”是比较通行的说法，它又有具体分类。比如，从交易时间上看，有早市、夜市，有日落后交易的夕市、穷汉市；从交易的内容看，又有草市、鱼市、香市等。唐代时，商业街市有了很大发展，一些大中城市的商业区里店铺林立，客商云集，成为各类商品的集散地。“墟”是江南地区对经营场所的称呼。在这里，老百姓通过赶墟，将多余的农副产品售出，换回所需物品，顺便也邀亲会友、看戏听曲，把平淡、辛苦的小日子作个调整。这种市场交易零散而具有间歇性的特点，宋人吴处厚《青箱杂记》解释说，“有人则满，无人则虚”，故名。墟期大抵是自然形成的，一般以三日为一期。“集”是北方农村的经营场所。开集也有固定日期，通常是三天一小集，五天一大集。集市上各类商品有较固定的出摊地点，形成若干交易区域，井然有序。集市上人头攒动，小商小贩大声叫卖，一派火暴热烈的景象。“会”也是一种民间自发形成的交易形式，类似于今天的各类博览会、洽谈会、订货会等。“会”通常在固定时间举办，届时，商贾云集，热闹非凡。

在长期的经营活动中，为了销售更多的商品，获取更多的利润，精明的商家更是想出了很多促销办法，其中，较为典型的，如：(1)放账，也就是赊销，顾客先拿货物，到了约定的时间再付款。(2)撒暂，这是小商贩的一种兜售方式，即先给客人散发零食，然后收钱，多见于茶馆、酒肆中。“有卖食药、香药、果子等物，不问要与不要，散与坐客，名之撒暂”③。(3)红票，类似于今天的代币券，上面写有“百年好合”、“寿比南山”、“长命富贵”等祝福语，顾客购买后往往馈赠给亲友或同事，他们可凭这种礼券到指定商店兑换自己所需商品。(4)送力，也就是开展送货上门服

① 参见宋话本《勘皮靴单证二郎神》。

② [清]陆以湉：《冷庐杂识》卷8《市》。

③ [南宋]吴自牧：《梦粱录》卷16《分茶酒店》。

务。(5)厘金,即对推销残次、冷背和滞销商品而给的奖金。(6)回扣,即给商品交易介绍人的酬金。(7)拜年、请春酒,一些商家为了维护与客户的关系,往往会在春节时给重要客户拜年。每逢元宵节,店里请人观灯,节后往往设宴款待男客户,谓之"请春酒"。(8)以女色招徕顾客,这也是经营者惯用的伎俩。比如酒肆就多以年轻女子当垆卖酒,以吸引男顾客前来。《世说新语·任诞》说,阮籍嗜酒如命,其邻家有美妇,当垆酤酒。阮籍便经常去喝酒,甘心情愿将袋中银两化为酒水。由于这一做法收效明显,唐代时便发扬光大,甚至请胡妇酤酒,以招徕酒客。到了宋代,以妓女坐店作乐卖酒更是风行各地,"其诸库皆有官名角妓,就库设法卖酒。此郡风流才子,欲买一笑,则径往库内点花牌,惟意所择"①。(9)关扑,也称关赌,是指商贩以赌博游戏的方式来招揽生意。这种作法,甚至得到了官方认可。比如,在北宋都城开封,商人们每年可以进行三次合法的、大规模的关扑活动,时间依次为春节、寒食、冬至。到南宋时,关扑更是普遍举行。"大街关扑,如糖蜜糕、灌藕、时新果子、像生花果、鱼鲜猪羊蹄肉"②。

在经营活动中,商人们也总结出了许多经验。比如,一些在商家中广为流传的谚语:"要正月,玩二月,君子无钱过三月。年年有个烂九月,赚钱莫靠十二月"等,就说明了商家经营商品是充分考虑时间、季节等因素的。行商贩运货物往往要考虑路途和利润之间的关系。他们认为,长途贩运粗重价廉的东西是得不偿失的,因此有"百里不贩粗"、"千里不贩籴"之说。同时,他们也认为,在产地就将货物出手也是影响利润的,故又有"林中不卖药,湖上不鬻鱼"的传统。

对于经营者来说,追求利润最大化是极为正常的事,故他们经常把商品价格抬得很高,以牟取暴利,而顾客则希望以便宜的价格买入,故通常会对商品进行一番贬低,这样双方总是要经过一番艰苦的讨价还价,方能成交。对此,郑之望在《奉使录》中描述说:"譬如有人买绢一疋,索价三贯文,买者酬二贯五六百文,又添一二百文,遂交易,如此谓之买卖。"③可见,买卖的过程就是讨价还价的过程。讨价还价是一种常见的商业风俗,不过,讨价还价的具体方式却有多种,比如口舌较量、契约成交、捏码子等。其中,"捏码子"最具"民俗"色彩,其做法是:交易双方不开口,只用手在袖管中比划着做交易。一般用右手,以右手的五个指头组成十个数字,快速变化,表示所给的价格。其指法今仍很常见,即俗话所说的"撮六、捏七、叉八、勾九"等。捏码子还可在帽子下、桌子下或衣襟下进行。由于这种交易的封

① [南宋]吴自牧:《梦粱录》卷10《点检所酒库》。

② [南宋]吴自牧:《梦粱录》卷13《夜市》。

③ [南宋]徐梦莘:《三朝北盟会编》卷28,靖康元年正月七日。

闭性很强，第三者往往要等到双方成交后，才知道真实价格。这种讨价还价方式的出现是因为在传统社会中，很多贩夫贩妇不识字，他们做点小生意不容易，也怕外人介入，于是尽量悄悄地交易。在交易中，还逐渐形成了一套商业隐语（俗称吃语）。业者使用商业隐语是为了对顾客和同行隐瞒交易情形、成本及零售价格，以便于暗中加价。

在买卖双方之间，还有一种纯媒介的商俗形式，那便是居间商，又称掮客、经办商等。在古代，其最典型的形式就表现为"行"、"栈"。许多贸易必须靠"行"、"栈"才能完成。买卖说成后，居间人会从卖方货款中抽取佣金，名为"杀头子钱"，买方则需请其吃喝。充当掮客的人，往往有较突出的口表能力和丰富的经验，能对卖方所售商品做出评估并促成卖方提出一个合理的价格。比如，在牲畜交易中担任居间商的人往往有丰富的相畜经验，"远看一张皮，近看四个蹄"、"前裆放下斗，后裆放下手"、"前腿直似箭，力量大无限"、"后腿弯如弓，行走快如风"等谚语都是他们总结出来的。做居间商是无本厚利之职业，故为一些人所向往，史籍中就有很多关于争行之事的记载。

3. 信仰习俗

商人经营业务，为的就是获利，所以，商人多敬财神。但财神是谁，各地说法却并不相同。一说是武财神赵公明，传说中他"求财如意，主持公道"，敬奉他不仅能发财，还能保平安。一说是文财神比干，人们说比干被纣王挖了心，没有了心就不会偏心眼，分财能公道，故敬奉之。一说是范蠡，传说他辅佐越王称霸后，功成身退，隐居江湖做生意，他能聚财也能散财，不是那种为富不仁的小人，因而在商贾中也有一定认可度。市面商贾还有信奉五路财神和利市仙官的，这也是一种常见的祈求财运亨通的民间信仰。

习俗以正月初五为五路财神的诞生日，在这一天，商人们要烧香燃烛，迎接财神的到来，并且开门营业，称"起牙"。也有以正月十五、三月十五为财神诞生日的，商人们在这重要的日子里要张灯结彩，燃放花炮，恭请财神。《吴郡岁华纪丽》中描绘说："是时，连街接巷，鼓乐爆竹声聒耳，人家牲醴毕陈……尘涨百廛，人喧万瓦。"①接财神又叫"接路头"，民间有争先之俗，认为迎接得越早，财神越高兴，越利于生意。因此，初四夜间或初五清晨，街上到处都是鞭炮声，有一首诗就描述了此种情形："正月财神五日求，一年心愿一时酬。提防别处迎神早，隔夜匆匆抢路头。"

仓神也是我国民间普遍奉祀的神明。民间以正月二十日为"小填仓"，二十五

① ［清］袁景澜：《吴郡岁华纪丽》卷1《接五路财神开市》。

日为“老填仓”。各家都焚香供神，其中尤以粮商粟贩最为虔诚。他们会在仓尾或米囤旁焚香设供祭仓神，希望仓神保佑自己财源广进。各仓房米囤之上都要贴上“添仓大吉”的红纸条。人们见面后，还要互揖致贺，说些“籴粜万粮”、“财谷丰盛”的吉利话语。

此外，商家各业还各有祖师爷，他们也往往是祀奉的对象。比如，豆腐行和粉行供奉汉淮南王刘安，铁匠行供李老君，面食行供关帝，药材行供孙思邈，木石砌绳行供鲁班，笔行供蒙恬，靴鞋业供孙膑，剃头行供罗祖，浆染业供梅葛翁，伞业供鲁班妹，饼业供白眉神，茶业供陆羽等。

每年年底商家还有“拜利市”的敬神仪式。近人胡朴安在《中华全国风俗志》下篇卷四《浙江·湖州岁时记》中说：十二月里，无论居家铺户，皆须敬神，俗称“拜利市”。所供者，无非招财、利市、城隍、土神像等。敬神用猪牛羊鸡鸭等，陈设丰厚。

除神明信仰外，商贾业在其发展过程中，还逐渐形成了一系列风俗。比如，在为店铺取字号的问题上，大抵有5种惯常做法。第一种是力求店铺字号能突出吉祥、兴隆、信义，如鸿祥永、瑞祥义、荣庆泰等。第二种是力求风雅，因而经常以诗词、典故命名，如子云亭、东坡楼、太白酒家等。第三种是力求表现出经营品种和经营特色，如饺子馆、便宜坊、扁食楼等。第四种是以店主姓氏为号，十分常见。如宋人吴自牧《梦粱录》卷一三《铺席》所载百余家店铺中，以姓氏命名的就有刘家彩帛铺、张家金银交引铺、陈家画团扇铺等七十余家店铺。第五种是以经营者外号为招牌，如狗不理包子、麻婆豆腐等。总体看来，商店字号以三个字居多，可能是为了叫着顺口、好记。

商家设店、开市也有一定仪俗。商号定下来，设备购置好，经商手续办理齐全后，商家就要准备开张了。开张历来有“择日”之俗，以图大吉大利。开业这样的大喜事当然也要告知亲朋好友，届时，亲友会前来道贺，俗称“贺号”或“贺新张”。他们通常会到店里来送贴或亲自贴一些吉祥词语，如“开业大吉”、“招财进宝”、“万商云集”、“八方来财”等。店家要燃放鞭炮，制造喜庆气氛。当然，放鞭炮也有驱邪和招徕顾客的目的。在某些地方，日常的开门营业也有一定习俗。比如，在广东潮汕，店家早上开门营业时，掌柜首先要拿起算盘向上晃几下，发出“哗啦哗啦”的响声，再放回柜台上，用手拨几下，然后才着手清洁柜台。这个举动是有着特殊含义的，那就是“一开门就有生意来”。中药铺的掌柜，不但要把算盘甩响，还要撞响捣药的铜臼，发出清脆的声音，预示一天生意兴隆。理发行开门后，要把剃刀在抹布上来回擦几下，俗信这样便能逢凶化吉。木匠行开门后，要先把斧头磨利，铁匠行开炉后要先把风箱拉得呼呼响，这些都表示店家希望买卖兴隆。关于开市，商家也是十分讲究的。开市也有“择日”之俗，一般多选择在正月初五、十五等传说中的财神诞生日开市，以期望能迎来收获丰厚的新一年。开市时，商家要祭祀神灵、燃放爆竹，一些行会组织还请戏庆祝，一派隆重、喜庆的景象。

作为专门的行业，商贾业也有其独特的禁忌喜尚，这也是商俗的重要组成部分。比如：每逢年节，商家都要在钱柜上张贴“招财进宝”、“黄金万两”等吉利词语。商家接财神从初一到初五，所用鸡、鹅、鱼等必须成双成对。经商之人“买猪头”时要说“买利市”，“猪舌头”要说成“赚头”。顾客买结婚用品时，若失手打碎，伙计忌说“碎”字，而要说“先开花，后结籽”，以图吉利。人们在店铺门口不可打呵欠、伸懒腰、手托门枋等，否则会被认为挡住了财神进门，影响了生意。店铺里面忌摔算盘、账本，也忌玩弄算盘或反搁算盘，因为那样都是无生意可做的表现。店铺之柜为贮钱之器，坐卧其上则预示生意不顺。店铺里忌讳敲账桌，认为那样会招致亏本。店家扫地时，最忌由里向外，认为会将财气扫出门外，致使生意不顺。不管有无顾客，伙计是不能背对店门坐的，俗信背对店门则意味着生意不顺，无事可做。

商人出门忌鸦鸣，认为那样会带来晦气。跑生意的人出门忌讳碰到兔子，据说见了兔子会预示白忙活、一事无成。商人还忌讳“散”字，称大蒜为“义和菜”，忌讳“十四”(失事的谐音)，每逢十四日都要写“太平日”。傣族人认为，出门做生意，若遇到蛇，则预兆生意成功，若遇到麂子等动物，则预兆生意会失败。商人贩卖牲口时，若拴牲口的绳子断了，是不能扔掉的，俗信那样就扔掉了财运。汉族地区也有“卖猪不卖绳”的说法，认为若将绳子卖掉，会带走“运气”。商人出门，往往也要择日，古代交通不便，跑长途的商人若在夏至前后出门，往往会面临暑疫的威胁而落得人财两空的结果，故有“先王以至日闭关，商旅不行”①的古老传统。此外，逢三、四这样的日子，商人一般也是不出门跑生意的。

商人进货、卖货时也有一定仪俗。比如，以中药铺为例，中药铺在年初进货时，必进“胖大海”和“大连子”(取大发大利之吉兆)。平常说话，也讲究以药名讨彩头。比如，将“连翘”称“和合”，“贝母”称“元宝贝”，“格络”称“福禄”，“陈皮”称“头红”，“桔红”称“大红袍”等。伙计为顾客送药时，应说“送补药”，意即顾客本来就无病缠身，吃了“补药”，身体只会更加强壮。顾客进门时，伙计忌讳说“欢迎光临”等话语，同样，顾客抓齐药品走时，伙计也不能对他说“欢迎再来”之类的话。否则，顾客会认为店家阴损，诅咒别人生病、吃药。

须提及的是，商贸经营方面的信仰习俗，除体现在其经营活动中外，还反映在商贸组织机构之中。如明清至民国时期的会馆，就是演绎各地移民生产与商贸行

① 《周易·上经》。

业信仰习俗的重要场所。明清时期,无论是商业会馆,抑或是移民会馆,它们都是通过敬奉各自认可与认同的神灵及相关的祭祀活动来构建人际关系、商际关系、生存关系与竞争关系的"安全网"。

先谈会馆的神灵信仰风俗。

在明清时期的各类会馆,为凝聚会馆群体的人心,更为构建维系群体的精神"纽带",亦为寻求趋福避祸、免灾去邪的心灵依托,便有众多的神灵供奉与信仰风俗的形成。但因会馆的群体类型有别,故信仰与供奉的神灵虽有相同之处,但相异之处亦多。

(1)商业会馆供奉信仰的多为福禄财神神灵、行业神神灵。如供奉"关羽"为"关帝神",以借三国时期蜀国大将"忠义"气节之美名,树会馆商帮"诚信"之美德。又如供奉"财神"、"福神",以借神灵之助力,使会馆商众在经营活动中,财源滚滚,福禄双至。再如供奉"列圣"神灵,诸如"伍员"、"钱镠"等。伍员即伍子胥,春秋时吴国大夫;钱镠为五代时吴越国建立者,他们不仅以忠义与济世的德行名世,更是世人称颂的利国利民的英豪。供奉列圣,具有号召会馆群体以为楷模的示范功能作用;更有追随列圣神灵,以求护佑,使会馆商众在经营活动中发挥出济世利民的效应的宿愿。

此外,商业会馆供奉的神灵中,另一类则为"行业神"神灵。其中,除供奉"龙王神"、"土地神"、"雷神"、"火神"外,不同的行业神则有"川主"神李冰,"土主"神冯绲,"药王"神孙思邈等,他们在历史上都做过利民兴利的好事,供奉这些神灵,一求护佑保平安,消灾去祸;二求以神灵为感应、为榜样,多做本行业的营生好事,以求心灵寄托。

(2)移民会馆供奉信仰的多为乡土神神灵、守护神神灵。如夏禹禹王,作为远古部落联盟的首领,他曾率部众疏浚洪水,治理江河,不畏艰险,且传说他三过家门而不入,各地移民会馆将他们作为"乡土神",修"禹王庙"或供奉禹王神,以其创业精神与艰苦卓绝品德,作为凝聚会馆移民的精神力量与纽带,更祈求禹王神能护佑移民在客居地的生业平安。又如许逊,为晋代的一位县令,据传他曾斩蛟龙于江西铁柱山,解除洪水之患,宋代封其为"许真君"神,故明清时的江西籍移民会馆中多供奉他,以佑平安,并且以他勇斗蛟龙的精神鼓舞会馆民众。再如"妈祖"神,本名林默娘,生于唐代,是一位刺史的孙女,传说她通水性与海洋变化的气象规律,又乐于助人,多次奋力救助海难的乡亲与海上过往船商,28岁时在一次救助海难中身亡于波涛中。此后人们尊奉为海上保护神的"妈祖"神灵,会馆亦加以供奉希望借助神灵的护佑,使在客居地的商众平平安安。

此外,移民会馆中更供奉与信仰"守护神"神灵,如移民四川的会馆多供奉唐时四川的“帝主”神，他本名张士相，因获道神点化感应而有岁旱通霖降雨免灾、火灾熄火消难的神功本领，故供奉他以求庇佑。又如贵州的移民会馆供奉的“黑神”，亦为“守护神”的神灵。再如在台湾的移民性会馆中，供奉的守护神，除神灵外，还有历任有功于地方的官员。其中有：“三山国王”神、“妈祖”神、历任两广总督与广东巡抚牌位、“韩文公”神（潮汕会馆）；银同会馆供奉妈祖、吴真人、陈圣王、五文昌、朱夫子、蓝先贤等“守护神”；淡水的汀州移民会馆则供奉“定光古佛”为守护神。

再谈会馆神灵的祭祀风尚。

明清时期，各地会馆祭祀神灵的活动不仅名目繁多，而且祀神与宴饮、演戏相结合，成为祀神娱人、神人共乐同享的会馆群体性公娱文化活动，可谓一举而多得，兼收社会、经济、文化、心理的多重正面积极效应。

具体的会馆神灵祭祀风俗习尚，现以清代建在广东潮州的福建“汀龙会馆”为例加以说明。据同治《汀龙会馆志》载述，从农历正月初五日至十二月二十四日，会馆要举行26次之多的祭祀神灵的活动，平均每月两次多。如：“正月初五日：福纸纲祈神，午刻饮福，演戏一台。二月初一日：运河纲祈神，午刻饮福，演戏一台。”“三月十八日：上杭纲分祭，预祝圣母诞辰，午刻饮福，演戏一台。三月十九日：运河纲分祭，预祝圣母诞辰，午刻饮福，演戏一台。”

此外，在三月二十日、二十一日、二十二日，分别由九州纲、本立纲、龙岸纲进行分祭，预祝圣母诞辰，且有饮福、演戏活动。而三月二十三日至二十八日，每天依序由汀龙众帮、篓纸纲、福纸纲、履泰纲、武平纲、莲峰纲进行公祭，庆祝圣母诞辰，更有饮福、演戏一台等活动。六月初三日，则有福纸纲预祝土地福德神诞，午刻饮福，演戏一台活动。每年秋九月，汀龙众帮公祭，庆祝圣母飞升，亦有饮福、演戏活动。而九月初六日至十一日，十八日，二十二日，二十三日，则分别由上杭纲、运河纲、九州纲、汀龙众纲、莲峰纲、福纸纲、本立纲进行公祭或分祭，预祝、庆祝或补祝圣母飞升、财神诞辰，更有惯例的饮福、演戏活动。

为酬谢众多神灵的护佑，会馆众帮更在每年的岁末十二月初一日、二十四日，或于每年的换袍季节时，举行祭祀、饮福、演戏活动。在庄重的祭奠与敬献活动之后，则是会馆会众同享、共乐的饮宴演戏活动，其目的在于通过会众公认的神灵祭祀活动，定期加强交流信息、增进乡谊情感，创建更加和谐、宽松、互助、共济的移居地的生存、经营、发展环境。可见，“祀神”是手段、桥梁、渠道，而真正的目的却在于悦人、共谐、求生、发展，这更是天、地、人，以及历史、现实、未来的最佳“协奏曲"①。

第二节 行业风俗

行业,简而言之就是职业的类别。它是随着生产力的发展、社会经济的进步而出现的,其前提是社会分工。一般说来,社会分工越细,行业也就越专业化,其数量也就越多。关于行业的数量,历来说法不一,有三十六行、七十二行、一百行、二百二十行、三百六十行、四百十四行之说。

由于具有相同或相似的经营方式、操作规程、社会文化背景等,各行业逐渐形成了一些特有的礼仪风俗。

一、师徒规范

许多行业都要求从业者在就业前要经过一定的专门训练。这种职业技能的习得,通常有两种途径,一种是家庭世代相传。家庭或家族式的经营,往往都依靠这种方式传承技艺,并在竞争中占据主动,故古代称工、商是"家其专业,以求利者"②。史籍中关于这类家传世业的记载很多,比如《太平广记》说北海人李清,其家世代从事印染业,十分富有。又说洛阳官锦坊的李氏家族也是"世织绫锦"③。陆游也曾说,南宋时亳州出产一种上乘轻纱,一州之内只有两家能织出这种纱,为了防止技术外传,两家世世通婚,"自唐以来名家,今三百余年矣"④。唐人元稹《织妇词》中也说:"东家头白双女儿,为解挑纹嫁不得。"可见,民间极其注重传统技艺的保密工作。除家传技艺外,拜师学艺是另一种重要的传授技艺方式。这种方式具有突出的社会性,也蕴含了丰富的文化内涵。

1. 师徒关系

总的说来,师徒关系是十分复杂的。

从徒弟角度看,掌握一种专业技能无疑就意味着找到了一条谋生之道,即民间

---

① 本节在撰写中,曾参考胡德平主编:《中国会馆志》一书,方志出版社2002年版。

② 《唐六典》卷3《户部》。

③ 《太平广记》卷257《嘲诮》"织锦人"条。

④ [南宋]陆游:《老学庵笔记》卷6。

所言“一技在手,走遍天下”。这一点对于家境贫寒的农家子弟来说尤其如此。所以,徒弟对师傅往往十分恭敬温顺,并心怀感激之情。俗谚说:“生我者父母,教我者师傅”、“投师如投胎”、“一日为师,终身为父”等,就十分生动地表现了徒弟的这种心情。在生活中,徒弟不仅要刻苦钻研所学技艺,而且要尽心尽力侍奉师傅。“先生将食,弟子馔馈。摄衽盥漱,跪坐而馈;先生有命,弟子乃食”。“先生将息,弟子皆起,敬奉枕席,问所何趾”。“先生既息,各就其友;相切相磋,各长其仪”①。这些规则就是师徒关系的真实写照。平时,徒弟也必须注重自己的言行举止,不能任情任性,冒犯了师傅尊严,比如,徒弟进了师傅的家门后要垂手站立,不能随意落座;师傅令其坐下时,不能背对着师傅坐;告辞出门时应倒退着走等等,这些礼仪规范无不表现了徒弟在师傅面前的谦恭温顺。

从师傅角度看,收徒弟可以得到拜师礼,可获得廉价劳动力,技艺又可发扬光大,未尝不是一件好事,因而也愿意收徒授艺。但从另一方面说,旧中国经济不发达,原料、市场、客户都很有限,招收徒弟又意味着培养了潜在的对手,甚至有可能危及自己的生计,即民间所说的“教会徒弟,饿死师傅”、“同行三分仇”。所以,师傅对徒弟的感情也十分复杂,他们在意志力、人品、能力各方面严格要求徒弟,很多时候甚至于百般挑剔,使徒弟过着如履薄冰一般的生活。同时,他们也非常重视培养弟子的封建宗法观念,使弟子对自己终生感恩,不敢做出欺师灭祖之事。

此外,传统的师徒关系一经确立,就成为一种终生信誉关系。师傅的技艺、信誉影响着徒弟的生存和发展。同样,徒弟的表现也总是与师傅有着无形的关联。因此,徒弟选择师傅是经过慎重考虑的,师傅选择徒弟也是慎之又慎的,他们唯恐弟子习业不精或人品低劣,砸了自己的信誉牌子。

2. 拜师礼俗

师傅授艺,自然想招收悟性好、品行端、手脚勤快的弟子,同时也是为了防止纠纷,便提出一些收徒条件。一般说来,师傅对徒弟的素质要事先进行了解或考核,以决定收下与否。戏曲、杂技等表演性行业还公开测试投师者的才艺。剃头业、木匠业等师傅则非常注重观察投师者手脚的灵活性,以判断他是否适合习艺。对于学徒的人品进行考察则常通过日常小事来检验,一般不公开进行。比如,故意将钱、财、物放在显眼的地方,观察投师者会不会偷取。或者留投师者吃饭、见习,看他是否心眼巧、手脚勤快,是否能够随机应变。有些行业还规定了试徒期,试徒合格,双方再正式确立师徒关系。

在传统社会,徒弟拜师习艺,必须有“保人”介绍。保人一般由师傅及徒弟家

① 《管子·弟子职》。

长商定产生，他要么是师傅熟悉和信任的人，要么在当地有一定地位和声望。有的师傅还要求徒弟提供“铺保”，以便在师徒之间发生纠纷时，如犯规、犯法、伤亡等，保荐人能居中调解。

师傅决定收下学徒后，双方要经过商量，选择吉日举行拜师仪式。一般来说，拜师仪式有四道程序：

首先，拜祖师和行业保护神。中国是历史悠久的农业社会，人们看待匠技的思路一直是神化的，体现在后世传说中的就是各行各业都有着伟大的拓荒者和神秘的保护者，因而出现行业祖师和行业神崇拜，也就不足为怪了。对神祇进行拜谒也是学徒必修的第一课。为了表示对本行业的敬重，表示对从业的虔诚，祈求祖师爷和神灵的佑护，学徒拜师时要首先向神位三拜九叩。拜神时，要烧红烛一对，点高香三柱，隆重的要供奉三牲，从简的也要敬献茶点果品。有的时候，师傅要先行礼，向神位汇报收徒始末，再让学生行礼。礼毕，学徒还要跪读誓词、祝词，表明自己学习技艺的决心并祈求祖师赐福。

其次，行拜师礼。一般是师傅师娘坐上座，学徒行三叩首之礼，并跪献红包和投师帖子。红包内装现钱，就是学费。有的行业要求交双份，一份给师傅，一份交给行会，费用的数额一般事先商定。投师帖子是拜师契约，契约中往往对师徒的权利、义务和违约责任进行明确规定，并由徒弟和保人签字画押，这就是文字合同。在古代，许多农民不识字，因而口头合同也很流行。口头合同，顾名思义，就是师傅、保人、徒弟家长三方口头议定有关学徒事项。不过，无论是文字合同，还是口头协定，其内容更多的是对徒弟的要求，毕竟是徒家有求于师傅，不可能对师傅作过多要求。

再次，师傅训话、宣布门规及赐名等。训话内容多是教育徒弟要尊祖守规，做人清白，学习刻苦等。门规是师门（或同行）历代相承的规矩，主要涉及职业道德、人品修养、学艺纪律、行为准则等。如戏曲业有门规：“不许台上翻场，不许当场损人，不许在台上看后台，不许私窥前台，不许错报家门，不许笑场……”某些行业，拜师时还要由师傅赐名，如杂耍、戏曲表演等行业即是。有些行业，师傅宣讲学习之道后，还有些特殊礼仪。比如，徒弟拜师学习唱越剧，师傅给徒弟赐艺名后，往往要用毛笔蘸上颜料在徒弟眉心处点涂一下，俗称“点眉心”。人们认为，这一点可使徒弟开窍，习艺专心，上台不怯场。当然，不同行业可能有一些不同做法，并无统一规定。

最后，举行拜师宴，宴请师傅、师叔、师兄、保人等。至此，师徒关系便正式确立下来。

3. 学徒规制

学徒期限 徒弟进入师门学习技艺，自然需要一个过程。由于技艺的难易度不同，学习的期限也有所不同。一般来说，“功多而难者限四年、三年成，其次二年，最少四十日，作为等差”①。中国最早规定学徒年限的记载，见于《新唐书·百官志》，其中规定：细缕之工，4 年；车辂乐器之工，3 年；平慢刀稍之工，2 年；矢镞竹漆屈柳之工，半年；冠冕弁帽之工，9 个月。可见，技术是决定学徒年限的主要因素。但由于习艺者自身素质不同，掌握技能的所需时间便有差别。再说，学徒期越长，对师傅就越有利，对徒弟家庭就越不利，故造成不少纠纷。各持一端的结果就使学徒期限趋于平均值，所以，民间通常约定学徒期为 3 年。修业期满，徒弟掌握了所学技艺，便可准时出师。若 3 年之内徒弟没完全掌握技能，也可酌情延长学习时间。

学习进程 学徒生涯开始后，第一年主要是见习，师傅会要求徒弟干些杂活，并熟悉操作工序，交易仪规等。除了生产、经营方面的杂事外，徒弟还要负责坊铺的卫生、伙食及伺候雇主等事务，甚至要为师傅及其家人干家务，形同仆役，故民间有“徒弟徒弟，三年奴隶”之说。总之，只要师傅吩咐，徒弟什么事都得做，而不能消极怠工。这种杂务一直要干到满师，这是许多行业内的既定规矩。让学徒干杂活，师傅可获得廉价劳动力，也可在徒弟面前树立绝对权威，并培养他们恭敬谦卑的性格，这些当然都是师傅所需要的。学习进入第二年后，师傅开始让徒弟学习、掌握一些基本技能。比如，理发业让徒弟在成熟的冬瓜上练习刮毛，烹饪业让徒弟练习刀功、配菜等。一般要经过长期反复的训练，学徒才可能打下扎实的基础。学徒期最后一年师傅才传授主要技艺。授艺的方式也不都是手把手教，往往是师傅讲解、演示一番，便由徒弟练习。所以，学徒之人必须眼明心细，善于观察，善于揣摩。俗谚说：“师傅领进门，修行在个人”，意即在此。至于师傅的绝活则往往是秘不示人的，毕竟“同行是冤家”，徒弟越青胜于蓝，对师傅的威胁就越大，所以，很多师傅都通过“留一手”来保护自己的利益，这在古代是屡见不鲜的。这种情形的出现固然折射出技匠的自私狭隘，但从另一方面也反映了市场竞争的残酷。走到了极端，便有了“传子不传女”、“宁肯失传，也不示人”的做法。唐代诗人元稹《织妇词》云：“东家头白双女儿，为解挑纹嫁不得”②，说的就是一些织女因掌握了家传的特殊工艺，怕嫁人之后导致技艺外传而终老在娘家的悲剧。在这种观念的驱使下，师傅总想“留一手”也是自然的。近世，师傅收徒又有“学三年，帮一年”的规

---

① 《唐六典》卷 22《少府监》。

② 《全唐诗》卷 418《织妇词》。

矩，其实质就是变相延长学徒期限，使师傅能无偿或低价使用徒弟。正因为如此，师傅在3年内更不会把技艺教全，以便让徒弟甘心情愿"帮一年"。

生活规范　徒弟学习技艺往往随师傅居住在坊铺或师傅家中，因而，衣食住行等方面都需要有一套仪规加以调整。

徒弟的衣服往往由师傅提供，一般是一年发给两套单衣，一套棉衣。有些行业还供应工作服，如铁匠穿的围裙、店员穿的大褂。涉及物资的行业，学徒的衣服是不准安口袋的，以免藏掖。若从事贵重物品的生产和经营，学徒下工时，往往还要搜身。

自行开伙的坊铺，学徒随伙计吃饭。伙食往往比较清苦，只有少量素菜佐餐，一般只在年节才能改善一下伙食。规模较小的店铺，徒弟往往无住宿的房间、床铺，因而只要哪有空就在哪睡，地面上、锅灶前都是徒弟的栖身之处。规模较大的坊铺，徒弟可以同工匠睡通铺，但一般要等师傅休息后，徒弟才能就寝。

徒弟与师傅同行时，徒弟要跟在后头，进门时应侧身相随。说话时不能大声喧哗，答话时要低声下气，师辈们说话，徒弟也是不能插嘴的。

徒弟的劳动时间是全天候的，只要有活儿干，就要从天亮干到掌灯，除了吃饭外，没有休息时间。活儿多的时候还要经常加班加点。一般来说，除了端午、中秋、春节外，徒弟是没有假期的。纵使休假期间，徒弟也不能回家探亲访友，甚至也不允许家长前来探视。若徒弟生病了，只要能坚持劳动就不能休息。病情十分严重的，方可回家治疗。

学徒是没有工资的，即使跟师傅出去干活，收入也归师傅。不过，师傅一般也发给徒弟一些剃头钱、买鞋钱，当然数量是非常微薄的。

4. 出师礼俗

出师是学徒生涯的结束，当然要举行一定的仪式来予以庆祝。其基本程序是：首先，徒弟要向祖师敬献供品，并行叩拜之礼，有的行业还要向祖师牌位跪诵祭告词，如木匠业。然后，徒弟要向师傅、师母行三拜九叩大礼，感谢教养之恩。师傅要退回"拜师帖子"，以示师生之间权利义务关系的结束。此外，师傅还会赠给徒弟一套工具，希望他能依靠所学技艺闯出一番天地。最后，举行谢师宴，宴请师傅、师叔、师兄、行会同仁及重要主顾等。宴请的意义不仅在于庆贺学徒出师，更在于将徒弟引荐给所请客人，以便今后能在生意方面予以照顾。也有些行业则明令禁止摆谢师酒，只要求徒弟交一笔钱入公。如若不交，各店就不得聘用之，师傅也要受牵连，代交徒弟应缴之钱入公。

徒弟出师后，如仍留在师傅家帮工，师傅应支付工钱。工钱的数额通常是师傅雇请工匠的一半。若徒弟打算自谋生路，通常也要由师傅引荐加入行会，而不能自行入会。有的行业还规定,店家雇用工匠,要由其原师作保。没有师傅保荐,徒弟往往就业无门。传统中国视师徒关系仅次于父子关系,有“名虽师徒,义为父子”之说,所以,师徒关系也具有封建家长制色彩。徒弟出师后是断不能抢师傅生意的,否则会被认为不孝、不义。“学徒三年已满出师,不许忘义,亦不得抢夺生理,违者公逐”①。逢年过节时,徒弟也应携带礼物去探访师傅,若师傅生病或手头活儿紧,徒弟也有义务随时去帮忙。

二、行会仪规

1. 行会的缘起

在古代,政府为了便于管理、控制工商业,便把城市中的一定区域划分为工商业区,让经营相同项目的工商业集中排列在街道两旁,形成行列。这种排成行列、经营相同项目的工商业,最早就称为“行”,后来衍称为行业。随着社会经济的发展,各行业的从业人员日益增多,市场竞争也日趋激烈。为了协调、解决一些涉及共同利害的问题,行业内的人们开始组织一些集体性活动,久而久之,就逐渐形成了固定的行业性组织,即行会。由此可见,行会的产生具有自发性,是工商业发展的必然结果。从现存文献资料可以断定唐代已出现了行会组织。如唐朝曾严禁民间交易中使用欠陌钱,但总是屡禁不止。宪宗元和四年(809 年),朝廷曾下诏说:“自今以后,有因交关用欠陌钱者,宜但令本行头及在停主人、牙人等,检察送官。如有容隐,兼许卖物领钱人纠告,其行头、主人、牙人,重加科罪。”②再如《太平广记》中说,每年春、秋两季,苏州各行业都要举行祭祀“三让王”(一种行业神)的活动,并向三让王敬献宝马、彩舆、女子等。有一年的春天,金银行的行头集合业内人士向三让王献绡画美女。这些美女美貌非凡,远胜于其他行会所献的,故人们将绡画中的美女戏称为“胜儿”③。这两则史料无疑都证明唐朝时已存在着不同行业的行会组织。

到了宋元时期,工商业进一步发展,行会组织更加稳固,活动也十分频繁。从史料分析,这时的官府已插手于行会,如规定从业者必须加入行会,否则在生产、经营方面都会受到限制。政府还规定行会的任务之一是供应官府以及朝廷的各种需求,这反映出中国的行会组织具有官办性质。不过,作为工商业者自己的组织,行会在维护业界利益方面还是做出了一定贡献的。《宋会要辑稿·食货志》记载,肉

---

① 彭泽益:《中国工商行会史料集》,中华书局 1995 年版,第 485 页。

② 《唐会要》卷 89《泉货》。

③ 《太平广记》卷 280《梦五·鬼神(上)》“刘景俊”条。

行曾派代表与官府交涉，要求每年交纳一定免行钱，而不再向官府无偿供应肉类。经过多方争取，官府最终批准了肉行的这一正当要求并将之扩大到其他行业，从而在一定程度上抑制了官府无休止的剥削。

明清时期，中国工商业获得了快速发展。为了适应市场竞争的需要，许多行会设立了常设办事机构，如明万历年间，苏州就成立了岭南、三山等会馆。清代时，分布于各地方的商帮，据地缘或业缘为纽带，成立了各种形式的会馆。《清稗类钞》记载："商业中人醵资建屋，以为岁时集合及议事之处，谓之'公所'，大小各业均有之，亦有不称公所而称会馆者。"①这些机构对行会成员的生产、经营活动起到了促进作用。不过，这种行会组织也带有一定地域性，这是中国行会组织的又一属性。连同上述的官办性，都表明了行会本身存在着相当大的局限。

2. 行首的产生

行会组建后，自然要有人进行管理，这就是行首。行首又称行头、行老，其产生方式大体有两种。一种是由业主轮流担任。采取这种方式，要么是因为行会下属坊店数目不多，要么是因为行首任期较短。比如北京的药行行会，行首的任期只有一个月，这样业主才有可能轮流上任。另一种是公推公举，即由行人共同选举行首。这种方式，表面上看颇为民主，但行首之位往往落于权势集团之手。因为许多行业都规定行首候选人应当具有一定地位和资历。有的行会甚至明确规定由大行业主担任行首。从这一点上看，行会是有阶级倾向性的，它更多地维护大业主以至官府的利益，而不是代表小业主、雇工和学徒的利益。

清代是行会组织发展比较健全的时期，"行董"一词的出现，说明行会的管理机构是董事会。行业的规划、发展要向各董事商议，而不是由行首一人决断。较之前代，这无疑是一种进步。为了防止行董行首渎职弄权，一些行业还制定了具有民主色彩的规章制度。比如，北京梨园公所规定大事必须经由业主共同议决；北京药行会馆规定了行董公请公辞的条款；北京玉行制定了行首的子孙不得继任行首之职等制度。这些举措在一定程度上限制了少数人在行业中实行专制的倾向，表现了行会制度的成熟与完善。

3. 经费的来源

行会的运作需要经费，经费从何而来？大抵有三种渠道：一是由下属各坊店定期交纳会费。交纳的标准有按营业额交和按人头交两种方式。二是新入行、新开业、新收徒者向行会交纳的手续费。通过这两种渠道汇集起来的钱往往用于行会的日常开支。至于修建馆舍、创办福利事业等需要大笔开销的事则须另辟财源，这

① 徐珂：《清稗类钞》第1册《宫苑类·公所》。

就是第三种集资渠道——募捐。募捐是借助社会力量筹集资金，其对象一般是同行业者、高官巨富乃至社会各界。行会的经费除了支出必要的款项外，往往用于置业和投资，以利于资金的保值、增值，从而保证各项福利开支有长期而稳定的来源。

4. 行会的功能

在古代社会，行会的功能主要有以下几个方面。

举办同行福利事业 在古代，工商业者的社会地位是很低下的，加之生产经营活动的高风险性，使业者之间的相互支持、同舟共济就显得尤为重要。行会在这方面充当了积极的角色，它通过举办社会福利事业，使本行内从业者在遭受天灾人祸或蚀本破产时能得到同行的救济和帮助，而不至于陷入家破人亡的悲惨境地。比如，针对业者身患重病无钱治疗的情况，有的行会就制定了由公所负责诊治给药的医保制度；对于无法维持生计的从业者，有的行会就发给其一定数额的生活费，以使之能勉强维持最低生活标准；对于经营失败、流落异乡的业者，行会则往往出资帮助其返回家乡；对于丧失劳动力的业者，行会公所也会酌情给予其父母和未成年子女以生活费。可以说，这些社会福利措施是包罗万象的，它增强了从业者抵御人生各种较大风险的能力，也在一定程度上凝聚了人心。

不过，这些社会福利措施往往都局限于一定的地区和行业，并非所有行会都建立健全了各种福利制度，甚至有些举措只是少数行会的行为，如发放伤残抚恤金、为业者子女求学兴建学堂等。各行会唯一共同实施的福利措施是置办义地，即由行会出公款购置土地，以使客死他乡的同行能入土为安。

规范生产和销售活动 这些活动涉及货源分配、产品规格、商标、定价、开业、经营方式等内容。其目的主要是限制不公平竞争，以维护全行业利益。当然，这些规定也有排斥其他行会和限制新的竞争对手出现的意图。一般来说，行会对下属各坊店的生产经营活动都有所控制，以使各成员按行会的计划行事。如行会规定："不得跨行"，就明确限制了其成员不能兼做两种生意；"不得跳行"，就是要求业者不能任意改行。行会为了维护整个行业的利益，防止某些店坊因擅自收徒而扩大生产经营规模，导致业内竞争加剧，也往往会对收徒加以限制。比如，规定一师带一徒，出一进一，而不能任意招徒授业。如苏州金箔业有一姓董的业主，仅因多招收了一徒而被同行活活咬死。在开业的问题上，许多行会都有着一套严格的程序。如长沙明瓦业规定，外行想入行必须投师学习 3 年，否则就不能获得开业资格，长沙靴帽业则明文规定外省工匠不能在其所辖地区开业、从业，也不能从其成员那儿承揽转包活路或自行生产货物。此外，有些行会还规定在原有坊店一定距离之内，不得另开同类新店，甚至规定一条街只能有一家坊店经营某一行业，如光绪年间，上海典当业就有此类规定。从这个意义上看，行会对于其成员的生产经营活动是进行了干预的，对市场也是进行了垄断的。

调解劳资关系　行会对于其成员的管理，还涉及业主与雇工之间的劳动关系。比如，行会一般都规定雇主雇佣雇工应有一年的试用期，在试用期内，雇主不得擅自辞退雇工，不得以佣工为名无偿或低价占用他人劳动力等。长沙制香业还明文规定，如雇主中途辞退雇工，行会将对其进行处罚。这些措施有利于雇工安心劳动，从而保证了生产经营的正常运转，同时也有利于行业内劳动力市场的培育，具有积极意义。

清代中叶，随着近代手工业工厂的大量涌现，在工人数量较多，能够形成一定力量的行业和地区，劳资纠纷日益突出。针对这种情况，一些行会制定了约束工匠的条款。这些规定大体包括了两方面内容：其一是预防工人滋事的措施。如长洲县、吴县的踹匠条约中，就规定了踹匠入坊必须有保人，而且踹匠之间要四人互保，一人犯事，三匠同坐。在踹匠的居住区，保丁更是日夜巡察以备不测。此外，行会还规定踹匠不得夜间外出，不得结义歃盟，以免滋生事端。其二是禁止工人组织行会，举行罢工的规定。如吴县的布商行会就勾结官府，认定工匠成立会馆是事实，将为首之人重杖枷号示众，并且由官府出面立碑永禁。长州县发生了工人的罢工运动后，行会通过官府将工人头领押回原籍，并立碑永禁。从上可见，在劳资之间，行会实际上是维护资方利益的。

解决内外纠纷　这包括解决内部纠纷和解决外部纠纷两个方面，关于行业内部纠纷，行会有一个传统，即不经官府由行会自行解决。通常的做法是召集矛盾各方到祖师牌位前进行调解。有的行会还要求冲突各方要先向祖师行礼。在祖师面前评判是非，实际上是运用了心理策略来化解矛盾。在这一特定场合中营造的氛围，往往会使各方意识到同是祖师的弟子，应当彼此团结，而不应自伤和气，这多少有助于缓和愤怒的情绪，呼唤出各方深明大义的理性来。况且，祖师在上，神明可鉴，又有助于冲突各方开诚布公地分析问题，从而促成矛盾的解决。当然，祖师信仰并不是万能良药，所以一些行会还制定了规章，凡违反者就要受到惩罚。惩罚的方式不外乎经济制裁、停业整顿、赔礼道歉等。对于理亏者，往往还要求其出钱请酒请戏以示赔罪。

当行会面临着来自外部的侵犯、滋扰时，业者又往往会收缩一体，抱成一团，表现出团结一致的精神。这里所说的“外部纠纷”包括了官府的无偿科索和苛捐杂税，地痞流氓的寻衅滋扰以及来自其他行业的敌视、侵犯等。北京当行公会曾规定，倘若官府摊派重税，苦人所难，全行不商，四处设法，所需花费，皆由公出。倘若外行骚扰作梗，也同样公议办理，所需花费由公费报销。北京玉雕业还郑重宣布，如因会务被他人欺凌，视为全行公敌，集合全体一致抵制。

综上可见,行会组织对内求和谐,讲诚信,对外求和气,讲平等。越出了这个界限,他们就要团结一致、共同对外,表明了他们对传统农业社会的部分认同意识。

三、礼神仪俗

随着行会的兴起,行会神祇也应运而生。行业神大致可分为两类,一类是祖师神,另一类是保护神。称之为神,是业者将某些人神化的产物。传统观念认为:"知者创物,巧者述之,守之世谓之工。百工之事,皆对圣人之作也。"[①]故常将某些业绩归功于个人,由此创造出许多万能的神化的人来。

祖师神又称祖师、祖师爷、职祖神等,是该行业的开创者或是对该行业做出过特殊贡献的人。这些祖师神中,有些是历史上真正存在的,如鲁班、蔡伦、华佗等。有些则是传说中的人物,如吕洞宾、杜康、老君等。

在传统中国,绝大多数行业都供奉行业祖师神。一般说来,行业祖师的产生方式,大致有以下几种情形:

其一是依据典籍记载。如《史记》中说,黄帝"垂衣而治",因而成为成衣业的祖师爷;《墨子》中记载鲁班造云梯,因而成为建筑业供奉的神祇;蔡伦发明造纸术,被纸业奉为祖师;周文王推演八卦,是命相业的祖师;管仲有"女间七百"[②],是娼妓的祖师等。

其二是源于古代神话传说。如传说中女娲能抟土造人,便成为泥塑业的祖师;彭祖活到800岁又善调各种滋味,因而被厨业奉为祖师;"牛郎织女"传说中的织女因精于纺织,成为纺织业祖师;"八仙过海"传说中的韩湘子擅长吹笛,被吹鼓业尊为祖师等。

其三是源于各类通俗小说。如《西游记》中说,李老君筑丹炉炼制仙丹,因而被煤业、砖瓦业、陶瓷业奉为祖师;哪吒抽龙筋做绦带,是绦带业祖师;《隋唐演义》中的秦琼是侠肝义胆的捕快,成为捕快业敬奉的祖师;《水浒》中的时迁号称"梁上君子",是盗贼的祖师等。

其四是因某人对某一行业的形成起过重要的推动作用,而受到业者的崇敬。如唐明皇排练梨园子弟,是戏曲业祖师;孙膑因受膑刑而穿靴,促进了鞋业发展,是鞋业祖师;黄道婆改革了纺织技术,是棉纺业的祖师;陆羽精于煮茶之术,著有《茶经》,是茶业的祖师等。

其五是因某位名人从事过某一行业而被神化为行业祖师。如刘备织履,成为

---

① 《周礼·考工记》。

② 《战国策·东周策》。

编织业的祖师；张飞卖肉，成为屠宰业供奉的祖师；萧何做过刀笔吏，是胥吏祖师；李白喜好喝酒，饮酒后常有上乘之作，是酒业祖师等。

从上可见，行业祖师的确定基本上没有严格的标准，稍有牵连，即可奉为祖师，因而牵强附会在所难免。可以说，许多行业祖师神的出现，都是人们造神的结果。不过，无论怎样牵强附会，虚构假设，祖师神总与行业特点有所联系，因而往往为行业所特有，一般不为民间信奉。

至于行业保护神的确立，与祖师神有所不同，它通常与行业属性无关。人们奉祀他们，大多是出于祈福禳灾的心理。比如，许多行业供奉财神、观音、火神、窑神等，这体现了民间的"凡百神灵，尽须顶礼"的传统习俗。

如前所述，我国大多行业都奉有自己的神明。从业者认为，这些神明与他们所从事的行业休戚相关，必须加以经常性的礼奉。由此，也就形成了各行业虽有小异，但大体相同的礼神仪俗。

礼神活动当然要在一定场所举行。大的行会一般都建有神殿，有的规模大的神殿还有正殿和配殿之分。正殿里供奉的是祖师神，配殿里供奉的是保护神。不设配殿的，往往祖师神居中，保护神列于两旁。有的行业神本来就是民间神祇，如观音、财神等，礼神活动便在各地所建的神庙中举行。也有的行业将神殿附设于其他庙中，如北京梨园业就在东岳庙中举行礼神活动。全行业举办盛大典礼往往要在神殿或神庙中进行，大典之后还常有一系列庆祝活动。日常的礼神活动则往往在从业者的家中、作坊、店铺中进行。这些场所一般都供有彩绘、纸制的神像，或设有神主牌位。

礼神的时间，一般分为固定的和专门的两种。固定的时间有神诞日、神忌日、年节等。专门的时间则往往在成立行会、入行、开业、收徒、出师、议事、解决纠纷时，开展礼神活动。在这样一些时间点上，从业者要举行规模大小不一的拜祭活动，以祈求神祇保护。正式礼神，是全行业的最重大的节日。礼神前要求沐浴甚至斋戒，礼神时要求衣冠光鲜。神前要供上三牲、金箔元宝、酒肉、果品等。典礼开始时，要先燃烛焚香、奏乐鸣炮，主持人要带领会众向神像行叩拜之礼并朗诵祝辞，如涉及行内大事还要向神灵禀报。大的行会在神诞日祭祀神灵前，一般要先举行迎神活动。会众们将木雕神像供奉在八抬大轿上抬出殿外，前有乐队、仪仗开路导行。仪仗，又称执事，一般有八面，除仪仗牌、神伞外，还有大纛和会旗。大纛上书写着所迎之神的名字，会旗上书写主办单位的名称。神轿后面一般还有万民伞，如果所迎是女神，则还应有一对掌扇。其后跟随的是会众及杂戏演员。神轿遍巡各主要街道，经过本行业所营店坊时，该店坊要设香案，以示恭请神灵。绕城一周后，游行队伍返回神殿，然后举行正典。相比之下，专门的礼神活动就显得较为简单了，它往往是与某些特定事件相关联的，如入行、开业等。届时，有关当事人要向神灵敬献食品并行礼，希望各神明佑护下的行会能认可、接纳自己。大的行会在礼神仪式后还经常举行赛会、聚餐、演戏等庆贺活动。

总的说来，礼神活动具有团结同行、约束同行、进行宗法教育、扩大行业影响等作用，因此备受各行会的关注。虽然很多技匠背井离乡，改变了自己的生活方式，但他们还是依靠这种行业神信仰，建立起了准家族式的精神世界。

礼神仪俗的另一方面就是礼神禁忌，它通过禁止人们的不敬言行来约束业者，同样体现了对行业神虔诚的信仰。这些禁忌大体包括三个方面。其一是礼神活动中的禁忌。如行礼之时，忌衣冠不整、蓬头垢面、高声喧哗、调笑嬉戏，忌守孝之人、家有产妇之人参加，忌外行人参加。对于礼神用具，也必须恭恭敬敬，不能随便触摸供桌、供品等物，不准在上面放置日常用品，更不能碰砸。其二是对神名的禁忌。平时，业中人对行业神必须绝对恭敬，言谈举止要格外谨慎，否则会被认为要遭灾受罚。对于行业神，是不允许直呼其名的，甚至连谐音字也要避讳。比如，建筑类各行业奉鲁班为祖师，而鲁班小名叫“双儿”，因此，木匠、瓦匠、泥匠在盖房期间是不能说“双”字的，给房顶上瓦时，也忌讳排双行。铁匠行忌讳犯祖师爷李老君的小名“吹儿”，于是每逢农历九月初九老君生日那天，禁止吹哨子。木偶业奉优孟为祖师，忌说与“孟”谐音的“梦”字，若必须说“梦”，则改为“黄粱子”（语出“黄粱一梦”）。戏曲业敬奉八种动物为神灵，故对这些动物也不直呼其名而用敬称。如将老雕称“座大爷”，刺猬称“白二爷”，狐狸称“三太爷”，蛇称“柳四爷”，黄鼠狼称“黄五爷”，乌龟称“团六爷”，野鸡称“飞七爷”，老鼠称“灰八爷”。其三是行业活动中的禁忌，即在行业活动中不能冒犯行业神灵。如北京典当业供奉老鼠，因而业者是禁止养猫的，以免惊吓了耗神。磨坊业奉李老君为祖师，老君的坐骑是青牛，所以，从事磨坊业的人是不能把鞭子带进磨坊的，以免惊了祖师的坐骑，惹祖师不快。皮影戏业奉的祖师是观音，如果剧中有观音的戏，其台步要与其他角色不同，配音演员不准演唱，只能道白，表演者也不得让观音斗法或武打。观音上场时，后台必须保持肃静，演员们不准说笑、抽烟、吃饭，直到观音走完台后，后台才能恢复正常。

四、行业习俗

行业习俗是业者在长期的生产经营活动中形成的行为规范，近似于不成文法，较为生动鲜活地反映了行业生活的某些侧面。

1. 祈吉

工商业者从事经营活动有两个目的，其一是为了谋生，其二是为了赢利。如果生意不好，自然会使业者陷入困境。因此，各行业从业者都十分重视在生产经营活动中讨吉利，以期给自己带来好运。比如，在选择店坊地址时，中国人有择水而居的习俗，就是取“财源滚滚来”，“财源茂盛达三江”之吉兆。春节后的开市，历来也有进行减价促销的传统，从而人为地制造出开张大吉的假象，希望能乘着这股东风迎来收获丰厚的一年。即使是日常经营，也总是对开门后第一桩生意特别在意，宁肯少赚一点，热情一点，也要促成交易，以图吉利。若顾客买到了不称心的商品，要求更换，店家也是不情愿在上午为其更换的，往往要等到傍晚时分才愿为顾客办换货手续。这同样求的是吉利，若开门就换货，往往预示这一天的生意不好，这些当然是店家不希望看到的。杂货铺在开业前要将水缸挑满，以取“盘满钵满”之吉兆。麻行每天早晨营业时，必须先把算盘拨响，该行有“算盘拨动，生意兴隆”的传统说法，图的也是吉利。木匠们干完活后，通常让主人家自己收拾刨花，叫“留尾巴”，意思是“还有活儿干”。甚至窃贼也有“不空回”的传统，即没有偷到想要的东西，也要顺手拿去一样无用之物，以免以后的行窃不顺利。一些从事“不吉利”经营的行业，总要尽量化不吉为吉，以求生意顺利。比如，卖棺材的，就把棺材说成“寿材”以取“高寿老死”的吉兆。为他人定做棺材时，要选在黄道吉日开工，也是取“化丧为祥”的意思，不过，做棺材不能“留尾巴”，干完活后一定要收拾干净利索，不然就会被认为诅咒主家再死人，是犯大忌讳的。旧时，给死人装殓衣服的店铺称“寿衣店”，而且寿衣要用绸子做，因为“绸”与“稠”同音，表示家中虽有丧葬，但子孙满堂，人丁兴旺。这些做法都表明了人们避忌凶险、追求吉祥的心理。

2. 禁忌

在生产经营活动中，业者也总结出了一套带有宿命色彩的行业禁忌，这些行为规范从“不该为”的角度对业者进行了约束，其目的也在于求吉利、化风险、行好运。行业禁忌因行而异，比较零乱，涉及行为、言语、时空等诸多方面。比如，造船业在选材料时，就有“上不顶桑，下不踩槐”的传统。意思是说，桑树不可用作舱顶的材料，槐树不可用作船板的材料。这是因为“桑”与“丧”谐音，头上有桑(丧)，当然是十分不吉利的。而“槐”字从“鬼”得声，也不吉利。古人对槐树似乎颇无好感，认为槐树“花而不实，萎落之象”，是不祥之物，故船工、木匠等都慎用桑树、槐树等，以免触到霉头。木匠在打家具时，还忌用柳树、榆树、楝树、雄树、花椒树等。俗信柳树不结子，用之打制家具对后嗣不利；榆与“愚”同音，用作家具影响他人智力发育，即民谚所说的“榆木疙瘩不开窍”；楝与“殓”谐音，意味着家有丧事，一般不可以用之打家具，尤其不能用作门窗材料，即所谓的“床不用桑，门不用楝”；雄树有雄银杏、雄椿等品种，“雄”意味着不育，与中国人子孙满堂的观念相悖，也不能用来做家具；花椒树果实成熟之时，果皮自裂，种子落地，在人们看来有碍于子嗣，也不可作为家具材料。

语言禁忌，通常涉及称谓语、凶险语、破财语等方面内容。称谓语禁忌对于那些吃开口饭的行业来说，尤其需要注意。古时，演戏业在为客户演戏前总要打听清楚主家忌讳什么，以免在台词、剧情方面出差错，引得主家不快。明代伏雌教所著《醋葫芦》中就有戏班子唱了一出妒妇戏，惹得女客之中的悍妇大发雷霆的故事。对于一些从事特殊职业的人，人们也往往十分注意言语避忌。如当着和尚的面不说秃、光、亮等语，要尊称其为方丈。当着道士的面，不说到"牛"字，以免有影射牛鼻子老道的嫌疑，而要尊称其为仙翁。

经常同主顾打交道的行业，也要尽量避免死、丧、杀、病等凶险语，以免引起对方不悦。不过，不同行业有着不同的凶险语忌：如危险行业（采矿业等）忌说与"死"谐音的字（如四、十等）；戏曲业忌说与"散"、"塌"谐音的字（如伞、塔等），因为"散"意味着戏班子要散伙，"塌"意味着戏要演砸；航运业忌说与"翻"、"沉"谐音的字，以避翻船之大忌。故业者将"帆"说成"抹布"，且不允许姓陈的人参加造船及航运。

语言禁忌除了称谓语、凶险语外，还有破财语。如油漆业忌说"干"字，因为油漆干了，就意味着没活干了。由于"肝"与"干"谐音，故业者便将肝改为"润"，意即不干、有油水。因此，他们将牛肝说成"牛润"，将猪肝说成"猪润"。商家想买财神像、祖师神像时，也不能说"买"，只能说"请"，当然也就不存在讨价还价的问题了，以免有心意不诚之嫌。

至于时空禁忌，主要涉及一些特定的时间和地点。其中，时间禁忌突出地反映在正月。正月是一年之始，应当是一派欢乐祥和的新景象。故凡是影响到这种喜庆氛围的事情，人们都是不愿见到的。如有些地区，屠宰业在正月里是不开张的，以避刀光之灾。有些地方规定，正月初八前不得营业，因为民间有说天地先生鸡，次生狗，然后依次生猪、羊、牛、马、人。因此，正月初一不杀鸡，初二不杀狗，初三不杀猪，初四不杀羊，初五不杀牛，初六不杀马，初七是人日，也不可见血，所以只能在初八开市营业。正月里，郎中也不能走街串巷，药店送药上门的业务也要停下，以免幸灾乐祸之嫌。正月里吃菜，忌吃莲藕，因藕中有洞，人们便认为其暗指背负有还不清的债务（俗称欠债为窟窿）。相反，吃鱼、粉丝和豆腐则被认为是吉利的，因为鱼谐音"余"，意即年年有余；粉丝意味着牵牵连连，好运不断；豆腐则谐音"都福"，是吉祥之物。其他月份的时间禁忌多与礼神有关。如二月二为"龙抬头"，缝纫业要歇工，以免动了刀剪戳伤龙眼。四月初八为"浴佛会"，禁止屠宰牲口。五月为凶月，"五月盖屋，令人发秃"，所以，泥瓦匠在五月是揽不到活的。六月二十四为雷神的生日，民间有禁荤腥的传统。此外，商家避忌"七折八扣"、"七煞八败"

等不吉之语,故有“逢七不出门,逢八不归家”的传统。

空间禁忌主要指方位和地点方面的禁忌。比如,梨园业忌讳戏台朝西,该行业有谚云“要想发大财,最忌白虎台”,白虎台就是朝西的戏台。业者认为西方是凶方,是肃杀之气始发的地方,戏台朝西暗示了戏路萧条,是不吉利的。

当然,生意兴隆并非是刻意追求吉利就能实现的,它还要求业者具有良好的职业道德修养。如梨园业就有“救场如救火”之说,意思是说当别的戏班因主要演员生病不能演出时,只要本戏班有合适的演员就该前去顶替,而不应袖手旁观。医药业也有类似的习俗,夜间打烊以后,要留一个人值班卖药,业内有“病不等药”的箴言,强调药店不能因休息而耽误他人看病抓药。药家还有一句名言:“没有配不齐的药方。”意思是说,当顾客抓药时本店恰巧缺了某种药,药店应火速派人去别家店铺调剂,以免病家奔波。理发业的师傅给顾客打热水时,应在脸盆上搭一条干净毛巾,以示对顾客的尊重。这些习俗有效地维护了业者的声誉,对于生产经营活动显然具有积极意义。

3. 行话

行话又称行业话、市话、切口等,是行业内部道行的语言,是传统中国“隐语”的一种。这些语言,外行一般不能使用,也不解其中深意。行话之所以存在,一方面是由于人们避凶趋吉的心理,如前文所谈及的“语言禁忌”。另一方面是业者恐将生产经营中一些不便于外人知道的内情泄露出去,故用特定话语予以替换。如理发业收费,从一到十,就有一套专用行话:百万军中无白旗(一),夫子无人问仲尼(二),霸王失了擎天柱(三),骂到将军无马骑(四),吾今不用多开口(五),滚滚江河脱水衣(六),皂子时常挂了白(七),分瓜不用把刀持(八),丸中失去灵丹药(九),千里送君终一离(十)。同行相遇,要讲行话,以免第三者或外人介入,影响生意。

最简单的行话构成方式是将一个字的声、韵母分别读成两个字。如成衣业将画线用的“粉袋”称作“福根道来”,“福根”相拼即“粉”,“道来”相拼即“袋”。最复杂的是所谓的“切口”,即把一个字的读音分解为声、韵母两部分,然后再在原声母后加上一个固定的韵母,拼成一个新字,在原韵母前加上一个固定的声母,拼成一个新字。这两个新字就是原字的代码。如“孔”字,其代码为“窟窿”,就是在“孔”字的声母 k 后加上一个韵母 u,拼成了“窟”,再在“孔”字的韵母 ong 前加上一个声母 l,拼成“窿”。

也有些行业利用传统修辞手法构成行话。比如,饮食业将面粉称作“飞尘”,把烧饼称作“月亮”,就用了比喻法。钱庄业将铜钱称作“内方”,“内方”只是铜钱的一部分形状,却用以代替整体的名称,用的就是借代法。与此相同的还有,典当业称簪子为“压发”，旅馆业称钟为“醒客”，石匠称碑为“不忘”，酒店称酒为“乐水”等。此外，也有的行业用典故构成行话。如，铁匠将熔炉称为“天地”，就语出“以天地为大炉，以造化为大冶”①。测字业称月亮为“离毕”，就语出“月离于毕”②。古董业称鼎为“三分”，就源于《史记·淮阴侯列传》中“三分天下，鼎足而居”。相面业称瘦为“柴”，就出于《埤雅·释兽》：“瘦如豺。豺，柴也。豺体细瘦，故谓之豺”等等。还有一些行业用吉语指说凶事恶物，以示委婉。如饭馆业称炒鸡蛋为“摊黄菜”，因蛋与穷光蛋、王八蛋等恶语相关，主客皆讳，故婉言之。盗匪业称手铐为“金钏”，盗贼称监狱为“大院子”，娼妓业称拉客为“找户头”等③。

---

① 《庄子·大宗师》。

② 《诗经·小雅·渐渐之石》。

③ 本节有关内容参见钟敬文主编：《中国礼仪全书》，安徽科学技术出版社2000年版。

明宪宗元宵行乐图卷（局部）

第十章　社交与节庆风尚

社会交往活动与岁时节庆活动，是中国古代人们社会物质生产活动与精神生活的产物。同时，它又反过来对人们的社会生活活动产生着强化、催化、序化的功能。其间，这些社会生活活动，既因阶层、地域、传统而异，更有共同遵循的礼仪传统、道德规范的约束，故呈现出丰富多彩、色彩缤纷的繁盛景象，同时又显示出昭穆有序、各循其规、各行其礼的有序局面。恰因如此，它在社会生活中，起着“凝聚剂”与“激活剂”的重要“活化酶”功能作用。

第一节 社会交往

在中国古代社会生活方式中，人们很重视具有突出意义的人与人之间的交往关系，形成了独特的交际礼仪和习俗。礼仪，是人们社会交往行为的准则，包括了待人、接物、处世等各个方面的行为规范，体现了人们的审美情趣和道德观念，也影响着民俗、社会风气的形成及水平。

古人在社会交往中，形成了一些特定的交际语言，大体包括尊称语、自谦语和礼貌语等。

尊称是指带有尊重态度色彩的称谓，最早使用的是"父"，它是对男子的尊称，大约至周代，"父"才成为父亲的别称。此外，还有"公"、"子"、"长者"、"先生"、"卿"、"阁下"、"君"、"陛下"、"殿下"、"执事"、"足下"、"您"等尊称。

与尊称相反，古人自称往往用自谦语。人们可以按照自己的社会地位谦称自己为"臣"、"在下"、"仆"、"小人"等。在古人的自称中，使用较多的尚有"不才"、"不肖"、"不佞"、"不敏"等。此外，老百姓在官吏面前称"小人"、"小民"等，年轻者在年长者面前称"后学"、"晚生"、"学生"、"小子"等，下级在上级面前称"下官"、"卑职"等，妇女在人面前称"奴"、"奴家"、"婢"、"妾"等，这些都是谦词。封建帝王称"寡"、"孤"，也是谦词，但这种谦称一般人是不好学的。以上这些谦称在我国一些传统戏剧和古文献中都有表现，在今天的口语中，这些谦语大多已经消失，只有个别的（如"在下"）还在某些场合使用。

在古代，称别人的父亲为"令尊"，母亲为"令堂"；称别人的兄弟姐妹为"令兄"、"令姊"、"令弟"、"令妹"；称别人的儿女为"令郎"、"令媛"；称自己的父母兄弟姐妹为"家父"、"家严"、"家母"、"家慈"、"家兄"、"家姊"、"舍弟"、"舍妹"；称妻父为"岳父"、"泰山"；兄弟称"昆仲"、"棠棣"、"手足"；夫妻称"伉俪"、"配偶"、"伴侣"；妇女称"巾帼"；男子称"须眉"；称别人家庭院为"府上"、"尊府"，自称为"寒舍"、"舍下"、"草堂"；老师称"恩师"、"夫子"；学生称"门生"、"受业"；同学称"同窗"，等等，不一而足。

在古代，礼尚往来、礼宾待客是人们普遍崇尚奉行的一种重要的社会行为规范和道德准则之一，这可以从人们在实践迎送客人、款待宾客以及造访等诸多过程中得到颇为有力的说明。

根据文献记载，古代在迎客时有“拥彗”之礼。彗就是扫帚。为了表示对贵宾的欢迎，自古便有拥彗的礼俗。《史记》载阴阳家邹衍受到诸侯的礼遇，他到燕国时，“昭王拥彗先驱，请列弟子之座而受业”①。燕昭王为表示对邹衍的敬意，“拥彗先驱”。《汉书·高祖记》亦载刘邦“朝，太公朝彗，迎门却行”。近年来，在山东和江苏出土的汉画像石中，常见“拥彗门吏”或“拥彗奴婢”图案，奴仆或小吏躬身持帚于门前，帚头向上，帚柄朝下，意即表明家中已打扫干净，欢迎客人光临。画像生动地反映了当时的迎宾礼俗。古人为表示对尊贵客人的敬重之情，一般要到郊外迎接，称“郊迎”。在迎客时通常要说一些简短的欢迎语。如“欢迎光临”、“欢迎惠临”、“欢迎大驾光临”、“已恭候多时”等。如来不及亲迎，见面时就说：“失迎，失迎”、“有失远迎”等语，表示歉意。如是久未见面的，可以说：“久违、久违”、“别来无恙”等话，以示敬仰、关心之意。如是初次见面，还可以说：“久闻大名”、“百闻不如一见”等谦词。在等级制森严的封建社会里，主人的迎客礼仪，往往还因客人官职爵位的高低、人身的尊卑贵贱以及与客人关系的疏密，而有所不同。各地、各民族都有自己的迎客礼仪和风俗。以隋唐时期为例：当时南方人见有宾客来，不出门迎接，相见时捧手而不行揖礼；而北方人迎送客人则并至门，相见时作揖行礼。如在广西隆安县民间，有宾客来，主人须“趋迎交拜”，表示欢迎；在河南淮阳县民间，遇有远宾来访时，主人要设筵席盛情款待，并邀亲朋作陪，名曰“欢迎光临”②。河北徐水县民间在迎客时，主人要迎于门，双方各自脱帽行鞠躬礼③。贵州安顺地区民间，迎客的礼仪较为讲究。宾客来到时，主人要出门迎接，彼此点头示礼。升堂时，首次光顾的宾客或作揖，或跪拜行礼；常来的客人点头招呼一声即可；如首次来的客人与主人的关系较为亲密而行辈低年龄小的话，要向主人行一跪一拜之礼，则主人向来客作揖行礼答拜④。在江西、湖北、湖南等地还有燃放鞭炮迎客的礼仪习俗，贵客光临时，主人必定早候于门外，翘首而望。在客人步入大门的一刹那，就燃放鞭炮，以示敬意和欢迎。

与迎客一样，送客也是社会礼仪交往中的一个重要环节。尽管在古代人们的送客礼仪与迎客、宴客礼仪相比，稍显简单，但宾客与主人的亲近程度、疏密关系、社交处事原则以及文明程度，都可从待宾送客的过程中反映出来。各地的送客之礼不尽相同，如在江西、湖南、湖北等地，在客人告别辞行时，要燃放鞭炮以示敬意，

---

① 《史记》卷74《孟子荀卿列传》。

② 丁世良：《中国地方志民俗资料汇编》（中南卷），书目文献出版社1992年版。

③ 丁世良：《中国地方志民俗资料汇编》（华北卷），书目文献出版社1989年版。

④ 丁世良：《中国地方志民俗资料汇编》（西南卷），书目文献出版社1991年版。

而较为普遍的送客礼俗则是，客人告别时，主人出门相送，亲切道别。若是年迈的客人，则应远程相送，以示尊重。如在河南信阳地区的光州县民间，凡有尊长远行外出，幼者、卑者都须前来送别，远至出郊。按照传统的礼俗习惯，为表示送客的礼貌，通常应注意两点，一是在客人告别时，应婉言相留，客人执意要走，也要待客人起身告辞时才站起来相送；二是如果来者不是常客，一定要把客人送到门口，亲切道别，邀请客人赋闲时再来。此外，古人在长期礼尚往来送客辞行的过程中，针对不同的送客告别仪式，也使用相应的话别语，以表示彼此间的尊重和依依不舍的情意。如分手辞行，称“告别”；拱手辞别，称“揖别”；亲吻离去，称“吻别”；临别赠礼，称“赠别”；设宴送行，称“饯别”；前往送行，称“送别”；不愿分别，称“惜别”；永远分别，称“永别”；握手告辞，称“握别”；挥手告别，称“挥别”；离别留言，称“留别”；长久分别，称“阔别”。由此可见，无论哪一种话别词语，都有其特定的含义和礼仪文化氛围，它通过简练的言语表达，使礼仪行为仪式表现得具体、生动、形象，并使外在礼仪行为与内在精神世界在“言行”上的沟通和谐、融洽。

中国人向来把宾朋来访看做是家中的喜事，称尊朋宾客为来宾、嘉宾、贵宾、贵客，在长期的历史发展中，形成了较为完备的待客礼仪习俗，它主要渗透在迎客、敬奉茶烟酒、宴饮、送客四个环节。但就礼宾待客的具体礼仪活动而言，主人给来宾敬奉茶烟酒、宴饮的礼仪过程，最能表现出主人对客人的真诚与热情，因而也最具说服力和典型意义。所谓敬茶烟酒，是待客人进家坐定后，主人所必施的礼节。在古代，各地、各民族都有捧茶待客的习俗。不过敬茶的方式不尽一致，而且还有诸多讲究和禁忌习俗。在江南，无论来客与主人的关系如何，主人都会泡上一杯茶，以示礼貌和热情。江南人沏茶待客忌满杯。凡真心待客的主人，绝不端上满杯茶，而只斟到杯深的2/3处，俗谓之“茶七酒八”。客人喝茶通常以留少许为有礼貌。从礼仪角度讲，应该为客人勤斟茶。一般是客人杯中的茶水喝了几口就要斟一次，决不能等到杯中茶叶“见天”，其寓意是茶未尽，慢慢饮来慢慢叙。在主人添加茶水时，往往客人要欠欠身或用弯曲的食指和中指轻轻地敲打桌面，既表示有礼，又表示足够了①。在湖南地区，客人新至，必献茶于前。茶中除茶叶外，还泡有炒熟了的黄豆、芝麻和生姜片。喝干茶水后亦必嚼食其中豆子、芝麻和茶叶。吃这些食物忌用筷子等食具，多以手拍杯口，利用气流将其吸出食之。湖北阳新一带有敬米泡茶待客的习俗，其地乡民多不饮茶，素以白开水解渴。有客人至，即捧一小碗开水冲泡米花（俗称米泡）献上，谓之“喝茶”。若加入麦芽糖或金果数枚，敬意尤重。

在东乡族，客人来访，主人必请其上炕平坐，随即献上一只盖碗，碗内有茶叶、

① 刘克宗、孙仪主编：《江南风俗》，江苏人民出版社1991年版。

白糖和冰糖。主人提来“牡丹花”水(即沸腾如花的水)为客人冲茶。主人站立在地下,不时为客人冲茶,十分热情。鄂西土家族待客的礼俗很特别。贵客光临,主人即筛一碗鸡蛋(荷包蛋)茶敬之。按土家族的习惯,鸡蛋茶中的荷包蛋不少于3个,多不超过4个,才算对客人最敬重。土家族认为,吃1个为独吞,吃2个为骂人,吃5个是销五谷,吃6个是赏禄,吃7个、8个、9个则应了“七死八亡九埋”之不吉利俗语。所以主人以有三、四个鸡蛋的鸡蛋茶敬客人。蒙古人招待客人,是先敬上一碗奶茶,这是蒙古族人尊敬客人的礼节。客人喝下奶茶后,家庭主妇还会端上来清香扑鼻的奶酒。用奶酒待客也是蒙古族牧民的传统礼节。有的人家没有备茶,便以酒代茶招待客人。土家族家中来客,主人边热情寒暄,边斟三杯酒敬之,意为祝客人吉祥如意。云南佤族多以水酒待客。水酒以小米、麦子、谷子、红薯等酿成。敬客时主人多先饮一口,以打消客人的各种顾虑,然后递给客人自饮。客人应力饮,否则主人以为你看不起他而不快。除用茶酒招待客人外,尚有递烟敬客的礼仪。汉族以及许多少数民族中都流行这种待客礼俗。如傣族、景颇族、阿昌族、傈僳族、哈尼族、佤族、拉祜等民族,凡有待客、聚会、串门等社交活动,无论男女都有互相敬送嚼烟的习尚,以表示友好和尊敬。

在古代的社会交往中,以宴饮方式款待客人是常见的主要表现形式。所谓宴饮就是摆设酒菜款待客人。古人设宴,用于款待远来的客人,称为“洗尘”,亦称“接风”;用来送亲友远出,称为“饯行”,亦称“饯别”。这一礼俗,上古时即已流行。宴饮时,有“祝酒”的礼节。《诗经·大雅·凫鹥》:“尔酒既清,尔肴既馨,公尸燕饮,福禄来成。”这就是祝酒辞。还有陪饮、献报酬等风俗。陪饮就是主人请亲邻作陪饮酒;献报酬的“献”是主人先进酒于客人,“报”是客人饮毕回敬主人,“酬”是主人为劝客人多饮,先做出模范动作来,而且口称“先干为敬”,以表达对客人的尊重和欢迎。

从古代的宴客礼仪看,对宴客的座次方位颇为讲究。凡多人宴享聚饮,必论资排辈,以别尊卑长幼。一席(桌)通常设有八座,每边两座。关于座处的尊卑,由于民族不同、时代不同、地域不同而有一些差别。一般可分为北方和南方两种通行类型。今一些地区仍保留此礼俗。

南方通行座次图：

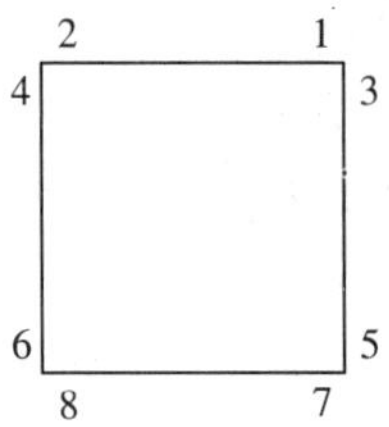

北方通行座次图：

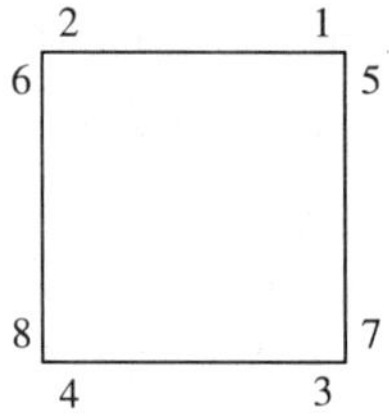

其中：1 为正宾；2 为介宾（副宾）；3 为三宾；4 为僎（尊善）；5 为次僎；6 为再次僎；7 为工；8 为主人。第 1、2 座称“上座”、“雅座”，要请最尊者就座，其他人则按尊卑长幼依次入坐。主人谦恭，常坐于下位。入席时的礼仪程序是，必待上座者入席，余者方可入席落座，否则为失礼。

关于宴客座次尊卑的安排，《史记·项羽本纪》中关于鸿门宴的描述颇有意趣：宴会虽然弥漫着刀光剑影的紧张气氛，但作者并没有因此而忽略了宴席上座位的尊卑：“项王、项伯东向坐，亚父南向坐。亚父者，范增也。沛公北向坐，张良西向侍……樊哙侧其盾以撞，卫士仆地，哙遂入，披帷西向立，瞋目视项王，头发上指，目眦尽裂。”古人以东向为尊，南向次之，北向又次之，西向为最末。项羽为显示自己的上尊而东向坐之；项伯是项羽的叔父，自然不能低于项羽，所以也东向坐；范增是项羽非常尊重的谋士，就像齐桓公尊重管仲而称仲父一样，项羽也尊称范增为亚父，所以座次位；项羽为蔑视刘邦的下卑而让他向北坐之；张良、樊哙是刘邦的谋士和部将，因而连坐的资格都没有，而只能“西向侍”、“西向立”。古人对宴席上座次排列的讲究，由此可见一斑。这种用餐座次依尊卑排列的做法，在今日仍能见到，如有些地区，客至设宴，多由家长（而且多为男性）作陪，不许子女上桌共餐，尤禁媳妇、女儿。她们必须待客人吃完后才能用餐，否则为失礼。有些地方则规定公公与媳妇不同席、父子不同席、男女不同席，长者坐上席，幼者坐下席等，只不过其严格的程度已不如古代了。

造访之礼也是古人在社会交往中所特别讲究的。造访礼就是拜访礼，古称“拜谒”。拜谒一般用于下对上、幼对长的请见。拜谒还有几种区别，请托求见，叫做“请谒”；有所干求而请见，叫“干谒”；古代宫中妇女不正当的请见，叫“险谒”。古人求见或代为拜贺，须投名片（贴），因名片最早以木片削制而成，故称为“名刺”，所以投名片就叫做“投刺”。后纸张问世，多以一方红纸代之，故又称“名帖”、“名片”。清人赵翼《陔馀丛考》卷三〇《名贴》云：“古者削木以书姓名，故谓之刺，后世以纸书，谓之名帖。”宋人孔平仲《孔氏谈苑·名刺门状》云：“古者未有纸，削竹以书姓名，故谓之刺；后以纸书，故谓之名纸。唐李德裕为相贵盛，人务加礼，改具衔侯起居之状，谓之门状。”名片上除书有姓名外，亦有书衔名者。官场中拜谒时必先投刺于门，候门人通报，获允后方可入。民间贫者交往多无此举。中产以上者每逢节日喜庆，贺而不亲临其门，而以名帖书“某某率某某顿首拜”等字样，贴于对方大门之上，亦谓之投刺。有的则将红色硬纸片制成的名刺放入锦盒中送给对方，以示隆重。由于投寄名帖（名刺）之风盛行，所以许多人都在门上贴上红纸袋，上书姓氏，号为“门簿”，以便于接受名帖。这种贴于门上的红袋颇似现代家庭门口的信箱。

访问礼节，则须敲门而后入。见面之后，要作“寒暄”，问候对方起居冷暖。若是初见，还要请教对方姓名、字号。见面礼通常有作揖、打躬和鞠躬。客人造访时，必定要带见面礼物，即所谓的“执贽”。

跪拜礼是古代特有的向对方表示崇高敬意的礼节。古代席地而坐，臀部紧挨脚后跟。两膝着地，腰杆伸直则为跪，跪而行礼是为跪拜。有稽首、顿首（即叩头）、空首等多种形式。跪拜礼能够造就尊卑贵贱俨然不可僭越的特殊的庄严气氛，对于维护封建制度具有极为重要的意义。辛亥革命时，孙中山宣布取消跪拜礼而代之以鞠躬。

在古代人们的社会交往中，亲友邻里间讲究礼品赠答，平日有之，节日更盛。他人有馈赠，来日回赠一定要比原赠丰厚。若来而不往，则为失礼。古人馈赠活动的类型大致有四：一为岁时馈赠；二为人生贺仪馈赠；三为社交性馈赠；四为文人馈赠。其中，岁时、年节馈赠活动，源于传统的农业文明；人生贺仪馈赠活动，是传统的宗法社会和血缘文化的产物；社交性馈赠活动，则有着深刻的传统地域文化背景；文人馈赠活动，则有着传统的社会伦理文化的强烈色彩①。

古代的交友方式有“结同年”等。同年即同庚，指年龄相同。同年所生而姓氏不同的男性青年交往，情投意合者常自愿结为“同年”。至此以同年互称，节日必互为贺节，遇事必尽力相助，有似同胞兄弟。此外，结交还不限于结同年兄弟，著名的三国乱世英雄刘、关、张桃园结义，这三位，就是不能同年同月同日生，只求同年同月同日死的义兄义弟。

古人在社会交往中，将商定的有关事项记载下来，作为检查信用的凭证，这就是立契约。这一做法古今皆流行。远古时，无文字，人们结绳刻木记事，以起契约的作用。古时的契约称券，以其券刻书写的材料可分为竹券、木券、布券、纸券等。券分为两半，当事人各执一半为凭信，若有争讼，就验合契券，判定曲直。在订立契约时，通常要举行带有迷信色彩的仪式，诸如“对天盟誓”、“歃血为盟”等，还要“沽

① 本节参见钟敬文主编：《中国礼仪全书》，安徽科学技术出版社2000年版。

酒各半”,在辞文中也充满了“明神殛之”之类对背约、违约者愤恨的咒骂。契约大致有约文、条具和合同三大类。有关政治、军事等交涉往来的契约称为约文,有关借钱借物的契约称为条具,有关经济活动的契约称为合同。

第二节　岁时节日文化

一、岁时节日文化的起源和发展

岁时节日,主要是指与天时、物候的周期性转换相适应,在人们的社会生活中约定俗成的、具有某种风俗活动内容的特定时日。中国传统的岁时节日习俗,是中华民族文化不断积淀的结果,经历了一个起源、发展与变迁的漫长历史过程。这种积久而成的节日习俗和活动,反映在民族心理、道德伦理、精神气质、价值取向和审美情趣诸层面上,即为节日文化,它是人类社会文化的重要组成部分。正确认识节日文化现象,把握节俗产生、发展和演变的规律,对于发挥节日的社会功能,弘扬民族优秀文化,增强民族凝聚力,有着十分重要而现实的意义。

1. 节日的起源

岁时节日由节期和民俗两个要素构成。节期的选择与确立,主要与中国的农业文明有关。我国是世界上最早进入农耕文明的国家之一,发展农耕,栽种植物,不能违反季节,这就需要人们掌握一定的天文历法知识。最初,古人是通过“观象授时”,依靠对天象和物候的观察,来指导农业生产的,这在《诗经》、《大戴礼记·夏小正》、《春秋》、《左传》、《国语》等先秦典籍中都有反映。随着古人对天象观测和记录的丰富,天象周期性变化的规律逐渐被人们认识,至迟在战国时,我国已建立了一整套较完备的历法体系①。历法发明后,人们确立了年、时、月、日等计时观念,进而昏、旦、朔、望、晦、岁末、年首等标志性时日,也引起了人们的关注:正月为岁首,正月朔、旦,为新年的开始,是为元旦(又称年节、春节);十二月晦,年尽岁除,为除夕;又因为有了“望日”,而后才可能有正月十五(元宵节)、七月十五(中元节)、八月十五(中秋节)、十月十五(下元节)等节期的出现。二十四节气,是中国

① 成书于战国时期的《尚书》“尧典”篇记载:“期三百有六旬有六日,以闰月定四时,成岁。”说明时人已有四时、年、月、旬、日及闰月等概念和知识。

古代历法体系中最具特色的部分，它以季节、气温、降水、物候等方面的变化，反映岁时的渐变过程以指导农业生产。古人把黄道附近的一周天分为二十四等分，把两节气相交的日时定为交节，由此转意节日。这种节气相交的节日虽然并不等于民俗意义上的节日，但它毕竟被凸现了出来，为节日的产生准备了条件，如立春、清明、夏至、冬至，与后来形成的有关节日关系至为密切。

节俗的形成较节日的确立更为复杂，受到诸多因素的影响。最早、最直接促发节俗产生的因素，是人类早期的原始信仰观念，包括自然崇拜、祖先崇拜、生育崇拜及其他一些信仰观念。如《礼记·月令》记载了周代“天子春朝日，秋夕月”，是把日、月作为崇拜和祭祀的对象。这种原始的祭月拜星活动，与后来中秋赏月、七夕拜星习俗可以说是一脉相承的。而社日祭土则是导源于对土地的崇拜。除自然崇拜之外，古人还相信人有灵魂，人死之后灵魂不灭，这便产生了祖先崇拜。祖先受到后人的隆重祭拜，滥觞于夏商周时期。周代天子以天下大宗的身份更享有祭奠百代不迁之祖的特权，祭祀活动极为频繁，在汉以后成为岁时节俗的定例，如年节、清明、除夕，都有祭祖仪式。节日中的祭祖习俗，使宗族内部产生了一股凝聚力，给传统的岁时节日文化增添了一层浓重的伦理色彩。古代社会生活中除了物质生产之外，人类自身的生产——生育，也受到人们有意识的关注，生命因其孕育过程的复杂难解性而带有神秘性。古人对生育的关注渗透到节俗中表现为一系列的象征与禁忌，如芋头、柚子、石榴等均象征多子，因此，在中秋节，妇女就用这些果实祭拜月神，祈愿多生子女。由人及物，传说正月初一至初八每天都是一种动植物的生日，如初一为鸡日，初二为狗日，初三为猪日，等等，因而初一、初二便不能用浆糊，怕把鸡鸭的眼睛糊上，鸡鸭不爱下蛋。

2. 节日的发展阶段

岁时节日不是恒定不变的，它的内容随着时间的推移，经济的发展，文化的变迁以及民族的迁徙融合等因素不断发生变化和发展。大体说来，汉民族的传统岁时节日大致经历了滥觞期、定型期、融合期和丰满期四个阶段。

滥觞期 夏商之际为巫觋时代，占卜、祈祷、祭祀等活动非常频繁，并在很大程度上保留了原始信仰的习惯，习俗活动也不一定安排在特定的日期。到了周代，习俗信仰中渗入了“礼”的因素，祭祀、庆祝活动逐渐按季节相对集中，或在春夏秋冬，或在年头岁尾。《礼记·月令》云：孟春之月，“天子乃以元日祈谷于上帝”，并“亲载耒耜”；孟夏之月，“天子始絺；命野虞出行田原，为天子劳农劝民”；孟秋之月，“天子尝新，先荐寝庙”；孟冬之月，“天子乃祈来年于天宗，大割祠于公社及门闾”。春秋战国以后，历法逐步完善，历法中的一些特殊日期，如二十四节气、年头岁末、月朔月望等时日逐渐凸显出来，节俗活动的主要内容多集中在这些时日举行，节日的雏型初现端倪。

定型期 秦汉时期，由于政治一统，经济繁荣，统治者要求文化定于一尊，我国的主要节日也在此时定型。如除夕、元旦、元宵、上巳、寒食、清明、端午、七夕、重阳成为固定节日，主要节俗活动也基本成形，此后一直延续了2000多年，直至今日。这一时期，某些节日的性质亦发生了变化，一些历史人物如屈原、介之推等，取代了原始的鬼神信仰，使得端午节与寒食节转变为纪念性节日；另一方面，由于佛道二教的影响日益扩大，一些宗教节日渗透入传统节日，如道教的三元节，佛教的“佛诞日”节等。两汉时期，国家政权亦介入一些节日活动中，进一步扩大了节日的影响。

融合期 魏晋南北朝至隋唐，是传统节日发展的融合期。一方面汉代节日的基本内容得以继承；另一方面，各少数民族大迁徙、民族文化大交流，为汉民族文化带来了新鲜血液，少数民族节日风俗也随之融入汉民族传统节日，促进了传统节日文化的融合发展。因而登高、祓禊、曲水流觞、高谈饮酒等节日活动都出现了一些新内容。由于人口流动的规模大、频率高，流动的人口迁移到新地方后，往往就带去了自己的节日文化习俗，对当地民俗产生重要影响。如春节本是汉民族的节日，现在各民族几乎都过春节，只是各民族的春节又有自己的特色内容。五月端午节本为南方楚越民族的节日，后来为各地、各民族所接受，除插艾叶、饮雄黄酒、吃粽子为共性外，各地又有特色：南方举行龙舟竞渡；北方戴香包、送香药。魏晋南北朝时期的岁时节日因其继承性与融合性，又呈现出成熟期的特点，这主要体现在出现了两部专门记载岁时节日与风土民俗的著作，一部是晋人周处写的《风土记》，虽然唐代刘知几说它是“史传小书，人物杂记”①，但它却是我国最早从民俗角度记载岁时节日生活习俗的典籍。另一部是南朝梁人宗懔撰著的《荆楚岁时记》，专记岁令节俗，从中可以看出整个魏晋节令体系的完备和成熟。

丰满期 到了宋代，传统节日进入了一个新时期，其主要特点是节俗进一步从宗教迷信的笼罩中解脱出来，节俗的礼仪性、娱乐性成为节日文化的主流。如春节的爆竹，原来是一种驱鬼巫术，此时已演变为喜庆的象征；大傩原来是打鬼巫术，宋以后宗教迷信成分减少，演变为一种民间小戏；中秋节的祭月，开始变成赏月活动；元宵节的祭神灯火，演变为灯火艺术。各种节日活动中，文化娱乐节目不断增加，如猜灯谜、闹春会、放风筝、拔河、射柳、斗草、走马、赏月、菊展等，节日内容日益丰富，节日的喜庆气氛成为节日的基调，传统节日因此发展到了一个高峰。这种节日文化的高度发展是与中国封建社会的高度发展，城市生活的繁华，农村文化的普

---

① 《史通》卷5《补注篇》。

及、提高分不开的①。

二、岁时节日文化及其功能

1. 岁时节日文化

春节

春节,是各民族传统大节,俗称“过年”,古时叫“元旦”。“元”者,始也;“旦”者,晨也;“元旦”即是一年的第一个早晨。自殷商起,把月圆缺一次定为一月,初一为朔,十五为望。每年的开始从正月朔日子时算起,叫“元旦”或“元日”。汉武帝太初元年采用“太初历”,确定以孟春正月为岁首,正月初一为新年。此后,农历年的习俗就一直流传下来。自新中国成立后,正式采用公历,一月一日定为元旦,将农历正月初一改称为春节。

我国早在《诗经》中就有关于过年的记载,当时以喝“春酒”、祝“改岁”欢度新年。关于“年”,《尔雅·释天》的注释是:“载,岁也。夏曰岁,商曰祀,周曰年,唐虞曰载。”在古代,“年”的概念是不断变化和逐渐充实完善的。

(1)古代的历法与年的定型

“年”,有两层含义,一是作为周期性的年,一是作为节日的年。关于“年”的形成,有两种不同的说法。

一种说法自民间流传下来,故事性较强。称“年”为古时候的一种怪兽,十分凶猛,头顶长独角,口似血盆。每逢腊月三十晚上,它便从山林里或洞里走出来,掠食噬人。人们为了防御“年”的侵害,每到此时便聚在一起,燃起火堆,投入一根竹子,使其发出劈啪作响的爆裂声。“年”一闻此声便落荒而逃。初一早晨大家平安无事,于是作揖道喜,互相祝贺未被“年”吃掉,并拿出丰盛的食物在一起吃。这样经历了多少代人,便形成了拜年的风尚。

另一种说法源于人们对历史现象的研究和概括。它不仅涉及年节的形成,还着重说明了周期性的年如何形成,涉及古代人们的历法知识。

年的最初概念是基于物候所产生的。在甲骨文中,年呈现出的是果实丰收的形象;在金文中,年呈现出的是谷穗成熟的样子。解释《春秋》的《谷梁传·宣公十六年》说:“五谷大熟为大有年。”东汉许慎所著《说文解字》中,年从“禾”,是个形声字,写作“秊”,并解释为“谷熟也”。从上述可知,年所包含的首先是谷物、果实成熟的意思,其次是谷物、果实丰收的意思。可见,年的本义是和农业生产密切相关的。

---

① 宋兆麟、李露露:《中国古代节日文化》,文物出版社 1991 年版,第 10 页。

随着历史的发展变化，年的含义也逐渐变化。总的情况是，人们就其成熟意思的一面加以引申，转向天象纪年方面；就其丰收意思的一面加以引申，转向节庆的方面。

上古时期，人们逐渐把年的意思由谷物成熟引申为成熟的周期，也就是从这一次谷物成熟到下一次谷物成熟谓之一年。这种基于物候的年和后来民间的二十四节气有渊源关系，它基本上属于阳历的范畴。但当时对一年所包含的天数，所起讫的日期，均无明确规定。因此可以说，这样的年还是处于原始状态中的年。后来人们逐渐认识了太阳、地球、月亮三者之间的运行规律以及火星等星象的出没规律，依之制定历日制度，并借用了年的周期性的意义。这样，年便基本上失去了原有的物候特征而显示出天象纪时的特征，其含义也有了变化，即从原来的由上一次谷物成熟到下一次谷物成熟而改变为从上一次的正朔到下一次的正朔为一年。正为年之始，朔为月之始，正朔即正月初一。这样一来，年便由阳历范畴而转入阴历范畴，并随之产生了年的不均衡性。

以物候定农时的年，归根到底还是以太阳的运行规律为制定根据的。这样的一年有 365 天，四季的变化比较固定。以天象定农时的年当时主要是以月亮的运行规律为制定根据的。它全年含 12 个朔望月，共 354 天。物候年和天象年之间每年要相差 11 天左右，积 3 年就要差一个月有余。为了协调这两种不同年份的关系，古人制定闰月制度，规定在阴历的每 19 年间置七个闰月。有闰月的年份，全年是 384 天。但各年的总平均数约是 365 天，以保持和阳历年每年所含天数基本上相一致。这样我国古代的历法就成了阴阳合历。

我国纪时单位的年的形成经历了由物候定农时向天象定农时的转化，也经历了由阳历到阴阳合历的演变。

人们就年的谷物丰收的意思引申为庆贺丰收。每当新的正朔来临，处于冬季里的人们便设宴席、放爆竹、贴春联、玩春会来庆贺一年来的丰收。人们还认为这种丰收是上天赐予的，是祖宗保佑的，于是又杀牲设祭，叩头焚香，祭祀神明和祖先。由此形成了春节的种种风俗活动。

(2)春节习俗

春节作为我国最盛大的传统节日，节日活动丰富多彩，几千年来逐渐形成了习尚。早在魏晋南北朝时期，据南朝梁人宗懔《荆楚岁时记》记载，当时的春节节俗已相当丰富："正月一日是三元之日也。《春秋》谓之端月。鸡鸣而起，先于庭前爆竹，以辟山臊恶鬼。""长幼悉正衣冠，以次拜贺。进椒柏酒，饮桃汤。进屠苏酒，胶牙饧；下五辛盘，进敷于散，服却鬼丸，各进一鸡子，造桃板著户，谓之化木。"其中，有些习俗一直延续至今，如爆竹、拜贺、插桃符、贴年画等，只是某些形式发生了变化,如爆竹变为燃放鞭炮,插桃符改换贴门神、对联。后来,节俗又有所增减,仍然延续至今的主要有祭祖、放鞭炮、拜年和一些节日娱乐活动,如舞狮子、耍龙灯等。

祭祖迎喜神 古代社会重人伦、敬祖先,无论过节,还是喜庆,都要缅怀自己的祖先,强调家族的血缘观念。

春节祭祖,在节日的喜庆中亦不乏庄严隆重。继除夕夜请祖先回家吃团圆饭之后,正月初一一早,要把祖先牌位放在厅堂正中的神柜上,摆上供品,焚香点蜡,以示供奉。清朝雍正年间修《常山县志》卷四载:“元旦拜祖先遗像或牌位,谓之‘拜真’”,或至宗族祠堂祭祖。同治年间修《宜黄县志》卷八:“元旦,子孙必至祠拜祖,孩提均至,按丁给煎饼。”除在中堂、祠堂祭祖外,也有上坟祭祖的习俗。嘉庆《枣强县志》卷一六:“正月初二,上坟,俗名送爷娘”,即是年节到坟茔地祭奠。

祭祖以后,根据历书所示吉利方向,挑选吉利时辰,点燃灯笼火把,奉香鸣爆竹,开门出行,迎接喜神。清人曼殊震钧《天咫偶闻》卷一〇:“正月初一,子刻后祀神,谓之‘接喜神’。”为接喜神摆设的供品有红枣、冬瓜、花生、糖果等,统称“甜料”。有的地方如长江流域各地,则是在除夕夜子时迎喜神。

放爆竹 除夕夜,子时来临,预告新的一年开始,大江南北、神州上下顿时欢腾在一片爆竹声中。

放爆竹庆贺春节,历史悠久。古人焚竹发声,名曰“爆竹”。《通俗编俳优》说:“古时爆竹。皆以真竹着火爆之,故唐人诗亦称爆竿。”爆竹的历史可追溯至西汉,西汉东方朔《神异经·西荒经》云:“西方深山中有人焉,身长尺余,袒身捕虾蟹,性不畏人。见人止宿,暮依其火,以炙虾蟹,伺人不在而盗人虾以食,名曰山魈。其音自叫,人尝以竹著火中,爆火朴而出,魈皆惊惮,犯之令人寒热。”到了宋代,随着火药的发明,开始出现火药制作的爆竹。人们用纸筒代替了竹子,内灌火药,并用茎麻将爆竹编成串,称为“编炮”,因声音清脆如鞭响,也叫“鞭炮”。燃放爆竹的原意在于惊惮和驱逐恶鬼,后来驱恶鬼、辟疫疠的功能渐趋淡化,大都成为讨彩、吉庆、除旧布新的象征了。如王安石在《元日》诗中所写:“爆竹声中一岁除,春风送暖入屠苏”,生动描绘了时人迎新除旧、喜悦轻松的心情。

除夕夜放爆竹颇有讲究,有的地方需择时辰,燃放的数字也有三、四、十之别。长江流域各地,放开门炮还要拜神敬祖,继而按“历书”所载当年迎吉方向,燃灯笼火把,提壶挈酒,奉香鸣爆竹,开门出行,向吉方行走、跪拜,以迎喜神,称“出天方”或“出行”。

由于爆竹能增添喜庆,本身又小巧轻便,因而在民间很受欢迎。清人百一居士《壶天录》卷上:“京师人烟稠密,甲于天下。富家竞购千竿爆竹,会之一炬,贫乏家谋食维艰,索逋孔亟,亦必爆赛数声,香焚一炷,除旧年之琐琐,卜来岁之蒸蒸,此习尚类然也。”爆竹的品种、形式亦越来越多，主要有双响、单响、双钹炮、三脚炮、二踢脚、飞天十响、水鸳鸯、老鼠炮、冲天炮以及五彩缤纷的烟花。

拜年 拜年是春节中最主要也是最普遍的习俗，又称“走春”、“探春”。新年里，亲邻友朋互串走动，互致节日问候，自然地增强了彼此的关系。拜贺时，客人一般以“新禧”、“发财”、“顺当”、“一顺百顺”、“吉祥如意”等语道贺，在一片喜乐祥和的氛围中，春节显得特别富于人情味。

古人拜年，“男女以次拜家长毕，主者率卑幼，出谒邻族戚友，或止遣子弟代贺，谓之‘拜年’。至有终岁不相接者，此时亦互相往拜于门，门者设籍，书姓氏，号为‘门簿’”①。走亲串友拜年，须备礼品，客人归，主人必有回赠。倘或亲朋好友太多，难以登门遍访，就遣仆人带名片去拜年，称为“飞帖”，此俗始于宋朝上层社会。清人《燕台月令》形容北京年节，“是月也，片子飞，空车走”，成为时尚。大户人家特设“门簿”，以记客人的往来和飞片，门簿的首页多虚拟“亲到者”四人：一曰寿百龄老太爷，住百岁坊巷；一曰富有余老爷，住元宝街；一曰贵无极大人，住大学士牌楼；一曰福照临老爷，住五福楼，以图吉利，讨口彩。

娱乐 各种娱乐活动是春节的重要内容，民间广为流传的主要有舞狮、耍龙灯、踩高跷等。

舞狮，是我国一项传统的民间体育活动，大约起源于南北朝佛教兴起的时代。随着佛教的流行，异域的狮子形象也从域外传入中原。到了唐代，舞狮活动已出现在民间。白居易的《西凉伎》诗中描述说：“假面胡人假面狮，刻木为头丝作尾，金镀眼睛银贴齿，奋迅毛衣摆双耳。如从流沙来万里，紫髯深目两胡儿，鼓舞跳梁前致辞。”当时西凉艺人舞狮的情况，与我们现在所见的舞狮情景很是相似。清代《北京走会图》所画的狮子舞，一大狮由二人扮演，三小狮各由一人扮演，另有二人手执“拂子”逗引狮子，完全同于现代春节所见的舞狮。

民间舞狮，一般由两人合作扮一头大狮子（又称太狮），一人扮演一头小狮子（又称少狮），一人扮武士。武士手拿绣球作引导，开拳踢打以引诱狮子起舞，狮子随着鼓点的快慢轻重，有节奏地做出各种动作：忽而翘首仰视，忽而俯首回顾，忽而低眸匍匐，忽而摇头摆尾，并不时伴以舐毛、擦脚、搔头、洗耳、朝拜、翻滚等动作，千姿百态、妙趣横生。各耍狮队伍除了要走村串户表演外，有的还要集中在一起进行竞技表演。届时各“头”狮子要拿出自己的看家本领，展示一些高难动作，表演传统保留性节目，如上楼台、过天桥、跨三山、出洞、下山、滚球、吐球、采青，等等。

耍龙灯，也叫“舞龙”，又称“龙灯舞”。同舞狮一样，也是流行于我国民间的一

① ［清］顾铁卿：《清嘉录》卷12。

项传统春节习俗。

龙，作为中华民族的象征，在中国文化中占有极重要的地位，它与凤、麒麟、龟合称为“四灵”，同为吉祥物而受到人们的崇拜。早在殷商时代，青铜器和兽骨上就有龙形图案。汉代民间出现了龙舞。在唐宋时期的“社火”、“舞队”表演中，耍龙灯已是常见的表演形式。春节耍龙灯的习俗，直到宋代才在民间盛行。宋人吴自牧《梦粱录》卷一《元宵》载：南宋行都临安“正月十五日元夕节……又以草缚成龙，用青幕遮草上，密置灯烛万盏，望之蜿蜒，如双龙飞走之状”。

耍龙灯所用的彩龙，一般用竹或铁扎箍，外罩绸缎或布匹。龙身由许多节组成，每节间距约5尺左右，每一节称一档。组成龙身的节数一般是单数，有9节、11节、13节等。龙头部分轻重不同，一般重量约30多斤。龙头内点蜡烛，不点的则称“布龙”。

表演耍龙灯，有“单龙戏珠”与“双龙戏珠”两种。在耍法上，各地风格不一，各具特色。耍9节龙的，主要侧重于花样技巧，较常见的动作有蛟龙漫游、穿花、龙摆尾和蛇褪皮等。耍11节龙和13节龙的，则主要表演蛟龙的动作。不论表演哪样花样动作，表演者都得用碎步起跑。龙灯开耍时，只见巨龙追捕着红色的宝球飞腾跳跃，时而高耸似飞冲云端，时而低游似入海破浪，蔚为壮观。

驱鬼避邪 民间信仰认为，年节诸神回天上述职，各种鬼怪便纷纷出洞，行妖作恶，所以春节期间要驱鬼、避邪。这其实是道教思想流布于民间的表现。

驱鬼之神钟馗，是道教中的神话人物。相传，唐明皇在梦中见一大鬼捉小鬼，大鬼自道是钟馗，说他生前应武举未中，死后决心灭天下鬼怪。唐明皇醒后，命画家吴道子画钟馗像，传播于民间。《新五代史》称：“岁除，画工献《钟馗击鬼图》。”①民间在除夕或春节间也必挂钟馗像，以震慑诸鬼，后来五月五日也挂钟馗像。此俗至今在某些农村地区犹有留传。在今皖南农村，家有新生婴儿，也多挂钟馗像于小孩床头，床下放大铡刀，以驱厉鬼。

春节还有不少避邪性装饰。《易卦通验》：“正旦五更，人整衣冠，于家庭中爆竹，贴画鸡子，或镂五色土于户上，压不祥也。”②民间在门上插芝梗，女儿戴乌金纸于头上，名曰“闹嚷嚷”。至今还有一些地方春节在门、窗上挂老虎画，或者剪若干纸鸡，形似公鸡报晓。山西新绛地区的木刻年画则刻一个大公鸡，骑一童子，上有日月，认为鸡有报晓、避邪作用，也可招财升官，如民间所说：“户户贴鸡，人人添官”。

---

① 《新五代史》卷67《吴越世家·钱镠传附俶传》。

② 《太平御览》卷29《时序部一四》。

除上述传统习俗外，过春节还有诸多讲究和禁忌。年初一的早餐就颇有讲究，有吃甜食以应"一年甜到底"；有将头夜剩饭杂以各种菜肴，谓之"隔年饭"、"百杂饭"，取和睦有余之意；有的吃年糕，寓"年年高"；有的吃杂以青菜的面条，谓之"青健"、"长寿"；有的吃杂羹，"羹"、"耕"谐音，取年年有耕，耕作顺利之意；北方人则吃饺子，取"更岁交子"之意。

大年初一，民间有些地方盛行由男人下厨、禁止妇女上灶的习俗，俗信新年第一餐由妇女操持，要交"倒灶运"。其他还有一些禁忌，如不到"开年"后，不准扫地、不准担水、不准烧生米，且各自都有一套说法。言语上，不准说带"死"的字眼，不准说不吉利的话。

元宵节

(1)元宵节的由来

农历正月十五日之夜，是我国传统的"元宵节"，又叫"上元节"、"灯节"，也称"元夕"、"元夜"。"上元节"的由来，据说是源于道教。道教把正月十五称为"上元节"，七月十五为"中元节"，十月十五为"下元节"。

其实，元宵节的产生还早于道教。史载，西汉文帝承周勃平"诸吕之乱"后继帝位，勘平之日正是正月十五。以后每逢此日的夜晚，汉文帝都要出宫游玩，与民同乐，遂定为节日。又因"夜"在古语中称"宵"，故名"元宵节"。

至于在民间，人们对元宵节的起源则另有一番解释。传说汉武帝时有一名叫东方朔的，为人机智风趣，富于同情心，为了让一个叫元宵的宫女能与家人团聚，设计让一份红帖传到武帝手中，帖子上书写偈语四句：长安在劫，火焚帝阙，十六天火，焰红宵夜。武帝看后大惊，忙向东方朔讨对策。东方朔告之火神君最喜吃汤圆，可让元宵做上汤圆，皇上亲自焚香上供，并传谕京都千家万户也做汤圆，让火神君心软下来；同时，下令京都臣民在十六日晚家家挂灯，满城点放焰火鞭炮，好像全城大火在燃烧的样子，以诓骗天帝；是夜，可让城外臣民入城观灯，宫中嫔妃彩女则可杂在人群中消灾解难。武帝听罢大喜，吩咐一切照办。于是，在十六日晚，元宵终于实现了与家人团聚的愿望。因闹灯火，长安安然无事，汉武帝喜出望外，从此年年举办。又因十五上供的汤圆，宫女元宵做得最好，人们就把汤圆叫元宵，把这一天叫元宵节。

此说法显然为唐宋以后文人所杜撰。因为鞭炮、元宵直到唐宋以后才出现。但这个传说故事巧妙地附会了节日时间和某些节日习俗，且节日传说本身也是一种文化，它表达了人们的美好愿望，体现了人们的某些价值观，营造了节日氛围，使得元宵节充溢着欢乐、祥和、团圆的氛围。

(2)张灯和打灯谜

元宵节又叫“灯节”，正月十五的晚上各地都要张灯结彩。

元宵节张灯的习俗稍晚于节日的起源时间，大约是在东汉，当时称作“上元燃灯”，为的是祭祀“太一”神，同时，又与佛教传入中国有关。史载，东汉明帝刘庄提倡佛法，每到正月十五晚即“烧灯”，并亲自到寺院张灯祭神，以示对神佛的尊敬和象征佛家学说大放光明。

唐时，元宵张灯已发展为盛况空前的灯市。据五代王仁裕《开元天宝遗事》载：唐都长安“作灯轮高二十丈，衣以锦绮，饰以金银，燃五万盏灯，簇之如花树”。唐代诗人苏味道《正月十五夜》诗云：“火树银花合，星桥铁锁开。暗尘随马去，明月逐人来”，生动地描绘了灯月交辉，游人如织，热闹非凡的场景。宋代的元宵灯节更是热闹非常，“正月十五日元宵，大内前自岁前冬至后，开封府绞缚山棚，立木正对宣德楼，游人已集御街两廊下，奇术异能，歌舞百戏，鳞鳞相切，乐声嘈杂十余里”①。明清时期，每逢元宵佳节，从正月十五至十八，北京王府井大街灯市口和前门外厂甸一带，都要开设灯市。江南苏杭等地也张灯设市，悬卖各式花灯，且以灯谜贴于花灯上，供游人猜射，谓之“春灯谜”。

元宵所张之灯，经过汉唐以来的发展，种类繁多，形制各异，其中，常见的有花灯和走马灯等。

花灯，又叫彩灯，在我国有着悠久的历史。最早只有宫中和京师达官贵人之家，才能于正月十五晚上在自家门口挂几盏灯，借以炫耀门楣。后来，民间富户也相继效尤，灯市便应运而生。民间元宵买灯、赏灯、赛灯也逐渐成为普通习俗。花灯的形制各异，样式变化万千，巧夺天工。宋人孟元老《东京梦华录》卷六《元宵》载，元宵之夜，人们在棚上张灯结彩，成山林状，点燃后，万灯齐明，称作灯山。皇宫内的灯山有文殊跨狮子，普贤骑象。菩萨的手臂活动自如，手指能喷出五道水柱，飞流直下，状如瀑布，成为中国最早的人工喷泉技术。南宋周密《武林旧事》卷二《元夕》记载当时福州进送京城的花灯，“纯用白玉，晃耀夺目，如清冰玉壶，爽彻心目”。还有一种罗帛灯，产自苏州，在罗帛上剪镂白花图案，内燃灯烛，透出万眼，称为“万眼罗”。安徽新安的玻璃灯，系用玻璃制成，点燃后，明亮无骨，所以又叫“无骨灯”。此外，还有五彩羊皮灯、篾丝灯、料丝灯、夹纱灯、麦秸灯、桔灯等，均精奇豪华，匠心独具。

走马灯在李约瑟的《中国科学技术史》中被认为是中国古代人民的一项重要

① ［南宋］孟元老：《东京梦华录》卷6《元宵》。

发明，制作灵巧，精妙绝伦①。走马灯约有1500多年的历史，南北朝时已有"灯以火运"②的记载。清人富察敦崇《燕京岁时记》中描述走马灯，"剪纸为轮，以烛嘘之，则车驰马骤，团团不休，烛灭则顿止矣"。这种灯是在蜡烛上方置一纸轮，运转原理是借助蜡烛燃烧引起灯内空气对流，从而推动风轮绕轴旋转，带动灯罩自动转动。由于灯罩上面往往绘上栩栩如生的骏马，看去宛如马在不停地奔驰，故名"走马灯"。走马灯是古代劳动人民聪明才智的结晶。

除花灯和走马灯等常见灯外，地方上根据本地的风俗，因地制宜，就地取材，制作了不少具有地方特色的灯，如浙江金华流行桥灯，北方有赏冰灯，近水人户有放水灯，等等。

元宵放灯，往往还要在灯上写出种种谜语，人们边赏灯边猜谜，别有一番情趣。元宵猜灯谜已成为我国一项富于民族色彩的传统游艺节目（参看第十一章"娱乐生活与风尚"之第三节"休闲雅趣"）。

(3)吃元宵与送灯求子

吃元宵是元宵节的饮食风俗，也是元宵节的主要特征。元宵，俗名称"圆子"、"团子"、"汤团"，取其圆形，寓意全家团圆、幸福美满。元宵的起源，除前揭始于西汉说外，还有始于春秋末期之说。唐代称元宵为"面茧"、"圆不落泥"，宋时始称"圆子"、"团子"。

元宵起源虽早，但直到宋代，吃元宵尚未普及，元宵仍被视作"珍品"。宋朝诗人姜白石《咏元宵》诗云："贵客钩帘看御街，市中珍品一时来；帘前花架无行路，不得金钱不肯回。"

元宵既为"珍品"，可见非一般百姓所能问津。明清以降，元宵才成为一般人都能消费得起的食品。宋人姜白石《元宵》诗云："元宵争看采莲船，宝马香车拾坠钿。风雨夜深人散尽，孤灯犹唤卖汤圆。"元宵由"珍品"而变为小贩走街串巷叫卖的寻常食品，可见当时吃元宵已成为普通民众的习俗。

元宵的制作，据清人顾铁卿《清嘉录》卷一《圆子油䭔》载："上元，市人簸米粉为丸，曰圆子，用粉下酵裹馅，制如饼式，油煎曰'油䭔'。"民间一般用糯米和水辗成浆，再用草木灰隔纱布吸干水，制成元宵面。元宵可以是实心的，也可以带馅。馅儿通常有芝麻、枣泥、豆沙、果仁、山楂、花生、百果等甜馅为多，也有酸菜、肉丁、火腿、虾米、豆干、茼蒿、鸡蛋等咸馅。包好的元宵可下水煮吃，也可炒食、油汆或蒸

① 参见［英］李约瑟：《中国科学技术史》第1卷《总论》之第2分册，科学出版社1975年版，第546页。

② ［南朝梁］宗懔：《荆楚岁时记》。

吃,口感粉糯软滑,滋味可口。

随着时间的推移,元宵已不再是一种应时食品,而成为一种四时皆备的点心小吃,并在全国各地形成了不同的地方风味特色。

吃元宵,寓意团圆,而对于无子或想再添丁口的家庭,元宵节又是求子的好时节。

正月十五灯节结束后,家家户户将挂在门首和祖宗牌位前的花灯依次摘除,分送给结婚不久的新妇家中,谓给这些人家"添灯"。"灯"、"丁"谐音,"添灯"即"添丁",祈愿新妇早生贵子。"添灯"的风俗,普遍流行于江苏、福建、台湾等地。明人谢肇淛《五杂俎·上元》载:"闽方言以灯为丁,每添设一灯,则俗谓之'添丁'。"这一记载很好地解释了此俗的成因。近人胡朴安《中华全国风俗志》下篇卷三《江苏》条记有关于送灯求子的详细记载:"旧历元宵节后,二月二日以前,此十数日间,有所谓送子者焉。此事系出于亲友之所为。盖凡老年无子及成婚多年而无所育者,亲友知其盼子心切,咸乐送之。然所送者非人,乃一纸糊之小红灯耳。……其手续由送者先择一吉日,备柬通知受者之家,临时约集十余人,锣鼓喧腾,乐声大作,持灯或砖送往,受者则远迓于门外,以所送之灯或砖悬于望子者之床中,并以酒筵待送者,聊答盛意。"

送灯求子节俗表达了人们祈愿人丁兴旺的美好心愿,由此元宵节由原来的祀神而发生了变化,节日的内容与功能由单一性向复合性发展。

清明节(寒食节)

(1)由节气到节日的演变

阳春三月,大地回春,草木萌动,万物复苏,大地一片清洁明净景象。此时,迎来了我国又一个传统节日——清明节。清明节在公历四月五日前后,它既是二十四节气之一,又作为一个民俗节日而传承着种种风俗活动。

作为节气,《岁时百问》说:"万物生长此时,皆清洁而明净,故谓之清明。"清明一到,气温升高,雨量增多,正是春耕春种的大好季节。江南有农谚:"清明谷雨两相连,浸种耕田莫迟延"、"清明前后,种瓜点豆";华北亦有"清明早,立夏迟,谷雨种棉正当时"的谚语。可见,在农业生产上,清明是一个相当重要的节气。

节日与节气不同,节气是时序的标志,而节日则包含着某种风俗和纪念的意义。二十四节气是我国古代的一项重要历法,反映了一年四季气温、降雨、物候等方面的变化,其划分和确立经历了一个漫长的过程,但大致在战国时期即已齐备起来。清明节作为一个节日,它的出现则稍晚一些,且有一个逐渐演变的过程。这是因为节日一般都传承着种种习俗,节日习俗的逐渐确立也即是节日的确立。清明节诸多习俗的产生大都晚于春秋战国。如清明节扫墓已是秦以后的事,到了唐朝才盛行;清明踏青亦只是到了五代才见载于《旧唐书》。可见,清明节的习俗活动是后人慢慢附加上去的。在清明节这样一个春暖花开的季节,阳光明媚,桃红柳绿,非常适合种种户外活动,于是人们便结合着当时的风俗习惯,制定出种种节目,以后历代传承,遂演变为节日。

与清明节大致同时的,还有一个寒食节。寒食节因与清明节节期相近,很容易相混。相传寒食节是为了纪念春秋时期的介子推而设立。介子推随晋文公重耳流亡19年,历尽磨难,甚至割股以飨君。重耳归国即位后,大封跟随他的有功之臣,却惟独忘了介子推,直到有人为他叫屈,重耳方才醒悟。而此时介子推已携母隐于绵山,拒不出世。晋文公于是命人纵火烧山,想迫他出来,结果介子推与其母皆抱柳而死。晋文公痛心不已,下令国中在介子推烧死的这个月不得举火,后人为了纪念介子推便禁火寒食。这极可能是后人的附会。其实,寒食是古代的禁火忌日。据《周礼》记载,我们的先民对火异常崇敬,为了让火休息几天,就实行"内(纳)火"、"禁火",然后再用原始的钻木取火法产生新火。在周代前后,朝野就有了禁火、改火的规定。禁火的结果就造成了日常生活中寒食的习俗。寒食节最初要持续一个月,后来逐渐减到三天,再到一天,这与东汉并州刺史周举劝民温食、曹操下令严禁寒食有关。凡节日,多为欢乐的日子,惟寒食让人受苦,影响健康,老百姓在实践中认识到其弊端,从而厌弃它,到宋以后就逐渐泯灭了。

寒食节的食物主要有两种,一种叫"饧大麦粥",又称"干粥"、"麦粥"。另一种叫"子推",是寒食前蒸好的一种枣饼。这类食物在唐宋的诗文中多有提及。

(2)扫墓·踏青

清明节又名鬼节、冥节,与七月十五、十月十五合称"三冥节",都与祭祀鬼神有关。因而祭祖扫墓是清明节的一个重要内容。以扫墓的方式祭祖,其起源非常古老。《周礼·春官·冢人》:"凡祭墓,为尸。"尸为神主之意,后代百姓上坟,在坟堆左侧立一石,题"后土之神",祈神保佑自家墓主。汉时,墓祭尚不定于清明。《后汉书·明帝纪》注引《汉官仪》:"古不墓祭,秦始皇起寝于墓侧,汉因而不改。诸陵寝皆以晦、望、二十四气、三伏、社、腊及四时上坟。"到了宋代,有关清明扫墓的记载多了起来。宋时规定从"寒食"到"清明"祭扫坟墓三日,就连当时的"太学"也要放假三天,"武学"放假一天,以便让师生扫墓和郊游。依据"事死如事生"的原则,古人祭墓,往往先为坟堆培土,或者修坟立碑。民间信仰认为,坟地是死者的世界,他们在那里衣食住行,与生时无异。而坟墓就是死者的房屋,坟堆则是房顶,由于终年雨水冲刷,野兽践踏,坟堆往往受损,所以要除草、填土,防止雨水浸入。修坟之后,开始献祭。最初献给死者的是生活所需的实物,货币流通后又改献钱币,汉代用冥钱或瘗钱,唐代改为纸钱。《旧唐书·王屿传》:"汉以来葬者皆有瘗钱,后俚俗稍以纸剪钱为鬼事。”所以,“烧纸”之俗是比较晚出的。扫墓除“烧纸”之外,还要上香设祭品。

历来北方人重墓祭,而南方人则借此作踏青郊游。明人谢肇淛《五杂组》卷二云:“北人重墓祭,余在山东,每逢寒食,郊外哭声相望 ,至不忍闻。当时合有善歌者,歌白乐天《寒食行》,作变徵之声,坐客未有不堕泪者。南人借祭墓为踏青游戏之具,纸钱未灰,乌履相望,日暮,幡间主客无不颓然醉倒。”明人张岱《陶庵梦忆》卷一《越俗扫墓》:“越俗扫墓,男女袪服靓妆,画船箫鼓,如杭州人游湖,厚人薄鬼,率以为常。”踏青本是三月三日上巳节活动,取意人如草常青不老,由于上巳节并入清明,而扫墓又要去郊外,因此,清明踏青十分流行。尤其在南方,清明三月,春风妩媚,柳绿桃红,正是踏青郊游的好时节。汉代已有“人日”(正月初七)郊外踏青之俗。唐宋时代,踏青为文人学士、闺阁仕女所热衷,踏青场面往往十分壮观。宋人吴自牧《梦粱录》卷二《清明节》论南宋杭州清明节风俗说:这一天,“都人不论贫富,倾城而出,笙歌鼎沸,鼓吹喧天,虽东京金明池未必如此之佳。殢酒贪欢,不觉日晚。红霞映水,月挂柳梢,歌韵清圆,乐声嘹亮,此时尚犹未绝。男跨雕鞍,女乘花轿,次第入城”。唐宋诗句中描写踏青情景的也很多,如杜甫就有“江边踏青罢,回首见旌旗”的诗句。出外踏青,人们往往要折柳枝插戴于头上或衣襟上,有的还要带回家插挂在门楣、房檐上,为的是避邪。这一风俗见载于近人胡朴安《中华全国风俗志》下篇《安徽》:“清明日,家家门插新柳,俗意谓可祛疫鬼,挂纸钱于墓树,谓之(贶)野鬼。……泾县清明日,插柳于门,人簪一嫩柳,谓能避邪。”插柳、戴柳不仅可以避邪,还可作为一种节日装饰,民间有“清明不戴柳,红颜成皓首”的歌谣。

端午节

(1)端午节源流

农历五月初五的端午节与中秋、春节被称为我国民间的三大传统节日,所谓“一年三节”。

端午,又叫“端五”、“端阳”、“重五”,也叫天中节。晋人周处《风土记》:“仲夏端午。端者,初也。”端,是开始的意思;午,是十二支之一,原意为月初午日的仪式。由于“午”、“五”同音,遂将五月五日称为端午节。

端午节的由来,众说不一,不同地域多有各自的解说。有起源于伍子胥说,认为伍子胥在此日投钱塘江而死;有起源于勾践说,勾践曾在是日训练水师以复国;还有起源于白洁夫人说,曹娥救父说,等等。关于后者,《后汉书·列女传》有载:“孝女曹娥者,会稽上虞人也。父盱,能弦歌,为巫祝。汉安二年五月五日,于县江泝涛婆娑(迎)神,溺死,不得尸骸。娥年十四,乃沿江号哭,昼夜不绝声。旬有七日，遂投江而死。至元嘉元年，县长度尚改葬娥于江南道傍，为立碑焉。”至今，浙江民间在五月五日仍要祭祀曹娥。

当然，端午起源诸说中，以纪念伟大诗人屈原的说法最为普遍和流行。南朝梁人宗懔《荆楚岁时记》载：“五月五日竞渡，俗为屈原投汨罗日，伤其死，故并命舟楫以拯之。”此说把端午节吃粽子、赛龙舟的习俗附会其中，将节日源流与节日习俗结合得相当巧妙。

然而，据闻一多先生的研究，端午是一个关于龙的节日，它的起源远在屈原以前，是吴越民族举行图腾祭的日子，只是因为中国人民太热爱屈原，就把他的名字与事迹编织入一个原先与他完全无关的节日里。

(2)赛龙舟·吃粽子

赛龙舟是一项历史悠久的水上竞技活动。早期文献一般将竞技舟船称为“水马”、“水车”、“飞凫”等，只有皇帝御舟才称作龙舟。但在制作过程中，人们为使速度加快、减小阻力，就在船前建起龙头，船后竖龙尾，两侧还绘上彩色龙鳞，使它具有了很强的观赏性。这样，龙舟也就成了竞渡舟船的统称了。龙舟的出现大约在先秦西周时期，《穆天子传》中有关于龙舟的记载：“天子乘龙舟”，“浮于大沼”。龙舟竞渡这一习俗则至迟产生于春秋时期。1976 年浙江鄞县出土的一件春秋时期的青铜钺，上有古代越人竞渡的图像。到了汉代，龙舟竞渡的习俗盛行起来。不过在相当长的时间里，赛龙舟不专在端午这天，只是到明清以后，才逐渐归在端午这天举行。

龙舟竞渡，主要在我国南方地区进行。汨罗江畔，每年端午都要举行隆重的竞渡仪式。

节日早晨，人们着新衣，装扮一新，抬着龙头到屈子(原)庙朝拜祭奠。祭龙舟的仪式是：先点线香，插在船头上的两孔中，大家对船发誓：决不在竞渡过程中做出“不正”、“不义”的事情。祭毕，船员们一同把龙船抬到河岸旁，敲锣的人分布龙头的两侧，龙船鼓也响起来，沿途的人们纷纷烧香迎拜。竞渡的河里，水面置放浮竹和芭蕉杆，以示界线，芭蕉之上插着红色的三角旗，称“浮旗”。浮旗成行，规定两船的距离和途径，竞渡的龙船要顺着浮旗向前。龙船下水，主事人立在船旁，龙船一动，锣鼓立时喧天作响，表示欢欣下水。竞渡开始，龙船首先在浮竹边上转动两三回，并用不同颜色的桨相辨别，船尾把舵的人放爆竹，船头有人打锣导引，划桨人的一举一动，都要和着锣鼓声。锣鼓一阵紧似一阵，划到最后更是无比的激烈。一到目的地，打锣的人赶紧放下锣锤，急速取出锦旗，谁先取到了锦旗，谁就先夺得标。竞渡的次数，多半是二回、四回或六回，一定要是偶数。一方获胜，主事人(炉主)要擎起红旗示意。敲锣的人非任意选派，一定是年长而有竞渡经验的人，他打锣的节奏有缓有急，能够鼓动所有的划手。抢旗的动作更要特别敏捷。得胜的船队，不仅会获得丰厚的奖品，还会感到无比的荣耀。

龙舟竞渡之外，还有划龙舟游乡，有祈求农业丰收和驱除瘟疫的寓意。《浙江通志》引《西吴里语》："清明居民各棹彩舟于溪上竞渡，宜田桑。"《长沙县志》卷一四：端午"坊市造龙舟，竞渡夺标，俗以为禳疫"。

端午节俗中，除划龙船外，与纪念屈原有关的另一项活动是吃粽子。这一说法最早见于南朝宋人刘义庆的《世说》："周时，楚屈原以忠被谗，见疏于怀王，遂投汨罗江死。后人吊之，因以五色丝角黍（粽子）于节日投江以祭之。"南朝梁人吴均《续齐谐记》亦载：忧国忧民的屈原，公元前 278 年五月初五，心怀悲愤，抱着石头投汨罗江而死。楚人每当这个祭日，就以竹筒贮米投水祭他。东汉光武帝刘秀建武年间，长沙有个名叫欧回的人，白昼忽见一人，自称三闾大夫（屈原生前官名），对他说：你们每每祭我的食物，都被蛟龙抢去。今后可用楝叶塞在竹筒上面，并用彩线捆之，这两样东西是绞龙最怕的。欧回就按屈原说的方法做了，于是各地百姓也纷纷效仿起来。这一传说，反映了人们对爱国诗人屈原的怀念。

古代的粽子又叫角黍、筒粽。角黍是因粽子的形状有棱有角、内包有糯米而得名；筒粽则是因为最早的粽子是用竹筒贮米烧煮而成。粽子的历史很悠久，在东汉时是夏季的一种常用食品。端午节吃粽子的风俗，始于魏晋时代，晋人周处《风土记》载："仲夏端午，烹鹜角黍。"

唐宋时代，粽子已经成为端午的名点了。唐玄宗有"四时花竟巧，九子粽争新"①的诗句。唐都长安有专门制作、经营粽子的店铺，且加工技艺已相当高。当时的粽子馅有多种果仁，诸如枣、栗、糖果等，皇宫内的粽子还包杨梅。宋人无名氏诗："不独盘中见芦桔，时于粽里得杨梅。"②苏东坡亦有"时于粽里见杨梅"之句。贫民之家过端午，也要吃粽子，陆游《端午》诗："贫家犹裹粽，随事答年光。"③每到端午，人们将自己制作的粽子互相馈赠、品尝，已不再扔到江里供飨屈原了。

明弘治年间，常用芦叶裹粽子，粽馅也更为丰富起来，有蜜糖、豆沙、猪肉、松仁、枣子、胡桃等等，蒸出的粽子香味喷鼻。清代乾隆年间又出现了火腿粽子。玲珑精巧的粽子自食、馈赠两相皆宜。清人富察敦崇《燕京岁时记·端阳》载："每届端阳以前，府第朱门，皆以粽子相馈贻。"

越往后发展，粽子的品种也愈益多样化，且呈现出南北两地不同的风味特色。

---

① 《全唐诗》卷3《端午三殿宴群臣》。

② 《古今图书集成·岁功黄·端午部》引。

③ 《古今图书集成·岁功黄·端午部》引。

江南的粽子以苏州、宁波的最负盛名，其馅心多以糯米佐以豆沙、火腿、咸肉、枣泥等。北方以北京江米小枣粽子为佳，以小枣、果脯等入馅。此外，陕西人称作"蜂蜜凉粽子"的纯米粽子也很好吃。

(3)艾草·菖蒲·雄黄酒

端午节前后，气候多雨，湿热多病，毒疫易传，这就形成了端午习俗文化中的另一个主题：避邪驱瘟、除虫灭害。民间信仰认为五月为"毒月"，有五毒：蛇、蜈蚣、蝎子、蜥蜴、癞蛤蟆。此月灾难多，甚至生孩子都会夭折，因此必须采取预防措施。

"五月五日，四民并踏百草，又有斗百草之戏。采艾以为人，悬门户上，以禳毒气"①。人们在端午节这天，采艾蒿悬于门楣上，或把菖蒲做成宝剑形的蒲剑挂在屋檐下，有的人还用艾草、菖蒲、大蒜烧水洗澡和喷洒房前屋后。

艾，又名艾蒿，是一种多年生的草本植物，可用于医药，端午节悬艾或用艾水洗澡的习俗对人体是有裨益的。南朝梁人陶宏景《名医别录》称："艾叶：味苦，微温，无毒，主炙百病。可作煎，止下痢、吐血。"至今，我国南方许多地区在端午节时家家要采艾和菖蒲，许多农民还采撷此类植物在端午节拿到市场上去卖。

旧时，每逢端午节家人团聚时，爱喝杯雄黄酒以示庆祝。雄黄酒，是在酒内加入药物——雄黄，清人顾铁卿《清嘉录》卷五载："研雄黄末，屑蒲根，和酒以饮，谓之雄黄酒。"有的地方在端午清晨，把雄黄水洒在屋子内外，或涂在小孩的耳、额头和面颊处，以驱毒虫、防蚊蝇叮咬和驱散瘟疫毒气。古诗云："唯有儿时不可忘，持艾簪蒲额头王。"说的就是用雄黄酒在小孩额头上涂一"王"字，以避邪防病。

虽然古人从迷信观念出发，认为雄黄可以除凶神恶煞附体，但雄黄确有除毒的功效。《本草纲目》卷九《金石部·雄黄》载："雄黄性味苦，平，寒，有毒，具有燥湿、祛风、杀虫、解毒之功效。"药物学认为雄黄中含三硫化二砷，有杀菌功效，人们用白酒浸雄黄，再泡上几块矾，待酒挥发干后，取雄黄矾涂在被虫蚊叮咬处，可起消毒解痒的作用。

七夕节

(1)牵牛星和织女星的传说

农历七月初七，是民间传统的七夕节，又名"乞巧节"，是一个富有诗意的节日，被誉为中国古代的情人节。南朝梁人宗懔《荆楚岁时记》载："七月七日，为牵牛织女聚会之夜。"

作为古书中记载的神话故事，牛郎织女七七相会有一个逐步形成的过程。秦汉以前，牵牛、织女只是银河两岸的两颗星名，《诗经·小雅·大东》有初具拟人化

① ［南朝梁］宗懔：《荆楚岁时记》。

的描写："维天有汉，监亦有光。跂彼织女，终日七襄。虽则七襄，不成报章。睆彼牵牛，不以服箱。"说的是天上的银河波光荡漾，银河这边的织女每天移动梭子，也没有织出布来，银河彼岸的牵牛也不拉车负重。到了汉代，民间出现七夕上街看织女星的风俗。《古诗十九首》更将牵牛织女星编织成美丽哀婉的爱情故事："迢迢牵牛星，皎皎河汉女。纤纤擢素手，札札弄机杼。终日不成章，泣涕零如雨。河汉清且浅，相去复几许？盈盈一水间，脉脉不得语。"这首诗大约是《诗经·大东》的扩展，诗中运用丰富的想像力和动人的诗化语言为我们讲述了一个凄美的爱情故事。六朝时代，牛郎织女的传说变得更为完整。据南北朝梁人殷芸的《小说》记载：织女原为天帝孙女，聪明灵巧，手工衽织，在天上织云锦，天衣无缝，自嫁河西牛郎后，织乃中断，天帝大怒，责令织女与牛郎分离，只准每年七夕相聚一次。

至于在民间，宋以后则另有一个更为通俗的传说。传说在很早以前，南阳城牛家庄有个忠厚勤劳的小孩名灵儿，由于父母早亡，便跟着哥嫂过日子。无奈嫂嫂狠毒，灵儿整日被逼着放牛，受尽虐待。后来灵儿在被打入凡间的灰牛大仙的指引下，得与天上的七仙女结成婚配。婚后二人过着男耕女织的幸福美满日子，并生了一双儿女金哥和玉妹。由于织女贤良手巧，从天上带来了天蚕和织机，还把蚕分给乡村众姐妹，教大家养蚕、抽丝、织绸缎，于是家家户户的女儿都学会了丝织的技艺。数年后，织女在凡间嫁人生子的事被玉帝闻知，玉帝大怒，派人将织女带回天庭，牛郎就穿上用灰牛大仙死后留下的牛皮做成的鞋，带着金哥和玉妹追随其后。眼看就要追上，王母娘娘拔下头上的金钗照脚下一划，将牛郎织女隔于天河两岸。以后，在玉帝的恩准下，牛郎织女只能在每年的七月七日相会一次。此夜，满天喜鹊扑向天河，互相咬着尾巴，只只相接，搭成一座鹊桥，供牛郎织女相会。

故事虽美，却非节日的真正起源。七夕真正的起源，据现代学者的考证，是古代历法中的一个天文点，由于在历法中的重要地位而逐渐演变为民俗节日①。《汉书·律历志》载："织女之纪，指牵牛之初，以纪日月，故曰星纪。"《太平御览》卷五三四引《礼含文嘉》载："推之以上元为始，起十一月甲子朔旦，夜半冬至。日月五星，俱起牵牛之初。"织女与牵牛星都是星纪的标志，它们分属现代天文星座的天琴座与天鹰座，其天文位置与出没是重要的天文时间点，在古代天文历法中占有重要地位。《夏小正》七月"汉案户"，"初昏，织女正东乡"，以织女星出现的方位确定七月月序。后代由于历法的改变，除专业人士之外，一般人对其天文星纪的情况已不大了解，但仍认识到其重要性，如《淮南子·天文训》：牵牛星"一时不出，其世不和；四时不出，天下大乱"。织女星也被神秘化，认为她"主瓜果收藏珍宝"，所以

① 萧放：《七夕节俗的文化变迁》，《文史知识》2001年第8期。

古代要在七夕节晒衣、曝书，以利收藏。汉人崔寔《四民月令》：“七月七日，曝经书及衣裳，不蠹。”

(2)乞巧

“乞巧”，是古代民间女子尤其是少女，向织女乞求灵巧和智慧的意思。七夕夜，女子们一面观牛郎织女相会，一面向织女乞巧。乞巧之前，要斋戒沐浴，陈瓜果于庭前祭拜牛女双星。这种乞巧既是娱乐游戏，也是一种仪式，希望受织女的感召，除去笨拙，使自己变得眼明手巧，炊事、生产和缝纫都能得心应手(详见第十一章“娱乐生活与风尚”之第二节“益智赛巧”)。

(3)种生

七月七日是一个吉祥的日子。汉代武帝与西王母相会，先后五次，均在七月七日①，表明七月七日是人神交游的吉时良辰。西晋周处《风土记》中也称“七月七日为良日”。所以，人们在乞巧的同时，也在节日向神祈求丰收与生育，名为“种生”。

种生，实际上源于古时的生育信仰。农业社会，人们最关心的莫过于年成的丰歉。七月，是黍熟之时，人们在节日里要进行谢神、乞巧活动，并形成独特的节日饮食。至于意欲求子的人，则将小麦、绿豆、小豆、豌豆等若干种子，放在器皿中浸水，生芽数寸后，于七夕日用红蓝彩线束扎起来，作为一种得“子”的象征。

另外，用蜡塑成各种形象，放在水上浮游，也是“种生”的方式。南宋孟元老《东京梦华录》卷八《七夕》载：“又以黄蜡铸为凫雁、鸳鸯、鸿鹈、龟鱼之类，彩画金缕，谓之‘水上浮’。”还有用蜡做成小孩的样子，以取悦于神，祈求得子。

许多地区的年轻姑娘，喜欢在七夕时用树的液浆兑水洗头发，传说不仅可以年轻美丽，还可以尽快找到如意郎君。小孩们则在节日里用花草染指甲，虽是一种娱乐爱好，却也与生育信仰密切相关。

七夕节的饮食，称作“吃巧食”，顾名思义，是在吃的方面各尽巧能。一般是在节日吃饺子、面条、油果子、馄饨等，以区别于平日。有的地方则吃云面，云面得用露水制成，吃后能获得巧意。民间的糕点铺，在七夕这天喜欢制一些织女形象的酥糖，俗称“巧人”、“巧酥”，出售时称作“送巧人”。

中秋节

(1)中秋与月

农历八月十五，是我国传统的中秋佳节。

在我国古代，帝王有“春天祭日，秋天祭月”的礼制，并将农历每季中的每个月

---

① 《太平御览》卷31《时序》引《汉武故事》。

的十五日,分别称为“孟”、“仲”、“季”。以七、八、九三个月为秋季,八月十五日正当秋季的正中,故称中秋,也称“仲秋”。南宋吴自牧《梦粱录》卷四《中秋》:“八月十五日中秋节,此日三秋恰半,故谓之‘中秋’。”唐人欧阳詹《长安玩月诗序》亦云:“秋之于时,后夏先冬;八月于秋,季始孟终;十五于夜,是月之中。稽于天道,则寒暑均,取于月数,则蟾魄圆,故曰中秋。”俗以中秋月为团圆之象征,并有亲人团聚之习俗,所以有“团圆节”之称。

中秋夜的月亮圆又明,看上去特别美。正如南宋吴自牧《梦粱录》卷四《中秋》所说:“此夜月色倍明于常时,又谓之‘月夕’。”中秋夜的月亮之所以分外明,古人已做出科学的解释。东汉张衡《灵宪》说:“月光生于日之所照,魄生于日之所蔽;当日则光盈,就日则光尽也。”原来,地球在不停地绕着太阳运转,月球又绕着地球运行,并不断地发生有规律的变化,太阳从不同角度照射在月球上。当月球背向太阳的一面转向地球时,我们就看不见它,这就是阴历初一,古人称为“朔”;当月球被太阳照亮的一半转向地球时,我们便看见了圆月,这就是阴历十五,称为“望”。中秋节正当秋分,太阳差不多是直射到月球朝地球一面的,所以月亮显得又圆又亮。

另一方面,面对圆月,民间又编织了“嫦娥奔月”的美丽神话。这一传说最早见于战国初期《归藏》一书:“昔嫦娥以西王母不死之药服之,遂奔月为月精。”①稍后有汉代刘安所辑《淮南子·览冥训》载:“羿请不死之药于西王母,姮娥窃以奔月,怅然有丧,无以续之。”东汉张衡《灵宪》则说:“嫦娥,羿妻也,窃西王母不死药服之,奔月。……遂托身于月,是为蟾蜍”,并被罚做捣药苦工。大约此说与月亮的美丽形象不一致,也不符合人们对美的追求,故经民间加工演变,遂成现今的嫦娥奔月故事。明末小说《有夏志传》中描写嫦娥“性巧而贞静好洁”,为了反抗无道的夏王太康,毅然抛弃薄情的丈夫,飞奔月宫,“在月岩构石为宫,旁有大婆娑树,下有玉兔,遂为月宫之神”。

《太平御览》引《淮南子》云:“月中有桂树。”汉武帝太初四年(前101年)建桂宫,故址在今西安市西北。南朝时又把月宫称作“桂宫”。由桂树又演变出“吴刚伐桂”的故事。唐人段成式《酉阳杂俎》卷一《天咫》说:“旧言月中有桂,有蟾蜍。故异书言,月桂高五百丈,下有一人长斫之,树创随合。人姓吴名刚,西河人,学仙有过,谪令伐树。”

中秋月圆,清辉泄地,人们仰月思人,尤其独在异乡的游子,更添对故乡和亲人的思念之情。所以,人们又把中秋节叫做“团圆节”。

---

① ［南朝梁］萧统编:《文选》卷60《祭颜光禄文》。

(2)拜月·赏月·吃月饼

拜月,亦即祭月。中国古代皇帝有春天祭日,秋天祭月的礼制。《礼记·脸》中记载:"天子春朝日,秋夕月。朝日以朝,夕月以夕。"民间也有拜月神的习俗,又称拜太阴星星、月姑或月宫姑娘。拜月时,或直接向月亮跪拜,或供木雕月姑像,也有张挂"月光神祃"的。月光神祃,也叫月光纸,据明人刘侗、于奕正《帝京景物略》载,其上画有月像,中有月光普照,菩萨趺坐在莲花上,下面是月宫桂殿,前有玉兔执杵捣臼中仙药。拜时,在月光神祃下设供案,摆上应时瓜果,有梨、鲜枣、藕、带枝的毛豆、鸡冠花等,以及清茶、月饼、糖果等物。然后点斗香,妇女儿童先拜,男人后拜,有的地方则"男不拜月"。拜毕,焚月光纸,撤供,把祭品分与家人享用。礼毕,再在庭中盛设瓜果酒肴,家中老幼围桌聚饮,称作"团圆酒"。拜月所用应时瓜果,有的还颇有些来历,像带枝毛豆是为兔子所设,鸡冠花象征月宫婆娑树,等等。近人胡朴安《中华全国风俗志》下篇卷三《江苏》载:"中秋节晚间焚香拜月,小儿则以瓜果菱芡之类,供于中庭。供毕仍饮口福。是晚望子者,至夫子庙游后,过桥一行,谓可卜梦熊云。"

中秋赏月,乃为雅事。皓月当空,文人士大夫,乃至贩夫走卒,面对中秋的圆月,都会兴起无限的遐思。他们或把玩赏吟,或感怀生情。《晋书·谢尚传》载:"尚镇中渚,中秋夕,与左右微服泛江,会袁宏于别舫讽咏,声韵清朗,词意藻拔,尚即逆宏舟,吐华达旦。"名士于中秋夜泛舟吟咏,全文虽不着一"月"字,却尽得"月意"。这可能是关于中秋赏月的最早记载了。

赏月必然始于社会上层。但到宋以后,随着社会生活世俗化进程的加快,社会上层的生活习惯逐渐向下层渗透,民间节日习俗也开始发展为礼仪性、娱乐性的文化活动。中秋节的民间祭月习俗,受上流社会的影响,也开始转变为赏月活动。明人张岱《陶庵梦忆》卷五《虎邱中秋夜》记载苏州虎邱的中秋月夜情景,充分说明了其世俗化的程度:"虎邱八月半,土著、流寓、士夫、眷属、女乐、声伎、曲中名妓、戏婆、民间少妇、好女、崽子、娈童及游冶恶少、清客、帮闲、傒童、走空之辈,无不麟集,自生公台、千人石、鹤涧、剑池、申文定祠下至试剑石一二山门,皆铺氈席坐地,登高望之,如雁落平沙,霞铺江上。"可见,中秋赏月已像人们赶集、逛庙会一样,成为民众生活不可或缺的一部分。

在民间广为流传的吟咏中秋月的一些名诗佳作,更是反映了社会上下层之间的影响、互动。李白的《静夜》诗家喻户晓:"床前明月光,疑是地上霜。举头望明月,低头思故乡。"杜甫的"月是故乡明",同样脍炙人口。苏东坡《水调歌头》云:"明月几时有,把酒问青天。"陆游《月夜吟》诗云:"小醉初醒月满床,玉壶银阙不胜凉。天风忽送桂香过,一叶飘然忆故乡",也都是千古传唱的名句。

中秋节吃月饼大约始于宋代。苏东坡《留别廉守》中曾有“小饼如嚼月，中有酥和饴”的诗句。也有始自元朝之说。相传，元时“鞑子”四处横行，中土人家每户都要住一个鞑子，吃喝玩乐，坐享其成，人民不堪忍受，就在月饼里藏着“八月十五杀鞑子”的口号，相约在中秋节起义反抗“鞑子”，于是出现了月饼。在明代，民间已有八月十五日以月饼相赠之俗，取其团圆之意。月饼最初在家庭制作，清人袁枚的《随园食单》载有其做法，用桃仁、瓜子、松子等果仁，配以桂花烘烤，饼面印上“西施醉月”、“三潭印月”、“嫦娥奔月”等美丽图案。制成后，先作供品拜月，待撤供后全家人方可分食。近现代，月饼已在市面出售，制作也越来越精细，并形成了不同的地方风味，如京式月饼、苏式月饼、滇式水饼等等，其馅心成分、制作工艺、饼面花形均各具特色。

重阳节

(1)中国人与九

农历九月九日，俗称重九、重阳节，又称茱萸节、菊花节，是中国人最古老的节日之一。

三国时魏文帝曹丕在《与钟繇九日送菊书》中称：“岁月往来，忽复九月九日，九为阳数，而日月并应，俗嘉其名，以为宜于长久，故以享宴高会。”可见，重阳节的来历与“九”是分不开的。而中国人自古便与“九”有着特殊的情结。

《周易》将九定为阳数，“阳爻为九”，是为天数。《黄帝内经素问·三部九候论》称：“天地之至数，始于一，终于九焉。”九是一个至高无上的数字，备受尊崇。中国第一个朝代夏朝，将全国划分九个州，所谓“茫茫禹迹，化为九州”是也，并铸“九鼎”，作为国家政权的传国象征。《吕氏春秋》进一步说：“天有九野，地有九州，土有九山，山有九塞，泽有九薮。”①屈原作《九歌》，实为11篇，却仍冠以“九”数。

民间对“九”也有着神秘的感情。人们爱说“九曲黄河”、“九九八十一道弯”之类，表现出对“九”的崇敬。但古人又认为“九为老阳，阳极必变”，由一数到九，就到了尽头而又回到一，是由盈而亏、由盛转衰的不吉数字，会有灾厄降临，所以逢九便须化解。所以，九九重阳节便有了登高、插茱萸(一种浓香的药草)以避祸免灾的习俗。

(2)登高·赏菊·放风筝

九月，秋高气爽，云淡风清，登山远望，满目青翠之中红叶点染，宛如彩蝶蹁跹，山风迎来，胸襟顿开。

重阳登高的风俗，相传起源于汉代汝南汝河一带。南朝梁人吴均在《续齐谐

---

① 《吕氏春秋》卷13《有始第一》。

记》里记载了一则故事：东汉年间，汝南汝河一带有个叫桓景的人，随道士费长房游学多年，有一天，费长房告诉桓景说："九月九日，尔家中当有灾，宜急去，令家人各作绛囊，盛茱萸以系臂，登高，饮菊花酒，此祸可除。"桓景回到家乡遍告乡亲。至九月九日那天，汝河汹涌澎湃，云雾弥漫。傍晚，人们返回家中，发现家中的鸡、狗、羊、牛等家禽、家畜全部死光，而人免除了灾祸。从此，每年的九月九日，人们都登高采茱萸避祸，此俗一直延续至今。事实上，这一习俗蕴含着一定的科学道理。因为茱萸是一种散发着浓郁香气的药用植物，能去蚊杀虫，而菊花酒具有清热解毒明目的功效，因此，此俗具有防止秋季疫病的作用。

登高本身又是一种体育锻炼，人在高处，胸襟开阔，有益身心健康，无怪乎古人都要在重阳登高。明人刘侗、于奕正《帝京景物略》卷二《春场》："九月九日载酒具、茶炉、食榼，日登高。香山诸山，高山也；法藏寺，高塔也；显灵宫、报国寺，高阁也，释不登。赁圆亭，闯坊曲，为娱耳。"

文人雅客此日更不免要登高游赏，他们在畅饮美酒之际，还不免要即兴赋诗。赋重阳登高的唐诗，多至不可胜数，其中，著名者有李白《九日登巴陵置酒望洞庭水军诗》，王维《九月九日忆山东兄弟》，孟浩然《秋登兰山寄张五》，杜甫《九日》，刘禹锡《九日登高》，等等，均是此中佳作。

秋日除登高之外，又一雅事是赏菊。晋代诗人陶渊明有"采菊东篱下，悠然见南山"和"菊花知我心，九月九日开。客人知我意，重阳一同来"的诗句，可见晋代已有了重阳赏菊的习俗。到了宋代，赏菊更是一盛事。南宋孟元老《东京梦华录·重阳》载："九月重阳，都下赏菊，有数种：其黄白色蕊若莲房，曰'万龄菊'；粉红色曰'桃花菊'，白而檀心曰'木香菊'，黄色而圆者曰'金铃菊'，纯白而大者曰'喜客菊'，无处无之。"有意思的是当时的酒店还用菊花扎成"花门"，让顾客从菊花门中进出，酒后还可摘朵菊花插在帽上，别有一番情趣。

由于菊花傲霜怒放，为深秋带来盎然生意，因此，中国人极喜爱菊花，视菊花为"花中四君子"之一，菊花的培育在中国亦有很长的历史，在重阳节前后，各地都要举行规模宏大的菊展，形成菊花会、菊花山。清人顾铁卿《清嘉录·菊花山》云："畦菊乍放，虎阜花农，已千盎百盂。担入城市，居人习为瓶洗供赏者，或五器七器为一台。醒中轩熟铁丝，偃仰能如人意。或于广庭大厦堆垒千百盆为玩者，绉纸为山，号为菊花山，而茶肆尤盛。"

由于秋季风高，放风筝也成为重阳节的重要节俗之一（参见第十一章"娱乐生活与风尚"之第四节"儿童游艺"）。

(3)插茱萸·食重阳糕

如同五月端午节被认为是"毒月"一样，民间也认为九月九日重阳节为逢九之日,多灾多难。因此,在重阳节必须采取种种驱灾求吉巫术,插茱萸就是其中的一种。

插戴茱萸,西汉时已出现。东晋葛洪集《西京杂记》卷三《戚夫人侍儿言宫中乐事》载汉武帝宫人贾佩兰曾"九月九日佩茱萸,食蓬饵,饮菊花酒",说是可以长寿。

茱萸属茴香科,是一种落叶亚乔木,果可食,茎叶可入药,有驱虫去湿、逐风湿、治寒热之功效,故古人认为它可以避疫。正像北魏贾思勰《齐民要术》所说:"舍东种白杨、茱萸三根,增年益寿,除患害也。""悬茱萸子于屋内,鬼畏不入也。"①又《术》曰:"井上宜种茱萸,茱萸叶落井中,饮此水者,无温病。"可见佩戴茱萸为的是避邪。

重阳节插茱萸之风,在唐代已很普遍,这可从文人墨士赋诗会咏中看出。宋以后,重阳节插茱萸之风渐衰,而改以取茱萸浸酒喝。南宋吴自牧《梦粱录》卷五《九月》记载当时的杭州"今世人以菊花、茱萸,浮于酒饮之"。清代还出现用茱萸装入香袋佩戴以避毒之俗,现在这种习俗已少见了。

重阳节的应节食品是"重阳糕",又称"花糕"、"发糕"或"菊糕"。宋人孟元老《东京梦华录》卷八《重阳》:"九月重阳……前一二日,各以粉面蒸糕遗送,上插剪彩小旗,掺饤果实,如石榴子、栗子黄、银杏、松子肉之类。又以粉作狮子蛮王之状,置于糕上,谓之'狮蛮'。"也有把重阳糕做成五色饭,或在面糕上嵌入枣、栗等,使其外观看上去星星点点,称"花糕"。

重阳节这天,娘家必请女儿归宁,吃花糕。明人刘侗、于奕正《帝京景物略》卷二:"父母家必迎女来食花糕,或不得迎,母则诟,女则怨诧,小妹则泣,望其姊姨,亦曰女儿节。"陕西临潼九月九日,从初一起,娘家给女儿、外孙送糕,糕用米制成,取谐音"高",步步升高之意。

除夕

除夕,又叫"岁除"、"除夜",也就是民间常说的"年三十"。为了迎接"除夕",人们要在腊月(一年的最后一个月),做各种准备工作,俗称"忙年",并由此形成几项重要习俗。

(1)忙年

在中国人的心目中,一进入腊月,人们就有了"年"的意识,并为过个好年而开始忙碌了。

腊月里的第一个重要日子是腊八节,这天是农历的十二月初八,是过年的开

---

① [北魏]贾思勰:《齐民要术》卷4《种茱萸第四十四》引《杂五行书》。

始,民谣有"过了腊八就是年"的说法。这天主妇们要准备好各色杂粮干果,淘洗干净后熬成"腊八粥",分与家人食用。

腊八日源远流长,《风俗通·祀典》:"礼传曰:'夏曰嘉平,殷曰清祀,周曰大腊,汉改曰腊。'腊者猎也,言田猎取兽以祭祀其先祖也。"汉以后,此日作为庆祝收获、祭祀众神的"腊日"仍延续了很长时间。

腊八喝腊八粥的习俗则始于宋代,它来源于佛教的一个节日——佛成道节。相传佛教的创始人乔达摩·悉达多出家后在山林中绝欲苦行6年,每日仅吃一颗山楂和一粒米。在他奄奄一息时,一位牧女救了他,牧女把身边带的杂粮加些野果,用清泉水煮成乳糜状的粥,一口一口地喂他,使他得以康复,并在腊月八日大彻大悟,得道成佛。于是腊月初八就成了佛成道日,佛教定于腊月八日吃粥以作纪念。宋人孟元老《东京梦华录》卷一〇《十二月》云:"初八日,街巷中有僧尼三五人,作队念佛,以银铜沙罗或好盆器,坐一金铜或木佛像,浸以香水,杨枝洒浴,排门教化。诸大寺作浴佛会,并送七宝五味粥与门徒,谓之'腊八粥'。都人是日各家亦以果子杂料煮粥而食也。"

佛寺在腊八日布施的粥称作"佛粥"、"福粥"、"福寿粥"。

由上可见,自佛教传入后,腊八节逐渐佛教化,并扩大了自身的影响。但外来的东西也须日益中国化方可普及于民间,佛教是这样,因佛教而扩大影响的腊八节更是这样。明以后,关于腊八粥的由来,民间又兴起始于朱元璋说。传说明太祖早年穷困不堪,一日饿极,从老鼠洞中掏出杂粮数种,熬粥以充饥,不料滋味甚好,直到当上皇帝后仍追念不已,于是传播开来。在清代,喝腊八粥的风俗更为盛行。在宫廷里皇帝、皇后、太子等都要向文武大臣、侍从宫女赐腊八粥,并向各大寺发放米果,以供僧侣餐用。在民间,腊八这一天人们也做腊八粥,有庆祝丰收的意思。

从史籍记载看,宋代的腊八粥,当时称"五味粥"、"七宝粥",是用红小豆煮的。到了清代,据清人富察敦崇《燕京岁时记》载,腊八粥要用黄米、白米、江米、小米、菱角米、栗子、红豇豆、去皮枣泥和水熬成,外层还要用染红杏仁、瓜子、花生、松子、白糖、红糖及葡萄干等作点染,做法是颇为讲究的。

忙年的另一项活动是打尘埃。打尘埃在北方称"扫房",南方叫"掸尘"。打尘埃是要择日子的,一般在祭灶前。清人顾铁卿《清嘉录》卷一二《打尘埃》云:"腊将残,择宪书宜扫舍宇日,去庭户尘秽。或有在二十三日、二十四日及二十七日者,俗称'打尘埃'。"

至于腊月扫除的原因,则是出于驱鬼避厉的考虑。民间认为鬼神到了腊月要纷纷回归原位,或升天,或入地,一旦他们离开人间,人们就可以通过扫除,或翻箱倒柜,或清除尘埃,让鬼失去生存之所。所以古时扫除非常注意,里里外外都要清除到，在这一天要做很多事情，像清洗各种器具，拆洗被褥窗帘，洒扫门闾庭院，掸拂尘垢蛛网，通浚明渠暗沟，等等，直到把里里外外清理得一尘不染、清洁整齐。谚语说："有钱没钱，洗洗过年。"腊月扫除虽从迷信观念出发，却也养成了中国传统文化中讲究卫生的优良习惯。

打尘埃之后就是"祭灶"，也称"祭灶王爷"、"祭灶神"。祭灶的日子，一般北方是在腊月二十三，南方在腊月二十四，这天也叫"小年"、"小年节"。

在西汉之前就有了关于灶王的传说和祭祀活动，不过那时祭灶是在夏天。西汉末年，祭灶便定在了腊月。对于灶神，旧时叫"灶王爷"、"灶王菩萨"，民间有许多传说，大多不尽一致，有说黄帝、炎帝死作灶神，职司人间善恶。《礼记·月令》：孟夏之月，"其帝炎帝，其神祝融"，"其祀灶，祭先肺"。有说灶君名黎，是专管火的天神，由于人们要用火在灶膛内做饭，故叫他灶神，等等。

东晋葛洪《抱朴子·微旨》载："月晦之夜，灶神亦上天，白人罪状"，认为灶神是天帝派来专司监察的天神，所以人们对他既敬又怕，祭祀时希望他上天对玉皇大帝讲好话，就供奉灶王爷丰厚的祭品。供品一般都要用鱼肉，也有用三果三素的：福桔、黄菱肉、荸荠、香菇、木耳、千层，而灶糖（即麦芽糖）是不可少的，目的是让他吃了嘴甜，在玉帝面前多讲好话。祭灶的时间在黄昏，焚香祭拜毕，揭下灶头神龛里的灶君像，放在纸扎小轿中，加上纸马、纸钱，点火焚化，请灶君上天。灶神要在"娘家"呆上 7 天，于除夕日人们贴上一张新的灶神像，举行"接灶"仪式，请回灶神。

过年，除以上约定俗成的准备活动外，还要做物质方面的准备工作，即置办年货。有的年货自家制作，如做米糖，打年糕，宰年猪腌制腊肉、灌制香肠等；大部分年货则须购买，包括神祃、香烛、纸炮、对联、年画、剪纸、挂签、蜜供、瓜果、菜蔬、衣料、百货等。

（2）团年

除夕一大早，全家人都要早早起床，主妇们开始张罗年夜饭。这顿饭要从早做到晚，准备的时间越长越好，这叫"烧年饭"。各家都极力把这顿饭置办得丰盛，显示出"团年"的隆重。

男人们则利用一早的时间帮助料理屋内屋外未办完的事宜。忙毕，洗漱干净，穿戴整齐，开始了每个年三十必办的几件事情：换门神、贴春联、挂年画、祭祀天地祖先，这些都必须在吃年饭前做完。

除夕必须把旧门神撕下来，换上新门神。门神起源较早，远古时人们以门为神，在门上挂若干避邪物，以保护家庭安全。《礼记·曲礼上》："春祀户祭"，门神为五祭之一。汉代以后,门神发生变化,成为人格化的神。起初为勇士成庆①,后来又画荆轲为门神。到了南北朝时期,开始以神荼、郁垒为门神。唐代的门神又有变化,出现了两将军:秦叔宝和尉迟敬德,一个白脸,一个黑脸。从五代开始,又把钟馗抬上门神的宝座。他们成为门神,都有各自的传说。后世民间除了俗信武门神外,也有画穿朝服的文官像为门神的,为的是“五福临门”或“纳福迎祥”。贴武门神为驱鬼逐邪,贴文官门神则为纳福迎祥了。

春联,俗称“年对”、“对联”,古时称“桃符”。传说起于五代以前,当时人们对自然灾害和天象不理解,认为是鬼神作祟,而古人又认为桃木能避邪消灾、驱除恶鬼,于是过年时多用两块桃木削制成宽约一寸、长七八寸的人样,悬挂于门户之两端。最初桃符上只写“神荼”、“郁垒”二神名,到了五代,后蜀主孟昶在桃符上写下了“新年纳余庆,嘉节号长春”的联语,成为我国最早的一副春联(一说春联始于晋代)。宋时春联开始兴起,只不过当时的春联还是称“桃符”。王安石有《元日》诗:“爆竹声中一岁除,春风送暖入屠苏。千门万户曈曈日,总把新桃换旧符。”“桃符”改称“春联”,始于明太祖朱元璋。明人陈云瞻《簪云楼杂话》载:“春联之设,自明太祖始。帝都金陵,除夕传旨,公卿、士庶之家,门口须加春联一幅。”过年时还微服逐门观看,以为乐趣。当时一屠户家主人不识字,又找不到代笔,故而未贴春联。朱元璋知后,亲笔为屠夫家写了一幅:“双手劈开生死路,一刀斩断是非根”,传为美谈。至此,春联才在广大的农村和城镇普遍盛行起来。到了清代,一直沿袭“换桃符,写春联,易门神”的风俗,《红楼梦》第五十三回中就有生动的描写。至于春联内容,多为辞岁迎新、驱邪避秽、恭喜发财之类。春联形式又有门联、斗方、横额之分。若家有新丧,三年之内不贴红联,而是分别贴白、黄、绿三色联,内容都是些哀感的句子。除贴对联外,除夕日,农户要取大小不一的红纸,写上吉利话,分别贴于灶头、栏头、鸡舍及各种大小家具物件上,以讨“满堂红”之彩头。如畜栏贴“六畜兴旺”,鸡舍贴“鸡鸭成群”,稻仓贴“五谷丰登”,车上贴“出行大利”或“出入平安”,秤上贴“黄金万两”等吉利字样。还有贴大“福”字的,背景衬以老寿星和大寿桃的图案。中型“福”字和小型“福”字都要倒贴,寓谐音“福到了”。

年画,是由“门神”演化而来,早在尧舜时期即已出现。宋代有了木板年画,现存最早的年画是宋版木刻的隋朝“窈窕呈倾国之芳容”,画的是王昭君、赵飞燕、班姬、绿珠,习称《四美图》。年画内容以胖小子骑大鲤鱼最受欢迎,因其含有“连年有余(鱼)”之意,其余内容多为历史故事、山水、人物等。

---

① 成庆乃古勇士,事见《汉书》卷53《景十三王传·广川惠王刘越传》。

此外，还有剪窗花之俗，是用红纸剪成各种图案，以蝙蝠、麋鹿、白鹤、喜鹊为最多，寓“福禄寿禧”之意。

待收拾好房屋内外，完成“烧年饭”、贴春联、挂年画、迎门神、剪窗花等各项事宜后，已临近黄昏，团年的时间便到了。全家人将做好的年夜饭菜端上桌，摆上碗筷酒杯，先由男人主持“谢年”。谢年先祭天神，叫“谢佛”，供上猪头三牲，点香叩拜，焚化纸钱，鸣放鞭炮。谢佛毕，再谢门神和猪栏土地神，然后迎接灶君。最后，挂祖宗遗像或家谱，祭祀祖先。祭毕，撤香案供品，全家人围坐，在燃炮点香的余烟氤氲香味中，举杯吃酒，欢声笑语，一家团圆。清人顾铁卿在《清嘉录》中说到：“除夕夜，家庭举宴，长幼咸集，多作吉利语，名曰‘年夜饭’，俗呼‘合家欢’。”如果家里有人在外，未能赶到，则放上酒杯、碗筷，以示同餐。团年的食品非常丰富，种类繁多。主食一般有米饭、馒头、年糕。清人顾铁卿《清嘉录》卷一二《十二月·年糕》载：“黍粉和糖为糕，曰年糕；有黄、白之别。大径尺，而形方，俗称‘方头糕’；为元宝式者曰‘糕元宝’；黄白磊砢，俱以备年夜祀神，岁朝供先及馈遣亲朋之需。”副食则有鱼、鸡、腊肉、红烧狮子头、素什锦等。其中，鱼是做而不食的，象征“年年有余”。素什锦又名“十香菜”，由豌豆、花生、黄豆芽、干丝、胡萝卜丝、木耳、金针、酸菜、嫩姜丝等以香油、盐等调料制作而成。此外还有饼子，这是除夕和春节必吃食品，在做饼子时，还往往在其中放入钱、糖、枣等，谁吃到什么馅的饺子，就能得到寓意中的结果，如吃到枣寓意早得子，有钱的饺子象征发财致富，有糖的饺子象征生活甜如蜜。吃年夜饭时还必须饮屠苏酒。

吃过年夜饭，有的地方还有用毛草纸揩嘴之俗，大人暗中备下一张草纸抹擦小孩嘴巴，意示“童言无忌”，当诉神灵，即使小孩有冒犯之语，也不足为据，权当放屁。在吃团圆饭的过程中，家主还向小孩分送用红纸包好的钱，有的纸上写受者姓名、年纪生辰及几句吉利语，俗称“压岁钱”。小孩拿到压岁钱后，放在枕头底下，称为“压岁”。

(3)守岁

一家人团年过后，天已黑尽，屋内外点燃蜡烛。祖先、灶君面前的蜡烛要通宵不灭。院内的灯笼杆上要高悬红灯（有的地方只在元宵升灯）。除夕夜，全家老幼围炉团坐，辞旧岁，迎新年，彻夜不眠，俗称“守岁”。初为驱除百鬼，以求过年平安。后来此俗不再与驱鬼相联系，成为例行规矩。守岁习俗相传始于南北朝。隋唐时期，守岁风俗大盛。据说，隋炀帝除夕守岁，用沉香、檀木两种香木架篝火，火焰高达十余丈，香闻数十里，一夜要烧掉珍贵香木二百多车。唐代宫中守岁，在傩舞的同时，也点燃巨型蜡烛，燃烧沉香和檀木，并大摆宴席，大臣应制作诗。守岁时有丰富的食品，如年糕、水饺、瓜果、酒等。家人边吃边叙旧话新，互致新年快乐。

年轻人及小孩则要玩各种游戏，如掷骰子、玩梭哈、小儿谣、玩陀螺、小儿骑竹马、老鹰抓小鸡等等。苏东坡的"儿童强不睡，相守夜欢哗……坐久灯烬落，起看北斗斜"①，描述的就是守岁的情形。

虽然喜庆热闹，但漫漫长夜守起来可谓不易。为了使这段长长的时间内容丰富多彩，人们设想出了很多办法，在除夕之夜安排了许多别开生面的活动，让人们在这些活动中忘记了时间的漫长，愉快地等到春节的来临。这些活动除了前揭吃团圆饭、散压岁钱外，还有一个重要的环节，即饮屠苏酒。屠苏为阔叶草，亦是房屋名。关于屠苏酒，唐人韩谔《岁华纪丽·元日》"进屠苏"一句有注云："俗说屠苏乃草庵之名。昔有人居草庵之中，每岁除夜遗闾里一药贴，令囊浸井中，至元日取水，置于酒樽，合家饮之，不病瘟疫。今人得其方而不知其人姓名，但曰屠苏而已。"据此，则屠苏酒是古代一个居住在当时叫做"屠苏"的草庵里的人发明的一种药酒。饮屠苏酒之俗出现在魏晋之后。南朝梁人宗懔《荆楚岁时记》有饮屠苏酒的记载，唐代医家孙思邈的《千金方》载有屠苏酒方，告诉人们以药泡酒，除夕进饮，可以预防瘟疫。经过历代相传，喝屠苏酒也就成为过年的风俗了。古代喝屠苏酒，方法颇为别致。一般而言，吃东西须先敬老人，饮屠苏酒却是先少后老，谁的年岁小谁先饮。所谓"少者得岁，故贺之；老者失岁，故罚之"。意思是说，春节到了，少年增岁，值得庆贺，必须先饮；老年添岁，身体衰老，必须慢饮。

贫穷人家过年非但没有富贵人家那许多讲究，对负债者来说，过年不啻过关。到了年三十，日子更是难熬。清人顾铁卿《清嘉录》载在南方，"贸易场中以端午节、中秋、除夕为三节，按节索欠，谓之'三节帐'。除夕一节，自昏达旦，虽东方既白，犹络绎道途，不嫌笼灯入索"。在北方，出门躲债的人要等吃过了更岁饺子才能回家。在江苏南京，腊月逢八的日子都叫腊八，这一天有钱的还债，没钱的便百计搪塞。俗云："第一腊八犹自可，第二腊八急如火，第三腊八无处躲。"长沙则是在除夕辞年之后，用红纸条写上"衡门衍庆"四字，将大门封上，无论是谁都不许进出，叫做"封财门"。穷人家大多采用这一招躲债。

2. 节日文化的社会功能

节日是一种民俗事象，节日生活属于社会生活的一项重要内容。节日的起源、发展变化及内涵，无不折射出古代社会物质文明程度和人们精神面貌状况，乃至生活方式、思维习惯、民族心理等都有所反映，这便产生了节日文化。丰富多彩的节日文化，不仅记载着我们祖先对天文历法知识的把握，也显示了不同历史阶段的社

---

① ［清］吴之振等辑：《宋诗钞、宋诗钞补》引《东波诗钞·守岁》，上海三联书店 1988 年版，第 117 页。

会、经济、科技发展的水平。同时,也反映了我国民众那种张弛有度、应时而作的自然生活节律。

节日文化一旦具备一定的形式与内容,形成为一个完整的节日文化体系之后,它便与其他的民俗文化一样承担着一定的社会功能。具体说来,节日文化在其几千年的延续过程中,尽管其功能在不同时期有所不同,但总的社会功能则是相同的,大致可概括为以下几个方面:

第一,岁时节日承载着农业社会张弛有度、应时而作的生活节律。

我国的传统节日,是农业文明的伴生物,节期选择本身便与农业生产与生活密切相关。与春种、夏锄、秋收、冬藏的生产性节律相适应,民间节日中,也就有了春祈、秋报、夏伏、冬腊的岁时性生活节律:新岁开春,万物复苏,人们祭天敬祖、鞭春劝农;入夏,农事渐忙,少有闲暇,更兼炎夏暑热,疾病易生,故端午节俗主要以驱邪避瘟、除恶祛毒为主;金秋时节,新谷登场、瓜果成熟,人们怀着丰收的喜悦,秋收报、荐新祭祖,并团聚赏月、饮酒登高;秋去冬来,农事告竣、仓廪丰足,人们整米磨面、杀猪宰羊,开始“忙年”。一年年,周而复始,人们在这张弛有度的自然生活节律中,一代代生息繁衍,传承着华夏文明。

第二,节日起到了凝聚家族、调节人际关系的作用。

传统社会有着浓厚的伦理观念,注重亲情。传统节日中的诸多礼俗,深刻地体现了这一点。岁节祭祖,几乎是所有节日不可或缺的内容,如年节、元宵、寒食、清明、端午、七月半、中秋、重阳、冬至等节日,人们或庙祭,或墓祭,或洒扫焚香,或望空禀祝。人们通过种种节日祝祭活动,表达了后辈的孝思与追念;反过来,这种绵延不断、周而复始的祭祖节俗,又不断地强化和巩固着人们的家族意识、血缘亲情。同时,亲戚、朋友、邻里之间,在节日期间相互馈赠礼品(如元宵的灯、端午的粽子、中秋的月饼、重阳的花糕),礼尚往来,更是情深意浓。千百年来,传统节日已成为维系中国社会人际关系的重要感情纽带。只要是中国人,都可以从中真切地体验到一种血浓于水的骨肉亲情,从而产生一种强烈的认同感、亲和力。

第三,节日还承担着对历史记忆的积淀功能。

节日风俗的产生,与人类早期的原始信仰观念是直接相关的,在以后的变化发展过程中,这种痕迹虽然日益淡化,但某些形式仍然保留了下来。如社日祭土,中秋拜月,七夕拜星等节俗,就依稀保存着先民自然崇拜观念的模糊记忆。在节日的发展流变过程中,节日文化又汇入了新的历史内容,如历史人物纪念性内容的增加,宗教节日的嵌入,外民族节日风俗的融会,等等。以端午节为例,它原是一个有关崇拜龙图腾的节日,汉代便有了驱瘟避邪之意,到了汉末魏晋之时,又增加了纪念历史人物的内涵:山西一带传说是为纪念介子推;吴越传说是为纪念伍子胥;会稽人以此日纪念曹娥;南方楚越俗传五月五日是屈原自沉汨罗江的日子,端午节是为了纪念屈原。由于屈原的爱国精神和高尚人品为世人所共仰,所以此说很快取代了其他诸说,产生了广泛而深远的影响。

清任熊《弈棋图》

第十一章　娱乐生活与风尚

娱乐活动是人类社会活动的内容之一，与其他社会活动一样，起源于原始人的生产劳动和其他社会实践，并伴随着社会的进化不断地发展完善，形成了自发性、群众性、多样性和文化性等诸多特点，成为我国文化宝库中一颗璀璨的明珠。同时它又是展示各个历史时期社会精神面貌的一个重要窗口。娱乐小则映射出个人与群体喜怒哀乐的感情宣泄与向往追求，大则关乎一个民族的生存脉律动态。近代学者林语堂云："倘不知道人民日常的娱乐方法，便不能认识一个民族，好像对于个人，吾们倘非知道他怎样消遣闲暇的方法，吾们便不算熟悉了这个人。"[1]中华民族自古就是一个热爱生活、善于创造生活的民族。而我们研究中华古老的娱乐发展史，当是弘扬中华民族悠久灿烂文化不可或缺的组成部分。

---

① 林语堂:《吾国与吾民》，陕西师范大学出版社 2002 年版，第 309 页。

第一节　百戏艺术

“百戏”是各种乐舞、杂技、魔术、武术、角抵等以角力、摔跤为主要项目的娱乐节目总称。“百戏”之中,角抵是最受欢迎的必不可少的项目,因此,百戏又称“角抵戏”。“百戏”发轫于汉代,当时主要项目包括扛鼎、寻橦、转石、角力、摔跤、骑术、吞刀、吐火、弄丸剑等各种杂技幻术和装扮人物的乐舞,装扮动物的“鱼龙曼衍”以及带有简单故事的“东海黄公”等①。南北朝以后“百戏”亦称“散乐”,唐宋时期继续流行。宋人孟元老《东京梦华录》卷六《元宵》载,北宋时汴京(今河南开封)每逢元宵等节日,“歌舞百戏,鳞鳞相切,乐声嘈杂十余里”。元代以降,百戏内容更为丰富,一般均习用各种乐舞杂技各自的专名,“百戏”一词渐废。

一、歌舞

我国古代先民对大自然的酷爱,对生产劳动的热情,对爱情的渴望,对友情的珍惜和对神灵的礼赞,常常通过歌舞音乐表达出来,歌舞音乐构成了古代民众娱乐生活重要分支系统。据考古发现,我国早在新石器时代的马家窑文化遗址中,就发现了描绘史前舞蹈形象的彩陶盆。陶盆上的舞蹈图案是由 3 组舞蹈图案构成,每组 5 人,舞者手拉着手,动作协调,舞姿优美。1988 年,在新疆呼图壁县康家石门子发现了目前仅见的一处反映原始生殖舞蹈内容的大型舞蹈岩画。在面积达 120 多平方米的整个岩壁上,刻画了总数达数百个大小不等、身姿各异的舞蹈人物。其主体部分是一列巨大的裸体女性舞蹈像和一个斜卧的男性形象。在这隐喻男女交合图像的下面,则是两组各为数 10 人排列在一起的小型人物,做十分整齐划一的舞蹈情状。这无疑表明新疆地区的古代先民存在着生殖崇拜,是进行生殖崇拜活动的一个重要标本。在这幅岩刻中,原始舞蹈的灵魂、动力,就在于对异性的追求,在于对两性生活的描述和歌颂。这类舞蹈也就成为原始人类娱乐活动形态的一部分。有关记载传说时代歌舞的文献资料亦不难找到。《路史 · 后纪》写道:神农氏手抚土鼓向鬼神致敬,当年农桑就获得大丰收,百姓终年受益。于是让刑天作《扶犁》之乐,以庆祝丰年。这种音乐以土鼓伴奏,舞蹈动作大概是模仿农民劳作的姿

① 参见[南朝梁]萧统:《文选》卷 2 引张衡《西京赋》。

势。《吕氏春秋·古乐》记载了一个"葛天氏之乐"的传说:3人手握牛尾作舞具,随着音乐节奏,边唱边舞,歌舞共8段,"一曰载民,二曰玄鸟,三曰遂草木,四曰奋五谷,五曰敬天常,六曰建帝功,七曰依地德,八曰总禽兽之极。"它赞颂了劳动生活,表达了对天、地、祖先的崇拜。由上述可知,我们的祖先从狩猎社会发展到农业社会,就有了歌舞。

西周和春秋战国时期是中国歌舞艺术高度发达的时期。西周设置了庞大的乐舞机构,制定了繁琐的礼乐制度,严格规定不同的等级使用舞队的规格。随着奴隶制度的崩溃,维护奴隶主贵族统治的礼乐制度也随之瓦解,代之而起的是清新活泼的民间乐舞。商代以来,人们信鬼神,产生了娱神的巫舞。春秋战国时期,巫舞已有娱神和娱人的双重目的。楚国巫风最盛,伟大的浪漫主义诗人屈原在民间祭歌的基础上创作了大型乐舞《九歌》。汉代宫廷乐舞和民间歌舞蓬勃兴起,与异域歌舞相融合,成为一种世俗的娱乐活动。特别值得一提的是,汉代设置了乐府机构,负责搜集民间歌舞,从而有力地推动了汉代歌舞艺术事业的蓬勃发展。魏晋南北朝是一个纷乱的时代,也是各族乐舞大交流、大融合的时代,西域歌舞大举传入中原,并在民间盛极一时。唐代歌舞更是如日中天,宫廷设置了太常寺、教坊司、梨园等庞大的乐舞机构,集中了大批优秀的乐舞艺人。朝廷制定了"十部乐",每逢节日,宫廷举行盛大的游乐活动,人们手拉着手,且歌且舞,这就是所谓"踏歌"。唐代最著名的歌舞大曲是《霓裳羽衣舞》,以杨玉环的表演最为出色。舞者身穿孔雀翠衣,下着淡彩色和月白色的裙子,肩披霞帔,头戴步摇冠,身佩珠翠,在悠然的《中序》乐曲中飘飘而出,犹如天女下凡。唐代以降,宫廷歌舞渐衰,民间歌舞日趋兴盛,歌舞队伍蔚为壮观。如宋代杭州的歌舞队伍之一——清乐社,就包括了数支分社,每社不下100人;福建鲍老一社达300多人;四川鲍老社有100余人①。明清时期,民间歌舞与戏曲相结合,形成了载歌载舞的中国古典戏曲艺术。

二、杂技

我国的杂技,滥觞于先秦时期。当时已形成一些竞技性较强的杂技项目,其中,较常见的有跑狗、技击、蹋球、轻功、爬杆、球上累珠等。在杂技表演中,丑角表演颇具特色,如楚人优孟、齐人淳于髡,都堪称滑稽表演的鼻祖;又有乌获、孟说能举鼎,熊宜僚善弄丸,狄虒弥善舞车轮,朱亥能伏虎,养由基善射;还有幻术亦很突出,像燕太子丹能使乌头白、马生角,钟离春通遁术;而孔子门人公冶长善鸟语,则是开后世口技之先河。

① 参见[南宋]西湖老人:《西湖老人繁胜录·清乐社》。

秦朝的杂技,以角抵最具特色,无论是宫廷还是民间,都十分流行。《史记·李斯传》:"是时二世在甘泉,方作觳抵优俳之观。"裴骃《史记集解》引应劭语:"战国之时,稍增讲武之礼,以为戏乐,用相夸示,而秦更名曰角抵。角者,角材也;抵者,相抵触也。"这一时期的角抵,主要是两相抵的角力,它既是力量的抗衡,又是技艺的较量。"角抵"活动一方面能使从事者强身健体,另一方面也能使观赏者通过观看激烈的对抗赛,达到振奋精神、愉悦身心的目的,这是当时角抵活动普遍流行的原因所在。1975 年,湖北江陵凤凰山秦墓出土了一件大篦,其上绘有角抵的彩色漆画,画面共有 3 位男子,都是上身赤裸,下着短裤,脚穿翘头鞋,腰间系带,左右两人正在进行角抵赛,左边一人平伸双手,似为比赛之裁判,比赛气氛紧张而热烈。

汉代,"百戏"兴起,杂技在百戏中占有重要的地位,专由乐府职掌。汉代的杂技项目颇多,其中,在当时较为流行的有冲狭燕濯、弄丸跳剑、叠案倒立、舞轮、弄球、舞盘、戏车、都卢缘橦、走索、象人表演、鱼龙曼衍、高跷、绳上担水、绳上走、装神鬼、飞刀、风车、气功等。当时的杂技在技巧和惊险程度方面都已达到了相当高的水准。如《绳伎图》上的杂技就十分惊人:画面上,横空拉一绳索,绳索下置剑数把,剑锋向上,绳索上 3 人表演,左右 2 人舞弄器械,中间 1 人表演倒立,摇晃不定的绳索加上地上锋利的剑刃,其表演难度之大,技艺之精湛,均令人叹为观止。值得一提的是,此时从罗马、西域等地传来的"吞刀吐火"、"自缚自解"、"屠人杀马"、"鱼龙曼衍"等也在中国流行了起来,从而有力地促进了中外文化的交流。

魏晋南北朝时期的杂技,节目丰富,娱乐性和表演性都很强。据《宋书·乐志一》和葛洪《抱朴子内篇·辨问》等书记载,这一时期有夏育扛鼎、巨象行乳、神龟抃舞、背负灵岳、桂树白雪、画地成川、跳丸弄剑、履 絙登幢等杂技项目。除有专业演员演出外,民间喜爱杂技的人也不在少数,且技艺不亚于专业演员的水平。如南齐东昏侯萧宝卷虽昏于正事,却是个杂技高手,他擅长"担幢",即用头顶竿,乐此不疲,甚至还自创用牙齿顶数丈高幢的绝技,"折齿不倦"①。这一时期也有一些外来项目,其中,北方主要有边境民族的马术、五兵角抵、辟邪狮子、顶竿等豪放粗犷的杂技节目在中原地区安家落户,而江南地区则主要有西域传来的幻术等。这类节目细腻而柔美,恰与北方雄浑的风格形成鲜明的对比。

隋唐是宫廷杂技的极盛时代,出现了许多杂技表演家,耍剑器的公孙大娘就是其中的一位。书法家张旭看了她的剑舞,颇受启发,书艺因此大进。宋代宫廷杂技日趋衰落,转向民间发展,如宋人吴自牧《梦粱录》卷二〇《百戏伎艺》云:"又有村

① 《南史》卷 5《齐本纪(下)·废帝东昏侯》。

落百戏之人，拖儿带女，就街坊桥巷，呈百戏使艺。”宋时艺人多在勾栏表演，许多无法在勾栏表演的艺人，终年四处流浪，挣扎在贫困线上，却对技艺精益求精。许多优秀节目，都是由他们开发创造出来。

明清时期的杂技基本上保持了宋代的风格，流浪艺人成为杂技表演的主力军，他们发明了许多小型多样的新节目，其中，如明代盛行的杂技“钻地圈”、“踢毽子”、“绳技”、“蹬技”等，都是在世界上有影响的节目。清代的一些艺人还流浪出国演出，并带回来许多外国的优秀节目，如“西洋魔术”、“车技”等都颇受中国百姓的欢迎。到明清时期，中国杂技经过几千年的发展，门类齐全，技艺精湛，为中国现代杂技的形成奠定了坚实的基础。

三、角抵

角抵又称角力、相扑，是一种较力和技巧的体育娱乐活动，如同现代的摔跤。宋人吴自牧《梦粱录》卷二〇《角觝》云：“角觝者，相扑之异名也，又谓之争交。”

角抵起源于原始社会中人与兽的徒手相搏，如《史记·乐书》中记载了“蚩尤氏头有角，与黄帝斗，以角抵人”，说的是蚩尤氏装成兽的形状。春秋时代，角抵成为军事训练的重要项目，往往两人之间发生争端也用角抵来解决。战国以降，角抵逐渐从军营传入民间，成为表演性很强的竞赛，如陕西客庄出土的西汉铜牌上就有角抵的图饰，其中一人紧抱对方的腰，一人兜裆抱住对方的腿，形态逼真。秦时角抵活动在宫廷和民间都有一定的发展。到了汉代，在经济、文化繁荣及中外文化交流频繁的社会条件下，其内容变得更为丰富多彩，这从东汉张衡的《西京赋》，李尤的《平乐观赋》以及反映汉代角抵戏的大量汉代画像砖及陶俑中，可以了解其生动的形象。如1974年山东临沂金雀山九号汉墓出土了一幅彩绘帛画，其上画有3人，画面右侧的一个头戴箭形茨菰叶式……双腕佩红镯，居中的一个着长冠，系赤带，穿肥袍。这两人下颌高扬，怒目逼视，手臂伸张，跃跃欲角。画面左侧立一旁观者，小帽宽衣，拱袖肃立，可能是裁判。

南北朝时，角抵又称“相扑”，魏晋宫中已有女子相扑的表演。隋唐时期，角抵为帝王喜爱，如唐穆宗每三日必看角抵杂戏，晚唐宫中还专门设有“相扑朋”（职业角抵队），以供召唤表演。宋代民间角抵十分发达，出现了争交的“角抵社”、“相扑社”等娱乐组织，还出现了“露台争交”的公开比赛，涌现一批相扑能手，如“周急快”、“赛关索”、“赤毛朱超”等人。宋代还有个名叫调露子的撰写了《角力记》一书，记叙了角抵的沿革与技巧，它是我国最早的一本摔跤史书。元明清三代，角抵盛行不衰，发展了拳搏与摔跤相结合的术式。

角抵很早就流传到国外，如日本的相扑就与唐代角抵戏极为相似；明末清初，武术家陈元簧东渡日本,传授拳搏技艺,成为日本柔道的源头。

除汉族外,少数民族如蒙古族、契丹族、彝族、藏族、哈萨克族、哈尼族、维吾尔族、纳西族、布依族、柯尔克孜族、土族、鄂温克族、锡伯族等也都有自己传统的摔跤运动,五彩缤纷,不胜枚举。

四、魔术

魔术古代也叫“幻术”,或称“变戏法”、“撮戏法”。它在我国有着悠久的历史。传说公元前16世纪的夏末,桀王喜爱倡优妇人,常做“奇伟之戏”。这里的“戏”并非汉以后的戏剧,而含有魔术表演的成分。

西汉是魔术的大发展时期。唐人欧阳询《艺文类聚》卷四一《论乐》记载汉武帝时未央宫中的幻术表演:“其云雨雷电,无异于真。画地为川,聚石成山,倏忽变化,无所不为。”《后汉书·左慈传》极其生动地描绘了汉末方士左慈充满新意的幻术游艺表演。左慈的表演归纳起来有以下四项节目:一为空竿钓鱼,二为盆中生姜,三为酒脯搬运,四为遁人不见。左慈的这几套惊人幻术游艺表演,使当时在场的曹操十分惊恐,想杀掉他。不料,左慈以其“遁术”,即障眼法脱离虎口,遁去不见了。这里,左慈表演的多是些小巧清新、风格洗练、变幻奇突的有趣幻术游艺,其中,虽不乏神怪、迷信和夸张的描写,但表演技巧的精湛、形式的丰富和多样化却代表了当时幻术节目的最高水平。到了魏晋南北朝时期,中国魔术已经相当成熟,出现了像东吴的徐光以及一批西晋永嘉年间的印度胡人那样手法熟练、善于表演的魔术师。

唐代魔术十分兴盛,在内容上,一方面继承传统的杂技、戏法,像“顶竿”、“走绳”、“跳丸”、“仙车”、“吞刀”、“吐火”、“驯兽”等节目继续表演。在盛唐开元年间,这些节目经常与乐舞节目同时参加皇室举行的“大酺”演出。另一方面又形成了一些特色节目,主要是将魔术与歌舞融为一体。如当时不少魔术节目均冠以舞蹈名称,如“缸中遁人”称为“新罗舞——入壶舞”,人与马的变化名为“入马腹舞”,等等。此外在一些舞蹈节目中也穿插了不少精彩的魔术。在专为祝贺武则天生日所作的“圣寿乐”中,140名少女翩翩起舞,她们动作协调地变换队形,递次排成“圣超千古,通泰百王,皇帝万年,宝祚弥昌”16个字,具有相当高的难度。舞至高潮时,全体舞伎们服装色彩突然变化,时而由朱红色变为绿色,时而又由绛紫色变为大红色。魔术成了这个乐舞中画龙点睛的绝妙之处,其难度自然可想而知。

随着科学技术的进步,传统的魔术在宋辽金元时期又有了新的发展。许多艺人毕生仅钻研某一门类甚至某几项,这就促使了魔术分科的出现与魔术技艺的精益求精。当时的不少艺人都是以一两出拿手把戏见长,如宋孝宗乾淳前后的杜七圣由于表演“杀人复活”的把戏出了名,人们就把这个节目称为“七圣法”。后来“七圣法”为众多魔术艺人所掌握,成为宋代魔术的一个支派。此外,这一时期,由于一些先进的科学知识在魔术中的运用,使传统的魔术无论在技法上还是种类上都达到了新的高度,最具代表性的是手法魔术、小魔术撮弄和搬运魔术藏挟。

明清时期,魔术的社会地位急剧下降。魔术在此时被称为“把戏”或“戏法”。明代宫廷魔术规模甚小,在民间,魔术地位更低。许多艺人为了生存,跋涉于江湖之间。他们每到一地,就在游人云集之处扯圈子变戏法,然后向看客讨钱。这样的作艺方式,被称为“撂地”。清代,宫廷中几乎没有魔术,仅有“变碗”等极少数节目。民间的魔术节目则比较丰富,较著名的有筒子、土遁金杯、平地拔杯、天宫偷桃、空中遁鱼等。清代大文人纪昀在他的《阅微草堂笔记》中曾记述过他童年时看过的魔术表演,包括土遁金杯、平地拔杯等。其中,最有趣的是一出“空中遁鱼”节目,艺人将筵席上的一碗鱼随手抓起抛向空中,瞬间碗和鱼皆不见了。艺人告诉主人说,碗和鱼已“跑”到你们书房中的书橱里去了。主人跑回书房拉开书橱的抽斗,只见鱼果然在其中的一个扁盘子中盛着,那扁盘子原来装着的佛手本来放在别处,而此时也盛在那装鱼的大碗之中。这套戏法设计高超,组织得极为周密严谨,显示出了相当高的水准。

1840年鸦片战争之后,中国逐步沦为半殖民地半封建社会。社会形态的巨大变化,也引起魔术的变化。一方面,一些艺人们在游人聚集而又空旷的地方,自然汇集,形成了娱乐场所。如北京天桥、天津“三不管”、南京夫子庙、苏州玄庙观等,魔术艺人在场内仍以“撂地”为主。另一方面,外国投资者与中国富人合办的游乐场陆续在我国一些大城市中出现。如上海大世界、天津劝业场、杭州大世界等游乐场的兴起与发展,客观地促使魔术戏法由民间“撂地”形式重新走上舞台。

第二节 益智赛巧

中国古代具有益智赛巧功能的娱乐主要是游戏。它形式多样、器具简单、灵活方便、启发智力、妙趣横生,深受人们的欢迎。数千年来,无论是军事家、大臣和君主,或是文学家、诗人和哲学家,都乐于此道,他们或从中体悟治国安邦之理,或从中体味人生真谛。这类游戏也娱乐着世世代代的民众,使他们在枰声局影中忘却人间烦恼,神游于尘外。

古代益智赛巧类娱乐游戏主要包括棋戏、赌博、斗戏和巧戏等，它们是中国古代娱乐生活的重要组成部分。

一、棋戏

棋戏是一种包括围棋、象棋等在内的娱乐活动。

围棋又称弈。它起源甚早，到了春秋战国时代，就出现了《孟子》中记载的“弈秋”那样举国闻名的高手。围棋和兵法有相似之处，东汉马融的《围棋赋》已经肯定了围棋的军事性质。两汉以降，有关棋手及围棋活动的记载逐渐增多，可谓史不绝书。汉代学者班固、马融、李尤、黄宪等，或作论说，或作铭文，或作诗赋，以描述或分析这项活动，对后世有极大的影响。魏晋南北朝时期，玄学清谈之风盛行，围棋成了文人雅士的消遣工具，时称“坐隐”或“手谈”。如建安七子中的王粲，三国的曹操、孙权、严子卿，东晋的谢安、谢玄，都是围棋迷。梁武帝还举行过全国性围棋赛，对达到水平的棋士授予品格，当时棋艺分九品，此即为今日日本围棋分为九段的来源。唐代对围棋活动的最大贡献，是在宫廷中设立了棋博士和棋待诏两种官职。前者掌教宫人，后者备皇帝召用。宋代承袭了这种制度，给围棋发展以极大的刺激和推动。唐宋两代，不仅围棋技术有了长足的发展，还出现了不少理论著作，如徐弦的《围棋义例》，刘仲甫的《棋诀四则》，张拟的《棋经》等，均为后代棋手的必读书。入明以后，中国古代围棋开始出现了一大飞跃。明末江苏无锡人过百龄，率先改变了对局起手时的旧套路，对棋艺作了新的探讨，从而一举称雄棋坛数十年。清初江苏泰县人黄龙士异军突起，以其清俊飘逸的棋风、出神入化的着法“开一代之盛”，与大学者顾炎武、黄宗羲等人并称为“十四圣人”。此后，棋坛又涌现出众多的高手，浙江海宁人范希屏、施定庵即为此中之翘楚。范氏著有《桃花泉棋谱》，施氏著有《弈理指归》，二书所阐发的棋理，至今还能使人获得诸多启示。范、施二人的弈棋活动，将我国古代围棋的技艺推到了最高峰。清中叶以后，国势日蹙，文化衰落，民族危机日甚一日，围棋便开始走向低潮。

象棋古代亦称“象戏”。关于它的起源，历来众说纷纭，莫衷一是。根据象棋的局制和规则，中国象棋的起源当与战争有着密切的关系。英国著名学者李约瑟在其《中国科学技术发展史》一书中指出，象棋是中国人民的创造，是古代中国人模拟战争而创造的一种游戏。周朝时期，战争频仍，人们仿照军队的编制、布阵遣将的方法等创制了一种新的棋游戏，这当是象棋的最初形式。我们看到，象棋中除“象”、“炮”外，“将”、“帅”、“车”、“士”、“卒”、“马”都符合周代兵制，所以象棋似应产生于周代。战国时象棋已初步成型，魏晋南北朝是我国象棋获得飞跃发展的时期。我们从现在仅存的王褒《象经·序》和庾信《象戏经赋》中了解到，当时的棋局是正方形的，由 8×8 的小方格组成，棋局含阴阳之义，格局黑白相间。唐宋时期，中国象棋发生了重大革新。在唐代，棋子中增加了“炮”，从而推动了中国象棋规制的重大改革。棋子的排列也前进了一步，与当今国际象棋的排列方法基本相同，开局的步法，先进马，再进卒，后进车，亦与当今国际象棋相似。到北宋末年，经过长期的艺术实践，已形成棋盘纵十路、横九路、有河界、32 个棋子、“将”在九宫之内的布局，加上在宋初又在棋子中增加了“象”，此时的象棋已和现代象棋的模型相差无几了。明清两代是中国象棋的全盛时期，名家辈出，名谱众多，棋派林立，仅乾隆中叶，就出现了毗陵、吴中、武林、洪都、江夏、彝陵、顺天、大同、中州九大棋派。九派名手时称“江东八俊”、“河北三杰”。其中，被时人誉为“棋中圣手”的毗陵派周廷梅，更是技压群雄，无敌于天下。到清代，象棋游艺进一步平民化，普及面甚广。

二、赌博

赌博古时称博戏，是一种通过下注押宝，以获得成功的竞逐游戏，具有很高的投机性。随着赌注数额的不断增加，又蕴含了极大的风险性。但是，赌博又融合了技巧与游戏的诸多成分，因而作为一种社会现象，反映了民间娱乐文化的基本需求，具有“社会化”和“市场化”的特点。

赌博之戏在中国已有 3000 多年的历史了。而赌博一经流行，便极大地刺激了“休闲经济”的迅猛发展，先秦时期，博戏尚能留存些原始意味的娱情成分，到秦汉以后，则完全演变为“戏而取人财”的赌博之技。

魏晋南北朝时期，赌博之戏畸形繁荣，当时凡带有竞技色彩、能决出胜负的游艺，如围棋、弹棋、斗鸡等，都可用作决赌之具。但更为经常和主要的赌博活动，则是樗蒲、握槊、双陆和意钱之戏。这一时期，参与赌博的遍布社会各阶层，既有帝王、官僚，也有商人、术士、奴仆。如晋武帝曾与其贵嫔胡芳樗蒲，二人争矢，以至晋武帝的手被弄伤①。东晋宰相谢安与下人围棋，以牛车一赌输赢，竟然传为佳话。一代名将桓温屡赌屡败，屡败屡赌，最后不得不请出“赌王”袁耽助其一臂之力，当时袁耽虽然还在服丧，但他毫不介意，立即脱下丧服，一同赶赴赌场，展开一场竞赌。袁耽和桓温一起大吼大叫，加强心理攻势，同时加大赌注，其场面之大，令人咋舌——“十万一掷，直（同值，即赌资）上百万数”②，后来果然把桓温输的钱全部捞了回来，还赢了很多。由于樗蒲赌金巨大，对民风破坏尤甚，故而招致了有识之士

① 《晋书》卷 31《后妃（上）·武悼杨皇后传附胡贵嫔传》。

② 《世说新语·任诞》。

的反对。东晋名将陶侃,一生勤于职守,尤其反对赌博。他在任荆州刺史期间,发现“诸参佐或以谈戏废事者,乃命取其酒器、蒱博之具,悉投之于江,吏将则加鞭扑,曰:‘樗蒲者,牧猪奴戏耳!’”①但这种个人的抗争,对已蔚成一代风尚的赌博行为,显然是没有多少影响力的。

隋唐五代时期,赌博仍然流行不衰。天宝十四年(755 年)岑参路过玉门关,参加了玉门将军的盛宴,侍酒美女的樗蒲游戏,给他留下了深刻的印象:“野草绣窠紫罗襦,红牙缕马对樗蒱。玉盘纤手撒作卢,众中夸道不曾输。”②由于时俗风气的影响,许多人不务正业,沉湎于樗蒲赌博,有些甚至倾家荡产,出卖儿女。如武则天时权臣来俊臣的父亲来操与蔡本交好,二人都是赌徒。有一次,来操赢蔡本数十万,蔡本无力偿还赌债,就将自己的妻子冯氏折价输给了来操。据说冯氏在此前就有了身孕,到来家后,生下了来俊臣③,这个故事反映了当时社会上赌博成风的事实。

赌博由一种陋习发展成一种新兴行业,是宋元间的事。至迟到宋代,赌博业与色情业已成为支撑庞大帝国的重要经济支柱之一。当时市场上已开始公开出售指导博戏迷津的读物如《赌钱不输方》。至此,原来多少带有些娱情成分的“六博”之戏便渐渐被“言不及义,负胜是图”的赌博所取代了。

降及明清,延续一千余年的封建社会已步入垂暮之年,社会各方面均出现了末世征兆,其表现之一就是赌博活动更加猖獗。当时赌博名目繁多,其中,斗骰为最常见的赌博形式。骰子形制小巧,随手可掷,故在民间习染极为广泛。《燕京岁时记》中描述:“京师谓除夕为三十晚上……黄昏之后,合家团坐以度岁。酒浆罗列,灯烛辉煌,妇女儿童皆掷骰斗叶以为乐。”④然而一旦沦为聚赌之物,骰戏自然就失去它娱乐的意味。清代骰戏有摇摊、彩选、赶老羊、掷挖窖等各种花样。属牌戏范畴的马吊自明中叶产生以来,风行之疾,出人意想,明末清初之际,士大夫多嗜之如狂。又如牌九,明清时期也十分盛行,牌数仅 32 张,规则虽简单,但胜负极速,俗称“剥皮赌”,可见其残酷性。再者,有国牌之称的麻将,在清光绪、宣统年间,十分盛行。清宫之中,连慈禧太后都沉迷于此戏⑤。而它的流行已然成为中国文化溃败的一个显著标志。因赌风甚炽,致使清政府开始实行了严厉的禁赌政策,《大清律

① 《晋书》卷 66《陶侃传》。

② 《全唐诗》卷 199《玉门关盖将军歌》。

③ 《太平广记》卷 268《酷吏》。

④ [清]富察敦崇:《燕京岁时记·除夕》。

⑤ 徐珂:《清稗类钞》第 10 册《赌博类·孝钦后好雀戏》。

例》即规定:“凡赌博财物者,皆杖八十,所摊在场之财物入官。”①条例称:“凡赌博不分兵民,俱枷号两个月,杖一百……凡以马吊、混江赌财物者,俱照此例治罪。”对于旗人开场设赌,初犯,发极边,烟瘴充军;再犯,拟绞监候。严禁民间私造、售卖赌具,凡开鹌鹑圈、斗鸡坑、蟋蟀盆,并赌斗者,照开场赌博枷责例治罪。至于官员,则不论赌钱、赌饮食等物,有打马吊、斗混江者,俱革职,满杖,枷号两个月。若上司与属员斗牌掷骰者,亦均革职,满杖,枷号三个月,俱永不叙用。由此可见,清政府惩治之严,几乎到了涉赌即为罪的地步。然而实际上呢?自乾隆以后,承平日久,衰微之象渐呈,赌博活动越来越猖獗。正如清人龚炜《巢林笔谈》卷四《赌风》所说:“赌博之风,莫甚于今日。闾巷小人无论已;衣冠之族,以之破产失业,其甚至于丧身者,指不胜屈。”段光清曾于道、咸年间在江浙一带为官,他在《镜湖自撰年谱》中说:“省城(指杭州)赌局,多在大墙门内……惟大宅之赌局,县府差役及营署员弁,俱有陋规,官不往拿,亦不能拿也。”事实说明,清代猖獗的赌业已一发而不可收拾了。

需要指出的是,古代的赌博游戏具有一定的公平竞争特点,对每位参与者来说,机遇基本均等。至于如何在赌博场上把握时机,成为赢家,完全由个人的心智机巧、筹算胆识所决定,所谓“手气”、“运气”也是建立在这些基础上的。抛开职业性赌博因素,赌博游戏当属于斗智斗胆的智力型游戏。如马吊戏,入局者须静气和声,故有“无声落叶”之谓。徐珂《清稗类钞》十册《赌博》云:马吊“思深于围棋,旨幽于射覆,义取于藏钩,乐匹于斗草……非按谱深索,则不能悉其委屈,浅夫稚子厮养之卒,不足以与此也”,道出了它的无穷奥妙。再如麻将戏,它也有一套“麻将经”,如不娴熟其窍门,单靠碰运气,恐难常操胜券。古代的许多赌博游戏至今仍流行于民间,假使能进一步克服或淡化其图利性,增强娱乐性,无疑会对调节民众生活节奏、增添生活乐趣发挥更好的作用。

三、斗戏

所谓“斗戏”,是指把禽、兽、虫、鱼等动物放在一起搏斗取乐的游戏。它发轫于先秦时期,至今已有数千年的历史了。

在禽类斗戏中,以斗鸡开始的最早。它是人们利用公鸡好斗的性格,挑唆其互相争斗,借以取乐的一种游戏。早在西周时期就有了斗鸡活动。《列子》就记有纪渻子为周宣王养斗鸡的故事。到春秋战国时期,斗鸡游戏开始流行。《战国策·齐策》云:齐都临淄人“无不吹竽、鼓瑟、击筑、弹琴、斗鸡、走犬……”说明此时的斗

① 《大清律例》卷34《杂犯·赌博》。

鸡已成为民间一项重要的娱乐活动。降及汉末，斗鸡更为流行，这于大量文献及考古资料中可以得到印证。河南密县斗鸡画像石上，观众或表情紧张，或为斗鸡助威①。南阳画像石所绘图面是二鸡怒目相视，左右两侧各有一持兵器者②。汉末所以盛行斗鸡风尚，可能与当时贵族厌倦了乐舞和博戏，寻求新的刺激有关。魏晋南北朝斗鸡之俗也很普遍，精彩激烈的斗鸡场面，让人们得到极大的视觉享受，故而有人不惜花上数千钱去买一只斗鸡，如南齐郁林王萧昭业“好斗鸡，密买鸡至数千价”③。北朝北齐后主高纬甚至专门给斗鸡安排了一个开府职位，史称：“斗鸡亦号开府，犬马鸡鹰多食县干。”④如此厚待宠物，反映了宫廷娱乐中的奢靡之风。此后，斗鸡之俗代代相传，上自宫廷，下至乡里，无不以此为乐。除斗鸡外，鸭、鹅等禽类动物有时也被用来搏斗取乐。西汉时鲁恭王“好斗鸡鸭及鹅雁”⑤。三国时，吴国建昌侯孙虑在宅内堂前建造了专用于斗鸭的斗鸭栏⑥。《新唐书·齐王祐传》写道：“祐喜斗鸭。”斗鹌鹑相对要晚些，大约在唐代以后。徐珂《清稗类钞》十册说，西凉人向唐玄宗进献的鹌鹑能随金鼓节奏争斗。

在古代，兽类斗戏以斗狗、马、牛、驼等居多。斗狗、斗马的历史可上溯到汉代。《汉书·张延寿传》载：张延寿常斗鸡走马长安中；《汉书·东方朔传》称：“郡国狗马蹴鞠剑客辐辏。董氏常从游戏北宫，驰逐平乐，观鸡鞠之会，角狗马之足。”斗狗之俗至清代仍颇为流行。王士祯在《池北偶谈》卷二三“波斯犬”条中有这样的描述：“尝于慈仁寺见一波斯犬，高不盈足，毛质如紫貂，耸耳尖喙短胫，以哆啰尼覆其背，云通晓百戏，索价至五十金。亦宋太宗桃花犬之属也。”李声振《百戏竹枝词》中《哈巴狗》诗序说：“哈巴狗，狗之小者也，教其拱双蹄作拜状，或呜呜如唱，或设圈十余，令其往来循行，名狗钻圈。”斗牛是一种惊心动魄的游戏，可能起源于战国之后，东汉应劭《风俗通义》写道：秦昭王时，李冰为蜀地郡守，因江水而怒责江神，后来，李冰与江神都化作苍牛，在江岸相斗。李冰化牛与江神斗显然是后世附会的神话传说，但我们由此可知，斗牛游艺已有相当久远的历史了。斗牛游艺既能锻炼人的勇敢无畏，机敏果断，又能强健体魄，因而一度作为兵家练兵的形式与内容。据说三国时的诸葛亮，曾在将士中开展斗牛的活动，以游艺方式达到练兵目

① 河南省文物研究所：《密县后土郭汉画像石墓发掘简报》，《华夏考古》1987年第2期。

② 南阳地区文物工作队等：《河南南阳县英庄汉画像石墓》，《文物》1984年第3期。

③ 《南齐书》卷4《郁林王纪》。

④ 《北齐书》卷8《后主高纬纪》。

⑤ ［东晋］葛洪集：《西京杂记》卷2《鲁恭王禽斗》。

⑥ 《三国志》卷58《陆逊传》。

的。有关牛牛相斗或牛与其他动物相斗的习俗文献罕有记载，文物资料则弥补了文献的不足。如南阳汉画像砖绘有两牛抵斗的场面①，又如新野汉画像砖绘刻有牛、虎、熊三种野兽相斗的情景②。此后，斗牛的风气很盛，其中，以浙江金华为最。清人陈其元《庸闲斋笔记》载：每逢春秋佳日，乡民祈报祭赛时，就有斗牛会，主办者预先设宴诚邀各方宾客。届时斗牛场上每次有两头牛登场角斗，准备参斗的牛有十几头，而聚集在现场的牛则多达三五十头。此外，根据清康熙年间的《贵州通志》以及清人徐家干的《苗疆见闻录》等书的记载，少数民族也有斗牛游艺风尚。

斗鱼之俗始见于宋代，张世南《游宦纪闻》卷五载："三山溪中产小鱼，斑纹赤黑相同。里中儿豢之，角胜负为博戏。昔有斗禽，未见有斗鱼，亦可观也。闻永嘉亦有之。"明代福建地区也有斗鱼游戏。明人谢肇淛《五杂俎》载："今闽莆中喜斗鱼，其色斓斑，喜斗，缠绕终日，尾尽齿断不解。"

虫类斗戏中，以斗蟋蟀最为普及。斗蟋蟀在古代又称为"斗蛩"、"斗促织"、"斗蛐蛐"等。其风始于唐代。五代人王仁裕《开元天宝遗事·金笼蟋蟀》载道："每至秋时，宫中妃妾辈皆以小金笼捉贮蟋蟀。闭于笼中，置之枕函畔，夜听其声，庶民之家皆效之也。"到了宋代，尤其在南宋，斗蟋蟀之风已颇盛行。上自高官贵戚，下至平民百姓，甚至僧人均喜爱斗蟋蟀。身为当朝一品的权臣贾似道，是一位地地道道的蟋蟀迷，人称"蟋蟀宰相"。在元军压境的危急时刻，他整日与姬妾斗蟋蟀取乐。这个与秦桧同列《宋史·奸臣传》的权臣，骄奢淫逸，玩军误国，落得千秋骂名，却写出了世界第一部关于蟋蟀遴选、决斗和饲养的专著《促织经》，对中国蟋蟀文化做出了贡献。南宋民间蓄养蟋蟀、斗蟋蟀十分盛行。有些善斗的蟋蟀，备受主人的喜爱，甚至蓄蟋蟀者死后，还用蓄蟋蟀用具随葬。江苏镇江、南京墓葬中曾出土过多只蟋蟀罐。美国大地自然博物馆藏有一幅南宋儿童斗蟋蟀图。南宋斗蟋蟀之风由此可见一斑。明清以来，斗蟋蟀之风一直流行。这时斗蟋蟀常与赌钱相联系。明人谢肇淛《五杂俎》卷九载：明代"三吴有斗促织之戏，斗之有场，盛之有器，必大小相配，两家审视数四，然后登场决赌"。斗时，将个头大小相类似的两只蟋蟀放入大盆内，然后用蟋蟀草（或马尾鬃）将其引逗到一处互相咬斗。几经交锋，负者便低头退却，胜者则振翅欢唱。负者的一方即支付给胜者若干银两或钱币。在古代的斗虫戏中，斗蟋蟀是古人在饲养、观赏方面积累经验较多的一种游艺，颇受人们的喜爱。

---

① 南阳市文物管理委员会：《河南南阳市发现汉墓》，《考古》1966 年第 2 期。

② 王褒祥：《河南新野出土的汉代画像砖》，《考古》1964 年第 2 期。

四、巧戏

所谓“巧戏”，是指靠心灵手巧进行游玩的游戏。实际上，古代的游戏都注重一个“巧”字，只不过巧的分量有轻有重而已。古代巧戏的类型很多，有适合妇女儿童的，有适合成年男子的，也有男女共同完成的。这些巧戏既不含赌博意味，也无须冒险与紧张，一切都在轻松愉快的氛围中进行。

古代众多女子都擅长玩游戏，许多巧戏是女子的专利，而男子则无用武之地。女子玩得最多的巧戏当首推“乞巧”。乞巧节是古代唯一的一个女人节日，又称七夕节、女儿节、姑娘节、双星节等。乞巧的风俗，源自牛郎织女的传说。作为天帝之孙的织女，聪明美丽，是有名的巧手，相传天空中变幻无穷的绚丽云霞就是她亲手所织。所以每逢农历七月七，世间女子便趁牛郎、织女鹊桥相会之际，举行一系列的乞巧游戏，向织女星乞求智巧，以使自己心灵手巧，生活美满幸福。南朝梁人宗懔《荆楚岁时记》载：七夕晚上，女子结扎彩楼，穿七孔针，陈列瓜果于庭中，祭拜牛郎织女星，乞求织女赐巧。准备乞巧的女子事先准备好五彩丝线和七根银针，晚上对月穿针，谁先穿完七根针就说明谁乞得了巧，否则就没有。初七这一天，月儿不甚明亮，半明半暗中能把细线穿过针孔，的确称得上心灵手巧。胶东地区的女子在乞巧时还边穿针边唱民谣：“天皇皇，地皇皇，俺请七姐姐下天堂。不图你的针，不图你的线，光学你的七十二样好手段。”唐人冯贽《云仙杂记》中记载了另一种乞巧方法：“洛阳人家乞巧，使蜘蛛结万字。”女子在七月初七晚上将蜘蛛放在瓜果上或关在盒中，翌日清晨查看，谁的丝网结得紧密而方圆得体，就预示着她心灵手巧。明人刘侗、于奕正《帝京景物图略》卷二还记载了始于明代的一种更富情趣的做法，即“丢巧针之戏”。前一天妇女晒一盆水于庭院中，到第二天正午时分，由于空气中的灰尘微粒落入水面，结成一层薄薄的膜。此时再把绣花针或是豆芽、稻芽、草茎等三三两两地漂浮在水上，然后看水底的投影。那散乱的投影，有的如笔如锥，有的如珠如伞，还有的如箭如弓。凡投影“散如花，动似云，细作丝，粗若锥”者，认为便是得了巧。清人撰《都门竹枝词》中写道：“七夕针楼看水痕，家家小妇拜天孙；明朝得巧抛针线，别买宣窑蟋蟀盆”，写的就是七夕“丢巧针”的游戏。在浙江农村，还流行用脸盆接露水的习俗。传说七夕节的露水是牛郎织女的眼泪，如抹在眼上和手上，可使人眼明手巧。

七夕乞巧，并不单纯是一种迷信活动，它一方面反映了古代女子具有追求智慧、热爱生活的良好传统，另一方面表达了她们希望通过乞巧促进技艺、提高生活能力、展示自身价值的美好愿望。

斗草也是古代女子擅长的一种巧戏，儿童对此亦情有独钟。斗草又称“斗百草”、“蹋百草”，主要在春夏两季进行，端午尤多。南朝梁人宗懔《荆楚岁时记》说：“五月五日谓之浴兰节，四民并蹋百草之戏。”“斗草”一词最早见载于唐朝，其俗也流传开来。韩愕《岁华纪丽》云：“端午，结庐蓄药，斗百草。”入宋以后，斗草风气日盛，不限于端午，春夏两季随时可斗。元、明、清各代，盛行不衰。

斗草方式大致有两种，即“文斗”和“武斗”。“文斗”较为文雅，就是众人采到花草后，聚在一起，互相比试谁采的花草种类更多，谁了解的花草知识更丰富。当一人报出的草名，其他人均对答不上时，就成了赢家。如《红楼梦》第六十二回中描写香菱等众丫环在园中斗草的情景：“大家采了些花草来兜着，坐在花草堆中斗草。”随后逐人报出观音柳、罗汉松、君子竹、美人蕉、星星翠、月月红等花名，当有人报姐妹花时，香菱对以夫妻蕙，结果招致同伴的取笑，惹出一段打闹来。“武斗”较为粗简，主要比试草茎的韧性，方法是以草茎相交绞，二人各持己端向后拉扯，谁的草茎被拉断就为输家，反之则为赢家。故宫博物院珍藏的清代宫廷画家金廷标的《群婴斗草图》，画了 10 个男婴，细致地描绘了“武斗”中找草、拔草、运草、斗草等全过程，真实地表现了儿童们节日斗草的欢快气氛。

由于巧戏属竞争不激烈而又简便易行的娱乐活动，因此，不少巧戏在年龄、性别上的界限就没有其他娱乐来得明显，做巧戏时，每每男女混做，或成人与儿童同做。藏钩游戏就是可由男女混玩的游戏。藏钩又称藏弨、打弨、竞弨、藏阄仪，是古代一种猜东西的游戏，起源于汉代。关于藏钩游戏的玩法，西晋周处《风土记》中有详细记载：“分二曹以较胜负，若人偶，则敌对，若奇，则使一人为游附；或属上曹，或属下曹，为‘飞鸟’，以齐二曹人数。一钩藏在数手中，曹人当射知所在。一藏为一‘筹’，三筹为一‘都’。”可见这是一种分伙玩的游戏。如果是单数，有一人游弋于两伙之间，名叫“飞鸟”。“钩”是一种以玉或金属制作的环状物，藏于甲伙某一人手中，令乙伙人猜。中则胜一筹，以三筹为一都。一都，即今天所说的一轮。藏钩游戏在民间衍生出的另一种玩法为“藏阄”。阄上书写酒令、韵码一类的东西，供人猜测或赋诗。拿阄叫“探钩”或“取钩”，打开看称“披钩”。它在文化人中间开展得较多。要是在宴会上玩藏钩游戏，人们有酒提神，更是兴致百倍。

如今，藏钩游戏已不多见，不过，由藏钩直接演变而来的类似游戏仍能时见于民间的酒令中。

第三节 休闲雅趣[①]

传统的休闲类游艺形式，主要指在节日聚会、宴会和休闲场所进行的，以娱乐助兴为目的的活动。它在我国已有悠久的历史，其表现形式缤纷多彩。这里主要介绍灯谜、酒令、投壶、七巧板几种休闲娱乐形式。

一、灯谜

所谓灯谜，是指写在花灯上的谜语。由于猜灯谜有一定的难度，谜底犹如草丛中的卧虎，难以明察，难以射中，故又称"灯虎"、"射虎"。花灯高悬，灯上书以谜语，众人立于灯下，商榷射虎儿，因又有"商谜"之谓。

"灯谜"源于民间口头文学，是人民群众在长期社会实践和生产劳动中，根据需要创造出来的。夏商周时就有以民谣式的隐语出现。春秋战国时期，一些到处游说之士，为了宣传自己的主张，说服各国君主，往往在言语中采用民间故事传说的隐喻方法，巧妙影射，寓以深意，借以讽谏各国君主。当时将这种方法称为"隐语"或"寄词"，这是谜语书面创作的最初阶段，秦汉时谜语渐至发展成为一种较成熟的形式，魏晋南北朝时期，猜谜已盛行于世。诗与谜互相渗透、融合，是这一时期谜语的主要特点。南朝陈徐陵编选的《玉台新咏》中，载有一首古诗谜："藁砧今何在？山上复有山。何当大刀头，破镜飞上天。"描写妻子思念外出丈夫的心情。隐"夫出半月还"五字，历来被人们引为范例。南朝梁人刘勰在《文心雕龙·谐隐》中，对谜语从理论上作了高度的概括："自魏代以来，颇非俳优，而君子嘲隐，化为谜语。谜也者，回互其辞，使昏迷也。或体目文字，或图像品物，纤巧以弄思，浅察以炫辞。义欲婉而正，辞欲隐而显。"刘勰对谜语发展的历史、谜语的定义及其特征都作了深刻的分析和精辟的阐述，其影响十分深远。

唐宋时期是谜语发展史上一个极为重要的阶段。尤其在宋代，猜谜语已成为当时元宵节的一项不可或缺的重要活动。无论是官员还是文人，都常常以谜语互为戏谑。据宋人周密《武林旧事》卷二《灯品》说，当时，上元灯会十分盛行，有好事

---

① 本节及下一节除注明外，主要参考崔泉著《忘忧清乐》，江苏古籍出版社2002年版；张仁善著《中国古代民间娱乐》，商务印书馆国际有限公司1996年版。

者“以绢灯翦写诗词，时寓讥笑，及画人物，藏头隐语及旧京诨语，戏弄行人”。在花灯上写谜语，把观灯与猜谜结合起来，这是一个创举。

明清时期灯谜游戏更为成熟。明末扬州马苍山在研究整理大量灯谜的基础上，借鉴古代诗歌的格律，首创了“广陵十八格”，于是产生了谜格。所谓谜格就是灯谜的格式，犹如律诗一样。它要求制谜者要按格式编制，猜谜者同样要按格式猜，不懂谜格，就会丈二和尚——摸不着头脑。而弄懂谜格，就会游刃自如于谜海之中。除“广陵十八格”外，尚有“射虎二十四格”之说，甚至多到以百计，不过，使用较多的谜格仅有粉底格、秋千格、卷帘格、白头格、徐妃格、谐音格、求凤格、拆字格、会意格、解铃格等十多种。明末谜格的出现，标志着灯谜的发展，已经臻于成熟。至清代，灯谜游戏更为流行。明人阮大铖在他的剧本《春灯谜》中，描写了湘乡县黄陵庙庆赏元宵节的盛况：一群商谜伎艺人，“持灯谜、灯笼、细吹打”上场，有音乐伴奏，所持灯谜，任人猜射。射中的赏以串钱，名为“彩头”，射而不中者输一串钱。当时，有一首竹枝词这样写道：“几处商灯挂粉墙，人人痴立暗思量。秀才风味真堪笑，赠采无非纸半张。”所咏正是打虎灯的情景。此外，当时众多的文学作品，诸如《红楼梦》、《镜花缘》、《隋唐演义》、《花月痕》、《二十年目睹之怪现状》等，都有关于灯谜的描写，清代谜风之盛，由此可见一斑。

二、酒令

酒令是我国古代独有的饮酒时助兴取乐的游戏。它滥觞于西周时期，不过，那时的酒令并非是用来助兴劝酒的，而是辅助酒礼，劝人少饮酒的。因为酒在古代是与礼紧密相连的“成礼”的饮料，“无酒不成礼”，无礼仪也无从饮酒。特别是西周时期，对饮酒的礼仪规定得十分严格而具体。为此，还专门设有监督饮酒仪节的酒官，其职责是下达“酒令”，奉劝人们少饮酒。春秋战国时期，礼崩乐坏，帝王权贵饮酒、嗜酒成风，绝大多数酒官行酒令的目的也发生了戏剧性的变化，即由责人少饮变为使人尽兴，过量而饮了。他们用来劝人多喝酒的各种方法、手段，就是我们今天所称的真正意义上的“酒令”了。

古代喝酒行令之俗，起源甚早。春秋晋文公与鲁文公饮酒，晋文公赋《诗·小雅·菁菁者我》，鲁文公赋《大雅·嘉乐》①，当为最早的诗令。“酒令”之名，最早见于汉代刘向的《说苑》，东汉贾逵曾撰《酒令》一卷。而真正发明酒令并付诸实施的则是在唐朝。唐人李肇《唐国史补》卷下云：“古之饮酒，有杯盘狼藉、扬觯绝缨之说，甚则甚矣，然未有言其法者。国朝麟德中，璧州刺史邓宏庆始创平、索、看、精

① 《左传·公文三年》。

四字令，至李稍云而大备。自上及下，以为宜然。大抵有律令、有头盘、有抛打，盖工于举场，而盛于使幕。”自从酒令亮相酒场之后，很快就成为宴饮助兴的主要娱乐形式，从文人到氓夫，无不选择其适应的酒令格式来助兴，为此，各种类型的酒令纷纷出台。宋人王谠《唐语林》卷八说：“酒令之设，本骰子、卷白波、律令，自后闻以鞍马、香球，或调笑抛打时，上酒招摇之号。……又有旗旛令、闪擪令、抛打令。”白居易也说过：“骰盘、卷白波、莫走、鞍马，皆当时酒令。”①可见，唐代的酒令形式很多。当时还曾借助某些器具从事酒令活动，其中，以骰盘和筹箸最为常见。白居易诗“碧筹攒米碗，红袖指骰盘”②，元稹诗“筹箸随宜放，投盘止罚啀”③，都是指这两种令式。动作令和对字令也是最经常使用的酒令格式。另外，唐人还用酒胡子、香球等器物从事佐觞活动④。

隋唐以降，酒令的花样不断翻新，类别越来越多，内容越来越丰富。从最初的射箭、诗歌、投壶等，逐渐发展到歌舞、谜语、对联、笑话、书名、人名、游戏、猜拳、下棋、报数、掷骰子等等，通通成了酒令。从唐代以后，还出现了许多记载和介绍这些酒令的书籍，如《酒令丛钞》、《酒经》、《酒尔雅》、《酒社刍言》、《酒律》、《醉乡律令》、《嘉宾心令》、《小酒令》、《文字令》、《安雅堂酒令》、《饮中八仙令》等等。

在中国古代，人们行酒令有许多操作规则，一般程序是，酒宴开始后，先推一人担任“令官”，主持“觞政”，令官先喝过一杯令酒，表示就任后便可“发号施令”，提出行令时大家都必须遵循的规则，接着便可起令，逐个行令，如果谁行不出来，或是行令不符合要求，以及违犯其他规则，就要喝酒或被罚饮酒。如《红楼梦》第四十四回写贾府举行家宴，众人共举贾母为名誉令官，而由其贴身丫环鸳鸯代为指挥行令。鸳鸯喝过一尊令酒后，立即宣布：“酒令大如军令，不论尊卑，惟我是主。违了我的话，是要受罚的。”酒令的内容和形式，一般须根据席间宾主的身份、文化水平以及趣味来确定，这样才能取得理想的效果。

我国古代常用的酒令大致有藏钩、叶子酒牌、划拳、绕口令等。其中，划拳又叫“拇战”、“拇阵”、“搳拳”，今人又称为“猜拳”，是从唐代的“手势令”发展演变而来的两人对行的一种酒令。此后，经宋、元至明清，这种酒令形式已发展得相当成熟。明代人袁福徵曾编《拇战谱》一书，搜集了各种划拳形式，叹为观止。

划拳有一定的技巧，但偏于俗，纯以叫喊嬉笑消除寂寞。有一首搳拳诗写道：

---

① 《白氏长庆集》卷13《东南行诗一百韵》诗及注。

② 《白氏长庆集》卷20《与诸客空腹饮》。

③ 《元氏长庆集》卷11《店卧闻幕中诸公征乐会饮因有戏呈三十韵》。

④ 参见王赛时：《唐代饮食》，齐鲁书社2003年版，第177页。

"寂寞垆头少管弦,欣看钩弋乍张拳;怪他慧点知人意,葱指玲珑让客先。"①女子也有划拳的,如《红楼梦》第六十二回写道:"湘云等不得,早和宝玉'三'、'五'乱叫,划起拳来。那边尤氏和鸳鸯隔着席,也'七'、'八'乱叫,划起拳来。"行令时,二人暗暗猜测对方所出手指之数的同时,自己也迅速地伸出指头,以二人所出指头数的多少、按一定的规则判定输赢。明清以后形成多种行令方法,如哑拳、内拳、空拳、走马拳、连环拳以及各民族的拳法,如汉拳、蒙古拳、满族拳等。其中,最常见的是两人边喊数边出指,双方所出指数之和与喊数相符者胜,负者饮酒。酒席上一个人与席中每个人划拳一轮,叫做"打通关"。双方所出的指数一般都不直呼其名,而有一些含义有趣、颇有文化传统意味的代名词,如出一指,叫一枝花,或独一根;二叫哥俩好;三称三桃园;四叫四进士,或四季财;五叫五魁手;六叫六六顺;七叫七巧巧;八叫八大仙;九叫九重阳;十叫全来到。在划拳中,如果自己出一个手指,对方出三个手指,假设你叫的是四季财,你就赢了,对方就输了,罚酒一杯或做一些其他游戏小品。如果对方也呼叫四季财,就都是赢家,大家都不罚酒,继续划拳。划拳和其他酒令不同之处是其言词直露,俚俗浅显,简单易行,容易掌握,颇受中、下层人们的欢迎,所以,明清以来一直盛行不衰。不过性格文静的人不大喜欢这种较为喧闹的方式。

绕口令又称"拗口令"、"吃口令"、"急口令"等,是古代流行于社会下层酒席间的传统的语言酒令游戏。它起始于唐代,此后不断发展。其特点是诙谐而活泼,节奏感较强。绕口令有两种形式,一为对偶式。其特点是两句对偶,平行迭进,如:"十四四十四十四,十四是十四不是四十,四十是四十不是十四。""东洞庭,西洞庭,洞庭山上一根藤,藤条头上挂铜铃。风吹藤动铜铃响,风停藤定铜铃静。"二为一贯式。其特点是一气呵成,环环紧扣,句句深入。例如:"墙上一根钉,钉上挂条绳;绳下吊个瓶,瓶下放盏灯,灯下有个瓮。掉下墙上灯,脱掉钉上绳;滑落绳下瓶,打碎瓶下灯,砸破灯下瓮。瓶打灯,灯打瓮,瓮骂灯,灯骂瓶;瓶骂绳,绳骂钉,钉怪绳,绳怪瓶,瓶怪灯,灯怪瓮。叮叮当当当当叮叮,乒乒乓乓乓乓乒乒。"此外,民间还流行一些较简单的绕口令,如"不吃葡萄不吐皮,吃了葡萄才吐皮"等。由于绕口令能够训练人们的口齿、发音和语言表达能力,而且极富趣味,所以这一在古代民间盛行不衰的语言酒令游戏,直到今天仍在民间广泛流行,为人们所喜闻乐见。

三、投壶

投壶是我国古代宴饮时的一种助酒兴的游戏。它是由射箭演变而来的,由于

---

① 李家瑞:《北平风俗类征·宴集》,商务印书馆 1937 年版。

不需要太大的场地,比射箭简单易行。早在先秦时期,投壶即已出现,并把它作为一种官方典礼载入史籍。《礼记·投壶》说:"投壶之礼,主人奉矢,司射奉中,使人执壶,主人请曰:某有枉矢哨壶,请以乐宾。"然后来宾又客套一番,最后经过一番礼让,才开始投壶。由于其礼仪繁琐,所以为投壶服务的竟达十余人之多。投壶所用的器具除壶、矢外,还包括各种盥洗用具和酒樽之属。由此可见,投壶在早期是一种礼仪色彩较浓的游艺形式,有人甚至把它作为观察君子德行的窗口。

春秋战国时期,投壶开始流行起来。据《左传·昭公十二年》记载,约在公元前530年,晋昭公即位,各国的一些君主来到晋国祝贺,晋昭公设宴招待,并与齐景公等人一起投壶。晋昭公在投掷前,他的大臣中行穆子在一旁念念有词:"有酒如淮,有肉如坻。寡君中此,为诸侯师。"其意是:我国的酒多如淮水,我国的肉高如陵阜。我们的国君投中了这一箭,当为诸侯的盟主。当时各国均欲称霸,晋国也不例外,似乎投壶投中了便是能称霸的一个吉兆,结果真给昭公投中了。齐景公亦不甘示弱,回敬道:"有酒如渑,有肉如陵。寡人中此,与君代兴。"大意是:我国的酒多如渑水,我国的肉高如陵阜,寡人投中了这一箭,代替你们的国君为诸侯的盟主。果然也一矢中的,他俩的对话使这一场投壶带上了政治斗争的色彩。他俩都能每投必中,说明水平极高,必定是经常玩投壶游戏的老手。

根据《礼记》等书的介绍,投壶所用的壶,形状不一,早期一般广口大腹,颈部细长,后来多为小口长颈,口两边有圆耳。壶内装满又小又滑的豆子,如投矢时用力过猛,已入壶的矢就会被反弹出来。投壶所用的矢,一般用柘木制成,一头尖如刺,一头齐。矢的长短分三等,根据投壶时场地的大小、光线的强弱等情况选用。一般室内投壶用的矢长2尺,室外用的稍长一些。比赛时一般每人4支矢,每投进一矢,由司射(其职责类似于今日体育赛事中的裁判)给投中者一边放上一"算"。假如投中者高兴得忘乎所以,不等对方投掷就抢先又投一矢,即使投中了,司射也不给"算"。大概"不算"一词即由此而来。比赛共进行三局,每投完四矢算一局,一局结束,司射为胜者"立一马"。谁先立了三马,谁就是赢家,输的一方就要喝酒。这种游戏一方面可使嘉宾多饮酒,以显示主人待客热情,另一方面又可使宴会平添欢乐气氛,一举两得,因而颇受古人的青睐。

两汉及魏晋南北朝时期,投壶极为普遍,是当时最常用的酒令。三国时,有个叫邯郸淳的写了一篇《投壶赋》,对这种酒令游戏大加赞美:"络绎联翩,爰爰兔发,翻翻隼集,不盈不缩,应壶顺入,何其善也。"意思是说,"矢"一支接一支从投壶者的手中飞出去,宛如舒缓而行的兔子,又好似轻快地飞来会集的隼鸟,投出之箭不远不近,都准确地顺壶而入,这是何等地美妙啊!由此不难想见,当时的投壶游戏一定妙趣横生!当时,不仅男子投壶,女子亦好此戏。南朝梁无名氏作《华山畿》

云:“夜相思,投壶不停箭,忆欢娇时”,描写了女子思念丈夫,以投壶消愁解闷的情景。唐宋之时,由于雅令的兴盛,投壶逐渐衰歇,但直到明清仍有人使用。到了1926年,盘踞东南五省的大军阀孙传芳,在南京举行过一次投壶礼,原定由章太炎主持仪式,届时太炎先生没有前往。对此,鲁迅在《关于太炎先生二三事》中曾提及,说太炎先生“即离民众,渐入颓唐,后来参与投壶,接受馈赠,遂每为论者所不满,但这也不过白圭之玷,并非晚节不终”,对章太炎晚年活动进行了委婉批评,而对孙传芳搞的具有复古意味的投壶礼则予以否定①。

四、七巧板

七巧板也有称七巧图、智慧板者,是由古时的“燕儿图”演化而来的。燕儿亦称“骰子桌”,是筵席上所用的桌子(古时“燕”字,通“宴”字)。这种桌子体积较小,一套6只,其大小形状各异,在宴会上可根据具体情况,或分或合拼搭成各种图案,以增加宴会的欢乐气氛。宋人黄长睿撰有《燕几图》一书,详细介绍了燕几的产生、发展和制法。后来,燕几从6只变为7只,又叫“七星桌”,用来“按图设宴,以娱宾客”。至此,“燕几”已与“七巧板”相差无几。

七巧板用料方便,制作容易,硬纸、薄木板均可。《游戏大观·七巧板》中收集了一套用薄木板制作七巧板的图案:将一片薄木板分成7块,大三角形2块,小三角形2块,中三角形1块,方形1块,平行四边形1块,拼成一个大的长方形。不同的七巧板可以拼凑变化万端的图形:人物、字体、花卉、虫兽、兵器、器具等都有,惟妙惟肖,各具形象,如人物部造型就有27种,身姿各异。文字部造型有30种,各不类同。做这类游艺,需要开动脑筋,动手拼拆,尤受青少年的欢迎。

七巧板在明清时期已走上成熟阶段。尤其在清代,它更为风靡一时。关于此时七巧板的制法和功能,有史料说:“一薄木一方,截成七块,可合成种种模型,以启儿童思想。”②嘉庆年间,还有人专门编辑刊印了《七巧图合璧》,以凑暇趣。咸丰时,慈溪严笠舫创造七巧书法,突破了以往多拼接人物、花鸟图案的传统,翻新出别具一格的七巧行草字,遂称一时之奇。

从19世纪开始,七巧板通过种种渠道传遍世界各地,以致外国人把它叫做“唐图”。

咸丰五年(1855年),一本名叫《中国儿童新编七巧图》的书在欧洲出版,书中介绍了24张七巧图,并按字母顺序排列。从此,七巧板开始风靡于欧美各国,成

---

① 参见吴曾德:《投壶趣谈》,载《古代礼制风俗漫谈》,中华书局1986年版,第300~301页。

② 徐珂:《清稗类钞》第13册《物品类·七巧板》。

为当时最时髦的游戏。此前，意大利也出版了一本名叫《中国谜解副刊》的游戏书，书中介绍了七巧板的拼排规则，并介绍了中国的历史。书中这样写道："从七巧板这种巧妙绝伦的游戏上看，中国是文明的。"

现在，在许多欧美国家，每年都要出版一些七巧板书籍，并有一些新颖别致的七巧板玩具问世，由此可见，中国的传统文化对西方所产生的影响是深远的。

第四节 儿 童 游 艺

在中国古代，有一类游戏主要由儿童参与，自成一体。其活动内容主要有放风筝、踢毽子、捉迷藏等。它们丰富了儿童的生活，成为我国民间游戏的重要组成部分。数千年来，这些儿童游戏由于年龄、性别、民族、地域和时代的变迁而有所差异，然而也有一些儿童游戏因其流域广，普及面宽，因而较少受到时代的局限。不少儿童游戏虽历经了几千年，仍具有旺盛的生命力，流传至今。

一、放风筝

风筝是民间工艺品，在民间艺术中占有特殊的地位，他能够将观赏、竞技、健体、益智等多种功能集合于一身，同时又与游艺、科技等因素密切相关，十分典型地反映出民间艺术的丰富内涵。

放风筝的活动在我国流传久远，分布范围很广。据《杂俎》载，风筝是我国春秋时鲁国人公输般（即鲁班）发明的。他从空中盘旋的鹞鸢得到启迪，于是"削竹为鹊，成而飞之，三日不下"。传说鲁班曾驾着这个木鸟，出于军事目的而窥探宋城。这就是最早的风筝。当时的哲学家墨翟也曾制作过木鹞。《韩非子·外储说》云："墨子为木鸢，三年而成，飞一日而败。"这些都是最早的风筝雏形。由此可见，风筝在我国已有两千多年的发展历史。不过，它最初并不叫这个名字。在南方，称风筝为"鹞"，北方则称风筝为"鸢"。由于此时制造风筝的材料是木材，既贵又不易制作，所以在汉代造纸术发明以前，风筝无法得到普及。

汉代发明了造纸术，人们便用纸制作风筝。史载：韩信剖篾扎架，糊纸引线，乘风飞空，始有"纸鸢"之称①。风筝之名的来历，明人陈沂《询刍录》云："风筝，即纸

① ［宋］高承：《事物纪原》卷8《纸鸢》。

鸢，又名风鸢。”五代时李邺在纸鸢上装竹笛，引线采风为戏，后来在鸢首以竹为笛，风动笛鸣，宛如古筝，风筝由此得名。

风筝作为人们喜爱的娱乐玩具，是从隋唐时代开始的。唐时宫廷里太监、宫女们扎制各种风筝，竞放游戏，视为“放晦气”。甚至还将五彩灯笼挂在风筝上，放入夜空。唐诗人李商隐的“西楼一夜风筝急”诗句，描写的就是此情此景。宋代，放风筝之俗颇为盛行，上自帝王将相，下至平民百姓，均有精于此道之人。北宋张择端的《清明上河图》、苏汉臣的《百子图》，都有对放风筝的生动描写。宋人周密《武林旧事》卷三《西湖游幸》载：杭州清明时节，人们背上饭食到郊外竞放纸鸢，直到日暮方归，“少年郎竞纵纸鸢，以相勾引，相牵翦截，以线绝者为负”。在当时，风筝已成为儿童的普通玩具。如宋诗人梅尧臣《观放鹞子》诗曰：“白皙少年子，秋郊背苍隼，日暖饥目开，风微双翅紧。……碎脑此非辜，食肉尔何忍，取乐在须臾，我心良测悯。”①陆游《观村童戏溪上》也有“竹马踉跄冲淖去，纸鸢跋扈挟风鸣”②的诗句。小儿在春天竞放风筝，成为民间一景。另据宋人李石《续博物志》卷一〇所载，放风筝对儿童来说，还是一项很好的体育医疗活动。放飞时，“令小儿张口望视，以泄内热”。由于风筝的普及，社会上出现了一种专门放风筝的艺人，他们和杂剧、杂技演员一样，竞技斗巧，被称为“赶趁人”。

明、清时期，放风筝风俗更盛，清代流传的一首《北京竹枝词》，曾这样描述了放风筝的盛况：“风鸢放出万人看，千丈麻绳系竹竿；天下太平新样巧，一行飞向碧云端。”与前代一样，这时人们也把放风筝视为放晦气，称“放断鹞”或“放断线鹞”。古人认为，春天乍暖还寒，邪毒杂生，儿童易感邪气，通过放风筝仰望天空，来回奔跑，张口吐纳，能够消热祛邪。《续博物志》云：“今之纸鸢，引线而上，令小儿张口望视，以泄内热。”正由于这一原因，民间赋予放风筝诸多吉祥意义。许多地方把放风筝视为放晦气，放到了断线风筝，便意味着放走了晦气。《红楼梦》第七十回《林黛玉重建桃花社　史湘云偶填柳絮词》描述群儿放风筝的情景时道：“宝玉等大家都仰面，看天上这几个风筝起在空中。一时风紧，众丫环都用绢子垫着手放。黛玉见风力紧了，过去将籰子一松，只听‘豁喇喇’一阵响，登时线尽，风筝随风去了。黛玉因让众人来放。众人都说，‘林姑娘的病根儿都放了去了，咱们大家都放了罢。’于是丫头们拿过一把剪子来，铰断了线，那风筝都飘飘飖飖，随风而去。”放风筝去晦气，在民间已成为一种信仰习俗。这时的放风筝活动多在清明节前后，借春月空气上升之力放飞。在各地，每到清明扫墓之际，少男少女们便倾城而出，纷

① 《梅尧臣集编年校注》卷7。

② ［南宋］陆游：《剑南诗稿》卷1。

纷携风筝涌到郊外,祭扫完墓之后,就在坟前进行放风筝比赛。由于放风筝活动以儿童参加的为多,因而有许多诗都是借儿童放风筝以寄意。如宋伯仁的诗作《纸鸢》这样写道:“弄假如真舞碧空,吹嘘全在一丝风。惟渐尺五天将近,犹在儿童掌握中”,把儿童放风筝的场面刻画得栩栩如生。清代浙江人高鼎描写春日乡间孩子们乘风放飞的诗句云:“草长莺飞二月天,拂堤杨柳醉春烟。儿童散学归来早,忙趁东风放纸鸢。”①儿童们对放风筝的喜爱跃然纸上。

《红楼梦》的作者曹雪芹,对风筝工艺很有研究,他经常利用闲暇以制作风筝为乐,而且撰有《南鹞北鸢考工志》、《风筝诀》等书,专门研究风筝技术,其中,《南鹞北鸢考工志》一书便记载了几十种风筝的扎、糊、绘、放的工艺和技法,每种都配有彩图,并附有歌,成为京津地区制作风筝的范本。曹雪芹虽自称“风筝于玩物中微且贱矣”,却仍乐此不疲,从而对风筝的普及起到很大的推动作用。此外,在清代的京师,还出现了像哈长英、魏元泰及金福忠等名噪世界的风筝世家,他们为风筝游艺活动的发展做出了重要贡献。

随着时代的变迁,中国民间艺术之一的风筝,进一步从儿童普及到了老年人之中。至清代,北京、天津、潍坊、南通风筝逐步形成了独自的特色和艺术个性,被誉为中国风筝的四大产地。我国的传统风筝到底有多少种?可以说五光十色、千姿百态,令人眼花缭乱。不过以结构分,有硬翅、软翅、串式、桶形、板子、立体6类;以形象分,有动物、人物和物品3种;以用途分,有特技、装饰、娱乐玩具、科研(用于气象探测、通讯等)4类;从艺术风格分,则有民间传统、观赏和创新3种。

风筝大约于七八世纪自中国传入日本、朝鲜、东南亚各国,然后通过阿拉伯国家传入欧、美和大洋洲等地。如今风筝已风靡全球。

二、踢毽子

踢毽子是一种很受女孩子青睐的体育游戏,被人们誉为“生命的蝴蝶”。

毽子,又写作鞬子、箭子。“抛足之戏具也”②。关于毽子的制作方法,清人富察敦崇《燕京岁时记》云:“毽儿者,垫以皮钱,衬以铜钱,束以雕翎,缚以皮带。”

早在北魏时期,就已流行踢毽子活动了。据《续高僧传》载,少林寺的第一代主持、来自印度的高僧佛陀在洛阳游历时,看见一个12岁的儿童在井栏上十分灵巧地踢毽子,竟一口气踢了500下,佛陀十分惊讶,便把他收下来作弟子,这就是后来有名的少林高僧慧光。一个12岁的孩子,一口气踢500个毽子,可见其熟练程

① [清]高鼎:《村居》。

② [清]翟灏:《通俗篇》“毽子”引《吴氏字汇补》。

度，这也说明这种游戏在当时已十分流行了。

到了宋代，踢毽子已成为民间常见的体育活动之一。清人陈元龙《格致镜原》卷六〇《毽子》引宋人高承《事物纪原》说："今时小儿以铅锡为钱，装以鸡羽，呼为毽子，三四成群走踢，有里外廉、拖枪、耸膝、突肚、佛顶珠、剪刀、拐子名色，亦蹴鞠之遗事也。"由此可见，在宋时儿童当中不仅盛行踢毽子，而且其技巧也很高。

既有脚踢，又有膝踢（"耸膝"）、肚踢（"突肚"）、头踢（"佛顶珠"）等；既有单人踢，又有两人、三人和多人踢；既有原地立着踢，又有边走边跑踢。由于当时踢毽子蔚成风气，所以社会上产生了以卖毽子为生的小商贩。如南宋临安市场上就有专门制作毽子的手艺人，也有数十人是以此为生的①。

明清时期，踢毽子又有了进一步的发展，成为儿童们喜爱的游艺活动。明人刘侗所著《帝京景物略》卷二《春场》中引当时民谣说："杨柳儿活，抽陀螺；杨柳儿青，放空钟；杨柳儿死，踢毽子；杨柳儿芽，打拔儿。"清人富察敦崇所著《燕京岁时记》中也说："京师十月以后，则有风筝、毽儿等物。"可见，踢毽子是明清时期一项很流行的民间体育活动。特别是由于古代蹴鞠的衰落，踢毽子代替了踢球，使踢毽子的技巧也达到了更高的水平。清潘荣陛所著的《帝京岁时纪盛·岁时杂技》记载，当时的江湖艺人踢起毽子来，手舞足蹈，连贯流畅，毽子在他们的头上、脸上、后背、前胸、脚上等部位盘旋飞舞，妙不可言，足见其功夫的高超。清人翟灏在《通俗篇》卷三一中也说："今京市民，为此戏最工，顶、额、鼻、口、肩、腹、膺（胸），皆可代足。一人能兼数敌。自弄，则毽子终日不坠。"说毽子终日绕身不落可能有些夸张，不过却表明人们已有高超的控制毽子的能力。

由于踢毽子的娱乐性很强，所以儿童踢起来劲头十足。《百戏竹枝词·踢毽子》描述儿童踢毽子的十足劲头说："青泉万选雉朝飞，闲蹴鸾靴趁短衣。忘却玉弓相笑倦，攒花日夕未曾归。"当时女孩们爱玩名曰"攒花"，即"数人更翻踢之"的踢毽游戏，为了玩得痛快，她们脱掉裙裳，身着短衣，她们踢着、笑着，到傍晚还兴致勃勃，乐而忘返。

虽然踢毽子在历史上被视为"不登大雅之堂"的"雕虫小技"，但由于它有益健康而又有趣，更重要的是它植根于民间，所以具有很强的生命力，千年不衰，传承至今，仍然是人们喜爱的一种体育游戏。

三、捉迷藏

捉迷藏，又称摸盲盲，是一种以毛巾或布条将双眼遮住，相互捉摸，或一人裹目

---

① ［南宋］周密：《武林旧事》卷6《小经纪》。

捉摸别人的儿童游戏。

捉迷藏在我国起源甚早。相传宋代的司马光童年时和小伙伴们玩起捉迷藏的游戏，一儿童不慎落入水缸中，司马光急中生智，用石头砸破水缸，将这个儿童救出。由这一家喻户晓的故事可知，捉迷藏游戏在我国古代是十分盛行的。

不过，有关捉迷藏的文字记载却是到唐朝才出现的。元人伊世珍《琅嬛记》卷中引《致虚阁杂俎》记唐明皇李隆基和贵妃娘娘杨玉环捉迷藏的故事："元宗与玉真恒于皎月之下，以锦帕裹目，在方丈之间，互相捉戏。玉真捉上每易，而玉真轻捷，上每失之，满宫之人抚掌大笑。一夕，玉真于袿服袖上，多结流苏香囊，与上戏。上屡捉屡失，玉真故以香囊惹之，上得香囊无数。已而笑曰：'我比贵妃差胜也。'谓之捉迷藏。"这种民间儿童游戏，本是不值得一提的"雕虫小技"，这回沾了帝王的光，才有幸来到文人的笔下。唐代诗人元稹曾写过 5 首《杂事》诗，其中，一首是描写捉迷藏的："寒轻夜浅绕回廊，不辨花丛暗辨香。忆得双文胧月下，小楼前后捉迷藏。"据说，这里的"双文"指的就是崔莺莺，此诗描写的是作者当年与崔莺莺在花前月下捉迷藏的情景。

为了增加捉迷藏的难度和兴趣，捉迷藏活动一般都在晚上进行。五代时的花蕊夫人《宫词》云："内人深夜学迷藏，遍绕花丛水岸傍。乘兴忽来仙洞里，大家寻觅一时忙。"

明清时期的捉迷藏活动更为盛行。不仅一般人家的儿童，就像《红楼梦》中所描写的宝玉、宝钗那样的文弱公子、小姐，也迷恋捉迷藏游戏。如《红楼梦》第二十七回写道："（宝钗扑蝴蝶）一直跟到池中滴翠亭上，香汗淋漓，娇喘细细。宝钗也无心扑了，刚欲回来，只听滴翠亭里边嘁嘁喳喳有人说话。……说话的语音，大似宝玉房里的红儿的言语。宝钗想，'今儿我听了他的短儿，一时人急造反，狗急跳墙，不但生事，而且我还没趣。如今便赶着躲了，料也躲不及，少不得要使个"金蝉脱壳"的法子。'犹未想完，只听'咯吱'一声，宝钗便故意放重了脚步，笑着叫道：'颦儿，我看你往那里藏！'一面说，一面故意往前赶。那亭内的红玉坠儿刚一推窗，只听宝钗如此说着往前赶，两个人都唬怔了。宝钗反向他二人笑道：'你们把林姑娘藏在那里了？'坠儿道：'何曾见林姑娘了。'宝钗道：'我才在河那边看着林姑娘在这里蹲着弄水儿的。我要悄悄的唬他一跳，还没有走到跟前，他倒看见我了，朝东一绕就不见了。别是藏在这里头了。'一面说，一面故意进去寻了一寻，抽身就走，口内说道：'一定是又钻在山子洞里去了。遇见蛇，咬一口也罢了。'一面说一面走，心中又好笑：这件事算遮过去了，不知他二人是怎样。"这里宝钗所谓"金蝉脱壳"的法子，实际上是以捉迷藏为幌子的。只不过这种迷藏不是以巾裹目捉摸他人，而是其中一方躲藏，另一方寻觅的方法罢了。

当时有一种“捉小狗”的儿童游戏与捉迷藏属同类但又有所区别。郑传寅等主编《中国民俗词典》介绍说，游戏主要流行于江苏江都里下河一带。由孩子七、八人游玩，年龄最大者当“老母狗妈妈”，并用抽签法定出3人扮“小狗”，余则做捉小狗者。游戏开始，老母狗妈妈藏小狗于草堆，时捉小狗者至窝门口对话：“老狗妈妈，请开门唷！”“开门做什么？”“捉小狗。”“小狗还没生呢！”“要待何时？”“三五个月。”于是，捉狗者又去蹦跳一周，再来对话，第三遍对话毕，捉狗人即进窝去捉。此时，老母狗已放小狗出洞各自躲藏。捉狗者到处寻找，小狗则千方百计躲闪、逃匿。

和其他儿童游戏一样，直到如今，捉迷藏的活动仍然流行不衰，受到少年儿童们的喜爱。

四、跳绳

跳绳在古代称跳百索或跳白索。这里的索，即今天的绳子。跳绳是古代一种普及型的儿童游戏。

古代的跳绳有短绳和长绳之分。短绳可单人跳或双人跳，长绳则为集体跳。跳法有前甩、前交叉、后交叉、多人跳双绳、双摇飞、多摇飞、计时跳绳、集体八字形编花等。跳绳游戏的最早记载见于北齐之时。史载：“游童戏者，好以两手持绳，拂地而却上，跳且唱曰：‘高末’。”所谓“两手持绳，拂地而却上”，就是今天的单人跳绳。北齐幼主高恒统治时期，政治昏暗，民不聊生，国势日衰。儿童在跳绳时，一边跳一边唱“高末”，以隐喻高氏的末日已来到，预兆北齐离亡国之日不远了。

唐代以“透索”为戏，明代称跳绳为“跳白索”或“跳百索”。明末崇祯间刘侗、于奕正著《帝京景物略》卷二《灯市》中说：“二童子引索略地，如白光轮，一童子跳光中，曰：‘跳白索’。”明人彭蕴《幽州风土吟》一书也说：“太平鼓，声冬冬，白光如轮舞索童。一童舞索一童歌，一童跳入光轮中。”这就是现在跳绳中的母子跳。明代跳绳技艺有了进一步的发展，出现了多人跳索。对此，明人沈榜著《宛署杂记》卷一七《民风》介绍说：“跳白索：十六日，儿以一绳长丈许，两儿对牵，飞摆不定，令难凝视，似乎百索，其实一也。群儿乘其动时，轮跳其上，以能过者为胜。否则为绳所绊，听掌绳者绳击为罚。”可见，这种多人跳具有较高的难度。

至清代，跳绳游戏仍十分流行。此时的跳白索多在元宵节进行，因为这是个京师热闹非凡，万民赏灯、观灯的好时节。在这样的喜庆日子里，儿童们群情激昂地跳白索，童趣横生。当然，随着社会的发展，跳白索也更为普及，而跳绳的时间也不仅仅限于元宵节，人们随时随地都可以跳起来。在清代，又称跳绳为“绳飞”。清人撰《有益游戏图说》云：“用六尺许麻绳，手指两端，使由头上回转于足下，且转且跃,以为游戏,是谓绳飞。”可以看出,这种跳绳的技艺要求更高。

由于跳绳既有趣,又能众人同乐,还是一项极佳的健体运动,能有效训练个人的反应和耐力,有助保持个人体态健美,从而达到强身健体的目的,所以这项儿童游戏一直被沿袭下来,直到现在,跳绳游戏仍然流行不衰,受到少年儿童们的喜爱。

此外,古代的儿童游戏还有鞭陀螺、斗草、打木棒、抓五子、抖空竹、跑竹马等等,不胜枚举。

第五节　娱乐生活的特点及价值取向

中国古代娱乐社会生活的诸多活动,作为整个社会生活体系中的活性“激素”性要素而言,它所强调的是参与者的休闲与消遣,所以它与纯观赏性的艺术表演以及竞技性的体育活动不同,具有其自身的特点,诸如群众性、多样性、节令性、规则性与传承性等。这些特点很大程度上取决于中国古代社会特殊的社会条件和社会历史环境,但同时古代社会中各种独特的娱乐社会生活形式,又会在各个层面上影响和反作用于社会,使古代社会的政治、经济、文化和生活因之而或多或少地发生一定的变化。

一、娱乐生活的特点

群众性特点　娱乐是人类社会生活的内容之一,它与其他社会生活一样,起源于劳动人民的生产活动和其他社会实践,广大人民群众不仅是各种娱乐形式的创造者,也一直担任着娱乐活动的主体角色。以斗牛为例。早在原始社会后期,我国先民就已开始进行牛的驯化和饲养。牛耕出现以后,为了选择健壮的公牛繁衍后代,人们采用斗牛的方式来优种选优,这种活动后来便发展演变为斗牛的娱乐活动,并以不同的形式在我国许多民族中流行,深受人们的喜爱。斗牛游戏分为两种,一是人与牛斗,一是牛与牛斗。人与牛斗的题材在汉代画像石中很常见。1996年,云南晋宁石寨山出土一件双人斗牛鎏金扣饰,反映的就是双人与牛相斗的场面①。这类斗牛游戏在古代一直延续,其中以明末清初浙江金华一带的斗牛之风

① 牛与牛斗的文物资料见云南省博物馆藏品《斗牛图》。此图由明人绘制,形象地描绘了苗族群众为庆祝丰收而举行的斗牛歌舞盛况。

最为盛行。这里的斗牛活动始于每年插秧结束后的“开角”，持续到来年春耕前的“封角”，几乎月月举行。清人陈其元《庸闲斋笔记·婺州斗牛俗》载金华一带，“每逢春秋佳日，乡氓祁报祭赛之时，辄有斗牛之会。……此日至之时，国中千万人往矣。”娱乐生活的群众性特点，由此可见一斑。

人们在参与各种娱乐活动之余，为了促进某些娱乐项目的普及，人们还自发组成了各类娱乐组织。如宋代出现的“角抵社”、“相扑社”，南宋临安城内由蹴鞠艺人组成的“齐云社”，以及明代出现的专门从事斗鸡的民间组织——斗鸡社等。这些娱乐性组织的产生，进一步推动了娱乐活动在民间的普及。

多样性特点 古代劳动人民在各种生产生活实践中创造了丰富多彩的娱乐生活形式。娱乐生活的这种多样性主要表现在两方面：一是娱乐种类的多样性。中国古代娱乐种类众多，如有以歌舞、杂技、角抵、魔术等为代表的百戏艺术类，有以博戏、棋戏、斗戏、巧戏等为代表的益智赛巧类，有以灯谜、酒令、投壶、七巧板等为代表的休闲雅趣类，以及以跳绳、放风筝、踢毽子、捉迷藏等为代表的儿童游戏类，等等。娱乐种类如此繁多，充分显示了我国古代劳动人民的智慧和创造力，也是古代社会生活丰富多彩的写照。

二是表现形式的多样性。以秧歌为例。众所周知，扭秧歌是我国古代传统的歌舞类娱乐活动，自清代以来，各种风格的秧歌在我国的北方和南方各地都深受人们的喜爱。而在北方，民间扭秧歌活动更为多样化。如山东胶州的秧歌又称“跑秧歌”、“扭断腰”、“三道弯”等。传说清代乾隆年间，胶州马、赵两家在去东北逃荒的路上，先是沿路乞讨，后改为卖唱，即边唱边舞，胶州秧歌由此产生。经代代相传，胶州秧歌形成其特有的表演风格，不过其角色还保留了当年马、赵两家十个人表演的特点，每种角色均有两人表演。胶州秧歌扭起来时，小曼（由当年逃荒路上的“孙女”演变而来）脚步轻快，动作灵巧活泼；扇女（由当年逃荒路上的“儿媳”演变而来）扭动手腕上下翻扇子，以体现其性格温柔，动作婀娜多姿；棒槌（由当年逃荒路上的“儿子”演变而来）手持一对木棒相击而舞；翠花（由当年逃荒路上背翠花包的“老婆”演变而来）动作泼辣粗犷，开朗大方；鼓子（由当年逃荒路上的“老头”演变而来）身背花鼓而舞。其中棒槌和鼓子还要有武功戏的动作，如“扫堂腿”、“抱地溜”等。陕北秧歌与胶州秧歌有所不同，它分为大场秧歌（俗称“大秧歌”）、搭彩门秧歌和小场秧歌（俗称“踢场子”）三类。大场秧歌，规模宏大，气氛热烈。搭彩门秧歌是在邻村之间互相拜访时举行的活动，场面热烈奔放，滑稽有趣。小场秧歌则一般在本村表演，规模较前两种要小，多由6人或8人组成，男持彩扇，女舞彩绸，结队而扭，动作既刚健洒脱，又柔美细腻。东北秧歌的主要特色则在于一扭、二走、三唱、四扮相、五杂耍，而且多为高跷秧歌，气势非凡，颇受人们喜爱。与扭秧歌相似,其他娱乐活动的种类也大多呈现出因地而异的特色,多样性之中蕴涵了浓郁的地方风情。

节令性特点 世界各民族都有自己的历法,也有根据历法而定的岁时节日。以汉族为主体的中华民族的岁时节日,拥有自己的特点:一是以始行于夏代的历法夏历(又叫农历)为时间基准;二是与农事生产的节律相合拍,在庆祝丰收或农忙间隙往往都要举行一些娱乐活动;三是许多传统节日历史悠久,且覆盖的空间跨度很大,在广袤的地理区域和众多民族中都盛行不衰。

在中国古代,有着丰富的节令性娱乐活动。如辞旧迎新的"过年",一直是我国人民最重视的岁时佳节,从上一年的腊月延续到新年的元宵节,期间娱乐歌舞活动丰富多彩。因为进入腊月以后,全年的春耕夏种秋收冬藏的农事活动暂告一段落,辛勤的劳动获得了丰收成果的报偿,人们便借农闲之机,举办各种活动欢庆佳节。"除夕"夜年饭一结束,家家欢声笑语,孩童嬉戏打闹,通宵达旦,迎接新年的到来,此即"守岁"。唐太宗李世民《守岁》记其事:"暮景斜芳殿,年华丽绮宫。寒辞去冬雪,暖带入春风。阶馥舒梅素,盘花卷残红。共欢新故岁,迎送一宵中。"至正月十五的元宵节,欢庆活动达到最后一个高潮。人们扭秧歌,踩高跷,观花灯,猜灯谜,舞龙舞狮,庆祝一年中的第一个月圆之夜。《隋书・柳彧传》言及"都邑百姓每至正月十五日,作角抵之戏,递相夸竞。"宋人崔液《上元夜》诗也形象地刻画了元宵佳节的市井生活:"玉漏铜壶且莫催,铁关金锁彻夜开。谁家见月能闲坐,何处闻灯不看来。"隋唐以降,元宵放烟火之俗渐成惯例。清人揆叙《连夕观放烟火》诗,以生动的文字,描绘了瑰丽的烟火:"歌停酒半月欲午,忽吐微光细如线。一声霹雳火城开,万象空中争涌现。"清代诗人袁景澜《观放烟火》诗亦称:"顷刻花开不知数,锦棚烟焰蒸红雾。百巧机藏一架高,火树银葩月中吐。"他在《吴郡岁华记丽》中还介绍了烟火的品种:"有响炮三级浪、地鼠、流星、双飞蝴蝶、九龙戏珠、花筒、花盆等制,有为花草人物等形百余种。"①除此以外,清明踏青郊游,端午龙舟竞渡,七夕乞巧,中秋赏月,重阳登高等,也伴有丰富的娱乐活动。

除汉族的节令性娱乐活动外,还有彝族"火把节"举行的摔跤、赛马,傣族"泼水节"的龙舟赛、象脚舞等少数民族的节令娱乐活动。如每年藏历七月一日,藏族人民都要举行活动庆祝"雪顿节",即"酸奶宴",活动持续四五天。自达赖、班禅等宗教领袖获清政府正式册封后,"政教合一"制度在西藏进一步得到强化,"雪顿节"遂成为有组织的、僧俗共庆的正式节日。届时,都要举行藏戏演出活动,布达拉宫、罗布林卡成为人们欢庆节日的中心,热闹非凡。在北方大草原上,蒙古族群

① 参见冯天瑜等著:《中华文化简史》(插图本),上海人民出版社 1993 年版,第 244 页。

众每年都要在春夏之交牲畜肥壮时节举行“那达慕”，意为“游戏”或“娱乐”。牧民携家带口，欢聚一处。夜幕降临的时候，人们围坐篝火，翩翩起舞纵情歌唱。在那达慕大会上，摔跤、射箭、赛马三项竞技性的娱乐活动最引人注目，而又以摔跤最为激动人心。那达慕大会上的摔跤冠军，常被授予种种荣誉称号，在人们心目中占有崇高的地位。这些少数民族的节令娱乐活动，展现了多姿多彩的民族风情。

规则性特点 虽然娱乐只是人们满足生理运动欲的需要而产生的本能性的玩耍活动，有一定的随意性，但总的看来还是要受到一定的规则制约。如所有的娱乐活动都必须在一种事先规定的，并且为大家所普遍遵守的规则中进行，这是娱乐活动的一个非常重要的特征。中国古代许多娱乐活动，如蹴鞠、围棋等，都有一整套固定的活动规则。即使是乡野孩童的嬉戏，也有规则可循。如古代儿童十分热衷的跳百索（即今天的跳绳），其游戏规则在很多文献中均有记载。其中明人沈榜《宛署杂记》卷十七《民风》记载较为详细：“跳百索：十六日，儿以一绳长丈许，两儿对牵，飞摆不定，令难凝视，似乎百索，其实一也。群儿乘其动时，轮跳其上，以能过者为胜。否则为索所绊，听掌绳者绳击为罚。”此外，明末崇祯年间刘侗、于奕正著《帝京景物略》卷二《灯市》条中也有相关记载。至于诗词歌赋中对跳绳的描述，更是不胜枚举。可见，即使只是一条简单的绳索，也蕴涵着一定的规则。再如古代民间流行的博戏，虽有赌博的成分，但它最初源于娱乐。其中掷骰子发明的最早，起初只有2只，称“投子”，为玉石质地，所以又称“明琼”，投子即“投琼”。至唐时增至6只，改为骨制，于是又有了“骰子”之称。每只骰子有6面，分别刻着1到6位数字，逢4为红，其余为黑。其规则是掷骰于盆，待其停止转动，以所见的色彩定胜负，以全红为最高彩。因此，骰子又有“色子”、“彩选”、“除红”、“醉绿”等不同的称谓。有时人们也将骰子放进容器之中摇荡，猜点压钱。可见，人们正是在各种规则的制约下进行娱乐游戏的，同时也是在实践过程中不断制定出新的游戏规则，从而使得各种娱乐活动逐渐趋于完善。

传承性特点 我国古代娱乐生活源远流长，在绵延上万年的历史过程中，经历了许多重要的发展时期，每个时期都有一些新的娱乐形式和娱乐特点出现，并随着社会的进化而不断地发展完善。很多娱乐活动一经产生，就被后世继承下来，如足球（蹴鞠）、杂技、摔跤、舞蹈、棋类等，都具有历史文化的传承性。当然，也会有一些不合时宜的娱乐种类，因为社会环境和历史条件的变化或走向衰落，或被改造而获得新生。以魔术为例，魔术在我国有着悠久的历史，如前所述，它经过不断的发展演化而逐渐成熟。至宋辽金元时期，由于融入了一些先进的科学成分，使得传统的魔术无论在技法上还是在表演形式上都达到了一个新的高度。但至明清时期，魔术的社会地位急剧下降，被时人称为“把戏”或“戏法”。明代宫廷魔术规模很小，在民间地位也很低。魔术艺人为了生存，不得不“撂地”讨钱。清代宫廷中也只有“变碗”等少数节目尚存。1840 年鸦片战争以后，中国的社会性质发生了巨大的变化，魔术也随之发生了变化。一方面，艺人仍以“撂地”为生，但由于他们多在游人众多而空旷的地方自然汇集，久而久之便促成了一些民间娱乐场所的形成，如北京天桥、南京夫子庙、苏州玄妙观等。另一方面，在上海等一些大城市中陆续出现了以营利为目的的游乐场，一般由外国投资者与中国富人合办，如上海大世界、天津劝业场、杭州大世界等。这些游乐场的兴起和发展，从客观上促使魔术由民间的“撂地”重新登上了表演的舞台。

再以风筝这项古老民俗娱乐的发展为例。风筝最初是木制的，也叫“木鸢”。秦汉以后，由于造纸术的发明，开始出现纸制的风筝，又称“纸鸢”。汉唐时期风筝较前大为盛行，除了用于军事上的通讯工具以外，也成为备受儿童欢迎的娱乐项目。这时风筝的制作技术也达到一定的高度，人们将竹制或苇制的小笛或小哨置于鸢首，经风一吹，发出悦耳的声响，宛如弹奏古筝，“风筝”一名由此而来。正如唐人高骈《风筝》诗云：“夜静弦声响碧空，宫商信任往来风。依稀似曲才堪听，又被移将别调中。”宋代以后，放风筝已成为一项较为普及的娱乐活动，城市中出现了专门以扎制风筝为生的小手工业者。随着风筝制作技术的提高和活动的普及，放风筝也成为老年人喜爱的娱乐形式。直至今日，尽管许多古老的游戏已经失传，但是风筝作为我国一种传统的游艺文化，仍然大放异彩。

二、娱乐生活的价值取向

娱乐虽然是人们的一种本能活动，但是不同阶层、不同群体的娱乐生活却存在着明显的差别，主要表现为人们在从事娱乐活动时，已经把自己的价值取向融入到了娱乐之中。不同的娱乐主体，往往要按照自己的目的、要求来设计和从事娱乐活动。所以娱乐活动也是一种人的本质力量的体现，并被刻上了人类文化学的烙印。

对于民间的普通百姓而言，娱乐是人们在紧张的劳动之余，放松身心的好办法。通过参与各种形式的娱乐活动，人们不仅能够获得一定的精神享受，从而有益于身心健康，而且可以激发人们的才能，锻炼人们的观察力、想像力和创造力，启迪人们的智慧。正如马林诺夫斯基所指出的，娱乐活动可以“调剂一下单调的生活，减轻一些人生的担子”，“不但能引人离开厌腻的工作，而且，还含有一种建设的或创造的元素”①。《史记》记载的淳于髡的一段话，可以视为当时人们对娱乐的普

① ［英］马林诺夫斯基（Bronislaw Malinowski）、费孝通译：《文化论》，中国民间文艺出版社 1987 年版，第 82 页。

遍感受:“若乃州闾之会,男女杂坐,行酒稽留,六博投壶,相引为曹,握手无罚,目眙不禁,前有坠珥,后有遗簪,髡窃乐此,饮可八斗而醉二参。”①我国古代许多传统的民间娱乐活动都具有这种自娱自乐的功能。如舞龙在我国很多地区自古以来就很盛行,以人排成长队,模拟龙的形态舞动行进。舞龙最初多用于求雨和祭祀,《论语·先进》载:“暮春者,春服既成,冠者五六人,童子六七人,浴乎沂,风乎舞雩,咏而归。”后来随着元宵赏灯的出现和发展以及汉代“鱼龙曼延”化妆演出活动的兴起,又在舞龙的基础上逐渐形成了耍龙灯的娱乐活动。这类活动在《汉书》、《西京赋》等文献资料中均有记载。根据文献所述,当时“鱼龙曼延”中的巨龙长达十几丈以上,是由十余人化妆扮演的,舞龙者所扮演的龙是用彩绸缎一类的纺织品缝制而成的,并有龙头龙尾,这比先秦时期的舞龙(由人排成龙形长队)更形象化。“而其主要的一点是,演出目的是用于观赏,更具游艺娱乐特色,而不单单是用于祁雨和祭祀活动了”②。由此可见,正是古代娱乐把社会成员带进了一个健康活泼、轻松愉快的生活氛围中,在此,大家彼此增进了解,发展友谊和爱情,有益于培养民众诚实、善良、友爱的文明品德。娱乐尤其是民间娱乐,无疑成了民族大家庭中人际关系的润滑剂。

当然,也有一部分民间艺人在熟练掌握某种娱乐技能后,向众人展示,然后从围观者中收取银钱的。如近人徐珂在《清稗类钞·蛙戏》条中记载了两类蛙戏,其中一类是用一个12格的木盒,每盒伏着一只蛙,用细棍敲蛙头,蛙则随之鸣叫。如观众给钱,操此游戏者便会表演更精彩的游戏,即用细棍分别敲击12只蛙的头部,它们则会叫出不同的音阶,其声音犹如旋律优美的曲子一般动听,使人们大饱耳福。类似的活动就使得娱乐不再是一种自娱的游戏,而是艺人借以谋生的一种技艺。

由于娱乐需要耗费时间以及一定的钱财,所以能够广泛享受娱乐生活并从中获取快感的主要是社会上层。即使是同一类型的娱乐活动,对于社会上层和下层的意义却完全不一样。例如狩猎对于贵族而言,是一种纯粹的娱乐行为,但对于广大的下层百姓而言,则主要是谋生的手段。形成这种差别的一个重要的原因,便是上层社会具备欣赏各种娱乐项目的政治权力、经济能力和大量的闲暇时间。他们有能力征召、购买、雇佣艺术人才供其享乐之用,所以在宫廷和贵族的府第中常常云集有大量的音乐家、舞蹈家和杂技表演者。据《汉书·礼乐志》记载,哀帝即位后,乐府有艺人829人,经过裁员后仍保留388人之多。再如西汉前期济北王曾花

---

① 《史记》卷126《滑稽列传》。

② 崔乐泉:《忘忧清乐——古代游艺文化》,江苏古籍出版社2002年版,第75页。

费470万钱购买5名“多伎能”的侍女①，由她们为其提供娱乐方面的服务。《盐铁论·散不足》描述西汉中期的“富者”“钟鼓五乐，歌儿数曹”。娱乐往往因闲适而生，出土的汉代镜铭文字生动细致地描述了二者之间的关系：“日有熹，月有富，乐毋事，常得意，美人会，竽笙侍。”②《文选》卷一八引马融《长笛赋》也曾描述道：“游闲公子，暇豫王孙，心乐五声之和，耳比八音之调。”正由于长期的耳濡目染，使得他们在娱乐生活中的角色具有二重性：一方面是作为娱乐的旁观者尽情享受娱乐带给他们的欢悦，另一方面许多贵族子弟乃至帝王因为精通某种游戏活动，故而也经常扮演各种娱乐活动的参与者。如《汉书·元帝纪·赞》说元帝能“鼓琴瑟，吹洞箫，自度曲”。《世说新语·巧艺》也说曹丕擅长弹棋，“用手巾角拂之，无不中”。即使是有些鄙视物质享受而提倡节俭的上层人物，也熟谙某些娱乐技能。正如《太平御览》卷三六九引谢承《后汉书》载南阳太守羊续“志在矫俗”，虽然衣不蔽体，但仍弹琴娱乐。

至于文人雅士参与娱乐活动，则大多看重其休闲雅趣的功能。如被称为才子性游艺的打马，就是由宋代女词人李清照在前人基础上重新设计而成的一种掷骰行马的棋类游戏。根据李清照整理的《打马图经》的规定，此游戏的参加者限于5人以下，因而比较清幽安静，适合于文人游戏。再如赏雪这一传统的时令性娱乐活动，也为文人雅士所青睐，他们借赏玩雪景，抒发自己的情感，或于踏雪之时构思诗句篇章。相传唐代大诗人孟浩然、杜甫等，都曾冒着风雪，骑驴徘徊于灞桥之上，以搜索诗肠。正如元人马致远《双调·拨不断》散曲所记：“孟襄阳，兴何狂，冻骑驴灞陵桥上。”将娱乐小戏尽可能地雅化，再从雅化的娱乐中得到全方位的享受，可谓文人雅士对娱乐生活寄予的一种厚望。

当然，古代娱乐生活在给人们的身心带来享受的同时，也带来一定的负面效应。其中最突出的就是它对时间和金钱的耗费。东晋葛洪《西京杂记》卷二记载西汉景帝之子“鲁恭王好斗鸡、鸭及鹅、雁，……俸谷一年二千石”。更有一些娱乐活动伴有赌博行为，这在六博戏中表现最为明显。《汉书·高惠高后文功臣表》颜师古注：“博字或作博。一曰博，六博也。……皆谓戏而取人财也。”《汉书·游侠·陈遵传》记载宣帝在即位前曾与陈遂博戏，负债累累。即帝位后，宣帝任命陈遂为太原太守时说“官尊禄厚，可以偿博债矣”。因为赌博造成人际关系紧张，甚或引发官司的事例也举不胜举。在斗鸡、斗狗、赛马等娱乐活动中也有类似情形存在。

---

① 《史记》卷105《扁鹊仓公列传》。

② 潍坊市博物馆等：《山东五莲张家仲崮汉墓》，《文物》1987年第9期。

“斗鸡走狗，作色相矜，必争胜者，重失负也。”①所以，有的学者认为，赌博对汉代游戏活动产生了瓦解作用，六博戏的衰落与其“后来同赌博挂上钩”有关。②

此外，古代娱乐活动还须循规守礼。“礼”是中国传统文化价值体系的中心范畴和文明进化的主旋律。③ 孔子曾提出一整套以“礼”为核心的思想，如“不学礼，无以立”、“非礼勿视，非礼勿听，非礼勿言，非礼勿动”等，把人们的一切活动都纳入到礼的轨道之内，娱乐活动当然也不能例外。子曰：“志于道，据于德，依于仁，游与艺。”这便明确规定了娱乐活动也必须以仁、德等伦理道德为准绳，对违背这一原则者，轻者取缔，重者绳之以法。如唐代盛行“十五柱球戏”，即在柱子上分别标有“仁、义、礼、智、信、温、良、恭、俭、让”等红色的字和“傲、慢、佞、贪、滥”等黑色的字，以木球击中红字为胜，反之，击中黑字为败。这个游戏规则充分体现了娱乐活动中的道德规范和价值观念。还有西周的礼射，分别以“大射”、“宾射”、“燕射”、“乡射”四种不同的冠名，代表不同级别的比赛，并按照级别的不同使用不同的弓、箭、箭靶以及射箭时的配乐。若是上下级交手，下级应以礼相让，上级如果技高一筹，也要礼让三先。即使在一些激烈的竞技性娱乐活动中，也要力争做到“点到为止”。可见，古代娱乐中有着明显的等级制度和烦琐的礼仪规定，而且，中国古代许多娱乐项目只能在贵族、士大夫阶层中开展，有的甚至被局限于深宫庭院之内。还有一些被作为谋生手段在市井街头表演的娱乐项目，艺人只传男不传女，这样便不利于娱乐活动的大众化。当然，这种封闭式的发展，不可能形成中国古代娱乐生活的主流。

---

① 《史记》卷129《货殖列传》。

② 张文立：《秦陵博琼与秦汉博戏之风》，《文博》1989年第5期。

③ 杨向乐：《中国古代体育文化史》，天津人民出版社2000年版，第7页。

宋代丝织八仙中的五仙

第十二章 信仰习俗

信仰是人类社会历史中普遍存在的心理现象，更是古代人们进行社会生活活动时重要的心理依托。信仰理念的共遵、共奉、共识与泛化，对社会生活稳定的衍化，其内聚精神与文化“磁力”作用，不可低估。从洪荒蒙昧时代的图腾崇拜、自然崇拜到成熟的佛教信仰、道教信仰、民间信仰，中国人在创造物质文明的同时，孕育了极富民族特色的信仰习俗。信仰习俗是人们根据一定的信仰观念和崇拜心理形成的习俗。中国传统信仰习俗始终植根于中国传统社会，并在发展、变迁中融入了中国传统的社会观、价值理念等，形成了独具民族特色的信仰习俗文化。

第一节 佛教信仰

一、佛教的基本教义与善恶报应心理

关于佛教传入中土的时间，历来说法不一①。其中，以两汉之际的"永平求法"为佛教入华之端比较可信。民间至今还广为流传着的"白马负经"的传说与此正好相映生趣。从此，漫漫古道佛音来，许多中土名僧远赴天竺求经问法，也有不少印度僧人络绎来到中土译经、传教。

佛教传入之初，由于其过于注重逻辑方法和抽象思辩，与中国人的思维方式和行为习惯不适应。中国民众普遍接受的不是高深的教义，而是诸如诵经礼拜、广行善事、舍财布施、捐塑佛像等具体形态。此外，佛教与作为传统文化主干的儒学甚至无神论思潮在人生观和伦理道德上都存在着冲突。儒家和中国的文化传统视人生为乐，重生恶死；重今生，轻来世；重人间，远鬼神；重视个体生命格局的开发和人际关系格局的架设，希图通过君臣、父子、夫妇、兄弟等人际伦理关系而有功于社会，实现自己的人生价值。而佛教则视人生为苦海，认为人有生老病死四苦相，还要遭因果报应、六道轮回之苦，因此倡导人们四大皆空，六根清净，了断生死，超脱世俗，进入涅槃境界。面对中国传统文化的挑战，佛教表现出了惊人的适应性，实现了与中国传统文化的融合。

佛教的基本教义是"四谛"（即释迦牟尼最初向教徒说教的内容：苦、集、灭、道）、"八正道"（即佛教所讲圣者行道的八种途径：正见、正思维、正语、正业、正命、正精进、正念、正定）、"十二因缘"（亦称十二缘生、十二缘起，是佛教"三世轮回"的基本理论，亦是佛教徒人生观的重要内容。即无明、行、识、名色、六入、触、受、爱、取、有、生、死）、"因果报应"、"生死轮回"等。在完成移植的过程中，由于所宣扬的"八苦"②之说应对了社会一般成员的心境；"十二因缘说"、"业报轮回说"等

---

① 主要有"三代之前说"（见宗炳《明佛论》），"春秋说"（见《列子·仲尼篇》），"战国说"（见王嘉《拾遗记》卷4）和"秦说"（见法琳《对傅奕废佛僧事》）等。

② 佛教教义以人生之苦为最基本的命题，"八苦"即生苦、老苦、病苦、死苦、怨憎会苦、爱别离苦、求不得苦、五取蕴苦。

宿命论教义，又为他们提供了在苦难中挣扎的精神慰藉，因此很快便由上层走向了民间。历代统治集团也正是因为看中了佛教具有辅助王道教化的功能，所以对其发展基本上都持扶持态度，大量佛教建筑的兴建也是与他们的支持分不开的。这些建筑所蕴含的宗教文化气息与以佛教故事为题材的艺术形式及各类佛教节日、佛事活动，对于孕育普遍的宗教感情、心理都具有不可忽视的价值。佛教在实现中国化的过程中发展到了一个新的层次，一批中国式的学说和宗派相继出现①。然而自唐武宗灭佛后，除标榜顿悟成性的禅宗和偏重“念佛”的净土宗继续盛行外，其他宗派由于种种原因相继没落下去。尤其是在宋明理学兴起后，佛教经过理学的吸收，哲学上的面目被模糊，从而丧失了复兴的活力。在佛教众多教义当中，为中国人所接受且影响极大的是与中国传统奖善罚恶学说嫁接的善恶报应学说。

中国世俗社会有谓：“善有善报，恶有恶报，不是不报，时辰未到，时辰一到，一定要报。”朴实的中国人虽然没有形成虔诚的宗教观念，但对善恶报应还是十分笃信的。善恶报应是佛教的基本教义之一，它的基本内容是“业力决定论”，即人的命运和祸福是由自己所造下的业力决定的。其实早在佛陀东来之前，儒家的“福善祸淫”和道家的“承负”等奖善罚恶之说已广为流传了。《易·坤·文言》云：“积善之家，必有余庆；积不善之家，必有余殃。”道教《太平经》载：“为恶则促，为善则延。”佛教东传后，其“因果报应，生死轮回”教义与中国传统文化中的奖善罚恶学说相结合，使善恶报应成为人们心目中根深蒂固的观念。善恶报应在漫长的阶级社会里，尤其是在法律、正义失职的黑暗与不公之中，充当了人们心中伸张正义的道德法庭，失衡苦闷心理的调节器。宋人李昉的《太平广记》、洪迈的《夷坚记》、元人陶宗仪《辍耕录》和清人纪昀《阅微草堂笔记》等都是较多记载善恶报应内容的杂记。至于佛教、道教中有关善恶报应的故事更是不胜枚举。民间流传的“结草衔环”报恩和“随侯珠”更是典型的报应故事。

人们在期待善有善报的同时，更寄寓了恶有恶报的愿望。人们相信苍天在上，老天有眼。秦将白起因坑杀40万赵卒，后人传他七世为女身；唐朝宰相李林甫因作恶多端七世为娼；南宋秦桧转世为畜生。虽然这些报应故事都带有浓厚的神秘色彩，但其中所蕴含的对恶人的惩罚愿望却是相当明显的。

与佛教等宗教将报应安排在来世不同，中国世俗社会的报应只限于今生今世，决不让作恶者逍遥到来世。今生不得报，则要转嫁到子孙身上。《括地志》载，汉阳罗绍因邻家的猪拱了自己的篱笆，将猪捉去割去一耳。后来，罗绍生了两个儿

---

① 有“六家七宗”之说，即指本无宗、无异宗（以上二宗为一家）、色宗、识含宗、幻化宗、心无宗、缘会宗，见汤用彤：《汉魏两晋南北朝佛教史》，中华书局1983年版，第194页。

子，都少一只耳。中国人常讲祖上的阴德、阴功，为子孙积点阴德等，都是基于这一报应说。人丁兴旺、断子绝孙，往往是对积德者和作孽者的子孙的报应，实际上也是今生今世，让积德者享受天伦之乐的幸福，让作孽者饱受绝户的煎熬。人们还笃信报应是无所不在的，“举头三尺有神明”，皇天后土、雷公电母等都承担着报应的职能，监视着凡人的言行举止：不孝之人往往遭雷击；诬陷他人者多冤魂缠身。正因为世人坚信报应不爽，因此“劝人莫做亏心事”才具有了劝诫的作用。

善恶报应作为一种观念一直流传至今，其荒谬是不值一驳的，但我们也必须看到其存续的合理性。在社会不公的年代里，这种陈旧的报应观念使人们满足与沉醉在神灵判决的精神胜利法中，培养了中国人的宿命意识，纵容了恶势力的嚣张气焰，是套在善良的社会弱势群体身上的一道无形的精神枷锁。其实，善恶报应只是宗教兜售给善良人们的一种廉价的承诺，那些罪恶累累的恶人是从来不会畏惧神灵裁决的。善良的人们在“善恶到头终有报”的期待中放弃了与恶势力的斗争，这实在是一个误区。

二、佛教节日与庙会

佛教节日主要有浴佛、涅槃、成道与盂兰盆会等。

浴佛节 浴佛节主要是纪念佛祖释迦牟尼诞生，故又名佛诞节。关于我国浴佛节的具体日期，古书记载多有不同。南朝梁宗懔《荆楚岁时记》以二月八日为佛诞节，《辽史·礼志》以三月二十八日为悉达太子生辰，北宋时为十二月八日，北宋名僧赞宁《僧史略》载：“今东京（开封）以腊月八日浴佛，言佛生日。”①宋代祝穆《事文类聚》亦云：“皇朝东京十二月初八日，都城诸大寺作浴佛会，并造七宝五味粥，谓之腊八粥。”而南宋陈靓元《岁时杂记》则说：“诸经说佛生日不同，其指言四月八日生为多……今但南方皆用此日，北人专用腊月八日。”元代又多用四月八日。不但节日的时间有异，其浴佛方式也不尽一致。明人田汝成《西湖游览志》载：“四月八日，俗传为释迦佛生辰，僧尼各建龙华会。以小盆坐铜佛，浸以糖水，覆以花亭。”②清代时，这一天还有煎香汤和造黑饭供众的习俗。而今日则大多是佛寺在这一天诵经，并用香水盥洗佛像，这种习俗取法神话传说“龙王以香水灌洗太子”的故事，以纪念佛的诞生。

涅槃节 又称“涅槃会”，是纪念释迦牟尼去世的节日，一般定于每年夏历二月十五日，届时寺院举行涅槃法会，挂释迦涅槃图像，诵《遗教经》等。元人东阳德

① ［宋］赞宁：《僧史略》卷上《佛诞生年代》。

② ［明］田汝成：《西湖游览志馀》卷20《熙朝乐事》。

辉《百丈清规》卷二："二月十五日，恭遇本师释迦如来大和尚入涅槃之辰，率比丘众，严备香花灯烛茶果珍馐，以申供养。"

成道节 又称"成道会"、"佛成道日"、"腊八"。相传释迦牟尼成佛之前，曾修苦行多年，饿得骨瘦如柴，决定放弃苦行。恰在此时遇见一牧女送他乳糜，食后体力恢复，后来端坐菩提树下沉思，于十二月八日成道。为纪念此事，中国佛教徒于阴历十二月八日，以米和果物煮粥供佛，这就是腊八粥的由来。

盂兰盆会 "盂兰"是梵文译音，意为"救倒悬"，盆是盛食器皿。据《盂兰盆经》载，释迦牟尼佛弟子目连因其母生前不愿向僧尼施舍，死后沦为饿鬼，极为困苦，如处倒悬。目连求佛祖拯救，佛祖告诉其救母的方法：在夏历七月十五日备百味饭食于盂兰盆中，供养十万僧众，即可救度其母。这种仪式发轫于南朝梁"菩萨皇帝"萧衍。据《佛祖洗礼》卷三七载："大同四年帝幸同泰寺，设盂兰盆斋。"此后，渐成风俗，唐宋时较为盛行。有些寺院举行水陆道场和施放烟火，意在对水陆鬼魂和饿鬼施食超度。据《佛祖统纪》卷三七载，中国自梁武帝时始设"盂兰盆斋"。节日期间，除施斋供僧外，寺院还举行诵经法会以及举办水陆道场、放焰口、放灯等宗教活动。

此外，佛教节日尚有很多，如正月初一为弥勒佛诞辰日，二月十九为观音菩萨诞辰日，二月二十一日为普贤菩萨诞辰日，四月初四为文殊菩萨诞辰日等，每逢这些节日，都要举行一定的纪念仪式。

庙会 庙会是我国传统的民众节日之一。庙会通常又称"香会"，以庙宇为依托，在特定的日期举行，常常与寺庙中的法事、斋会及种种宗教、文化活动结合在一起，是一种涉及宗教信仰、商业民俗、文化娱乐等诸多方面的民俗。

庙会起源较早，社祭与腊祭是其雏形。庙会主要有"迎会"和"座会"两种形式。座会多围绕祠庙进行。在短时期内，人们从四面八方汇聚到祠庙周围，或交易物品，或求神问卜，一时热闹非凡。浙江武康的上柏镇，最隆重的庙会当属"重阳汛"。这期间，镇内外的行商坐贾及乡下的农户，竞相设摊，人们在摊位之间，穿梭不息。苏州西南的上方山，每年中秋后三日，苏州城乡、上海、无锡、常熟、浙江杭嘉湖等地的善男信女蜂拥而至，或求医求寿，或求子求福。旧时的北京，庙会尤为活跃，每月逢三在土地庙，逢四在花儿市，逢七、八在护国寺，逢九、十在隆福寺，每月初一、十五、二十六在东岳庙，每年正月初三至十五在火神庙、厂甸、曹老公观，三月初一至十五日在蟠桃宫等，都要举行隆重的庙会。

迎会的形式主要是神灵出巡，最富代表性的是城隍出巡。江苏吴江"双杨会"始于清中叶，每10年举行一次，会期多在半个月左右。从农历三月初一起，各圩区的共66艘赛船载着城隍等陆续聚集双杨，船头排列城隍半副銮驾和御牌，御牌上写着"敕封护昭灵普庇广佑王"、"肃静"、"回避"等字样。三月初二起赛,外出巡行,至三月十八日返回双杨,在祠庙上上演酬神戏3天。庙会常常集祭祀、商业和娱乐于一体,杂烩纷呈,因而极大地丰富了人们生活,千百年来一直活力不减。

三、佛与菩萨

拜庙是中国六大民间习俗(另五大习俗是火葬、食素、放生、做道场和饮茶)之一,民间有俗谚云:"逢庙便烧香,见佛就磕头。"所谓拜庙又称"拜佛"、"拜菩萨"。在日常生活中,人们以烧香拜佛、供奉果品、布施僧侣、修建寺庙、塑像造塔、刻印佛经、许愿还愿、广作法事等来表达对佛、菩萨的景仰崇拜。大乘佛教宣称一切觉行圆满者,皆可称为佛,三世十方,到处有佛,其数如恒河沙粟,如过去有七佛、燃灯佛,未来有弥勒佛,东方有药师佛,西方有阿弥陀佛等。从佛身说,有法身佛、报身佛和应身佛等。在中国广为流传的佛主要有释迦牟尼、弥勒佛、阿弥陀佛等。

释迦牟尼 佛教创始人,姓乔达摩,名悉达多。公元前565年,他生于迦毗罗卫国,释迦族人,所谓"释迦牟尼",意思是释迦族的圣人。相传他29岁出家修道,在深山里静坐6年,尝尽人间苦辣辛酸,最后在菩提树下悟道成佛。成佛后,便到天竺恒河流域进行游说活动,传播禅悟到的成佛真理。据说第一次演说妙法时,仅有听者5人,随后信徒日多,到晚年时,听他说法的已达1200余人。

弥勒佛 宋元以后寺庙里供奉的弥勒佛多是一尊袒胸露腹、笑口常开的胖和尚,其塑像之旁又多有一副趣味横生的对联,上写:"大肚能容容天下难容之事,开口便笑笑世间可笑之人。"据印度佛教传说,弥勒佛生于婆罗门家族,是如来佛的弟子,先佛祖入灭而成为菩萨。《弥勒下生经》又说他是从"兜率宫"下生此世界,在龙华树下继承释迦牟尼佛位而成佛,故称"未来佛"。所谓兜率,意为喜足,居此天者,欢喜满足。对佛徒来说,弥勒净土世界诱惑力极大,就连大名鼎鼎的唐僧玄奘临死前,也一心念弥勒,祈求往生兜率天。

尽管佛教教义中的弥勒佛身世神秘,但自得其乐于中国民间的弥勒佛已非弥勒本来形象,乃是根据五代时布袋和尚契此的形象塑造的。契此,明州奉化人。史载:"明州奉化县布袋和尚,自称契此,形裁腲脮;蹙额皤腹,出语无定,寝卧随处,常以杖荷一布囊并破席,凡供身之具,尽贮囊中。"他于贞明三年(917年)圆寂于岳林寺,临终前口念说:"弥勒真弥勒,分身千百亿。时时示时人,时人自不识。"念毕安然而逝①。宋人以为他是弥勒化身,于是塑其像为弥勒佛。古代农民起义也常常打出"弥勒再世"的旗号,作为推翻旧王朝的口号。

---

① [宋]普济:《五灯会元》卷2《明州布袋和尚》。

阿弥陀佛 中国民间的念佛者,开口多念“阿弥陀佛”或“南无阿弥陀佛”。阿弥陀意为光明无量或无量寿。《阿弥陀经》上说:“西方过去十万亿佛土,有世界名曰极乐,其土有佛,号阿弥陀。彼佛国土,常作天乐,黄金为地。”相传阿弥陀佛是西方极乐世界的教主,为专门接引众生往西方的极乐之佛。佛徒笃信凡愿往生彼土者,一心不乱,长期“念其名号”,临终时,佛即能出现,前来导引,即能往生净土。也有佛经上说,念一声阿弥陀佛,可灭 80 亿劫生死之罪,得 80 亿劫微妙功德;若临终前念,即可于恍惚中见金色弥陀,引你到达极乐世界。

阿弥陀佛的塑像,一般是左手持净台(莲花台),右手作接引状,身上有“卍”的标志,它象征着太阳或火,是佛教吉祥的标志,唐武则天时又定了读音为“万”。

民间广为信奉的菩萨主要有文殊菩萨、普贤菩萨、地藏王菩萨和观世音菩萨,俗称四大菩萨。

文殊 文殊师利,是梵文的音译,简称文殊。文殊是“妙德”的意思,师利是“吉祥”的意思。文殊是专司“智慧”的菩萨,相传他曾在五台山显灵说法。

普贤 普贤是意译,是普及佛家的善行善愿之意。寺庙中供奉的普贤菩萨,面貌端庄慈祥,手持莲花,以跏趺的姿势坐在六牙白象上。他曾发十种宏愿弘扬佛法,故称“大行普贤菩萨”。峨眉山相传曾是普贤菩萨说法显灵的道场,今万年寺有一尊高大的普贤菩萨像,高 9 米多,铜铁铸造,重约 62 吨。据载,这尊铜铁佛像为北宋太宗太平兴国五年(980 年)所造,距今已逾千年。

地藏王菩萨 地藏王菩萨,专司“愿”。佛经说:地藏受释迦牟尼嘱咐,在释迦已灭,弥勒未生之前,每日晨朝入恒沙禅定,观察众机,于无佛世界教化大道众生,拯救众苦,始愿成佛。《地藏十轮经》谓其“安忍不动如大地,静虑深密如地藏”,从而得名。安徽九华山相传是地藏王菩萨说法显灵的道场。据《宋高僧传》记载,地藏王降生新罗国(今朝鲜半岛)王族,姓金,号乔觉。唐永徽四年(653 年),他 24 岁时渡海来到九华山修行,结庐苦修达 75 年之久,开元十六年(728 年)圆寂于此。佛教说他是地藏王转世,相传他曾发誓:“众生度尽,方证菩提,地狱未空,誓不成佛。”故名地藏。

观音 又称观世音、光世音、观自在,通称观世音。《法华经》云:“苦恼众生,一心称名,菩萨即时观其音声,皆得解脱,以是名观世音。”唐代为避李世民讳,简称观音。据佛经记载,观音是古印度一个国王无净念的长子,因此唐代以前寺庙多塑男身,唐宋以降,多见女性观音。据民间传闻说,观音父亲病危,有佛托梦其父,只要亲人舍弃一手一眼配药,即可治愈。大女、二女均不肯,惟有三女观音慷慨献出手和眼,终于治好了父病。佛主为之感动,特赐千手千眼。从此,人们深信观音手多眼多,智慧多,神通大。

观音菩萨在民间百姓心目中是大慈大悲、救苦救难的化身，人们相信只要虔诚地默念观音的名号，就能得到她的保佑。世人所谓的念佛即是颂念观音的佛号。千百年来，人们笃信观音能够随时显化，因而其形态也各异，传言其有37种变相，其中，流传较广的有千手观音、马郎妇观音、鱼篮观音、莲花观音、送子观音等。《西游记》中手持净水瓶、杨柳枝，端坐莲花台的法象是中国老百姓最熟悉的观音形象。净水瓶、杨柳枝本是普洒佛法的道具，到中土后则变成了主宰晴雨的法宝。观音身边的善财童子也变成了地主商人供奉的招财童子，为迎合人们传宗接代的心理，这位童子还奉观音之命为人送子。观音因此又称送子观音。

佛教宣扬“若有众生，遭亿百千困厄、患难，苦毒无量，适闻光世音菩萨名者，辄得解脱，无有众恼”。因此对于苦难缠身的民众不啻是绝望中的一缕光明，渴望解脱的人们于是在顶礼膜拜中将对现实生活的一切企求都寄托在她的身上。尤其是在二月十九日观音菩萨诞辰这样的日子里，善男信女们更因感念观音的眷顾，络绎入山门焚香祈祷。

四、罗汉和四大金刚

阿罗汉，是古梵文的译音，略称罗汉。在神阶中，是仅次于菩萨的一级。中国佛经和绘画中常见的有十六罗汉、十八罗汉和五百罗汉等。

十六罗汉 《法住记》传入中国后，为唐玄奘所译，十六罗汉便开始流传于中国。五代后梁画家张僧繇曾画过十六罗汉像。今杭州烟霞洞中尚存吴越国元瓘妻弟吴延爽发愿塑造的十六罗汉像，是我国保存至今最早的罗汉塑像。江苏太湖洞庭东山紫金庵所存十六罗汉像相传为南宋民间雕塑名手雷潮夫妇之作，姿态各异，富有人情味。

十八罗汉 相传唐末和尚贯休在画十六罗汉时，又增添了《法住记》作者庆友和唐僧玄奘，这就成了最早的十八罗汉。因画中罗汉骨相奇特，神态各异，为时人所喜爱，而广泛流传。北宋大文豪苏轼曾撰《十八阿罗汉颂》，但所列第十八者，不是唐僧玄奘，而是“宾头卢尊者”，和第一位相同。南宋《佛祖统纪》又将庆友换成了迦叶尊者，第十八位“宾头卢尊者”变成了军徒钵叹尊者。清代乾隆皇帝又改第十七位为降龙罗汉，第十八位为伏虎罗汉。我国西藏地区寺庙的十八罗汉最后两位又换成了弥勒和摩耶夫人（释迦牟尼生母）。

五百罗汉 有多种不同的说法，比较流行的是说参加第一次或第四次集结的共有五百弟子。《十诵律》载，释迦牟尼在世时，便有听法弟子五百，故名五百罗汉。唐僧玄奘《大唐西域记》载，摩揭陀国有僧一千，半为凡夫僧，半为罗汉。中国五百罗汉之说在东晋已有，五代两宋开始盛行，尤其是吴国越国，对五百罗汉最为崇拜，天台山方广寺得国王允许造五百铜罗汉。杭州净慈寺也创五百罗汉堂。近代罗汉堂以北京碧云寺、上海龙华寺、汉阳归云寺等地最为著名。

此外尚有八百罗汉说。

四大金刚 佛经称四大天王，民间俗称四大金刚。佛经说四大天王是佛祖释迦牟尼的外将，住在须弥山。须弥山腰有一峰叫建陀罗山，山有四峰，各有天王居之，各护一方天下。东方名持国天王，南方名增长天王，西方名广目天王，北方名多闻天王。因他们手中都持金刚武器，故名四大金刚。我国寺庙中建天王殿供奉四大天王，约始于唐代。据说唐代时，西番入侵西凉，边境火急，代宗慌忙宣召名僧入殿诵念仁王经，祈求天神保佑。果然在西凉天空的云雾中出现了神兵神将，在西凉城门上站立着四大天王，吓退了敌兵，此后，皇帝下令各州均建天王殿，供奉四大天王。

民间有四大金刚分别主管天上风、调、雨、顺的说法，这可能是受《封神演义》的影响。因南方天王手中持青云宝剑，挥舞生风，故由他主风；东方天王手持琵琶，音弦和谐，故由他主调；西方天王手中伏龙，有唤雨之术，故由他主雨；北方天王手中持宝伞，撑收自如，故由他主顺。因四大天王能管风调雨顺，能使国泰民安、五谷丰登，民间崇拜在此把美好愿望与迷信结合在了一起。

明清神话小说对四大天王的说法又各不相同。《封神演义》称之为魔家四将，《西游记》中四大天王为玉帝属下守门天将、如来佛手下的四大金刚。

第二节 道教信仰

一、道教的基本教义与神仙情结

道教是中国土生土长的宗教，它是东汉时期在民间孕育并形成的。它与佛教、基督教、伊斯兰教有所不同，严格地说，它没有明确的教主和基本经典。儒家积极入世的人生态度，在它身上打下了深深的烙印。道教在中国影响较深，流传极广，仅次于佛教。唐宋时期得到封建王朝的大力支持，空前繁盛，其地位在佛教之上，居三教之首，相当于国教的地位。宋元以降在民间影响尤深，清代抑制道教，发展受到限制，辛亥革命后道教逐渐式微。

北周时道安的《二教论》称道教“一者老子无为；二者神仙饵服；三者符箓禁

厌”,认为道教是一个包括宗教化的道家学说、神仙说和修仙方术以及民间疗病祛灾的鬼道在内的多层次的宗教体系。作为民族宗教,道教具有不同于基督教、伊斯兰教和佛教的民族色彩,鲁迅先生曾经说过:“中国文化的根柢全在道教。”①中国的民族文化心理、信仰风俗习惯领域无不烙有道教文化的痕迹。

道教思想杂而多端,其渊源主要有四:第一,远古以来流传于民间的巫术,诸如祈天、占星、释梦、降神等,为道教所继承、改造和发扬,成为其道术、医术的重要组成部分。第二,先秦时期盛传的神仙传说和成仙方术成为道教构建神仙世界的“素材”,求仙方术还成为道教的基本修炼途径。第三,阴阳五行化了的谶纬之学,道教“天地人三合一致太平”思想明显地带有阴阳五行宇宙论图式的痕迹,道教经典《太平经》更是大讲特讲阴阳灾异。第四,蕴含了大量神秘主义因素的黄老思想。

长生成仙是道教最诱人的教旨,为此,道教的开创者们煞费苦心地从传统文化圈中采撷出众多神鬼精灵,构筑了一个仙道熙攘的神仙世界。道教所塑造的神灵普遍具有农业宗法社会的形象:作为神仙世界的最高统治者的玉皇大帝,完全就是人间帝王形象的翻版。众多仙家虽然济济一堂,却也等级秩序井然,共处于一个整饬的谱系之中。南朝齐梁人陶弘景所著的《真灵位业图》和东晋葛洪所著的《抱朴子·论仙篇》对此都有很好的说明。这与后世民间信仰的上天玉皇大帝、地方城隍、土地、家中灶神、门神、阴司判官、小鬼的鬼神体系一同折射着中国封建社会组织结构的宗法等级特点。

道教因此还为身陷苦难的人们提供了一个精神上的“避难所”。道教宣扬乐生、重生,满足了人们惧死乐生的心理愿望。关注“人死之后如何”的问题是许多宗教所热衷的,如基督教、佛教等。这类宗教多主张人生是一个充满了罪恶与痛苦的历程,引导人们把解脱的希望放在飘渺的天堂、彼岸。这与中国文化重人事、重现世的传统是不和谐的。道教追求的是“人如何不死”,如何在现世的长生不老中享受人间的幸福、快乐。这种“不信天命,不信业果”的生存欲望迎合了中国人的口味,访仙、觅不死之药等风气久盛不衰,推本求源当是与道教的“诱惑”分不开的。

道教还构筑了一个无与伦比的神仙乐园以满足人们对社会和谐安乐的追求。东晋葛洪《抱朴子·对俗》对这样一个集人间理想生活美之极致的神仙乐土描述道:“登虚蹑景,云举霓盖,餐朝霞之沆瀣,吸玄黄之醇精,饮则玉醴金浆,食则翠芝

① 《鲁迅全集》卷9,人民文学出版社1958年版,第285页。

朱英，居则瑶堂瑰室，行则逍遥太清……掩耳而闻千里，闭目而见将来。”[①]这种逍遥自在的生活在诸如《西游记》等神魔小说中得到了进一步的再现，并通过这种艺术形式在民间广为流传，成为人们追求幸福生活的精神寄托。

同时道教宣称长生不死并非是遥不可及的奢望，只要养性修炼就能达到，并以贵术、修炼的方式为人们铺平了由现实跨进仙界的道路。

道教又分为上层神仙道教和下层符水道教两个层次。神仙道教以追求长生修仙为目标，广泛流行于帝王权贵之间；符水道教却主要以治病祛祸为务。针对不同阶层的不同心理需求进行传教使道教具有广泛的适应性，这种适应性促使道教在其成熟后迅速走向了繁荣。唐、宋、元、明时期更是道教兴盛发展的黄金时代。南宋以后，受“三教合流”影响，道教开始向世俗化方向发展，特别是在明清以后，逐渐走向宗教谋生的道路。道士们不得不以各种道术为人们驱邪捉鬼、除灾治病、超度亡魂等。值得一提的是，道教的世俗化对于明清时期民间宗教的崛起起到了明显的推波助澜的作用。尽管道教在走向近代的过程中不可避免地衰落了，但它的思想、精神却在社会文化心理，尤其是信仰观念层面上刻下了自己的风采。

二、道教的神仙世界

道教认为神仙所居住的天界，从上至下共有三十六重天，即大罗天、三清天、四梵天、无色界四天、色界十八天、欲界六天，每一重天都有相应的神祇主宰。

大罗天，是三十六重天中最高的一层，故又名无上大罗天，是“道境极地”。据宋人张君房纂辑《云笈七签·天地部》记载：此大罗天“无复真宰，惟大梵之气，包罗诸天。太空之上有自然五霞，其色苍黄，号曰黄天”。又说：“三界之上，渺渺大罗，上无色根，云层巍峨。”就是说，大罗天充满梵气，处于诸重天之上，无复真宰，没有神仙居住。

三清天指三十六重天中仅次于大罗天的最高天界，由大罗天所生玄、元、始三气化成，亦指神仙所居的最高仙境。三清天分为太清天、上清天和玉清天，分别由道教中三尊最高神主宰。一为元始天尊，又称天宝君。在中国古代神话传说和道教早期经典《太平经》中都没有元始天尊之说，直到东晋时方出现于道教典籍中。唐人徐坚《初学记》卷二三引《太玄经》云：“元始天尊，生于太元之先，禀天之自然之气。无宗无上，而独能为万物之始，故名元始。”此后道书多认为他是比道教始祖老子地位更尊的天神，为三清首席，主宰玉清境清微天。二为灵宝天尊，即太上道君。他是唐宋时期所出现的道教天尊，传说他诞生于西那天郁察山罗浮岳丹元

① ［东晋］葛洪：《抱朴子》卷3。

之阿,受封为“玉宸玄皇大道君”。灵宝天尊具有三十六变、七十二化的本领,主宰上清境禹余天。他的职责是“广度天人,慈心于万劫,溥济于众生”。三为道德天尊,即太上老君。他是以春秋时期道家创始人老子为原型塑造出来的天尊神,主宰太清境大赤天。

四梵天即四种民天,为贾奕天、梵度天、玉隆天、常融天,分别由昊天金阙至尊玉皇大帝、中天紫微北极太皇大帝、勾陈上宫南极天皇大帝与承天效法后土皇地祇四御主宰,协助三清管理天上人间各种事务。其中,昊天金阙至尊玉皇大帝,简称玉皇大帝或玉帝。据《玉皇本行集经》称,他是光严妙乐国的王子,舍弃王位,于普明香严山中学道修真,辅国救民,度化群生,历三千二百劫后,始证金仙,号曰清净自然觉王如来,又经亿劫,始证玉帝。传说他是总执天道最崇高之神,如人间之皇帝。中天紫微北极太皇大帝,原为民间信仰的北极星神,至唐宋之际,道教尊之为众星之主神。他主要是协助玉皇大帝执掌天经地纬、日月星辰和四时气候之神。勾陈上宫南极天皇大帝也源于星神崇拜,勾陈是一星宿名称,唐宋时尊为天皇大帝,协助玉皇执掌南北极与天地人三才,统御诸星,并主持人间兵革之事。承天效法后土皇地祇,又名后土娘娘,掌阴阳生育、万物之美与大地山河之秀的女神。起源于民间的土地神崇拜,宋时被道教列入神仙天界的四御神之一。一些道教典籍认为她是玉帝的配偶,合称“天公地母”、“天父地母”或“皇天后土”。

另外,无色界四天(皓庭霄度天、渊通元洞天、翰宠妙成天、秀乐禁上天)、色界十八天(虚无越衡天等)、欲界六天(太皇黄曾天、太明玉完天、清明何童天、玄胎平育天、元明文举天、七曜摩夷天)共二十八重天也各有一位得道的天神主宰。

除了上述三十六洞天的主宰天神之外,道教还有三皇、九天玄女、真武大帝、西王母、三十六天罡、七十二地煞、六十甲子、八仙等等众多的神仙。其中,西王母和八仙尤为人们所熟悉。

西王母亦称“金母”、“王母娘娘”,是中国古代神话中的女神。《山海经》卷二《西山经》称其“状如人,豹尾虎齿,善啸,蓬发戴胜”,形象十分丑陋,是职掌瘟疫、刑罚的怪神。而后《穆天子传》中把她描绘成与周穆王瑶池同席饮宴,雍容平和,能唱歌谣的妇人。到汉代,又传说她年约三十,容貌绝世,曾降落凡尘,把三千年结果一次的蟠桃赐给武帝,是一位有大群仙姬随侍的威严女神。后来道教把她列入神仙世界,称其为元始天尊的女儿,名叫九光元女,号太真西王母,主管天上天下,三界十方女子之登仙得道者,俨然成为掌管女仙名籍的神仙领袖。以后,道教又把西王母塑造成玉皇大帝的配偶,称王母娘娘,成为能给人间赐福消灾、添子增寿的“女仙之宗”。

与西王母相比,八仙的传说在中国民间流传更广。与一般民间所崇拜的神仙不同，八仙的身份和形象更具有人情色彩。他们分别代表着男女老幼、富贵贫贱、文庄武野，是社会中"三教九流"各种角色在人们信仰层面上的投影。他们在红尘中布道施教、惩恶扬善、伸张正义，因而备受各色人等的信赖。八仙的神话故事始见于唐代。宋元时八仙人名尚未固定。明人吴元泰《东游记》把李铁拐、钟离权、张果老、吕洞宾、何仙姑、蓝采和、韩湘子和曹国舅称为道教八仙，至今多沿袭此说。而平常所说"八仙过海，各显神通"一语，因八神各有一仙物，渡东海时，各以仙物投入水中，即可作渡海之舟，故云之。如铁拐即以杖投入水中，自立其上，乘风逐浪而渡；钟离以鼓投水中而渡；果老以纸驴投水中而渡；洞宾以箫管投水中而渡；湘子以花篮投水中而渡；仙姑以竹罩投水中而渡；采和以拍板投水中而渡；国舅以玉板投水中而渡。

李铁拐，又称铁拐李，关于他的姓名出处，历来众说纷纭，有一说认为他本是乞丐，后得道成仙。民间传说中的铁拐李又黑又瘦，又丑又拐，金箍束头，铁拐拄足，常背负盛有灵丹妙药的葫芦游行民间，为人治病纾难，因而深得民心。据说，许多地方还把他尊奉为狗皮膏药的祖师。

钟离权，又称汉钟离，道教为他编排了一个汉代武将的出身。五代宋初之际，关于他的故事已颇为流传。他那袒露的大肚皮，自由闲散的风度，与佛教中满面堆笑、憨态可爱的弥勒佛是何等的相似。这一形象恰如其分地表达了世人对神仙生活的理解，满足了人们向往自由自在境界的心理。

张果老，又称张果，《新唐书·方伎传》有他的传，他原先可能是一个有些名望的道士。相传武则天和唐玄宗年间，张果老都曾被迎接入朝，并且颇受统治者的赏识。民间传说中他倒骑毛驴的形象很鲜明，歇后语有谓"倒骑毛驴看唱本，走着瞧"说的便是这一形象。虽然很滑稽，却意在劝诫世人要注意人生行为的后果，因而带有道家劝世的意味。

吕洞宾，名岩，字洞宾，一字希云，号纯阳子。他是八仙中最活跃的人物，有关他的故事流传最广，附会成分也最多。《宋史·陈抟传》称他擅长剑术，"步履轻捷，顷刻数百里"①。民众所熟悉的吕洞宾颇具神仙侠客风姿。相传他曾发誓要以手中的雌雄双剑"浮沉浊世，行化度人"。有关他仗剑云游，除暴安良的行侠事迹在民间广为流传，体现了老百姓渴望消除社会黑暗的心理。吕洞宾的形象大约是在宋代形成的，北宋中叶以前还只是在道士中间流传，南宋以后名声渐大，元代更是被全真教奉为"吕祖"。吕洞宾在统治者那里被神化，在道教那里被仙化，在老百姓那里则被赋予了浓烈的人情色彩。总之，吕洞宾的形象兼有神和仙，甚至市民

① 《宋史》卷457《隐逸(上)·陈抟传》。

情趣、儒士风度诸种特质。

何仙姑，是八仙当中惟一的女性。据说何仙姑生而有灵异。何仙姑一说是广州人，一说是永州人，及长，遇仙人赐桃，食之不饥，洞知人事休咎。仙姑本是民间女巫的别称，可见她可能是由巫而仙者。许多地方还争相编造出有关她的事迹。

蓝采和，《续仙传》、《南唐书》和《潜确类书》中记载的蓝采和行为怪诞，常行歌于市，歌辞颇带仙意。相传他后来踏歌于濠梁，忽轻腾于云中，冉冉而去。《东游记》中又将他附会为赤脚大仙下凡。

韩湘子，据说他本是韩愈的侄孙，“固功名之士，世传为仙，非其实也”。韩愈的确有一位侄子慕道，并且学会了一些道术，后人遂将他的事迹附会到韩湘身上，韩湘也就成了韩愈的侄子，被称为韩湘子。民间盛传他能为刻花及度叔诸异事。

曹国舅，他是八仙之中最晚出现的一位，其家世渊源有诸多说法，均为无稽之谈。《列仙全传》载他为曹太后之弟，因其弟不法杀人，深以为耻，便隐居山林，矢志修道。后遇汉钟离、吕洞宾点化，授以密旨，引入仙班。其成仙过程颇为直捷，大抵受禅宗直指心性说影响较大。

总之，历经长时期的发展，道教的神仙信仰系统十分庞杂，既有民间信仰与自然崇拜的神祇，又有道教自己编造而成的神仙，既有传说中的神话人物，又有富有传奇色彩的历史人物，重叠冗杂，众说纷纭。

三、道教信仰形式

从文献记载来看，中国古代的道教信仰形式主要有方术、炼丹、修炼、斋醮、斋戒、祀典、烧炼黄白等。

方术　方术来源于古代巫祝交通鬼神、代鬼神发号施令并治病消灾的巫术。道教逐渐把它深化为祈禳、符箓、符咒等术。祈禳是一种向神求助保佑的仪式，多于大灾之年祈求风调雨顺。符箓亦称符字，是一种笔画屈曲、似字非字的图形，道教用它来遣神役鬼、镇魔压邪和治病驱鬼。符咒即道士念动咒语，祛邪禳灾、祈子求雨、超度亡灵。

炼丹　炼丹有内、外之别。外丹指在炉鼎中烧炼金石药物，制成“仙丹”或“金丹”，即长生不老丹药，道士认为服食后可以治病、延年甚至成仙。内丹是道士把炼制外丹之术加以扩充，将人体比做炉鼎，以体内的精、气为药物，运神烧炼，使精、气、神凝聚不散，结成“圣胎”。道教认为，内丹可以离开人体，使人分身成仙。

修炼　道教的修炼包括精神、呼吸、形体、食物等各个方面。精神修炼指修神养性。道教认为人心神散乱、心志不定，精神就会日益消耗，进而导致气血亏损，危及身体健康。因此，道教主张通过“入静”、“存思”、“止念”、“坐忘”、“定观”等方法去除杂念，达到虚静空灵的境界。呼吸修炼包括服气和吐纳。服气亦作食气，即通过外吸、闭气、胎息几种方法服食所谓的“日月精华”，达到养生的目的。吐纳与服气相类似，即把肺部的浊气尽量从口中呼出，再慢慢吸进新鲜空气，使之充满肺部，认为此举可以吸取“生气”而呼出“死气”，获得长生。形体修炼有导引之术。葛洪《抱朴子·别旨》曰：“或伸屈、或俯仰、或行卧、或倚立、或踯躅、或徐步、或吟或息，皆导引也。”即通过各种动作来伸缩手脚、活动筋骨肢体，以起到强身健体之功效（详见第七章“卫生保健习尚”之第四节“养生与养性”）。在食物修炼方面，道教讲究辟谷和服药。辟谷即不食五谷。服药即服食丹药或以百合、茯苓、何首乌等草药为食。道教认为，精神、呼吸、形体、食物四个方面的修炼须同时进行，方可延年益寿、得道成仙。

斋醮 在古代，人们为了表示孝敬和慈善、保佑平安等，往往要请道士来做道场或法场，给死者超度灵魂，替事主求福免灾、治病驱鬼。这种仪式就叫作“斋醮”。斋醮之时，要设坛，上供斋饭，斋醮者清心洁身，书表章以祷神灵。其间往往伴有歌舞乐队，陈列法器，叩头祷拜，与神灵感应交结。斋醮的场合极广，凡道教的节日祀典以及禳解灾异、祈晴祷雨、祈福祝寿、驱鬼捉怪、超度亡灵等都必为之。

斋戒 斋戒是一种降伏身心之法。道教认为：“斋者，齐也，齐而不齐；戒者，止也，止其不止。”众生有妄生贪瞋痴爱之心、淫杀盗妄之情，必须通过斋戒法除之。为此道教制定了名目繁多的清规戒律，其主要内容分为初真戒、中极戒和天仙戒三部，初真戒有老君五戒：戒杀生、戒荤酒、戒口是心非、戒偷盗、戒邪淫。五戒做到后再受“初真十戒”：戒不忠不孝、不仁不信，戒阴贼潜谋、害物利己，戒杀生，戒邪淫，戒败人成功、离人骨肉，戒毁贤扬己，戒荤酒，戒贪求无厌，戒交游非贤及戒轻忽言笑。达到这一目标后，便可转向“中极戒”，最后受天仙戒，天仙戒的戒条达180条甚或300条之多。每条戒律，均须谨遵。若不受戒律约束，则伤身毁体，消耗元气，生命不能持久。道教的斋法主要有三种：一设供斋积德解愆；二节食斋养神保寿；三心斋疏通其心。使之无嗜无欲、无思无虑。修斋日期主要有六月斋、十月斋、八节日斋（立春、立夏、立秋、立冬、春分、秋分、夏至、冬至）等。

祀典 指道教在重大节日举行的纪念活动，主要是在玉皇大帝和太上老君的诞辰日，王母娘娘和药王的庙会等节日，举行设供、礼拜、焚香、诵经等活动，这便是“圣诞祀典”。同时还要开展“祭星”（指祭“甲子神”的活动，每年正月初九为祭星日）、“祝厘”（指道教参加民间重大节日，如春节、中秋节等）、“展墓”（即清明、中元、十月初一道士上坟作法祭鬼）等活动，旨在求福消灾。

烧炼黄白 指方士、道士冶炼金银之术。东晋葛洪《抱朴子内篇·黄白》载，黄者，金也。白者，银也。在古人看来，金银可以使人得以长生。古人把长生之道视为道之极至，多秘而不宣。这样金银就有了“黄白”这一别称。葛洪在《抱朴子内篇·黄白》中，详细介绍了黄白的烧炼办法，包括如何选取材料、材料的比例、工具、火候等。据其介绍，黄白术所得金银，只是一种合金，服之非但难以升仙，反而还会伤及身体。此术在唐代以前曾盛行于世，终因其神力久不见验，遂为世人所弃。不过，众多的炼黄白经卷，剔除其求仙妄言，不失为冶金术的经典，足资借鉴。道士求仙不成，却对科学发展有所建树，实是其所始料不及的。

第三节　民间信仰

一、图腾崇拜

图腾崇拜首先发现于北美印第安人中，后在许多原始部落中都发现类似现象。“图腾”为印第安语 totem 的音译，有“亲属”和“标记”的含意。源于奥季布瓦（Ojibwa）族方言 ototeman，意为“他的亲属”和“他的图腾标记”。

我国的图腾崇拜产生于原始社会母系氏族时期。以狩猎、采集为生的原始人认为，自己的氏族或部落与某种动、植物或微生物之间有一种特殊的亲密联系，并以之为氏族的崇拜对象和标志。崇拜图腾能得到图腾圣物的佑护，甚至能从图腾圣物身上获取某种神秘的力量。严复译《社会通诠》云：“图腾者，蛮夷之徽帜，用以自别其众于余众者也。……古书称闽为蛇种，盘瓠犬种，诸此类说，皆以宗法之意，推言图腾，而蛮夷之俗，实亦有笃信图腾为其先者。”在中国人的传统信仰观念中图腾信仰的痕迹是相当明显的。

传说中的黄帝是我国北方一些氏族部落的首领，号有熊氏，又号轩辕氏（即天鼋）。相传黄帝在与炎帝、东夷作战时曾训练熊、罴、貔、貅、虎等野兽参战。在阪泉之战中，黄帝“师熊、罴、狼、豹、虎为前驱，雕、鹖、鹰、鸢为旗帜”①。其实是指以这些禽、兽为图腾标志的氏族。与黄帝抗衡的东夷部落群中有一个古老的部落叫太昊，相传是雷神的后代，以龙为图腾。闻一多先生在《伏羲考》中提出龙是华夏民族的远古图腾。龙之原型是蛇，而蛇是远古时代华夏民族之前身的一个部族的图腾，随着蛇氏族吞并与联合其他许多氏族，其图腾大蛇也就获得了其他氏族图腾

① 《列子·黄帝》。

物的一些特征，变成了超级四不像的龙。关于龙的形象，一种流行的说法是“九似”，“九似者，角似鹿，头似驼，眼似兔，项似蛇，腹似蜃，鳞似鲤，爪似鹰，掌似虎，耳似牛。”由此可见图腾崇拜在远古时期无疑是一种很普遍的现象。千百年来中国人不仅以龙作为中国文化、中华民族精神的象征，更以龙的传人自居，这是图腾观念流淌在每个中国人血液中的明证。东夷部落的主体是以鸟为图腾的，该部族崇拜鸟，并以鸟名名官。河姆渡遗址中鸟是各种雕刻与绘画中的主要题材，这些都表明鸟在这一部落中占据的位置是何等尊崇。

由于人们笃信本氏族或部落与图腾圣物之间具有某种神秘的血缘联系，因而在生育与死亡观念上导致了这样一种观念的形成：以为生育是图腾入居或感应母体，死亡不过是人返回图腾而已。这样在关于氏族等始祖的神话和传说中，“异物感生”便成了解释氏族起源的重要形式。《史记·殷本纪》中有氏之女简狄吞玄鸟卵生契的说法，契便是商族的始祖。姜嫄在野外践“巨人迹”感而生弃，弃便是周族的始祖。《后汉书·南蛮传》有盘瓠为五色犬的故事，这是以犬为图腾标记的记录。

由于图腾信仰是一种较为原始的信仰形式，随着社会历史的发展、进步，只有在那些保留着较多原始社会后期痕迹的民族当中，其影响才依然十分明显。如彝族是一个以虎为图腾的民族。彝族史诗《梅葛》颂虎为万物之源，正是彝族虎图腾信仰的集中反映。傈僳族、怒族和拉祜族中也有以虎为图腾信仰的痕迹。此外还有一些民族是以植物为图腾的。《后汉书·西南夷传》中记夜郎国是以竹为氏族图腾的。傈僳族中的“麻打息”氏即是竹氏族；“木必息”氏是荞麦氏族；“拉哥”氏是柴柚木氏族；“居米”氏是菌子氏族。今天在云南的20多个少数民族当中，几乎都可以找到原始图腾信仰的痕迹。

图腾禁忌是图腾崇拜中的重要观念，其内容主要是禁止屠杀图腾圣物，禁止同一个图腾部族内部的通婚。如鄂伦春族和鄂温克族都是奉熊为图腾的民族，这些民族普遍禁止猎杀熊，称熊死为“睡着了！”随着社会的发展，关于同一图腾部族内部禁婚的禁忌也渐渐淡化了。

二、自然崇拜和灵物崇拜

中国人对自然和灵物的崇拜，源远流长，崇拜的对象众多，地区不同崇拜的事物也不尽一致。这些崇拜是最原始的宗教形式，它们大多已成为中华民族信仰的主要内容。这里仅就几种最具特色的崇拜略作阐述。

对天地的崇拜 中国古代有“天地君亲师”的说法，对天地的崇拜上至君王，下至黎民百姓，概莫能外。国家祭祀大典中有祭祀天地的礼仪，平民百姓婚嫁习俗中有"拜天地"的说法。

对天的崇拜,是自然崇拜中最普遍、最重要的崇拜。天的垠无边际和变化莫测,使人们对它既依赖又畏惧。《诗经·大雅·桑柔》云:"靡有旅力,以念穹苍。"意思是说:可怜无力能回天,只有祈祷求助苍天。这鲜活地反映出了人们在悠悠苍天面前的渺小心态。很早以前,人们便以为天是有意志的,并相信神秘的天能够主宰人世间的一切祸福命运,能悯恤下民,所以又把天称作旻天。《尚书·大禹谟》载:"日号泣于旻天。"《诗经·小雅·小旻》载:"旻天疾威,敷于下土。"其意思是说老天暴虐威风,降下灾祸遍国中。在祸福无常的命运面前,中国人不说"上帝保佑!"而喊"老天爷保佑!"当遭遇到莫大的冤屈时,人们不是求助于人事,而是把所有的希望都寄托在了天的身上,所谓"老天爷有眼"正是这种心态的反映。古人还认为,这高大而苍茫的天,是由天帝、天皇、上帝等最高天神主宰的。天皇,唐人欧阳询《艺文类聚》卷一一《春秋纬》说有天皇、地皇与人皇,并称三皇。天帝,即上帝。《荀子·正论》云:"居如天神,动如天帝。"《战国策·楚策一》记载了"狐假虎威"的故事:一次一只老虎抓到一只狐狸欲食之。狐狸说:你是不敢吃我的。天帝让我当百兽之长,你要吃我,即违背了天命。为不违天帝之命,老虎牺牲了一顿美餐。佛教的传入与中原一带道教的兴起,使人们对"天"的崇拜渐渐复杂化、神化。佛教尊佛祖释迦牟尼为"天尊"。尤其是道教,吸收民间信仰,把玉清圣境的道教最高的道君称为元始天尊,位于三十五天之上。唐代人还附会此神姓乐,名静信。唐宋以后,民间信仰中的"天帝"与"道教"信奉的玉皇合二为一,玉皇大帝成为道教的最高天神。《聊斋志异》说:"天上有玉帝,地下有皇帝。"宋真宗还正式把玉皇列入国家奉祀对象。这样,民间信仰、道教崇拜与国家祀神三者合流。明清时期又将三者分开,不过民间仍把玉皇大帝视为至高无上的天神,主管三界十方,是鬼神世界中的真正皇帝①。

人们在尊奉天的同时,对脚下的土地也十分崇拜。土地生长着五谷,是人们赖以生存的根基。因此,从远古至今,人们对土地的崇拜已成为信仰中最重要的内容之一。祭土地神,是古人"亲地"的一种崇拜方式。据《礼记·祭法》记载,土地神是传说中共工的儿子,名叫句龙。句龙长年累月地开垦九州荒地,种植五谷,后人为了纪念他,尊他为土地神、五谷神。人们为了酬劳土地负载万物、生养万物的功劳,开始祭祀土地神。《左传·昭公二十九年》载:最初的社神,是用土地堆积起来供祭,每年两次祭祀,一次在春天,一次在秋天。人们把管理土地的官称为"后土"。《国语·越语》有"皇天后土"之句。大约到了汉代,朝廷设立后土祠,作为祭

① 参见林正秋著:《中国旅游与民俗文化》,浙江人民出版社2000年版,第342页。

祀土地神的场所。汉唐之间,民间在后土祠中塑妇女作为神像,称为后土娘娘。唐宋之际,土地神日益神化、人格化,出现了男性土地神。明清时期,土地庙遍布乡间闾里,在不大的土地庙里,常常塑两个神像:一个是白发老翁,称为土地公公;一个是白发老妇,称为土地奶奶。中国各地所祭的土地神还带有地方性特征,如湖州乌镇原祀沈约,南宋太学土地庙祀岳飞,三国东吴钟山祭汉蒋子文等。土地神,多塑白发老翁,俗言乡村之老而公直者死后即为土地神。

对日月星辰的崇拜 古人在日常生活中,面对日月星辰的升落与寒暑往来等现象而无法解释,于是便产生了对日月星辰的信仰与崇拜。

太阳,对于古人来说无疑是至关重要的,古人的日出而作,日落而息,便是以太阳的升落为作息的客观标准的。古人对太阳的崇拜由来已久,今浙江余姚河姆渡遗址出土有“双鸟升日”的象牙雕刻:两只大鸟,拱护着中间一个光焰熊熊的火球,搏击升空。这反映了长江流域先民早在几千年前便有了对太阳的崇拜观念。太阳又名羲和。羲和是古代神话中的太阳神。据《山海经·大荒南经》说:东海外有个羲和国,有女子名羲和,帝俊之妻,生十日(太阳),故名。又传说太阳乘车而运行,羲和掌驭日车,故又名羲车、羲驭、羲御等。还有传说太阳乘着六条龙驾的车子由羲和赶车,周天而行,故名曦车,又名六龙。李白《短歌行》诗云:“吾欲揽六龙,回车挂扶桑。”又传说太阳乘着乌鸦巡游于天,照耀大地给人类带来光明和温暖。但有一天,轮流而出的10个太阳同时出来了,于是又有了舜射十日或后羿射十日的传说。除羲和外,太阳还有大明、日镜、日晶、红轮、阳宗、日灵、阳灵、灵辉、三足乌、赵盾或赵日等十多个名字。

对月亮的崇拜,常常与太阳并举。民间关于月亮的神秘传说不胜枚举,人们根据月亮上的阴影展开了无穷的遐想,产生了玉兔捣药、嫦娥奔月、吴刚伐桂等神话传说,根据这些传说,人们给月球取了月兔、月娥、玉杵、玉兔、玉蟾蜍、月精等十多个名字。晋代傅玄有佳句云:“月中何有?白兔捣药。”①旧小说中也常有“金乌西坠,玉兔东升”之语。金乌、玉兔分别为太阳、月亮的代名词。蟾蜍之名来自西汉的传说。《淮南子·览冥训》载:“西王母给后羿一种不死的仙药,结果被后羿之妻嫦娥偷吃,食后飞升至月宫中,变为蟾蜍。”其实蟾蜍是蛙的一种,俗称癞蛤蟆,幼时变化与蛙无异。月中有桂树的传说,也有两千多年的悠久历史,初见于《淮南子》。唐人段成式《酉阳杂俎·天咫》载:“旧言月中有桂树、蟾蜍。故异书言,月桂高五百丈,下有一人常砍之,随创随愈。人姓吴名刚,西河人,学仙有过,谪令伐树。”从此,又称月亮为月桂。此外,人们还根据想像,给月亮取了形形色色动听的

① [晋]傅玄:《拟天问》。

名字，如一轮天、夕轮、月轮、水晶球、玉团、玉盘、玉镜、冰镜等。人们在作品中刻画了嫦娥、玉兔、吴刚等鲜活的神话人物，或将媒人呼作"月下老人"等，无不寄托了人们一种美好的心愿。

对星辰的崇拜，大约在日月之后。浩渺的天空中，众星闪烁，时隐时现，给古人一种颇为神秘的感觉，因此对众星产生了幻想与崇拜。《尚书·洪范》说："众民惟星。"古人把天上的众星运行现象与地上万物、社会现象联系起来，创造了许多星辰的神话，并成为民间的崇拜对象。古人还笃信星象对于人事十分重要，往往成为凶吉的征兆。人们朴素地认为天上一颗星，地上一个人。地上出生一个人，天上会添一颗星；同样，地上死一个人，天上会坠落一颗星。

战国秦汉时期，出现了对金、木、水、火、土五星与北斗、南极、太岁以及四星象（青龙、白虎、朱雀、玄武）等的崇拜。人们相信金、木、水、火、土五星主宰着世间的祸福。金星是主管"杀伐"之星，秦汉时，对金星的崇拜演变为神话，《淮南子·天文》载："西方，金也，其神为太白，其兽为白虎。"阴阳家祭时则称金神。《洪范》中说："金神者太白之精，百兽之神，主兵伐丧乱水旱瘟疫。西方之神，也称金精。"

古人视木星为吉星、福星，它运行到某个星宿区，地面上与它相应的地方，就会出现五谷丰登、国泰民安的局面。唐代李商隐《无愁果有愁曲北齐歌》曰："东有青龙西白虎，中含福星包世度。"就是指木星所在的地区有福。有人说木星又名太岁星。术数家们认为太岁所在为凶方，是个凶星、凶神，谁触犯了它，便会受到报应惩罚。因此，动土兴造、迁徙、嫁娶等都应避开太岁每年所经行的方向。至今民间还流传着不能"在太岁头上动土"的谚语。

水星，是太阳系九大行星中距离太阳最近、体积最小的星球，它常被古人用来作为一年四季分野的标志，故多称晨星。火星，是太阳系中距太阳第四近的行星。由于它的光亮时隐时现、时东时西，令人捉摸不定而生迷惑，故又名荧惑，即炫惑之意。古人把火星视为灾星，认为它运行至某个星区，与它相应的地球上的州县就会发生人力所不能抗拒的天灾人祸。阴阳五行家们则称火星是执法的星，故取名罚星。土星是太阳系中距离太阳第六近的行星，体积次于木星，光色纯黄，光度约为一等星，有卫星十个，面蒙水蒸气。据《史记·天官书》记载，土星又有镇星、填星、土精、地侯星等多个称谓。

春秋战国以后，占星家们把天象的变化与人间的吉凶祸福联系起来说："天上有五星，地上有五行。"因此，把天上某一星宿（分区）与地上某一政区对应起来，称分野。古人认为天上某一星宿分区的变化，会给地上相应政区带来吉凶福祸。今天的现代人中还残存的星命、星相等信仰和观念，都源于古代的星辰信仰。

对江河山川的崇拜　水对生命、对农业的发展有着重要的意义。原始人往往逐水而居。平时,水似乎并不引人注意,但是当水汇聚成一种江河巨流,尤其是出现洪水时,它的力量却是惊人的,任何人都无法阻挡。当人们面对江河汹涌的波涛无情地摧毁他们千辛万苦、日积月累建设起来的家园的时候,留在人们记忆深处的只有对江河力量巨大破坏性的畏惧,并自然而然地把这种力量拟人化,认为江河是由神灵掌管和控制的,只要人们虔诚地敬畏这些神灵,就可以避免灾难性事故的发生,于是对江河的神灵信仰便产生了。我国古代很早就认为四渎即长江、黄河、淮河、济水都各有神灵主宰,其他水系也都有各自对应的神掌管,并逐渐形成了上自帝王下至平民百姓的心态各异的信仰。

山川是一种自然生态现象,由于中国地形复杂,各地山川都具有十分突出的地理特征,其神祇也就呈现出多样化的特点。在原始社会末期,尧、舜、禹就开始祭拜大山,如大禹治水曾三到桐柏山,均达不到预期的效果。大禹怒,召集百灵,搜命夔龙,并祭祀鸿蒙氏、章商氏、兜卢氏、犁娄氏等山神,因为这些山神都分别掌管着一方的水土。进入封建社会,五岳诸山都形成了自己的神祇,历代统治者屡行致祭大典,对它们累加封号,祭祀山神成为一项重要祀典。此外,山神还掌管人的狩猎以及入山采药等,因此从事这些工作的人在入山前都要进行祭祀山神的仪式,给山神供奉祭品。

对风雨雷电的崇拜 风雨雷电诸神是对与天相关的自然界一些特殊现象的拟人化形象。风神又称飞廉(南方)、风伯、风师(北方)。雨神又称雨师,古代神话中司雨之神。《周礼·春官上》郑玄注,以毕宿为雨师;《风俗通·祀典》以玄冥为雨师;《山海经·海外东经》郭璞注,以屏翳为雨师;《列仙传》则以赤松子为雨师。雷神又称雷公,古代神话中司雷之神。《山海经·海外东经》里说:“雷泽中有雷神,龙身而人头,鼓其腹。”汉代时雷神为一擂鼓的力士形象。雷神是一男性,与之相配的是电母,即闪电神。

古人在崇拜无生命的自然现象和自然力的同时,还崇拜灵物,其中,以对龙、凤、麒麟为代表的动物崇拜和以松、柏为代表的植物崇拜最为典型。

对龙凤的崇拜 龙凤是古代先民创造的理想化的动物形象,尤其在远古时期,人们往往借助于想像和幻想来战胜自然,利用自然,于是形成了对龙凤的崇拜。上自君王,下至百姓,从不同的角度推波助澜,使龙凤成为一种超自然力量的象征。古人认为龙凤这种凝聚着神力的形象,既能把人们的愿望传达给上天的玉皇大帝,又能把上天大帝的意志传达给人们,因而几千年来受到中华民族的最广泛崇拜。

作为理想化神灵动物的“龙”,其形象最早出现于新石器时代。据古代文献《山海经》、《诗经》、《左传》、《史记》等记载,上古时代的伏羲、炎帝、黄帝、尧、舜等部落联盟的首领都是龙的后裔。在先秦文献中,对龙的描述大多为龙与人的混一形象。如伏羲、帝尧等是人面龙身,黄帝是人面蛇身等。在出土的原始彩陶、玉雕等文物中,远古龙的形象,多是人面龙身、长躯卷曲、巨头圆眼,头部饰有象征性饰品。秦汉时期,龙的形象多变,逐渐成为权威、吉祥、华贵的象征。佛教传入后,龙的形象逐渐吸收佛教中传说的成分,增加了能飞至神仙天国的腾云驾雾的本领,从而使龙的形象更加多样化。宋人郭若虚《图画闻见录》转录了东汉王符所说的“龙有九似”的说法:角似鹿、头似驼、眼似兔、项似蛇、腹似蜃、鳞似鲤、爪似鹰、掌似虎、耳似牛。从中可见,龙这时已成为神灵幻化、理想化的动物形象。唐宋之后,龙成为皇帝权威的象征。在皇宫、王府的建筑中常常出现双龙壁、五龙壁、九龙壁之类的饰物。龙与宫廷中的帝王生活更是密切相关,成为皇权的象征,衣食住行中的器具,一律饰以龙纹,皇子被称为龙子。唐宋间,朝廷多封龙神为王,建龙王祠以祭祀。民间便有八龙王、十龙王之说,这些龙王“莫不勤力兴云布雨”。

在龙的家族中,除正统的龙之外,还有各种神话中的龙。据《初学记》卷三〇《龙》中说:龙未飞升叫蟠龙,有鳞叫蛟龙,有翼叫应龙,有角叫虬龙,无角叫螭龙。

民间在节日期间往往盛行舞龙以祈福,此外,关于龙王的神话传说更是为民众所津津乐道。

凤乃凤凰或凤皇之简称,是中国神话传说中的瑞鸟,百鸟之王。凤凰之名,在先秦时就有仪禽、鸟王、百鸟尊、百禽长、神鸟、皇鸟、神雀等20多种。《尔雅·释鸟》中说:“凤,神鸟也,俗称鸟王,羽虫三有六十,而凤为之长。”古人又云:“雄曰凤,雌曰皇,至其总称,则惟曰凤。”古人把凤凰作为吉祥的象征,认为凤有特殊的本领,“能容万物、通天地”,“见凤则天下安宁”。凤凰飞来,则必有瑞象,所谓的“箫韶九成,凤凰来仪”①,即指于此。因此,在古代社会,每逢凤凰降集,皇帝认为这是大吉大利,就大赦天下,以答瑞应。正因凤凰是吉祥的神鸟,古物多以凤凰名之,如把京都称凤城;皇宫的水池称为凤凰池或凤沼;皇帝登位之前的旧宅,称为凤邸;皇宫中的御门称凤门;皇帝坐的车舆叫凤辇;皇后戴的尊贵首饰叫凤冠;天子的诏书叫凤书;宋代的北苑贡茶叫凤饼,等等。

对麒麟的崇拜 麒麟与龙、凤一样,也是现实生活中并不存在的,是古人创造的理想化的动物形象。《说文·鹿部》称:“麒,仁兽也,麋身、牛尾、一角。”《论衡·讲瑞》云:“麒麟,兽之圣者也。”可知在古人看来,麒麟是一种瑞兽、神兽,兽中之圣,因此,人们崇拜麒麟,希冀它给人们带来符瑞和吉祥。到汉唐时期,文武大臣的官服上开始饰有麒麟的图像,帝王陵寝的神道上也立有石雕麒麟。民间甚至认为

---

① 《尚书·益稷》。

麒麟可以送子，因而，一系列崇拜麒麟的物象应运而生。

对松柏的崇拜 松树，在我国栽培已有四五千年的悠久历史，但在夏商周三代之前，松树并不为古人所关注，到了春秋战国，其名渐见于古书。《荀子》中有言曰："松柏，经隆冬而不凋，蒙霜雪而不变，可谓得其贞矣。""岁不寒无以知松柏，事不难无以知君子。"后人便把松与柏作为经冬不凋、志操坚贞的象征。

松树，最先为秦始皇所看中。据《史记·秦始皇本纪》载，秦始皇登泰山封禅，下山时，"风雨暴至，休于树下，因封树为五大夫"。相传此树即为松树，因此后人便把松树称为"五大夫松"。张勃《吴录》记载：三国东吴大臣丁固梦中见树，就对人言："松字十八公也，后十八岁(年)，吾其为公乎？"后来果然得封司徒，位列"三公"。从此，松树又被视为吉祥树，梦见松树更被视为吉兆。如《梦书》说："松为人君，梦见松者，有见人君(皇帝)之征也。"①东汉之后，坟墓上多植松树，以表示对先人的良好祝愿。晋人认为松树可活千岁，所以将其视为长寿的吉树。

我国对柏树的崇拜较松树更为悠久。相传大禹治水时，就曾在大别山(今湖北广水一带)亲手栽种过柏树。由此可见，栽植柏树在我国至少已有四五千年的历史。柏树，是一种木质坚硬、不畏霜雪、经冬不凋的常绿乔木。古人认为柏树有镇鬼、驱邪的功能。"立虎(老虎)与柏"于墓前，可驱逐罔象②，保护先人。周代天子、诸侯的棺木均用柏木为料，一些祭祀名人的祠堂内外多种植柏树，都是为了镇鬼、驱邪。人们崇拜柏树，另一原因是慕其品质之高洁。魏子才《六书精蕴》记载："万木皆向阳，而柏独西指，益阴木而有贞德者，故字从白；白者，西方(正色)也。"意思是树木大多向阳，而柏树独向阴，所以不同凡俗。早在汉代，负责办案的最高机关御使台的院落内多种柏树，以示高洁、坚贞。故人们又把御使台称为柏台。崇拜柏树，第三个原因是因为柏树的长寿。《化源记》中记载华山有食柏实长寿至123岁，无疾而终者③。《汉官仪》也说："元旦饮柏酒，上寿。"崇拜柏树的第四个原因是因为人们把柏树当作吉祥树。在民间，"柏"与"百"同音，因此在大年初一，家家桌子上都摆上"柏枝"、果品"柿饼"与大桔子，组合成"百事大吉"的祝愿。如明代杭州过新年就流行此俗："杭州习俗，元旦签柏枝、柿饼以大桔承之，谓之百事大吉。取柏、柿、大桔与百事大吉同音故也。"④

---

① 《太平御览》卷953《木部》。

② 罔象，传说中的一种野兽，嗜食死人的肝和脑。状如3岁小儿，赤黑色、赤目、长耳、美发。详见[清]孙诒让：《周礼正义》卷59《夏官方相氏》。

③ [清]汪灏等：《广群芳谱》卷70《木谱·柏》。

④ [明]田汝成：《西湖游览志馀》卷20《熙朝乐事》。

三、社会崇拜和祖灵崇拜

人神人鬼信仰源于人们灵魂不灭的观念。秦汉以前,由于天堂、地狱观念尚未形成,因此鬼神的去向亦不是十分明朗,人们只是模糊地认为,神往天上,鬼游荡于世间,或入黄泉。世人出于种种心理需要,不仅重视祭祀自己的祖宗,祭祀黄帝、尧、舜、禹等,还要为许多有惠政的官吏立祠。正是在为死后的灵魂安排住所的过程中形成了人神、社会神和行业神的崇拜习俗。

1. 人神

在民间崇拜的人神当中,多数都带有特定的社会性能和职业性能。关羽和岳飞则是其中比较单纯的特例。在普通民众心目中,岳飞并没有被过度神化,仍然是一位精忠报国的英雄形象,人们对他的崇敬远远超过对他的膜拜。关羽则是中国人信仰中最为普遍的人神。

关羽 清人刘献廷《广阳杂志》卷四云:"予尝谓佛菩萨中之观音,神仙中之纯阳,鬼神中之关壮缪,皆神圣中之最有时运者,莫知其所以然而然矣。举天下之人,下逮妇人孺子,莫不归心向往,而香火为之占尽。"其中,关壮缪即三国时期蜀国名将关羽,曾与刘备、张飞"桃园三结义"。乱世中,关羽仗义纵横沙场,名扬华夏,后于建安二十四年(219 年)被吴将擒杀。人们感其德义,岁时祭祀。关羽后来又成为道教中的大神,称关圣帝君,简称关帝,俗称关公。解放前,奉祀关公的关帝庙随处可见,连日本、南洋等地也有。关羽由一位武将上升为中国人信仰观念中最为尊崇的人神,是有其极为特殊的政治文化、社会心理背景的。在统治者眼中,关羽是宣扬王道教化的典范,因而历代都加以封敕。隋僧智凯曾奏请晋王杨广封关羽为伽蓝神;北宋徽宗时加封尊号为"崇宁至道真君",关帝庙也从此在各地普遍建立起来;南宋时,关羽被列为国家祭祀大典;元文宗时封其为"显灵义勇武安英济王",祭祀之风大盛,元人笔记中记载,5 月 13 日、9 月 13 日,各地都要定期举行民间赛会,使用仪仗、旌旗、铠甲、大刀、赤兔马等,扮演关羽形象,供人们供奉祭拜。到了明代,关庙林立,明神宗应道士张元济之请,加封关羽为帝;清代统治者更是将关羽神化到了无以复加的地步。统治者的提倡无疑为关羽的神化起到了促进作用。民间之所以青睐关羽,也有其特定的社会心理,在民众看来,关帝是万能之神,司命禄,佐科举,除强暴,致财宝,凡民间所需所求的,关帝皆能照拂。关帝聪明正直且忠刚义烈,由他来主持人间和冥府的公道,完全符合人们要求消除社会不公等心理需要。关帝还是"三教九流"所供奉的神灵,关羽的"义"还是江湖帮派维系宗派的精神纽带。佛教在其中国化过程中,也将关羽收归门下,封为寺庙守护神。

经过不断神化的关羽在人们心目中的威信越来越高。清人赵翼《陔馀丛考》

卷三五《关壮缪》写到“今且南极岭表,北极寒垣,凡儿童妇女,无有不震其威灵者”,可见其影响之广泛。作为人神的关公还是文学、艺术中的重要角色,为人们所喜闻乐道,当然这与信仰已无多大关系了。

城隍 城隍神是中国世俗社会中颇有影响的城市保护神。“城隍”二字最早见于《周易》。中国古代称有水环护的城堑为“池”,无水环护的城堑为“隍”。城隍便是由腊祭八神之一的水(即隍)庸(即城)衍化而来的。祭城隍神在周代已形成制度,城隍庙始建于西汉,但正式出现城隍神与城隍庙并加以祭祀,约始于魏晋南北朝时期,隋唐间日益普遍,许多州府都建城隍祠。两宋时期城隍的信仰更趋普遍。据宋人龚明之《中吴纪闻》说:“吴俗畏鬼,每州县必有城隍神。”清人孙承泽《春明梦余录》也说:“赵宋以来,城隍之祀遍天下。”城隍神原是自然神,但唐宋之际逐渐把“正人直臣”死后视作城隍神,即演变成为对上帝负责的非自然神的地方神了。元世祖还在上都建城隍庙,这就使城隍神几乎成为国家的守护神了。明洪武三年(1370年)又诏天下府州县都建城隍庙。明时庙中有泥塑像供拜祭,晚清至民国的城隍庙一般都有两座城隍像,一为泥塑,永远不动的;一为木雕,可以抬着出巡的。

早期,祭城隍只是出于报德心理,体现的是人们对城堡、土地的依赖感。随着社会的发展,城隍逐步被人格化、社会化,慢慢具有了掌管生人吉凶祸福的神性。佛教地狱观念在中国传播开来以后,城隍被纳入冥神体系,城隍相当于人间府县级官吏。尽管其地位不是特别高,但却因其与民众关系密切,故而香火较为旺盛。城隍虽被认为掌管人的吉凶祸福,勾人性命,但它主要还是善神。城隍神作为城市保护神,是历代小说经常表现的主题。如唐人戴孚《广异记》所记开元时期滑州刺史韦秀庄大战黄河之神的故事,就是以城市保护神的城隍为原型,开掘出新意的。作品写神与神之间的冲突,写神与人协作战胜敌人,均别具一格,匪夷所思。唐宋时期,由于城市经济的发展,城隍神的信仰也达到了高潮。当时,人们认为城隍神不仅具有保护城市的职能,还把城隍看做冥官。《太平广记》中记载了这样一则故事,唐洪州司马王简易,重病垂死,梦一鬼卒执牒追命,跟着进城隍庙,申言自己尚不当死,城隍乃查阅生死簿,发现果然抓错了,就把他放回人间①。这说明城隍神的确掌管人的生死。此外,城隍还管生人禄籍功名以及人生诸多方面。宋人洪迈《夷坚乙志》卷二〇有“城隍门客”条,讲的是建康士人陈尧道死后在梦中告诉同舍郭九德:“吾为城隍作门客,掌笺记。”郭问来年登科之人,数日后,陈尧道告郭他来年必及第。正因为城隍与生人功名利禄、吉凶祸福密切相关,所以人们对他的信奉

① 《太平广记》卷124《报应》“王简易条”。

才经久不衰。

城隍神据说多由清正廉洁之人死后充任。各地城隍名号不一，如燕都城隍是文天祥，苏州城隍为春申君，四川灌县城隍为李冰，镇江、庆元（浙江宁波）、芜湖、兰州等地的城隍是纪信，杭州城隍是周新。这些人都是人们心目中的“正人直臣”。比如周新，广东南海人，明永乐中为御史，以善决狱出，弹劾不避权贵，被目为“冷面寒铁”。后锦衣卫指挥使纪纲，在浙江作威作福。周新要依法惩治他，他逃走。不久，周新为纪纲诬告而被皇帝所杀。临刑前他大声说：“生于忠臣，死当作直鬼。”故杭州人立他为城隍神。明太祖还命令各级官员赴任时，都要向城隍神宣誓就职。因此在人们心目中城隍神往往是清正廉洁的典范，与作为贪官污吏化身的灶神有所不同。

2. 社会神

社会神是将社会现象和社会力量人格化而形成的神。原始社会初期，流行的神灵观念主要是各种自然神观念，随着社会生产力的发展和社会结构的复杂化，各种社会力量开始和自然力量一样表现为不可理解和不能驾驭，与此相应，各种社会神如战神、爱情神以及民族、地区的守护神等便应时而生了。在中国社会神家族中，财神、门神和灶神具有较高的地位。

财神 财神的种类繁杂，名称不一，根据现存文献资料考稽，一般认为有所谓“正财神”赵公明，“偏财神”五路财神，“武财神”关公，“文财神”财帛星君，或历史人物比干、范蠡等。财神的起源颇难追寻，所祀之神亦因时因地而异。一般认为财神的起源与行神（路神）有关。行神是中国古代的五祀①之一。因为人们要外出活动，祭祀行神可以求得行路平安。古代的行神发展到后来有所谓五路神的说法，五路即东西南北中。清人姚福均《铸鼎余闻》卷四云：“五路神俗称为财神，其实即五祀门行中霤之行神，出门五路皆得财也。”在人们的观念里，凡为谋财富而远行的活动，必严肃诚敬地祈求神灵护卫，行神也就由一般保佑人们出门平安而演变为与进财活动相关的外行活动的保护神，习惯上称之为财神。

中国最著名的财神是赵公明，相传他本为秦人，后于终南山得道，戴铁冠，执铁鞭，骑黑虎，墨面浓须，能驱雷役电，呼风唤雨，除瘟禳灾。《三教搜神大全》称“买卖求财，公能使之直利和合。但有公平之事，可以对神祷，无不如意”。《封神演义》称赵公明为峨眉山仙人，武艺高强，但助纣抗周，被姜子牙以术致死，后封为

① “五祀”具体指哪五种神，旧说不一。郑玄注《礼记》，根据《祭法》注《王制》，以为“五祀”谓司命、中霤、国门、国行、公厉五神，又根据《月令》注《曲礼》，以为“五祀”指户、灶、中霤、门、行五神；汉班固《白虎通·五祀》则以门、户、井、灶、中霤为五祀。

"金龙如意正一龙虎玄坛真君",下辖四位正神,即招宝天尊萧升,纳珍天尊曹宝,招财使者陈九公和利市仙官姚少司,这五位财神后世民间称之为五路财神。财神有文武财神的说法,赵公明称正财神,也称为武财神,此外,著名的武财神还有关公,深受商贩们的青睐,这也许是出于关公能够保护商贩们利益的心理需要吧!文财神主要有财帛星君、比干和范蠡等。民间供奉的财神像中,星君脸白发长,神态潇洒,常与福、禄、寿三星及喜神列在一起,成"福、禄、财、喜、寿"。星君手捧大宝盒,含招财进宝之意,最为赌徒所崇拜。范蠡本为越王勾践的谋臣,后隐姓埋名,经商齐国,发了大财后,定居于陶邑(今山东定陶西北),改名陶朱公。他虽发财却不爱财,常把财富分给穷朋友和故旧。民间将范蠡奉为财神崇拜,起初可能只是寓以对财富的一种理想,久之便奉为神明了。人们奉比干为财神,是因为他心地纯正无私。民间传说比干谏纣王,自己将心摘下,走出王宫,他吃了姜子牙的丹药,故未丧命,来到民间,广散财宝。他没了心,所以能无偏无私,这自然最为民间贫苦者所拥戴。

财神走进千家万户后,迎财神、祭财神也就成了民间极重要的活动之一。迎财神一般是在正月初五日举行,据说这天正好是财神的神诞。迎财神一般是一些贫寒子弟将印好的财神像送往各家各户,每户人家于这一天都要恭候送财神的到来,一旦接到财神,都要恭恭敬敬地捧回家中。送财神的再多,也只能不厌其烦地接进去。财神接回后,还要举行祭祀财神的活动,祈求财神保佑来年招财进宝。这种迎、祭财神的活动有的地方放在除夕夜进行。财神接回家后,多贴在门上或堂屋里。

财神信仰在某种意义上正是人们平衡财富心理的一条捷径。财富这个为人所创造又成为人的异己力量的东西,长期以来总是驱使着世人去追求,去痛苦。有所谓"人为财死,鸟为食亡"的说法,司马迁也有过"天下熙熙皆为利来,天下攘攘皆为利往"的感叹。人们虔诚地相信,在纷纷争逐财富的世俗的背后,有一个冥冥之中的神灵主宰着财富的分配,这多少可以平衡一下人们对财富的得失心理。因此,只要社会还存在利益和财富的分配,人们就不会从心理上彻底放弃对财神的信仰。

门神 逢年过节时贴上门神像,既可以驱邪除恶,又可以祈福致庆,这一风俗中所蕴涵的便是对门神的信仰。门神起源于原始自然崇拜中对门户的崇拜,这种崇拜后来发展为"五祀"之一。后来人们希望有降鬼伏妖的神灵来保护他们的生命财产,将祀门活动推向护卫门户的神灵崇拜,便形成了早期的门神观念。

中国最早的门神是神荼、郁垒兄弟。相传他们具有简择万鬼的本领,守护在鬼国的出入口,一旦发现有为祸人间的恶鬼,便以苇索缚之,投以食虎。黄帝依此简化了人间驱鬼的方法:立桃人于门户,画神荼、郁垒与虎以象之。后来民间就用这种方法，于除夕之夜，饰桃人，垂苇索，画虎于门，左右置二灯，象虎眼，以祛不祥。唐宋时，因刻桃人比较麻烦，干脆在桃木板上涂画二人之像或书写二人名字，除夕更换，叫做“仙木”或“桃符”。唐、五代时期，钟馗开始成为门神，民间传说其貌狞恶，顶破帽，衣蓝袍，束角带，奉旨祛除天下虚耗妖孽，百姓遂竞相画钟馗像于门上，以期护卫门户，驱除邪恶。南宋以后，秦琼和尉迟敬德接任成为门神。《西游记》第十回中说秦琼、尉迟敬德作门神云：“本是英雄豪杰旧勋臣，只落得千年门尉，万古作门神”。门神在其发展过程中又派生出了武士门神、文官门神和祈福门神。武士门神起源于汉代，史书中载有殿门画成庆，短衣大绔长剑之事①。明清以来的武士门神，各地多有不同。河南一带多画赵云、马超；陕西则画孙膑、庞涓等。文官门神最典型的是作了后门门神的魏徵。祈福门神的产生主要是人们希望门神在驱邪的同时能够赐福，这类门神主要是文官，中心人物是赐福天官。此外，与人类生活密切相关的神灵如喜神、财神等等，都可作为祈富门神。祈福门神多贴在屋内门上，与院外门户上的驱邪门神有所不同，已不具有门户守护神的意义。

灶神　灶神是中国民间俗神信仰中一位显赫的家神。灶神起源较早，一般认为灶神信仰与早期人们对火的崇拜有关。灶是用土或石砌起来可以烧火炊食的人造物，灶的发明标志着人们生活方式、饮食结构的巨大变革，因此可以肯定地说，灶神信仰必定是在灶发明以后才出现的。《论语·八佾》有云：“媚于灶。”可见春秋时期已有了主灶之神。当时流行的灶神主要有炎帝、黄帝、祝融等。《淮南子·汜论训》载：“炎帝于火而死为灶。”《太平御览》卷一〇六引《淮南子》载：“黄帝作灶，死为灶神。”南朝梁人宗懔《荆楚岁时记》又云：“火正祝融为灶神，姓苏，名吉利。”其实，民间灶神的形象还有许多。

随着社会的发展，灶神这位神灵也不断被社会化，其职责也由专掌饮食改为兼管人间的寿夭祸福，成为天帝派驻在人间的全权监察代表。由于灶神地位的提高，特别是它直接关系着一家一户的祸福，人们对它的祭祀更是不敢懈怠。汉代已流行腊月用黄羊祭灶的风俗。魏晋南北朝时，灶神的职务开始明确下来。东晋葛洪《抱朴子·微旨》云：“灶神每月晦日上天言人罪状，大者夺纪，小者夺算，纪三百日，算一百日。”大概因为每月上天一次实在过于麻烦，入宋以后，改为每年腊月廿四日上天，正月初一五更再回来。宋人范成大《祭词》云：“古传腊月二十四，灶君朝天欲言事。”为了收买这位钦差大人，中国民间大凡婚丧喜庆，逢年过节，都要烧香供饭，以祈福弭灾。特别是在腊月二十三（或二十四日）灶神上天之日，一般要举行送灶祭奠。而在除夕之夜，还要用相同的祭典接灶神回家，俗谓辞灶和接灶。

① 《汉书》卷53《景十三王·广川惠王刘越传》。

辞灶这天，为了贿赂灶王爷，有的人家将酒糟抹在灶门口，好让灶王爷贪杯醉酒，无法汇报真实情况；有的人家给灶王爷吃糖，让它的嘴变甜；还有的人家则拿块年糕粘到灶神嘴上，让它说不出话来。目的在于让它“上天言好事，下界保平安”。对于这种祭灶的陋俗，唐人陆龟蒙曾作《祀灶解》加以驳斥，他说：“说者曰其神居人间洞察小过作谴告者，又曰灶鬼以时录人功过，上白于天，当祀之以祈福祥，此近出汉武帝时方士之言耳。行之惑耶！”陆龟蒙批判了灶神迷信化的荒谬，至今仍具有值得肯定的意义。

其实，灶王爷在人们的信仰意识当中是一位贪官污吏的化身，人们对它是既恨又怕，恨的是他贪污受贿，怕的是他司人祸福。因此，灶神信仰在某种程度上可以说是人间贿赂风气在鬼蜮世界的反映。

3. 行业神

行业神又称行业守护神、行业保护神，是各行业从业者供奉的用以保护本行业利益的神灵。行业神的产生是社会分工与行业产生的产物。因此可以毫不夸张地说，中国古代有多少个行业就有多少行业神。行业神的崇拜与“万物有灵”观念有关，中国民俗深信人们的现实生活都是由神灵主宰着的，所以他们创造了众多神灵作为自己的保护神，行业神便是其中的一种。

行业神通常分为祖师神和保护神，祖师神是某一行业所奉的行业开创者，崇拜祖师神主要是为了使同一行业的从业者共同遵循行业开创者所立下的规矩，以便协调同行业者内部的利益关系。保护神则是根据行业的某种需要而供奉的具有与行业相关神职的神灵。因此造神者一般尽量选择远古的传说人物为祖师或尽量使该行业的祖师与一些远古名人扯上关系，或通过神化手段抬高其地位，这样做的目的无非是为了提高行业神的威信，以便推广；同时也是出于行业之间互相攀比竞争的心理需要。

在行业神崇拜中，祖师神与保护神都是同时供奉的，至于供奉的具体形式，一般根据神的地位和行业习惯而定。中国古代的行业神家族极为庞大。如建筑业除奉鲁班为祖师外，还有并祀普庵仙师或张班的；泥瓦匠奉有巢氏为祖师；酿酒业以杜康、刘白堕、仪狄和焦革四神为祖师神；印染业以梅、葛二圣（汉代的梅福、晋代的葛洪，一说是葛玄）为祖师；戏曲行业以二郎神、老郎神、翼宿星君、唐玄宗、后唐庄宗为行业神；造字的仓颉被书吏尊为祖师；制丝的螺祖、“初作衣”的伯余被蚕业、丝织业奉为祖师；发明冠冕的黄帝被衣帽业尊为祖师；钻木取火的燧人氏被厨师奉为祖师等等。

总的看来，行业造神多数难免牵强荒诞之嫌，如以孙膑为靴工祖师，老君为铁工祖师等，均荒诞不足道。但像鲁班这样的行业神，后人尊奉他更多的是出于纪念的心理,虽涉于迷信,却无可厚非。行业神信仰体现了行业从业者希望保护行业利益的心理,因而有其存在的合理性。

四、占卜与巫术

占卜是我国最古老的民间信仰类型,是对未来吉凶进行预测。占卜的形式多种多样,其中,较为流行的有卜筮、算命、相面(相手)、测字、风水(堪舆)、占梦等。卜筮是古老的预测吉凶的方法,“卜以龟裂,筮以蓍草”。卜,是指用火烧龟壳,通过察看龟裂纹络以测吉凶;筮,是指从中剖开蓍草茎,视其分裂形状而预卜休咎。由于蓍草带有季节性,不易随时取用,古人便用草茎或树枝替代,进而又扩展至其他物件,于是出现了蠡卜、虎卜、鸡卜、鸟卜、竹卜、牛蹄卜、瓦卜、羊骨卜、钱卜等。尽管材料有异,然则殊途同归,所以可用卜筮统称之。先秦文献中已有关于卜筮的记载。《诗经·卫风·氓》有“尔卜尔筮,体无咎言”之句。《礼记·曲礼》中有更为详细的记载。随着时间的推移,卜筮之术逐渐传入民间,得以迅速发展。由于求卜者的目的要求不断拓展,卜筮功能也便日渐增多。《史记·龟策传》记载卜筮用途多达二十余种,其中有卜财、卜居、卜天、卜徙等。但实际上卜筮无所不用。上古时期卜筮由卜官掌管,多用来卜军国大事,有卜世、卜年、卜郊、卜食、卜岁等。传入民间之后,被广泛用之于日常生活,如卜居、卜宅、卜葬、卜财、卜寿、卜名等。历史上曾涌现出大批卜筮名家,如姜太公、周公旦、张良、李淳风、袁天纲、刘伯温、铁冠道人等等。龟甲和蓍草所呈现的形状本身不具备什么意义,但既是人为之,它们只好服从人的需要,说是吉兆即是吉兆,说是凶象即是凶象,其自身无可奈何,任人摆布。因而卜筮是一种彻头彻尾的迷信活动。

算命是根据人出生年月日时所配干支,依五行生克关系推算吉凶。这一占卜术起于以五星七政为推算依据的星命学,经唐代李虚中改制,到五代徐子平时确立。

相面,俗称看相,是一种以人的面貌、五官、骨骼、气色、体态、手纹等推测吉凶祸福、贵贱寿夭的迷信活动。相面最早脱胎于中医学。中医讲究望、闻、问、切,望诊为第一诊术,力主“望而知之为之神”一论,强调对病人的神、色、形、态进行系统观察。这一手法被相面者借用,成为预卜人生富贵贫贱、命运吉凶祸福的征兆。清初重要无神论者熊伯龙在《杂家类》中指出,如说相术有验,只不过是偶中而已。“今使一不知相术者,相百人必中一二人”,而结果往往是“传其相一二人之言,足称为善鉴”。清人袁枚在《随园随笔》中也揭露了相面术的自相矛盾。如相面书说重瞳、手垂过膝者等均属富贵相,袁枚则举“舜重瞳,项羽亦重瞳,李后主亦重瞳。刘备手垂过膝而兴,蜀王衍垂手过膝而败”。

测字是以汉字加减笔画，拆开偏旁，依据字体结构，加以解释来推断吉凶祸福。有一首打油诗写道："测字先生造字手，字里字外翻筋斗。测字先生神仙笔，加点添画不费力。"此诗是专为测字先生所写。测字又称"拆字"，在我国已有悠久历史。在《春秋》中有以"十四人心"为德，《后汉书》有以"货泉"为白水真人，《宋书》有以"黄头小人"为恭，均属拆字的性质。作为一种方术，则最早兴起于隋代，盛行于北宋。因测字也是一种迷信，亦是信则有，不信则无。如果撇开其迷信成分，拆字可谓是一种技巧，一种游戏，甚至是一种艺术，为谜语制造者提供了不少素材。它的确是中国文化所特有的现象，可以启迪人们的思维，加深人们对汉字的理解和认识。只可惜那些测字先生以此为业，把迷信色彩强加给汉字，这实在是对汉字的亵渎。

风水是根据宅基或坟地四周风向和水流等自然形态，来推断住家或葬家的前途命运，俗称"看风水"。中国的"风水"究竟是文化，是科学，是技术，还是迷信？我们的祖先给我们留下了一个大谜团。让我们"弃之可惜，食之苦涩"。有学者认为，中国风水中包含着深刻、严密而系统的思维理念，与中国人的行为准则相一致，这就是易理易构，风水的最高指导原则来源于《易经》，所以风水也称易学堪舆。风水有着独特的操作工具——罗盘和指南针，它们是中国风水家或堪舆家的伟大发明，使得中国成为世界上最早发现磁场、磁偏角，并在人类生产生活中实践应用的国家。正如日本东京都立大学渡边欣雄教授所说："把'风水'作为学问的对象最早向世界予以介绍的是欧洲人，他们把'风水'称为'中国科学'或'拟似科学'。这就是为什么'风水'理论与欧洲的科学(Science)非常相似的的原因。从广义上说，把'风水'作为科学比把它视为迷信更能理解其内容。"①

占梦也就是后人所谓圆梦、解梦或释梦。术士根据人们梦中所历所见的事情或物象，来预卜和做梦有关的人或事的吉凶休咎。古人很重视占梦，西周设有圆梦之官，为天子和诸侯占梦。西汉时期，随着中医理论和阴阳五行说的流行，人们对梦的认识逐步深化。《黄帝内经》释梦依据了人体科学和病理学，其中没有多少迷信色彩。但这一理论一到占梦者手中，则几乎面目全非。古人占梦，多要借助于其他术数和方法，只要能用来解梦，无论是《易》术，还是五行术，无论是隐语、拆字或谐音，一并接受。可以说中国古代的占梦术，是货真价实的"拿来主义"。生拉硬扯、牵强附会是其表象，而实质上仍是一种迷信，因为它相信鬼神，相信宿命。

古代占卜的主要方法，一是利用"数"进行占算，二是利用"兆"（即象、征候）进行占卜。占卜所常用的"兆"和"数"在民间往往是结合使用的，先有兆象，再依

---

① 参见亢亮等：《风水与建筑》，百花文艺出版社2001年版，第3页。

据发生异兆的时辰和所对应的人事固属的天干地支等数加以推算，以定吉凶。如男女合婚时即以双方生辰八字的对应推演数据作为征兆，据以判定哪些是“生气”、“天医”、“福德”的上婚；哪些是“绝体”、“游说”、“归颂”的中婚；哪些是犯“五鬼”、“绝命”的下婚。这种毫无科学依据的迷信做法曾给无数家庭的婚姻生活带来不幸的阴影，遗憾的是，无论是不幸的制造者抑或是受害者始终都未能从这一阴影中走出来。

巫术是企图借助神秘力量对某些人、事、物施加影响或给予控制的方术。古代施此术者女性被称作“巫”，男性被称作“觋”，又称“巫祝”。民间行使巫术之人统称为“巫师”，各少数民族中的巫师又各有不同的称谓。巫术最初只是一种准宗教现象的方术，与鬼神迷信无关，但在巫师活动中后世都增加了鬼神精灵崇拜的成分。在民间生活中，这类与鬼神精灵相通的巫术特别普遍，如仙婆的“放阴”、“拘魂”，术士的“役鬼”等。其中，有些手段还相当地残忍或淫秽，所以俗称“邪术”。传统巫术根据施用手段和目的不同，又常分为祝吉的白巫术和嫁祸的黑巫术，依据施行手段本身的活动方式又可分为摹仿巫术（感致巫术）和接触巫术（染触巫术）。蛊也是我国巫术中较古老的一种神秘巫术，是一种以毒虫作祟害人的民间迷信手段，主要流行于我国南方各地和一些少数民族当中。蛊为“取百虫入瓮中，经年开之，必有一虫尽食诸虫，即此名蛊”①。放蛊的邪术在民间种类繁多，历代文人笔记、医学典籍中多有记载，实际上放蛊是黑巫术中巫医滥施药物与毒物结合的野蛮手段而已。

五、禁忌

禁忌是建立在巫术、占卜、星象、兆验信仰基础上的十分普遍的民间信仰观念，它是民间为了择吉避凶，禁止与某些“神圣”或“不洁”的事物接近，是对某种神秘力量产生恐惧而采取的消极防范性措施。它是老百姓希望避过灾祸，获得吉祥、幸福心理的体现，有些禁忌放到自然科学面前是毫无道理的，也是毫无科学性可言的，但在民间却得到人们普遍的遵守和认同，这主要是一种择吉避凶的心理在起作用。

在中国传统的社会生活中，禁忌渗透到生产、生活的各个方面。总的来看，主要表现在五个方面：一是把大自然中的自然力或自然事物看成是神圣的与不可侵犯的，并加以崇拜，带有原始的“万物有灵”观念的色彩。如老百姓认为太阳、月亮是神圣不可侵犯的，因此小孩不能用手指着太阳和月亮，并吓唬小孩说，指了月亮，晚上睡觉时会被割耳朵。二是把某种动物或是植物看做是和本民族祖先有近缘关

① ［明］李时珍：《本草纲目》卷42《虫之四·蛊虫》。

系的神圣物，形成了严禁捕杀或禁止冲犯等禁忌。如民间认为，养蚕祭蚕神，祝祷后不能动土，不能锄草，不能沃灰，外人不能进室，还要忌扫尘、煎油、哭泣等，否则便养不好蚕。三是对鬼灵、精灵的崇拜所派生出来的关于鬼怪之类及其活动场所的禁忌，这在丧葬活动中表现得较为明显。四是由趋吉避凶观念所形成的禁忌。如取名要避讳，服饰上男子不戴绿头巾、绿帽子，出行讲究"七不出门，八不归家"，出门忌讳听到乌鸦叫，婚嫁忌在五、七、九月。"梨"与"离"谐音，因此送病人水果，不可送"梨"，夫妻不可分吃一只梨。于是"梨"就有了一个别名，叫做"快果。"五是行业禁忌。如商业贸易禁忌就很多。如卖猪不能卖绳，买棺材不能还价，算盘不能坐于臀下，商人忌在商铺看书，木工忌讳别人摸他的斧、墨斗、曲尺，等等。总之，传统社会禁忌的内容十分庞杂，举凡人名、人体、年龄、性别、语言、饮食、服饰、居住、行旅、婚姻、生育、妇女、交往、行为、农事、行业、岁时、动物、植物、天象、数字等都有禁忌。而且禁忌颇为繁琐，如数字禁忌中限制就很多。如"一"忌："一"是一个单数，如果给结婚、庆寿的人送礼，就忌讳送单数，结婚人家给晚辈的见面礼，也忌给单数，这寄托着"好事成双"的希望。"二"忌："二"是双数，在这样的日子里忌出殡，因为人们不希望坏事成双；此外给病人送礼，也忌送双数。"三"忌："三"谐音"散"，做寿和结婚忌这个数字，祝寿、贺喜送礼也忌这个数字，商人很忌讳三元三这个数。"四"忌："四"谐音"死"，大凶，所以有些地区有忌讳四十岁做生日的习俗，因为四十谐音"死日"。温州俗谚云"在世不祝四十，死了不祭四七"。而某些地区男子做寿也做四十，认为做了"四"就破了法，该死的就不会死了。"五"忌：中国古时忌农历五月五日生人。五月忌盖屋，认为不吉利。俗语说："五月盖屋，令人头秃。""七"忌：有的地方妇女忌讳这个数字，扬州有"七不出"，指妇女出门和归家不能选在逢七的日子。此外，扬州还有"逢七不归"的俗话，这是封建社会对妇女有"七出"的戒条，犯了七条就要被休回娘家。"八"忌：有的地方很忌讳"八"。如扬州有"八不归"之说，指妇女出门和归家不能选在逢八的日子。此外，忌八也是因为八是"分"字之头，怕分离。有些地区如安徽的某些山区，因殡葬抬官须用八人，因而讳言"八"。而有些地方忌讳"八"，则一是因为谐音"八"，巴住走不动，不能前进；二是见到"八"，就联想到"王八"，所以有些地方待客不用八盘菜，俗谓"三个盘子待鳖，八个盘子待王八"；三是"八"与"扒"谐音，盖房铺墙脚时，忌用八层砖，不吉利。"九"忌：杭州嘉兴一带在立夏日要用秤称量体重，称后报数不可报"九"，逢"九"便说"十一"，图个吉利。此外，"九"在音乐界颇为忌讳，因为世界上一些大作曲家如贝多芬等，都是在写第九部交响乐后死去的，有些地方九月忌迁屋、结婚。"十八"忌：苗族地区男女忌十八岁结婚，认为此时结婚，将受"十八"难。"二十"忌：江浙一带忌"二十"，碰到这个数字就读作"廿"，据说是因为春秋战国时吴王有个女儿“尔释”是被鱼骨鲠死的,而“尔释”和“二十”谐音,故忌之。“三十六”忌:湖北长阳一带忌“三十六”,据说是因为周瑜死于三十六岁。“七十三,八十四”忌:民间说:“七十三,八十四,阎王不接自己去。”因为孔子卒年七十三岁,孟子卒年八十四岁。

由于不同民族、不同地域的禁忌各有不同,因此在日常生活、日常交往中均需注意,以免在无意中冒犯别人,侮辱别人。为此要“入境而问禁,入国而问俗,入门而问讳”。

民间禁忌多和占卜类迷信结合起来流行于各种仪礼、节日生活中。如婚礼中的禁忌多来源于合婚时的占卜,葬礼中的禁忌多来源于阴宅堪舆及五行相生相克的卜筮。因此,它大都是封建迷信在现实生活中的反映,但我们也应看到禁忌在人们的行为规范中的自我调节和约束作用,以及符合人们生活需要的成分。

第四节　传统信仰习俗的特点

中国传统信仰习俗作为一种独特的社会文化现象,有其自身鲜明的特点,具体表现为信仰心理上的不虔诚性、功利性,信仰对象上的多样性、多重性,信仰意识上的伦理、人文色彩和信仰传承上的巫术、神秘色彩①。

一、信仰心理上的不虔诚性、功利性

严格地讲,大多数中国人在多数时候都不是一个虔诚的信徒,任何宗教、神灵或思想、主义也不曾完完全全地占有过人们的灵魂。中国人崇拜的神灵既包括道教、佛教、伊斯兰教、天主教、基督教等宗教神以及天神、社稷神等,也包括山川日月风雨雷电等自然神以及土地神、门神、财神、喜神、龙王、关帝、河神、海神等民间神。一个人可能今天崇拜道教的神,明天崇拜佛教的神,其他场合又崇拜其他神,全以自己的实际目的和不同需要为转移。这说明中国人信仰心理上的不虔诚性。崇拜神灵的目的也因时因人而异,有的是为了摆脱现世的苦难,有的是为了得到心灵的宽慰,有的是害怕神灵降下灾祸,也有的是祈求神灵带来幸福等等,不一而足。

---

① 乌丙安在《中国民俗学》一书中将民间信仰的基本特征总结为:极其狭隘和直接的功利性,极大的神秘性,极大的封锁性或保守性,明显的多样性和多重性五个方面。

中国人信仰心理上的功利性主要表现在以下几个方面。

1. 笃信神灵有功利色彩

中国人在信仰上不仅抱有功利心理，而且笃信神灵同样贪图功利。祭祀在中国传统社会里占有重要地位，是贯穿在整个社会生活中的大事。每次祭祀必定会尽量供奉丰厚的祭品，以便取悦神灵，并准备一番动听的祷词，以便颂扬神灵的威风、业绩与功德。因此，祭祀集中体现了人们谄媚、阿谀神灵的心理。人们相信，神灵一旦得到供奉便会格外灵验，因而有“钱至十万贯，通神矣”之类的俗语。“平时不烧香，临时抱佛脚”正是这种心理的反映。平时虔诚与否无关紧要，关键在于“抱佛脚”时舍得“香火”。受这种心理影响，人们比较重视遇事前的“许愿”和事后的“还愿”。正如有的学者所云：“中国民众对待神，不考虑它是道教的神，还是包含着许多佛教内容的神。”“‘只是困难时候的神’，才是最高的，必须的。”①只有遇到困难时，神灵的地位才会凸显出来。“重塑金身”并不是人们慷慨的捐赠，倘若神灵不能应验（帮助度过劫难、祛病、送子、降福等），非但得不到还愿的许诺，说不定还得忍受一番亵渎。像督察各家善恶的灶王爷，就曾被老百姓当作贪官污吏加以唾骂。在这种功利心理的作用下，人神之间形成了一种默契的交易关系。

在人们的观念当中，神灵已从高高的祭坛上跌落下来，沦落为可供颐指气使的奴仆，所谓“有钱能使鬼推磨”，是也。

2. 宜忌观念的根深蒂固

从国家的祭奠、政务到民间的婚嫁、丧葬，人们在付诸行动前喜欢求神问卜，并根据问卜结果采取相应的策略，这其中体现的便是宜忌观念，其实质是“趋利避害”。在传统信仰世界里，数字信仰、色彩信仰、风水堪舆、辟邪思想等都集中体现了这一点。宜忌观念的存在助长了诸如占卜、预测、相地等巫术迷信活动的泛滥。其中又以择日和堪舆表现得最为明显。择日即选定吉日，在传统社会里，凡婚、嫁、安葬等都要选个吉利的日子。堪舆即风水，指住宅基地和坟墓的形势，也指相宅、相墓之法。民间巫风中以兆、数为主的占卜类迷信和以禁忌、咒符为主的禁咒类迷信也都根源于这种观念。而其流行的根本原因就在于中国人选择信仰不是为了求得精神上的超脱，更多的是着眼于现实生活的需要，需要时就礼遇神灵，不需要时就将其抛到一边。镰田茂雄曾指出：“（中国佛教）信仰观念普遍是从现世利益着眼的。”“是把佛教当作获得现实幸福的一种手段的。”②这也正是中国世俗社会里所流行的“临时抱佛脚”的态度。

---

① ［日］福井康顺等：《道教》第1卷，上海古籍出版社1990年版，第101页。

② ［日］镰田茂雄：《简明中国佛教史》，上海译文出版社1986年版，第140、199页。

3. 信仰的急功近利性

人们崇奉鬼神或佞佛学仙，“无非欲得其神通，受人供养，使势成于我，利归于我，虽学仙佛，却是学势利也”①。吕建福甚至认为“对中国来说，也更喜欢咒术化了的陀罗尼，因为它来得更简便、更实用”②。这种实用功利色彩，导致人们在各路神灵的选择上往往是多多益善，有利有灵就祭拜，无利不灵香火就衰落。民间信仰更是充满世俗精神，诸教杂以为用，成为普遍的现象。此外，财神、观音、阎王等在中国人信仰观念中的神圣地位与他们自身价值相称的情形也说明了这一点。祭祀灶神也无非是为了达到使其上天“多言好事，少告恶行”的目的而已。

功利性导致中国人在信仰心理上呈现出不虔诚性的特点。从某种意义上讲，中国人在任何时候都不会甘心做神灵虔诚的奴仆，非但如此，人们甚至希望能够摆布神灵。民间迷信中的招神、驱鬼、厌胜等活动的盛行便是如此，神灵不仅要“应招”，还得如人心愿才行；对感到厌恶的鬼类则加以驱除或禳祓，而这类技术在中国是相当“成熟”的。经过长期的摸索，人们找出了许多据说具有奇异效能的辟邪灵物：植物有茅草、艾蒿、桃木、桑树；动物有鸡、犬；器物有玉石、宝镜、爆竹；人神或有形象的厌胜物如钟馗、门神及各类面具；其他还有烟熏、火燎、血祭等，道教中符箓、禁咒亦属此类。神灵还可能因人们需要的改变而被随时撤换。门神的遭遇即是明证，门神本来是“神荼”和“郁垒”，到唐末五代换上了钟馗，后来又换上了秦琼和尉迟敬德。他们几乎是在没犯什么错误的情况下就被“撤职”的，至于提前“退休”后该给予什么样的保障待遇，中国人一概不管。不仅如此，中国人还善于造神，如果对中国社会中的各类大小神灵加以统计，那数字肯定是相当惊人的。由于信仰心理上的不虔诚，因而中国人没有培养起狂热的信仰热情，尤其是在宗教信仰上。中国历史上没有出现过像西方那样残酷的宗教战争和宗教迫害便是明证。尽管不少民间宗教曾成为农民进行反抗斗争的精神旗帜，但也算不上是宗教战争。

二、信仰对象上的多样性、多重性

中国不是一个信仰单纯的国度，在这里“安家落户”的既有各类宗教，又有不计其数的迷信习俗。宽松的信仰环境、丰富的信仰资源和不平衡的地域经济文化发展差异使中国人在信仰对象上不可避免地出现了多样性和多重性的特征。

1. 多样性

多样性是指不同层次信仰习俗的共时性。由于多样性，不同地区、民族形成了

---

① 张荣华：《功利主义在中国的历史命运》，《复旦学报》（社会科学版）1987 年第 6 期。

② 吕建福：《中国密教史》，中国社会科学出版社 1995 年版，第 116 页。

各自独具特色的信仰风俗；不同社会文化层次的阶层又形成了不同的信仰重心；而同一个人则可以同时信奉几种不同的信仰……多样性在民间信仰风俗上体现得尤为明显。不仅自然力和自然物如天地、日月、星辰、风、雨、雷、电以及各种动植物在信仰之列，甚至连人死后之“灵”及其遗骨遗物也都会成为信仰的对象。此外，成熟的佛教、道教等宗教观念也深为人们所膺服。而在传统的士大夫家庭中，孔子门生的父亲可以信奉佛教，长年吃斋念佛的母亲遭逢丧事也可以请道士做道场超度亡灵，而子女在信仰选择上也无需顾忌父母的信仰，这个家庭的亲属、朋友中可以有基督徒甚至巫医神汉，而他们能过和平共处，并不会因信仰的不同而发生激烈地冲突。

2. 多重性

多重性是指信仰的“多重复合”或“多层结构”①。有人认为信仰的多重性和多样性是同一特征，其实不然。多样性是多种信仰的并列存在；多重性则是指多种信仰重叠交叉存在，即一个人的信仰意识里包含有各类信仰的因素，通俗地讲，就是人们的信仰不能单纯地用是佛、是道、是迷信来界说，而是应以似佛、似道、似迷信来论定。多重性既是传统信仰风俗变迁轨迹的写真，又是中国人信仰芜杂的缩影。

原始宗教随着社会的发展虽早已退出了历史的前台，但其观念“并没有……消失，却通过道教和……民间宗教中保留下来”②。至于那些方术也因“其后悉容于道教”③而得以发扬光大。许多信仰风俗虽然在发展的过程中失去了其外在形式，但它们往往可以通过“改头换面”而在人们的思想层面上积淀下来，成为新的信仰观念的基础，并与之相结合。如柯尔克孜族7世纪以前的信仰是萨满教，由于它在发展中始终保持着原始信仰的朴素特点，成为柯族人民的民间信仰基础，当伊斯兰教传入柯族后，这种基础便与伊斯兰教信仰的习俗复合重叠起来。同样，满族在17世纪以前普遍信仰萨满教，于是朴素的原始信仰成为满族民间信仰的基础，当满族勃兴时期，特别是入关之后，中原地区的佛教、道教都影响了满族的信仰，在满族中很快接受了很多佛教信仰习俗和成仙得道的观念。从满族信仰的芜杂对象中可以清楚地看到佛、道教与民间信仰的多层复合特点。此外，多种宗教杂糅以及多神教相互影响的情形也相当普遍。如虔诚信奉喇嘛教的蒙古族，往往是勃额（萨满）跳神和喇嘛念经的宗教活动同时进行；在东北一些信奉萨满教的游牧民族

① 乌丙安：《中国民俗学》，辽宁大学出版社1985年版，第276页。

② 秦家懿、孔汉思：《中国宗教与基督教》，三联书店1990年版，第11页。

③ 傅勤家：《中国道教史》，上海书店1984年版，第197页。

的跳神场合中，甚至还可以看到耶稣的画像。

至于多数中国人的信仰观念，也很难明确地用是佛、是道、是迷信来概括，而是彼此混杂的。有学者认为中国人的信仰是靠哲学和宗教甚至巫术支撑的，不能说没有道理。民间巫术中掺和着佛、道的内容则更为充分。信仰的多重性为各类信仰观念的融合、交流提供了基础，多重性也在融合、交流中得到进一步地加强。

三、信仰意识上的伦理、人文色彩

中国人信仰意识上的伦理、人文色彩表现在以下几个方面。

第一，伦理型文化观念渗透进人们的信仰意识里，导致祖先崇拜、忠孝思想等观念在传统信仰世界中占有非常特殊的位置。外来宗教由于其信仰意识与中国人有差异，因而很难与中国人建立起深厚的感情。即便是在中国流传较广的佛教，在其传入之初，也因宣扬不敬王者、斩断尘缘、剃发修行，而被目为“胡教”加以排斥。佛教后经吸收儒家伦理性内容进而完成了儒家化，视“孝”为众戒之先，以“五戒”类比“五常”，以礼乐、中庸为修行的必须科目；同时以其特有的道德（如慈悲泛爱、布施、因果报应）弥补了儒家道德的欠缺。这样才得以消除隔阂，赢得中国人的信奉。其他几种宗教的遭遇亦大体如此，纷纷突出其中的伦理情怀。如果说中国人在信仰心理上不虔诚，那么对祖先的祭祀与崇拜则是一个例外。牟仲鉴先生就认为以天神崇拜和祖先崇拜为核心的宗法性传统宗教是中国人惟一正宗的信仰，这种传统宗教与宗法制度、伦理紧密结合在一起，看重的是祭祀在政治和伦理方面的教化作用。在它的影响与熏陶下，中国人始终将家庭人伦放在各路神灵的前头，故有“宁拆十座庙，不破一门亲”的说法。

第二，信仰意识中的现世关怀。中国传统信仰风俗在很大程度上是与社会礼俗融合在一起的，不是特别重视灵魂的解脱，信仰的目的也主要是在今世、在人事。在传统信仰世界中占有相当分量的巫术便是如此。马林诺夫斯基在谈到巫术的起源时指出：“巫术的题材主要是人事的题材，如渔猎、园艺、贸易、调情、疾病、死亡之类。巫术用于自然界，不如用于人与自然界的关系或足以影响自然界的人事活动上为多。”①福井康顺亦提出：“在中国，一般情况下，宗教是为人而存在。”②因此，中国籍神灵的主要职责不在于引导人们走向人生的彼岸世界，而在于帮助人们排解现世当中的各种人事、烦恼。佛教忍受现世的苦难是为了修来世，而中国人修来世却是为了今生今世过得更好。一般宗教都追求来世的天国，死后的解脱，而影

---

① ［英］马林诺夫斯基：《巫术科学宗教与神话》，中国民间文艺出版社 1986 年版，第 61 页。

② ［日］福井康顺等：《道教》第 1 卷，上海古籍出版社 1990 年版，第 141 页。

响甚大的道教则宣扬今生今世就长生不老。中国人也讲因果报应,但笃信报应的基点就在今世,而不是佛教的来世。占卜、风水、禳祓等世俗信仰关心的也只是现世生活中的吉凶祸福,而不是什么飘渺的灵魂超脱。至于儒家思想的入世情怀更是不言而喻的。

第三,神灵的人情味。中国人对那些不食人间烟火的神灵一直怀有矛盾的心理,既对他(她)们拆散牛郎织女、七仙女的婚姻表现出极大的愤慨,又喜欢给他(她)们联姻,让他(她)们也过上家庭生活。有了西王母,再来个东王公,雷公配电母,土地爷爷配土地奶奶,还要为河伯娶妇等等。在中国传统文化的熏陶下,神灵们竞相"染"上了人类社会的习俗,熟谙各种人情世故,浑身上下散发着浓烈的人情味。神灵世界也几乎成了人类社会的翻版。人们往往按照自己的心理来揣度神灵的喜、怒、哀、乐,进而塑造着他们的"音容笑貌"。中国神灵的肖像几乎都有着一副得体的尊容:如慈祥的观音、笑容可掬的弥勒、憨厚的土地夫妇、面目狰狞的牛鬼蛇神。神灵们也抱着世俗的心态乐得消受人们的谄媚、接受人们的供奉。中国籍的许多神灵不仅六根难以清净,不时思念凡间的逍遥快活(如人神、人鬼之间的爱恨纠缠),而且多深染不少不良嗜好,甚至包括贪污、腐败。在以神鬼为主题的传统小说中,这一类"黑幕"经常会遭到无情的曝光。此外,在中国人的意识当中,神灵也并不像西方宗教宣扬的那样全知、全能、全善。他们也会犯这样或那样的错误,诸如无常鬼勾错魂之类往往成为人们喜闻乐道的笑话。从某种意义上讲,人们认为这样的神灵可亲可敬,具有人情味,不像那些高坐在祭坛上的神灵显得遥不可及。

四、信仰传承上的巫术、神秘色彩

传统信仰风俗的另一个重要特点是巫术、神秘色彩。他们在信仰风俗的延续当中发挥着至关重要的作用。信仰传承上的这种巫术、神秘色彩体现在以下几个方面。

在传统社会生活中,占卜、风水、巫蛊、祭祀等迷信活动十分盛行,由此产生出了一批迷信职业者。迷信作为一种落后的信仰民俗现象,在传统信仰风俗中占有很大的比重,形成了占卜类、禁咒类、巫蛊类和祭祀类等类型,对社会生活产生了深刻的影响。它的传承、发展、传播,则有赖于其自身所特有的巫术、神秘特点。众所周知,大量信仰习俗事象都具有不可理解性,这正是其诱人盲目信仰的魅力之所在。如生辰八字本来只是一个人出生年、月、日、时的记录,但在迷信观念中,却被荒诞地附会上相生相克的"理论",形成了种种禁忌。传统婚姻"六礼"中的"问名"即男家问清女方的名和生辰八字,回家占卜两姓婚姻结合的吉凶与否。婚姻成否取决于毫无科学道理的生辰八字,岂不可笑。至于根据生辰八字算命(俗称

"批八字")以及在巫蛊活动中利用对方的生辰八字进行作祟等亦复如此。迷信的魅力就在于它在人们无法掌握命运的吉凶祸福时,能够适时地扮演一种精神寄托的"角色"。像占梦、堪舆、招魂、祛邪等的泛滥成灾,推本求源亦在于此。迷信对这些事关人们生活的吉凶祸福(如梦相、风水、宜忌等),不仅能"给出"神秘的解释,而且还能采取带有巫术色彩的手段加以"解决"。譬如巫医神汉在给人治病时,首先总是煞有介事地将病因归结为神灵作祟等,不明事理的人们对此深信不疑。在骗取了人们的信任后,他们进而宣称自己拥有某种神秘的法力可以替病人祛邪,于是桃木、符箓等"法器"纷纷在各种"法事"中亮相、表演。风水先生则在一番煞有介事地掐算中相墓、安宅,而愚昧的人们则深信自己家族的兴衰命运真的全系于此,岂不悲哉!尽管这里所举的只是诸多迷信事象中的冰山一角,但我们还是能从中看出迷信之所以能广泛地存在、传承并发挥影响,是与其神秘性密不可分的。这一点在那些相对落后、封闭的地区表现得尤为明显。原始信仰中的大量带有神秘色彩的意识和活动得以残留下来,并与人们的日常生活交融在一起,左右着当地人们的日常生活秩序。在中国传统文化体系中还广泛存在着一个与"圣贤文化"相对而存在的"巫傩文化"层次。从某种意义上讲,具有民间色彩的"巫傩文化"是众多巫术观念的渊薮。这些巫术观念在历史发展过程中渐渐渗进信仰风俗当中,成为伴随信仰风俗传承发展的重要因素。中国人信仰观念混杂的一个表现就是掺和着巫术观念。譬如,在祖先信仰中,人们除了进行祭祀外,在与巫术观念的结合中衍生出了风水观念。笃信祖先能荫福降祸,在墓址的选择上重视风水,甚至为了改变家运不惜进行迁葬。这样在原本比较纯粹的祖先信仰中便掺进了带有迷信色彩的风水观念。巫傩文化由于根植于民众生活中,因此其内容多与人们的日常生活密切相关。它"以助人为乐,救苦救难为己任,年成丰歉、生意盈亏、妇女无子、小儿麻痘、人病牛瘟、男女不和、争吵斗殴、讨乞卖艺、筑路架桥、起屋建房、补锅打铁、百行百业,无所不管,有求必应"①。特别是以"赶鬼驱疫"为主题发展起来的傩戏、傩舞,其巫术、神秘色彩表现得更为明显,它已不单单是一种文化现象,而是传统信仰风俗中的一个重要组成部分。

① 林河:《中国巫公傩史》,花城出版社2001年版,第40页。

后　记

当通读完《中国社会生活史》一书的清样时，东方已泛鱼肚白。摩挲着沉甸甸的书稿，感慨良多。

“社会生活史”是我十多年来朝斯夕斯教学与科研的主要内容之一。早在20世纪90年代初，我便涉足此领域，搜集有关资料，试作一些文章，每有所获。渐渐地我便萌发了写作本书的兴致。而之所以迟迟未能遂愿，这固然是由于本人生而不敏所致，亦因为这一课题涉及面极广，不易把握。直至2001年，我以“中国社会生活史”申报学校学术著作出版基金，获准立项，这才集中精力运作此事。今日成书，似了却了多年的一个心愿，倍觉欣慰。

我在撰写中，为了避免按朝代叙事前后断续相离、脉络不明之短，在写法上打破大通史的编写惯例，而以专题作纵向式表述，以清晰地再现社会生活方式的传承脉络。在材料使用上，除了广泛搜集、引用文献资料外，还充分利用大量的文物考古资料，以使本书的立论立足于翔实可靠的基础之上，具有说服力，同时，还注意利用民族学、民俗学、人类学和社会学诸方面的资料，并注意吸收学界的最新成果，以体现其学术前沿性。而在行文上则力求简洁流畅，叙述深入浅出，试图将从来是枯燥难看、只为业内人士独自享用的“史学”，变成通俗的“讲历史”，将点滴菁华烩成众多人可以分享的精神大餐。当然，这些仅是我们的美好愿望，至于是否达到了目的，只能留待读者去评判了。

为文之道，借鉴与创新同等重要。在本书的写作与修改过程中，我们参考借鉴了前人的许多研究成果，并试图在前人的基础上有所发展。在本书的撰写过程中，曾得到许多师友及相关方面的鼓励和支持。初稿成型后曾呈中国社会科学院林永匡研究员和安徽师范大学王世华教授审读，他们均对书稿提出了许多建设性的意见，林永匡研究员还拨冗赐了长序；马陵合博士亦协助审阅了部分章节的书稿；柴文杰、赵怀娟、汪健萍诸位同仁协助撰写了部分章节的内容；我的研究生曹强君、李松君、李曼曼君和谭书龙君，为本书的校对付出了很多精力；合肥工业大学出版社的孟宪余副社长和方立松编辑，为本书的出版付出了许多心血。在此谨向他们致以诚挚的谢意！

尽管我们反复小心求证，但限于学识和水平，书中难免存在讹误和缺陷。恳请同行、读者不吝赐教。

庄华峰
2004 年 6 月 8 日
于安徽师范大学淮海村